Ulusların Düşüşü

Güç, Zenginlik ve Yoksulluğun Kökenleri

ULUSLARIN DÜŞÜŞÜ
Güç, Zenginlik ve Yoksulluğun Kökenleri

Orijinal adı: Why Nations Fail
The Origins of Power, Prosperity, and Poverty

Yazanlar: Daron Acemoğlu, James A. Robinson
İngilizce aslından çeviren: Faruk Rasim Velioğlu
"Bibliyografik makale ve kaynaklar" ile "Haritalar için kaynakça" yayınevi tarafından Türkçeleştirilmiştir.

1. baskı / Aralık 2013
28. baskı / Ocak 2018 / ISBN 978-605-09-1812-0
Her 2000 adet bir baskı olarak kabul edilmektedir.
Sertifika no: 11940

Kapak tasarımı: Geray Gençer
Baskı: Mega Basım Yayın San. ve Tic. A.Ş.
Cihangir Mah. Güvercin Cad. No: 3/1
Baha İş Merkezi. A Blok Kat: 2
34310 Haramidere-İstanbul
Tel. (212) 412 17 00
Sertifika no: 12026

Doğan Egmont Yayıncılık ve Yapımcılık Tic. A.Ş.
19 Mayıs Cad. Golden Plaza No: 3, Kat 10, 34360 Şişli - İSTANBUL
Tel. (212) 373 77 00 / Faks (212) 355 83 16
www.dogankitap.com.tr / editor@dogankitap.com.tr / satis@dogankitap.com.tr

Ulusların Düşüşü

Güç, Zenginlik ve Yoksulluğun Kökenleri

Daron Acemoğlu
James A. Robinson

Çeviren: Faruk Rasim Velioğlu

DK DOĞAN KİTAP

Arda ve Asu için... (D.A.)

Hayatım ve ruhum Maria Angelica'ya... (J.R.)

İçindekiler

Önsöz

Bu kitap Birleşik Devletler, Büyük Britanya ve Almanya gibi dünyanın zengin ülkelerini, Sahraaltı Afrika'dan, Orta Amerika'dan ve Güney Asya'daki yoksul ülkelerden ayıran gelir ve yaşam standartlarındaki büyük farklılıklar hakkında.

Biz bu önsözü yazarken Kuzey Afrika ve Ortadoğu, fitili 17 Aralık 2010'da Muhammed Buazizi adındaki bir sokak satıcısının canına kıymasıyla ateşlenen Yasemin Devrimi'nin başlattığı "Arap Baharı"yla sarsılıyordu. 1987'den beri Tunus'u yöneten Zeynel Abidin Bin Ali 14 Ocak 2011'de istifa etti. Ancak Tunus'ta ayrıcalıklı elite karşı alevlenen devrim ateşi yatışmak şöyle dursun daha da güçleniyordu ve Ortadoğu'yu çoktan sarmıştı. Yaklaşık 30 yıl Mısır'ı sıkı bir denetimle yöneten Hüsnü Mübarek 11 Şubat 2011'de devrildi. Biz bu önsözü tamamladığımızda Bahreyn, Libya, Suriye ve Yemen'deki rejimlerin kaderi belirsizliğini koruyordu.

Bu ülkelerdeki hoşnutsuzluğun kökeni yoksulluğa dayanıyor. Ortalama bir Mısır yurttaşının gelir düzeyi, ortalama bir Birleşik Devletler yurttaşının gelir düzeyinin yaklaşık yüzde 12'si kadar ve ortalama yaşam süresi de 10 yıl daha az. Nüfusun yüzde 20'si ise büyük bir yoksulluk içinde. Bunlar kayda değer farklılıklar olsa da, Birleşik Devletler ile nüfusun yarısının yoksulluk içinde yaşadığı Kuzey Kore, Sierra Leone ve Zimbabve gibi en yoksul ülkeler arasındaki farklılıklarla kıyaslandığında aslında gayet küçük kalır.

Neden Mısır, Birleşik Devletler'e kıyasla bu denli yoksuldur? Mısır'ı daha müreffeh bir ülke olmaktan alıkoyan nedir? Mısır'ın yoksulluğu kalıcı mıdır yoksa ortadan kaldırılabilir mi? Bu konu hakkında düşünmeye başlamanın doğal yollarından biri Mısırlıların yüzleştikleri sorunlara ilişkin söylediklerine ve neden Mübarek rejimine karşı ayaklandıklarına bakmaktır. Kahire'deki bir reklam ajansında çalışan 24 yaşındaki Noha Hamed, Tahrir Meydanı'ndaki protestolar sırasında görüşlerini açıkça ortaya koyuyordu: "Yozlaşma, baskı ve kötü eğitimden mustaribiz. Değişmesi gereken yozlaşmış bir sistemde yaşıyoruz." Meydandaki bir başka protestocu, 20 yaşındaki eczacılık öğrencisi Mosaab El Shami de onunla aynı fikirdeydi: "Umarım yıl sonuna kadar seçimle gelen bir hükümetimiz olur, evrensel hak ve özgürlükler yürürlüğe konur ve ülkeyi saran yozlaşmaya bir son veririz."

Tahrir Meydanı'ndaki protestocular hükümetin yolsuzlukları, kamu hizmetlerinin yetersizliği ve fırsat eşitliği konusundaki adaletsizlik hakkında hemfikirler. Özellikle baskıdan ve siyasal hakların yokluğundan şikâyetçiler. Eski Uluslararası Atom Enerjisi Kurumu Direktörü Muhammed El Baradey'in 13 Ocak 2011'deki twitter mesajı "Tunus: Baskı + sosyal adaletin yokluğu + barışçıl değişim yollarının görmezden gelinmesi = bir saatli bomba" şeklindeydi. Hem Mısırlılar hem de Tunuslular ekonomik sorunlarının temel sebebinin siyasal haklarının yokluğu olduğunu düşünüyorlar. Protestocular taleplerini daha sistematik bir biçimde formüle etmeye başladıklarında, Mısır direniş hareketinin liderlerinden birine dönüşen yazılım mühendisi ve blogcu Wael Khalil tarafından duyurulan 12 acil talebin hepsi siyasal değişimi vurguluyordu. Asgari ücretin artırılması gibi meseleler yalnızca daha sonra uygulamaya konulması gereken geçici talepler arasında yer alıyordu.

Mısırlılara göre geri kalmışlıklarının başlıca nedenleri arasında etkisiz ve yozlaşmış bir devlet; yetenek, hırs, beceri ve –alabildikleri kadarıyla– eğitimlerini kullanamadıkları bir toplum yer alıyor. Ama aynı zamanda bu sorunların kökeninde siyasal nedenlerin yattığının da farkındalar. Karşılaştıkları tüm ekonomik engeller, siyasal gücün küçük bir elit tarafından tekelleştirilip tatbik edilmesinden kaynaklanıyor. Bu, onlara göre, değişmesi gereken ilk şey.

Tahrir Meydanı'ndaki protestocular bu fikre inanmakla, bu konuya ilişkin yaygın kanıdan kesin bir biçimde ayrılıyorlar. Mısır gibi bir ülkenin neden fakir olduğu konusunda akıl yürüten akademisyen ve yorumcuların çoğu, bütünüyle farklı etkenleri öne çıkarıyorlar. Bazıları ülkenin büyük kısmının çöl olmasından, yeterli miktarda yağış almamasından, toprak ve iklimin verimli tarıma izin vermemesinden ötürü, Mısır'ın yoksulluğunu, öncelikle coğrafyanın belirlediğini ileri sürüyor. Diğerleri ise güya ekonomik gelişime ve zenginliğe uygun olmayan kültürel özelliklere işaret ediyor. Mısırlıların diğer ülkeleri refaha kavuşturan iş ahlakı ve kültürel özelliklerden yoksun olduğunu, bunun yerine ekonomik başarıyla uyuşmayan İslami inançları kabul ettiklerini savunuyorlar. İktisatçılar ve siyaset uzmanları arasında yaygın olan üçüncü bir yaklaşım ise Mısırlı yöneticilerin ülkelerini refaha kavuşturmak için ne yapılması gerektiğini bilmedikleri ve geçmişte yanlış politikalar ve stratejiler izledikleri görüşüne dayanıyor. Bu görüşe göre, eğer bu yöneticiler doğru danışmanlardan doğru tavsiyeler almış olsalardı refaha kavuşacaklardı. Bu akademisyen ve siyaset uzmanları, Mısır'ın toplumun sırtından küpünü dolduran dar bir elit tarafından yönetilmesinin ülkenin ekonomik problemlerini anlayabilmekle ilgisi yok gibi görünüyor.

Biz bu kitapta çoğu akademisyen ve yorumcunun değil, Tahrir Meydanı'ndaki Mısırlıların doğru görüşte olduğunu savunacağız. Aslında Mısır, halkın büyük çoğunluğunu hiçe sayarak toplumu kendi çıkarları için örgütleyen küçük bir elit tarafından idare edilmiş olduğu için fakir. Siyasal güç dar bir çevrede toplandı ve eski devlet başkanı Mübarek'in 70 milyar dolarlık serveti örneğinde olduğu gibi, bu güç ona sahip olanlara büyük bir servet kazandırmak için kullanıldı. Kaybeden ise, bu gerçeği çok iyi anlayan Mısır halkı oldu.

Biz Mısır'ın yoksulluğuna dair bu yorumun yani halkın yorumunun, yoksul ülkelerin neden yoksul olduğunu genel olarak açıkladığını göstereceğiz. İster Kuzey Kore olsun, ister Sierra Leone ya da Zimbabve; yoksul ülkelerin Mısır'la aynı nedenden ötürü yoksul olduklarını göstereceğiz. Büyük Britanya ya da Birleşik Devletler gibi ülkeler, yurttaşları gücü ellerinde tutan elitleri devirdikleri ve siyasal hakların çok daha yaygınlaştırıldığı; hükümetin yurttaşlara karşı sorumlu ve duyarlı olduğu; geniş halk kitlelerinin ekonomik fırsatlardan yararlanabildiği bir toplum yarattıkları için zengindirler. Günümüzde dünyada neden böyle bir eşitsizliğin hüküm sürdüğünü anlayabilmek için geçmişi araştırmak ve toplumların tarihsel dinamiklerini incelemek zorunda olduğumuzu göstereceğiz. Britanya'nın Mısır'dan daha zengin olmasının nedeninin, Britanya'nın (ya da daha net söylemek gerekirse, İngiltere'nin) 1688'de ülkenin siyasetini ve dolayısıyla ekonomisini dönüştüren bir devrim geçirmiş olmasına dayandığını göreceğiz. İnsanlar mücadele edip daha fazla siyasal hak kazandılar ve bu hakları ekonomik fırsatlarını genişletmek için kullandılar. Sonuç, Sanayi Devrimi'yle doruğa ulaşan temelden farklı bir siyasal ve ekonomik rota oldu.

Sanayi Devrimi ve beraberinde getirdiği teknolojik yenilikler Mısır'da yayılmadı; çünkü Mısır bu ülkeye –aşağı yukarı Mübarek ailesi gibi– muamele eden Osmanlı İmparatorluğu'nun kontrolündeydi. Mısır'daki Osmanlı yönetimine 1798'de Napoléon Bonaparte tarafından son verildi. Fakat ülke bu kez de Mısır'ın refah seviyesini yükseltme konusunda en az Osmanlılar kadar isteksiz olan İngiltere sömürgeciliğinin kontrolüne geçti. Mısırlılar Osmanlı ve İngiliz imparatorluklarından kurtulup 1952'de ülkelerindeki monarşiye son verseler de, bunlar 1688 İngiltere'sindekilere benzer devrimler değillerdi ve siyasi yapıyı temelden değiştirmek yerine, sıradan Mısırlıları refaha kavuşturmakla en az Osmanlılar ve İngilizler kadar ilgilenmeyen başka bir eliti iktidara getirdiler. Sonuç itibarıyla, toplumun temel yapısı değişmedi ve Mısır yoksul kaldı.

Kitabımızda bu örüntülerin zaman içinde kendilerini nasıl yeniden ürettiklerini ve 1688'de İngiltere'de ve 1789 Devrimi'yle Fransa'da olduğu gibi, neden bazen değiştirildiklerini inceleyeceğiz. Bu sayede bugün Mısır'da durumun değişip değişmediğini ve Mübarek'i deviren devrimin ülkeyi sıradan Mısırlılara zenginlik getirebilecek yeterlikteki yeni kurumlara kavuşturup kavuşturmayacağını anlayacağız. Mısır geçmişte hiçbir şey değiştirmeyen devrimlere sahne oldu; çünkü bu devrimlerin başını çekenler yalnızca kendilerinden öncekilerin ellerinden dizginleri aldılar ve yeniden benzer bir sistem inşa ettiler. Sıradan yurttaşlar için gerçek siyasal güce ulaşmak ve toplumun işleyişini değiştirmek hakikaten güç. Fakat imkânsız değil; bunun İngiltere'de, Fransa'da ve Birleşik Devletler'de ve ayrıca Japonya, Botsvana ve Brezilya'da nasıl gerçekleştiğini göreceğiz. Temelde, yoksul bir toplumun zengin bir toplum haline gelmesi için gereken, bu tür bir siyasal dönüşümdür. Bunun Mısır'da gerçekleşiyor olabileceğine dair kanıtlar mevcut. Tahrir Meydanı'ndaki başka bir protestocu olan Reda Metwaly, "İşte Müslüman ve Hıristiyan yan yana, işte genç ve yaşlı yan yana; hepsi aynı şeyi istiyor" diyor. Toplumdaki bu tür geniş tabanlı hareketlerin yukarıda saydığımız ülkelerdeki siyasal dönüşümlerde kilit bir rol oynadığını göreceğiz. Bu dönüşümlerin ne zaman ve neden gerçekleştiğini anlarsak bu tür toplumsal hareketlerin hangilerinin –geçmişte sıklıkla olduğu gibi– başarısızlıkla sonuçlanacaklarını ve hangilerinin başarıya ulaşıp milyonlarca insanın hayatını daha iyiye götüreceğini daha sağlıklı bir şekilde değerlendirebiliriz.

1

Çok yakın, yine de çok farklı

Rio Grande iktisadı

Nogales kenti bir çitle ikiye ayrılır. Çitin yanında durup kuzeye bakarsanız Arizona, Santa Cruz County'deki Nogales'i görürsünüz. Hane başına ortalama gelir yıllık yaklaşık 30 bin dolar kadardır. Gençlerin çoğu okula gider ve yetişkinlerin büyük çoğunluğu lise mezunudur. ABD'nin sağlık sisteminin kusurlarına ilişkin tüm o tartışmalara rağmen burasının nüfusu nispeten sağlıklıdır ve dünya standartlarına göre uzun bir yaşam süresi ortalamasına sahiptir. Sakinlerinin çoğu 65 yaşın üstündedir ve devletin yaşlılar için düzenlediği sağlık sigortasından (Medicare) yararlanmaktadır. Bu, devlet tarafından sağlanan, elektrik, telefon, kanalizasyon sistemi, halk sağlığı, onları diğer kentlere bağlayan yol ağı ve elbette yasa ve asayiş gibi çoğu insanın hak olarak gördüğü hizmetlerden yalnızca biridir. Nogales Arizona halkı can ve mal güvenliği, hırsızlık, gasp ya da iş yatırımlarını ve evlerini tehlikeye sokabilecek başka tehditler konusunda endişe etmeden gündelik işleriyle meşgul olabilir. Dahası, Nogales Arizona sakinleri her türlü yetersizliğine ve ara sıra meydana gelen yolsuzluklarına rağmen, hükümetin onların hizmetinde olduğunu bilir. Belediye başkanlarını, kongre üyelerini ve senatörlerini değiştirmek için oy kullanabilirler; ülkelerini kimin idare edeceğini belirleyen başkanlık seçimleri için sandığa gidebilirler. Demokrasi onlar için çok doğaldır.

Çitin güney tarafında, yalnızca birkaç adım uzakta, hayat epey farklıdır. Nogales Sonora sakinleri Meksika'nın nispeten müreffeh bir kesiminde yaşasalar da, hane başına ortalama gelir Nogales Arizona'dakinin yaklaşık üçte biri düzeyindedir. Nogales Sonora'da yetişkinlerin çoğunun lise diploması yoktur ve gençlerin çoğu okula gitmez. Anneler bebek ölüm oranının yüksekliğinden endişe duyarlar. Halk sağlığı koşullarının yetersizliği, bebekler bir yaşını aşacak kadar yaşasalar dahi sağlık koşullarının iyi olmadığı anlamına gelir. Nogales Sonora sakinlerinin kuzeydeki komşuları kadar uzun yaşamamaları şaşırtıcı değildir. Ayrıca, çoğu sosyal tesisten yoksundurlar. Çitin güney yanında yollar kötü durumdadır. Yasa ve asayişte ise durumu daha da kötüdür. Suç oranı yüksektir ve iş kurmak riskli bir girişimdir. Bir tek soygun riski değildir söz konusu olan; daha faaliyete başlayabilmek için bile tüm o izinlerin alınıp gerekli yerlere rüşvet verilmesi gerekir ki, bu da pek kolay bir iş değildir. Nogales Sonora sakinleri, siyasetçilerin yolsuzluk ve beceriksizlikleriyle her gün yüz yüzedirler. Kuzeydeki komşularının aksine, demokrasi onlar için oldukça yeni bir deneyimdir. 2000 yılındaki siyasi reforma dek Meksika'nın büyük çoğunluğu gibi Nogales Sonora da yozlaşmış Kurumsal Devrimci Parti'nin ya da Partido Revolucionario Institucional'in (PRI) idaresi altındaydı. Bu yüzden, aralarında Nogales Sonora sakinlerinin de olduğu pek çok Meksikalının sıkı koruma altındaki Birleşik Devletler-Meksika sınırını geçmek için hayatlarını tehlikeye atmaları şaşırtıcı değil.

Bir kentin iki yarısı nasıl birbirinden bu denli farklı olabilir? Coğrafi ya da iklimsel bir farklılık söz konusu değildir. Ayrıca mikroplar Birleşik Devletler ve Meksika arasında gidip gelirken herhangi bir kısıtlamayla karşılaşmadıklarından bölgedeki hastalık türleri de farklılık göstermez. Elbette sağlık koşulları gayet farklıdır ama bunun hastalıklarla bir ilgisi yoktur; bunun nedeni sınırın güney tarafında halkın sağlık açısından daha elverişsiz şartlarda yaşaması ve düzgün sağlık hizmetlerinden mahrum olmalarıdır.

Ama belki de yerleşimciler farklıdır. Acaba Nogales Arizona sakinleri Avrupalı göçmenlerin, güneydekiler de Azteklerin torunları olabilirler mi? Hayır. Sınırın iki yanındaki insanların geçmişleri oldukça benzerdir. 1821'de Meksika'nın İspanya'dan bağımsızlığını kazanmasının ardından "Los dos Nogales"in etrafındaki bölge Meksika devleti Vieja California'nın bir parçası oldu ve 1848'deki Meksika-Amerika Savaşı'ndan sonra bile öyle kaldı. Gerçekte Birleşik Devletler sınırı ancak 1853'teki Gadsden Alımı'ndan[1] sonra bu bölgenin içine doğru genişledi. Sınırı incelerken "küçük şirin Los Nogales Vadisi"nin varlığından bahseden Teğmen N. Michler'di. Burada, sınırın her iki tarafında, iki kent yükseldi. Nogales Arizona ve Nogales Sonora sakinlerinin ataları aynı; aynı yemeklerden ve aynı müzikten keyif alıyorlar ve aynı "kültüre" sahip olduklarını söyleme cesaretini de gösterebiliriz.

1. Gadsden: Arizona ile New Mexico arasında yer alan bölge. Demiryolu yapılması amacıyla ABD tarafından Meksika'dan 10 milyon dolara satın alınmıştır. (ç.n.)

Tabii, Nogales'in iki yarısı arasındaki farklılıkların büyük olasılıkla çoktan tahmin ettiğiniz basit ve apaçık bir açıklaması var: Kenti ikiye ayıran sınır. Nogales Arizona, Birleşik Devletler'dedir. Sakinleri Birleşik Devletler'in ekonomik kurumlarından yararlanırlar ve bu kurumlar onların mesleklerini özgürce seçebilmelerini, eğitim görüp becerilerini geliştirebilmelerini sağladığı gibi, işverenlerini de en gelişkin teknolojilere yatırım yapmaya teşvik eder ve bu da onlara daha yüksek ücretler ödenmesine yol açar. Ayrıca demokrasinin işleyişinde pay sahibi olmalarına, temsilcilerini seçmelerine ve tasvip etmedikleri işler yaptıklarında onları değiştirmelerine olanak tanıyan siyasal kurumları vardır. Bunun sonucunda siyasetçiler yurttaşların talep ettiği temel hizmetleri (kamu sağlığından, yol hizmetlerine, yasa ve asayiş kadar) karşılarlar. Nogales Sonora'dakiler ise bu kadar şanslı değildirler. Farklı kurumların şekillendirdiği farklı bir dünyada yaşarlar. Bu farklı kurumlar iki Nogales'in sakinleri, oraya yatırım yapmaya istekli girişimciler ve kurumlar için tamamen farklı teşvikler yaratır. Nogales'lerdeki farklı kurumlarının yarattığı bu teşvikler ve bağlı oldukları ülke, sınırın iki tarafındaki farklı ekonomik refah düzeylerinin temel nedenini oluşturur.

Birleşik Devletler'in kurumları neden ekonomik başarıya Meksika'nınkilerden ya da benzer biçimde Latin Amerika'nın diğer ülkelerinden çok daha elverişlidir? Bu sorunun yanıtı erken sömürgecilik döneminde farklı toplumların oluşma biçimlerinde yatar. O tarihte meydana gelen kurumsal farklılaşmanın etkileri günümüze kadar varlığını korudu. Bu farklılaşmayı anlamak için işe tam olarak Kuzey ve Latin Amerika'daki sömürgelerin kuruluşundan başlamamız gerekir.

Buenos Aires'in kuruluşu

1516'nın başlarında İspanyol denizci Juan Díaz de Solís, Güney Amerika'nın doğu sahillerindeki geniş bir halice demir attı. Solís sahilin sığ sularında ilerlerken bu toprakları İspanya adına sahiplendi ve bölgede gümüş olduğu için nehrin adını Río de la Plata, "Gümüş Nehri" koydu. Halicin iki yanındaki yerli halklar –günümüzde Uruguay'ın bulunduğu bölgedeki Charrúa halkı ve modern Arjantin'in Pampas olarak bilinen ovalarındaki Querandí halkı– yeni gelenleri düşmanca karşıladı. Bu yerliler, güçlü bir merkezi siyasi otorite olmaksızın küçük gruplar halinde yaşayan avcı-toplayıcılardı. Aslına bakılırsa, İspanya adına işgal etmeye koyulduğu yeni topraklarını keşfe çıkan Solís'i sopalarla döverek öldürenler de Charrúalardan bir gruptu.

1534'te, hâlâ iyimserliklerini koruyan İspanyollar Pedro de Mendoza önderliğindeki yerleşimcilerden oluşan ilk misyonu İspanya'dan bölgeye gönderdiler. Bu yerleşimciler aynı yıl içinde Buenos Aires bölgesinde bir şehir inşa ettiler. Burası Avrupalılar için ideal bir yer olabilirdi. Adı tam olarak "iyi havalar" anlamına gelen Buenos Aires'in yumuşak, ılıman bir iklimi vardı. Ne var ki, İspanyolların ilk yerleşimi kısa ömürlü oldu. İyi havaların değil, sömürecekleri kaynakların ve zorla kullanacakları işgücünün peşindeydiler. Üstelik Charrúas ve Querandí ahalisi onlara itaat etmiyordu. İspanyollara yiyecek temin etmeye yanaşmadılar ve yakalandıklarında çalışmayı reddettiler. Okları ve yaylarıyla yeni yerleşimlere saldırdılar. Kendi başlarına yiyecek bulmak zorunda kalacaklarını tahmin etmeyen İspanyollar açlık çekmeye başladı. Buenos Aires düşledikleri gibi değildi. Bölgenin yerlilerini çalışmaya zorlamak fayda etmiyordu. Bölgede sömürülecek altın ya da gümüş yoktu. Solís'in bulduğu gümüşler ise aslında uzak Batı'dan, ta And Dağları'ndaki İnka ülkesinden gelmişti.

Hayatta kalmaya çalışan İspanyollar, daha büyük zenginliklere ve daha kolay çalıştırılabilecek bir nüfusa sahip yeni bir yer bulmak için keşif seferlerine çıkmaya başladılar. 1537'de Juan de Ayolas'ın liderlik ettiği böyle bir seferde, onları İnkalara götürecek bir yol arayarak Paraná Nehri'nden yukarı doğru ilerlediler. Yolculukları esnasında, mısır ve manyoka dayalı bir tarım ekonomisine sahip yerleşik hayata geçmiş Guaranílerle karşılaştılar. De Ayolas, Guaranílerin Charrúa ve Querandílerden tamamen farklı bir tabiatta olduklarını fark etmekte gecikmedi. De Ayolas kısa süren bir çatışmanın ardından Guaraní direnişini kırdı ve Nuestra Señora de Santa María de la Asunción adında, bugün Paraguay'ın başkenti olan bir şehir kurdu. Guaraní prensesleriyle evlenen De Ayolas ve adamları kısa sürede yeni bir aristokratik sınıf haline geldiler. Mevcut Guaraní zorunlu işgücü ve vergi sistemini, kendi denetimlerine almak kaydıyla devam ettirdiler. Bu, kurmayı istedikleri türden bir sömürgeydi. Dört yıl içinde Buenos Aires terk edildi ve oraya yerleşen İspanyolların hepsi yeni şehre taşındı.

Pampas'ın büyük tarımsal zenginliğine dayalı Avrupa tarzı geniş bulvarlarıyla "Güney Amerika'nın Paris'i" Buenos Aires'te 1580'e kadar yeni bir yerleşim kurulmadı. Buenos Aires'in terk edilmesi ve Guaraní'nin fethi, Amerika'daki Avrupa sömürgeciliğinin mantığını yansıtır. İlk İspanyol ve –ileride göreceğimiz gibi– İngiliz sömürgecileri toprağı kendileri sürmeye niyetli değildi; bunu onların yerine başkaları yapsın istiyorlardı. Ayrıca talan edebilecekleri zenginlikler, altın ve gümüş istiyorlardı.

Cajamarca'dan...

De Solís, de Mendoza ve de Ayolas'ın keşif seferleri, Kristof Kolomb'un 12 Ekim 1492'de Bahama adalarından birine ulaşmasını izleyen daha ünlü keşif seferlerini takip etti. Amerika'daki İspanyol yayılmacılığı ve sömürgeciliği 1519'da Hernán Cortés'in Meksika'yı işgal etmesinin, 15 yıl sonra Francisco Pizarro'nun Peru seferinin, bundan sadece iki yıl sonra da Pedro de Mendoza'nın Río de la Plata seyahatinin ardından ciddi bir hal aldı. Sonraki yüzyıl boyunca İspanyollar Güney Amerika'nın orta, batı ve güney kesimlerinin büyük kısmını fethedip sömürgeleştirirken Portekiz de doğuda Brezilya'yı sahiplendi.

İspanyolların sömürgecilik stratejisi son derece etkiliydi. İlk kez Cortés tarafından Meksika'da geliştirilen bu strateji, direnişi kontrol altına almanın en etkili yolunun yerlilerin liderini ele geçirmek olduğu gözlemine dayanıyordu. Bu strateji sayesinde İspanyollar liderin serveti üzerinde hak iddia edip yerli halkı vergi ve yiyecek vermeye zorladılar. İkinci aşama kendilerini toplumun yeni elit sınıfı haline getirerek vergi, haraç ve özellikle de zorunlu işgücü gibi mevcut uygulamaların kontrolünü ele geçirmeleriydi.

Cortés ile adamları 8 Kasım 1519'da muazzam Aztek başkenti Tenochtitlán'a vardıklarında Aztek İmparatoru Montezuma, İspanyolları barışçıl bir biçimde karşılamasını tavsiye eden danışmanlarının sözüne uyarak misafirperverlik gösterdi. Sonrasında olanlar, Fransisken rahip Bernardino de Sahagún'un ünlü Floransa Kodeksi'ndeki 1560'larda derlediği maddede detaylı bir biçimde tarif edilmiştir.

> [İspanyollar] derhal Montezuma'yı kıskıvrak yakaladılar (...) ardından tüm silahlar ateşlendi (...) Ortalığı korku sardı. Sanki herkesin kalbi yerinden çıkmıştı. Daha karanlık çökmeden dehşet çökmüştü, şaşkınlık ve endişe hakimdi, herkes donakalmıştı.
>
> Ve şafak söktüğünde derhal [İspanyolların] talep ettiği şeyler ilan edildi; beyaz tortillalar, kızartılmış hindiler, yumurtalar, tatlı su, kereste, odun, odun kömürü (...) Montezuma zaten bunları emretmişti.
>
> Ve İspanyollar iyice yerleştiklerinde, kentin bütün hazinelerini ele geçirmek için derhal Montezuma'yı sorguya çektiler (...) Büyük bir

şevkle altın aradılar. Ve bunun üzerine Montezuma onlara yolu gösterdi. Onun etrafını sarmışlardı (...) sıkı sıkı tutuyor, bırakmıyorlardı.

Ve ambara vardıklarında, Teocalco adındaki yere, tüm o şaşaalı şeyleri ortaya döktüler: Parlak kuş tüylerinden yelpazeler, gereçler, kalkanlar (...) buruna takılan hilal şeklindeki altın takılar, bacağa takılan altın bilezikler, altın pazıbentler, altın taçlar.

Ardından altını ayırdılar (...) Derhal bir ateş yakıp (...) tüm değerli şeyleri ateşe verdiler. Hepsi yandı. Ve İspanyollar tüm altını külçeler haline getirdiler (...) Ve İspanyollar her yeri gezdiler (...) Her şeyi aldılar; görüp beğendikleri her şeyi.

Bunun ardından Montezuma'nın kendi ambarına gittiler (...) Totocalo denilen yere (...) orada [Montezuma'nın] kendi mallarını getirdiler (...) hepsi değerli şeylerdi; ucu süslü kolyeler, kuştüyü perçemli kol bantları, altın pazıbentler, bilezikler, deniz kabuklarıyla yapılmış pazıbentler (...) ve turkuvaz taç, hükümdarlığın simgesi. Hepsini aldılar.

Azteklerin askeri fethi 1521'de tamamlandı. Cortés, Yeni İspanya eyaletinin valisi olarak en değerli kaynağı, yani yerli nüfusu, *encomienda* kurumuna göre bölmeye başladı. *Encomienda* ilk kez İspanya'da, ülkenin güneyini 8. yüzyıl ve sonrasında buraya yerleşen Mağribilerden geri alma faaliyetinin bir parçası olarak ortaya çıktı. Yeni Dünya'da çok daha kötücül bir biçim aldı: Yerliler *encomendero* denilen bir İspanyol'a veriliyordu. Yerli halk *encomendero*'ya vergi vermeye ve onun için çalışmaya zorlanıyor, bunun karşılığında *encomendero* da onlara Hıristiyanlığı kabul ettirmekle yükümlü sayılıyordu.

Encomienda uygulamalarının erken dönemine ait canlı bir tarif, bize İspanyol sömürge sistemine en eski ve en yıkıcı eleştirilerden birini getiren Dominiken rahibi Bartolomé de las Casas'tan kalmıştır. De las Casas, yeni vali Nicolás de Ovando liderliğindeki bir filoyla 1502'de İspanyol adası Hispaniola'ya geldi. Her gün yerli halkın maruz kaldığı zalimane muameleye ve sömürüye şahit olması, hayal kırıklığının ve rahatsızlığının giderek artmasına yol açtı. 1513'te, Küba'nın İspanyollar tarafından fethinde bir din görevlisi olarak görev aldı; hatta hizmetleri için ona bir *encomienda* bile verildi. Ancak o bunu reddedip İspanyol sömürge kurumlarını ıslah etmek için uzun bir mücadeleye girişti. Çabaları 1542'de İspanyol idaresinin barbarlığına karşı acımasız bir saldırı olan *Yerlilerin İmhası Üzerine Kısa Bir İnceleme* adlı kitabının yayınlanmasıyla sonuçlandı. *Encomienda* konusunda, Nikaragua örneği için şunları söylüyordu:

Yerleşimcilerin her biri şehirde kendisine tahsis edilen (ya da hukuki ifadesiyle *encommende* edilen) konuta yerleşti. Mukimleri kendisi için çalıştırmaya başladı, zaten az olan gıda maddelerini ellerinden aldı ve yerli halka ait, onların işlediği ve eskiden beri kendi ürünlerini yetiştirdikleri toprağı sahiplendi. Yerleşimciler tüm yerli nüfusu –ileri gelenleri, yaşlı adamları, kadınları ve çocukları– kendi hane halkından sayarak öyle muamele ettiler ve böylelikle hiç rahat yüzü göstermeden gece gündüz kendi çıkarları için çalıştırdılar.

De las Casas, bugünün Kolombiya'sı Yeni Granada'nın fethinde uygulanan stratejiyi şöyle aktarıyordu:

İspanyollar, mevcut altının tamamına el koymaya yönelik uzun vadeli planlarını gerçekleştirebilmek için şehirleri ve yaşayanlarını kendi aralarında paylaşmak (ya da kendi tabirleriyle *encommende* etmek) şeklindeki olağan stratejilerini uyguladılar (...) ve sonra, her zaman olduğu gibi, onlara sıradan birer köle gibi davrandılar. Sefere komuta eden adam, bölgenin kralını ele geçirip altı ya da yedi ay boyunca tutsak etti ve oldukça hukuksuz bir şekilde gitgide daha fazla altın ve zümrüt talep etti. Dehşete düşen kral Bogotá, kendisini işkencecilerinin pençelerinden kurtarmanın endişesiyle bir evi tamamen altınla doldurup teslim etmesi talebine rıza gösterdi. Bunu yerine getirmek için de halkını altın aramaya gönderdi ve onlar da pek çok kıymetli taşı parça parça taşımaya başladılar. Ama ev hâlâ dolmamıştı ve bunun üzerine İspanyollar sözünü tutmadığı için onu öldüreceklerini duyurdular. Komutan bir kanun temsilcisi olarak davanın kendisine bırakılması gerektiğini savundu. İsteği yerine getirildiğindeyse, resmi suçlamaların tamamlanmasının ardından kralı anlaşmayı yerine getirmeme konusunda ısrar ettiği gerekçesiyle işkenceye mahkûm etti. Ona *strapaddo*'yla[2] işkence ettiler, karnına yanan içyağı koydular, her iki ayağını ve başını demir kasnaklarla kazıklara sabitlediler ve sonra iki adam ellerini tutarken ayak tabanlarını yaktılar. Komutan ara sıra gelip bakıyor ve daha fazla altın vermedikçe ona ağır ağır işkence etmeye devam edeceklerini tekrarlıyordu ve öyle de yaptılar. Sonunda Kral ona çektirdikleri ıstıraba dayanamayıp boyun eğdi.

Meksika'da geliştirilen fetih stratejisi ve kurumları İspanyol İmparatorluğu'nun her yerinde şevkle benimsendi. Ama başka hiçbir yerde Pizarro'nun Peru'yu fethindeki kadar etkili bir biçimde uygulanmadı. De las Casas'ın ifadesiyle,

2. Filistin askısı. (ç.n.)

1531'de bir başka büyük zalim birkaç adamıyla Peru krallığına seyahat etti. Maceracı emsallerinin taktik ve stratejilerinin aynısını Yeni Dünya'nın başka yerlerinde uygulamak için her türlü gayreti göstermeye koyuldu.

Pizarro, Peru şehri Tumbes yakınlarındaki sahilden başlayıp güneye ilerledi. 15 Kasım 1532'de İnka İmparatoru Atahualpa'nın ordugâh kurduğu dağ şehri Cajamarca'ya ulaştı. Ertesi gün, müteveffa babaları Huayna Capac'ın yerine kimin geçeceğini tayin etmek için düzenlenen müsabakada kardeşi Huascar'ı bozguna uğratan Atahualpa, maiyetiyle birlikte İspanyolların kamp yerine geldi. Atahualpa öfkeliydi, çünkü o ana kadarki İspanyol mezaliminden, örneğin Güneş Tanrısı İnti'nin tapınaklarından birinde yapılanlardan haberdardı. Daha sonra olanlar ise herkesçe malumdur. İspanyollar tuzak kurup gelenleri gafil avladılar. Atahualpa'nın muhafızlarından ve maiyetindekilerinden oluşan muhtemelen iki bin kadar kişiyi öldürdüler ve kralı esir aldılar. Atahualpa yeniden özgürlüğüne kavuşmak için bir oda dolusu altın ve iki oda dolusu gümüş getireceğine söz vermek zorunda kaldı. Sözünü yerine getirdi ama sözlerinde durmayan İspanyollar Ağustos 1533'te onu boğarak öldürdüler. Kasım ayında, İspanyollar İnka başkenti Cusco'yu ele geçirdi. İnka aristokrasisi de Atahualpa'yla aynı muameleye tabi tutuldu; altın ve gümüş temin edinceye dek hapsedildiler. İspanyolların taleplerini karşılamadıklarında diri diri yakıldılar. Güneş Tapınağı gibi Cusco'nun muhteşem sanat hazinelerindeki altınlar yerlerinden kazınıp eritilerek külçe haline getirildi.

Bu noktada İspanyollar İnka halkına odaklandılar. Meksika'da olduğu gibi, buranın sakinleri de her biri Pizarro'nun beraberindeki *conquistadorlar*'dan birinin sorumluluğuna verilen *encomiendalar*'a bölündü. *Encomiendalar* sömürgeciliğin ilk döneminde emeğin kontrol edilip örgütlenmesinde kullanılan temel kurumdu. Ancak kısa bir süre sonra kuvvetli bir rakiple karşılaştı. 1545'te, Diago Gualpa adındaki bir yerli günümüz Bolivya'sında Andların yüksek kesimlerindeki yerel bir tapınağı ararken ani bir rüzgârla yere devrildi ve tam önünde gizli bir gümüş cevheri belirdi. Bu, İspanyolların El Cerro Rico, "Zengin Tepe" adını koydukları büyük gümüş dağının bir parçasıydı. Dağın etrafında yükselen Potosí şehri 1650'de 160 bin kişilik bir nüfusa sahipti ve aynı dönemde Lizbon ya da Venedik'ten daha büyüktü.

İspanyolların gümüşten yararlanabilmek için madenciye, hem de çok sayıda madenciye ihtiyaçları vardı. Bu yüzden İspanya ye-

Harita 1: İnka İmparatorluğu, İnka yol ağı ve *mita* madencilik havzası.

ni bir genel vali olarak asıl görevi işgücü meselesine çözüm getirmek olan Francisco de Toledo'yu atadı. De Toledo Peru'ya 1569'da geldi ve ilk beş yılını etrafı gezip yeni görevini inceleyerek geçirdi. Ayrıca tüm yetişkinleri kapsayan ayrıntılı bir nüfus sayımı başlattı. Toledo ihtiyacı olan yerli işgücünü bulmak için öncelikle tüm nüfusu taşıyarak *reduccione*ler olarak bilinen –tam anlamıyla "küçültülenler"– yeni şehirlerde yoğunlaştırdı. Böylelikle işgücü İspanya Krallığı tarafından daha kolay sömürülebilecekti. De Toledo daha sonra *mita* olarak bilinen ve İnka dili Quechua'da "sıra" anlamına gelen bir İnka işgücü kurumunu canlandırıp uyarladı. İnkalar *mita* sistemleri sayesinde tapınaklar, aristokrasi ve ordu için yiyecek sağlamak üzere tasarlanmış plantasyonları işletirken zorunlu işgücünü kullanıyorlardı. İnka eliti de karşılığında kıtlıkla mücadele ediyor ve güvenlik sağlıyordu. Toledo'nun elinde *mita*, özellikle de Potosí *mita*sı, İspanyol sömürgeciliğinin emek sömürüsündeki en geniş ve en eziyetli planına dönüşecekti. De Toledo modern Peru'nun ortasından başlayarak modern Bolivya'nın büyük kısmını kapsayan dev bir havza belirledi. Yaklaşık 518 bin kilometrekareyi kaplıyordu. Bu bölgedeki *reduccione*'lerine yeni gelen yerli erkeklerin yedide birinin Potosí'deki madenlerde çalışması gerekiyordu. Potosí *mita*sı neredeyse tüm sömürgecilik dönemi boyunca sürdü ve ancak 1825'te yürürlükten kaldırıldı. Harita 1, İspanyol fethi dönemindeki İnka İmparatorluğu'na dayatılan mita havzasının boyutunu gösteriyor. *Mita*'nın başkent Cusco'yu da kapsayarak imparatorluğun kalbine ne denli denk düştüğünü ortaya koyuyor.

Ne ilginçtir ki, bugün Peru'da hâlâ *mita*'nın mirasını görürsünüz. Calca ve hemen yanındaki Acomayo'yu ele alalım. Bu bölgeler arasında çok az fark var gibi görünür. İkisi de dağların yüksek kesimlerinde bulunur ve ikisinin halkı da İnkaların soyundan gelip Quechua dili konuşur. Yine de, Calca'dakilerden üçte bir oranında daha az tüketim gücüne sahip sakinleriyle Acomayo çok daha yoksuldur. İnsanlar bunu bilir. Acomayo'da gözü pek yabancılara sorarlar: "Buradaki insanların Urubamba ve Calca'dakilerden daha yoksul olduğunu bilmiyor musunuz? Ne diye buraya gelmek istediniz ki?" Bu turistler gözü pektir çünkü İnka İmparatorluğu'nun eski merkezi ve başkenti Cusco'dan Acomayo'ya gelmek, Calca'ya gelmekten çok daha zordur. Calca yolu fena değildir, Acomayo'nunki ise bakımsızlıktan harap durumdadır. Acomayo'ya ulaşmak için bir at ya da katır bulmanız gerekir. Her iki şehirde de insanlar aynı ekinleri yetiştirirler ancak Calca'dakiler bunları pazarda para karşılığında satarlar. Acomayo'dakiler ise kendi ihtiyaçlarını karşılamak için yetiştirirler. Yöre sakinlerinin aşina olduğu bu gözle görünür eşitsizlikler iki bölge arasındaki kurumsal farklılıklar bakımından anlaşılabilir. Bu kurumsal farklılıkların tarihsel kökleri de Toledo'ya ve onun yerli işgücünü daha etkin kullanmaya yönelik planına kadar uzanır. Acomayo ve Calca arasındaki en büyük tarihsel fark ise Acomayo'nun Potosí *mita*'sının havzasında olmasıydı. Calca ise değildi.

De Toledo, emeğin yoğunlaştırılmasına ve *mita*'ya ek olarak *encomienda*'yı bir "kelle vergisi"yle, her yetişkin erkeğin yıllık olarak gümüşle ödemesi gereken sabit bir tutarla pekiştirdi. Bu, yerlileri emek piyasasına zorlamak ve İspanyol toprak sahipler için işçi ücretlerini azaltmak için tasarlanan bir başka dalavereydi. De Toledo'nun görev süresi boyunca bir başka kurum, *repartimiento de mercancias*, yaygınlık kazandı. İspanyolca "repartir", yani "dağıtmak" fiilinden gelen ve tam olarak "malların dağıtımı" anlamına gelen bu *repartimiento*, malların İspanyollar tarafından belirlenen fiyatlarla yerlilere zorla satışını içeriyordu. De Toledo son olarak İspanyol elitinin iş girişimlerinde, şarap, koka yaprakları ya da tekstil ürünleri gibi mallardan oluşan ağır yükleri taşımak için yük hayvanları yerine yerlilerin kullanıldığı *trajin*, yani kelime anlamıyla "yük"ü, uygulamaya koydu.

Amerika'daki İspanyol sömürge dünyasının her tarafında benzer kurumlar ve sosyal yapılar ortaya çıktı. İspanyollar yağmacılığa, altın ve gümüş ihtirasına dayanan bir başlangıç evresinin ardından yerli halkı sömürmek için bir kurumlar ağı meydana getirdiler. *Encomienda*, *mita*, *repartimiento* ve *trajin*'den oluşan kurumlar dizisi, yerli halkın yaşam standartlarını geçimlik düzeye indirmeye zorlamak ve böylece arta kalan tüm kazancı İspanyollar için sömürmek üzere tasarlanmıştı. Bu amaca, yerlilerin topraklarını kamulaştırarak, onları çalışmaya zorlayarak, hizmetleri için düşük ücretler vererek, yüksek vergiler getirerek ve almayı bile istemedikleri mallara yüksek fiyatlar koyarak ulaştılar. Bu, kurumların İspanya Krallığı'na büyük servetler kazandırmasına, fatihleri ve torunlarını büyük zenginliğe kavuşturmasına karşın Latin Amerika'yı dünyanın en eşitsiz kıtası haline getirdi ve ekonomik potansiyelinin çoğunu tüketti.

Jamestown'a...

İspanyollar 1490'larda Amerika'nın fethine başladıklarında İngiltere yıkıcı bir iç savaşın, Gül Savaşları'nın ardından toparlanmaya çalışan küçük bir Avrupa gücüydü. Yağma ve altın için kapışacak ve Amerika'nın yerli halklarını sömürme fırsatından yararlanacak durumda değildi. Yaklaşık 100 yıl sonra, 1588'de, İspanyol Armadası'nın, İspanya Kralı II. Felipe'nin İngiltere'yi işgal girişiminin ve şans eseri bozgununun siyasal şok dalgaları tüm Avrupa'ya yayıldı. İngiltere'nin zaferi büyük bir sürpriz olsa da, sonunda sömürge imparatorluğu macerasına katılmalarına olanak tanıyan İngilizlerin denizlerde artan gücünün de bir işaretiydi.

Bu yüzden, İngilizlerin Kuzey Amerika'yı kolonileştirmeye tam olarak aynı dönemde başlamaları rastlantı değildir. Ama geç kalmışlardı. Kuzey Amerika'yı cazip olduğu için değil sadece uygun olduğu için seçtiler. Amerika'nın sömürülecek yerli halkın bol olduğu ve gümüş madenlerinin yer aldığı "arzu edilir" kısımları çoktan işgal edilmişti. İngilizlere artıklar kalmıştı. 18. yüzyılda İngiliz yazar ve ziraatçı Arthur Young kârlı "temel ihtiyaç mallarının" –bununla ihraç edilebilir tarım ürünlerini kastediyordu– nerede üretilebileceğini ele alırken şöyle yazıyordu:

> Her şey dikkate alındığında görüyoruz ki, kolonilerimizdeki temel ihtiyaç malları üretimi, güneşten uzaklıkları oranında değer kaybediyor. Hepsinin en sıcağı olan Batı Hint Adalarında miktar kişi başına 8l. 12s. 1d. iken kıtanın güneyindeki kolonilerde 5l. 10s. merkezdekilerde 9s. 6 1/2d.'e düşüyor. Kuzeydeki yerleşimlerde ise 2s. 6d.'e. Bu ölçek kuşkusuz çok önemli bir dersi ortaya koyuyor: Kuzey enlemlerinde koloni kurmaktan kaçınılması gerektiğini.

İngilizlerin 1585 ile 1587 yılları arasında Kuzey Carolina'daki Roanoke'de bir koloni kurma girişimleri tam bir başarısızlıktı. 1607'de bir kez daha denediler. 1606'nın sonlarına doğru üç yelkenli; *Susan Constant*, *Godspeed* ve *Discovery* Kaptan Christopher Newport komutasında Virginia'ya gitmek üzere yelken açtı. Virginia Kumpanyası'nın himayesindeki koloniciler Chesapeake Körfezi'ne girdiler ve tahttaki İngiliz Kralı I. James'e atfen James adını verdikleri nehir boyunca ilerlediler. 14 Mayıs 1607'de Jamestown yerleşimini kurdular.

Virginia Kumpanyası'nın gemilerindeki yerleşimciler İngiliz olsa da, ellerindeki kolonicilik modeli Cortés, Pizarro ve de Toledo'nun hazırladığı şablondan büyük ölçüde etkilenmişti. İlk planları, bölgenin yerli şefini ele geçirmek ve onu erzak bulmanın ve yerlileri kendileri için yiyecek ve zenginlik sağlamaya zorlamanın bir yolu olarak kullanmaktı.

İngiliz kolonicileri Jamestown'a ilk kez ayak bastıklarında bulundukları bölgenin Wahunsunacock adındaki bir krala sadakatle bağlı yaklaşık 30 Kızılderili kabilesinin oluşturduğu bir koalisyon olan Powhatan Konfederasyonu'na ait olduğunu bilmiyorlardı. Wahunsunacock'un başkenti, Jamestown'a yalnızca 32 kilometre uzaklıktaki Werowocomoco şehriydi. Koloniciler bölgedeki durum hakkında daha fazla bilgi edinmek istiyorlardı. Eğer Kızılderililer yiyecek ve işgücü sağlamaya ikna edilemezlerse koloniciler en azından onlarla ticaret yapabilmeliydi. Görünüşe göre, yerleşimcilerin kendi başlarına çalışıp kendi ürünlerini yetiştirmesi fikri akıllarından dahi geçmemişti. Ne de olsa, Yeni Dünya'nın fatihleri de böyle yapmamıştı.

Wahunsunacock, kolonicilerin varlığını çabucak fark etti ve

onlara büyük bir kuşkuyla yaklaştı. Kuzey Amerika için oldukça büyük sayılabilecek bir imparatorluğun başındaydı. Ancak çok düşmanı vardı ve İnkalar'da olduğu gibi ezici bir merkezi siyasal kontrolden yoksundu. Wahunsunacock İngilizlerin niyetinin ne olduğunu anlamaya karar verdi ve ilk olarak onlarla dostça ilişkiler kurmayı istediğini ileten elçiler gönderdi.

1607 kışı başlarken Jamestown yerleşimcilerinin yiyeceği azalmaya başlamıştı. Koloni konseyinin liderliğine tayin edilen Edward Marie Wingfield kararsızlık içindeydi. Durumu kurtaran Kaptan John Smith oldu. Yazdıkları, koloninin başlangıç dönemindeki gelişimine ilişkin bilgilerimizin temel kaynaklarından birini oluşturan Smith destansı bir karakterdi. İngiltere'nin Lincolnshire kırsalında doğmuştu. Ticarete atılmasını arzu eden babasına aldırış etmeyip paralı asker oldu. İlkin Hollanda'da İngiliz ordusunda, ardından Macaristan'daki Avusturya ordusuna katılarak Osmanlı İmparatorluğu ordularına karşı savaştı. Romanya'da yakalandı, köle diye satıldı ve tarla işçisi olarak çalıştırıldı. Günün birinde efendisinden kurtulmayı başardı ve onun elbiseleriyle atını çalarak Avusturya'ya kaçtı. Smith, Virginia yolculuğunda başını çoktan derde sokmuş ve Wingfield'ın emirlerine karşı geldiği için isyan suçuyla *Susan Constant*'ta hapsedilmişti. Plan, Yeni Dünya'ya vardıklarında onu mahkemeye çıkarmaktı. Ancak Wingfield, Newport ve diğer kolonici elit, kendilerine verilen emirlerin bulunduğu mühürlü zarfı açtıklarında dehşete düştüler: Virginia Kumpanyası Smith'i Jamestown'u yönetecek idari konseyin üyeliğine tayin etmişti.

Newport erzak ve daha fazla kolonici tedarik etmek için İngiltere'ye dönüp, Wingfield ne yapılacağı konusunda karasızlığa düştüğünde koloniyi kurtaran Smith oldu. Temel gıda maddeleri sağlayan bir dizi ticari misyon başlattı. Bunlardan birinde Wahunsunacock'un küçük kardeşlerinden biri olan Opechancanough tarafından ele geçirildi ve Werowocomoco'da kralın huzuruna çıkarıldı. Wahunsunacock'la görüşen ilk İngiliz'di ve bazı kaynaklara göre Smith bu ilk görüşmede Wahunsunacock'un genç kızı Pocahontas'ın araya girmesiyle hayatta kalmıştı. 2 Ocak 1608'de serbest bırakıldı ve aynı günün ilerleyen saatlerinde İngiltere'den tam zamanında dönen Newport'un gelişine kadar hâlâ tehlikeli ölçüde yiyecek kıtlığı çekmekte olan Jamestown'a döndü.

Jamestownlu koloniciler bu ilk deneyimlerinden çok az ders çıkardılar. 1608 yılının devamında altın ve değerli maden arayışlarını sürdürdüler. Hayatta kalmak istiyorlarsa ister zorla ister ticaret yoluyla olsun Kızılderililer sayesinde karınlarını doyurmaya bel bağlayamayacaklarını hâlâ anlayabilmiş gibi görünmüyorlardı. Cortés ve Pizarro'nun sonuç aldığı sömürgecilik modelinin Kuzey Amerika'da hiç mi hiç işe yaramayacağını ilk fark eden Smith'di. Koşullar tamamen farklıydı. Smith, İnkaların ve Azteklerin aksine Virginia Kızılderililerinin altını olmadığını belirtiyordu. Gerçekten de, günlüğüne "bilmelisiniz ki tüm servetleri kumanyadan ibaret" diye yazmıştı. İlk yerleşimcilerden biri olup ardında kapsamlı bir günlük bırakan Anas Todkill'in şu teşhisi, Smith ve diğer birkaçının hayal kırıklığını gayet iyi ifade ediyor:

> Ne iş vardı, ne umut, ne de konuşmak; varsa yoksa altın çıkarmak, işlemek, taşımak.

Harita 2, İspanyol fethi sırasında Amerika'nın farklı bölgelerindeki tahmini nüfus yoğunluğunu gösteriyor. Birleşik Devletler'in nüfus yoğunluğu birkaç bölge dışında mil karede en fazla 0.75 kişi düzeyindeydi. Meksika'nın merkezinin ve Peru Andlarının nüfus yoğunluğu ise mil kareye 400 kişiye, yani 500 kattan fazlasına çıkıyordu.

Newport 1608 Nisanı'nda İngiltere'den ayrılırken "aptal altını" da denilen pirit yüklü bir kargo taşıyordu. Eylülün sonunda Virginia Kumpanyası'nın bölgedeki Kızılderilileri daha sıkı bir kontrol altına almasını söyleyen emirleriyle döndü. Niyetleri Şef Wahunsunacock'a taç giydirmek ve bu sayede İngiltere Kralı I. James'in hizmetine girmesini sağlamaktı. Onu Jamestown'a davet ettiler ama kolonicilere karşı hâlâ derin bir şüphe besleyen Wahunsunacock'un özgürlüğünü riske atmaya niyeti yoktu. John Smith, Wahunsunacock'un yanıtını şöyle kaydetmişti: "Kralınız bana armağanlar yolladıysa, ben de bir kralım ve burası benim ülkem (...) Ben değilim onun ayağına gitmesi gereken, babanız bana gelecek (...) kalenize gelmem, böyle bir yemi de yutmam."

Wahunsunacock "böyle bir yemi" yutmazsa, taç giyme törenini gerçekleştirmek için Newport ve Smith'in Werowocomoco'ya gitmesi gerekecekti. Tüm hadise tam bir fiyaskoyla sonuçlanmış gibi görünüyordu. Wahunsunacock namına tüm bu olup bitenden çıkan tek sonuç, kolonicilerden kurtulma zamanının gelmiş olduğuydu. Ticarete ambargo koydu. Jamestown artık erzak ticareti yapamayacaktı. Wahunsunacock onları aç bırakarak teslim olmaya zorlayacaktı. Newport İngiltere'ye gitmek üzere 1608 Aralık ayında bir kez daha yelken açtı. Yanında Smith'in kaleme aldığı ve Virginia Kumpanyası'nın direktörlerinden koloniye karşı yaklaşımlarını değiştirmelerini istirham eden bir mektup götürüyordu. Virginia'nın

Meksika ve Peru'daki gibi kısa sürede zengin edecek biçimde sömürülmesine olanak yoktu. Altın ya da değerli madenler yoktu ve Kızılderililer çalışmaya ya da yiyecek getirmeye zorlanamıyorlardı. Smith, ayakta kalmayı başaracak bir kolonide çalışmak zorunda olanların kolonicilerin kendisi olduğunu anladı. Bu yüzden direktörlerden doğru türden insanları göndermelerini istedi: "Yeniden adam yolladığınızda buradaki gibi bin kişi göndereceğinize yalvarırım 30 kadar marangoz, çiftçi, bahçıvan, balıkçı, demirci, duvar ustası, ağaçları ve köklerini temizleyecek yeterli sayıda işçi gönderin."

Smith daha fazla işe yaramaz kuyumcu ustası istemiyordu. Jamestown bir kez daha sadece onun becerikliliği sayesinde kurtulmuştu. Kızılderili kabilelerini onunla ticaret yapmaları için kandırmayı ve zorlamayı başardı; buna yanaşmadıklarında ne bulabildiyse onu aldı. Yerleşimde Smith tek otoriteydi ve "çalışmayan yiyemez" kuralını koymuştu. Jamestown ikinci kışı da atlattı.

Virginia Kumpanyası'nın para getiren bir girişim olması amaçlanmıştı ama iki feci yılın ardından kârdan eser yoktu. Şirket yöneticileri yeni bir yönetim modeline ihtiyaç duyduklarına karar vererek mevcut meclisin yerine bir vali atadılar. Bu mevkiye atanan ilk kişi Sir Thomas Gates'ti. Şirket, Smith'in uyarısının bazı yönlerini dikkate alarak yeni bir şey denemeleri gerektiğini kavramıştı. Bu kavrayışın nedeni "açlık zamanı" diye bilinen 1609-1610 kışındaki olaylardı. Yeni yönetim şeklinin hareket alanı bırakmadığı Smith, 1609 sonbaharında kırgın bir halde İngiltere'ye döndü. Koloniciler onun becerikliliğinden mahrum kalmaları ve Wahunsunacock'un yiyecek tedarikini kısmasıyla perişan oldular. Kış mevsimine giren 500 kişiden yalnızca 60'ı, mart ayı geldiğinde sağ kalabilmişti. Durum öylesine umutsuzdu ki, yamyamlığa başladılar.

Gates ve yardımcısı Sir Thomas Gale'in uygulamaya koyduğu "yeni bir şey", elbette koloniyi yöneten elit için değil fakat İngiliz yerleşimciler için gaddarlık düzeyindeki bir iş rejimiydi. "İlahi, Ahlaki ve Askeri Yasalar"ı yayan Dale'di. Bunlara şu maddeler de dahildi:

> Hiçbir erkek ya da kadın koloniden Kızılderililere kaçamaz, kaçanlar ölüm cezasına çarptırılır.
>
> Kamuya ya da şahsa ait bir bahçeyi ya da bir bağı soyan ya da mısır başağı çalanlar ölüm cezasına çarptırılır.
>
> Hiçbir koloni üyesi kendi çıkarı için bir kaptana, gemiciye, yelkenciye ya da tayfaya bu ülkeye ait hiçbir malı satamaz ya da veremez, uymayanlar ölüm cezasına çarptırılır.

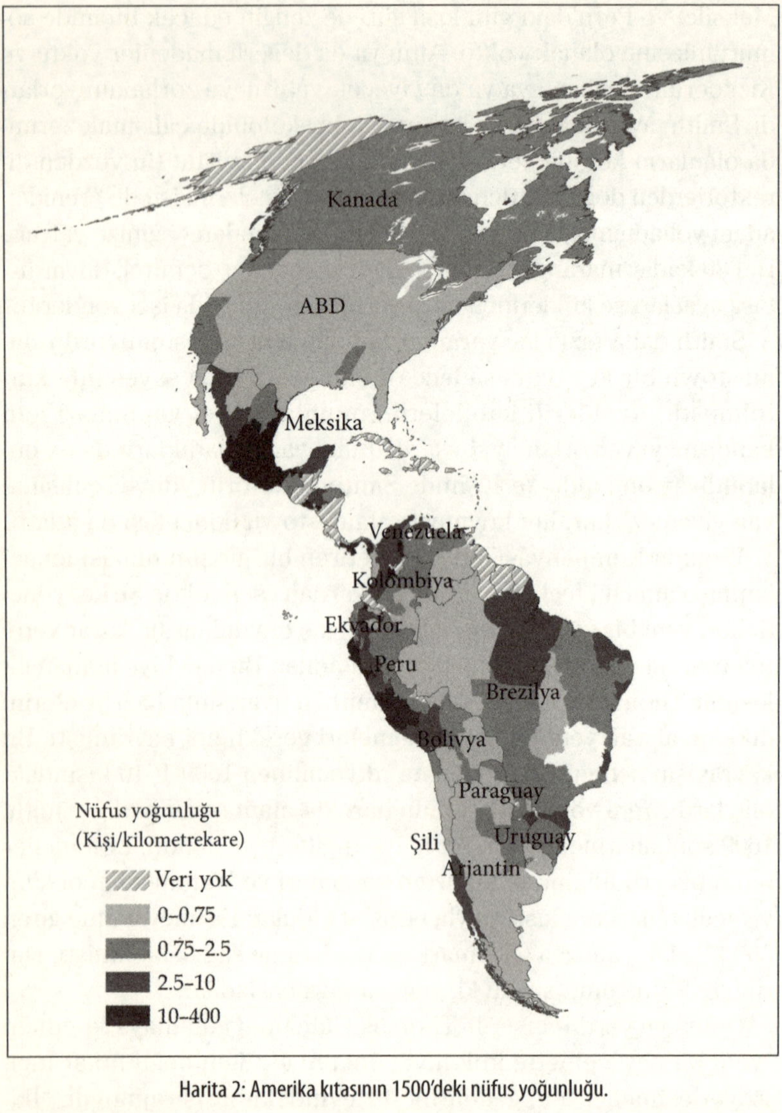

Harita 2: Amerika kıtasının 1500'deki nüfus yoğunluğu.

Virginia Kumpanyası eğer Kızılderilileri istismar etmek mümkün değilse, belki kolonicileri istismar etmek mümkündür diye düşündü. Yeni koloni modeli Virginia Kumpanyası'nı tüm ülkenin sahibi yaptı. Erkekler kışlalara yerleştirildi ve şirketin belirlediği tayınları aldı. İş grupları oluşturuldu ve her biri bir şirket yetkilisinin gözetimine verildi. Bu, idamı ceza için ilk çare olarak gören, sıkıyönetime yakın bir uygulamaydı. Koloninin yeni kurumlarının bir parçası olması bakımından biraz önce değindiğimiz ilk madde dikkate değerdir. Şirket kaçanları ölümle tehdit ediyordu. Yeni iş rejimi söz konusu olduğunda çalışmakla yükümlü koloniciler için Kızılderililerle yaşamak için kaçmak, gitgide daha cazip bir seçenek haline geliyordu. Ayrıca, o dönemde Virginia'da yerlilerin nüfus yoğunluğunun bile düşük olduğu göz önünde bulundurulduğunda, Virginia Kumpanyası'nın kontrol ettiği sınırların ötesine yalnız başına kaçmak da mümkündü. Bu seçenekler karşısında şirketin gücü sınırlıydı. İngiliz yerleşimcileri karın tokluğuna ağır iş yapmaya zorlayamazdı.

Bu kolonicilik modelinin Virginia'da işe yaramayacağını kavramak Virginia Kumpanyası'nın biraz zamanını aldı. Ayrıca "İlahi, Ahlaki ve Askeri Yasalar"ın başarısızlığının kafalarına dank etmesi de... 1618'den itibaren tamamen yeni bir strateji benimsendi. Kızılderilileri ve yerleşimcileri zorla çalıştırmak mümkün olmadığı için tek alternatif yerleşimcilere teşvik sunmaktı. 1618'de şirket her bir erkek yerleşimciye 50 akre (200 dönüm civarı) toprak verildiği; ayrıca ailesinin her ferdi ve Virginia'ya getirebileceği tüm hizmetliler için de fazladan 50 akre daha toprak verildiği "headright sistemi"ni başlattı. Yerleşimcilere ev verildi, kontratları iptal edildi ve 1619'da toplanan bir Genel Kurul etkin bir biçimde tüm yetişkin erkeklere yasalar ve koloniyi yöneten kurumlar için söz hakkı tanıdı. Bu, Birleşik Devletler'de demokrasinin başlangıcıydı.

Sonuçta, Virginia Kumpanyası'nın İspanyollar için Meksika'da, Orta ve Güney Amerika'da işe yarayan modelin Kuzey'de işe yaramayacağını gösteren ilk dersi öğrenmesi 12 yıl aldı. 17. yüzyılın kalanı ise ikinci ders üzerine uzun bir mücadeleler silsilesine tanık oldu: Ekonomik açıdan varlığını sürdürebilir bir koloni için tek seçenek, yatırım yapmaları ve çok çalışmaları için kolonicilere teşvik sağlayacak kurumlar inşa etmekti.

Kuzey Amerika gelişirken İngiliz eliti, tıpkı İspanyolların yaptığı gibi, defalarca ayrıcalıklı bir azınlık dışındaki herkesin ekonomik ve siyasal haklarını ağır bir biçimde sınırlayacak kurumları hayata geçirmeyi denedi. Ama bu model her seferinde iflas etti; tıpkı Virginia'da olduğu gibi.

En iddialı girişimlerden biri, Virginia Kumpanyası'nın strateji değiştirmesinin hemen ardından geldi. 1632'de Chesapeake Körfezi'nin yukarı kesimindeki 10 milyon akrelik toprak, İngiltere Kralı I. Charles tarafından Baltimore Lordu Cecilius Calvert'e tahsis edildi. Maryland Sözleşmesi, Lord Baltimore'a istediği gibi bir hükümet kurması için tam bir özgürlük sağlıyor ve yedinci madde Baltimore'un "sözü edilen eyalette iyi ve mutlu bir yönetim için gerekli her türlü yasayı belirlemek, hazırlamak ve çıkarmak için tam, özgür ve mutlak bir güce sahip olduğunu" belirtiyordu.

Baltimore 17. yüzyıl İngiltere kırsalının idealleştirilmiş şeklinin Kuzey Amerika'ya uyarlanmış haliyle, feodal bir toplum yaratmak için detaylı bir plan hazırladı. Ülkeyi lordlar tarafından idare edilecek binlerce akrelik arazi parçalarına ayırdı. Lordlar, toprakları işleyecek ve karşılığında ülkenin kontrolünü ellerinde bulunduran elite kira ödeyecek mutasarrıflar (kiracı) tutacaktı. Benzer bir girişim 1663 sonlarında, aralarında Sir Anthony Ashley-Cooper'ın da olduğu sekiz arazi sahibi tarafından kurulan Carolina'da gerçekleştirildi. Ashley-Cooper, sekreteri büyük İngiliz filozofu John Locke'la birlikte Carolina Anayasası'nı hazırladı. Bu belge, tıpkı ondan önceki Maryland Sözleşmesi gibi, arazi sahibi elitin kontrolüne dayalı elitist ve hiyerarşik bir toplum şablonu sağlıyordu. Önsöz, "Bu eyaletin hükümeti, hükmü altında yaşadığımız ve bu eyaletin de bir parçası olduğu monarşiye daima riayet etsin ve bizler de muhtelif demokrasiler kurmaktan kaçınalım" diyordu.

Temel Anayasa katı bir sosyal yapı tasarladı. En altta *leet-man*'ler vardı ve madde 23 "Tüm *leet-man* çocukları *leet-man*'dir ve bu tüm kuşaklar için geçerlidir" diyordu. Hiçbir siyasal güçleri olmayan *Leet-man*'lerin üstünde aristokrasiyi oluşturan *Cassique*'ler ve *Landgrave*'ler yer alıyordu. *Landgrave*'lerin her birine 48 bin akre, *Cassique*'lerin her birine de 24 bin akre arazi tahsis edilecekti. *Landgrave*'lerin ve *Cassique*'lerin temsil edildikleri bir parlamento olacak fakat yalnızca daha önce sekiz arazi sahibi tarafından onaylanmış kriterler görüşülebilecekti.

Tıpkı Virginia'daki gaddar bir yönetim kurma girişiminin başarısızlıkla sonuçlanması gibi, benzer tipte kurumları Maryland ve Carolina'da hayata geçirme planları da suya düştü. Nedenler aynıydı. Yerleşimcileri hiyerarşik bir sosyal yapının içinde yaşamaya zorlamak imkânsızdı; çünkü Yeni Dünya'da çok fazla seçenekleri vardı. Bunun yerine, çalışmaya istekli olmaları için teşvik edilmeleri gerekiyordu. Çok geçmeden daha fazla ekonomik özgürlük ve daha ileri siyasal haklar talep etmeye başladılar. Maryland'de de yerleşimciler kendi topraklarına sahip olmak için ısrar etmeye başladılar ve Lord Baltimore'u bir meclis kurmaya zorladılar. 1691'de meclis, kralı Maryland'i bir kraliyet kolonisi olarak tanımaya ve böylelikle Baltimore ve onun şanlı lordlarının siyasal ayrıcalıklarını kaldırmaya ikna etti. Benzer bir sürüncemeli mücadele Kuzey ve Güney Carolina'da cereyan etti ve yine arazi sahiplerinin yenilgisiyle sonuçlandı. Güney Carolina 1720'de kraliyet kolonisi oldu.

1720'lere gelindiğinde, sonradan Birleşik Devletler'i oluşturacak 13 koloninin tümü benzer idari yapılara sahipti. Hepsinin bir valisi ve erkek arazi sahiplerinin üyeliğini esas alan bir meclisi vardı. Demokratik değildiler; kadınlar, köleler ve arazisi olmayanlar oy kullanamıyordu. Ancak diğer çağdaş toplumlarla kıyaslandığında bu kolonilerde yaşayanlar çok geniş siyasal haklara sahiptiler. Birleşik Devletler'in bağımsızlığının başlangıcında, 1774'te, İlk Kıta Kongresi'ni toplamak için bir araya gelen işte bu meclisler ve liderleriydi. Meclisler hem kendi üyeliklerini hem de kendi vergi haklarını belirleme hakkına sahip olduklarına inanıyorlardı. Bu, bildiğimiz gibi, İngiliz koloni idaresi için çeşitli sorunlar yarattı.

İki anayasanın hikâyesi

Buraya kadar anlatılanlardan, demokratik ilkelere dayalı, siyasal gücün kullanımına sınırlama getiren ve bu gücü toplumun geniş kesimlerine yayan bir anayasa benimseyip uygulayan ülkenin Meksika değil de Birleşik Devletler olmasının bir tesadüf olmadığı aşikârdır. Delegelerin Mayıs 1787'de Philadelphia'da kaleme aldıkları belge, 1619'da Jamestown'da Genel Meclis'in kurulmasıyla başlayan uzun bir sürecin ürünüydü.

Birleşik Devletler'in bağımsızlık döneminde yaşanan anayasal süreç ile bir süre sonra Meksika'da cereyan eden arasındaki tezat çok belirgindir. Şubat 1808'de Napoléon Bonaparte'ın komutasındaki Fransız ordusu İspanya'yı işgal etti. Mayıs'ta Madrid'i, İspanya'nın başkentini ele geçirdiler. Eylül'de İspanya Kralı Ferdinand tutuklanıp tahttan uzaklaştırıldı. Onun yerine Fransızlarla savaşmak için meşaleyi ulusal bir cunta, Junta Central devraldı. Cunta ilk kez Aranjuez'de toplandı ancak Fransız orduları karşısında güneye geri çekildi. Sonunda, Napoléon'un kuvvetleri tarafından kuşatılmasına rağmen Cádiz limanına ulaşıp burada direndi. Cunta burada Cortes adında bir parlamento kurdu. Cortes 1812'de halk egemenliği ilkelerini esas alan bir anayasal monarşiye geçmek için çağrıda bulunan ve Cádiz Anayasası olarak bilinen anayasayı hazırladı. Aynı zamanda özel ayrıcalıkların sona erdirilmesi ve yasalar önünde eşitliğin hayat geçirilmesi için de çağrıda bulunuyordu. Tüm bu talepler, hâlâ *encomienda*'nın, zorunlu işgücünün ve bir hak olarak kendilerine ve sömürge devletine verilmiş mutlak gücün şekillendirdiği kurumsal bir çevrede hüküm sürmeye devam eden Güney Amerika elitleri için aforoz anlamına geliyordu.

İspanyol devletinin Napoléon'un işgaliyle çökmesi Latin Amerika'daki tüm sömürgelerde kurumsal krize neden oldu. Junta Central'in otoritesini tanıyıp tanımama konusunda çok tartışma vardı ve bunun üzerine Latin Amerika'nın pek çok bölgesinde yerel cuntalar kuruldu. İspanya'dan bütünüyle bağımsız olma seçeneğinin farkına varmaları an meselesiydi. İlk bağımsızlık ilanı 1809'da La Paz-Bolivya'dan geldi; ne var ki Peru'dan gönderilen İspanyol birliklerince çabucak bastırıldı. Meksika'da Peder Miguel Hidalgo'nun öncülük ettiği "1810 Hidalgo İsyanı", İspanyol yönetimine karşı muhalefeti güçlendirdi. Hidalgo'nun ordusu 23 Eylül'de Guanajuato'yu yağmaladığında *intendante*'yi, yani sömürgenin en üst düzeydeki idarecisini öldürdüler ve ardından ayrım gözetmeksizin beyazları öldürmeye başladılar. Bu bağımsızlık hareketinden çok bir sınıf savaşına, hatta etnik bir savaşa benziyordu ve elitlerin tümünü muhalefet bayrağı altında birleştirdi. Eğer bağımsızlık halkın siyasete katılımını sağlayacaksa yalnızca İspanyollar değil yerel elitler de buna karşıydı. Sonuç olarak, Meksika elitleri popüler katılımın yolunu açan Cádiz Anayasası'na son derece kuşkuyla yaklaştılar ve asla geçerliliğini tanımadılar.

1815'te Napoléon'un Avrupa imparatorluğu çöktüğünde Kral VII. Ferdinand tekrar tahta çıktı ve Cádiz Anayasası ilga edildi. İspanyol kraliyeti Amerika'daki sömürgelerini geri kazanmaya uğraşırken kralcı Meksika'yla bir sorun yaşamadı. Yine de, 1820'de İspanyol otoritesini yeniden tesis etmek amacıyla Amerika'ya yelken açmak için Cádiz'de toplanan bir İspanyol ordusu, VII. Ferdinand'a isyan etti. Kısa süre içinde onlara ülkenin her tarafından askeri birlikler katıldı ve Ferdinand Cádiz Anayasası'nı yeniden geçerli kılmak ve Cortes'i toplamak zorunda kaldı. Bu Cortes, Cádiz Anayasası'nı hazırlayandan bile daha radikaldi ve zorunlu emeğin tüm biçimlerinin kaldırılmasını teklif etti. Bunun yanı sıra tüm ayrıcalıklara, örneğin ordudaki subay ve askerlerin kendi askeri mahkemelerinde yargılanmasına son verdi. Sonunda Meksika da bu belgedeki dayatmalarla karşılaşınca, elitler kendi başlarına hareket edip bağımsızlıklarını ilan etmenin daha iyi olduğuna karar verdiler.

Bu bağımsızlık hareketinin başındaki isim, İspanyol ordusunda bir subay olan Augustín de Iturbide'ydi. 24 Şubat 1821'de, bağımsız bir Meksika için kendi görüşünü ortaya koyan "Plan de Iguala"yı yayımladı. Plan, başında Meksikalı bir imparatorun olduğu bir anayasal monarşiye dayanıyor ve Meksikalı elitlerin konumları ve ayrıcalıkları için büyük bir tehdit olarak gördükleri Cádiz Anayasası'nın hükümlerini ortadan kaldırılmasını içeriyordu. "Plan de Iguala" çok hızlı destek gördü ve İspanya bunun kaçınılmazı durdurmaya yetmeyeceğini anladı. Fakat Iturbide yalnızca Meksika'daki süreci düzenlemekle kalmadı. Otorite boşluğunu fark ederek kendisini –Güney Amerika'nın bağımsızlığının büyük önderi Simón Bolivar'ın tanımıyla "Tanrının ve süngülerin yardımıyla"– imparator ilan ettirmek için vakit kaybetmeden arkasındaki askeri destekten yararlandı. Birleşik Devletler başkanlarının güçlerini kısıtlayan siyasal kurumlar Iturbide için söz konusu değildi; çabucak kendisini bir diktatöre dönüştürdü ve Ekim 1822'de yasal meclisi azledip yerine kendi seçtiği bir cuntayı atadı. Iturbide çok uzun yaşamasa da, 19. yüzyıl Meksikası'nda benzer nitelikteki olaylar defaatle cereyan edecekti.

Birleşik Devletler anayasası günümüz standartlarında bir demokrasi meydana getirmedi. Seçimlerde kimin oy vereceğini belirlemek eyaletlerin kendilerine kalmıştı. Kuzeydeki eyaletler gelirlerine ve ne kadar araziye sahip olduklarına bakmaksızın tüm beyaz erkeklere oy kullanma hakkı tanırken güneydeki eyaletler bunu ancak aşamalı olarak uygulamaya koydular. Hiçbir eyalet kadınlara ya da kölelere oy kullanma hakkı tanımadı, beyaz erkekler için mülkiyet ve zenginliğe ilişkin kısıtlamalar kaldırılarak açık bir biçimde siyah erkekleri oy kullanma hakkından mahrum eden ırksal ayrıcalıklar getirildi. Birleşik Devletler anayasası Philadelphia'da yazılınca kölelik de, elbette yasal addedildi ve en kıran kırana müzakere temsilciler meclisindeki koltukların eyaletler arasında ayrılması konusunda cereyan etti. Bu koltukların ülkenin nüfusuna göre tahsis edilmesi gerekiyordu ama güney eyaletlerinin temsilcileri kölelerin de sayılmasını istedi. Kuzeyliler itiraz ettiler. Temsilciler Meclisi'nin koltuklarının paylaştırılmasında bir kölenin özgür bir kişinin beşte üçü olarak sayılması üzerinde anlaşıldı. Kuruluş sürecinde Birleşik Devletler'in kuzeyi ve güneyi arasındaki çatışmalar, beşte üç kuralı ve diğer anlaşmaların işe yaramasıyla bastırıldı. Sonraki düzenlemeler zamanla eklendi: Örneğin Missouri Anlaşması, kölelik konusunda Senato'daki dengeyi korumak için, kölelik yanlısı ve kölelik karşıtı iki devletin daima eşzamanlı olarak birliğe dahil edilmesini karara bağlıyordu. Bu geçiştirmeler, sonunda İç Savaş bu çatışmaya Kuzey'in lehine çözüm getirinceye dek Birleşik Devletler'in siyasal kurumlarının olaysız biçimde çalışmasına olanak tanıdı.

İç Savaş kanlı ve yıkıcıydı. Ancak savaşın hem öncesinde hem de sonrasında nüfusun büyük bir kesimi için çok geniş ekonomik fırsatlar vardı; özellikle kuzeyde ve batıda. Meksika'daki durum ise çok farklıydı. Birleşik Devletler 1860 ve 1865 arasında beş yıl boyunca siyasal istikrarsızlık yaşadıysa, Meksika bağımsızlığının ilk 50 yılı boyunca neredeyse aralıksız istikrarsızlık yaşadı. Bu durum en açık biçimde Antonio López de Santa Ana'nın kariyerinde kendini gösterir.

Veracruz'da bir sömürge memurunun oğlu olan Santa Ana, bağımsızlık savaşlarında İspanya için savaşan bir askerken sivrildi. 1821'de taraf değiştirerek Iturbide'in yanında yer aldı ve bir daha ardına bakmadı. İlk defa Mayıs 1833'te Meksika Başkanı olsa da Valentín Gómez Farías'ın başkanlığa gelmesine izin vermeyi tercih ettiğinden iktidarda bir aydan az kaldı. Gómez Farías'ın başkanlığı 15 gün sürünce Santa Ana yeniden iktidara geldi. Ancak bu da ilki kadar kısa süreli oldu ve temmuz başında yerine yeniden Gómez Farías geçti. Santa Ana ve Gómez Farías bu dansı 1835 ortalarına kadar sürdürdüler; ta ki Santa Ana'nın yerini Miguel Barragán alıncaya dek. Fakat Santa Ana kolay pes eden biri değildi. 1839, 1841, 1844, 1847 ve son olarak 1853 ile 1855 arasında başkanlığa geri döndü. Toplam 11 kez başkan oldu; Alamo ve Texas kaybedilirken ve sonradan New Mexico ve Arizona olacak toprakların elden çıkmasına yol açan feci Meksika-Amerika Savaşı sürerken başkanlık yaptı. 1824 ile 1867 yılları arasında Meksika'da çok azı yasal olarak tanınmış bir prosedürle iktidara gelen 52 başkan görev yaptı.

Bu eşi benzeri görülmemiş siyasal istikrarsızlığın ekonomik kurumlar ve teşvikler üzerindeki sonuçları çok açıktır. Böylesi bir istikrarsızlık mülkiyet haklarının büyük ölçüde tehlikeye girmesine yol açtı. Ayrıca Meksika devletini ciddi biçimde zayıflatarak vergileri artırmak ya da kamu hizmetlerini yerine getirmek için çok az bir otoritesinin ve gücünün kalmasına sebep oldu. Aslına bakılırsa, Santa Ana Meksika'nın başındayken bile ülkenin büyük bir bölümü onun kontrolünde değildi ve bu durum Texas'ın Birleşik Devletler tarafından ilhakına olanak tanıdı. Üstelik, biraz önce de gördüğümüz gibi, Meksika'nın bağımsızlık ilanının arkasındaki motivasyon, sömürgecilik döneminde Meksika'yı büyük Alman kâşifi ve Latin Amerika coğrafyacısı Alexander von Humboldt'un sözleriyle "eşitsizlik ülkesi" yapan ekonomik kurumları korumaktı. Bu kurumlar, toplumun yerli halkın sömürülmesi ve tekeller oluşturulmasına dayanmasını sağlayarak, nüfusun büyük kısmının ekonomik teşvik ve girişimlere ulaşmasını engellemişti. Birleşik Devletler 19. yüzyılın ilk yarısında Sanayi Devrimi'ni deneyimlemeye başlarken Meksika daha da yoksullaştı.

Bir fikir bulmak, bir şirket kurmak ve bir kredi çekmek

Sanayi Devrimi İngiltere'de başladı. İlk başarısı, önce su çarkları, ardından buhar motorlarıyla çalıştırılan yeni makinelerle pamuklu giysi üretimini kökten değiştirmek oldu. Pamuk üretiminin mekanizasyonu önce tekstilde, ardından diğer sanayi dallarında işçilerin verimliliğini muazzam ölçüde artırdı. Ekonomideki teknolojik atılımların lokomotifi, yeni fikirlerini uygulamaya can atan yeni girişimcilerin ve işadamlarının öncülük ettiği yeniliklerdi. Bu ilk filizlenme kısa sürede Kuzey Atlantik boyunca Birleşik Devletler'e yayıldı. İnsanlar İngiltere'de geliştirilen bu yeni teknolojileri hayata geçirmenin sağlayacağı büyük ekonomik fırsatları gördüler. Ayrıca kendi icatlarını kullanmak için ilham aldılar.

Bu icatların doğasını kimlere patent verildiğine bakarak anlamaya çalışabiliriz. Fikri mülkiyet haklarını koruyan patent sistemi, kısmen kralın her istediğine keyfi olarak patent belgesi vermesini engellemeye –ve belirli alanlarda faaliyet gösterenlere ya da iş kuranlara fiilen münhasır haklar verilmesini sağlamaya– yönelik bir girişim olarak 1623'te İngiliz Parlamentosu tarafından yasalaştırılan Tekel Kanunu'yla düzenlendi. Birleşik Devletler'deki patent sistemi hakkındaki bulguların şaşırtıcı yanı, patent verilen kişilerin yalnızca zengin ve elit kesimlerden değil, toplumun her alanından ve her türlü sosyal çevreden gelmesidir. Bunların çoğu patentleri sayesinde servet kazandı. Fonogramın ve ampulün mucidi ve hâlâ dünyanın en büyük şirketlerinden biri olan General Electric'in kurucusu Thomas Edison'ı ele alalım. Edison yedi kardeşin en küçüğüydü. Babası Samuel Edison, çatı padavrası hazırlamaktan terziliğe, taverna işletmeciliğine kadar pek çok işle uğraşmıştı. Thomas çok az örgün eğitim görmüş, evde annesinden eğitim almıştı.

1820 ile 1845 yılları arasında Birleşik Devletler'deki patent sahiplerinin yalnızca yüzde 19'unun ebeveynleri meslek sahibiydi ya da tanınmış büyük toprak sahibi ailelerden geliyordu. Aynı dönemde patent sahibi olanların yüzde 40'ı, tıpkı Edison gibi, yalnızca temel seviyede ya da daha az eğitim görmüştü. Dahası, yine Edison gibi, çoğu birer şirket kurarak patentlerinden istifade etmişti. Birleşik Devletler 19. yüzyılda siyasal bakımdan neredeyse diğer tüm uluslardan daha demokratik olduğu gibi, konu yeniliğe geldiğinde de diğerlerinden daha demokratikti. Bu, ekonomik bakımdan dünyanın en yenilikçi ülkesi haline gelmesinde kritik bir öneme sahipti.

İyi bir fikriniz var ve fakirseniz, bir paten almak –ki o kadar da pahalı değildir– başka şeydir, onu para kazanmak için kullanmak başka şey. Bunun bir yolu, elbette, onu başka birine satmaktır. Biraz sermaye bulmak için başlarda Edison'ın yaptığı da buydu: Çift yönlü telgrafını Western Union'a 10 bin dolara satmıştı. Ancak patent satmak yalnızca Edison gibi pratiğe geçirebileceğinden daha hızlı fikir üretenler için iyi bir fikirdir (Edison Birleşik Devletler'de 1093, dünya genelinde 1500 patentle bir dünya rekorunun sahibiydi). Bir patentten para kazanmanın asıl yolu kendi işinizi kurmaktan geçiyordu. Ancak bir iş kurmak için sermayeye ve bu sermayeyi size borç verecek bankalara ihtiyacınız vardır.

Birleşik Devletler'deki mucitler bir başka konuda da şanslıydı. 19. yüzyılda finansal aracılık hizmetlerinde ve bankacılıkta hızlı bir genişleme yaşanması, ekonomide görülen hızlı büyümeyi ve sanayileşmeyi kolaylaştıran en önemli etkenlerinden biriydi. 1818'de Birleşik Devletler'de 160 milyon dolar toplam sermayeyle 338 banka faaliyet gösterirken 1914'te 27,3 milyar dolar toplam aktifle 27,864 banka vardı. Birleşik Devletler'deki potansiyel mucitler işlerini kurmak için sermayeye kolayca ulaşabiliyorlardı. Üstelik, Birleşik Devletler'de bankalar ve finansal kurumlar arasında süren yoğun rekabet, bu sermayeye epeyce düşük faiz oranlarıyla ulaşılabileceği anlamına geliyordu.

Aynı şey Meksika için geçerli değildi. Aslına bakılırsa 1910'da, yani Meksika Devrimi'nin başladığı yılda, Meksika'da yalnızca 42 banka vardı ve bunların ikisi bankacılık sektöründeki toplam aktiflerin yüzde 60'ını kontrol ediyordu. Çetin bir rekabetin hüküm sürdüğü Birleşik Devletler'in aksine, Meksika bankaları arasında fiilen hiç rekabet yoktu. Bu rekabet eksikliği, bankaların müşterilerinden çok yüksek faiz oranları almaları, genellikle borç verme işini zaten varlıklı ve ayrıcalıklı kesimlerle sınırlamaları ve bu durumda onların da alacakları krediyi ekonominin çeşitli alanlarındaki hâkimiyetlerini artırmak için kullanmaları anlamına geliyordu.

Meksika bankacılık sektörünün 19. ve 20. yüzyılda aldığı biçim, bağımsızlık sonrası siyasal kurumlarının doğrudan bir sonucudur. Santa Ana devrindeki kaosu, İmparator III. Napoléon'un Fransız hükümetinin 1864 ve 1867 yılları arasında Meksika'da İmparator Maximillian yönetiminde bir sömürge rejimi kurmayı amaçlayan başarısız girişimi izledi. Fransızlar kovuldu ve yeni bir anayasa hazırlandı. Ancak ilk olarak Benito Juárez'in kurduğu ve ölümünden sonra Sebastián Lerdo de Tejada'nın devraldığı hükümet, çok geçmeden Porfirio Díaz adlı genç bir ordu mensubunun meydan okumasıyla karşılaştı. Díaz, Fransızlarla yapılan savaşın muzaffer generaliydi ve gözünü iktidar hırsı bürümüştü. İsyancılardan oluşan bir ordu kurdu ve 1876 Kasım'ında Tecoac Savaşı'nda hükümet güçlerini bozguna uğrattı. Sonraki yılın mayıs ayında kendini başkan seçtirdi. 34 yıl sonra patlak veren devrimle devrilene kadar Meksika'yı neredeyse aralıksız olarak ve gittikçe daha da otoriterleşen bir tarzda yönetmeye devam etti.

Kendinden önceki Iturbide ve Santa Ana gibi Díaz da kariyerine bir subay olarak başladı. Siyasete uzanan böyle bir kariyer model, Birleşik Devletler'de gayet iyi biliniyordu. Birleşik Devletler'in ilk başkanı George Washington da Bağımsızlık Savaşı'nın başarılı bir generaliydi. İç Savaş'ın zafer kazanmış birlik generallerinden biri olan Ulysses S. Grant 1869'da başkan olmuştu ve İkinci Dünya Savaşı'nda Avrupa Müttefik Kuvvetler Komutanlığı'nı yürüten Dwight D. Eisenhower 1953-1961 yılları arasında Birleşik Devletler başkanıydı. Fakat Iturbide, Santa Ana ya da Díaz'ın aksine, bu ordu mensuplarının hiçbiri iktidara gelmek için zor kullanmadı. İktidarı bırakmamak için de zora başvurmadılar. Anayasaya bağlı kaldılar. 19. yüzyılda Meksika'da da bir dizi anayasa olmasına karşın bunlar Iturbide, Santa Ana ve Díaz'ın yapabildiklerine/yapabileceklerine çok az sınırlama getirmişti. Bu adamlar iktidardan ancak onu elde ettikleri yolla uzaklaştırılabildi: Zorla.

Díaz insanların mülkiyet haklarına tecavüz etti, muazzam miktarda arazinin kamulaştırılmasını kolaylaştırdı, destekçilerine tekeller kurdurdu ve bankacılık da dahil tüm iş alanlarında onları kayırdı. Bu, görülmemiş bir şey değildi. *Conquistadorlar*'ın yaptıkları tastamam buydu ve Santa Ana da onların izinden gitti.

Birleşik Devletler'in ülkenin ekonomik refahı bakımından kıyaslanmayacak ölçüde daha iyi bir bankacılık sektörüne sahip olmasının, banka sahiplerinin motivasyonları arasındaki farkla ilgisi yoktur. Aslına bakılırsa Meksika'daki bankacılık sektörünün tekelci doğasına temel teşkil eden kâr güdüsü, Birleşik Devletler'de de mevcuttu. Fakat Birleşik Devletler'in tamamen farklı kurumları nedeniyle bu kâr güdüsü farklı bir biçimde yönlendirildi. Bankacılar farklı ekonomik kurumlarla karşılaştılar; onları çok daha büyük bir rekabete maruz bırakan kurumlarla. Bunun başlıca nedeni ise bankacılar için kuralları koyan siyasetçilerin bizzat kendilerinin de farklı siyasal kurumlarca düzenlenen farklı teşviklerle karşılaşmalarıydı. Aslına bakılırsa 18. yüzyıl sonunda, Birleşik Devletler Anayasası'nın yürürlüğe girmesinin hemen ardından, bir süre sonra Meksika'ya hâkim olacak bankacılık sisteminin bir benzeri ortaya çıkmaya başlamıştı. Siyasetçiler, kâr payı karşılığında arkadaşlarına ve ortaklarına verebilecekleri devlet bankası tekelleri kurmaya çalışmışlardı. Ayrıca bankalar hiç vakit kaybetmeden işleyişlerini düzenleyen siyasetçilere borç para verme işine de girmişlerdi; tıpkı Meksika'da olduğu gibi. Ancak Birleşik Devletler'de bu durumun sürdürülebilmesi imkânsızdı; çünkü bu banka tekellerini kurmaya çalışan siyasetçiler, Meksika'daki emsallerinin aksine seçime ve yeniden seçime tabiydiler. Banka tekelleri kurmak ve siyasetçilere kredi dağıtmak siyasetçiler için kârlı bir iştir; tabii bedelini ödemedikleri sürece. Oysa bu durum yurttaşlar için hiç de iyi değildir. Meksika'nın aksine, Birleşik Devletler'de yurttaşlar siyasetçileri kontrol altında tutabilir ve makamlarını kendilerini zengin etmek ya da ahbaplarına tekeller kurmak için kullananları görevden alabilirler. İşte bu nedenle banka tekelleri çöktü. Birleşik Devletler'de siyasal hakların geniş dağılımı, özellikle Meksika'yla kıyaslandığında, finans ve krediye erişimde eşitliği güvence altına aldı. Bu da fikirleri ve icatları olanların bunlardan istifade etmelerini sağlandı.

İzleğe bağlı değişim

1870 ve 1880'lerde dünya değişiyordu. Latin Amerika da. Porfirio Díaz'ın oluşturduğu kurumlar, Santa Ana'nın ya da İspanyol sömürge devletinin kurduklarıyla aynı değildi. 19. yüzyılın ikinci yarısında dünya ekonomisinde patlama yaşandı ve taşımacılık sektöründeki buharlı gemi ve demiryolu gibi yenilikler, uluslararası ticaretin muazzam ölçüde genişlemesine yol açtı. Bu küreselleşme dalgası Meksika gibi zengin kaynaklara sahip ülkelerin – ya da daha doğrusu, bu ülkelerin elitlerinin– hammadde ve doğal kaynaklarını sanayileşen Kuzey Amerika'ya ya da Batı Avrupa'ya ihraç ederek zenginleşebilecekleri anlamına geliyordu. Böylece Díaz ve suç ortakları kendilerini farklı ve hızla gelişen bir dünyanın içinde buldular, Meksika'nın da değişmek zorunda olduğunu fark ettiler. Ancak bu, sömürge kurumlarının kökünü kazıyıp yerlerine Birleşik Devletler'dekilere benzer kurumlar getirmek anlamına gelmiyordu. Bunun yerine seçtikleri yol, zaten Latin Amerika'nın çoğunu fakir ve eşitsiz kılmış kurumları yalnızca bir üst aşamaya taşıyacak "izleğe-bağlı" değişimdi.

Küreselleşme Amerika'nın geniş açık alanlarını, "yerleşime açık hudut bölgelerini" değerli kıldı. Bu hudut bölgeleri vahşice yerlerinden edilen yerli halkları barındırdığından çoğu kez yalnızca hayali olarak yerleşime açıktı. Gelgelelim, yeni değerlenen bu kaynak için verilen mücadele, 19. yüzyılda Amerika için belirleyici süreçlerden biri oldu. Bu değerli hudutların aniden açılması Birleşik Devletler ve Latin Amerika için birbirine paralel gelişen süreçlere değil, mevcut kurumsal farklılıkların, özellikle de araziden kimlerin faydalanabileceğine ilişkin kurumsal farklılıkların şekillendirdiği daha da büyük bir ayrıma yol açtı. Birleşik Devletler'de 1785'teki Arazi Yönetmeliği'nden 1862'deki İskân Yasası'na kadar uzun bir yasama faaliyetleri dizisi hudut arazilerine büyük çaplı erişim sağladı. Bu, yerli halkların dışlanmasına karşın eşitlikçi ve ekonomik açıdan dinamik bir hudut bölgesi yarattı. Oysa çoğu Latin Amerika ülkesinde siyasal kurumlar çok farklı bir sonuç doğurdu. Hudut arazileri siyasal güce sahip olanlara, serveti ve bağlantıları olanlara tahsis edildi ve onları daha da güçlendirdi.

Díaz ayrıca kendini ve destekçilerini büyük ölçüde zenginliğe kavuşturabileceği düşüncesiyle, sömürge döneminin kurumsal mirası olan ve uluslararası ticareti engelleyen çoğu uygulamayı yürürlükten kaldırdı. Yine de, onun izlediği model Rio Grande'nin kuzeyinde gördüğü ekonomik gelişim tipine değil, elit tabakanın büyük servete kavuştuğu, geri kalanlarınsa dışlandığı Cortés, Pizarro ve de Toledo'nun modeline benzemeye devam etti. Elitler yatırım yaptığında ekonomi bir parça büyürdü ama bu tür bir ekonomik büyüme daima hayal kırıklığıyla sonuçlanırdı, ayrıca Nogales'in hinterlandındaki Sonora'lı Yaqui Kızılderilileri gibi bu yeni düzende haklarından yoksun bırakılanların aleyhine gelişirdi. 1900 ile 1910 arasında muhtemelen 30 bin Yaqui yerlerinden edildi, çoğu köleleştirildi ve Yucatan'ın *henequen*[3] plantasyonlarında çalışmaya gönderildi. (Lifleri, ip ve sicim yapımında kullanıldığı için *henequen* değerli bir ihraç ürünüydü.)

Meksika ve Latin Amerika'daki büyümeye ters düşen belirli bir kurumsal modelin 20. yüzyılda da varlığını sürdürmesi, tıpkı 19. yüzyılda olduğu gibi çıkar grupları iktidar mücadelesi veredursun bu kalıbın ekonomik durgunluğa, siyasal istikrarsızlığa, iç savaşlara ve darbeleri yol açmasıyla kendini gösterir. Díaz nihayet 1910'da devrimci kuvvetlere yenildi. Meksika Devrimi'ni 1952'de Bolivya'da, 1959'da Küba'da ve 1979'da Nikaragua'da gerçekle-

3. Tropikal bir Amerika bitkisi. (ç.n.)

şen başka devrimler izledi. Bu esnada Kolombiya, El Salvador, Guatemala, Nikaragua ve Peru'da uzun süren iç savaşlar patlak verdi. Kamulaştırma ya da malvarlığının kamulaştırılması tehdidi Bolivya, Brezilya, Şili, Kolombiya, Guatemala, Peru ve Venezuela'daki büyük tarım reformlarıyla (ya da reform girişimleriyle) tüm hızıyla devam etti. Devrimler, kamulaştırmalar ve siyasal istikrarsızlık, beraberinde askeri hükümetler ve çeşitli tipte diktatörlükler getirdi. Gerçi siyasal hakların artırılmasına yönelik eğilim de çoğalmıştı fakat çoğu Latin Amerika ülkesi ancak 1990'larda birer demokrasiye dönüştü ve o zaman bile istikrarsızlıktan kurtulamadılar.

Bu istikrarsızlık sürecine kitlesel baskılar ve cinayetler eşlik etti. 1991'de hazırlanan Şili Ulusal Hakikat ve Uzlaşma Komisyonu Raporu, 1973-1990 yılları arasındaki Pinochet diktatörlüğü sırasında 2279 kişinin siyasal nedenlerden ötürü öldürüldüğünü belirledi. Muhtemelen 50 bin kişi tutuklanıp işkence gördü ve yüz binlercesi işlerinden kovuldu. 1999'da Guatemala Tarihi Aydınlatma Komisyonu Raporu toplam 42.275 kurbanın ismini belirlese de, başka kaynaklar Guatemala'da 1962-1996 arasında 200 bin kadar kişinin öldürüldüğünü ve bu cinayetlerin 70 bininin General Efrain Ríos Montt döneminde meydana geldiğini iddia ettiler; General Efrain Ríos Montt'un işlediği bu suçlar o derece cezasız kalmıştı ki 2003'te yeniden başkanlık için yarıştı, neyse ki kazanamadı. Cunta dönemindeki kayıpları araştıran "Comisión Nacional sobre la Desaparición de Personas" (Arjantin Kayıpları Araştırma Komisyonu), 1976-1983 yılları arasında ülkede ordu tarafından öldürülenlerin sayısını dokuz bin olarak açıklamakla beraber gerçek sayının daha yüksek olabileceğini belirtti (İnsan hakları örgütlerinin tahminleri, bu sayıyı çoğu zaman 30 bin olarak gösteriyor).

Bir iki milyar kazanmak

Sömürge toplumunun örgütlenme biçiminin kalıcı sonuçları ve bu toplumların kurumsal mirası, Birleşik Devletler ile Meksika arasındaki modern farklılıkları, dolayısıyla Nogales'in iki yanı arasındaki farklılıkları biçimlendiriyor. Dünyanın en zengin iki adamı olan Bill Gates ve Carlos Slim'in –Warren Buffet da bu yarışmada ismi geçenlerden– başarı öyküleri arasındaki farklılık, bu etkenlerin pratikteki işleyişini gösteriyor. Gates ve Microsoft'un yükselişi herkesin malumudur. Fakat Gates'in dünyanın en zengin adamı ve en yenilikçi şirketlerinden birinin kurucusu olması, Birleşik Devletler Adalet Bakanlığı'nın tekel kurma suçlamasıyla 18 Mayıs 1998'de Microsoft Şirketi'ne dava açmasını engellemedi. Söz konusu olan özellikle Microsoft'un web tarayıcısı Internet Explorer'ı Windows'un işletim sistemine bağlama biçimiydi. Hükümetin gözü epey bir süredir Gates'in üzerindeydi ve daha 1991'de Federal Ticaret Komisyonu Microsoft'un PC işletim sistemleri üzerinde tekel kurup kurmadığı hakkında bir soruşturma başlatmıştı. Kasım 2001'de Microsoft, Adalet Bakanlığı'yla bir anlaşmaya vardı. Verilen cezalar taleplerin altında olsa da ayrıcalıklarına kısıtlama getirilmişti.

Öte yandan, Meksika'da Carlos Slim servetini yenilik sayesinde kazanmamıştı. Başlarda, borsa muameleleriyle ve kâr etmeyen şirketleri satın alıp revizyondan geçirerek sivrildi. En büyük vurgunu 1990'da Başkan Carlos Salinas'ın özelleştirdiği Meksika'nın telekomünikasyon tekeli Telmex'i elde etmesiydi. Hükümet 1989 Eylül'ünde şirketin adi hisse senetlerinin yüzde 51'ini (tüm hisselerin yüzde 20,4'ünü) satma planını açıkladı ve Kasım 1990'da fiyat tekliflerini kabul etti. En yüksek teklif Slim'den gelmediği halde ona ait Grupo Carso'nun liderliğindeki bir konsorsiyum ihaleyi kazandı. Slim hisse bedellerini hemen ödemek yerine Telmex'in kendi temettü hisselerini kullanarak ödemeyi ertelemeyi başardı. Önceden bir kamu tekeli olan, şimdi Slim'in tekeline dönüşmüştü ve muazzam ölçüde kârlıydı.

Carlos Slim'i bugünkü konumuna taşıyan ekonomik kurumlar Birleşik Devletler'dekilerden çok farklıdır. Eğer Meksikalı bir girişimciyseniz giriş engelleri kariyerinizin her aşamasında can alıcı bir rol oynar. Bu engeller arasında almak zorunda olduğunuz pahalı lisanslar, üstesinden gelmeniz gereken resmi formaliteler, yolunuza çıkan siyasetçiler, büyük şirketler ve çoğu kez, mücadele ettiğiniz büyük şirketlerle işbirliği içindeki bir finans sektöründen fon sağlamanın güçlüğü sayılabilir. Giriş engelleri sizi kârlı bölgelerden uzak tutan, üstesinden gelinmez bir zorluk da olabilir, rakiplerinizi sizden uzak tutan en büyük dostunuz da. İki senaryo arasındaki fark elbette kim olduğunuz ve kime sözünüzü geçirebildiğinizle ilgili –ve evet, bir de kime rüşvet verebildiğinizle! Nispeten mütevazı bir geçmişe sahip, Lübnan göçmeni, yetenekli ve hırslı bir adam olan Carlos Slim, ayrıcalıklı ihaleler kazanmanın üstadıydı; Meksika'nın kârlı telekomünikasyon pazarını tekelleştirmeyi başarmış ve Latin Amerika'nın geri kalanına uzanmıştı.

Slim'in Telmex tekeline meydan okuyanlar da oldu. Fakat başarı sağlayamadılar. Uzun mesafeli telefon hizmeti sağlayan bir şirket olan Avantel, 1996'da Meksika Rekabet Kurulu'na Telmex'in telekomünikasyon pazarında baskın pozisyonda olup olmadığını kontrol etmesini talep etti. Kurul 1997'de Telmex'in başka hususların yanı sıra şehir içi, şehirlerarası ve milletlerarası görüşmeler üzerinde azımsanmayacak bir tekele sahip olduğunu açıkladı. Ancak Meksika'daki düzenleyici kurulların bu tekellerin gücünü sınırlama girişimleri hiçbir sonuç vermedi. Bunun nedenlerinden biri, Slim ve Telmex'in *recurso de amparo* olarak bilinen bir "koruma talebinden" yararlanabiliyor olmalarıydı. *Amparo*, durumunuzun belirli bir yasanın kapsamına girmediğini ileri süren bir yazılı başvuruydu. *Amparo*'nun kökeni 1857'deki Meksika Anayasası'na dayanır ve aslında kişisel hak ve özgürlükler için bir emniyet tedbiri olarak düşünülmüştür. Ne var ki, Telmex ve diğer Meksika tekellerinin ellerinde güçlerine güç katmaya yarayan dehşetli bir araca dönüştü. İnsanların haklarını korumak yerine, adalet önünde eşitliği zedeleyecek yasal bir boşluk yarattı.

Slim, Meksika kazandığı paranın büyük kısmını siyasal bağlantıları sayesinde elde etti. Fakat Birleşik Devletler'de girişimde bulunduğunda başarı gösteremedi. Grupo Carso 1999'da bilgisayar perakendecisi CompUSA'i satın aldı. O dönemde CompUSA, ürünlerini Meksika'da satması için COC Services adlı bir şirkete bayilik vermişti. Slim, COC'nin rekabetiyle karşılaşmadan kendi satış mağazaları zincirini kurmak amacıyla bu sözleşmeyi derhal ihlal etti. Fakat COC bir Dallas mahkemesinde CompUSA'e dava açtı. Dallas'ta *amparo* yoktu, bu yüzden Slim davayı kaybetti ve 454 milyon dolar cezaya çarptırıldı. COC'un avukatı Mark Werner dava sonrasında "Bu kararın verdiği mesaj şudur; bu küresel ekonomide buraya gelmek isteyen şirketler Birleşik Devletler'in yasalarına riayet etmek zorundadırlar" diyordu. Birleşik Devletler'in kurumları karşısında Slim'in para kazanmak için başvurduğu alışıldık taktikleri işe yaramamıştı.

Bir dünya eşitsizliği kuramına doğru

Eşitsiz bir dünyada yaşıyoruz. Ülkeler arasındaki farklılıklar Nogales'in iki yanı arasında görülenler gibi; yalnızca daha büyük bir ölçekte. Zengin ülkelerde bireyler daha sağlıklı, daha uzun ömürlü ve çok daha iyi eğitimli. Tatillerden, kariyer seçeneklerine kadar, yoksul ülkelerin insanlarının ancak hayalini kurabileceği çeşitlilikteki imkânlara ve seçeneklere sahipler. Ayrıca zengin ülkelerin insanları çukurların olmadığı yollarda araç kullanır, evlerinde tuvalet, elektrik ve musluk suyuna sahip olmanın keyfini sürerler. Genellikle onları keyfi bir biçimde tutuklamayan ya da taciz etmeyen hükümetleri vardır; hatta tam tersine, bu hükümetler onlara eğitim, sağlık, yol, asayiş ve başka hizmetler verir. Yurttaşların seçimlerde oy kullanması ve ülkelerinin siyasal geleceğinde söz sahibi olmaları da dikkate değer bir olgudur.

Dünya eşitsizliğinin yarattığı büyük farklılıklar herkes için, hatta çoğunun televizyonu ya da internet erişimi olmayan yoksul ülkelerin insanları için bile aşikârdır. İnsanları zengin ülkelerin yaşam standartlarına ve fırsatlarına kavuşma şansı bulmak için yasadışı yollarla Rio Grande'yi ya da Akdeniz'i geçmeye iten, bu farklılıkların farkında olmalarıdır. Eşitsizlik yalnızca yoksul ülkelerde yaşayan halkların yaşamlarını etkileyen sonuçlar doğurmakla kalmaz; ayrıca yakınmalara ve infiale yol açar ki, bu hem Birleşik Devletler'de hem de başka ülkelerde muazzam siyasal sonuçlar doğurmuştur. Bu farklılıkların niçin var olduğunu ve bunlara neyin sebep olduğunu anlamak bu kitabın asıl hedefidir. Böyle bir anlayış geliştirmek yalnızca kendi başına bir amaç değildir, ayrıca hâlâ yoksulluk içinde yaşayan milyarlarca insanın yaşam standartlarını nasıl iyileştirebileceğimize dair daha iyi fikirler üretmeye yönelik bir ilk adımdır.

Nogales'i ayıran çitin iki yanındaki eşitsizlikler buzdağının yalnızca görünen kısmıdır. Birleşik Devletler'le yaptıkları ticaretten –hepsi yasal olmasa da– yararlanan Kuzey Meksika'nın geri kalanı gibi Nogales sakinleri de ortalama hane başına yıllık gelirleri 5 bin dolar civarında olan diğer Meksikalılardan daha müreffeh bir yaşam sürerler. Nogales Sonora'nın nispeten zenginliği, organize sanayi bölgelerinde bulunan ve ilkini Kaliforniyalı bir sele imalatçısı olan Richard Campbell Jr.'ın kurduğu *maquiladora*[4] imalathanelerinden kaynaklanır. İlk kiracı Coin-Art adlı, çalgı aletleri üreten bir şirketti. Sahibi Richard Bosse'un Nogales Arizona'da Artley adında flüt ve saksafon üreten bir şirketi vardı. Coin-Art'ı Memorex (bilgisayar kablajı); Avent (hastane kıyafetleri); Grant (güneş gözlüğü); Chamberlain (alışveriş merkezi zinciri Sears için garaj kapısı açma üniteleri üreten bir imalatçı) ve Samsonite (valiz) izledi. Dikkate değer bir şekilde, bunların hep-

4. Maquiladora: "İkiz fabrika" anlamında, Meksika'daki Serbest Bölge uygulaması. Meksika, ABD'de üretilen parçaları gümrüksüz olarak ithal ettikten sonra bu parçaları montajlayarak ürettiği malları ihraç etmekte, ihraç ülkesi de genellikle ABD olmaktadır. Bu uygulama iki ülkeye de yarar sağlamaktadır. ABD, Meksika'dan gelen yoğun göçü önlemekle birlikte ucuz işgücünden yararlanmakta, Meksika ise yabancı sermaye girişini artırmakta ve işsizliği azaltmaktadır. (ç.n.)

si Birleşik Devletler sermayesi ve *know-how*'ı kullanan Birleşik Devletler kökenli şirketler ve işadamlarıydı. Dolayısıyla, Nogales Sonora'nın Meksika'nın geri kalanına kıyasla daha yüksek düzeydeki refahı, dışarıdan geliyordu.

Birleşik Devletler ve Meksika arasındaki farklılıklar dünyanın geneliyle kıyaslandığında ufak kalır. Ortalama bir Birleşik Devletler vatandaşının refah düzeyi, bir Meksika vatandaşınınkinden yedi kat fazladır. Peru ve Orta Amerika'daki emsalleriyle kıyaslandığında ise bu fark 10 katın üstüne çıkar. Bir ABD vatandaşı, Sahraaltı Afrika'da yaşayan ortalama bir kimseden yaklaşık 20 kat; Mali, Etiyopya ve Sierra Leone gibi Afrika'nın en yoksul ülkelerinde yaşayanlardan ise neredeyse 40 kat daha müreffehtir. Ayrıca bu durum yalnızca Birleşik Devletler için geçerli değildir. Çoğunlukla Avrupa ve Kuzey Amerika'da bulunan ve Avustralya, Japonya, Yeni Zelanda, Singapur, Güney Kore ve Tayvan'ın da içinde yer aldığı, yurttaşları dünyanın geri kalanında yaşayanlardan çok farklı bir yaşam süren, küçük fakat büyümekte olan bir zengin ülkeler grubu mevcuttur.

Genel olarak bakıldığında, Nogales Arizona'nın Nogales Sonora'dan çok daha zengin olmasının nedeni basittir: Sebep, Nogales Arizona sakinlerine Nogales Sonora'dakilere kıyasla çok farklı teşvikler sunan, sınırın iki yanındaki birbirinden çok farklı kurumlardır. Ayrıca, Birleşik Devletler hem ekonomik hem de siyasal kurumlarının iş dünyasına, bireylere ve siyasetçilere yönelik teşvikleri düzenleme biçimi sayesinde Meksika'dan da Peru'dan da katbekat zengindir. Her toplum, devlet ve yurttaşların ortaklaşa belirleyip uyguladığı bir dizi ekonomik ve siyasal kuralla işleyişini sürdürür. Ekonomik kurumlar eğitim görmek, tasarruf edip yatırım yapmak, yeni teknolojiler geliştirmek ve hayata geçirmek vb. için gerekli ekonomik teşvikleri düzenler. İnsanların yaşamlarını hangi ekonomik kurumlarla sürdüreceğini belirleyen siyasal süreçtir. Bu sürecin nasıl işleyeceğini belirleyen ise siyasal kurumlardır. Örneğin, yurttaşların siyasetçileri kontrol edebilmelerini ve davranışlarına etkide bulunabilmelerini belirleyen, bir ülkenin siyasal kurumlarıdır. Bu da karşılığında siyasetçilerin –mükemmel olmasalar bile– yurttaşların temsilcisi mi olduklarını, yoksa servet edinmek ve yurttaşların çıkarlarına aykırı, kendi çıkarlarının peşinden koşmak için, onlara emanet edilen –ya da gasp ettikleri– gücü istismar mı ettiklerini anlaşılır kılar. Siyasal kurumların kapsamına –bunlarla sınırlı olmamak kaydıyla– yazılı anayasa ve ülkenin bir demokrasi olup olmaması da dahildir. Bu kurumlar devletin toplumu düzene sokup idare etme gücüne ve kapasitesine sahiptirler. Ayrıca, siyasal gücün toplumda nasıl dağıtılacağı konusunda belirleyici olan etkenlerin de daha ayrıntılı olarak değerlendirilmesi gerekmektedir; özellikle de farklı grupların hedeflerine ulaşmak ya da diğer insanların kendi hedeflerine ulaşmalarına engel olmak için birlikte hareket etme kabiliyeti konusunda.

Kurumlar gerçek hayatta davranış ve güdüleri etkilediklerinden ulusların başarı ya da başarısızlıklarını biçimlendirirler. Bireysel yetenek toplumun her aşamasında önem taşır fakat pozitif bir kuvvete dönüştürülmesi için bunun bile kurumsal bir çerçeveye ihtiyacı vardır. Microsoft, Birleşik Devletler ekonomisinin büyümesini kamçılayan dinamik enformasyon teknolojisi sanayiinin en ön saflarında yer aldı. Bill Gates de bu sahadaki diğer efsanevi isimler gibi (örneğin Paul Allen, Steve Ballmer, Steve Jobs, Larry Page, Sergey Brin ve Jeff Bezos) çok büyük bir yeteneğe ve hırsa sahipti. Fakat en nihayetinde teşviklerden yararlanmıştı. Birleşik Devletler'deki eğitim sistemi, Gates ve onun gibilere yeteneklerini tamamlayacak özgün beceriler kazanma olanağı tanıdı. Birleşik Devletler'deki ekonomik kurumlar, bu adamların aşılmaz engellerle karşılaşmadan kolayca şirket kurmalarına olanak tanıdı. Bu kurumlar aynı zamanda projelerinin finansmanını mümkün kıldı. Birleşik Devletler emek piyasaları kalifiye çalışanlar bulmalarını sağladı ve nispeten rekabetçi piyasa koşulları şirketlerini büyütme ve ürünlerini pazarlama fırsatı sundu. Bu girişimciler rüya projelerinin hayata geçirilebileceğine başından beri inandılar. Kurumlara ve bu kurumların meydana getirdiği hukukun üstünlüğüne güvenleri tamdı ve mülkiyet haklarının emniyetinden endişe etmiyorlardı. Son olarak, siyasal kurumlar istikrar ve sürekliliği güvence altına aldılar. Her şeyden önce, bir diktatörün iktidara gelip oyunun kurallarını değiştirmeyeceğinden, varlıklarına el koymayacağından, onları hapse atmayacağından ya da yaşamlarını ve geçimlerini tehdit etmeyeceğinden emindiler. Ayrıca toplumdaki hiçbir özel menfaatin hükümeti ekonomik bakımdan felakete sürükleyemeyeceğinden de emindiler; siyasal güç hem sınırlandırılmış hem de yeterince geniş bir biçimde dağıtılmış olduğundan refahı teşvik eden bir dizi ekonomik kurum oluşabilmişti.

Bu kitap, bir ülkenin zengin mi yoksa yoksul mu olduğunun belirlenmesinde ekonomik kurumların kritik bir rol üstlenmelerine karşın, ülkenin ne tür ekonomik kurumlara sahip bulunduğunu belirleyenin siyaset ve siyasal kurumlar olduğunu ortaya koyacak. Birleşik Devletler'in iyi ekonomik kurumları, nihayetinde 1619'un ardından yavaş yavaş oluşan siyasal kurumların sonucuydu. Dünya eşitsizliğine ilişkin kuramımız yoksulluk ve zenginliğin oluşumunda siyasal ve ekonomik kurumların nasıl bir etkileşim içinde olduğunu ve dünyanın farklı kesimlerinin nasıl olup da bu denli farklı kurumlar ortaya çıkardığını gösteriyor. Amerika'nın tarihine ilişkin kısa incelememiz siyasal ve ekonomik kurumlara şekil veren kuvvetler konusunda bir fikir veriyor. Günümüzdeki farklı kurumsal örüntülerin kökleri geçmişe dayanır çünkü toplum bir kez belirli bir biçimde örgütlendiğinde bu durum varlığını sürdürme eğilimi gösterir. Bu olgunun siyasal ve ekonomik kurumların etkileşim biçiminden kaynaklandığını göstereceğiz.

Bu süreklilik ve onu meydana getiren güçler, dünya eşitsizliğini ortadan kaldırmanın ve yoksul ülkeleri müreffeh ülkelere dönüştürmenin neden bu kadar zor olduğunu da açıklıyor. Kurumlar, hem iki Nogales, hem de Meksika ile Birleşik Devletler arasındaki farklılıklar için anahtar rol oynasa da bu durum Meksika'da kurumları değiştirmek için bir mutabakat olacağı anlamına gelmez. Bir toplumun ekonomik büyüme ya da yurttaşlarının esenliği için en iyi kurumları geliştirmeye ya da benimsemeye ihtiyacı yoktur; çünkü siyaseti ve siyasal kurumları kontrol edenler için diğer kurumlar daha da iyi olabilir. Güç sahipleriyle toplumun geri kalanı, hangi kurumların yerinde kalıp hangi kurumların değiştirilmesi gerektiği konusunda çoğunlukla ihtilaf içindedirler. Carlos Slim siyasal bağlantılarının yok olduğunu ve kendi işlerinin teminatı olan giriş engellerinin suya düştüğünü görmekten mutlu olmazdı; bu engellerin kalkması milyonlarca Meksikalıyı zengin etsin ya da etmesin. Böyle bir mutabakat olmadığından, sonuçta toplumu yönetecek kriterleri, gücün kimde olduğunu ve bu gücün nasıl uygulanabileceğini, siyaset belirler. Carlos Slim'in istediğini elde edecek gücü vardı. Bill Gates'in gücü ise şirketi ve özel mülkiyeti olan mal varlığı dışında çok daha sınırlıydı. Kuramımızın yalnızca iktisat değil aynı zamanda siyaset –ya da siyasal iktisat– hakkında olmasının nedeni budur. Kuramımız, kurumların ulusların başarı ve başarısızlığı üzerindeki etkileri, dolayısıyla yoksulluk ve zenginliğin iktisadı hakkında. Ayrıca kurumların nasıl belirlendiği, zamanla nasıl değiştiği ve milyonlarca insanı yoksulluk ve sefalete sürükleseler dahi nasıl olup da değişmeyi başaramadıkları hakkında; dolayısıyla yoksulluk ve zenginliğin siyaseti hakkında.

2

İşe yaramayan kuramlar

Mevcut durum

Kitabımız, dünyadaki eşitsizliğin ve ayrıca bu eşitsizliğin içerdiği göze çarpan bazı yaygın örüntülerin açıklanmasına odaklanıyor. Uzun vadeli ekonomik büyüme gösteren ilk ülke İngiltere'dir (ya da Büyük Britanya); ve hatta 1707'de İngiltere, Galler ve İskoçya'nın birleştiği bilindiği için genellikle yalnızca Britanya. Büyüme, teknolojideki büyük yeniliklere dayanan ve bu yeniliklerin sınai uygulamalarıyla kök salan Sanayi Devrimi'yle 18. yüzyılın ikinci yarısında ağır ağır başladı. İngiltere'deki sanayileşmeyi kısa zamanda Batı Avrupa'nın büyük kısmında ve Birleşik Devletler'de görülen sanayileşme izledi. Ayrıca İngiltere'nin refahı, kolonileri olan Kanada, Avustralya ve Yeni Zelanda'da da hızlı bir biçimde yayıldı. Günümüzün en zengin 30 ülkesini gösteren bir listede bu ülkeler de yer alacaktır; ilaveten Japonya, Singapur ve Güney Kore de. Bu son üç ülkede görülen yüksek refah düzeyi, Tayvan ve ardından Çin de dahil olmak üzere, yakın zamanda hızlı büyüme yaşayan birçok Doğu Asya ülkesinde rastlanan daha yaygın bir kalıba bağlı olarak ortaya çıkmıştır.

Dünya gelir dağılımının en alt kısmı da en üst kısmı kadar keskin ve özgün bir tablo çizer. Bu kez en yoksul 30 ülkeyi gösteren bir liste yaparsanız bu ülkelerin neredeyse tamamını Sahraaltı Afrika'da bulursunuz. Onlara Afganistan, Haiti ve Nepal gibi, Afrika'da olmamalarına karşın ileride açıklayacağımız aynı kritik özelliklere sahip ülkeler eşlik eder. 50 yıl geriye gidilse en üstte ve en altta yer alan 30 ülkenin çok değişmediği görülürdü. Singapur ve Güney Kore en zengin ülkeler arasında yer almazdı ve en alttaki 30'da birkaç farklı ülkeye rastlanırdı. Fakat ortaya çıkan genel tablo bugün gördüğümüzle dikkate değer biçimde uyumlu olurdu. 100 ya da 150 yıl geriye gidin, neredeyse aynı ülkeleri aynı gruplarda bulursunuz.

Harita 3, 2008'deki durumu göstermektedir. En koyu renkteki ülkeler kişi başına ortalama gelirin 2 bin doların altında olduğu dünyanın en yoksul ülkeleridir. Afrika'nın büyük kısmı, Afganistan, Haiti ve Güneydoğu Asya'nın bazı bölümleri (örneğin Kamboçya ve Laos) bu renkte. Kuzey Kore de bu gruptaki ülkelerden. Beyaz renktekiler ise kişi başına 20 bin dolar ya da daha fazla ortalama gelire sahip en zengin ülkeler. İşte olağan şüpheliler: Kuzey Amerika, Batı Avrupa, Avustralya ve Japonya.

Bir başka ilginç örüntü ise Amerika'da kendini gösterir. Bir liste yapıp kıtadaki ülkeleri en zenginden en yoksula doğru sıralayın. Listenin başında Birleşik Devletler ve Kanada'nın olduğunu, onları Şili, Arjantin, Brezilya, Meksika ve Uruguay'ın ve petrol fiyatlarına bağlı olarak belki bir de Venezuela'nın takip ettiğini görürsünüz. Onların ardından Kolombiya, Dominik Cumhuriyeti, Ekvador ve Peru gelir. En altta Bolivya, Guatemala ve Paraguay'ı kapsayan bir başka müstakil ve çok daha yoksul grup vardır. 50 yıl geri gidin aynı sıralamayla karşılaşırsınız. 100 yıl gidin; değişen bir şey olmaz. 150; yine aynı. Dolayısıyla, mesele yalnızca Birleşik Devletler ve Kanada'nın Latin Amerika'dan daha zengin olması değildir; ayrıca Latin Amerika'da da zengin ve yoksul ülkeler arasında belirgin ve süreklik gösteren bir ayrım vardır.

Dikkate değer son bir örüntü de Ortadoğu'dan. Burada da Suudi Arabistan ve Kuveyt gibi, gelir düzeyi ilk 30'a giren ülkelerin gelir düzeylerine yakın, petrol zengini ülkelerle karşılaşırız. Gerçi petrol fiyatları düşse onların durumu da hızla gerilerdi. Mısır, Ürdün ve Suriye gibi çok az petrolü olan ya da hiç petrolü olmayan ülkeler Guatemala ya da Peru'nunkine benzer bir gelir düzeyinde kümelenirler. Petrol olmadan Ortadoğu ülkeleri de Sahraaltı Afrika ülkeleri kadar değilse bile Orta Amerika ve And ülkeleri kadar yoksuldur.

Bugün etrafımızdaki zenginlik örüntülerinde pek çok süreklilik görsek de bu örüntüler değişmez nitelikte değildir. Birincisi, daha önce vurguladığımız gibi, günümüzdeki dünya eşitsizliğinin büyük kısmı Sanayi Devrimi'nin ardından 18. yüzyılda ortaya çıktı. 18. yüzyılın ortası gibi geç bir tarihe kadar refah düzeyleri arasındaki farkın çok daha az olması bir yana, tarihte daha da geriye gittiğimizde o zamandan beri büyük istikrar gösteren sıralamanın da aynı olmadığını görürüz. Örneğin Amerika'da son 150 yılda gördüğümüz sıralama bundan 500 yıl önce tamamen farklıydı.

İkincisi, İkinci Dünya Savaşı'ndan bu yana Doğu Asya'da ve daha yakın zamanda Çin'de olduğu gibi çoğu ülke birkaç on yıl

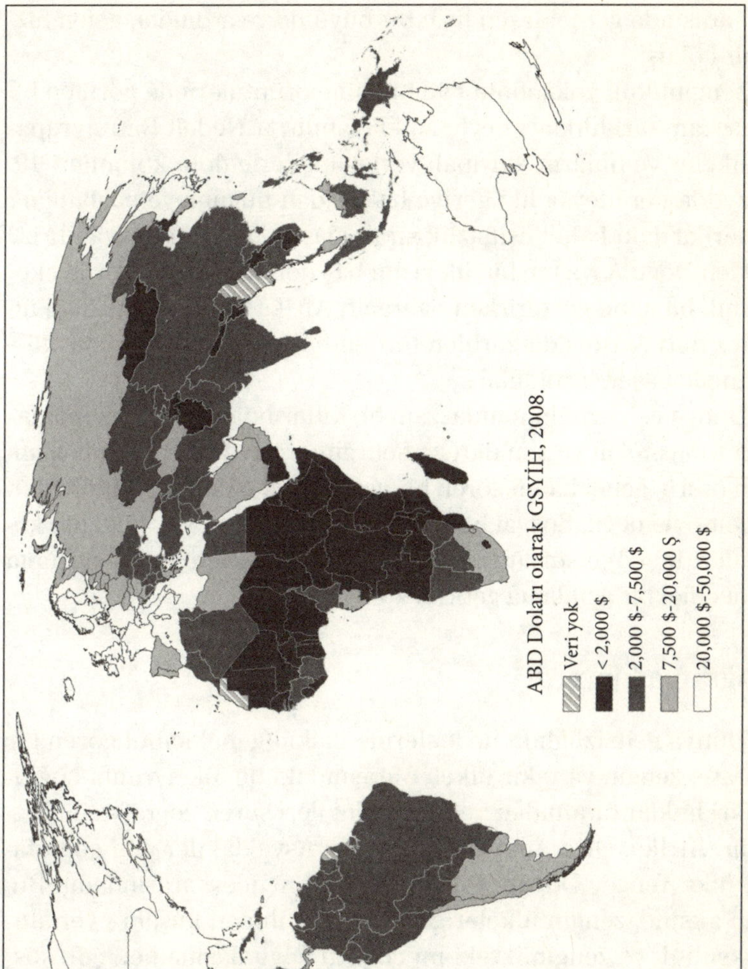

Harita 3: 2008 yılında tüm dünyada refah düzeyi.

boyunca hızlı büyüme yaşadı. Bunların çoğu daha sonra büyümenin tersine döndüğünü gördü. Örneğin Arjantin 1920'lere kadar 50 yıl boyunca hızla büyüdü ve dünyanın en zengin ülkelerinden biri haline geldi fakat ardından uzun süreli bir inişe geçti. Sovyetler Birliği daha da kayda değer bir örnektir; 1930 ile 1970 yılları arasında gerçekleşen hızlı bir büyüme ve ardından gelen hızlı bir çöküş.

Zenginlikte, yoksullukta ve büyüme örüntülerinde görülen bu muazzam farklılıkları neyle açıklayabiliriz? Neden Batı Avrupalı ülkeler ve onların Avrupalı yerleşimcilerle dolu kolonileri 19. yüzyılda neredeyse hiç geriye bakmadan büyümeye başladılar? Amerika'daki kalıcı eşitsizlik sıralamasını neyle açıklayabiliriz? Neden Doğu Asya'nın büyük kısmı baş döndürücü oranlarda ekonomik büyüme gösterirken Sahraaltı Afrika ve Ortadoğu'daki ülkeler Batı Avrupa'da görülen türden bir ekonomik büyüme göstermede başarısız oldular?

Dünya eşitsizliğinin muazzam boyutlarından, önemli sonuçlar doğurmasından ve son derece belirgin örüntülere sahip olmasından ötürü, genel kabul gören bir açıklaması olduğu düşünülebilir. Fakat öyle değil. Sosyal bilimcilerin zenginlik ve yoksulluğun kökenleri için öne sürdüğü çoğu hipotez işe yaramıyor ve duruma ikna edici bir açıklama getirmekten uzak.

Coğrafya hipotezi

Dünya eşitsizliğinin nedenlerine ilişkin genel kabul gören bir kuram, zengin ve fakir ülkeler arasındaki büyük ayrımın coğrafi farklılıklar tarafından belirlendiğini ileri süren coğrafya hipotezidir. Afrika, Orta Amerika ve Güney Asya'dakiler gibi çoğu fakir ülke Yengeç Dönencesi ile Oğlak Dönencesi arasındadır. Bunun aksine, zengin ülkeler genel olarak ılıman kuşakta yer alır. Yoksulluk ve zenginlikteki bu coğrafi yoğunlaşma pek çok sosyal bilimci ve uzmanın kuram ve görüşlerinin başlangıç noktası olan coğrafya hipotezine yüzeysel bir çekicilik kazandırır. Fakat bu özellik, kuramın yanlış olduğunu gerçeğini değiştirmez.

Büyük Fransız siyaset felsefecisi Montesquieu daha 19. yüzyıl sonlarında zenginlik ve yoksulluğun coğrafi dağılımından bahsetti ve tropikal iklimlerdeki insanların tembelliğe eğilimli ve merak duygusundan yoksun olduklarını savundu. Bu nedenle, sıkı çalışmıyorlardı, yenilikçi değillerdi, bu yüzden de fakirdiler. Montesquieu ayrıca, tropikal konumun yalnızca yoksulluğu değil aynı zamanda yaygın despotizm gibi ekonomik başarısızlıkla ilişkili bazı siyasal olguları da açıklayabileceğini öne sürerek tembel insanların despotlar tarafından idare edilmeye eğilimli olduğu yorumunda bulundu.

Sıcak ülkelerin doğası gereği fakir olduğunu ileri süren kuram Singapur, Malezya ve Botsvana gibi ülkelerin yakın dönemdeki ekonomik ilerlemeleriyle çelişse de hâlâ Jeffrey Sachs gibi iktisatçılar tarafından güçlü bir biçimde savunuluyor. Bu görüşün modern versiyonu iklimin çalışma eforu ya da düşünme biçimi üzerindeki doğrudan etkisine değil, iki ilave argümana vurgu yapar: Birincisi, tropikal hastalıklar, özellikle de sıtma, sağlık ve dolayısıyla işgücü verimliliği üzerinde son derece olumsuz sonuçlar doğurur ve ikincisi, tropikal topraklar, verimli tarıma elverişli değildir. Yine de sonuç aynıdır: Ilıman iklimler tropikal ve yarı tropikal iklimlere kıyasla daha avantajlıdır.

Oysa dünya eşitsizliği iklimle, hastalıklarla ya da coğrafya hipotezinin herhangi bir versiyonuyla açıklanamaz. Nogales'i bir düşünün. İki tarafı ayıran iklim, coğrafya ya da çevresel hastalık koşulları değil, Birleşik Devletler-Meksika sınırıdır.

Coğrafya hipotezi Nogales'in kuzeyi ile güneyi arasındaki, Kuzey ve Güney Kore arasındaki ya da Berlin Duvarı'nın yıkılmasından önceki Doğu ve Batı Berlin arasındaki farklılıkları açıklayamıyorsa yine de Kuzey ve Güney Amerika arasındaki farklılıkları ya da Avrupa ve Afrika arasındakileri açıklamak için işe yarar bir kuram olabilir mi? Kısaca, hayır.

Tarih, bize iklim ya da coğrafya ile ekonomik başarı arasında basit ya da kalıcı bir bağlantı olmadığını gösteriyor. Mesela, tropiklerin ılıman bölgelerden her zaman daha fakir olageldiği doğru değildir. Önceki bölümde gördüğümüz gibi, Kolomb'un Amerika'yı fethettiği tarihte Yengeç Dönencesi'nin güneyindeki ve Oğlak Dönencesi'nin kuzeyindeki bölgeler, yani bugün Meksika, Orta Amerika, Peru ve Bolivya'nın olduğu topraklar büyük Aztek ve İnka uygarlıklarına ev sahipliği ediyordu. Bu imparatorluklar merkezi ve karmaşık bir siyasal yapıya sahipti; yollar inşa etmiş, kıtlıkla mücadele önlemleri almışlardı.

Aztekler hem para hem de yazı kullanmışlardı. İnkalar bu kilit teknolojilerin ikisinden de yoksun olmalarına karşın muazzam miktarda bilgiyi *quipu* denilen düğümlü ipliklere kaydetmişlerdi. Bununla tam bir zıtlık oluşturacak biçimde, zamanında Aztek ve İnkaların yaşadığı, bugünse Birleşik Devletler, Kanada, Arjantin ve Şili'nin bulunduğu bölgenin kuzey ve güneyi, o devirde çoğunlukla bu teknolojilerden yoksun Taş Devri uygarlıklarınca mesken edilmişti. Dolayısıyla, Amerika'nın tropik kuşağı ılıman kuşaktan çok daha zengindi; bu da tropikal yoksulluğa dair "aşikâr gerçeğin" ne aşikâr ne de gerçek olduğunu göstermektedir. Aksine, bölgenin Avrupalıların geldiği dönemdeki durumuna kıyasla Birleşik Devletler ve Kanada'nın büyük zenginlikleri tam anlamıyla talihin tersine dönüşünü temsil etmektedir.

Çok açık bir biçimde, bu tersine dönüş coğrafyayla değil, daha önce gördüğümüz gibi, bu bölgelerin sömürgeleştirilme biçimiyle ilgilidir. Ayrıca Amerika'yla sınırlı da değildir. Güney Asya'daki halklar, özellikle de Hint yarımadası ve Çin'dekiler Asya'nın diğer pek çok bölgesinden daha müreffehtiler; hele hele Avustralya ve Yeni Zelanda'da yaşayan, seyrek bir biçimde yerleşmiş, nispeten daha ilkel halklardan. Fakat Güney Kore, Singapur ve Japonya'nın Asya'nın en zengin ülkelerine dönüşmesi ve Avustralya ile Yeni Zelanda'nın refah bakımından neredeyse tüm Asya ülkelerini geride bırakmasıyla bu durum da tersine döndü. Sahraaltı Afrika'da dahi benzer bir tersine dönüş vardı. Yakın zamanda, Avrupa'nın Afrika'yla yoğun temasının başlangıcından önce, Afrika'nın güney bölümü en seyrek yerleşimli ve bölgeleri üzerinde herhangi bir kontrolü olan gelişmiş ülkelere en uzak bölgeydi. Oysa şimdi Güney Afrika, Sahraaltı Afrika'nın en müreffeh uluslarından biri. Daha da eskiye gidersek tropiklerde yine zenginlik görürüz; modern Kamboçya'daki Angkor, Güney Hindistan'daki Vijayangara ve Etiyopya'daki Aksum gibi bazı modern çağ öncesi uygarlıkları, tıpkı modern Pakistan'ın içinde kalan Mohenjo Daro ve Harrapo'daki İndus Vadisi uygarlıkları gibi tropiklerde gelişti. Böylece tarih, uzun vadede tropikal konumla ekonomik başarı arasında basit bir bağlantı olmadığını neredeyse kuşkuya yer vermeyecek biçimde ortaya koymaktadır.

Tropikal hastalıkların Afrika'da büyük ıstıraba ve yüksek bebek ölüm oranlarına sebep olduğu çok açıktır; fakat Afrika'nın fakirliğinin nedeni bu hastalıklar değildir. Hastalık, genellikle yoksulluğun ve onların kökünü kurutmak için gerekli halk sağlığı önlemlerini almakta yetersiz ya da isteksiz hükümetlerin varlığının bir sonucudur. 19. yüzyılda İngiltere de çok sağlıksız bir yerdi; fakat hükümet temiz suya, lağım ve atık suların gerektiği gibi arıtılmasına ve nihayet etkin bir sağlık hizmetine peyderpey yatırım yaptı. İngiltere'nin ekonomik başarısının nedeni sağlıkta ve ortalama yaşam süresinde görülen iyileşme değildi; bunlar ülkenin daha önce yaşadığı siyasal ve ekonomik değişikliklerinin birer ürünüydü. Aynı şey Nogales Arizona için de geçerlidir.

Coğrafya hipotezinin diğer iddiasına göreyse, tropikler fakirdir çünkü tropikal tarım doğası gereği verimsizdir. Bu argüman, tropikal toprağın zayıf olduğunu ve besin maddelerini muhafaza edemediğini savunur ve bu toprakların şiddetli yağmurlarla çok çabuk aşınmasına vurgu yapar. Elbette bu iddia belirli ölçüde haklılık payı taşımaktadır; fakat daha sonra göstereceğimiz gibi, çoğu fakir ülkenin, özellikle de Sahraaltı Afrika'dakilerin, tarımsal verimliliğinin –bir birim topraktan elde edilen tarımsal hasılat– düşük olmasındaki asıl belirleyici faktör toprak kalitesiyle çok az ilgilidir. Daha ziyade toprağın mülkiyet yapısının, hükümetlerin çiftçiler için düzenledikleri teşviklerin ve idaresinde yaşadıkları kurumların bir sonucudur. Ayrıca dünya eşitsizliğinin tarımsal verimlilikteki farklılıklarla açıklanamayacağını da göstereceğiz. Modern dünyada 19. yüzyılda ortaya çıkan muazzam eşitsizlik sınai teknolojilerin ve imalat ürünlerinin dengesiz dağılımından kaynaklandı, tarımsal randımandaki farklılıklardan değil.

Coğrafya hipotezinin bir başka etkili versiyonu çevrebilimci ve evrim biyoloğu Jared Diamond tarafından ileri sürüldü. Diamond 500 yıl önce modern çağın başlangıcındaki kıtalararası eşitsizliğin kökeninin bitki ve hayvan türleri zenginliğinde görülen ve sonrasında tarımsal verimliliği de etkileyen tarihsel farklılıklara dayandığını savundu. Ortadoğu'daki Bereketli Hilal[5] gibi bazı bölgelerde, insanların evcilleştirebileceği çok sayıda tür varken, başka yerlerde, örneğin Amerika'da yoktu. Evcilleştirilebilir nitelikte çok sayıda türe sahip olmak, toplumlar için avcı-toplayıcı yaşam biçiminden tarım toplumuna geçişi çok cazip bir hale getiriyordu. Bunun sonucunda tarım, Bereketli Hilal'de Amerika'dan daha önce gelişti. Nüfus yoğunluğu arttı ve bu da iş bölümüne, ticarete, şehirleşmeye ve siyasal gelişime olanak tanıdı. En önemlisi, tarımın baskın olduğu yerlerde teknolojik yenilikler dünyanın başka bölgelerinden çok daha hızlı gerçekleşti. Dolayısıyla, Diamond'a göre, hayvan ve bitki türlerinin mevcudiyetine ilişkin farklılıklar, tarımsal yoğunluğa ilişkin farklılıklar doğurdu; bu da farklı kıtalarda farklı teknolojik değişim ve refah rotalarına yol açtı.

Diamond'ın tezi, odaklandığı sorunla ilgili güçlü bir yaklaşıma sahip olsa da modern dünyadaki eşitsizliği açıklayacak şekilde genişletilemez. Örneğin, Diamond İspanyolların daha uzun ta-

5. Güneyinde Arabistan çölü, kuzeyinde Doğu Anadolu dağlarının bulunduğu bölge. MÖ 9000 dolaylarında bölgede yerleşik tarıma ve köy yaşamına geçilmiş, hemen ardından da sulu tarım başlamıştır. (ç.n.)

rım geçmişleri ve bunun sonucunda da daha üstün teknolojileri sayesinde Amerika uygarlıkları üzerinde hâkimiyet kurduklarını ileri sürüyor. Fakat bu durumda eski Aztek ve İnka topraklarında yaşayan Meksikalı ve Peruluların neden fakir olduğunu açıklamamız gerekir. Buğday, arpa ve atlarının olması İspanyolları İnkalardan daha zengin kılmış olabilir, fakat aralarındaki gelir farkı çok büyük değildi. Bir İspanyol'un ortalama geliri muhtemelen bir İnka yurttaşının gelirinin iki katından azdı. Diamond'ın tezine göre, İnkaların kendi başlarına geliştiremeyecekleri türlerle ve teknolojilerle karşı karşıya gelir gelmez hızla İspanyolların yaşam standartlarını yakalamaları gerekirdi. Oysa böyle bir şey olmadı. Aksine, 19. ve 20. yüzyılda İspanya ve Peru arasında çok daha büyük bir gelir farkı oluştu. Bugün ortalama bir İspanyol, ortalama bir Perulu'dan altı kat daha zengindir. Bu gelir farkı modern sınai teknolojilerin dengesiz dağılımıyla yakından ilgilidir fakat bunun hayvan ve bitki evcilleştirme potansiyeliyle ya da İspanya ve Peru'nun tarımsal randımanlarında görülen özgün farklılıklarla ilişkisi gayet sınırlıdır.

İspanya –gecikmeli de olsa– buhar gücünü, demiryolunu, elektriği, makineleşmeyi ve fabrika üretimini hayata geçirirken Peru'da böyle olmadı; olduysa da çok yavaş ve kusurlu biçimde oldu. Teknoloji düzeyleri arasındaki bu uçurum bugün de varlığını koruyor ve yeni teknolojilerin, özellikle de enformasyon teknolojisiyle ilgili olanların, birçok gelişmiş ülkede ve bazı hızla gelişen ülkelerde daha fazla büyümeyi teşvik etmesiyle daha da artıyor. Diamond'ın tezi bu hayati öneme sahip teknolojilerin neden geliri dünya geneline yayıp dengelemediğini söylemediği gibi, 500 yıl önce aynı uygarlığın parçası olmalarına karşın bugün Nogales'in kuzey yarısının neden güney yarısından çok daha zengin olduğunu da açıklamıyor.

Nogales'in tarihi, Diamond'ın tezinin uyarlanmasındaki bir başka büyük problemin altını çiziyor: Daha önce gördüğümüz gibi, 1532'de İnka ve Aztek imparatorluklarının ne gibi dezavantajları olursa olsun Peru ve Meksika, kıtanın sonradan Birleşik Devletler ve Kanada haline gelen kısımlarından hiç şüphesiz daha müreffehti. Kuzey Amerika elbette Sanayi Devrimi'nin teknoloji ve ilerlemelerini şevkle benimsediği için daha müreffeh hale geldi. Giderek eğitimli bir nüfusun oluşması ve demiryolu ağının Büyük Düzlükler'i[6] aşarak genişlemesi Güney Amerika'daki duruma tam bir tezat teşkil ediyordu. Bu durum Amerika'nın coğrafi zen-

6. Great Plains: ABD ve Kanada toprakları üzerinde, Rocky Dağları'nın doğusu boyunca uzanan geniş bozkır alan. (ç.n.)

ginlikleri arasındaki farklılıklara işaret ederek açıklanamaz; aksine, Güney Amerika'nın zenginlikleri daha fazladır.

Modern dünyadaki eşitsizliğin kaynağı teknolojinin dağılımında ve hayata geçirilişindeki dengesizliktir; ancak Diamond'ın tezi bu konuda kayda değer argümanlar içermez. Sözgelimi, Diamond, tarihçi William McNeill'ın izinden giderek, Avrasya'nın doğu-batı hattının ekinlerin, hayvanların ve teknik yeniliklerin Bereketli Hilal'den Batı Avrupa'ya yayılmasına olanak sağladığını, oysa Meksika'da geliştirilen yazının Andlara ve Kuzey Amerika'ya yayılmamasının nedeninin Amerika'nın kuzey-güney hattı olduğunu ileri sürüyor. Fakat kıtaların konumu bugünün dünya eşitsizliğine açıklama getiremez. Afrika'yı ele alalım. Sahra Çölü, malların ve fikirlerin Kuzey Afrika'dan Sahraaltı Afrika'ya doğru hareketine önemli bir engel oluştursa da bu üstesinden gelinemez bir durum değildi. Portekizliler ve ardından başka Avrupalılar yelken açarak kıtanın etrafından dolandılar ve bugüne kıyasla gelir farkının çok düşük olduğu bir zamanda bilgi farkının üstesinden geldiler. O tarihten bu yana Afrika Avrupa'yı yakalayamadı; aksine, bugün çoğu Afrika ve Avrupa ülkesi arasında çok daha büyük bir gelir farkı vardır.

Ayrıca açıktır ki Diamond'ın kıtasal eşitsizlik argümanı kıtaların kendi içlerindeki eşitsizliği, yani modern dünya eşitsizliğinin en önemli parçalarından birini açıklamak için yeterli değildir. Örneğin, Avrasya kara parçasının konumu, İngiltere'nin, yeniden icat etmek zorunda kalmadan Ortadoğu'nun yeniliklerinden faydalanmayı nasıl başardığını açıklayabilse de Sanayi Devrimi'nin neden Londra'da gerçekleşip, sözgelimi, Moldova'da gerçekleşmediğini açıklayamaz. Buna ek olarak, bizzat Diamond'ın belirttiği gibi, Çin de Hindistan da gayet zengin bitki ve hayvan gruplarından ve Avrasya'nın konumundan fazlasıyla yararlandılar. Oysa bugün dünyadaki yoksul insanların büyük kısmı bu iki ülkede yaşamaktadır.

Aslında, Diamond'ın tezinin kapsamını anlamanın en iyi yolu, konuyu onun bağımsız değişkenleri bağlamında ele almaktır. Harita 4, modern domuzun atası *Sus scrofa* ve modern ineğin atası *Auroch* (yaban öküzü) türlerinin dağılımıyla ilgili verilere yer veriyor. Her iki tür de Avrasya'da ve hatta Kuzey Afrika'da geniş bir dağılım göstermektedir. Harita 5 ise *Oryza sativa* gibi bazı evcilleştirilmiş modern tahılların yabani atalarının, Asya kültür pirincinin atasının ve modern buğday ve arpanın atalarının dağılımını göstermektedir. Haritadan da anlaşıldığı gibi, arpa ve buğdayın

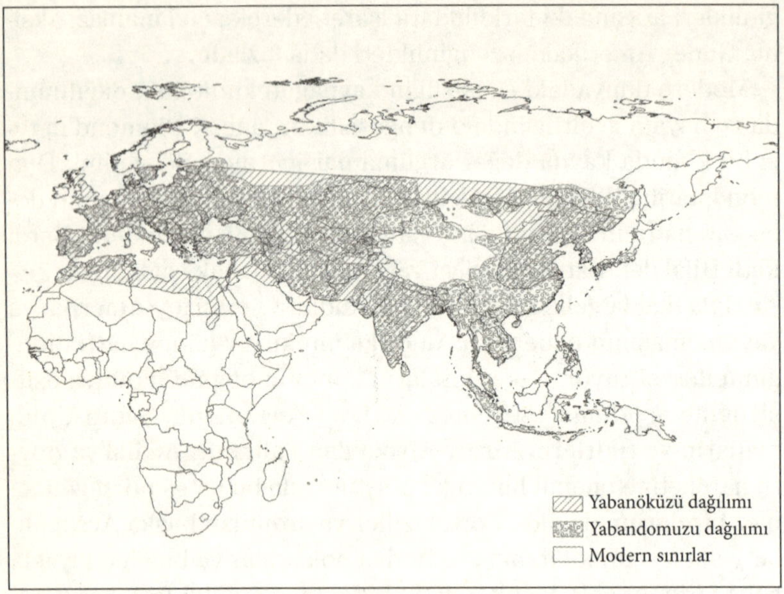

Harita 4: Modern domuzun atası *Sus scrofa* ve modern ineğin atası yabanöküzü-*Auroch* türlerinin dağılımıyla ilgili veriler.

ataları uzun bir kavis boyunca Levant'tan (Doğu Akdeniz) İran, Afganistan'ın iç bölgeleri ve "istanlar" kümesine (Türkmenistan, Tacikistan ve Kırgızistan) kadar dağılırken pirincin vahşi atası Batı ve Güneybatı Asya'da geniş bir alanda dağılım göstermektedir. Tüm bu eski türler Avrasya'nın çoğu bölgesinde mevcuttur. Fakat bu türlerin geniş dağılımları Avrasya'daki eşitsizliğin türlerin sıklığına dayalı bir kuramla açıklanamayacağını ortaya koymaktadır.

Coğrafya hipotezi tarih boyunca zenginliğin kökenlerini açıklamak için yetersiz kaldığı ve iddiasında büyük ölçüde yanlış olduğu gibi, bu bölümün başında bahsettiğimiz durumu açıklayabilmekten de uzaktır. Amerika'daki gelir hiyerarşisi ya da Avrupa ve Ortadoğu arasındaki keskin ve uzun vadeli farklılıklar gibi süreklilik gösteren tüm örüntülerin değişmeyen coğrafyayla açıklanabileceği ileri sürülebilir. Ama böyle değildir. Daha önce gördüğümüz gibi, Amerika'daki örüntülerin coğrafi faktörlere dayanması çok uzak bir ihtimaldir. 1492'den önce Kuzey Amerika'ya ya da Arjantin ve Şili gibi bölgelere kıyasla daha üstün teknolojiye ve yaşam standartlarına sahip olan uygarlıklar Meksika'nın merkezindeki vadide, Orta Amerika'da ve Andlar'da bulunan uygarlıklardı. Coğrafya aynı kalırken değişmeden kalırken Avrupalı sömürgecilerin dayattığı kurumlar "talihi tersine çevirdi." Coğrafya benzer sebep-

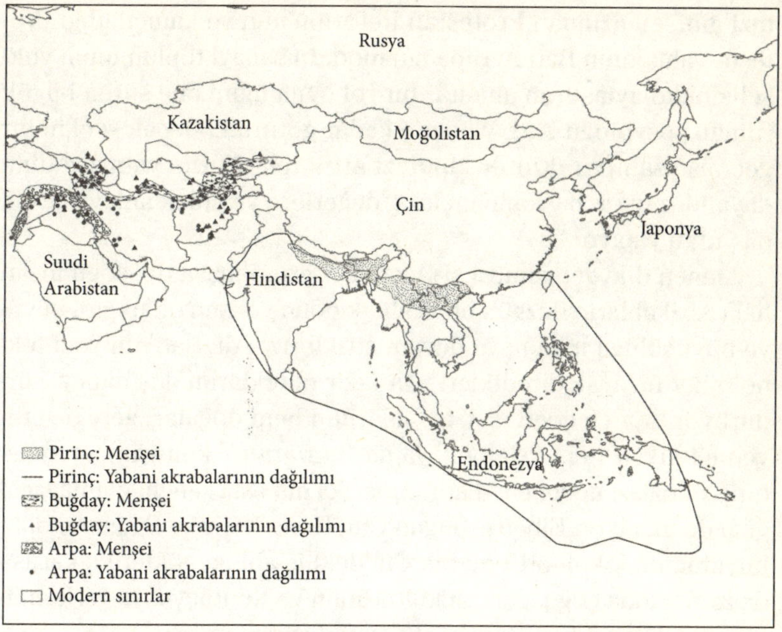

Harita 5: Yabani pirinç, buğday ve arpanın tarihsel dağılımı.

lerden, Ortadoğu'nun yoksulluğunu açıklamaktan da uzaktır. Neticede Neolitik Devrim'de dünyaya öncülük eden Ortadoğu'ydu ve ilk şehirler günümüzdeki Irak'ta ortaya çıkmıştı. Demir ilk kez Türkiye'de eritildi ve Ortadoğu Ortaçağ'a dek teknolojik bakımdan dinamik bir bölgeydi. 5. bölümde göreceğimiz gibi, Neolitik Devrim'in dünyanın bu bölgesinde ortaya çıkmasını sağlayan Ortadoğu'nun coğrafyası değildi; ayrıca Ortadoğu'yu fakirleştiren de coğrafyası değildi. Bunun nedeni Osmanlı İmparatorluğu'nun genişleyip güçlenmesiydi ve bugün Ortadoğu'nun fakir kalmasının nedeni de bu imparatorluğun kurumsal mirasıdır.

Son olarak, coğrafi etkenler yalnızca bugün dünyanın birçok bölgesinde karşımıza çıkan farklılıkları açıklamak için değil, ayrıca Japonya ve Çin gibi pek çok ulusun neden önce uzun süreli durgunluk yaşayıp ardından bir hızlı büyüme sürecine girdiklerini açıklamak için de yetersizdir. Başka ve daha iyi bir kurama ihtiyacımız var.

Kültür hipotezi

Genel kabul görmüş diğer bir kuram olan kültür hipotezi, zenginliği kültürle ilişkilendirir. Kültür hipotezi, tıpkı coğrafya hipotezi gibi, en azından Protestan Reformu'nun ve kamçıladığı Protestan ahlakının Batı Avrupa'nın modern sanayi toplumunun yükselişini kolaylaştıran anahtar bir rol oynadığını öne süren büyük Alman sosyoloğu Max Weber'e kadar götürülebilecek seçkin bir geçmişe sahiptir. Kültür hipotezi artık temellerini yalnızca dine dayandırmıyor, başka inançlara, değerlere ve ahlak anlayışlarına da vurgu yapıyor.

Alenen dile getirilmesi siyaseten doğru olmasa da, çoğu insan hâlâ Afrikalıların düzgün bir iş ahlakından yoksun oldukları, büyü-ye-büyücülüğe inanmaya devam ettikleri ya da Batı'nın yeni teknolojilerine ayak diredikleri için fakir olduklarını düşünmeyi sürdürüyor. Ayrıca çoğu kişi, insanlarının hem doğaları gereği sefih ve meteliksiz hem de "İber" ya da "*mañana*"[7] kültüründen mustarip olmaları nedeniyle Latin Amerika'nın asla zengin olamayacağına da inanıyor. Elbette, bugün Çin, Hong Kong ve Singapur'daki büyümenin lokomotifi olarak Çin'deki iş ahlakı göklere çıkarılsa da zamanında çoğu kişi Çin kültürünün ve Konfüçyus değerlerinin ekonomik büyümeye ters düştüğünü düşünüyordu.

Kültür hipotezi dünyadaki eşitsizliği anlamada işe yarar mı? Hem evet, hem de hayır. Kültürle ilişkili sosyal normlar önem taşıdığı, değiştirilmesi zor olduğu ve bazen de bu kitabın dünya eşitsizliğine getirdiği açıklamayı yani kurumsal farklılıkları desteklediği için, evet. Ancak kültürün din, ulusal ahlak, Afrika ya da Latin değerleri gibi sıklıkla vurgulanan yönleri bu noktaya nasıl geldiğimizi ve dünya eşitsizliğinin neden süreklilik gösterdiğini anlamak için hiç de önem taşımadığı için, büyük ölçüde hayır. İnsanların birbirlerine ne ölçüde güvendikleri ya da işbirliği yapabildikleri gibi diğer hususlar da önem taşır ancak bunlar çoğunlukla kurumların ürünüdür, bağımsız bir nedenin değil.

Nogales örneğine dönelim. Daha önce belirttiğimiz gibi, çitin kuzey ve güney yanındaki pek çok kültürel özellik aynıdır. Yine de uygulamalarda, norm ve değerlerde bazı belirgin farklılıklar olabilir fakat bunlar iki bölgenin izledikleri farklı gelişim rotalarının nedenleri değil, sonuçlarıdır. Örneğin, yapılan anketlerde Meksikalılar birbirlerine güvendiklerini, genellikle Birleşik Devletler yurttaşlarından daha az telaffuz ederler. Fakat Meksikalıların yaşadığı güven eksikliği, hükümetlerinin uyuşturucu kartellerini yok etmeyi başaramadığı ya da işlevsel ve tarafsız bir hukuk sistemi oturtamadığı dikkate alındığında şaşırtıcı değildir. Aynı şey bir sonraki bölümde ele alacağımız Kuzey ve Güney Kore için

7. Bir tür "bugünün işini yarına bırakmak", "bugün git yarın gel" anlayışı (yay. n)

de geçerlidir. Güney, dünyanın en zengin ülkelerinden biriyken Kuzey periyodik kıtlıklarla ve gurur kırıcı bir yoksullukla cebelleşmektedir. Bugün "kültür" Kuzey ve Güney arasında çok fark etse de bu iki ülkenin ekonomik geleceklerinin ayrışmasında hiçbir rol oynamamıştır. Kore yarımadası uzun bir ortak geçmişe sahiptir. Kore Savaşı'ndan ve ülkenin 38. paralel üzerinde ikiye ayrılmasından önce yarımada dil, etnik köken ve kültür bakımından benzeri görülmemiş ölçüde homojendi. Tıpkı Nogales'te olduğu gibi, burada da belirleyici olan sınırdı. Kuzey'de farklı kurumlar getiren, farklı teşvikler sağlayan, farklı bir rejim vardı. Bu nedenle, Nogales'i ya da Kore'yi ikiye ayıran sınırın kuzey ve güney yanındaki herhangi bir kültürel farklılık, zenginlik farkının nedeni değildir; aksine, sonucudur.

Peki, ya Afrika ve Afrika kültürü? Tarihsel olarak, Sahraaltı Afrika dünyanın çoğu bölgesinden daha fakirdi ve onun eski uygarlıkları tekerlek, yazı (Etiyopya ve Somali hariç) ya da sabandan yoksundu. Bu teknolojiler 19. yüzyılın sonu ve 20. yüzyıl başında resmi Avrupa sömürgeciliğinin başlangıcından önce yaygın olarak kullanılmasa da, Afrika toplumları onları çok daha önce tanımıştı. Avrupalılar 15. yüzyıl sonlarında batı sahili boyunca yelken açmaya başlamış, Asyalılar ise çok daha erken tarihlerden itibaren mütemadiyen Doğu Afrika'ya deniz yolculukları düzenlemişlerdi.

Bu teknolojilerin neden benimsenmediğini, modern Demokratik Kongo Cumhuriyeti'ne ismini veren Kongo Nehri'nin ağzındaki Kongo Krallığı'nın tarihine bakarak anlayabiliriz. Harita 6, Kongo'nun ve ilerde ele alacağımız bir diğer önemli Orta Afrika ülkesi olan Kuba Krallığı'nın yerini göstermektedir.

Kongo, Portekiz'le ilk kez 1483'te denizci Diogo Cão'nun ziyaretinin ardından yoğun temasa geçti. O tarihte Kongo, Afrika standartlarına göre hayli merkezi bir yönetime sahipti ve başkenti Mbanza 60 bin kişilik nüfusuyla neredeyse Portekiz'in başkenti Lizbon'la aynı büyüklükteydi, 1500'de yaklaşık 50 bin kişilik nüfusu olan Londra'dan ise daha büyüktü. Kongo Kralı Nzinga a Nkuwu Katolikliğe geçti ve I. João ismini aldı. Sonrasında Mbanza'nın ismi de São Salvador olarak değiştirildi. Portekiz sayesinde Kongolular tekerlek ve sabanla tanıştı, hatta Portekizliler 1491 ve 1512'de kurdukları tarım misyonlarıyla bu teknolojilerin hayata geçirilmesini teşvik etti. Ancak tüm bu girişimler başarısızlıkla sonuçlandı. Yine de, Kongoluların genel anlamda modern teknolojileri tamamen reddettikleri söylenemez. Batı'nın

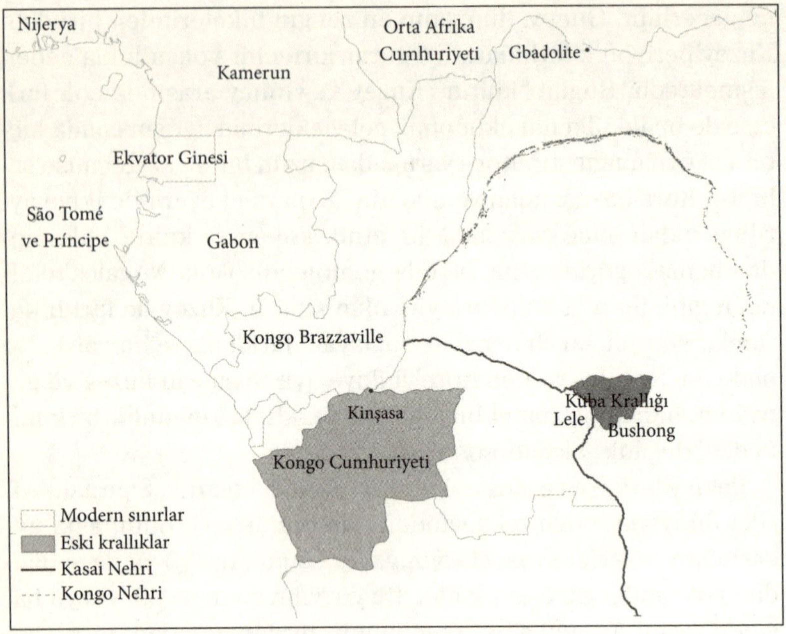

Harita 6: Kongo Krallığı, Kuba Krallığı, Bushong ve Lele.

saygıdeğer yeniliklerinden birini, tüfeği gayet çabuk benimsediler. Bu yeni ve güçlü aracı pazar teşviklerine karşılık vermek için, yani köle ele geçirip ihraç etmek için kullandılar. Bu noktada Afrika değerlerinin ya da kültürünün yeni teknolojileri ve uygulamaları benimserken engel teşkil ettiğine dair hiçbir emare yoktur. Kongoluların Avrupalılarla teması arttıkça onların başka uygulamalarını da benimsediler: okuryazarlık, kıyafet tarzı ve ev tasarımı. 19. yüzyılda başka pek çok Afrika toplumu, üretim biçimlerini değiştirmek suretiyle Sanayi Devrimi'nin yarattığı artan ekonomik fırsatların avantajlarından yararlandı. Batı Afrika'da palm yağı ve yerfıstığı ihracatına dayalı hızlı bir ekonomik gelişim söz konusuydu; Afrika'nın güneyindeki kabileler Güney Afrika'daki Rand'in hızla genişleyen sanayi ve maden bölgelerine ihracata başladılar. Yine de, bu umut vaat eden ekonomik deneyimler Afrika kültürü ya da kendi çıkarları doğrultusunda hareket etmekten âciz sıradan Afrikalılar tarafından değil, ilk önce Avrupa sömürgeciliği ve ardından bağımsızlık sonrası Afrika hükümetleri tarafından yok edildi.

Kongoluların ileri teknolojileri benimsememelerinin asıl nedeni, bunu yapmak için hiçbir teşviğin olmamasıydı. Elde ettikleri tüm hasılanın, Katolikliğe geçsin ya da geçmesin, mutlak güce sahip kral tarafından el konulup vergilendirilmesi gibi çok yüksek bir riskle yüz yüzeydiler. Aslına bakılırsa tehlikede olan yalnızca mülkleri değildi. Kendileri de tehlike altındaydı. Pek çoğu yakalanıp köle olarak satıldı; bunun uzun vadede verimliliği artırmak için yatırım yapmayı teşvik edecek bir ortam olduğunu söylemek biraz güç. Kral ne saban kullanımının yaygınlaşması için teşvik sağlıyordu ne de tarımsal verimliliği artırmak gibi bir önceliği vardı; köle ihraç etmek çok daha kârlıydı.

Bugün Afrikalıların birbirlerine duydukları güvenin dünyanın başka bölgelerindeki insanlardan daha az olduğu doğru olabilir. Fakat bu, Afrika'da hem insan hem de mülkiyet haklarına alttan alta zarar veren kurumların uzun geçmişinin bir ürünüdür. Yakalanıp köle olarak satılma ihtimali hiç şüphesiz Afrikalıların başkalarına olan güvenini tarihsel anlamda etkilemiştir.

Ya Max Weber'in Protestan ahlakı? Nüfusun büyük çoğunluğunu Protestanların oluşturduğu ülkelerin, örneğin Hollanda ve İngiltere'nin, modern çağın ilk büyük ekonomik başarılarına imza atmalarına karşın din ve ekonomik başarı arasındaki ilişki çok sınırlıdır. Çoğunluğu Katoliklerden oluşan Fransa'nın 19. yüzyılda hızla Hollandalıların ve İngilizlerin başarısını taklit etmesi bir yana, bugün İtalya da bu ülkelerden herhangi biri kadar müreffehtir. Uzak Doğu'ya baktığınızda ise Doğu Asya'nın başarılarından hiçbirinin Hıristiyan dininin hiçbir biçimiyle alakası olmadığını görürsünüz; dolayısıyla orada da Protestanlıkla ekonomik başarı arasında özel bir ilişki olduğunu gösterecek pek bir şey yoktur.

Gelin, kültür hipotezi meraklılarının gözde bölgelerinden birine, Ortadoğu'ya göz atalım. Ortadoğu çoğunlukla Müslüman ülkelerden oluşur ve daha önce belirttiğimiz gibi, bunlar arasında petrolü olmayanlar çok fakirdir. Petrol üreticileri zengindir fakat bu beklenmedik zenginlik Suudi Arabistan ve Kuveyt'te çok yönlü modern ekonomilerin oluşmasına yol açmamıştır. Peki, bu gerçekler din faktörünün önem taşıdığını göstermez mi? Makul görünmesine karşın bu argüman da doğru değildir. Evet, Suriye ve Mısır gibi ülkeler fakirdir ve nüfuslarının büyük çoğunluğu Müslüman'dır. Fakat bu ülkeler zenginliğin oluşumunda çok daha fazla önem taşıyan başka konularda da sistematik farklılıklar gösterirler. Her şeyden önce hepsi de, gelişimlerini yoğun bir biçimde ve olumsuz yönde şekillendiren Osmanlı İmparatorluğu'nun eyaletleriydi. Osmanlı idaresinin çöküşünün ardından Ortadoğu, yine, gelişimlerinin önüne set çeken İngiliz ve Fransız sömürge imparatorluklarının hâkimiyetine geçti. Bağımsızlıklarının ardından büyük ölçüde eski sömürge dünyasının kurallarına göre hareket ederek hiyerarşik, otoriter siyasal rejimler kurdular. Bu rejimlerin birkaç siyasal ve ekonomik kurumu, ileride tartışacağımız gibi, ekonomik başarının elde edilmesinde hayati bir önem taşıyordu. Bu gelişim çizgisinde büyük ölçüde Osmanlı ve Avrupa hâkimiyetinin tarihi belirleyici oldu. Ortadoğu'da İslam dini ve yoksulluk arasındaki ilişki büyük ölçüde düzmecedir.

Ortadoğu'nun ekonomik rotasını belirlemede kültürel etkenlerden ziyade bu tarihsel olayların oynadığı rol, 1805-1848 yılları arasında Mehmet Ali idaresindeki Mısır gibi, geçici olarak Osmanlı İmparatorluğu'nun ve Avrupalı güçlerin elinden kurtulan Ortadoğu'nun bazı bölgelerinin hızlı bir ekonomik değişim rotası izleyebilmesinde de görülebilir. Mehmet Ali, Napoléon Bonaparte'ın komutasında Mısır'ı işgal eden Fransız kuvvetlerinin geri çekilmesinin ardından yönetime el koydu. O tarihte Osmanlı'nın Mısır bölgesi üstündeki otorite boşluğundan istifade ederek şu ya da bu şekilde Nasır'ın öncülüğündeki 1952 Mısır Devrimi'ne dek hüküm sürecek kendi hanedanlığını kurmayı başardı. Zorlayıcı nitelikte olmasına karşın Mehmet Ali'nin reformları devlet bürokrasisini, orduyu ve vergi sistemini modernize ederek Mısır'ın büyümesini sağladı. Ayrıca tarımda ve sanayide de büyüme kaydedildi. Ancak bu modernizasyon süreci ve büyüme Ali'nin ölümüyle son buldu ve Mısır, Batı'nın etkisi altına girdi.

Fakat belki de bu, kültür hakkında fikir yürütmek için yanlış bir yoldur. Belki de önem arz eden kültürel etkenler dinle değil de belirli "ulusal değerler"le ilişkilidir. Belki de Birleşik Devletler, Kanada ve Avustralya'nın bu kadar zengin olmalarındaki belirleyici etken İngiliz kültürüdür. Başlangıçta cazip görünse de bu fikir de bir işe yaramayacaktır. Evet, Kanada ve Birleşik Devletler İngiliz kolonileriydi; fakat Sierra Leone ve Nijerya da öyle. Eski İngiliz kolonilerinin refah düzeylerinde görülen çeşitlilik, dünyanın geri kalanında olduğu kadar büyüktür. Dolayısıyla Kuzey Amerika'nın başarısının nedeni İngiliz mirası değildir.

Kültür hipotezinin bir versiyonu daha bulunmaktadır: Belki de asıl önemli olan İngilizler ile İngiliz olmayanlar karşıtlığı değil, Avrupalılar ile Avrupalı olmayanlar karşıtlığıdır. Acaba Avrupalılar iş ahlakları, yaşam görüşleri, Yahudi-Hıristiyan değerleri ya da sahip oldukları Roma mirası nedeniyle bir biçimde daha mı üstündürler? Nüfusun büyük çoğunluğunu Avrupa kökenli halkların oluşturduğu Batı Avrupa ve Kuzey Amerika'nın dünyanın en müreffeh bölgesi olduğu bir gerçektir. Belki de bu zenginliğin nedeni –ve kültür hipotezinin son kalesi– Avrupa'nın üstün kültür mirasıdır. Yazık ki, kültür hipotezinin bu versiyonu da açıklayıcı olmaktan en az diğerleri kadar uzaktır. Kanada ve Birleşik Devletler nüfusuna kıyasla Arjantin ve Uruguay nüfusunun daha büyük bölümü Avrupa kökenlidir; fakat bu ülkelerin ekonomik performansı tatminkâr olmaktan çok uzaktır. Oysa Japonya ve Singapur'daki Avrupa kökenli yerleşimciler hiçbir zaman bir tutamdan fazla olmamıştır fakat Batı Avrupa'nın pek çok ülkesi kadar müreffehtirler.

Ekonomik ve siyasal sisteminin çoğu eksik yönlerine rağmen Çin son 30 yılın en hızlı büyüyen ülkesidir. Çin'de Mao Zedung'un ölümüne kadarki yoksulluğun Çin kültürüyle hiçbir ilgisi yoktu; bu yoksulluk Mao'nun ekonomiyi örgütleme ve siyaseti idare etmede kullandığı feci yöntemden kaynaklanıyordu. 1950'lerde Büyük İleri Atılım'ı, kitlesel açlığa ve kıtlığa yol açan sert bir sanayileşme politikasını benimsedi. 1960'larda entelektüellere, eğitimli insanlara; yani partiye bağlılığından şüphe duyulan herkese kitlesel olarak zulmedilmesine yol açan Kültür Devrimi'ni başlattı. Bu da korkuya, toplumun yetenek ve kaynaklarında büyük bir kayba yol açtı. Aynı şekilde, Çin'in günümüzdeki büyümesinin de Çin değerleriyle ya da Çin'deki kültürel değişimle hiçbir ilgisi yoktur; Mao Zedung'un ölümünün ardından yavaş yavaş sosyalist ekonomik politikaları ve kurumları terk eden Deng Şiaoping ve yandaşlarının önce tarımda, ardından sanayide uyguladığı reformların zincirlerinden kurtardığı ekonomik dönüşüm sürecinin bir sonucudur.

Tıpkı coğrafya hipotezi gibi, kültür hipotezi de yetersizdir. Elbette Birleşik Devletler ve Latin Amerika arasında inançlar, kültürel tavırlar ve değerler bakımından farklılıklar vardır; fakat tıpkı Nogales Arizona ve Nogales Sonora arasındaki ya da Güney ve Kuzey Kore arasındaki farklılıklar gibi, bu farklılıklar da iki yerin farklı kurumlarından ve kurumsal geçmişlerinden kaynaklanır. "İspanyol" ya da "Latin" kültürünün İspanya İmparatorluğu'nu nasıl şekillendirdiğini vurgulayan kültürel etkenler, Latin Amerika içindeki farklılıklara –mesela neden Arjantin ve Şili'nin Peru ve Bolivya'dan daha müreffeh olduğuna– açıklama getiremez. Kültürel argümanların diğer biçimleri de –mesela çağdaş yerel kültürleri vurgulayanlar– aynı ölçüde sorunludur. Bugün Peru ve Bolivya'ya kıyasla Arjantin ve Şili'deki yerlilerin sayısı daha azdır. Bu gerçeğe rağmen yerel kültüre dayalı bir açıklama da işe yaramayacaktır. Kolombiya, Ekvador ve Peru benzer gelir düzeylerine sahiptir; fakat Kolombiya'da çok az yerli yaşarken Ekvador ve Peru'daki yerlilerin sayısı çoktur. Son olarak, genellikle yavaş bir değişim gösteren kültürel tavırların Doğu Asya ve Çin'de görülen mucizevi büyümeye tek başına yol açması pek mümkün değildir. Kurumlar da inatçıdır fakat ileride göreceğimiz gibi belirli koşullar altında çok da hızlı değişirler.

Cehalet hipotezi

Bazı ulusların zengin bazılarınınsa yoksul olmalarının nedenine ilişkin son popüler kuram, dünya eşitsizliğinin nedenini insanların ya da yöneticilerin fakir ülkeleri nasıl zengin hale getireceklerini bilmemesine bağlayan cehalet hipotezidir. Bu görüş, İngiliz iktisatçı Lionel Robbins tarafından 1935'te ileri sürülen, "Ekonomi, insan davranışını alternatif kullanım alanlarına sahip kısıtlı araçlar ile amaçlar arasındaki ilişki olarak ele alan bir bilimdir" şeklindeki ünlü tanımından esinlenen çoğu iktisatçı tarafından kabul görür.

Bu durumda kolaylıkla iktisadın kısıtlı araçların toplumsal amaçları karşılamak için nasıl en iyi şekilde kullanılabileceğine odaklanması gereken bir bilim olduğu sonucuna varılabilir. Gerçekten de, "İlk Refah Kuramı" denilen, iktisadın en ünlü kuramsal çıkarımı, kaynakların bir "piyasa ekonomisi" içinde tahsis edilmesinin ekonomik bakımdan toplum yararına görüldüğü koşulları tanımlar. Bir piyasa ekonomisi, tüm birey ve kuruluşların istedikleri her türlü ürün ve hizmeti özgürce ürettiği, alıp sattığı durumu ifade etmek için kullanılan bir soyutlamadır. Bu koşullar mevcut değilse bir "piyasa başarısızlığı" söz konusudur. Piyasa başarısızlıkları çözülmedikçe ülkenin daha da fakir hale gelmesi muhtemel olduğundan bu tür başarısızlıklar bir dünya eşitsizliği kuramına temel oluşturur. Cehalet hipotezi, yoksul ülkelerin çok sayıda piyasa başarısızlığı olduğu için, ayrıca iktisatçı ve siyaset adamları bu başarısızlıklardan nasıl kurtulacaklarını bilmedikleri ve geçmişte yanlış bir tavsiye izledikleri için yoksul kaldığını ileri sürer. Zengin ülkeler zengindir çünkü daha iyi politikalar üretmiş ve bu başarısızlıkların üstesinden gelmişlerdir.

Cehalet hipotezi dünya eşitsizliğini açıklayabilir mi? Acaba Batı Avrupalı liderler nispeten daha başarılı olmalarından da anlaşılacağı gibi daha iyi bilgilendirilmiş ya da tavsiye almışlar, ancak Afrika ülkeleri kendi liderleri ülkelerini yoksulluğa sürükleyen hatalı yönetim anlayışına meyilli oldukları için mi dünyanın geri kalanından daha fakir kalmışlardır? Sonuçlarını hesaplayamadıkları için talihsiz politikalar izlemiş liderlere dair meşhur örnekler olsa da, cehalet dünya eşitsizliğinin en iyi ihtimalle küçük bir bölümüne açıklama getirebilir. Görünüşe göre, Britanya'dan bağımsızlığını elde etmesinin ardından Gana'da başlayan sürekli ekonomik gerilemenin nedeni, cehalettir. O zamanlar Kwame Nkrumah hükümetinin danışmanlığını yürüten İngiliz iktisatçı Tony Killick, yaşanan problemlerin çoğunu gayet ayrıntılı bir biçimde kayda geçirdi. Nkrumah'ın yetersiz olduğu ortaya çıkan politikaları devlet sanayiini geliştirmeye odaklıydı. Killick şöyle diyor:

> Ayakkabı fabrikası [...] hayvan derilerinin nakliyesiyle kuzeydeki et fabrikasını güneydeki (500 milden daha uzakta) bir tabakhaneye (şimdi terk edilmiş durumda) bağlayacaktı; deriler ülkenin merkezinde ve tabakhanenin 200 mil kuzeyindeki Kumasi'de bulunan ayakkabı fabrikasında toplanacaktı. Asıl ayakkabı piyasası Accra metropol bölgesinde olduğundan ayakkabıların bu kez de Güney'e doğru gerisin geri 200 kilometre daha yol kat etmesi gerekecekti.

Killick kibarca bunun "ayakta kalması kötü konumlandırılışı nedeniyle zora giren" bir girişim olduğunu ifade ediyor. Ayakkabı fabrikası, Gana'nın mango yetişmeyen bir bölgesinde kurulan ve üretim kapasitesi dünya genelindeki toplam talepten fazla olan mango konserveleme tesisinin de aralarında bulunduğu buna benzer pek çok projeden biriydi. Ekonomik rasyoneli bulunmayan bu sonu gelmez girişimler Nkrumah ya da danışmanlarının kötü ve yanlış bilgilendirilmelerinden ya da doğru iktisat politikalarından habersiz olmalarından kaynaklanmıyordu. Yanlarında Killick gibi insanlar vardı ve hatta izlenen politikaların iyi olmadığını bilen Nobel adayı Sir Arthur Lewis'ten tavsiye alıyorlardı. Ekonomi politikalarını biçimlendiren asıl etken Nkrumah'ın siyasal destek elde etmek ve demokratik olmayan rejimini sürdürmek için bu politikalara başvurmaya ihtiyaç duymasıydı.

Ancak ne Gana'nın bağımsızlık sonrasında gösterdiği hayal kırıklığı yaratan performans ne de ekonominin bariz bir biçimde kötü idare edildiğini gösteren çok sayıda başka örnek, basitçe cehaletle açıklanabilir. Neticede, sorun cehalet olsaydı, iyi niyetli liderler ne tür politikaların yurttaşların gelir ve refahını artırdığını çabucak öğrenir ve bu politikalara yönelirlerdi.

Birleşik Devletler ve Meksika'nın izlediği apayrı iki rotayı ele alalım. Bu eşitsizliğe neden olarak iki ülke liderlerinin cehaletini öne sürmek her şeyden önce mantıksızdır. Sömürgecilik döneminde bu eşitsizliğin tohumlarının atılmasının nedeni John Smith ve Cortés'in bilgi düzeylerinin ya da niyetlerinin farklı olması değildi. Ayrıca 19. yüzyılın sonu, 20. yüzyılın başında Meksika'nın elit kesimini zenginleştirip bedelini toplumun geri kalanına ödetmeyi tercih etmesinin nedeni de, bunun tam aksini yapan Teddy Roosevelt ya da Woodrow Wilson gibi sonraki Birleşik Devletler başkanlarıyla Porfirio Díaz arasındaki bilgi farkı değildi. Daha ziyade, ülkelerin başkanlarının ve elitlerinin yüzleştikleri kurumsal kısıtlamalar arasındaki farklılıklardı. Benzer biçimde, güvence altına alınmamış mülkiyet hakları ve ekonomik kurumlar sayesinde nüfusunun büyük kısmı yoksullaşan ve son yarım yüzyılda güçsüzleşen Afrika ülkelerinin liderlerinin de bu gelişmelere izin vermelerinin sebebi bunun iyi bir ekonomik yol olduğunu düşünmeleri değildi. Böyle hareket ettiler çünkü yaptıkları yanlarına kâr kalabiliyordu ve bedelini başkalarına ödeterek kendileri zenginleşebiliyorlardı; ya da bunun iyi bir politika olduğunu, kritik grupların ve elit kesimin desteğiyle iktidarda kalmalarını sağladığını düşünüyorlardı.

1971'deki Gana Başbakanı Kofi Busia deneyimi, cehalet hipotezinin ne denli yanıltıcı olabileceğini ortaya koyar. Busia tehlikeli bir ekonomik krizle yüz yüze kalmıştı. 1969'da iktidara gelmesinin ardından kendinden önceki Nkrumah gibi sürdürülemez bir genişlemeci ekonomik politika izledi, pazarlama komiteleri ve aşırı değerlenmiş döviz kuru sayesinde çeşitli fiyat kontrolleri uyguladı. Busia, Nkrumah'ın rakibi olmasına ve demokratik bir yönetim sürdürmesine karşın ülkesinde benzer nitelikte birçok siyasal kısıtlamayla karşılaştı. Nkrumah gibi onun ekonomi politikaları da "cahilliğinden" ve bu politikaların ekonomi için iyi olduğunu ya da ülkeyi geliştirmenin ideal bir yolu olduğunu düşündüğü için benimsenmedi. Bu politikalar tercih edildi; çünkü bunlar Busia'nın hoşnut tutulması gereken, siyasal bakımdan güçlü gruplara –örneğin kentsel alanlardakilere– kaynak aktarmasına olanak sağlayan politikalardı. Fiyat kontrolleri tarıma baskı yaptı, kentsel alanlardaki seçmen bölgelerine ucuz yiyecek sağladı ve hükümet harcamalarını finanse etmek için gelir oluşturdu. Ancak bu kontroller sürdürülemez nitelikteydi. Gana kısa bir süre sonra bir dizi ödemeler dengesi krizi ve döviz darlığıyla boğuşmaya başladı. Bu ikilemler karşısında, 27 Aralık 1971'de Uluslararası Para Fonu'yla, ağır bir devalüasyon da içeren bir anlaşma imzaladı.

IMF, Dünya Bankası ve tüm uluslararası camia, anlaşmada yer alan reformları uygulaması için Busia'ya baskı yaptı. Uluslararası kurumlar pek farkında olmasalar da Busia büyük bir siyasal kumar oynadığını biliyordu. Devalüasyonun doğrudan sonucu Gana'nın başkenti Akra'da baş gösteren ve Yarbay Acheampong komutasındaki ordu Busia'yı devirinceye kadar kontrol altına alınamayan ayaklanma ve hoşnutsuzluk oldu; Acheampong'un ilk işi devalüasyona son vermekti. Cehalet hipotezi, yoksulluk sorununu "çözmek" için bir öneri getirmesiyle kültür ve coğrafya hipotezlerinden ayrılır: Eğer cehalet sorunumuz varsa aydınlanmış, bilgili yöneticiler ve siyasetçiler bizi bu durumdan kurtarabilir; doğru tavsiyelerle ve siyasetçileri hangi ekonomi politikasının iyi olduğuna ikna ederek tüm dünyada refah "inşa" edebiliriz. Busia deneyimi, bir kez daha, piyasa başarısızlıklarını azaltacak ve ekonomik büyümeyi teşvik edecek politikaları hayata geçirmenin önündeki asıl engelin siyasetçilerin cehaleti değil, içinde bulundukları toplumun siyasal ve ekonomik kurumlarının onlara sunduğu teşvikler ve getirdikleri kısıtlamalar olduğu gerçeğinin altını çizmektedir.

Cehalet hipotezi hâlâ pek çok iktisatçı arasında ve –neredeyse her şeyi bir yana bırakıp refahı nasıl inşa edeceklerine odaklanan– Batılı siyaset çevrelerinde geniş ölçüde kabul görüyorsa da yalnızca işe yaramayan bir başka hipotezden ibarettir. Ne dünya genelinde refahın kökenlerini ne de etrafımızda olan biteni –örneğin neden Birleşik Devletler ve İngiltere değil de Meksika ve Peru gibi bazı ülkelerin yurttaşlarının çoğunu yoksulluğa sürükleyecek kurum ve politikaları seçtiklerini ya da neden Sahraaltı Afrika'nın neredeyse tamamının ve Orta Amerika'nın büyük bölümünün Batı Avrupa ve Doğu Asya'ya kıyasla bu denli yoksul olduğunu– açıklayabilir.

Ulusların kendilerini yoksulluğa mahkûm eden kurumsal örüntülerden kurtulup bir ekonomik büyüme çizgisi tutturmayı başarmaları, cahil liderlerinin bir anda daha bilgili ya da daha az çıkarcı olmalarından ya da daha iyi iktisatçılardan tavsiye almalarından kaynaklanmaz. Örneğin Çin, yoksulluğa ve milyonların açlık çekmesine yol açan ekonomik politikaları terk edip ekonomik büyümeyi teşvik eden politikalara geçiş yapan ülkelerden biridir. Fakat bu, daha sonra detaylı bir biçimde tartışacağımız gibi, Çin Komünist Partisi'nin en sonunda tarım arazilerinin ve sanayinin kolektif mülkiyetinin feci ekonomik teşvikler doğurduğunu anladığı için gerçekleşmedi. Daha ziyade, rakiplerinden daha az çıkarcı olmayan ancak farklı çıkarları ve siyasal hedefleri olan Deng Şiaoping ve yandaşları Komünist Parti'deki güçlü rakiplerini yenilgiye uğrattıkları, partinin liderliğini ve doğrultusunu radikal bir biçimde değiştiren bir siyasal devrime öncülük ettikleri için gerçekleşti. Bu siyasal devrimi önce tarım ve ardından sanayi için piyasa teşvikleri oluşturan ekonomik reformlar izledi. Çin'in komünizmden piyasa teşviklerine geçişini sağlayan daha iyi tavsiyeler ya da ekonominin nasıl işlediğinin daha iyi anlaşılması değildi; siyasetti.

Dünya eşitsizliğini anlamak için öncelikle bazı toplumların neden çok yetersiz ve toplumsal açıdan sakıncalı biçimlerde örgütlendiklerini anlamamız gerektiğini savunacağız. Uluslar bazen etkili kurumlar hayata geçirmeyi ve zenginliğe erişmeyi de başarırlar; fakat ne yazık ki bunlar nadiren görülen durumlardır. Çoğu iktisatçı ve siyasetçi "meseleyi doğru anlamaya" odaklanır. Oysa asıl odaklanılması gereken yoksul ülkelerin neden "meseleyi yanlış anladıklarına" açıklama getirmektir. Konuyu yanlış anlamak genellikle ne cehaletle ne de kültürle ilgilidir. İleride göreceğimiz gibi, bu ülkeler iktidardakiler yoksulluğa yol açacak seçimler yaptıkları için yoksuldur. Meseleyi hata ya da cehalet yüzünden değil kasten yanlış anlarlar. Bunu anlamak için iktisadın ve yapılması gerekenleri söyleyen uzman tavsiyelerinin ötesine geçip kararların gerçekte nasıl alındığı, bunları kimin aldığı ve bu insanların neden bu kararları aldığı incelenmelidir. Bu siyasete ve siyasal süreçlere ilişkin bir çalışmadır. İktisat genellikle siyaseti göz ardı eder fakat siyaseti anlamak dünya eşitsizliğini açıklamak için elzemdir. İktisatçı Abba Lerner'ın 1970'lerde belirttiği gibi, "İktisat hallolmuş siyasal problemleri kendine çalışma alanı olarak seçerek Sosyal Bilimlerin Kraliçesi unvanını aldı."

Zenginliğe ulaşmanın bazı temel siyasal problemleri çözmeye bağlı olduğunu savunacağız. Bunun nedeni iktisadın siyasal problemleri çözülmüş farz etmesinin, dünya eşitsizliği için tatminkâr bir açıklama bulmaya olanak tanımamasıdır. Dünya eşitsizliğinin açıklanması konusunda, farklı türden politikaların ve toplumsal düzenlemelerin ekonomik teşvikleri ve davranışları nasıl etkilediğini anlamak için hâlâ iktisada ihtiyaç vardır. Fakat bunun için siyasete de ihtiyaç vardır.

3

Zenginliğin ve yoksulluğun inşası

38. Paralel'in iktisadı

1945 yazında, İkinci Dünya Savaşı sona yaklaşırken, Kore'deki Japon sömürgesi çökmeye başladı. Japonya'nın 15 Ağustos'ta koşulsuz teslim olmasını izleyen bir ay içinde Kore 38. Paralel üzerinden iki nüfuz alanına bölündü. Güney Birleşik Devletler, kuzey de Rusya'nın idaresine verildi. Soğuk Savaş'ın endişe dolu sükûneti Haziran 1950'de Kuzey Kore ordusunun Güney Kore'yi işgal etmesiyle bozuldu. Kuzey Koreliler başlangıçta akınlar düzenleyip başkent Seul'ü ele geçirseler de sonbaharda tamamen geri çekildiler. Hwang Pyong-Won ve erkek kardeşi de işte o zaman birbirlerinden koptular. Hwang Pyong-Won saklanmayı ve bu sayede Kuzey Kore ordusuna alınmamayı başardı. Güney'de kaldı ve eczacılık yaptı. Seul'de Güney Kore ordusunun yaralı askerlerini tedavi eden doktor kardeşi ise Kuzey Kore ordusu geri çekilirken kuzeye götürüldü. 1950'de birbirinden koparılan iki kardeş, iki devletin sonunda sınırlı bir aile birleşimi programı başlatmak için anlaşmasıyla ilk kez 50 yıl sonra 2000'de yeniden bir araya geldiler.

Hwang Pyong-Won'un kardeşi bir doktor olarak hava kuvvetlerinde görevlendirildi; askeri diktatörlük yönetimi altında bu iyi bir işti. Fakat Kuzey Kore'de ayrıcalıkları olanların bile durumu iyi sayılmazdı. Kardeşler bir araya geldiğinde Hwang Pyong-Won 38. Paralel'in kuzeyinde hayatın nasıl olduğunu sordu. Onun bir arabası vardı, oysa kardeşinin yoktu. "Telefonun var mı?" diye sordu kardeşine. "Hayır" diye yanıtladı kardeşi. "Dışişleri Bakanlığı'nda çalışan kızımın var fakat kodu bilmiyorsan arayamıyorsun." Birleşme esnasında Kuzey Kore'den gelen herkesin para istediğini hatırlayan Hwang Pyong-Won kardeşine biraz para teklif etti. Fakat kardeşi, "O parayla geri dönersem hükümet 'Parayı bize ver' der, o yüzden sende kalsın" diye yanıtladı. Hwang Pyong-Won kardeşinin paltosunun yırtık pırtık olduğunu fark edince "O paltoyu çıkarıp at, dönerken de bunu giy" diyerek kendi paltosunu vermek istedi. "Yapamam" diye yanıtladı kardeşi. "Buraya gelmek için devletten alınmış emanet paltodur." Hwang Pyong-Won ayrılırken, kardeşinin ne kadar huzursuz ve biri dinliyormuş gibi sürekli gergin olduğunu anımsıyor. Kardeşi sandığından daha da fakirdi. İyi yaşadığını söylemişti fakat Hwang Pyong-Won onun korkunç göründüğünü ve çöp gibi zayıf olduğunu düşünüyordu.

Güney Kore halkının yaşam standartları Portekiz ve İspanya'da yaşayanlarınkilerle aynıdır. Kuzeyin ya da adı Kore Demokratik Halk Cumhuriyeti olan Kuzey Kore'nin yaşam standartları ise Güney Kore'nin yaklaşık onda biri kadar, yani bir Sahraaltı Afrika ülkesi düzeyindedir. Kuzey Kore'nin sağlık koşulları ise daha da kötü durumdadır. Bir Kuzey Koreli'nin ortalama yaşam süresi 38. Paralel'in güneyindeki kuzenlerine göre yaklaşık 10 yıl daha azdır. Harita 7 gece çekilmiş uydu görüntülerindeki ışık yoğunluğunu gösteren verilerle iki Kore arasındaki ekonomik uçurumu çarpıcı bir biçimde sergiliyor. Kuzey Kore elektriksizlik nedeniyle neredeyse tamamen karanlıkken Güney Kore ışıl ışıl parlıyor.

Bu çarpıcı farklılık çok eskiye dayanmıyor. Aslında İkinci Dünya Savaşı'nın bitiminden önce ortada yoktu. Fakat 1945'ten sonra Kuzey ve Güney'deki farklı hükümetler ekonomilerini örgütlemek için birbirinden çok farklı yöntemler uyguladılar. Harvard ve Princeton'da öğrenim görmüş sadık antikomünist Syngman Rhee, Birleşik Devletler'in de ciddi desteğini alarak Güney Kore'yi yönetti ve ilk ekonomik ve siyasal kurumları o şekillendirdi. Rhee, 1948'de başkan seçildi. Kore Savaşı'nın ve 38. Paralel'in güneyini saran komünizm tehdidinin cenderesindeki Güney Kore demokratik bir ülke değildi. Hem Rhee hem de onun kadar ünlü halefi General Park Chung-Hee, iki otoriter başkan olarak tarihe geçtiler. Fakat ikisi de özel mülkiyete dayalı bir piyasa ekonomisini benimsedi ve Park 1961'den sonra hızlı ekonomik büyümenin önündeki devlet engelini kaldırarak başarılı şirketlere kredi ve devlet yardımı sağladı.

38. Paralel'in kuzeyinde durum farklıydı. Japonya karşıtı komünist partizanların liderlerinden biri olan Kim Il-Sung 1947'de bir diktatöre dönüştü ve Juche[8] sisteminin bir parçası olarak Sovyetler Birliği'nin yardımıyla devlet güdümlü katı bir ekono-

8. KDHC'ye özgü sosyalizmin ilkeler bütünü (yay.n)

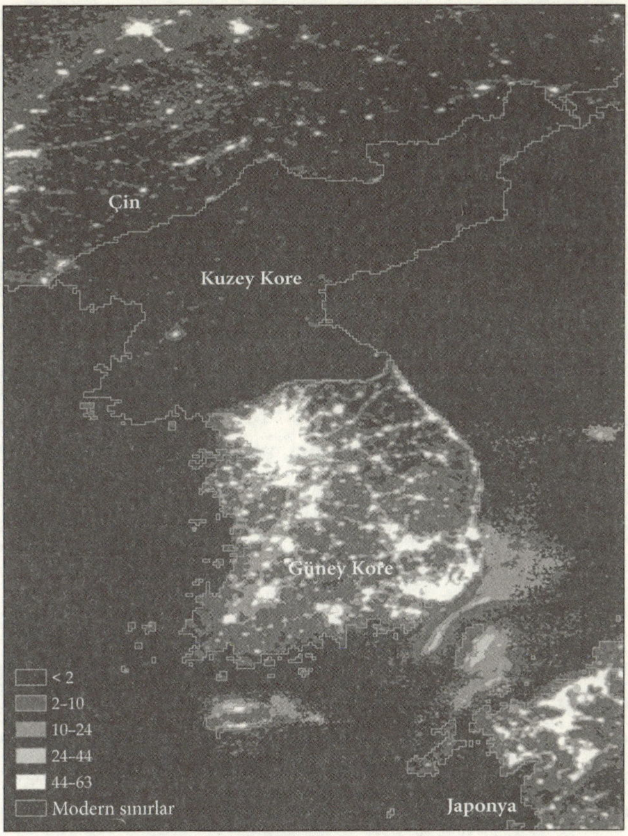

Harita 7: Güney Kore'deki ışıklar ve Kuzey Kore'deki karanlık.

mik sistem hayata geçirdi. Özel mülkiyet kaldırıldı ve piyasalara yasak getirildi. Özgürlükler yalnızca piyasada değil, Kuzey Korelilerin yaşamlarının her alanında kısıtlandı; elbette ki Kim Il-Sung'un ve ardından oğlu-halefi Kim Jong-Il'in etrafında oluşan küçük bir idari elit hariç tutulmak kaydıyla.

Güney ve Kuzey Kore'nin ekonomik geleceklerinin bariz biçimde farklılaşması bizi şaşırtmamalıdır. Çok geçmeden Kim Il-Sung yönetimindeki ekonominin ve Juche sisteminin tam bir felaket olduğu anlaşıldı. En hafif tabirle kapalı kutu olduğunu söyleyebileceğimiz bir devlet olan Kuzey Kore'yle ilgili detaylı verilere ulaşmak mümkün değil. Buna karşın, eldeki deliller epey sık yaşanan kıtlıklarla ilgili bilgilerimizi doğruluyor: Yalnızca sanayi üretimini artırmada başarısız olunmadı, Kuzey Kore aynı zamanda tarımsal verimlilikte de bir çöküş yaşadı. Özel mülkiyetin olmayışı, ister yatırım yapmak için ister verimliliği artırmak, hatta idame ettirmek için olsun, az sayıda insanın teşvik bulduğu anlamına geliyordu. Boğucu, baskıcı rejim yeniliğe ve yeni teknolojilerin hayata geçirilmesine olanak tanımıyordu. Fakat Kim Il-Sung'un, Kim Jong-Il'in ve ahbaplarının reform yapmak, özel mülkiyete, piyasalara, özel sözleşmelere olanak tanımak ya da ekonomik ve siyasal kurumlarda değişikliğe gitmek gibi bir niyetleri yoktu. Böylece Kuzey Kore ekonomik bakımdan durgunluk yaşamaya devam etti.

Bu esnada Güney'deki ekonomik kurumlar yatırım ve ticareti teşvik ediyordu. Güney Koreli siyasetçiler eğitime yatırım yaparak yüksek okuryazarlık ve eğitim oranları yakaladılar. Güney Koreli şirketler daha eğitimli bir nüfusun, yatırım ve sanayileşmeyi teşvik eden politikaların, ihraç pazarlarının ve teknoloji transferinin avantajlarından yararlanmakta hızlı davrandılar. Güney Kore hızla "Doğu Asya'nın Mucize Ekonomileri" arasına girdi ve dünyanın en hızlı büyüyen uluslarından biri haline geldi.

1990'ların sonuna kadar, neredeyse yarım yüzyılda, Güney Kore'nin büyümesi ve Kuzey Kore'nin durgunluğuyla, bir zamanlar "bütün" olan bu iki ülke arasındaki gedik 10 misli arttı. Birkaç yüzyılın nasıl bir fark yaratacağını siz düşünün. Güney Kore'nin ekonomik başarısıyla kıyaslandığında Kuzey Kore'nin büyümeye engel olan ve milyonları açlığa sürükleyen ekonomik felaketi çarpıcı boyuttadır; ne kültür ne coğrafya ne de cehalet Kuzey ve Güney Kore'nin apayrı rotalarını açıklayabilir. Yanıt için kurumlara bakmak zorundayız.

Sömürücü ve kapsayıcı ekonomik kurumlar

Ülkelerin ekonomik başarıları kurumlara, ekonominin işleyişini belirleyen kurallara ve bireyleri motive eden teşviklere göre farklılık gösterir. Kuzey ve Güney Kore'deki gençleri ve hayattan neler beklediklerini bir düşünün. Kuzeydekiler girişim inisiyatifi, yaratıcılık ya da onları kalifiye işlere hazırlayacak yeterli eğitim olmadan, yoksulluk içinde büyür. Okulda aldıkları eğitimin büyük kısmı rejimin meşrulaştırılmasına destek sağlayan katışıksız bir propagandadan ibarettir; bilgisayar şöyle dursun, kitap sayısı bile azdır. Okulu bittikten sonra herkes 10 yıl askerlik yapmak zorundadır. Bu gençler mülk edinemeyeceklerini, bir iş kuramayacaklarını ve yaşamlarını sürdürmek için yasadışı ekonomik faaliyetlere girişseler bile, yaşam standartlarını yükseltemeyeceklerini bilirler. Beceri ve birikimlerini beğendikleri ve ihtiyaç duydukları ürünleri satın almak için kullanabilecekleri piyasalara yasal yollardan erişemeyeceklerini de bilirler. Hangi insan haklarına sahip olacaklarından bile emin değildirler.

Güneydekiler ise iyi bir eğitim alırlar ve seçtikleri dalda gayret sarf edip başarı göstermeleri için teşvik görürler. Güney Kore özel mülkiyet üzerine kurulu bir pazar ekonomisidir. Güney Koreli gençler girişimci ya da işçi olarak başarı gösterdikleri takdirde bir gün yatırımlarının karşılığını alabileceklerini bilirler; yaşam standartlarını yükseltebilir, tüketim malları (araba, ev) ve sağlık hizmetleri satın alabilirler.

Güney'de devlet ekonomik etkinliğe destek olur ve asayişi korur. Dolayısıyla girişimciler için bankalardan ve finans piyasalarından borç para almak, yabancı şirketler için Güney Koreli şirketlerle ortaklığa girmek ve bireyler için ipotekle ev sahibi olmak mümkündür. Güney Kore'de genel anlamda istediğiniz her işi kurmakta özgürsünüz. Kuzey Kore'de ise değilsiniz... Güney'de işçi tutabilir, ürün ve hizmetlerinizi satabilir, paranızı pazarda dilediğiniz gibi harcayabilirsiniz. Kuzey'de yalnızca karaborsalar vardır. İşte bu farklı kurallar Kuzey ve Güney Korelilerin yaşamına hükmeden kurumlardır.

Güney Kore ve Birleşik Devletler'deki gibi kapsayıcı ekonomik kurumlar, bireylerin yetenek ve becerilerini en iyi şekilde kullanmaları ve istedikleri tercihleri yapabilmeleri için büyük halk kitlelerinin ekonomik etkinliğe katılmasına olanak tanıyıp teşvik sağlayan kurumlardır. Kapsayıcı olabilmeleri için, güvence altına alınmış özel mülkiyete, tarafsız bir hukuk sistemine ve herkesin mübadele ve sözleşme yapabileceği eşit şartlar sağlayan bir kamu hizmetleri tedarikine sahip olmalıdırlar. Ayrıca yeni iş sahalarının açılmasına ve insanların kendi mesleklerini seçmelerine olanak tanınmalıdır.

Güney Kore'nin Kuzey Kore'yle ve Birleşik Devletler'in Latin Amerika'yla arasındaki zıtlık genel bir ilkeyi ortaya koyuyor. Kapsayıcı ekonomik kurumlar ekonomik etkinliği, verimlilik artışını ve ekonomik refahı teşvik eder. Güvence altına alınmış özel mülkiyet hakları yalnızca bu haklara sahip olanlar yatırım yapmaya istekli olacağı ve verimliliği artıracağı için esastır. Hasılatının çalınacağını, kamulaştırılacağını ya da vergi yoluyla hepsinin alınacağını düşünen bir iş adamının değil yatırım ve yenilik için, çalışmak için bile çok az isteği olacaktır. Fakat bu tür haklar toplumdaki insanların büyük kısmı için geçerli olmalıdır.

1680'de İngiliz hükümeti Batı Hint'teki Barbados sömürgesinde bir nüfus sayımı düzenledi. Bu sayım, adada yaşayan yaklaşık 60 bin kişinin neredeyse 39 bininin, nüfusun kalan üçte birlik bölümünün mülkiyetindeki Afrikalı köleler olduğunu ortaya koydu. Aslına bakılırsa bu köleler çoğunlukla en büyük 175 şeker plantasyonu sahibine –ayrıca arazinin çoğuna da sahiplerdi– aittiler. Bu büyük plantasyon sahipleri, arazileri ve hatta köleleri üzerinde güvence altına alınmış ve iyi uygulanan mülkiyet haklarına sahipti. Bir plantasyon sahibi diğer bir plantasyon sahibine köle satmak isterse bunu yapabilir ve bu satışı ya da düzenleyeceği başka herhangi bir sözleşmeyi uygulaması için bir mahkemeye güvenebilirdi. Neden? Çünkü adadaki 40 hâkim ve sulh hâkiminden 29'u büyük plantasyon sahibiydi. Ayrıca sekiz en üst düzey askeri yetkilinin tamamı da... Barbados kapsayıcı ekonomik kurumlara sahip değildi. Çünkü adanın elit kesimi için geçerli olan iyi tanımlanmış, güvence altına alınmış ve uygulamaya konulmuş mülkiyet hakları ve sözleşmeler olmasına karşın, nüfusun üçte ikisini eğitimden ve ekonomik fırsatlardan yararlanma imkânı olmayan, yetenek ya da becerilerini kullanmak için ne olanağa ne de teşvike sahip köleler oluşturuyordu. Kapsayıcı ekonomik kurumlar yalnızca elit kesim için değil, toplumun geniş bir kesiti için güvence altına alınmış mülkiyet hakları ve ekonomik fırsatlar gerektirir.

Güvence altına alınmış mülkiyet hakları, hukuk, kamu hizmetleri ve özgürlük; bunların hepsi devlete dayanır, yani düzen sağlamak için zorlayıcı gücü olan, hırsızlık ve yolsuzluğu önleyen ve özel şahıslar arasındaki sözleşmeleri uygulayan kuruma. İyi işlemesi için toplumun başka kamu hizmetlerine de ihtiyacı vardır; malların nakliyesi için yollara ve bir ulaştırma şebekesine, ekonomik faaliyetin gelişmesi için bir kamusal altyapı sistemine ve yolsuzluk ve suiistimalin önüne geçmek için bir tür temel düzenlemeye. Bu kamu hizmetlerinin çoğu piyasa ve özel şahıslar tarafından sağlanabilse de bunların geniş ölçekte uygulanabilmesi için gerekli koordinasyon düzeyi çoğunlukla merkezi bir otoriteyi zorunlu kılar. Bu nedenle devlet, düzenin, özel mülkiyetin, sözleşmelerin uygulayıcısı ve çoğu zaman kamu hizmetlerinin en büyük sağlayıcısı olarak ekonomik kurumlarla kaçınılmaz bir biçimde iç içe geçmiştir. Kapsayıcı kurumlar devlete ihtiyaç duyar ve onu kullanırlar.

Kuzey Kore'nin ya da sömürge Latin Amerika'nın –daha önce tanımladığımız *mita*, *encomienda* ya da *repartimiento* gibi–

ekonomik kurumları bu özelliklere sahip değildir. Kuzey Kore'de özel mülkiyet yoktur. Sömürge Latin Amerika'da özel mülkiyet İspanyollar için geçerliydi, yerli halkın mülkiyet hakları emniyet altında değildi. Bu toplumların hiçbirinde geniş halk kitleleri istedikleri ekonomik kararları alamıyor, ekonomik bakımdan istedikleri gibi hareket edemiyordu; kitlesel baskıya maruz kalıyordu. Hiçbirinde devletin gücü refah düzeyini artıracak temel kamu hizmetlerinin sağlanması için kullanılmıyordu. Kuzey Kore'de devlet propaganda için bir eğitim sistemi inşa etti ancak kıtlığın önüne geçemedi. Latin Amerika'da devlet yerli halklara baskı yapmaya odaklanmıştı. Bu toplumların hiçbirinde eşit şartlara ya da tarafsız bir hukuk sistemine rastlanmıyordu. Kuzey Kore'de hukuk sistemi iktidardaki Komünist Parti'nin bir koludur, Latin Amerika'da ise halk kitlelerine ayrımcılık yapmak için kullanılan bir araçtı. Kapsayıcı olarak adlandırdıklarımızla karşıt özelliklere sahip bu gibi kurumlara sömürücü –toplumun belli bir kesiminin çıkarları için başka bir kesiminin gelir ve zenginliğini sömürdükleri için– kurumlar diyoruz.

Büyümenin lokomotifleri

Kapsayıcı ekonomik kurumlar, insanlara hem yeteneklerine en uygun mesleklerde çalışma özgürlüğü sunan hem de bunu yapabilmeleri için eşit şartlar sağlayan kapsayıcı piyasalar yaratır. İyi fikirleri olanlar iş kurabilir, işçiler daha verimli çalışabilecekleri faaliyetlere yönelebilir ve daha verimli şirketler daha az verimli olanların yerini alabilir. Kapsayıcı piyasalarda insanların iş sahalarını nasıl seçtikleri ile *mita* idaresinde becerilerine ya da isteyip istemediklerine bakmaksızın pek çok kişinin gümüş ve cıva madenlerinde çalışmaya zorlandığı Peru ve Kolombiya sömürgelerini bir karşılaştırın. Kapsayıcı piyasalar yalnızca serbest piyasalar değildir. 17. yüzyılda Barbados'ta da piyasalar vardı. Fakat benzer bir biçimde, plantasyon sahiplerinden oluşan dar bir elit dışında özel mülkiyetten yoksundu ve piyasaları kapsayıcı olmaktan çok uzaktı: Bunlar, kölelerin aslında ekonomik kurumların bir parçası olduğu, nüfusun büyük çoğunluğunun sistematik olarak baskı gördüğü ve hangi işi seçip yeteneklerini ne şekilde değerlendireceklerine karar verme olanağının ellerinden alındığı piyasalardı.

Kapsayıcı ekonomik kurumlar refahın iki lokomotifine daha zemin hazırlar: Teknoloji ve eğitim. Sürdürülebilir ekonomik büyümeye neredeyse her zaman insan (emek), toprak ve sabit sermayenin (binalar, makineler vs.) daha verimli hale gelmesini sağlayan teknolojik yenilikler eşlik eder. Sadece 100 yıl kadar geriye gidelim ve bugün bizim kanıksadığımız uçaklardan, otomobillerden ya da çoğu ilaç ve sağlık hizmetinden yararlanma imkânı olmayan büyük-büyük-büyükbabalarımızı ve büyükannelerimizi düşünelim. Tabii sıhhi tesisattan, havalandırmadan, alışveriş merkezlerinden, radyodan, sinemadan söz etmiyoruz bile. Hele enformasyon teknolojisinden, robotbilimden ya da bilgisayar kontrollü makinelerden hiç bahsetmiyoruz. Bir iki kuşak daha geriye gidersek teknoloji ve yaşam standartları düzeyi daha da geriler; o kadar ki, çoğu insanın nasıl hayatta kaldığını bile anlamakta güçlük çekeriz. Bu ilerlemeler bilim ve Thomas Edison gibi kârlı bir iş kurmak için bilimi uygulamaya koyan girişimciler sayesinde kaydedildi. Bu yenilik süreci özel mülkiyeti teşvik eden, sözleşmeleri uygulamaya koyan, eşit şartlar sağlayan ve yeni teknolojileri hayata geçirecek yeni iş sahalarının kurulmasına olanak tanıyıp bunlara teşvik sunan ekonomik kurumlar sayesinde mümkün oldu. Bu nedenle ne Thomas Edison'ın Meksika ya da Peru'dan değil de Birleşik Devletler'den çıkması ne de günümüzde Samsung ve Daewoo gibi yenilikçi teknolojiler üreten şirketlerin Kuzey Kore yerine Güney Kore'den çıkması şaşırtıcı olmamalıdır.

Evde, işte ve okulda gerekli olan eğitim, beceri, yetenek ve teknik bilgi, teknolojiyle çok yakından ilgilidir. 100 yıl öncekinden çok daha üretken olmamızın nedeni makinelerle somutlaşan daha iyi teknolojiler değildir yalnızca; aynı zamanda işçilerin sahip olduğu daha ileri teknik bilgidir. Onları nasıl kullanacağını bilen işçiler olmasaydı dünyadaki tüm teknolojiler faydasız hale gelirdi. Ancak yalnızca makineleri çalıştırabilmekten daha büyük beceri ve ehliyet isteyen işler vardır. İlerlememizi sağlayan bilimsel bilgiyi üreten ve bu teknolojileri farklı iş sahalarına adapte edip uygulamamızı sağlayan iş eğitimi ve iş becerisidir. Aslına bakılırsa, 1. bölümde gördüğümüz gibi, Sanayi Devrimi'nde ve sonrasında Thomas Edison gibi pek çok mucit yüksek eğitim görmemişti ve geliştirdikleri teknolojiler günümüz teknolojisinden çok daha basitti. Fakat günümüzdeki teknolojik değişim hem mucitler hem de işçiler için eğitim gerektirmektedir. İşte burada eşit şartlar yaratan ekonomik kurumların önemini görürüz. Birleşik Devletler Bill Gates, Steve Jobs, Sergey Brin, Larry Page, Jeff Bezos ve benzerlerini ve de bu girişimcilerin üzerine iş kurdukları enformasyon teknolojisi, nükleer enerji, biyoteknoloji ve daha başka alanlarda önemli keşifler yapmış yüzlerce bilim insanını yetiştirebilir ya da başka ülkelerden kendine çekebilir. Birleşik Devletler'deki çoğu genç, diledikleri ya da becerebildikleri kadar eğitim olanağına sahip oldukları için değerlendirilmeye hazır bir yetenek arzı söz konusudur. Bir de nüfusun büyük kısmının okula gidecek imkânının olmadığı, gitmeyi başarsalar bile eğitimin içler acısı durumda olduğu ve öğretmenlerin okula gelmediği, gelseler dahi belki de kitap bulamayacakları Kongo ya da Haiti gibi farklı bir ülke düşünün.

Fakir ülkelerin düşük eğitim düzeyi, ebeveynlere çocuklarını eğitmeleri için teşvik yaratmayı başaramayan ekonomik kurumlardan ve devleti okullar inşa etmesi, onları finanse edip desteklemesi ve ebeveynlerle çocukların taleplerini karşılaması için hükümeti harekete geçirmeyi başaramayan siyasal kurumlardan kaynaklanır. Bu ülkelerin düşük eğitim düzeyleri ve kapsayıcı piyasalarının olmayışı yüzünden ödedikleri bedel ise çok ağırdır. Genç yetenekleri harekete geçirmeyi başaramazlar. Hiçbir zaman hayatta ne yapmak istediklerini keşfedecek fırsatları olmadığı için şimdi az eğitim görmüş birer çiftçi olarak çalışan, yapmayı istemedikleri şeyleri yapmaya zorlanan ya da askere alınan pek çok potansiyel Bill Gates'leri ve belki de bir ya da iki Albert Einstein'ları vardır.

Ekonomik kurumların kapsayıcı piyasaların potansiyelinden yararlanma, teknolojik yeniliği teşvik etme, insanlara yatırım yapma ve çok sayıda insanın yetenek ve becerilerini harekete geçirme kudreti ekonomik büyüme için hayati niteliktedir. Pek çok ekonomik kurumun neden bu basit hedeflere ulaşmayı başaramadığını açıklamak ise bu kitabın ana temasıdır.

Sömürücü ve kapsayıcı siyasal kurumlar

Tüm ekonomik kurumların yaratıcısı toplumdur. Örneğin Kuzey Kore'nin ekonomik kurumları, 1940'larda yönetimi ele geçiren komünistler tarafından yurttaşlarına dayatılırken Latin Amerika'dakiler de İspanyol *conquistadorlar* tarafından dayatıldı. Güney Kore, Kuzey Kore'den çok farklı ekonomik kurumlara sahip oldu, çünkü toplumu nasıl inşa edeceklerine farklı çıkarları ve hedefleri olan farklı insanlar karar verdi. Başka bir ifadeyle, Güney Kore'nin farklı bir siyaseti vardı.

Siyaset, bir toplumun kendini yönetecek kuralları seçtiği bir süreçtir. Siyasetin kurumları kuşatmış olmasının ise basit bir nedeni vardır; kapsayıcı kurumlar ülkenin ekonomik refahı için iyi olabilir fakat sömürücü kurumlar oluşturmak Kuzey Kore Komünist Partisi elitleri ya da sömürge Barbados'undaki şeker plantasyonu sahipleri gibi bazı insanlar ya da gruplar için daha kârlıdır. Kurumlar üzerine bir çatışma olduğunda sonuç siyaset oyununda hangi kişi ya da grupların kazandığına, kimin daha fazla destek bulabildiğine, ek kaynaklar elde ettiğine ve daha etkin ittifaklar kurduğuna bağlıdır. Kısaca, kimin kazanacağı, siyasal gücün toplumdaki dağılımıyla ilgilidir.

Bir toplumun siyasal kurumları, bu oyunun sonucunu belirleyen temel etkenlerden biridir. Siyasal kurumlar siyasette teşvikleri yöneten kurallardır. Hükümetin nasıl seçileceğini ve hangi bölümünün neyi yapmaya yetkisi olduğunu onlar belirler. Siyasal kurumlar toplumda gücün kimin elinde olduğunu ve bu gücün ne amaçla kullanılabileceğini belirler. Güç dağılımı yeterince eşit değilse ve sınırlandırılmamışsa siyasal kurumlar mutlakıyetçidir, tıpkı tarih boyunca dünyanın dört bir yanında hüküm süren mutlak monarşiler gibi. Kuzey Kore ya da sömürge dönemi Latin Amerika'sındaki örnekler gibi mutlakıyetçi siyasal kurumların mevcut olduğu koşullarda bu gücü ellerinde tutanlar hem toplumun sırtından zenginleşmelerini sağlayacak hem de güçlerini artıracak ekonomik kurumlar inşa edebilirler. Buna karşılık, gücü toplumun geniş kesimlerine dağıtan ve ona sınırlama getiren siyasal kurumlar çoğulcudur. Siyasal güç tek bir kişinin ya da dar bir grubun eline geçeceğine geniş tabanlı bir koalisyonun elinde kalır.

Çoğulculuk ve kapsayıcı ekonomik kurumlar arasında yakın bir ilişki olduğu açıktır. Fakat anlaşılması gereken asıl önemli nokta, Güney Kore ve Birleşik Devletler'in kapsayıcı ekonomik kurumlara sahip olmalarının nedeni yalnızca çoğulcu siyasal kurumlarının olması değildir; aynı zamanda yeterince merkezileşmiş ve güçlü devletlerinin olmasıdır. Tezat oluşturan çarpıcı bir örnek, bir Doğu Afrika ülkesi olan Somali'dir. İlerde göreceğimiz gibi, Somali'de siyasal güç çok uzun zamandır toplumun geniş kesimlerine dağılmış bir haldedir; neredeyse çoğulcu denilebilecek bir biçimde. Somali kurumları gücü geniş kesimlere yaymaktadır, fakat kimin ne yaptığını kontrol edip müeyyide getirebilecek gerçek bir otorite yoktur. Toplum birbirleri üzerinde hâkimiyet kuramayan taban tabana zıt klanlara bölünmüştür. Bir klanın gücünü sınırlayan tek şey yalnızca diğerinin silahlarıdır. Bu güç dağılımı kapsayıcı kurumlara değil kaosa yol açtı ve bu durumun temelinde Somali devletinin en ufak bir siyasal merkeziyete ya da devlet merkeziyetine sahip olmaması; ayrıca ne ekonomik faaliyeti ve ticareti desteklemek ne de yurttaşlarının temel güvenliğini sağlamak için asgari düzeyde bile olsa bir hukuki düzen oturtamaması yatıyor.

En ünlü ve genel kabul gören devlet tanımını yapan Max Weber devleti toplumdaki "meşru şiddet tekeli" olarak tarif eder. Devlet bu tür bir tekel ve bu tekelin gerektirdiği ölçüde merkeziyet olmadan kamu hizmetlerini yerine getirmek ve ekonomik faaliyeti teşvik edip düzenlemek şöyle dursun, kanun ve düzeni sağlama rolünü dahi yerine getiremez. Devlet siyasal merkeziyeti sağlayamadığında ise toplum er ya da geç kaosa sürüklenir; Somali'de olduğu gibi.

Yeterince merkezileşmiş ve çoğulcu siyasal kurumları, "kapsayıcı siyasal kurumlar", bu koşulların ikisini de sağlayamayan kurumları ise "sömürücü kurumlar" olarak adlandıracağız.

Ekonomik ve siyasal kurumlar arasında güçlü bir sinerji vardır. Sömürücü siyasal kurumlar gücü dar bir elitin elinde yoğunlaştırır ve bu gücün uygulanması konusunda çok az kısıtlama getirir. Bu durumda genellikle ekonomik kurumlar bu elit tarafından toplumun geri kalanının kaynaklarının sömürülmesi için yapılandırılır. Böylece sömürücü ekonomik kurumlar doğal olarak sömürücü siyasal kurumlara eşlik ederler. Aslına bakılırsa, varlıklarını sürdürebilmeleri için doğaları gereği sömürücü siyasal kurumlara bel bağlamaları gerekir. Gücü geniş bir biçimde dağıtan kapsayıcı siyasal kurumlar ise çoğunluğun kaynaklarına el koyan, giriş engelleri getiren ve yalnızca dar bir kesim faydalansın diye piyasaların işleyişine baskı yapan ekonomik kurumların kökünü kazıma eğilimindedir.

Örneğin Barbados'ta köle sömürüsüne dayalı plantasyon sistemi, kölelere baskı uygulayan ve onları siyasal sistemin tamamen dışına iten siyasal kurumlar olmasaydı varlığını sürdüremezdi. Dar bir komünist elitin çıkarları için milyonları yoksulluğa iten Kuzey Kore'deki ekonomik sistem de Komünist Parti'nin mutlak siyasal hâkimiyeti olmadan düşünülemez.

Sömürücü ekonomik ve siyasal kurumlar arasındaki bu sinerjik ilişki güçlü bir etkileşim döngüsü başlatır: Sömürücü siyasal kurumlar, kendilerine yönelik çok az kısıtlamaya ya da muhalif güce olanak tanıyan ekonomik kurumlar oluşturmaları için elitlerin siyasal gücü kontrol edebilmelerini sağlar. Ayrıca, elitlerin gelecekteki siyasal kurumları ve bunların evrimini yapılandırmalarına olanak tanır. Öte yandan, sömürücü ekonomik kurumlar da aynı elitleri zenginleştirir ve bu elitlerin ekonomik zenginlikleri ve güçleri, siyasal hâkimiyetlerini pekiştirmelerine katkıda bulunur. Örneğin, Barbados'ta ya da Latin Amerika'da sömürgeciler siyasal güçlerini, bedelini nüfusun geri kalanının ödemesi pahasına kendilerini büyük bir servete kavuşturacak bir dizi ekonomik kurumu dayatmak için kullanabiliyorlardı. Bu ekonomik kurumların ürettiği kaynaklar bu elitlere ellerindeki mutlak siyasal gücü savunabilmeleri için ordu ve güvenlik teşkilatı kurma olanağı sağlıyordu. Buradan çıkarılabilecek sonuç elbette sömürücü ekonomik ve siyasal kurumların birbirlerini destekledikleri ve devamlılık göstermeye eğilimli olduklarıdır.

Ancak sömürücü ekonomik ve siyasal kurumlar arasında sinerjiden daha fazlası da söz konusudur. Sömürücü siyasal kurumlar altında yeni rakipler mevcut elitlere meydan okuyup iktidarı ele geçirdiğinde benzer biçimde bu rakipler de çok az bir sınırlamaya tabi olurlar. Böylece onlar da bu siyasal kurumları devam ettirmek için motive olur ve benzer nitelikte bir dizi ekonomik kurumu hayata geçirirler; tıpkı 19. yüzyıl sonunda Porfirio Díaz ve çevresindeki elitlerin Meksika'da yaptığı gibi.

Oysa kapsayıcı ekonomik kurumlar, gücü geniş bir biçimde yayan ve keyfi kullanımına sınırlamalar getiren kapsayıcı siyasal kurumların belirlediği esaslara göre düzenlenir. Bu tür siyasal kurumlar başkalarının güce el koymalarını ve kapsayıcı kurumların temellerine zarar vermesini de güçleştirir. Gücü kontrol edenler onu kendi çıkarları gereği sömürücü kurumlar oluşturmak için kolayca kullanamazlar. Kapsayıcı ekonomik kurumlar ise kaynakların daha adil bir biçimde dağıtılmasını sağlayarak kapsayıcı siyasal kurumların devamlılığına katkıda bulunurlar.

1618'de Virginia Kumpanyası'nın daha önce baskı altında tutmaya çalıştığı sömürge halkını acımasız sözleşmelerden kurtarıp arazi ve özgürlük bahşetmesi tesadüf değildi; Genel Meclis ertesi yıl sömürgede yaşayanların kendi yönetimlerini üstlenmelerine izin verdi. Siyasal haklar olmadan verilecek ekonomik haklar, Virginia Kumpanyası'nın onlara baskı yapmak için gösterdiği ısrarlı tavrı iyi bilen sömürge halkı için inandırıcı olmazdı. Ekonomi ne istikrarlı ne de uzun ömürlü olurdu. Aslında, sömürücü ve kapsayıcı kurumların birlikteliği genellikle istikrarsızdır. Barbados örneğinin gösterdiği gibi, kapsayıcı ekonomik kurumların idaresindeki sömürücü ekonomik kurumların uzun süre dayanma olasılığı düşüktür.

Aynı şekilde, kapsayıcı ekonomik kurumlar ne sömürücü siyasal kurumlara destek olurlar ne de onlardan destek alırlar. İster gücü elinde tutanların dar çıkarları lehine sömürücü ekonomik kurumlara dönüşsünler, ister yarattıkları ekonomik dinamizm sömürücü ekonomik kurumları istikrarsız hale getirsin, sonuçta kapsayıcı siyasal kurumların oluşması için zemin hazırlarlar. Ayrıca kapsayıcı ekonomik kurumlar sömürücü siyasal kurumlara hükmeden elitlerin yararlanabileceği ayrıcalıkları da azaltma eğilimindedir; çünkü bu kurumlar pazarda rekabetle karşılaşacak ve toplumun geri kalanının sözleşmeleri ve mülkiyet haklarıyla kısıtlanacaklardır.

Neden daima refah tercih edilmiyor?

Nihayetinde toplumun tercihleri olan siyasal ve ekonomik kurumlar kapsayıcı olabilir ve ekonomik büyümeyi teşvik edebilir. Ya da sömürücü olabilir ve ekonomik büyüme için zorlu bir engele dönüşebilir. Uluslar ekonomik büyümeye ayak bağı olan, hatta onun önünü kesen sömürücü siyasal kurumların desteklediği sömürücü ekonomik kurumlara sahip olduklarında başarısız olurlar. Bu da kurumlara dair seçimin –yani kurumsal siyasetin– ulusların başarı ve başarısızlığının nedenlerini anlama girişimimizin odak noktasını oluşturduğu anlamına geliyor. Toplumların ezici çoğunluğunun izlediği siyaset geçmişte ve bugün hâlâ ekonomik büyümeye engel olan sömürücü ekonomik kurumlara yol açarken bazı toplumların izlediği siyasetin neden ekonomik büyümeyi artıran kapsayıcı kurumlara yol açtığını anlamak zorundayız.

Herkesin refah getirecek türden ekonomik kurumlar oluşturulmasına ilgi duyacağı aşikârmış gibi görünebilir. Her yurttaş, her siyasetçi, hatta her yağmacı diktatör, ülkesini mümkün olduğunca zenginleştirmek istemez mi?

Gelin, daha önce ele aldığımız Kongo Krallığı'na dönelim. Bu krallık 17. yüzyılda çökmüş olsa da 1960'da Belçika'nın sömürge yönetiminden bağımsızlığını kazanan modern ülkenin ismi buradan geliyor. Bağımsız bir devlet olarak Kongo, 1965-1997 yılları arasında Joseph Mobutu yönetiminde neredeyse aralıksız bir ekonomik gerileme ve artan yoksulluk yaşadı. Bu gerileme Mobutu'nun, Laurent Kabila tarafından devrilmesinin ardından da devam etti. Mobutu son derece sömürücü bir dizi ekonomik kurumu hayata geçirdi. Halk yoksullaştı fakat Mobutu ve çevresindeki "Kodamanlar" (Les Gross Legumes) olarak bilinen elitler müthiş bir zenginliğe kavuştular. Mobutu doğduğu yer olan ülkenin kuzeyindeki Gbadolite'de kendisine büyük bir saray inşa ettirdi. Bu sarayın Avrupa seyahatlerinde kullanmak için sık sık Air France'dan kiraladığı süpersonik Concorde jetinin inebileceği büyüklükte bir de havaalanı vardı. Mobutu Avrupa'da şatolar satın aldı ve Belçika'nın başkenti Brüksel'de geniş araziler edindi.

Kongoluların yoksulluğunu artırmak yerine onları zenginleştirecek ekonomik kurumlar tesis etmesi Mobutu için daha iyi olmaz mıydı? Mobutu ulusunun refah düzeyini artırmayı başarsaydı daha fazla parası olmaz mıydı? Kiralamak yerine bir Concorde'u satın alamaz mıydı? Ya da daha fazla şatoya, malikâneye ve muhtemelen daha büyük, daha güçlü bir orduya sahip olamaz mıydı? Dünyanın pek çok ülkesinin yurttaşları için üzülerek söylemek gerekir ki, yanıt hayır olacaktır. Ekonomik süreçler için teşvik sağlayan ekonomik kurumlar, eşzamanlı olarak, elde edilen geliri ve gücü yağmacı bir diktatörü ve çevresindeki politik güce sahip diğer kişileri yoksullaştıracak biçimde yeniden dağıtabilir.

Temel sorun, ekonomik kurumlar üzerinde mutlaka anlaşmazlıklar ve çatışmaların meydana gelecek olmasıdır. Bir ulusun zenginliği, bu zenginliğin nasıl dağıtıldığı ve gücün kimin elinde olduğu söz konusu olduğunda, farklı kurumlar farklı sonuçlar doğurur. Kurumların teşvik ettiği ekonomik büyüme hem kazananlar hem de kaybedenler yaratır. Bu durum, bugün dünyanın zengin ülkelerinde gördüğümüz refahın temellerini atan Sanayi Devrimi esnasında İngiltere'de çok belirgindi. Buhar gücü, taşımacılık ve tekstil üretimindeki bir dizi çığır açıcı teknolojik değişimde kendini gösteriyordu. Toplam gelirde muazzam bir artışa yol açmasına ve sonuçta modern sanayi toplumunun temelini atmasına rağmen pek çok kişi makineleşmeye kesin bir biçimde karşı çıktı. Cehalet ya da dar görüşlülük nedeniyle değil; tam tersine. Daha ziyade, ekonomik büyüme karşısındaki bu muhalefetin kendi içinde –maalesef tutarlı– bir mantığı vardır. Ekonomik büyüme ve teknolojik değişim, beraberinde büyük iktisatçı Joseph Schumpeter'in deyişiyle “yaratıcı yıkım” getirir. Eskiyi yeniyle değiştirir. Yeni sektörler kaynakları eskilerden kendilerine doğru çeker. Yeni şirketler işi eskilerinin elinden alır. Yeni teknolojiler mevcut becerileri ve makineleri işe yaramaz hale getirir. Ekonomik büyüme süreci ve dayandığı kapsayıcı kurumlar, siyasi arenada ve piyasada kazananlar olduğu kadar kaybedenler de yaratır. Yaratıcı yıkıma duyulan korku, çoğunlukla kapsayıcı ekonomik ve siyasal kurumlara muhalefetin temelini oluşturur.

Avrupa tarihi, yaratıcı yıkımın sonuçlarına canlı bir örnek teşkil eder. 18. yüzyılda, Sanayi Devrimi'nin arifesinde, çoğu Avrupa ülkesinin kontrolü aristokrasilerin ve geleneksel elitlerin elindeydi ve bunların başlıca gelir kaynaklarını arazi sahipliği ya da monarşilerin onlara sağladığı tekeller ve uyguladıkları giriş engelleri sayesinde yararlandıkları ticari ayrıcalıklar oluşturuyordu. Sanayinin, fabrikaların ve şehirlerin yayılması, yaratıcı yıkım fikriyle örtüşecek şekilde, kaynakları araziden ayırdı, arazi kiralarını düşürdü ve arazi sahiplerinin işçilerine ödedikleri ücretleri artırdı. Bu elitler aynı zamanda onların ticari ayrıcalıklarını aşındıran yeni işadamlarının ve tacirlerin ortaya çıkışına şahit oldular. Neticede, ekonomik bakımdan sanayileşmenin kaybedenleri açık bir biçimde bu elitlerdi. Şehirleşme ve sosyal bilince sahip bir orta sınıfın ve bir işçi sınıfının ortaya çıkışı, arazi sahibi aristokratların siyasal tekeline de meydan okudu. Böylece, Sanayi Devrimi'nin yayılmasıyla aristokratlar yalnızca ekonomik bakımdan değil siyasal bakımdan da kaybedenler olma riskiyle yüz yüze geldiler; çünkü siyasal güçlerini de kaybetmeye başlamışlardı. Ekonomik ve siyasal güçlerinin tehlikeye girmesiyle bu elitler sıklıkla sanayileşmeye karşı zorlu bir muhalefet oluşturdular.

Sanayileşmenin tek kaybedeni aristokrasi değildi. El becerilerinin yerini makineleşmenin aldığı zanaatkârlar da sanayinin yayılmasına karşı çıktılar. Pek çoğu bu durum karşısında örgütlendi; ayaklandılar ve geçim şartlarındaki gerilemeden sorumlu tuttukları makineleri tahrip ettiler. Onlar "Luddistler"di;[9] bu sözcük bugün teknolojik değişime direnişle eşanlamlı hale geldi. 1733'te dokumacılığın makineleşmesindeki en önemli ilerlemelerden biri olan "atkı mekiği"ni icat eden John Kay'in evi 1753'te Luddistler tarafından yakıldı. İplikçilikteki en önemli ilerlemelerden biri olan iplik eğirme makinesinin mucidi James Hargreaves de benzer bir muamele gördü.

Gerçekte, zanaatkârlar sanayileşmeye muhalefet konusunda arazi sahipleri ve elitlerden çok daha az etkiliydi. Luddistler arazi sahibi aristokrasinin elindeki siyasal güce –başka grupların amaçlarına karşı siyasal sonuçlara etki edebilme yetisine– sahip değildiler. Sanayileşme Luddistlerin muhalefetine rağmen İngiltere'de ilerlemesini sürdürdü, çünkü aristokrasinin muhalefeti –ciddi bir muhalefet olmasına rağmen– bastırılmıştı. Mutlakıyetçi monarşilerin ve aristokratların kaybedecek çok daha fazla şeye sahip olduğu Avusturya-Macaristan ve Rusya imparator-

9. Kendilerini sömürenlerin makineler olduğuna inandıkları için "makine kırıcılık" yapan, adını iki makineyi tahrip eden Leicester'li dokumacı Ned Ludd'tan alan "Ludizm" anlayışının savunucuları. (ç.n.)

luklarında ise sanayileşme engellendi. Bunun sonucunda, Avusturya-Macaristan ve Rusya ekonomilerinin hızı kesildi. 19. yüzyılda büyük bir ekonomik büyüme gösteren diğer Avrupa ülkelerinin gerisinde kaldılar.

Belirli grupların başarı ve başarısızlıklarından bağımsız olarak, bu sözü edilenlerden çıkan bir ders çok açıktır; güçlü gruplar çoğunlukla ekonomik ilerlemenin ve refahın karşısında yer alırlar. Ekonomik büyüme yalnızca daha fazla ve daha iyi makinelere, daha fazla ve daha iyi eğitime dayalı bir süreç değildir, aynı zamanda geniş çaplı bir yaratıcı yıkımın eşlik ettiği dönüştürücü ve istikrarsızlaştırıcı bir süreçtir de. Bu nedenle ekonomik büyüme, ancak ekonomik ayrıcalıklarını yitireceklerini sezen ekonomik kaybedenler ve siyasal güçlerinin azalacağından endişe eden siyasal kaybedenler tarafından engellenmezse yol alabilir.

Kısıtlı kaynaklar, gelir ve güç üzerine çatışma oyunun kuralları üzerine, yani ekonomik faaliyetler ve bu faaliyetlerden kimlerin kazanç sağlayacağını belirleyen ekonomik kurumlar üzerine çatışmaya dönüşür. Bir çatışmada tarafların tümünün istekleri aynı anda karşılanamaz. Bazıları yenilip engellenirken diğerleri kazanır ve istedikleri sonuçlara erişirler. Bu çatışmayı kimlerin kazandığı ülkenin ekonomik rotası üzerinde çok büyük bir etkiye sahiptir. Büyümeye karşı olan grup kazanırsa ekonomik büyümeyi engelleyebilirler ve bu durumda ekonomi durgunlaşır.

Güçlülerin ekonomik başarıyı artıran ekonomik kurumlar tesis etmeyi istememelerinin ardında yatan mantık, siyasal tercihlerde de kendini gösterir. Mutlakıyetçi bir rejimde bazı elitler tercih ettikleri ekonomik kurumları tesis etmek için tahakküm kurabilirler. Acaba siyasal kurumlarda bunları daha çoğulcu yapacak değişiklikler yapmakla ilgilenirler miydi? Bu yalnızca siyasal güçlerini azaltıp istedikleri ekonomik kurumları yapılandırmalarını daha zor, belki de imkânsız hale getireceğinden, genelde hayır. İşte yine çatışma yaratmaya müsait bir kaynakla karşı karşıyayız. Sömürücü ekonomik kurumlardan mustarip insanlar mutlakıyetçi yöneticilerin kendi rızalarıyla siyasal kurumları değiştirip gücü toplumda yeniden dağıtmalarını bekleyemezler. Bu siyasal kurumları değiştirmenin tek yolu elit kesimi daha katılımcı kurumlar oluşturmaya zorlamaktır.

Siyasal kurumların kendiliğinden katılımcı hale gelmeleri söz konusu olmadığı gibi, siyasal merkeziyete doğru doğal bir eğilim de söz konusu değildir. Elbette her toplumda daha merkezi devlet kurumları oluşturmak için teşvikler vardır, özellikle de herhangi bir merkeziyetin söz konusu olmadığı toplumlarda. Örneğin, Somali'de bir klan ülkede düzen sağlayabilecek bir merkezi devlet inşa etseydi bu durumun ekonomik yararları olurdu ve o klanı daha zengin hale getirebilirdi. Buna ne engel oldu? Siyasal merkeziyetin önündeki en büyük engel yine bir tür değişim korkusudur; ülkedeki gücü merkezileştirmeye kalkışan herhangi bir klan, grup ya da siyasetçi aynı zamanda kendi elindeki gücü de merkezileştirmiş olacaktır ve büyük ihtimalle bu sürecin siyasal kaybedeni olacak diğer klanların, grupların ve bireylerin öfkesini çekecektir. Siyasal merkeziyetin yokluğu yalnızca çoğu bölgede kanun ve düzenin yokluğu anlamına gelmekle kalmaz, aynı zamanda pek çok şeyi engelleyip aksatacak güçte aktörlerin olduğu ve bu aktörlerin muhalefetinin ve şiddetli tepkilerinin yarattığı korkunun genellikle merkeziyetçileri caydıracağı anlamını da taşır. Siyasal merkeziyet ancak bir grup insanın devlet kurmak için diğerlerinden yeteri kadar güçlü olmasıyla gerçekleşebilir. Somali'de güç dengeli bir biçimde dağılmıştır; hiçbir klan bir diğeri üzerinde otorite kuramadığı gibi sonuçlarından korktuğu için bunu denemez bile. Böylece siyasal merkeziyetsizlik kalıcı hale gelir.

Kongo'nun bitmeyen ıstırabı

Sömürücü ekonomik kurumlarla ekonomik refaha ulaşmanın neden seyrek karşılaşılan bir durum olduğunu Kongo'dan daha iyi açıklayan ya da sömürücü ekonomik ve siyasal kurumlar arasındaki sinerjiyi daha iyi ortaya koyan örneğe az rastlanır. 15. ve 16. yüzyılda Kongo'ya gelen Portekizli ve Hollandalı ziyaretçiler buradaki "korkunç yoksulluktan" dem vururlar. Ne yazıya ne sabana ne de tekerleğe sahip Kongoluların teknolojisi Avrupa standartlarına göre ilkel düzeydeydi. Mevcut tarihsel koşullar göz önünde bulundurulduğunda, bu yoksulluğun ve Kongoluların karşılaştıkları daha yetkin teknolojileri benimsemedeki ilgisizliğin nedeni açıktır. Söz konusu durum ülkenin sömürücü ekonomik kurumlarının doğasından kaynaklanıyordu.

Daha önce gördüğümüz gibi, Kongo Krallığı Mbanza'da (sonraları São Salvador'da) ikamet eden kral tarafından yönetiliyordu. Başkentten uzaktaki bölgelerde ise krallığın farklı bölgelerinin yöneticiliğini üstlenen bir elit hüküm sürüyordu. Bu elit kesimin serveti São Salvador civarındaki köle plantasyonlarına ve ülkenin geri kalanından alınan vergilere dayanıyordu. Elit tarafından kendi plantasyonlarının ve sahil bölgesindeki Avrupalıların ihtiyaçlarını karşılamak için kullanılan kölelik, ekonominin merkezinde yer alıyordu. Vergiler son derece keyfiydi, hatta kralın beresi her düştüğünde toplanan bir vergi bile vardı. Daha müreffeh bir hale gelebilmek için Kongoluların para biriktirmeleri ve yatırım yapmaları –mesela saban almaları– gerekirdi. Fakat buna değmezdi, çünkü daha ileri teknoloji kullanarak elde edecekleri tüm ek hasılata kral ve elit tarafından el konulacaktı. Kongolular, verimliliği artırmak için yatırım yapıp ürünlerini pazarda satmak yerine yerleşim yerlerini pazarların uzağına taşıdılar: Yağmadan mümkün olduğunca kurtulmak ve köle tacirlerinden kaçabilmek için yollardan ellerinden geldiği kadar uzaklaşmaya çalışıyorlardı.

Dolayısıyla, Kongo'nun yoksulluğunun nedeni refaha giden tüm yolları kapayan, hatta aksi yönde yol alınmasını sağlayan sömürücü ekonomik kurumlardı. Kongo hükümeti yurttaşlarına çok az kamu hizmeti sunmuştu ve sunduğu hizmetler arasında güvence altına alınmış mülkiyet hakları ya da asayiş gibi en temel hizmetler bile yer almıyordu. Aksine, bizzat hükümetin kendisi yurttaşlarının mülkiyet ve insan hakları için en büyük tehdidi oluşturuyordu. Kölelik kurumu, müreffeh bir ekonomi için hayati önem taşıyan, insanların mesleklerini ya da işlerini özgürce seçebildikleri bir serbest emek piyasasının yani en temel piyasanın bulunmadığı anlamına geliyordu. Üstelik, uzun mesafeli ticari faaliyetler kralın kontrolündeydi ve yalnızca onun maiyetindekilere açıktı. Portekizlilerin onları yazıyla tanıştırmasının ardından elit kesim hızla okuryazar hale gelse de, kral bunu geniş kitlelere yaymak için hiçbir girişimde bulunmadı.

Her ne kadar "korkunç yoksulluk" yaygınsa da, Kongo'nun sömürücü kurumlarının kendi içinde kusursuz bir mantığı vardı: Siyasal gücü elinde tutan küçük bir azınlığı zengin etmek. 16. yüzyılda Kongo kralı ve aristokrasi, Avrupa'nın lüks mallarını ithal etmeyi ve etraflarını hizmetçiler ve kölelerle doldurmayı başarmıştı.

Kongo toplumunun ekonomik kurumlarının kökleri siyasal gücün toplum içindeki dağılımına, dolayısıyla siyasal kurumların doğasına dayanır. Ayaklanma tehdidi dışında kralı insanların mülklerine ya da bedenlerine el koymaktan alıkoyacak hiçbir şey yoktu. Bu tehdit her ne kadar gerçekse de insanları ya da mülklerini güvence altına almak için yeterli değildi. Esasen krala ve elit kesime hiçbir kısıtlama getirmeyen ve toplumun örgütleniş biçimi sayesinde yurttaşlarına söz hakkı tanımayan Kongo'nun siyasal kurumları tam anlamıyla mutlakıyetçiydi. Elbette, Kongo'nun siyasal kurumlarının gücün sınırlandırıldığı ve geniş bir biçimde dağıtıldığı kapsayıcı siyasal kurumlarla tam bir karşıtlık içinde olduğunu görmek zor değildir. Kongo'nun mutlakıyetçi kurumları ordu sayesinde yerini koruyordu. 17. yüzyıl ortalarında, kralın, aralarında 500 tüfekli askerin olduğu 5 bin kişilik bir daimi ordusu vardı; zamanına göre epey zorlu bir kuvvet. İşte bu yüzden kral ve aristokrasinin Avrupa'nın ateşli silahlarını almaya neden o kadar hevesli olduklarını anlamak hiç de zor değil.

Bu ekonomik kurumlarla bir ekonomik büyüme sağlanmasının hiçbir olanağı yoktu; hatta geçici bir büyüme sağlamaya yönelik teşvikler bile son derece sınırlıydı. Ekonomik kurumlarda reform gerçekleştirilerek bireysel mülkiyet haklarının iyileştirilmesi Kongo halkını çok daha müreffeh bir konuma getirebilirdi. Ancak elit kesim muhtemelen bu genişleyen refahtan kazanç sağlamayacaktı. Birincisi, bu reformlar köle ticaretinin ve köle plantasyonlarının onlara sağladığı serveti baltalayarak eliti ekonomik bakımdan kaybedenlere dönüştürürdü. İkincisi, bu reformlar ancak kralın ve elitin siyasal güçlerinin azaltılmasıyla mümkün olabilirdi. Örneğin, kral 500 tüfekli askerine kumanda etmeyi sürdürürken köleliğin kaldırıldığı ilan edilseydi buna kim inanırdı? Kralın daha sonra fikrini değiştirmesine kim engel olabilirdi? Tek gerçek güvence siyasal kurumlarda yapılacak bir değişiklik olabilirdi; çünkü bu sayede yurttaşlar vergilendirme biçimine ya da tüfekli askerlere karşı ellerini güçlendirebilecek bazı dengeleyici siyasal haklara kavuşurlardı. Ancak böyle bir durumda harcamalarına ve yaşam tarzlarına kısıtlama getirilmesinin kralın ve elitin öncelikler listesinin başında yer alacağı biraz kuşkuludur. Böyle bir senaryoda toplumda daha iyi ekonomik kurumlar yaratacak değişiklikler, kralı ve aristokrasiyi siyasal olduğu kadar ekonomik olarak da kaybeden durumuna getirirdi.

500 yıl öncesinin ekonomik ve siyasal kurumları arasındaki etkileşim günümüz Kongo'sunun neden hâlâ korkunç yoksullukta olduğunun anlaşılmasında önemini korumaktadır. Hem bu bölgede hem de 19. yüzyıl sonlarındaki "Afrika Yarışı" döneminde Kongo Nehri havzasının derinliklerinde Avrupa hâkimiyetinin başlaması, insan ve mülkiyet haklarını, sömürgeleşme öncesi Kongo'nun içinde bulunduğu durumdan da feci bir hale getirdi. Buna ek olarak, geniş kitlelerin sırtından, küçük bir azınlığı güce ve zenginliğe kavuşturan sömürücü kurumlar ve siyasal mutlakıyetçilik modelini yeniden üretti. Bu ayrıcalıklı azınlığı destekleyenler artık Belçikalı sömürgecilerdi, en tanınmışları ise Kral II. Leopold'dü.

Kongo 1960'da bağımsızlığına kavuştuğunda aynı ekonomik kurumlar, teşvikler ve performanslar kalıbı tekrar üretildi. Bu Kongolu sömürücü ekonomik kurumlar, yine son derece sömürücü siyasal kurumlar tarafından destekleniyordu. Durum daha da kötüleşmişti, çünkü Avrupa sömürgeciliği bir devlet inşa etmişti: Kongo, sömürgecilik öncesinden kalma pek çok devlet ve toplumdan oluşuyordu ve Kinshasa'dan idare edilen ulusal devlet bunlar üzerinde çok az bir güce sahipti. Başkan Mobutu devleti, kendisini ve çevresindekileri zengin etmek için kullansa da –örneğin yabancılara ait ekonomik girişimlere toplu olarak el konulmasını içeren 1973'teki Zaireliieştirme programıyla– ülkenin büyük kısmı üzerinde çok az otoritesi olan merkezileşmemiş bir devlete başkanlık etti ve 1960'da Katanga ile Kasai eyaletlerinin ayrılmasını engellemek için dış destekten medet ummak zorunda kaldı. Ülkeyi neredeyse tam bir yıkım noktasına getiren bu siyasal merkeziyetten yoksunluk, Kongo'nun Sahraaltı Afrika ülkelerinin çoğuyla paylaştığı bir özelliktir.

Modern Demokratik Kongo Cumhuriyeti yoksul kalmıştır, çünkü yurttaşları müreffeh bir toplum yaratacak temel teşvikleri oluşturan ekonomik kurumlardan hâlâ yoksundur. Kongo'yu fakir kılan coğrafya, kültür ya da yurttaşlarının ve siyasetçilerinin cehaleti değildir, sömürücü ekonomik kurumlarıdır. Bu kurumlar yüzyıllar geçmesine rağmen hâlâ yerlerini korumaktadırlar, çünkü insanların mülkiyet haklarını güvence altına almak, yaşam kalitesini artıracak temel kamu hizmetlerini sağlamak ya da ekonomik ilerlemeyi cesaretlendirmek için çok az teşvike sahip bir elit siyasal gücü elinde tutmayı sürdürmektedir. Daha ziyade gelirlerini artırmanın ve güçlerini devam ettirmenin peşindedirler. Bu gücü merkezi bir devlet inşa etmek için kullanmazlar, çünkü bunu yapmak benzer muhalefet sorunları doğurur ve ekonomik büyüme de yeni siyasal rakipleri teşvik eder. Üstelik, Sahraaltı Afrika'nın büyük kısmında görüldüğü gibi, rakip grupların sömürücü ekonomik kurumların kontrolünü ele geçirmek için giriştikleri iç çatışma, merkezi bir devlet için olası tüm eğilimleri de ortadan kaldırmıştır.

Kongo Krallığı'nın tarihi ve Kongo'nun yakın geçmişinin tarihi, siyasal kurumların ekonomik kurumları ve bunlar aracılığıyla ekonomik teşvikleri ve ekonomik büyüme olanaklarını belirlemesine canlı bir örnek oluşturur. Ayrıca siyasal mutlakıyetçilikle bedelini kitlelere ödeterek bir zümreyi güce ve zenginliğe kavuşturan ekonomik kurumlar arasındaki simbiyotik ilişkiyi de ortaya koyar.

Sömürücü ekonomik kurumlara dayalı büyüme

Bugünün Kongo'su, kanunsuzluğu ve güvenceden son derece yoksun mülkiyet haklarıyla uç bir örnektir. Bununla birlikte, çoğu durumda bu tür bir aşırılık tüm ekonomik teşvikleri yok edeceği ve sömürülecek çok az kaynak sağlayacağı için elitin çıkarlarına hizmet etmez. Bu kitabın temel tezi, ekonomik büyüme ve refah kapsayıcı ekonomik ve siyasal kurumlarla bağlantılıyken sömürücü kurumların genellikle durgunluğa ve yoksulluğa yol açtığı şeklindedir. Ancak bu ne sömürücü kurumların büyüme gerçekleştiremeyeceği ne de tüm sömürücü kurumların eşit olduğu anlamına gelir.

Sömürücü siyasal kurumlara dayalı büyüme, farklı fakat birbirini tamamlayan iki yolla gerçekleşebilir. Birincisi, ekonomik kurumlar sömürücü nitelikte olsa bile, elitler kaynakları doğrudan kendilerinin kontrol ettikleri yüksek verimlilikteki faaliyetlere tahsis ettiklerinde büyüme mümkündür. 16. yüzyıl ile 18. yüzyıl arasında Karayip Adaları bu tip sömürücü ekonomik kurumlara dayalı büyümeye iyi bir örnekti. İnsanların çoğu köleydi, dehşet verici koşullar altında plantasyonlarda çalışıyor ve asgari geçim düzeyinde yaşıyorlardı. Pek çoğu kötü beslenmeden ve takatsizlikten ölüyordu. 17. ve 18. yüzyılda Barbados, Küba, Haiti ve Jamaika'da küçük bir azınlık, plantasyon eliti, tüm siyasal gücü kontrol ediyordu ve köleler de dahil olmak üzere tüm mal varlığının sahibi onlardı. Halkın çoğunluğu haklarından yoksunken plantasyon elitinin malları ve mülkleri gayet iyi korunuyordu. Nüfusun büyük kısmını vahşice sömüren ekonomik kurumlara rağmen bu adalar dünyanın en zengin yerleri arasındaydı; çünkü şeker üretebiliyor ve dünya pazarlarına satıyorlardı. Adaların ekonomisi ancak plantasyon elitinin hem ekonomik hem de siyasal gücünü tehdit eden yeni ekonomik faaliyetlere geçme ihtiyacı belirdiğinde durgunluk gösterdi.

Diğer bir örnek 1928'de uygulamaya konulan ilk Beş Yıllık Plan'dan 1970'lere kadar Sovyetler Birliği'ndeki ekonomik büyüme ve sanayileşmedir. Siyasal ve ekonomik kurumlar son derece sömürücüydü ve piyasalara ağır kısıtlamalar getirilmişti. Yine de Sovyetler Birliği hızlı bir ekonomik büyüme göstermeyi başardı çünkü devletin gücünü tarımda çok düşük bir verimlilikle kullanılan kaynakları sanayiye taşımak için kullandı.

Sömürücü siyasal kurumlara dayalı ikinci tipteki büyüme, bu kurumlar kapsayıcı ekonomik kurumların gelişmesine (tam değilse de belli ölçülerde) izin verdiklerinde gerçekleşir. Sömürücü siyasal kurumlara sahip pek çok toplum yaratıcı yıkım korkusuyla kapsayıcı ekonomik kurumlardan çekinir. Fakat elitin tekeline almayı başardığı gücün miktarı toplumdan topluma değişir. Bazılarında elitin konumu yeterince güvence altındadır ve böylelikle kapsayıcı ekonomik kurumlara doğru bazı hamlelere izin verebilirler; çünkü bunun siyasal güçlerini tehdit etmeyeceğinden yeterince emindirler. Ya da, tarihsel durum onların engellemeye gerek duymayacağı, az çok kapsayıcı nitelikte ekonomik kurumların eşlik ettiği sömürücü bir siyasal rejim bahşedebilir. Bunlar, sömürücü siyasal kurumlara dayalı büyümenin gerçekleşebileceği ikinci yolu sağlar.

General Park'ın yönetimindeki Güney Kore'nin hızlı sanayileşmesi buna bir örnektir. Park 1961'de bir askeri darbeyle iktidara geldi; fakat bunu büyük ölçüde Birleşik Devletler tarafından desteklenen bir toplumda ve ekonomik kurumların temelde kapsayıcı nitelikte olduğu bir ekonomiyle yaptı. Park'ın rejimi otoriter nitelikte olsa da, kendini ekonomik büyümeyi teşvik edecek kadar güvende hissediyordu ve aslına bakılırsa bunu gayet aktif bir biçimde gerçekleştirdi; belki de kısmen rejimin doğrudan sömürücü kurumlar tarafından desteklenmemesi nedeniyle. Güney Kore, Sovyetler Birliği'nden ve sömürücü kurumlara dayalı büyümeye örnek oluşturan diğer pek çok ülkeden farklı olarak 1980'li yıllarda sömürücü siyasal kurumlardan kapsayıcı siyasal kurumlara geçti. Bu başarılı geçiş çeşitli etkenlerin bir araya gelmesiyle mümkün olmuştu.

1970'lere gelindiğinde Güney Kore'deki ekonomik kurumlar yeterince kapsayıcı hale geldiğinden sömürücü siyasal kurumların gerekçelerinden birini ortadan kaldırdılar; ekonomik elit kendilerinin ya da ordunun siyaset üzerindeki hâkimiyetinden çok az çıkar sağlayabilirdi. Ayrıca Güney Kore'deki göreli gelir eşitliği elitin çoğulculuk ve demokrasiden korkmak için sebebi olmadığı anlamına geliyordu. Birleşik Devletler'in güçlü nüfuzu, özellikle Kuzey Kore tehdidi göz önünde bulundurulduğunda, askeri diktatörlüğe meydan okuyan güçlü bir demokrasi hareketinin uzun süre bastırılamayacağı anlamını da taşıyordu. 1979'da General Park'a yapılan suikastı Chun Doo-hwan'ın önderlik ettiği bir askeri darbe izlese de, Chun'un seçimle gelen halefi Roh Tae-woo 1992'den sonra çoğulcu bir demokrasinin pekiştirilmesini sağlayacak siyasal reform sürecini başlattı. Elbette Sovyetler Birliği'nde bu tür bir geçiş olmadı. Bunun sonucunda Sovyet büyümesi sıfırı tüketti, ekonomi 1980'lerde çökmeye başladı ve 1990'larda tamamen dağıldı.

Çin'in günümüzdeki büyümesi de hem Sovyet hem de Güney Kore deneyimleriyle ortak noktalara sahiptir. Çin'in büyümesinin erken aşamalarına tarım sektöründeki radikal piyasa reformları öncülük ederken endüstriyel reformlar daha sönük kalmıştır. Bugün dahi devlet ve Komünist Parti hangi sektörün ve hangi şirketin ek sermaye alıp genişleyeceği –pratikte kimin servet kazanıp kimin kaybedeceği– konusunda merkezi bir rol üstlenmektedir. Sovyetler Birliği'nin parlak günlerinde olduğu gibi Çin de hızla büyüdü fakat bu hâlâ sömürücü ekonomik kurumlara dayalı, devletin kontrolü altında, kapsayıcı siyasal kurumlara geçişe dair çok az emare taşıyan bir büyümeydi. Çin'in ekonomik kurumlarının bütünüyle kapsayıcı olmaktan hâlâ çok uzak olması, Güney Kore tipi bir geçişin çok olası görünmediğini de gösteriyor; fakat elbette imkânsız değil.

Siyasal merkezileşmenin, sömürücü siyasal kurumlara dayalı gelişmenin gerçekleşebileceği her iki yol için anahtar rol oynadığını belirtmekte yarar var. Belirli ölçüde bir merkezileşme olmadan Barbados, Küba, Haiti ve Jamaika'daki plantasyon eliti kanun ve düzeni koruyamaz ve kendi mallarını, mülklerini savunamazlardı. Kayda değer bir merkezileşme ve siyasal güç üzerinde sıkı bir kontrol olmaksızın, ne Güney Kore askeri eliti ne de Çin Komünist Partisi kayda değer ekonomik reformlar gerçekleştirip yine de güçlerini koruyabileceklerini düşünecek kadar kendilerini güvende hissedemezlerdi. Ve böyle bir merkezileşme olmadan Sovyetler Birliği ya da Çin'deki devlet, ekonomik faaliyeti kaynakların daha verimli alanlara yönlendirilmesi için koordine etmeyi başaramazdı. Bu nedenle siyasal merkezileşme düzeyi, sömürücü siyasal kurumları birbirinden ayıran önemli bir sınır çizgisidir. Bundan yoksun olan ülkeler, Sahraaltı Afrika'nın çoğu bölgesinde olduğu gibi, sınırlı bir büyüme gerçekleştirmekte bile zorlanacaklardır.

Sömürücü ekonomik kurumlar bir miktar büyüme sağlayabilseler de sürdürülebilir bir ekonomik büyüme sağlayamazlar, hele hele yaratıcı yıkımın eşlik ettiği türde bir büyümeyi asla. Hem ekonomik hem de siyasal kurumlar sömürücü nitelikte olduğunda ise yaratıcı yıkım ve teknolojik değişiklik için teşvik bulunmayacaktır. Devlet yaptırımlara başvurarak kaynak ve insan tahsisatıyla bir süreliğine hızlı bir ekonomik büyüme yaratabilir fakat bu süreç doğası gereği sınırlıdır. Sınıra dayanıldığında, 1970'lerde Sovyetler Birliği'nde olduğu gibi, büyüme durur. Sovyetler hızlı ekonomik büyümeye ulaştıklarında bile ekonominin çoğu alanında az bir teknolojik değişim söz konusuydu; gerçi orduya yoğun bir biçimde kaynak aktararak askeri teknolojiler geliştirebilmiş hatta uzay ve nükleer silah yarışında Birleşik Devletler'i kısa bir süre için geride bırakabilmişlerdi. Fakat yaratıcı yıkım ve geniş tabanlı teknolojik yenilikler olmadan gerçekleşen bu büyüme sürdürülebilir değildi ve ani bir sonla noktalandı.

Ayrıca, sömürücü siyasal kurumlara dayalı büyümeyi destekleyen düzenlemeler, doğaları gereği kırılgandır; çökebilir ya da sömürücü kurumların bizzat kendilerinin ürettiği iç çatışmalarla kolayca tahrip edilebilirler. Aslında, sömürücü siyasal ve ekonomik kurumlar iç çatışma için genel bir eğilim yaratırlar; çünkü servetin ve gücün dar bir elitin elinde yoğunlaşmasına neden olurlar. Eğer başka bir grup bu eliti yenilgiye uğratıp üstünlük sağlar ve devletin kontrolünü ele geçirirse bu servet ve güçten yararlananlar onlar olur. Sonuç olarak, geç Roma İmparatorluğu'nun ve Maya şehirlerinin çöküşünü tartışırken göreceğimiz gibi mutlak güce sahip olan devletin kontrolünü ele geçirmek için daima örtülü bir çatışma mevcuttur. Bu çatışmalar belirli aralıklarla yoğunlaşır, iç savaşa döner, bu rejimlere yıkım getirirler ve hatta bazen devletin tamamen çökmesine neden olurlar. Bundan çıkarılabilecek sonuçlardan biri şudur; sömürücü kurumlar altında yönetilen bir toplum başlangıçta belirli ölçüde merkezileşmiş bir devlete ulaşsa da bu uzun sürmez. Aslında Sahraaltı Afrika'nın çoğu ülkesinde ve bazı Latin Amerika ve Güney Asya ülkelerinde olduğu gibi, sömürücü ekonomik kurumların kontrolünü ele geçirmeye yönelik iç çatışmalar siyasal merkeziyetin yokluğunu kutsayarak çoğunlukla iç savaşlara ve geniş çapta kanunsuzluğa yol açarlar.

Son olarak, Güney Kore'de olduğu gibi, büyümenin sömürücü siyasal kurumlara dayalı olarak ortaya çıktığı fakat ekonomik kurumların kapsayıcı özellikler gösterdiği durumlarda, ekonomik kurumların sömürücü hale gelmesi ve büyümenin durması tehlikesi daima mevcuttur. Siyasal gücü kontrol edenler sonunda güçlerini rekabeti sınırlandırmak, pastadan alacakları payı artırmak ve hatta ekonomik ilerlemeyi desteklemek yerine çalıp yağmalamak için kullanmayı kendileri için daha yararlı bulurlar. Sömürücü siyasal kurumlar kapsayıcı olanlara dönüşmedikçe gücün dağılımı ve kullanım biçimi, en sonunda ekonomik refahı temellerinden sarsacaktır.

4

Küçük farklılıklar ve kritik dönemeçler: Tarihin ağırlığı

Vebanın yarattığı dünya

1346'da hıyarcıklı veba, Kara Ölüm, Don Nehri'nin Karadeniz'e dökülen ağzındaki bir liman şehri olan Tana'ya ulaştı. Sıçanların üstünde yaşayan pirelerin taşıdığı veba, Asya'nın büyük ticaret arteri İpek Yolu boyunca seyahat eden tacirler tarafından Çin'den getirilmişti. Cenevizli tacirler sayesinde, sıçanlar kısa sürede pireleri ve vebayı Tana'dan tüm Akdeniz'e yaymaya başlamıştı. Veba, 1347 başlarında Konstantinopolis'e ulaştı. 1348 baharında Fransa, Kuzey Afrika ve İtalya'da yayılıyordu. Görüldüğü her bölgede nüfusun yaklaşık yarısını yok etti. Vebanın Floransa'ya gelişine bizzat tanıklık eden İtalyan yazar Giovanni Boccaccio, daha sonra şöyle yazacaktı:

> Şiddeti karşısında insanoğlunun tüm bilgeliği ve mahareti faydasızdı (...) Veba feci sonuçlarını dehşet verici ve olağanüstü bir biçimde sergilemeye başladı. Burun kanamasının kaçınılmaz ölüme ait bariz bir alamet sayıldığı Doğu'daki gibi bir seyir göstermedi. Aksine, ilk belirtileri kasık ve koltukaltında kimisi yumurta biçimli kimisi de yaklaşık bir elma büyüklüğündeki birtakım şişliklerin belirmesiydi (...) Daha sonraları hastalığın belirtileri değişti ve pek çok insan kollarında, kalçalarında ve vücutlarının başka bölümlerinde koyu lekeler ve çürükler bulmaya başladı (...) Bu illete karşı (...) hekimlerin verdiği tavsiyeler ve ilaçların gücü fayda etmiyordu (...) Ve çoğu durumda ölüm, tarif ettiğimiz belirtilerin görülmesini müteakip üç gün içinde vuku buluyordu.

İngiltere halkı vebanın kendilerine doğru ilerlediğini biliyordu ve yaklaşan kıyametin farkındaydı. 1348 Ağustos'unun ortasında, Kral III. Edward, Canterbury Başpiskoposu'ndan dualar tertip etmesini istedi ve pek çok piskopos, insanların yaklaşan felaketle başa çıkmalarına yardımcı olmak amacıyla papazlarına kiliselerde yüksek sesle okumaları için mektuplar yazdılar. Bath Piskoposu Shrewsbury'li Ralph, papazlarına şunları yazıyordu:

> Yüce Tanrı, günahlarından arındırmak istediği evlatlarını gök gürültüsü, yıldırım ve başka musibetler kullanarak cezalandırır. Binaenaleyh, Doğu'dan gelen feci bir kıranın komşu krallığa varmış olması nedeniyle korkarız ki, yürekten ve biteviye dua etmediğimiz takdirde, benzer bir kıran zehirli kollarını bu krallığa da uzatacak ve halkını kırıp perişan edecektir. Bu nedenle hepimiz dualar okuyarak Tanrı'nın huzurunda günah çıkarmalıyız.

Bu dualar hiçbir işe yaramadı. Veba İngiltere'yi vurdu ve nüfusun yarısını yok etti. Bu tür felaketlerin toplumsal kurumlar üzerinde çok büyük etkileri olabilir. Anlaşılabilir nedenlerden ötürü çok sayıda insan aklını kaçırdı. Boccaccio, "Bazıları bu dehşet verici uğursuzluğu savuşturmanın şaşmaz yolunun kendini içkiye vurmak, hayatın doyasıya tadını çıkarmak, şarkı söyleyip âlem yapmak, her fırsatta tüm tutkularını tatmin etmek ve olup biteni koca bir şaka olarak görüp omuz silkmek olduğunu düşünüyordu (...) ve bu, izleyen dönemde sağ kalan kadınların neden daha az iffetli olduğunu açıklıyor" diye yazmıştı. Yine de, vebanın Ortaçağ Avrupa toplumu üzerinde sosyal, ekonomik ve siyasal açıdan dönüştürücü bir etkisi de vardı.

14. yüzyılın sonunda Avrupa, Roma İmparatorluğu'nun yıkılmasının ardından ilk defa Batı Avrupa'da görülen bir toplumsal organizasyona, feodal bir yapıya sahipti. Bu yapı, kral ve altındaki lordların en alttaki köylülerle hiyerarşik ilişkisine dayanıyordu. Toprağın sahibi kraldı ve onu askeri hizmetleri karşılığında lordlara tahsis ediyordu. Lordlar da bu toprakları, geniş ölçüde angaryaya zorlanacak ve bu esnada çeşitli ceza ve vergilere tabi tutulacak köylülere paylaştırıyordu. "Servile"[10] statülerinden dolayı "serf" olarak adlandırılan köylüler toprağa bağlıydılar. Sadece toprak sahibi değil, aynı zamanda hâkim, jüri ve kolluk kuvveti olan efendilerinin izni olmadan başka bir yere gitmeleri söz konusu değildi. Bu, zenginliğin çok sayıda köylüden az sayıda soyluya doğru aktığı son derece sömürücü bir sistemdi.

Vebanın yarattığı emek kıtlığı, feodal yapıyı temellerinden

10. Latince köle anlamına gelen *servus*'tan. (ç.n.)

sarstı. Köylüleri bazı şeylerin değişmesini talep etmek için cesaretlendirdi. Örneğin, Eynsham Manastırı'nda köylüler kendilerine kesilen para cezalarının ve angaryaların azaltılmasını talep ettiler. İstediklerini elde ettiler ve yeni anlaşmaları "1349'daki kıranda manorda [tımar] sadece iki vassal kaldı ve onlar da o tarihte başkeşiş ve manor lordu olan Upton'lu Nicholas kendileriyle yeni bir anlaşma yapmadığı takdirde çıkmak istediklerini ifade ettiler" açıklamasıyla başladı. Upton'lu Nicholas isteklerini yerine getirmişti.

Eynsham'da yaşananlar her yerde cereyan ediyordu. Köylüler angaryadan ve lordlarına karşı yerine getirmek zorunda oldukları pek çok yükümlülükten kurtulmaya başlamışlardı. Ücretler yükseliyordu. Gidişata bir son vermek isteyen hükümetin 1351'de çıkardığı İşçi Yasası şöyle başlıyordu:

> Başta işçiler ve hizmetliler olmak üzere halkın büyük bir kısmının kıranda ölmesi nedeniyle, hizmetlilerin azlığını ve efendilerinin içinde bulunduğu zor durumu gören bazıları, fahiş ücretler almadıkça hizmet etmeye istekli değiller (...) Başta çiftçiler olmak üzere, bu türden işçilerin yokluğundan kaynaklanabilecek vahim olumsuzlukları dikkate alarak, (...) İngiltere Krallığı'ndaki tüm erkek ve kadınların kendilerine bakmaya uygun görülmüş kişilere hizmet etmelerini ve saltanatımızın yirminci yılında ya da bu tarihten beş ya da altı yıl önce aldıkları ücret, yem parası, ödül ya da maaşı almalarını uygun görüyoruz.

Yürürlükteki yasa, ücretleri Kara Ölüm'den önce ödenen seviyelerde tutmayı amaçlıyordu. İngiliz elitlerinin başlıca endişesi "ayartma", yani bir lordun bir diğerinin topraklarında çalışan kısıtlı sayıdaki köylüleri kendi topraklarında çalışmaya ikna etmesiydi. Çözüm, işvereninin rızası olmadan işini bırakana hapis cezası verilmesiydi:

> Ve bir biçici ya da nakliyeci ya da başka bir işçi ya da hizmetli; mevkii ve koşulları ne olursa olsun birinin hizmeti için tutulmuş kişi, söz konusu hizmeti uygun görülen sürenin bitiminden önce izin almadan ya da makul bir gerekçe göstermeden bırakırsa hapisle cezalandırılacak ve kimsenin (...) her zamanki ücret, yem parası, ödül ya da maaş miktarından daha fazlasını vermesine ya da almasına izin verilmeyecektir.

İngiliz devletinin Kara Ölüm'ün ardından kurumlarda ve ücretlerde ortaya çıkan değişiklikleri önleme girişimi işe yaramadı. 1381'de Köylü İsyanı patlak verdi ve Watt Tyler önderliğindeki isyancılar Londra'nın büyük kısmını ele geçirdiler. Sonunda isyancılar yenilgiye uğratılıp Tyler idam edilse de bu olayın ardından İşçi Yasası'nın uygulanması için başka bir girişimde bulunulmadı. Feodal emeğe dayalı hizmetler giderek azalırken kapsayıcı bir emek piyasası gelişmeye başladı ve ücretler yükseldi.

Veba dünyanın çoğu bölgesini etkisi altına aldı ve görüldüğü her yerde nüfusun benzer orandaki bir bölümünü yok etti. Bu nedenle, vebanın Doğu Avrupa nüfusu üzerindeki etkisi İngiltere ve Batı Avrupa'dakiyle aynıydı. Toplumsal ve ekonomik güçler de aynı durumdaydı. İşgücü sınırlıydı ve insanlar daha büyük özgürlükler talep ediyordu. Fakat Doğu'da daha güçlü bir karşıt mantık işbaşındaydı. Kapsayıcı bir emek piyasasında daha az insan daha yüksek ücretler anlamına geliyordu. Ancak bu durum, lordlara emek piyasasını sömürülebilir tutmak, köylüleri de köleye çevirmek için daha büyük bir teşvik sağladı. Bu güdü, İşçi Yasası'ndan da anlaşıldığı gibi, İngiltere'de kendini göstermişti. Buna karşın işçiler başlarının çaresine bakacak güce sahipti. Fakat Doğu'da böyle değildi. Vebadan sonra Doğu Avrupa'daki mülk sahipleri büyük toprak parçalarını kendilerine mal ederek zaten Batı Avrupa'dakilerden daha büyük olan topraklarını genişlettiler. Şehirler daha zayıf, nüfus daha az olduğu için işçiler, biraz daha özgür olmak şöyle dursun, ellerindeki özgürlüğün bile tehlikede olduğunu görmeye başladılar.

Vebanın etkileri Batı Avrupa'nın Doğu'da üretilen buğday, çavdar gibi tarım ürünlerine ve besi hayvanlarına talep göstermeye başladığı 1500'lerin sonrasında daha belirgin hale geldi. Amsterdam'a gelen ithal çavdarın yüzde 80'i Elbe, Vistül ve Oder nehirlerinin vadilerinde üretiliyordu. Kısa bir süre sonra, Hollanda'nın gelişen ticaretinin yarısı Doğu Avrupa'yla yapılır hale geldi. Batı'nın talebi arttıkça Doğu'daki mülk sahipleri arzı artırmak için emek piyasası üzerindeki baskılarını yoğunlaştırdılar. "İkinci Serflik" olarak adlandırılan bu dönem, erken Ortaçağ'daki ilk biçimine kıyasla daha belirgin ve şiddetliydi. Lordlar, vassallara ait arazilerden zorla topladıkları vergiyi artırıp gayri safi üretimin yarısına el koydular. 1533'te Polonya-Korczyn'de lordlar için yürütülen tüm işlerin ücretleri ödendi. Fakat 1600'de toplam emeğin neredeyse yarısı angaryaydı. 1500'de Doğu Almanya'daki Mecklenburg'da işçiler yılda yalnızca birkaç gün angarya hizmeti veriyorlardı. Bu zorunluluk 1550'de haftada bir güne, 1600'e gelindiğindeyse haftada üç güne çıkmıştı. İşçilerin çocukları toprak sahipleri için ücret almadan birkaç yıl çalışmak zorundaydı. 1514'te Macaristan'daki toprak sahipleri ülkenin tüm kontrolünü ele geçirdiler ve her işçi için haftada bir gün ücretsiz hizmeti yasalaştırdılar. Bu, 1550'de iki güne çıktı, yüzyılın sonunda ise üç günü buldu. O tarihte söz konusu yasalara tabi olan serfler kırsal nüfusun yüzde 90'ını oluşturuyordu.

1346'da Batı Avrupa ile Doğu Avrupa arasında siyasal ve ekonomik kurumlar bakımından çok az fark olsa da 1600'e gelindiğinde ikisi ayrı dünyalara dönüşmüşlerdi. Batı'da işçiler feodal zorunluluklardan, ceza ve kurallardan muaftı ve gelişmekte olan piyasa ekonomisinde kilit bir rol oynuyorlardı. Doğu'dakiler de bir tür ekonominin parçasıydılar, fakat Batı'nın yiyecek ve tarım ürünleri taleplerini karşılamaya mecbur bırakılmış serfler olarak. Bu bir piyasa ekonomisiydi, fakat kapsayıcı bir örneği değildi. Bu kurumsal farklılık, başlarda bu bölgeler arasında var olan küçük farklılıkların oluşturduğu bir durumun sonucuydu: Doğu'da lordlar biraz daha örgütlüydü, hakları biraz daha fazlaydı ve daha fazla toplu araziye sahiplerdi. Buna karşın şehirler daha zayıf ve küçük, köylüler daha az örgütlüydü. Tarihin geniş çerçevesinden bakıldığında bunlar küçük farklılıklardır. Yine de, feodal yapı Kara Ölüm'le sarsıldığında Doğu ile Batı arasındaki bu küçük farklılıklar bu bölgelerde yaşayanların hayatları ve gelecekte kurumsal gelişimin izleyeceği yol için son derece önemli sonuçlar doğurdu.

Kara Ölüm, bir kritik dönemece, yani toplumun mevcut ekonomik ya da siyasal dengesini bozan büyük bir olaya ya da etkenler bütününe iyi bir örnek teşkil eder. Bir kritik dönemeç, bir ulusun rotasında keskin dönüşlere yol açabilecek iki tarafı keskin bıçaktır. Bir yandan, İngiltere'de olduğu gibi, sömürücü kurumların döngüsünden kurtulup daha kapsayıcı kurumların ortaya çıkmasının önünü açabilir. Öte yandan, Doğu Avrupa'da yaşanan İkinci Serflik döneminde olduğu gibi sömürücü kurumların oluşumunu azdırabilir de.

Tarihin ve kritik dönemeçlerin ekonomik ve siyasal kurumları nasıl şekillendirdiğini anlamak, bizi yoksulluk ve zenginliğin kökenlerine, özellikle bir toplumun dengesini bozan büyük olayların etkisine ilişkin daha yetkin bir kurama götürür. Ayrıca, bugünkü duruma ve neden diğerleri başaramazken bazı ulusların kapsayıcı ekonomik ve siyasal kurumlara geçebildiğine açıklama getirebilmemizi sağlar.

Kapsayıcı kurumların inşası

İngiltere, 17. yüzyılda gerçekleştirdiği istikrarlı ekonomik büyüme atılımıyla diğer ülkeler arasında benzersiz bir konuma sahipti. Büyük ekonomik değişiklikleri, önceki toplumların hepsinden daha kapsayıcı bir dizi ekonomik ve siyasal kurumu beraberinde getiren bir siyasal devrim izledi. Bu kurumların yalnızca ekonomik teşvikler ve refah için değil, aynı zamanda refahtan yararlanacaklar için de önemli sonuçları olacaktı. Bir mutabakata dayanmaktan ziyade, güç için rekabet eden, birbirlerinin otoritesiyle çekişen ve kendi lehlerine kurumlar yapılandırmaya çalışan farklı gruplar arasında süren yoğun çatışmaların sonucuydular. 16. ve 17. yüzyılın kurumsal mücadelelerinin zirvesini ise dönüm noktası niteliğindeki iki olay oluşturuyordu: 1642-1651 yılları arasındaki İngiliz İç Savaşı ve özellikle 1688'deki Görkemli Devrim.

Görkemli Devrim, kralın ve yönetici sınıfın gücünü kısıtladı ve parlamentoyu ekonomik kurumları belirleyecek güçle donattı. Aynı zamanda siyasal sitemi geniş halk kesimlerine açarak devletin işlevleri üzerinde kayda değer bir etkiye sahip olmalarını sağladı. Görkemli Devrim çoğulcu bir toplum yaratmak için temel niteliğindeydi ve siyasal merkezileşmeyi hızlandırdı. Dünyanın ilk kapsayıcı siyasal kurumlar dizisinin ortaya çıkmasını sağladı.

Bunun sonucunda, ekonomik kurumlar da daha kapsayıcı bir hale dönüşmeye başladı. 17. yüzyılın başında İngiltere'de ne kölelik ne de feodal Ortaçağ'ın serflik sistemi gibi sert ekonomik kısıtlamalar mevcuttu. Buna rağmen, insanların girişebileceği ekonomik faaliyetler üzerinde pek çok kısıtlama vardı. Hem iç hem de dış ekonomi tekellerin baskısı altındaydı. Devlet keyfi vergilendirme uyguluyordu ve yargı sistemini kendi çıkarları için yönlendiriyordu. Çoğu arazi satmayı imkânsız, yatırım yapmayı ise riskli hale getiren arkaik mülkiyet hakları formlarına hapsolunmuştu.

Bu durum Görkemli Devrim'in ardından değişti. Rejim yatırım, ticaret ve yenilik için teşvikler sunan bir dizi ekonomik kurumu hayata geçirdi. Fikri mülkiyet haklarını kararlılıkla uygulamaya koydu ve böylelikle yenilikler için büyük bir itici güç oluşturdu. Asayişi sağladı. İngiliz kanunlarının tüm vatandaşlar için geçerli olması tarihsel olarak benzeri görülmemiş bir şeydi. Keyfi vergilendirmeye son verildi ve tekeller neredeyse tümüyle ortadan kaldırıldı. İngiliz devleti ticari etkinlikleri şiddetle destekledi ve yalnızca sanayi faaliyetlerinin genişlemesinin önündeki engelleri kaldırmakla kalmayıp İngiliz donanmasının tüm gücünü ticari çıkarların korunmasına seferber ederek yerli sanayiyi geliştirmeye çalıştı. Mülkiyet haklarının rasyonalizasyonu sayesinde özellikle yollar, kanallar ve sonraları sanayinin büyümesinde hayati öneme sahip olduğu ortaya çıkacak demiryollarıyla altyapı tesis edildi.

Bu temeller insanlara ciddi ölçüde teşvik unsuru yarattı, refah düzeyini artırdı ve Sanayi Devrimi'nin yolunu açtı. Sanayi Devrimi, her şeyden önce önceki yüzyıllarda Avrupa'da biriken bilgiyi kullanan büyük teknolojik ilerlemelere dayanıyordu. Bu, geçmişten radikal bir kopuştu ve bilimsel araştırmalarla birkaç eşsiz insanın yeteneği sayesinde gerçekleşmişti. Bu devrimin asıl gücü, teknolojinin geliştirilip uygulanmasına yönelik kârlı fırsatlar yaratan bir piyasadan geliyordu. İnsanların yeteneklerini doğru iş alanlarına aktarmasına olanak tanıyan, piyasaların kapsayıcı doğasıydı. Ayrıca, iş alanlarında yeni teknolojiler uygulamaya koyup bu teknolojileri kullanabilecek beceride işçiler bulacak vizyona sahip girişimcilerin ortaya çıkması, nispeten yüksek eğitim düzeyi –en azından o zamanın koşullarına göre– nedeniyle gerçekleştiği için eğitim ve beceriye de dayanıyordu.

Sanayi Devrimi'nin İngiltere'de Görkemli Devrim'den birkaç on yıl sonra başlaması bir rastlantı değildir. James Watt (buhar makinesini geliştirdi), Richard Trevithick (ilk buharlı lokomotifi inşa etti), Richard Arkwright (iplik eğirme makinesini icat etti) ve Isambard Kingdom Brunel (devrimci nitelikte birkaç buharlı geminin yaratıcısı) gibi büyük mucitler kendi fikirlerine dayanan ekonomik fırsatların peşine düşme imkânı buldular; fikri mülkiyet haklarının korunacağından emindiler ve yeniliklerinin kârlı bir biçimde satılıp kullanıldığı pazarlara ulaşabiliyorlardı. 1775'te James Watt, "ateş makinesi" adını verdiği buhar makinesinin patentini yenilettikten hemen sonra babasını şunları yazıyordu:

> Sevgili Babacığım,
> Bir dizi farklı ve şiddetli itirazdan sonra yeni ateş makinelerimin Mülkiyet hakkını Büyük Britanya ve plantasyonları genelinde yirmi beş yıl süreyle bana ve ortaklarıma tahsis eden meclis kararını sonunda elde ettim. Hâlihazırda kayda değer ölçüde talep olduğundan, benim için son derece kazançlı olacağını umuyorum.

Bu mektup iki şeyi ortaya koyuyor. Birincisi Watt, Büyük Britanya ve plantasyonlarındaki, yani denizaşırı İngiliz sömürgelerindeki "kayda değer ölçüde talep" nedeniyle piyasada yakalayacağı fırsatların beklentisiyle motive olmuştu. İkincisi, istediğini elde etmek için bireylerin ve mucitlerin başvurularına duyarlılık gösteren parlamentoyu etkilemeyi başarmıştı.

Teknolojik ilerlemeler, iş alanlarındaki büyüme ve yatırım isteği, beceri ve yeteneklerin etkin kullanımı; bütün bunlar İngiltere'nin geliştirdiği kapsayıcı ekonomik kurumlar sayesinde mümkün hale geldi. Bu kurumlar da İngiltere'nin kapsayıcı siyasal kurumları üzerine inşa edildi.

İngiltere'nin bu kapsayıcı siyasal kurumları geliştirmesi iki etkene bağlıdır. Bunlardan ilki, merkezileşmiş bir devletin de dahil olduğu siyasal kurumlardı. Bu kurumlar, Görkemli Devrim'in başlangıcıyla İngiltere'yi bir sonraki radikal –aslına bakılırsa benzeri görülmemiş– adıma götürdü. Bu etken İngiltere'yi dünyanın büyük çoğunluğundan ayırsa da Fransa ve İspanya gibi Batı Avrupa ülkelerinden belirgin ölçüde farklılaştırmıyordu. Daha önemli olansa ikinci etkendi. Görkemli Devrim'e zemin hazırlayan olaylar, monarşi ve yönetim üzerinde uzun ömürlü kısıtlamalar uygulayabilecek geniş ve güçlü bir koalisyon meydana getirdi ve onlar da bu koalisyonun taleplerine açık olmak zorunda kaldılar. Bu durum, çoğulcu siyasal kurumlara temel oluşturdu ve bu kurumlar da sonraları ilk Sanayi Devrimi'ne dayanak oluşturacak ekonomik kurumların gelişimine olanak sağladı.

Önem taşıyan küçük farklılıklar

Arkwright, Watt ve onları izleyen pek çok mucidin geliştirdiği yeni teknolojiler yalnızca bazı ülkelerde hayata geçirildiği için dünya eşitsizliği İngiliz Sanayi Devrimi'yle önemli ölçüde arttı. Farklı ülkelerin onları zayıf düşürecek ya da sürekli ekonomik büyüme göstermelerini sağlayacak bu teknoloji dalgasına verdiği tepki, büyük ölçüde kurumlarının farklı tarihsel gelişim süreçlerine göre şekillendi. 18. yüzyılın sonuna gelindiğinde artık tüm dünyada siyasal ve ekonomik kurumlar bakımından belirgin farklılıklar mevcuttu. Peki, bu farklılıkların kaynağı neydi?

1688'e gelindiğinde İngiltere'nin siyasal kurumları Fransa ve İspanya'nınkilere kıyasla çok daha çoğulcu bir rota izliyordu. Oysa yüzyıl kadar geriye, 1588'e gidersek aradaki farklar yok denecek kadar azalır. Üç ülke de mutlakıyetçi hükümdarlarca yönetiliyordu: İngiltere'de I. Elizabeth, İspanya'da II. Felipe ve Fransa'da III. Henri. Üçü de, daha fazla hak talep eden ve monarşi üzerinde kontrol sağlamaya çalışan halk meclisleriyle –İngiltere'de Parliament (Parlamento), İspanya'da Cortes (Meclis) ve Fransa'da États Généraux (Zümreler Meclisi)– mücadele halindeydi. Bu meclisler az çok farklı güçlere ve faaliyet alanlarına sahipti. Sözgelimi, İngiliz Parlamentosu ve İspanyol Cortes'inin vergi üzerinde gücü varken Fransız Zümreler Meclisi'nin yoktu. İspanya için bu konunun çok bir önemi yoktu, çünkü 1492'nin ardından İspanya Krallığı muazzam bir Amerikan imparatorluğuna sahipti ve büyük ölçüde burada bulduğu altın ve gümüşten nasipleniyordu. İngiltere içinse durum farklıydı. I. Elizabeth'in ekonomik özgürlüğü çok daha sınırlıydı, bu nedenle daha fazla vergi için parlamentoya dil dökmesi gerekiyordu. Karşılığında parlamento da çeşitli imtiyazlar, özellikle de Elizabeth'in tekel kurma hakkı üzerinde kısıtlamalar talep ediyordu. Bu, zaman içinde parlamentonun kazanacağı bir mücadeleydi. İspanya'da ise meclis benzer bir mücadeleden yenik çıktı. Ticaret tekelleşmekle kalmadı, İspanyol monarşisi tarafından tekelleştirildi.

Başlangıçta küçük gibi görünen bu farklılıklar, 17. yüzyılda önem kazanmaya başladı. Amerika'nın 1492'de keşfedilmesine ve Vasco de Gama'nın 1498'de Afrika'nın güney ucundaki Ümit Burnu'nu dolanarak Hindistan'a ulaşmasına karşın, başta Atlantik olmak üzere dünya ticaretindeki muazzam genişleme ancak 1600'den sonra kendini göstermeye başladı. Kuzey Amerika'daki İngiliz koloniciliği ilk olarak 1585'te Roanoke'de, bugünkü Kuzey Carolina'da başladı. 1600'de İngiliz Doğu Hindistan Kumpanyası kuruldu. Onu 1602'de Hollandalı muadili izledi. 1607'de Virginia Kumpanyası Jamestown sömürgesini kurdu. 1620'lerde Karayipler sömürgeleştirildi ve 1627'de Barbados zaptedildi. Bugünün Kanada'sı Yeni Fransa'nın başkenti olarak Quebec City'yi kuran Fransa da Atlantik'te yayılıyordu. Bu ekonomik yayılmanın kurumlar açısından sonuçları, başlangıçtaki küçük farklılıklar sebebiyle İngiltere için İspanya ve Fransa'ya kıyasla çok farklıydı.

I. Elizabeth ve halefleri, Amerika'yla sürdürülen ticareti tekelleştiremediler. Diğer monarşiler ise bunu başardılar. Dolayısıyla, Atlantik ticareti ve sömürgecilik İngiltere'de kraliyetle çok az bağı olan geniş bir varlıklı tüccarlar grubu yaratırken İspanya ve Fransa'daki durum böyle değildi. İngiliz tüccarlar kraliyet kontrolünden rahatsızdılar, siyasal kurumlarda değişiklik ve kraliyet imtiyazlarında kısıtlama talep ettiler. İngiliz İç Savaşı'nda ve Görkemli Devrim'de kritik bir rol üstlendiler. Benzer çatışmalar her yerde yaşandı. Örneğin Fransız kralları 1648-1652 yılları arasında Fronde İsyanı'yla karşılaştılar. Aradaki fark, İngiltere'deki mutlakıyet karşıtlarının İspanya ve Fransa'daki mutlakıyet karşıtlarına kıyasla başarı şansının daha yüksek olmasıydı; çünkü nispeten daha varlıklı ve sayıca daha çoktular.

17. yüzyılda İngiliz, Fransız ve İspanyol toplumlarının izledikleri farklı yollar, kritik dönemeçlerdeki küçük kurumsal farklılıklar arasındaki etkileşiminin önemini sergiler. Kritik dönemeçlerde büyük bir olay ya da bazı etkenlerin bir araya gelişi bir ülkenin var olan siyasal ya da ekonomik güç dengesini bozar. Bunlar yalnızca bir ülkeyi etkileyebilir; örneğin, 1976'da Başkan Mao Zedung'un ölümü ilk önce yalnızca komünist Çin için kritik bir dönemeç oluşturdu. Yine de, kritik dönemeçler genellikle bütün bir ülkeler topluluğunu etkiler; tıpkı sömürgeciliğin ve sömürgesizleşmenin dünyanın büyük bölümünü etkilemesinde olduğu gibi.

Bu tür kritik dönemeçler önemlidir, çünkü aşamalı gelişmelere karşı sömürücü siyasal ve ekonomik kurumların sinerjisinden ve birbirlerine verdikleri destekten kaynaklanan zorlu engeller söz konusudur. Bu etkileşim döngüsünün sürekliliği bir kısırdöngü yaratır. Statükodan yararlananlar varlıklı ve iyi örgütlüdür; ekonomik ayrıcalıklarını ve siyasal güçlerini ellerinden alacak büyük değişikliklerle etkin bir şekilde savaşabilirler.

Kritik bir dönemeçte önem taşıyan küçük farklılıklar çok farklı tepkileri harekete geçiren ilk kurumsal farklılıklardır. İngiltere, Fransa ve İspanya'daki nispeten küçük kurumsal farklılıkların bütünüyle farklı gelişim rotalarına yol açmalarının nedeni budur. Bu rotalar, Atlantik ticaretinin Avrupalılara sunduğu ekonomik fırsatların oluşturduğu kritik dönemecin ürünüydü.

Küçük kurumsal farklılıklar kritik dönemeçlerde büyük önem arz etse de, tüm kurumsal farklılıklar küçük değildir ve doğal olarak daha büyük kurumsal farklılıklar bu tür kritik dönemeçlerde daha da büyük ayrışmalara yol açar. 1588'de İngiltere ile Fransa arasındaki kurumsal farklılıklar küçük olsa da Batı ve Doğu Avrupa arasındaki farklılıklar çok daha büyüktü. Batı'da İngiltere, Fransa ve İspanya gibi güçlü merkezi devletler henüz olgunlaşmamış anayasal kurumlara sahipti (Parlamento, Meclis ve Zümreler Meclisi). Ayrıca serfliğin olmayışı gibi ekonomik kurumların temelinde yatan benzerlikler de mevcuttu.

Doğu Avrupa ise farklıydı. Örneğin, Lehistan-Litvanya Krallığı, "Szlachta" adlı elit bir sınıf tarafından yönetiliyordu. Öylesine güçlüydüler ki, kral için seçim bile düzenliyorlardı. Bu, XIV. Louis'nin, Güneş Kral'ın yönetimindeki Fransa'da olduğu gibi bir mutlakıyet değildi; fakat yine de bir elitin, sömürücü siyasal kurumların mutlakıyetiydi. Szlachta'nın yönettiği büyük ölçüde kırsal bir toplumdu ve bu toplumun çoğunluğunu hareket özgürlüğü ya da ekonomik fırsatları olmayan serfler oluşturuyordu. Daha doğuda Rusya İmparatoru Büyük Petro, XIV. Louis'nin dahi başaramayacağı kadar yoğun ve sömürücü bir mutlakıyet sistemini oturtuyordu. Harita 8, 19. yüzyılın başında Doğu ve Batı Avrupa arasındaki ayrımın boyutlarını gayet net bir biçimde görmemizi sağlıyor. Harita, 1800'de hangi ülkelerde hâlâ serfliğin olduğunu, olmadığını gösteriyor. Koyu renkli ülkelerde serflik varken açık renklilerde yok. Doğu Avrupa koyu renkte; Batı Avrupa ise açık.

Yine de Batı Avrupa kurumları Doğu'dakilerden her zaman o kadar da farklı değildi. Daha önce gördüğümüz gibi, 1346'da Kara Ölüm'ün patlak vermesiyle 14. yüzyılda birbirinden ayrılmaya başladılar. Doğu ve Batı Avrupa'daki siyasal ve ekonomik kurumlar arasında küçük farklılıklar vardı. Hatta İngiltere ve Macaristan aynı ailenin, Anjou Hanedanı'nın üyeleri tarafından yönetildi. Kara Ölüm'ün ardından ortaya çıkan daha önemli kurumsal farklılıklar ise 17., 18. ve 19. yüzyıllarda Doğu ve Batı Avrupa arasında meydana gelen çok daha önemli bir ayrıma temel oluşturacaktı.

Peki, her şeyden önce, bu ayrım sürecini başlatan küçük kurumsal farklılıklar nerede ortaya çıkmıştı? Neden 14. yüzyılda Doğu Avrupa Batı Avrupa'dan farklı siyasal ve ekonomik kurumlara sahipti? Neden İngiltere'de kraliyet ve parlamento arasındaki güç dengesi Fransa ve İspanya'dakinden farklıydı? Sonraki bölümde göreceğimiz gibi, modern toplumumuzdan çok daha az karmaşık toplumlar bile bireylerinin yaşamları üzerinde çok güçlü etkileri olan siyasal ve ekonomik kurumlar yaratırlar. Bu durum, tarım yapmayan hatta belirli kalıcı bir yerleşimleri bile olmayan avcı-toplayıcı toplumlar için bile –günümüz Botsvana'sının San halkı gibi hayatta kalan örneklerinden bildiğimiz gibi– geçerlidir.

Kurumları aynı olan iki toplum yoktur; her birinin farklı âdetleri, farklı mülkiyet hakları sistemleri ve öldürülen bir hayvanı ya da başka bir gruptan çalınan ganimeti paylaşmak için farklı yöntemleri vardır ve olacaktır. Bazıları yaşlıların otoritesini tanıyacak, bazıları tanımayacaktır; bazıları erken evrede belirli bir siyasal merkeziyet düzeyine erişecek, bazıları erişemeyecektir. Toplumlar sürekli olarak ekonomik ve siyasal çatışmalara maruz kalacak ve bu çatışmalar belirli tarihsel farklılıklar, bireysel roller ya da yalnızca rastlantısal etkenler nedeniyle farklı biçimlerde çözüme kavuşacaktır.

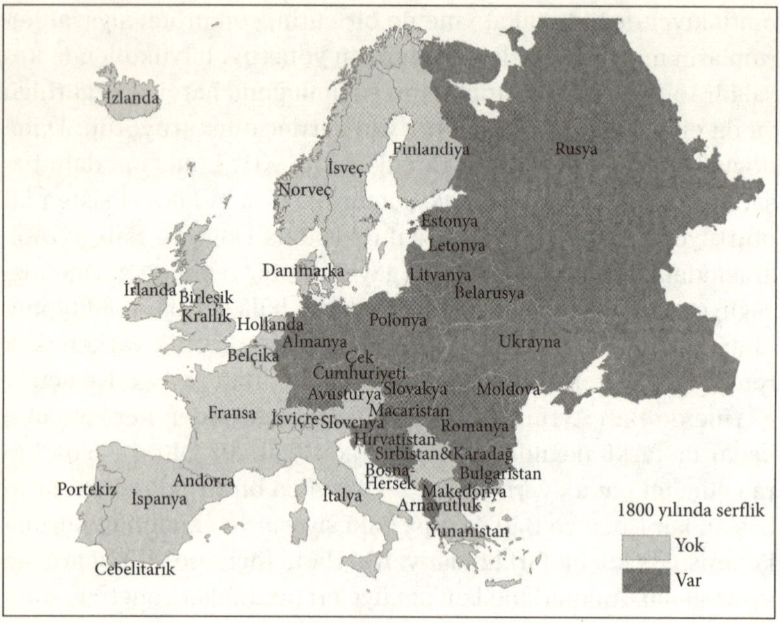

Harita 8: 1800 yılında Avrupa'daki serflik.

Bu farklılıklar başlangıçta çoğu kez küçüktür; fakat birikir ve bir kurumsal sürüklenme süreci doğururlar. İki tekil organizma popülasyonunun, genetik bir sürüklenme sürecinde rastlantısal genetik mutasyonların birikimine bağlı olarak birbirlerinden yavaşça uzaklaşmalarında olduğu gibi, diğer yönleriyle birbirine benzeyen iki toplum da kurumsal açıdan yavaşça birbirlerinden uzaklaşacaktır. Yine de, tıpkı genetik sürüklenmede olduğu gibi, kurumsal sürüklenmenin de önceden belirlenmiş bir rotası yoktur ve birikimsel olması bile gerekli değildir; yüzyıllar içinde somut, bazen de önemli farklılıklara yol açabilir. Kurumsal sürüklenmenin yarattığı farklılıklar bilhassa önemli hale gelir çünkü kritik dönemeçlerde toplumların ekonomik ve siyasal değişimlere gösterdikleri reaksiyona etki eder.

Dünyanın dört bir yanında görülen, birbirinden son derece farklılaşmış ekonomik gelişim örüntüleri, kritik dönemeçlerle kurumsal sürüklenme arasındaki karşılıklı etkileşime bağlıdır. Bazen uzun bir kurumsal sürüklenme sürecinin biçimlendirdiği, bazen de önceki kritik dönemeçlere gösterilen farklı reaksiyonlardan kaynaklanan mevcut siyasal ve ekonomik kurumlar, gelecekteki değişimin şekillendirilmesi için bir örs vazifesi görürler. Hem Kara Ölüm hem de 1600'den sonra dünya ticaretinde görülen genişleme Avrupa güçleri için büyük kritik dönemeçlerdi ve farklı başlangıç kurumlarıyla etkileşime girerek büyük bir ayrışma yarattılar. 1346'da Batı Avrupa'da köylüler Doğu Avrupa'da olduğundan daha fazla güce ve özerkliğe sahip oldukları için Kara Ölüm Batı Avrupa'da feodalizmin çözülmesine, Doğu Avrupa'da ise İkinci Serflik'e yol açtı. 14. yüzyılda Doğu ve Batı Avrupa ayrışmaya başladığından 17., 18. ve 19. yüzyılın ekonomik fırsatları da Avrupa'nın bu farklı bölümleri için tamamen farklı sonuçlar doğurdu. 1600'de İngiltere'deki kraliyetin kontrol gücü Fransa ve İspanya'dakilere kıyasla daha zayıf olduğundan Atlantik ticareti Fransa ve İspanya'da monarşileri güçlendirirken İngiltere'de yeni kurumların ve daha büyük bir çoğulculuğun önünü açtı.

Tarihin olumsal rotası

Mevcut ekonomik ve siyasal kurumlar güç dengesini şekillendirip siyasal açıdan neyin olanaklı olduğunu gösterirken kritik dönemeçlerdeki olayların sonuçları da tarihin ağırlığıyla şekillenir. Bununla birlikte, sonuç tarihsel olarak önceden belirlenmiş değildir; olumsaldır. Bu gibi dönemlerde izlenecek kesin kurumsal gelişim rotası ise karşıt kuvvetlerin hangisinin başarıya ulaşacağına, hangi grupların etkin koalisyonlar oluşturacağına ve hangi liderlerin olayları kendi çıkarları doğrultusunda biçimlendirebileceklerine bağlıdır.

Olumsallığın rolü, İngiltere'deki kapsayıcı kurumların kökenleriyle örneklendirilebilir. Kraliyetin gücünü sınırlandırmak ve 1688'deki Görkemli Devrim'de daha çoğulcu kurumlar oluşturmak için uğraşan grupların zaferinde mesele yalnızca ortada önceden belirlenmiş hiçbir şeyin olmaması değildi, aynı zamanda bu siyasal devrime götüren yolun kaderi de tamamen olumsal olaylara bağlıydı. Kazanan grupların zaferi, kraliyete muhalefet eden tüccarları zenginleştirip teşvik eden Atlantik ticaretinin yükselişinin meydana getirdiği kritik dönemeçle sıkı sıkıya ilişkiliydi. Fakat bundan 100 yıl önce İngiltere'nin denizler üzerinde hâkimiyet kuracağı, Karayiplerin ve Kuzey Amerika'nın çoğu bölgesini sömürgeleştireceği ya da Amerika'yla ve Doğu'yla sürdürülen kârlı ticaretin büyük bölümünü ele geçireceği öngörülebilir olmaktan çok uzaktı. Ne I. Elizabeth ne de ondan önceki diğer Tudor hükümdarları güçlü ve birleşik bir donanma inşa etmişlerdi. İngiliz donanması hükümet izniyle çalışan korsan gemilere ve bağımsız ticaret gemilerine dayanıyordu ve gücü İspanyol filosundan çok daha azdı. Yine de Atlantik'teki kâr, okyanus üzerindeki İspanyol tekeline meydan okuyan bu izinli korsanları cezbetti. 1588'de İspanyollar hem tekellerine karşı girişilen bu meydan okumalara hem de İngilizlerin o tarihte İspanyollara karşı bağımsızlık savaşı veren İspanyol Hollandası'na müdahalesine bir son vermek istediler.

İspanyol hükümdarı II. Felipe, Medina Sidonia Dükü komutasındaki güçlü bir filoyu, Armada'yı gönderdi. İspanyolların İngilizleri kesin bir yenilgiye uğratması, Atlantik'teki tekellerini kuvvetlendirmeleri ve muhtemelen I. Elizabeth'i tahttan indirmeleri, hatta belki de en sonunda Britanya Adaları'nın kontrolünü ele geçirmeleri, birçoğuna kaçınılmaz bir sonuç gibi görünmüştü. Oysa bambaşka bir şey oldu. Kötü hava ve daha deneyimli bir komutan öldüğü için son dakikada göreve getirilen Sidonia'nın stratejik hataları İspanyol Armadası'nın üstünlüğünü kaybetmesine yol açtı. İngilizler tüm zorluklara rağmen daha güçlü rakiplerinin filosunun büyük kısmını imha ettiler. Artık Atlantik denizi İngilizlere daha eşit şartlar sunuyordu. İngilizlerin bu beklenmedik zaferi olmasaydı dönüştürücü kritik dönemeci meydana getirecek ve 1688 sonrası İngiltere'sinin kayda değer ölçüde çoğulcu siyasal kurumlarını ortaya çıkaracak olaylar asla cereyan etmezdi. Harita 9, Armada İngiliz adalarının etrafında kovalanıp batırılan İspanyol gemilerinin enkazlarının bulunduğu yerleri gösteriyor.

Elbette, 1588'de kimse şanslı İngiliz zaferinin sonuçlarını öngöremezdi. O tarihte muhtemelen çok az kişi bunun 100 yıl sonra büyük bir siyasal devrimle sonuçlanacak bir kritik dönemeç oluşturacağını anlamıştır.

Her kritik dönemecin başarılı bir siyasal devrimle sonuçlanacağı ya da daha iyiye götürecek bir değişime yol açacağı varsayılmamalıdır. Tarih, Alman sosyolog Robert Michels'in "Oligarşinin tunç yasası" olarak adlandırdığı, son derece kötücül bir kısırdöngü biçimi olan bir örüntüyle, bir tiranın yerine bir başka tiranı getiren devrimlerin ve radikal hareketlerin örnekleriyle doludur. İkinci Dünya Savaşı'nı izleyen birkaç on yılda sömürgeciliğin sona ermesi pek çok eski sömürge için kritik dönemeçler meydana getirdi. Ne var ki, Sahraaltı Afrika'daki vakaların çoğunda ve Asya'da pek çok örnekte, bağımsızlık sonrasının hükümetleri Robert Michels'in kitabından bir sayfayı tekrarladılar ve çoğu kez siyasal güç dağılımını ciddi ölçüde daraltarak, kısıtlamaları kaldırarak, ekonomik kurumların yatırım ve ekonomik gelişme için sağladığı zaten az olan teşvikleri baltalayarak seleflerinin suiistimal-

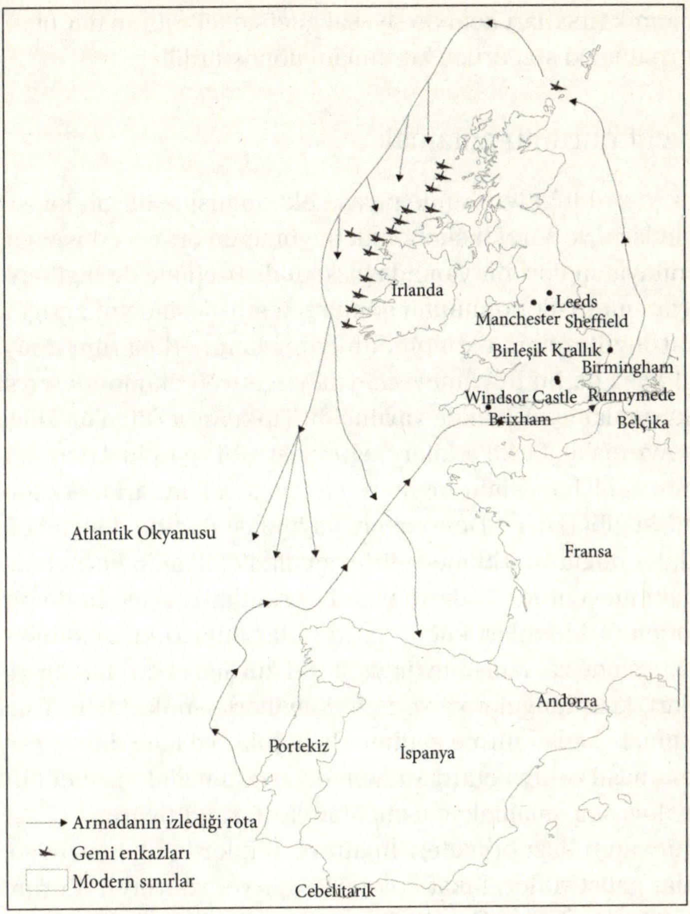

Harita 9: İspanyol Armadası, gemi enkazları ve Dönüm Noktası'nı oluşturan kilit mevkiler.

lerini pekiştirdiler. Kritik dönemeçler sadece birkaç durumda, örneğin Botsvana gibi toplumlarda ekonomik büyümeye yol açacak siyasal ve ekonomik bir değişim süreci başlatmak için kullanıldı.

Kritik dönemeçler sömürücü kurumlardan uzaklaştırmak yerine onlara götürecek büyük değişiklikler de doğurabilir. Her ne kadar kendi etkileşim döngüleri, yani verimli döngüleri olsa da, kapsayıcı kurumlar da izlenen rotayı tersine çevirebilir ve kritik dönemeçteki meydan okumalar nedeniyle aşama aşama daha sömürücü hale gelebilirler –ve bunun olup olmaması da yine olumsaldır. 6. bölümde göreceğimiz gibi, Venedik Cumhuriyeti Ortaçağ'da kapsayıcı siyasal ve ekonomik kurumlar yönünde büyük adımlar attı. Fakat bu tür kurumlar İngiltere'de 1688 Görkemli Devrimi'nden sonra giderek güçlenirken Venedik'te kendilerini en nihayetinde hem ekonomik fırsatları hem de siyasal gücü tekelleştiren dar bir elitin kontrolündeki sömürücü kurumlara dönüştürdüler.

Mevcut durumu anlamak

18. yüzyıl İngiltere'sinde piyasa ekonomisine dayalı kapsayıcı kurumların ve sürekli ekonomik büyümenin ortaya çıkışının etkileri dünyanın dört bir yanında hissedildi, özellikle de İngiltere'nin dünyanın büyük bölümünü sömürgeleştirmesine yol açtığı için. Fakat İngiltere'nin ekonomik büyümesinin etkisi tüm dünyaya yayıldıysa da bu büyümeyi meydana getiren ekonomik ve siyasal kurumlar aynı şekilde yayılmadı. Tıpkı Kara Ölüm'ün Doğu ve Batı Avrupa'da farklı etkiler doğurması gibi ve tıpkı Atlantik ticaretinin genişlemesinin İngiltere ve İspanya için farklı etkiler doğurması gibi Sanayi Devrimi'nin yayılması da tüm dünyada farklı etkiler doğurdu. Etkide belirleyici olan dünyanın farklı bölgelerindeki mevcut kurumlardı ve bu kurumlar gerçekten de birbirlerinden farklıydılar; küçük farklılıklar önceki kritik dönemeçler sayesinde zamanla büyümüştü. Bu kurumsal farklılıklar ve sonuçları, kısırdöngüler ve verimli döngülerle –noksanları olsa da– günümüze kadar sürme eğiliminde oldular ve hem dünya eşitsizliğinin nasıl ortaya çıktığını hem de etrafımızdaki mevcut durumun doğasını anlamak için anahtar vazifesi görüyorlar.

Dünyanın bazı bölgeleri İngiltere'dekilere çok benzeyen kurumlar geliştirdiler; fakat çok farklı bir yol izleyerek. Kurumları her ne kadar Sanayi Devrimi'nin yelken açtığı sıralarda oluşmaya başlamışsa da, bu durum özellikle Avustralya, Kanada ve Birleşik Devletler gibi bazı Avrupalı "yerleşimci koloniler" için geçerliydi. 1. bölümde gördüğümüz gibi, 1607'de Jamestown kolonisinin kurulmasıyla başlayan, Bağımsızlık Savaşı ve Birleşik Devletler Anayasası'nın kabul edilmesiyle doruk noktasına ulaşan süreç, aynı zamanda bir merkezi devletin ve çoğulcu siyasal kurumların ortaya çıkmasına da yol açtığı için İngiltere'de parlamento ve monarşi arasında süren uzun mücadeleyle pek çok ortak özellik taşıyordu. Ardından Sanayi Devrimi hızla bu ülkelere yayıldı.

Benzer tarihsel süreçlerden geçen Batı Avrupa, Sanayi Devrimi sırasında İngiltere'dekine benzer kurumlara sahipti. İngiltere ile diğer ülkeler arasında küçük fakat önemli sonuçlar doğuran farklılıklar vardı. Sanayi Devrimi'nin Fransa'da değil İngiltere'de ortaya çıkmasının nedeni de buydu. Bu devrim daha sonra bütünüyle farklı bir durum yarattı ve Avrupa rejimleri için birbirinden oldukça farklı zorluklara yol açtı. Bu da Fransız Devrimi'yle doruğa ulaşan bir dizi yeni çatışmaya yol açtı. Fransız Devrimi, Batı Avrupa kurumlarının İngiltere'dekilere yaklaşmasına, ancak Doğu Avrupa'dakilerin daha da uzaklaşmasına yol açan başka bir kritik dönemeçti.

Dünyanın geri kalanı farklı kurumsal rotalar izledi. Avrupa sömürgeciliği Amerika'nın kurumsal ayrışımına zemin hazırladı. Birleşik Devletler ve Kanada'da gelişen kapsayıcı kurumların aksine Latin Amerika'da sömürücü kurumlar ortaya çıktı ki, bu da Amerika'da gördüğümüz eşitsizlik örüntülerini açıklıyor. Latin Amerika'daki İspanyol *conquistadorlar*'ın sömürücü siyasal ve ekonomik kurumları, bölgenin çoğunu yoksulluğa mahkûm ederek varlığını sürdürdü. Bununla birlikte, Arjantin ve Şili için işler bölgedeki çoğu ülkeden daha iyi gitti. Az sayıda yerliye ya da madeni zenginliğe sahiplerdi ve İspanyollar Aztek, Maya ve İnka uygarlıklarının bulunduğu topraklara odaklanırken "ihmal" edilmişlerdi. Arjantin'in en yoksul kesiminin ülkenin İspanyol sömürge ekonomisine entegre olan tek bölgesinde, kuzeybatıda bulunması bir rastlantı değildir. Sömürücü kurumların mirası olan kalıcı yoksulluğu, Bolivya ve Peru'da Potosí *mita*'sının yol açtığı yoksullukla benzeşiyor.

Afrika, Sanayi Devrimi'nin sunduğu fırsatlardan asgari düzeyde yararlanabilen bir bölgeydi. Afrika en azından 1000 yıl boyunca, küçük bölgeler ve sınırlı dönemler dışında teknoloji, siyasal gelişim ve refah bakımından dünyanın gerisinde kalmıştı. Burası merkezi devletlerin çok geç ve temelleri çok zayıf bir biçimde kurulduğu bir bölgedir. Kurulanlarsa çoğunlukla Kongo gibi son derece mutlakıyetçidir ve çoğu kez kısa ömürlü olur; genellikle de yıkılır. Afrika bu merkezi devlet yokluğu rotasını, bölgelerine düzen getirmek ve hiç değilse bir parça olsun ekonomik ilerleme gösterebilmek için istikrara benzer hiçbir şey ortaya koyamamış Afganistan, Haiti, Nepal gibi ülkelerle paylaşır. Dünyanın farklı yerlerinde bulunmalarına karşın Afganistan, Haiti ve Nepal kurumsal açıdan Sahraaltı Afrika'nın çoğu ülkesiyle ortak özellikler taşır ve bu nedenle günümüzün en yoksul ülkeleri arasındadır.

Afrika kurumlarının evrimleşerek bugünkü sömürücü formuna dönüşmesi bir kez daha kritik dönemeçlerin araya girdiği kurumsal sürüklenme sürecini ortaya koyar ancak bu kez, özellikle de Atlantik köle ticaretinin genişlemesi sırasında, son derece olumsuz sonuçlar söz konusudur. Avrupalı tüccarlar geldiğinde Kongo Krallığı için yeni ekonomik fırsatlar doğmuştu. Avrupa'yı dönüştüren uzun mesafeli ticaret Kongo Krallığı'nı da dönüştürmüştü fakat başlangıçtaki kurumsal farklılıklar bir kez daha kendini gösteriyordu. Kongo mutlakıyetçiliği önceleri yalnızca sömürücü ekonomik kurumları aracılığıyla yurttaşlarının tüm tarımsal üretimine el koyup toplum üstünde tahakküm kurarken, sonradan insanları toplu halde köleleştirip Kongo eliti için silah ve lüks mallar karşılığında Portekizlilere satar hale geldi.

Yeni, uzun mesafeli ticaret fırsatları, İngiltere ve Kongo arasındaki öncül farklılıklar nedeniyle İngiltere için çoğulcu siyasal kurumlara götürecek bir kritik dönemeç yaratırken, Kongo için mutlakıyetçiliğin ortadan kaldırılmasına yönelik tüm umutları suya düşürdü. Afrika'nın büyük kısmında kölecilikten elde edilen muazzam gelir, yalnızca köleciliğin daha da yoğunlaşmasına ve mülkiyet haklarının daha da emniyetsiz hale gelmesine yol açmakla kalmadı, aynı zamanda savaşların yoğunluk kazanmasına ve mevcut pek çok kurumun yıkımına da neden oldu. Birkaç yüzyıl içinde, tüm merkezileşme süreçleri tamamen tersine döndü ve çoğu Afrika ülkesi büyük ölçüde çöktü. Köle ticaretinden faydalanmak için bazı yeni ve kimi zaman güçlü devletler kurulduysa da temelleri savaş ve talana dayalıydı. Amerika'nın keşfiyle ortaya çıkan kritik dönemeç İngiltere'nin kapsayıcı kurumlar geliştirmesine katkıda bulunmuş olabilir fakat Afrika'daki kurumları daha da sömürücü hale getirdi.

1807'nin ardından köle ticareti büyük ölçüde sona erdiyse de ardından gelen Avrupa sömürgeciliği yalnızca Güney ve Batı Afrika'daki henüz olgunlaşmamış ekonomik modernizasyonu tersine çevirmekle kalmadı, aynı zamanda yerel bir kurumsal reforma yönelik tüm ihtimalleri de yok etti. Bunun anlamı Kongo, Madagaskar, Namibya ve Tanzanya gibi talan, kargaşa ve hatta toplu cinayetlerin hüküm sürdüğü bölgelerin dışında bile, Afrika'nın kurumsal rotasını değiştirmek için çok az şansı olduğuydu.

Daha da kötüsü, sömürge yönetiminin yapıları 1960'larda Afrika'yı sömürgecilik döneminin başlangıcındakinden daha karmaşık ve kötücül bir kurumsal mirasla baş başa bıraktı. Çoğu Afrika sömürgesindeki siyasal ve ekonomik kurumların gelişimi, bağımsızlığın bu sömürgelerdeki kurumların ilerlemesi için bir kritik dönemeç yaratmak yerine, ahlaksız liderlere Avrupalı sömürgecilerin yönettiği sömürü faaliyetlerinin kontrolünü ele geçirip daha da yoğunlaştırmaları için fırsat tanıdığı anlamına gelmektedir. Bu yapıların sağladığı siyasal teşvikler, güçlü mutlakıyetçi eğilimler taşıyan fakat yine de bölgelerinde hiçbir merkezi otorite tesis edemeyen devletlerden ve güvence altına alınmamış, yetersiz mülkiyet haklarından oluşan tarihsel kalıbı tekrarlayan bir siyaset tarzına sebep oldu.

Sanayi Devrimi Afrika'ya hâlâ yayılmamıştır; çünkü bu kıta sömürücü siyasal ve ekonomik kurumların devamlılığına ve yeniden üretimine dayalı uzun bir kısırdöngü tecrübe etmiştir. Botsvana istisnadır. İleride göreceğimiz gibi bağımsızlık döneminin ilk başbakanı Seretse Khama'nın büyükbabası Kral Khama, 19. yüzyılda kabilesinin siyasal ve ekonomik kurumlarını modernize etmek için kurumsal değişiklikler başlattı. Pek örneği görülmeyecek bir biçimde, bu değişiklikler sömürgecilik döneminde ortadan kaldırılmadı; bu durum, kısmen Khama ve diğer şeflerin sömürge otoritesine karşı zekice meydan okumalarının sonucunda gerçekleşmişti. Sömürge yönetiminden bağımsızlıklarını kazanmalarıyla ortaya çıkan kritik dönemeçle etkileşimleri, Botsvana'nın ekonomik ve siyasal başarısına temel oluşturdu. Bu, küçük tarihsel farklılıkların önemini gösteren bir başka örnektir.

Tarihsel olayları kökleri derinlere inen kuvvetlerin kaçınılmaz sonuçları olarak görmeye yönelik bir eğilim vardır. Ekonomik ve siyasal kurumların tarihinin nasıl kısır ve verimli döngüler yarattığını önemle vurgulamamıza karşın, İngiliz kurumlarının gelişimi bağlamında vurguladığımız gibi, olumsallık daima bir etken olarak kendini gösterebilir. 1940'larda İngiltere'de öğrenim gören Seretse Khama beyaz bir kadına, Ruth Williams'a âşık oldu. Bunun sonucunda Güney Afrika'nın ırkçı Apartheid rejimi, İngiliz hükümetini o zamanki adı Bechuanaland olan ve Güney Afrika Yüksek Komiseri'nin idaresi altında bulunan *protektora*'dan gönderilmesi için ikna etti ve Khama krallıktan feragat etti. Sömürgecilik karşıtı harekete liderlik etmek için ülkesine döndüğünde amacı yerel kurumları sağlamlaştırmak değil, onları modern dünyaya adapte etmekti. Khama kişisel servete önem vermeyen, kendisini ülkesinin inşasına adamış olağanüstü bir adamdı. Diğer Afrika ülkelerinin çoğu bu kadar şanslı değildi. Hem Botsvana kurumlarının tarihsel gelişimi hem de bu kurumların Afrika'nın diğer kesimlerinde olduğu gibi yıkılacak ya da bozulacak yerde ayakta kalmasını sağlayan olumsallık faktörleri sonuca etki etmişti.

19. yüzyılda Afrika'daki mutlakıyetçilik, Asya'nın çoğu kesiminde sanayileşmenin önünü kesen Batı Avrupa'daki mutlakıyetçilikten çok farklı değildi. Çin'de devlet son derece mutlakı-

yetçiydi ve bağımsız şehirler, tüccarlar ve sanayiciler ya mevcut değildi ya da siyasal açıdan çok daha zayıftı. Çin büyük bir deniz gücüydü ve uzun mesafeli deniz ticaretiyle meşgul olmaya Avrupalılardan yüzlerce yıl önce başlamıştı. Fakat 14. yüzyıl sonları ve 15. yüzyıl başlarında Ming imparatorları artan uzun mesafeli ticaretin ve bunun getirebileceği yaratıcı yıkımın saltanatlarını tehdit edebileceğine karar verince Çin okyanuslardan çok yanlış bir zamanda yüz çevirdi.

Kurumsal sürüklenme Hindistan'da farklı bir seyir gösterdi ve hem piyasaların işlevlerini hem de emeğin mesleklere göre dağılımını Ortaçağ Avrupası'nın feodal sisteminden bile daha sert bir biçimde kısıtlayan soya dayalı katı bir kast sisteminin gelişimine neden oldu. Buna ek olarak, Babür hükümdarlarının yönetimindeki bir başka güçlü mutlakıyetçilik biçimine de dayanak oluşturdu. Ortaçağ'da çoğu Avrupa ülkesinde benzer sistemler söz konusuydu. Baker, Cooper ve Smith gibi modern Anglosakson soyadlarının kökeni, babadan oğula geçen mesleki kategorilere dayanmaktadır. Baker'lar fırınlarda çalışıyor, Cooper'lar fıçı imal ediyor, Smith'ler de metal işleriyle uğraşıyordu. Ancak bu kategoriler asla Hint kast sisteminin sınıfsal ayrımları kadar katı değildi ve giderek kişinin mesleğini belirtme konusundaki anlamını yitirdi. Hintli tüccarların tüm Hint Okyanusu'nda ticaret yapmalarına ve büyük bir tekstil sanayiinin gelişmesine karşın, kast sistemi ve Babür mutlakıyetçiliği Hindistan'da kapsayıcı ekonomik kurumların gelişimine ciddi engeller oluşturdu. 19. yüzyıla gelindiğinde Hindistan'da koşullar sanayileşme için daha da elverişsiz hale gelmişti. Çin bir Avrupalı güç tarafından hiçbir zaman resmen sömürgeleştirilmedi fakat İngilizlerin 1839 ve 1842 yılları arasında süren Afyon Savaşları'nda ve sonra yine 1856 ve 1860'da Çin'i başarıyla yenilgiye uğratmasının ardından Çin bir dizi onur kırıcı anlaşmayı imzalamak ve Avrupa ihraç mallarının ülkeye girişine izin vermek zorunda kaldı. Çin, Hindistan ve diğerleri ticari ve sınai fırsatları değerlendirmeyi başaramadığından Japonya dışındaki Asya ülkeleri yarışta öne geçen Batı Avrupa'nın gerisinde kaldılar.

Japonya'nın 19. yüzyılda kaydettiği kurumsal gelişimin rotası, bir kez daha kritik dönemeçler ve kurumsal sürüklenmenin yarattığı küçük farklılıklar arasındaki etkileşimi ortaya koyar. Japonya da Çin gibi mutlakıyetçi bir sistemle yönetiliyordu. Tokugava ailesi 1600'de yönetimi ele geçirdi ve ülkeyi uluslararası ticareti de yasaklayan feodal bir sistemle yönetti. Birleşik Devletler'e ait dört savaş gemisi 1853 Temmuz'unda Matthew C. Perry komutasında Edo Körfezi'ne girip İngilizlerin Afyon Savaşları'ndan sonra Çinlilerden aldıkları imtiyazların benzerlerini talep edince, Japonya da Batı müdahalesinin yarattığı kritik bir dönemeçle karşı karşıya geldi. Fakat Japonya'daki bu kritik dönemeç çok farklı bir biçimde cereyan etti. Coğrafi yakınlıklarına ve devamlı etkileşimlerine rağmen 19. yüzyılda Çin ve Japonya kurumsal anlamda birbirlerinden çoktan uzaklaşmışlardı.

Japonya'daki Tokugava yönetimi mutlakıyetçi ve sömürücü bir yapıya sahip olmasına karşın diğer büyük feodal beyliklerin liderleri üzerinde çok az bir nüfuza sahipti ve meydan okumalara açıktı. Köylü ayaklanmalarına ve iç kargaşalara rağmen Çin'de daha güçlü bir mutlakıyetçilik söz konusuydu. Muhalefet ise daha az örgütlü ve özerkti. Çin'deki diğer beyliklerin liderlerinin imparatorun mutlakıyetçi yönetimine meydan okuyacak ve böylece alternatif bir kurumsal rota izleyecek güçte muadilleri yoktu. Birçok yönden Çin ve Japonya'yı Batı Avrupa'dan ayıran farklılıklarla benzeşen bu kurumsal farklılık, İngilizlerin ve Amerikalıların güçlü bir biçimde sahneye çıkmalarının yarattığı kritik dönemeçte belirleyici sonuçlar doğurdu. Birleşik Devletler tehdidi Tokugava karşısındaki muhalefeti güçlendirip 10. bölümde göreceğimiz gibi siyasal bir devrime, Meici Restorasyonu'na yol açarken, Çin, Afyon Savaşları sonrasında mutlakıyetçi rotasına devam etti. Japon siyasal devrimi daha kapsayıcı siyasal kurumların ve çok daha kapsayıcı ekonomik kurumların gelişmesine olanak tanıdı ve Çin mutlakıyetçilik altında çürürken daha sonraki hızlı Japon büyümesinin temellerini attı.

Japonya'nın Birleşik Devletler'in savaş gemilerinin yarattığı tehdide kökten kurumsal bir dönüşüm süreci başlatarak karşılık vermesi bize etrafımızdaki mevcut durumun başka bir yönünü anlamamızda yardımcı olacaktır; yani durgunluktan hızlı büyümeye geçişleri. Japonya, Güney Kore, Tayvan ve son olarak Çin, İkinci Dünya Savaşı'ndan bu yana Japonya'nınkine benzer bir yol izleyerek aşırı hızlı ekonomik büyüme oranları yakaladılar. Bu örneklerin hepsinde, büyüme ülkenin ekonomik kurumlarında görülen tarihsel değişiminin ardından meydana geliyordu. Gerçi Çin'deki durumun açıkça ortaya koyduğu gibi aynı şey ülkenin siyasal kurumları için her zaman geçerli değildi.

Hızlı büyüme aşamalarının nasıl aniden sonlandığı ve tersine döndüğü de konumuzla bağlantılıdır. Kapsayıcı kurumlar oluşturma yolunda atılan kararlı adımlar nasıl hızlı büyümeyi ateşleyebiliyorsa kapsayıcı kurumlardan ani bir biçimde vazgeçmek de aynı şekilde ekonomik durgunluğa yol açabilir. Fakat çoğu zaman, tıpkı Arjantin ve Sovyetler Birliği'nde olduğu gibi, hızlı büyümenin durması sömürücü kurumlara dayalı büyümenin sona ermesinin bir sonucudur. Daha önce gördüğümüz gibi bu durum, sömürüden faydalanmak için süren ve rejimin yıkılmasına yol açan iç çatışmalarla da, sömürücü kurumların doğasından kaynaklanan yenilik ve yaratıcı yıkım eksikliğinin sürekli büyümeyi sınırlamasıyla da gerçekleşebilirdi. Sovyetlerin nasıl bu sınırlamalarla karşılaştığı sonraki bölümde daha detaylı olarak tartışılacaktır.

Nasıl Latin Amerika'nın siyasal ve ekonomik kurumları 500 yıl boyunca İspanyol sömürgeciliği tarafından şekillendirildiyse, Ortadoğu'nunkiler de Osmanlı sömürgeciliği tarafından şekillendirildi. 1453'te Sultan II. Mehmed komutasındaki Osmanlılar Konstantinopolis'i ele geçirdiler ve başkent yaptılar. Yüzyılın geri kalanında Osmanlılar Balkanların büyük kısmını ve Türkiye'nin geri kalanının büyük bölümünü fethetti. 16. yüzyılın ilk yarısında Osmanlı hâkimiyeti tüm Ortadoğu ve Kuzey Afrika'ya yayıldı. 1566'da, Muhteşem Süleyman olarak bilinen Kanuni Sultan Süleyman öldüğünde, imparatorluk güneyde Tunus'tan başlayıp Mısır üzerinden Arap Yarımadası'nda Mekke'ye ve bugünkü Irak'a kadar yayılmıştı. Osmanlı devleti mutlakıyetçiydi; sultanlar çok az kişiye karşı sorumluydu ve gücü kimseyle paylaşmıyorlardı. Osmanlıların uygulamaya koyduğu ekonomik kurumlar son derece sömürücüydü. Toprak için özel mülkiyet söz konusu değildi, resmi olarak tümü devlete aitti. Toprak ve tarımsal ürünün vergilendirilmesi savaştan elde edilen ganimetle birlikte devlet gelirinin temel kaynağını oluşturuyordu. Buna karşın, Osmanlı devleti Ortadoğu'ya Anadolu'ya hâkim olduğu gibi ya da İspanyol devletinin Latin Amerika toplumuna hâkim olduğu ölçüde bile hâkim olamadı. Osmanlı devleti Arap Yarımadası'nda sürekli olarak Bedevilerin ve diğer kabilelerin meydan okumalarıyla karşılaştı. Ortadoğu'nun büyük kısmında yalnızca kalıcı bir düzen kurabilmekten değil, aynı zamanda vergi toplayacak idari kapasiteden de yoksundu. Dolayısıyla becerebildikleri yoldan vergi toplasınlar diye bu hakkı başkalarına devretmek suretiyle işi şahıslara kiraladı. Bu mültezimler özerk hale gelip güçlendiler. Ortadoğu'da vergi oranları çok yüksekti; köylülerin ürettiğinin yarısı ile üçte ikisi arasında değişiyordu. Bu gelirin büyük kısmı mültezimlere gidiyordu. Osmanlı devleti bu bölgelerde kalıcı bir düzen sağlamayı başaramadığından mülkiyet hakları güvence altında olmaktan çok uzaktı ve silahlı gruplar bulundukları bölgelerin kontrolü için yarıştıklarından hukuksuzluk ve eşkıyalık almış yürümüştü. Örneğin Filistin'de durum öyle vahimdi ki, 16. yüzyıl sonundan itibaren köylüler en verimli toprakları bırakarak eşkıyaya karşı kendilerine daha fazla koruma sağlayacak dağlık bölgelere kaçtılar.

Osmanlı İmparatorluğu'nun kentsel alanlarındaki sömürücü ekonomik kurumları bundan daha az boğucu değildi. Ticaret devlet kontrolündeydi ve meslekler loncalar ve tekeller tarafından katı bir biçimde düzenlenmişti. Sonuç, Sanayi Devrimi sırasında Ortadoğu'nun ekonomik kurumlarının sömürücü nitelikte olmasıydı. Böylece bölge ekonomik açıdan durgunlaştı.

1840'lara gelindiğinde Osmanlılar kurumlarda reform yapmaya –örneğin, iltizam sistemini tersine çevirerek yerel özerkliğe sahip grupları kontrol altına almaya– çalışıyordu. Fakat mutlakıyetçilik Birinci Dünya Savaşı'na kadar sürdü ve reform çabaları hem yaratıcı yıkımın doğurduğu bildik korkular hem de elit grupları saran ekonomik ve siyasal anlamda kaybedecekleri endişesi nedeniyle engellendi. Osmanlı reformcuları tarımsal verimliliği artırmak için arazi mülkiyeti haklarını uygulamaya koymaktan söz etseler de siyasal kontrole ve vergiye duyulan istek nedeniyle statüko devam etti. Osmanlı sömürgeciliğini 1918'den sonra Avrupa sömürgeciliği izledi. Avrupa hâkimiyeti bittiğinde ve "sömürücü sömürge" kurumları bağımsız elitlerin kontrolüne geçtiğinde Sahraaltı Afrika'da gördüğümüz dinamikler devreye girdi. Bazı durumlarda, örneğin Ürdün monarşisinde, bu elitler doğrudan sömürgeci güçlerin ürünüydü, fakat ileride göreceğimiz gibi bu da Afrika'da sık rastlanan bir durumdu. Günümüzde petrolü olmayan Ortadoğu ülkeleri fakir Latin Amerika ülkeleriyle benzer gelir düzeylerine sahiptir. Köle ticareti gibi yoksullaştırıcı kuvvetlerden mustarip olmadılar, Avrupa kaynaklı teknoloji akışından daha uzun bir dönem boyunca yararlandılar. Ortaçağ'da Ortadoğu da nispeten dünyanın ileri bölgelerinden biriydi. Dolayısıyla bugün Afrika kadar fakir değil, fakat insanlarının büyük çoğunluğu hâlâ korkunç yoksulluk içinde yaşıyor.

Böylece, bugün etrafımızdaki mevcut durumu açıklamak için ne coğrafi ne kültürel ne de cehalet temelli kuramların işe yaradığını görmüş olduk. Bu kuramlar, dünya eşitsizliğinin önemli örüntülerine, yani ekonomik farklılaşma sürecinin Sanayi Devrimi'yle 18. ve 19. yüzyılda İngiltere'de başlamasına ve ardından Batı Avrupa'ya ve Avrupalı yerleşimci sömürgelere yayılmasına; Amerika'nın farklı bölgeleri arasındaki kalıcı farklılaşmaya; Afrika ya da Ortadoğu'nun yoksulluğuna; Doğu ve Batı Avrupa arasındaki farklılaşmaya; ve durgunluktan büyümeye geçişlere, bazen de büyüme hamlelerinin ani bir biçimde sona erişine tatmin edici bir açıklama getiremiyor. Oysa kurumsal kuramımız getiriyor.

Kalan bölümlerde, bu kurumsal kuramın nasıl işlediğini daha detaylı bir biçimde tartışacak ve açıklama getirebildiği çok sayıda fenomeni izah edeceğiz. Neolitik Devrim'in kökenlerinden muhtelif uygarlıkların çöküşüne kadar uzanan bu fenomenler, ya sömürücü kurumlara dayalı büyümenin yapısal kısıtlamalarından ya da kapsayıcılık için atılan sınırlı adımların tersine dönmesini kapsar.

Görkemli Devrim'de İngiltere'de kapsayıcı siyasal kurumlar için nasıl ve neden adımlar atıldığını göreceğiz. Aşağıdaki konuları ileride daha ayrıntılı biçimde ele alacağız:

- Kapsayıcı kurumların Atlantik ticaretinin yarattığı kritik dönemeç ile mevcut İngiliz kurumlarının etkileşiminden nasıl doğduğu.
- Kısmen verimli döngü kısmen de olumsallık etkeninin elverişliliği sayesinde, bu kurumların nasıl devamlılık gösterdiği ve Sanayi Devrimi'nin temellerini atacak güce ulaştığı.
- Mutlakıyetçi ve sömürücü kurumlarla yönetilen sayısız rejimin Sanayi Devrimi'yle ortaya çıkan yeni teknolojilere kararlılıkla direnmesi.
- Avrupalıların fethettikleri pek çok yerde ekonomik büyüme olasılığını nasıl yok ettiği.
- Kısırdöngü ve oligarşinin tunç yasasının sömürücü kurumların kalıcı hale gelmesi için nasıl güçlü bir eğilim yarattığı ve bu sayede Sanayi Devrimi'nin yayılmadığı bölgelerin nispeten fakir kaldığı.
- Neden Sanayi Devrimi'nin ve diğer yeni teknolojilerin, devletin asgari merkezileşme düzeyine erişmediği ülkelere yayılmamış olduğu ve muhtemelen de yayılmayacak olması.

Tartışmamız ayrıca Fransa ve Japonya gibi, kurumlarını daha kapsayıcı bir yönde dönüştürebilen belirli bölgelerin ya da Birleşik Devletler ve Avustralya gibi sömürücü kurumların oluşmasını önlemiş ülkelerin Sanayi Devrimi'nin yayılışına karşı daha açık olduğunu ve diğerleri geride bıraktığını da ortaya koyacak. İngiltere'de olduğu gibi, bu her zaman için pürüzsüz bir süreç değildi ve bu süreç esnasında kapsayıcı kurumlara karşı kimi zaman kısırdöngü dinamikleri kimi zaman da tarihin olumsal rotası sayesinde ortaya çıkan pek çok zorluğun üstesinden gelindi.

Son olarak, bugün ulusların başarısızlığının büyük ölçüde kurumsal tarihlerinin neden olduğunu, ne kadar siyasi tavsiye alındığını esas alan hipotezin yanlış ve potansiyel olarak yanıltıcı olduğunu, ülkelerin hâlâ kritik dönemeçleri atlatabileceğini, çemberi kırarak kurumlarında reform gerçekleştirebileceğini ve daha büyük refaha götürecek bir rotaya girebileceklerini göreceğiz.

5

"Geleceği gördüm, işler yolunda": Sömürücü kurumlara dayalı büyüme

Geleceği gördüm

Kurumsal farklılıklar, çağlar boyunca ekonomik büyümenin açıklanmasında kritik bir rol üstlendi. Peki, tarihteki çoğu toplum sömürücü siyasal ve ekonomik kurumlara dayanıyorsa bu büyümenin hiç olmadığı anlamına mı gelir? Elbette hayır. Sömürücü kurumlar, doğaları gereği, sömürülebilecek zenginlik üretmelidir. Siyasal gücü tekelinde tutan bir hükümdar ve merkezileşmiş bir devletin kontrolünde bir dereceye kadar kanun ve düzen sağlanabilir, bir kurallar sistemi oturtulabilir ve ekonomik faaliyet canlandırılabilir.

Fakat sömürücü kurumlara dayalı büyüme, doğası gereği kapsayıcı kurumların meydana getirdiği büyümeden ayrılır. En önemlisi, teknolojik değişime ihtiyaç duyacak olan sürdürülebilir büyüme değildir, daha ziyade mevcut teknolojilere dayalı büyümedir. Sovyetler Birliği'nin izlediği ekonomik rota, devletin otoritesinin ve sağladığı teşviklerin sömürücü ekonomik kurumlar altında nasıl hızlı büyümeye önayak olduğunu ve bu tip büyümenin nihayetinde nasıl sona erip çökeceğine canlı bir örnek oluşturur.

Birinci Dünya Savaşı sona erdiğinde galip ve mağlup kuvvetler barış koşullarını görüşmek için Paris yakınlarındaki muazzam Versailles Sarayı'nda bir araya geldiler. Aralarındaki en önemli şahsiyet Amerika Birleşik Devletleri Başkanı Woodrow Wilson'dı. Dikkat çekici olansa Rusya'nın hiçbir temsilci göndermemesiydi. Çarlık rejimi Ekim 1917'de Bolşevikler tarafından yıkılmıştı. Ardından Kızıllar (Bolşevikler) ile Beyazlar arasında bir iç savaş alevlenmişti. İngilizler, Fransızlar ve Amerikalılar Bolşeviklere karşı savaşmak için bir görev gücü yolladılar. Genç diplomat William Bullitt'in liderliğindeki bir heyet ve deneyimli entelektüel ve gazeteci Lincoln Steffens, Lenin'le konuşup Bolşeviklerin niyetini ve onlarla nasıl anlaşmaya varılabileceğini anlamak için Moskova'ya gönderildi. Steffens bıkıp usanmadan Birleşik Devletler'deki kapitalizmin kötülüklerini ifşa eden haberler yapan put kırıcı bir gazeteci olarak isim yapmıştı. Devrim sırasında Rusya'da bulunmuştu. Moskova'ya gönderilmesinin nedeni, heyeti daha güvenilir kılmak ve hasmane göstermemekti. Heyet Lenin'den gelen ve yeni kurulmuş Sovyetler Birliği'yle barış yapmak için ne gerektiğini söyleyen bir teklifin ana hatlarıyla döndü. Sovyet rejiminin büyük potansiyelini gören Steffens'ın ağzı bir karış açık kalmıştı.

"Sovyet Rusya..." diyordu, 1931'deki otobiyografisinde, "evrimci bir planı olan devrimci bir devletti. Planları doğrudan eyleme geçerek yoksulluk, zenginlik, yolsuzluk, ayrıcalık, tiranlık ve savaş gibi musibetleri sona erdirmek değil, nedenlerini bulup ortadan kaldırmaktı. Ekonomik kuvvetlerin bilimsel bir biçimde yeniden düzenlenmesiyle birkaç kuşak içinde önce ekonomik sonra siyasal bir demokrasiyle sonuçlanacak, küçük, eğitimli bir azınlığın desteklediği bir diktatörlük kurdular."

Steffens diplomatik görevinden döndüğünde eski arkadaşı heykeltıraş Jo Davidson'ı görmeye gitti ve onu zengin yatırımcı Bernard Baruch'un büstünü yaparken buldu. "Demek Rusya'daydın" dedi Baruch. Steffens, "Gelecekteydim ve işler yolundaydı" diye yanıtladı. Bu vecizeyi tarihe geçecek şekilde mükemmelleştirdi: "Geleceği gördüm, işler yolunda."

1980'lere kadar çoğu Batılı Sovyetler'de hâlâ gelecek görüyor ve işlerin yolunda olduğuna inanmaya devam ediyordu. Bir bakıma öyleydi; ya da en azından bir süre öyle devam etti. Lenin 1924'te öldü ve Joseph Stalin 1927'ye kadar ülke üzerindeki kontrolünü pekiştirdi. Rakiplerini temizledi ve ülkeyi hızla sanayileştirecek bir hamle başlattı. Bunu 1921'de kurulan Devlet Planlama Komitesi-Gosplan'ı harekete geçirerek yaptı. Gosplan 1928 ile 1933 yılları arasında uygulanan ilk Beş Yıllık Planı hazırladı. Stalin tarzı ekonomik büyüme basitti; devlet eliyle sanayiyi geliştir, bunun için gerekli kaynakları da tarım vergisini son derece yüksek oranlara getirerek sağla. Komünist sistemin etkili bir vergi sistemi yoktu, Stalin de bunun yerine tarımı "kolektif" hale getirdi. Bu süreç toprağın özel mülkiyetinin kaldırılmasını gerektirdi ve kırsal kesimde yaşayan herkesi komünist devletin işlettiği devasa kolektif çiftliklerde topladı. Bu durum, Stalin için tarımsal ürüne el koyup elde edilen geliri yeni fabrikalar inşa eden ve buralarda çalışan insanları beslemek için kullanmayı çok daha kolaylaştırdı. Kırsal kesimdeki halk için sonuçlar felaketti. Kolektif çiftlikler insanların sıkı çalışmasını sağlayacak teşviklerden tamamen yoksundu, dolayısıyla üretim düzeyi çok hızlı bir biçimde düştü. Üretimin o kadar büyük bir kısmına el konuldu ki, yeterli yiyecek bulunamıyordu. İnsanlar açlıktan ölmeye başladı. Nihayetinde, zorunlu kolektifleştirme süresince muhtemelen 6 milyon insan kıtlık yüzünden öldü ve yüzbinlerce insan öldürüldü ya da Sibirya'ya sürüldü.

Sovyetler Birliği'nin sahip olduğu kaynak azami ölçüde yararlanmak açısından ne yeni inşa edilmiş sanayi ne de kolektif hale getirilmiş çiftlikler ekonomik bakımdan verimliydi. Kulağa ekonomik bir felaket ve durgunluk için hazırlanmış bir reçete gibi geliyor; tabii kesin bir çöküş için değilse. Fakat Sovyetler Birliği hızla büyüdü. Bunun nedenini anlamak zor değil. İnsanların piyasalar aracılığıyla kendi kararlarını vermelerine olanak tanımak bir toplum için kaynaklarını verimli bir biçimde kullanmanın en iyi yoludur. Bunun yerine, tüm bu kaynakları devlet ya da dar bir elit kontrol ederse ne doğru teşvikler sağlanır ne de insanların beceri ve yetenekleri etkili bir biçimde tahsis edilir. Fakat bazı durumlarda, Sovyetler Birliği'ndeki ağır sanayi gibi, bir sektörde ya da bir faaliyette emek ve sermaye verimliliği öylesine yüksek olur ki, sömürücü kurumların güdümündeki tepeden inme bir süreçle kaynakların o sektöre tahsis edilmesi bile büyüme getirmez. 3. bölümde gördüğümüz gibi Barbados, Küba, Haiti ve Jamaika gibi Karayip adalarındaki sömürücü kurumlar nispeten yüksek gelir düzeylerine ulaşabildiler çünkü kaynakları tüm dünyada talep gören şeker üretimine tahsis ettiler. Köle gruplarına dayalı şeker üretimi kesinlikle "verimli" değildi ve bu toplumlarda teknolojik değişim ya da yapıcı yıkım yoktu. Fakat bu onları sömürücü kurumlara dayalı belirli bir büyüme yakalamaktan alıkoymadı. Sovyetler Birliği'nde de durum aynıydı; Karayipler'de şekerin oynadığı rolü burada sanayi üstleniyordu. Sovyetler Birliği'ndeki sınai büyüme daha da kolaydı çünkü Avrupa ve Amerika'dakine kıyasla teknolojisi çok çağdışıydı, dolayısıyla kaynakları sanayi sektörüne yeniden yönlendirilerek büyük kazançlar sağlanabilirdi, her ne kadar bunların hepsi verimsiz bir biçimde ve zor kullanarak yapılsa da.

1928'den önce Rusların çoğu kırsal kesimde yaşıyordu. Köylülerin kullandığı teknoloji ilkeldi ve üretkenliğe çok az teşvik vardı. Aslına bakılırsa, Rus feodalizminin son kalıntıları Birinci Dünya Savaşı'ndan yalnızca kısa bir süre önce ortadan kaldırılmıştı.

Dolayısıyla bu işgücünü tarımdan sanayiye kaydırarak ortaya çıkarılabilecek büyük bir ekonomik potansiyel vardı. Stalinist sanayileşme bu potansiyeli ortaya çıkarmanın acımasız bir yoluydu. Stalin gerektiği gibi kullanılamayan bu kaynakları devlet zoruyla daha verimli bir biçimde iş görecekleri sanayi sektörüne aktardı, her ne kadar sanayi de yetersiz bir biçimde örgütlenmiş olsa da. Gerçekten de 1928-1960 yılları arasında ulusal gelir yıllık yüzde 6 oranında arttı; bu muhtemelen o zamana kadarki en hızlı ekonomik büyüme hamlesiydi. Bu hızlı ekonomik büyüme teknolojik değişim sayesinde değil, işgücünün yeniden tahsisi ve yeni araçların üretilip fabrikaların inşa edilmesiyle ortaya çıkan sermaye birikimi sayesinde gerçekleşti.

Büyüme öylesine hızlıydı ki yalnızca Lincoln Steffens'ı değil Batılı birkaç kuşağı aldattı. Birleşik Devletler'in Merkezi İstihbarat Teşkilatı'nı da aldattı. Hatta 1956'da BM'de yaptığı ünlü bir konuşmada "Sizi [Batı'yı] gömeceğiz" diyerek böbürlenen Nikita Kruşçev gibi, Sovyetler Birliği'nin kendi liderlerini bile aldattı. 1977 gibi geç bir tarihte bile bir İngiliz iktisatçı, önemli bir akademik ders kitabında tam istihdam ve fiyat istikrarı bakımından, hatta fedakâr bireylerin yetiştirilmesi bakımından Sovyet tarzı ekonomilerin kapitalist ekonomilerden üstün olduğunu savunuyordu. Zavallı yaşlı kapitalizm yalnızca siyasal özgürlük sağlama konusunda daha iyiydi. Gerçekten de, Nobel ödüllü Paul Samuelson yazdığı iktisat ders kitabında tekrar tekrar Sovyetler Birliği'nin yaklaşan ekonomik hâkimiyetinden söz ediyordu. 1961 baskısında Samuelson bir ihtimal 1984'e, fakat büyük ihtimalle 1997'ye kadar Sovyet ulusal gelirinin Birleşik Devletler'inkini geçeceğini öngörüyordu. 1980 baskısında bu analizin şansı çok azalmıştı, dolayısıyla tarihler 2002 ve 2012'ye ertelendi.

Stalin ve sonraki Sovyet liderlerinin izledikleri politikalar hızlı bir büyüme sağlasa da bunlarda süreklilik sağlanamadı. 1970'lere gelindiğinde ekonomik büyüme adeta durdu. Bundan çıkan en önemli ders şudur: Sömürücü kurumlar iki nedenden ötürü sürdürülebilir teknolojik değişim üretemezler; ekonomik teşviklerin yokluğu ve yaratıcı yıkımın siyasal sonuçlarından korkulması. Buna ek olarak, gayet verimsiz bir biçimde kullanılan tüm kaynaklar sanayiye aktarıldığında geriye devlet zoruyla elde edilebilecek çok az bir kazanç kalacaktır. Böylece yenilikten yoksun, ekonomik teşvikleri zayıf Sovyet sistemi bir bariyere tosladı ve daha fazla ilerleyemedi. Sovyetlerin çok büyük gayretler sonucunda yenilik getirmeyi sürdürebildikleri tek alan askeri teknolojiler, havacılık ve uzay teknolojileriydi. Bunun sonucunda uzaya ilk köpeği, Leika'yı ve ilk insanı, Yuri Gagarin'i göndermeyi başardılar. Dünyaya bıraktıkları miraslarından biri de AK-47'ydi.

Gosplan Sovyet ekonomisinin planlanmasından sorumlu, tam yetkili planlama dairesiydi. Gosplan'ın hazırlayıp yönettiği beş yıllık kalkınma planlarının faydalarından biri de akılcı yatırım ve yeniliğin gerektirdiği uzun vadeli bir planlama yapacak olmasıydı. Oysa Sovyet sanayiinde gerçekte uygulananların, sık sık gözden geçirilip yeniden yazılan, hatta görmezden gelinen beş yıllık planlarla çok az ilgisi vardı. Sanayinin gelişimi, sıklıkla fikir değiştiren ve önceki kararlarını çoğu kez tamamen yenileyen Stalin ve Politbüro'nun buyrukları doğrultusunda gerçekleşiyordu. Tüm planlar "taslak" ya da "ön hazırlık" başlığı altında sınıflandırılıyordu. Yalnızca bir planın kopyası "nihai" başlığı altında sınıflandırılabildi; o da hafif sanayi için 1939'da hazırlanmıştı. Bizzat Stalin 1939'da "Yalnızca bürokratlar planlama çalışmasının planın hazırlanmasıyla bittiğini düşünür. Planın hazırlanması yalnızca başlangıçtır. Planın gerçek doğrultusu ancak plan ortaya çıkarıldıktan sonra şekillenir" demişti. Stalin siyasal sadakat gösteren kişi ve grupları ödüllendirip, göstermeyenleri cezalandırmadaki takdir gücünü mümkün olduğunca artırmak istiyordu. Gosplan'ın esas rolü ise, dost ve düşmanlarını izlemek için Stalin'e bilgi sağlamaktı. Aslında Gosplan karar almaktan kaçınıyordu. Çünkü kötü netice veren bir karar alırsanız, vurulabilirdiniz. En iyisi mümkün mertebe sorumluluktan uzak durmaktı.

1937 Sovyet nüfus sayımı, Komünist Parti'nin ne istediğini kestirmeye çalışmak yerine işinizi gerektiğinden fazla ciddiye alırsanız başınıza neler gelebileceğine iyi bir örnektir. Gelen rakamlar, sonuçların 162 milyonluk bir nüfusa işaret ettiğini, dolayısıyla Stalin'in 180 milyonluk tahmininden çok daha az, hatta 1934'te bizzat duyurduğu 168 milyondan bile az olduğunu gösterdi. 1937 sayımı 1926'dan beri gerçekleştirilen ilk sayımdı. Dolayısıyla 1930'ların başında meydana gelen büyük kıtlıklardan ve kitlesel temizlikten sonraki ilk sayımdı. Sonuçlar gerçek rakamları yansıtıyordu. Stalin'in tepkisiyse sayımı gerçekleştirenleri tutuklatıp Sibirya'ya göndermek ya da vurdurmak oldu. Yeni bir nüfus sayımı için emir verdi ve bu da 1939'da gerçekleştirildi. Bu kez sayımı gerçekleştirenler meseleyi doğru anladılar ve nüfusun aslında 171 milyon kişi olduğunu buldular.

Stalin, Sovyet ekonomisinde insanların sıkı çalışmak için teşviklerinin olmadığını anladı. Bu durum karşısında verilebilecek en doğal tepkilerden biri bazı teşvikler yaratmaktı ve bazı durumlarda bunu gerçekleştirdiği de oldu; örneğin, verimliliğin düştüğü bölgelere yiyecek yardımı yapıldı. Üstelik, daha 1931 başlarında mali teşvikler olmaksızın çalışacak "sosyalist kadınlar ve erkekler yaratmak" idealinden vazgeçti. Meşhur bir konuşmasında "eşitlik çığırtkanlığını" eleştirdi ve sonrasında yalnızca farklı işlere farklı maaşlar ödenmekle kalınmadı, aynı zamanda bir ikramiye sistemi de hayata geçirildi. Bu sistemin nasıl çalıştığını anlamak yol gösterici olacaktır. Genellikle, merkezi planlama doğrultusunda hareket eden bir şirket, planın öngördüğü bir üretim miktarını karşılamak zorundaydı; her ne kadar bu planlar çoğu zaman yeniden gözden geçirilip değiştirilse de. 1930'lardan itibaren üretim hedefine ulaşıldığı takdirde işçilere ikramiye verilmeye başlandı. Bu ikramiyeler epeyce –mesela, yönetici ya da kıdemli mühendislerin aldığı ücretin yüzde 37'si kadar– yüksek olabiliyordu. Fakat bu tür ikramiyelerin verilmesi teknolojik değişim için her türlü caydırıcı etkene yol açabiliyordu. Öncelikle, kaynakları mevcut üretimden uzaklaştıran yenilik, üretim hedeflerine ulaşılmasını ve ikramiyelerin ödenmesini tehlikeye soktu. Ayrıca, üretim hedefleri genellikle önceki üretim seviyelerini esas alıyordu. Bu da üretimin asla artırılmaması için büyük bir teşvik yarattı, çünkü üretimin artırılması yalnızca gelecekte daha fazla üretmeye mecbur kalmak demekti ve böylece gelecekteki hedefler sürekli artacaktı. Düşük başarı, hedeflere ulaşıp ikramiyeye kavuşmanın daima en iyi yoluydu. Ayrıca ikramiyelerin aylık olarak ödenmesi herkesin şimdiye odaklanmasına yol açıyordu. Oysa yenilik, yarın daha fazlasına sahip olabilmek için bugün fedakârlık etmek demekti.

İkramiyeler ve teşvikler davranış biçimini değiştirmede etkili olsa bile çoğu zaman başka sorunlar doğurur. Merkezi planlama büyük 18. yüzyıl iktisatçısı Adam Smith'in piyasanın "görünmez eli" dediği şeyi değiştirebilecek kadar marifetli değildi. Çelik levhalar ton cinsinden hesaplanarak üretildiğinde aşırı ağır oluyordu. Yüzey dikkate alınarak hesaplandığında da bu kez aşırı ince oluyordu. Avizeler ton cinsinden hesaplanarak üretildiğinde öyle ağır oluyordu ki, tavana zor asılıyordu.

1940'lara gelindiğinde Batı'daki hayranları olmasa da Sovyetler Birliği liderleri bu teşviklerin ters teptiğini gayet farkındaydılar. Sovyet liderler bunlar üstesinden gelinebilecek teknik sorunlardan kaynaklanıyormuş gibi davrandılar. Örneğin, şirketlerin ikramiye ödeyerek elde ettikleri kâr paylarını bir tarafa bırakmaları için üretim hedeflerine dayalı ikramiyeyi kaldırdılar. Fakat artık "kâr güdüsü" yeniliği, üretim hedeflerine dayalı mevcut sistemden daha fazla teşvik etmiyordu. Kâr hesaplamada kullanılan fiyat sistemi son yeniliklerin ve teknolojilerin değerinden neredeyse tümüyle bağımsızdı. Bir piyasa ekonomisindeki fiyatların aksine, Sovyetler Birliği'ndeki fiyatlar devlet tarafından ayarlanıyor ve böylece değerle çok az ilişkisi oluyordu. Sovyetler Birliği yeniliğe yönelik daha etkili teşvikler yaratmak için 1946'da kayda değer ikramiyeler vermeye başladı. Daha 1918'de yenilikçinin para ödülü alması prensibi kabul görmüştü fakat verilen ödüller çok azdı ve yeni teknolojinin değeriyle ilgisi yoktu. Bu durum ikramiyenin yeniliğin sağladığı verimlilikle orantılı olması gerektiğinin kabul edilmesiyle ancak 1956'da değişebildi. Ne var ki, verimlilik mevcut fiyat sistemiyle ölçülen ekonomik yarara göre hesaplandığından bu da yenilik için pek bir teşvik anlamına gelmiyordu. Bu planların ürettiği ters teşviklere sayfalar dolusu örnek verilebilir. Örneğin, yenilik ikramiyesi fonunun büyüklüğünün bir şirketin maaş giderleriyle sınırlı olması, işgücünden tasarruf edilmesini sağlayacak herhangi bir yeniliğin üretilmesine ya da uygulanmasına yönelik teşviki derhal azaltıyordu.

Farklı prensiplere ve ikramiye sistemlerine odaklanmak, sistemin doğasında var olan sorunların görülmesini engelleyebilir. Siyasal otorite ve güç Komünist Parti'nin elinde olduğundan çok az insan temel teşviklerdeki değişikliklerin herhangi bir fark yaratacağına inanırdı. Komünist Parti kurulduğu günden itibaren istediğini elde etmek için yalnızca havuç değil sopa da –hem de büyük sopalar– kullanmıştı. Ekonomik verimlilik için de durum çok farklı değildi. Bir yasa sistemiyle, işten kaytardığı fark edilen işçilere cezai müeyyideler getirilmişti. Örneğin, Haziran 1940'da çıkarılan bir yasa izin alınmadan 20 dakika için bile işte olmamayı, hatta işte olup avarelik etmeyi işe devamsızlık olarak tanımlıyor ve bunu da altı ay ağır iş ve ücrette yüzde 25 kesintiyle cezalandırılabilecek bir suç sayıyordu. Buna benzer bin bir çeşit müeyyide getirildi ve inanılmaz bir sıklıkla uygulamaya koyuldu. 1940 ile 1955 arasında 36 milyon insan, yetişkin nüfusun yaklaşık üçte biri, bu tür suçlardan hüküm giydi. Bunların 15 milyonu hapse atıldı ve 250 bini vuruldu. Her yıl 1 milyon yetişkin iş ihlali nedeniyle hapse atılıyordu. Stalin'in Sibirya'daki kamplara sürgüne gönderdiği 2,5 milyon insan da cabası. Yine de işe yaramıyordu. Birini fabrikaya gönderebilirsiniz fakat vurmakla tehdit ederek insanları iyi fikirler düşünüp bulmaya zorlayamazsınız. Bu tür bir zorlama Barbados ya da Jamaika'da yüksek şeker üretimi sağlayabilir fakat modern sanayi ekonomisinde teşvik eksikliğini telafi edemez.

Merkezi planlamaya dayalı ekonomide gerçekten etkili teşviklerin sağlanamaması ikramiye sisteminin tasarımındaki teknik hatalardan kaynaklanmıyordu. Sömürücü büyüme sağlayan yöntemin bütününe ilişkin yapısal bir sorundu. Bazı temel ekonomik problemler devlet güdümüyle çözülebilirdi. Fakat sürekli ekonomik büyümeyi harekete geçirmek, bireylerin yetenek ve fikirlerini kullanmalarını gerektiriyordu ve bu da Sovyet tarzı bir ekonomik sistemde asla gerçekleştirilemezdi. Sovyetler Birliği'nin idarecileri sömürücü ekonomik kurumları terk etmek zorunda kalırlardı fakat böyle bir hareket siyasal güçlerini tehlikeye sokardı. Gerçekten de, Mikhail Gorbaçov 1987'den sonra sömürücü ekonomik kurumlardan uzaklaşmaya başladığında Komünist Parti'nin ve onunla birlikte Sovyetler Birliği'nin gücü de un ufak oldu.

Sovyetler Birliği sömürücü kurumlara rağmen hızlı büyüme gerçekleştirmeyi başardı çünkü Bolşevikler güçlü bir merkezi devlet inşa ettiler ve bu merkezi devleti, kaynakları sanayiye tahsis etmede kullandılar. Ancak sömürücü kurumlara dayalı büyümenin tüm örneklerinde olduğu gibi, bu deneyim teknolojik değişim içermiyordu ve sürdürülebilir değildi. Büyüme önce yavaşladı, sonra tamamen durdu. Kısa ömürlü olmasına karşın, bu tip büyüme yine de sömürücü kurumların ekonomik faaliyeti nasıl canlandırdığını ortaya koymaktadır.

Tarih boyunca çoğu toplum sömürücü kurumlarla yönetilmiştir ve ülkeleri üzerinde belli ölçüde hâkimiyet kurmayı başaranlar –bu sömürücü toplumların hiçbiri sürdürülebilir bir büyümeye ulaşmayı başaramasalar bile– sınırlı bir büyüme yakalayabilmişlerdir. Aslına bakılırsa, tarihteki bazı dönüm noktaları sömürücü kurumları pekiştiren ve bir grubun otoritesini artırarak yasa ve düzen getirmesini, böylece sömürüden faydalanmasını sağlayan kurumsal yeniliklerle tanımlanabilir. Bu bölümün geri kalanında öncelikle belirli ölçüde bir devlet merkeziyeti getiren ve sömürücü kurumlara dayalı büyüme sağlayan kurumsal yeniliklerin doğasını tartışacağız. Ardından bu fikirlerin günümüz uygarlığının pek çok veçhesine temel oluşturan Neolitik Devrim'i, tarihte çığır açan tarıma geçişi anlamamıza nasıl yardımcı olduğunu göstereceğiz. Daha sonra Maya şehir devletleri örneğiyle sömürücü ekonomik kurumlara dayalı büyümenin yalnızca teknolojik ilerlemenin olmayışı nedeniyle değil, aynı zamanda devletin ve sömürü yoluyla elde ettiklerinin kontrolünü ele geçirmek isteyen rakip gruplar arasındaki iç çatışmaları teşvik edeceği için de sınırlı olduğunu göstereceğiz.

Kasai Nehri'nin kıyısında

Kongo Nehri'nin en büyük kollarından biri de Kasai'dir. Angola'da doğup kuzeye yönelir ve modern Demokratik Kongo Cumhuriyeti'nin başkenti Kinshasa'nın kuzeydoğusunda Kongo Nehri'yle birleşir. Demokratik Kongo Cumhuriyeti dünyanın geri kalanına kıyasla fakir olsa da Kongo'da çeşitli grupların refah düzeyleri arasında daima dikkate değer farklılıklar olagelmiştir. Kasai Nehri bunlardan ikisi arasında bir sınır oluşturur. Kongo Nehri üzerinden batı kıyısına çıkar çıkmaz Lele halkıyla karşılaşırsınız; doğu kıyısındakiler ise Bushong halkıdır (Harita 6). Görünürde bu iki grubun refah düzeyleri arasında çok az farklılık olması beklenir. Onları ayıran, kayıkla dahi geçilebilecek bir nehirdir yalnızca. İki farklı kabile ortak bir kökene ve akraba dillere sahiptir. Buna ek olarak evleri, giysileri ve elişleri dahil yaptıkları şeylerin büyük kısmı tarz olarak birbirine benzer.

Yine de, 1950'lerde antropolog Mary Douglas ve tarihçi Jan Vansina bu grupları incelediklerinde aralarında bazı çok şaşırtıcı farklılıklar olduğunu keşfettiler. Douglas şöyle ifade ediyordu: "Lele halkının fakir olmasına karşın Bushong halkı zengindi... Bushong insanları Lele insanlarının sahip olduğu her şeyden daha fazlasına sahipti ve Lele insanlarının yapabildiği her şeyi daha iyi yapıyorlardı." Bu eşitsizliğe basit açıklamalar getirilebilir. Örneğin Peru'da Potosí *mita*'sına tabi olan bölgeler ile olmayan bölgeler arasındakine benzer bir fark bulunur: Lele'nin geçimlik üretim yapmasına karşın Bushong pazarda mübadele için üretim yapar. Douglas ve Vansina ayrıca Lele'nin daha geri bir teknoloji kullandığını da belirtiyorlar. Örneğin, verimliliği büyük ölçüde artırsa da avlanmak için ağ kullanmıyorlar. Douglas, "Ağın olmayışı Lele'nin uzun vadeli donanımlara zaman ve işgücü yatırımı yapmama yönündeki genel eğilimiyle örtüşüyor" diyor.

Ayrıca tarım teknolojilerinde ve örgütlenmede de önemli farklılıklar vardı. Bushong halkı iki yıllık dönemler halinde beş tahılı sırayla ekerek karma tarımın karmaşık bir biçimini uyguluyordu. Hint yer elması, tatlı patates, manyok ve fasulye yetiştiriyor, yılda iki bazen üç mısır hasadı yapıyordu. Lele'nin böyle bir sistemi yoktu ve yılda sadece bir kez mısır hasadı yapılabiliyordu.

Ayrıca yasa ve düzende de çarpıcı farklılıklar vardı. Lele sürekli çatışma halindeki müstahkem köylere ayrılmıştı. İki köy arasında yolculuk edenlerin, hatta yiyecek toplamak için ormana gitmeyi göze alanların saldırıya uğrama ya da kaçırılma ihtimali yüksekti. Bushong topraklarında buna benzer şeyler ya hiç olmazdı ya da nadiren olurdu.

Üretim kalıplarında, tarım teknolojilerinde ve düzenin sağlanmasındaki bu farklılıkların arkasında ne yatıyordu? Belli ki, Lele'nin daha geri avcılık ve tarım teknolojileri kullanmasının nedeni coğrafyası değildi. Kuşkusuz cehalet de değildi, çünkü Bushong'da kullanılan aletler hakkında bilgi sahibiydiler. Alternatif bir açıklama kültür olabilirdi; acaba Lele'nin avcılıkta kullanılan ağlara ve daha sağlam, daha iyi inşa edilmiş evlere yatırım yapmalarını özendirmeyen bir kültürü olabilir mi? Ne var ki bu da doğru görünmüyor. Kongo halkı gibi Lele de silah satın almakla son derece ilgiliydi, hatta Douglas bu konuya şöyle dikkat çekiyordu: "Ateşli silahlar satın almaya olan düşkünlükleri [...] kültürlerinin uzun vadeli işbirliği ve çaba gerektirmedikleri sürece onlara daha ileri teknikler konusunda bir sınırlama getirmediğini gösteriyor." Demek ki ne teknolojiye duyulan kültürel isteksizlik, ne cehalet, ne de coğrafya, Bushong'un Lele'ye kıyasla daha yüksek bir refah düzeyine sahip olmasını açıklayabiliyor.

Bu iki halk arasındaki farklılıkların sebebi Bushong ve Lele'de ortaya çıkan farklı siyasal kurumlarda yatmaktadır. Lele halkının birleşik bir siyasal yapının birer parçası olmayan müstahkem köylerde yaşadığını daha önce belirtmiştik. Kasai'nin diğer tarafında durum farklıydı. 1620 civarında Shyaam adlı bir adamın önderliğinde siyasal bir devrim gerçekleşti. Shyaam, Harita 6'da gördüğümüz, merkezinde Bushong'un bulunduğu, kendisinin de kral olduğu Kuba Krallığı'nı inşa etti. Bu dönemin öncesinde Bushong ve Lele arasında muhtemelen çok az fark vardı. Farklılıklar Shyaam'ın nehrin doğusundaki toplumu yeniden örgütleyişinin sonucu olarak ortaya çıktı. Shyaam bir devlet ve siyasal kurumlar piramidi inşa etti. Bunlar yalnızca öncekinden önemli ölçüde daha merkezi olmakla kalmıyordu, aynı zamanda çok da iyi yapılandırılmışlardı. Shyaam ve halefleri vergi toplamak için bir bürokrasi, adaleti sağlamak için de bir hukuk sistemi ve polis kuvveti oluşturdu. Liderler karar almadan önce meclislere danışıyor ve bu meclisler tarafından denetleniyordu. Avrupa sömürgeciliği öncesinde Sahraaltı Afrika için kayda değer ölçüde özgün bir hadise olan jüri yargılaması bile vardı. Her şeye rağmen, Shyaam'ın kurduğu merkezi devlet bir sömürü aracıydı ve son derece mutlakıyetçiydi. Kimse ona oy vermemişti ve devlet politikası halkın katılımıyla değil yukarıdan dikte edilerek belirleniyordu.

Kuba'ya merkezi devleti ve asayişi getiren bu siyasal devrim bir ekonomik devrime yol açtı. Tarım yeniden örgütlendi ve verimliliği artırmak için yeni teknolojiler kullanıldı. Temel besin maddelerinden oluşan tahılların yerini Amerika'dan gelen yeni ve daha yüksek randımanlı olanlar (özellikle mısır, manyok ve kırmızıbiber) aldı. Yoğun karma tarım döngüsü bu dönemde hayata geçirildi ve kişi başına üretilen yiyecek miktarı iki katına çıktı. Bu tahılları yetiştirmek ve tarım döngüsünü yeniden örgütlemek için tarlalarda daha fazla insana ihtiyaç duyuldu. Böylece evlenme yaşı 20'ye düştü, bu da erkekleri daha genç yaşta tarımsal işgücüne dahil etti. Lele ile aralarındaki tezat son derece açıktır. Lele erkekleri 35'inde evlenme eğilimindeydi ve ancak o zaman tarlalarda çalışıyorlardı. Daha öncesinde hayatlarını savaşa ve yağmaya adıyorlardı.

Siyasal ve ekonomik devrim arasındaki bağlantı basitti. Kral Shyaam ve onu destekleyenler tükettiklerinden daha fazlasını üretmek zorunda olan Kuba'dan vergi almak ve zenginliği sömürmek istediler. Shyaam ve adamları Kasai'nin doğu kıyısına kapsayıcı kurumlar getirmeseler de, belirli ölçüde devlet merkeziyetçiliğine ulaşarak kanun ve düzeni sağlayan sömürücü kurumlar doğaları gereği bir miktar ekonomik refaha da yaratır. Ekonomik faaliyeti teşvik etmek elbette Shyaam ve adamlarının çıkarınaydı, başka türlü sömürülecek hiçbir şey olmazdı. Tıpkı Stalin gibi Shyaam da bu sistemi ayakta tutmak için gerekli zenginliği üretecek bir dizi kurumun oluşturulmasını sağladı. Bu da Kasai'inin diğer kıyısına hâkim olan yasa ve düzen yokluğuna kıyasla kayda değer bir ekonomik refah oluşturdu; muhtemelen büyük kısmı Shyaam ve elitleri tarafından sömürülecek olsa bile. Fakat bu ekonomik refah ister istemez sınırlıydı. Sovyetler Birliği'nde olduğu gibi Kuba Krallığı'nda da yaratıcı yıkım ve başlangıçtaki değişimi izleyen teknolojik yenilikler yoktu. Bu durum krallık 19. yüzyıl sonlarında ilk kez Belçikalı sömürge yetkilileriyle karşılaşıncaya dek hemen hemen hiç değişmedi.

Kral Shyaam'ın başarısı sömürücü kurumlar vasıtasıyla sınırlı ölçüde bir ekonomik başarıya nasıl ulaşılabileceğini gösteriyor. Bu tür bir büyüme yaratmak merkezileşmiş bir devlet gerektirir. Devleti merkezileştirmek için de çoğu zaman bir siyasal devrim gereklidir. Shyaam bu devleti kurar kurmaz gücünü ekonomiyi yeniden örgütlemek için kullandı, tarımsal verimliliği artırdı ve böylelikle onu vergilendirebildi.

Neden Bushong'da bir siyasal devrim oldu da Lele'de olmadı? Lele'nin de kendi Kral Shyaam'ı olamaz mıydı? Shyaam'ın başarısı coğrafya, kültür ya da cehaletle hiçbir deterministik bağı olmayan kurumsal bir yenilikti. Lele de böyle bir devrim yapabilir ve benzer bir biçimde kurumlarını dönüştürebilirlerdi, ama bunu yapmadılar. Bu belki de toplumları hakkında bugünkü sınırlı bilgimiz nedeniyle anlayamadığımız nedenlerden böyledir. Yüksek ihtimalle tarihin olumsal doğası nedeniyledir. Sıradaki bölümde ele alacağımız gibi, muhtemelen aynı olumsallık 12 bin yıl önce Ortadoğu'daki bazı toplumların önce yerleşik hayata geçmesini ardından bitki ve hayvanları evcilleştirmesini sağlayan daha da radikal bir kurumsal yenilikler silsilesine girişmeleri sırasında da iş başındaydı.

Uzun yaz

Yaklaşık olarak MÖ 15.000'de dünyanın iklim sıcaklığının artmasıyla Buzul Çağı sona erdi. Grönland'daki buzul örneklerinden elde edilen kanıtlar kısa bir süre içinde ortalama sıcaklığın 15 derece kadar arttığını gösteriyor. Küresel ısınma hayvan popülasyonunun artmasına ve yabani bitki ve hayvan türlerinin çok daha elverişli hale gelmesine yol açtığı için bu ısınmaya insan nüfusundaki hızlı artış eşlik etmiş gibi görünüyor. Bu süreç, Genç Buzul Çağı olarak tanımlanmış bir soğuma evresiyle yaklaşık olarak MÖ 14.000'de hızla tersine dönmeye başladı. Ancak MÖ 9.600'den sonra 10 yıldan az bir sürede 7 derecelik bir artışla küresel sıcaklıklar yeniden yükseldi ve o tarihten itibaren de yüksek kaldı. Arkeolog Brian Fagan bu dönemi Uzun Yaz olarak adlandırıyor. İklimin ısınması, insan toplumlarının yerleşik hayata, tarıma ve hayvancılığa geçtikleri Neolitik Devrim'e temel oluşturan çok büyük bir kritik dönemeçti. Hem bu dönem hem de insanlık tarihinin sonraki aşamaları bu Uzun Yaz sıcağının keyfini sürdü.

Tarım ve hayvancılık ile avcılık-toplayıcılık arasında temel bir fark vardır. Tarım ve hayvancılık, bitki ve hayvan türlerini insanlar için daha kullanışlı hale getirmek için hayat döngülerine aktif bir biçimde müdahale edip genetik özelliklerini değiştirerek evcilleştirmeye dayanır. Evcilleştirme, uygun bitki ve hayvanlardan çok daha fazla yiyecek elde edilmesine olanak sağlayan teknolojik bir değişimdir. Mısırın evcilleştirilmesi, örneğin, insanların mısırın atası olan *teosint* adında yabani bir tahıl türünü toplamasıyla başlar. *Teosint* koçanları çok küçüktür, boyu yalnızca birkaç santimetre gelir. Modern mısırın koçanının yanında cüce kalır. Fakat zamanla insanlar büyük *teosint* başaklarını ve hasat edebilmek için bu bitkilerin başakları kırılmayıp gövdede kalanlarını seçerek aynı araziden çok daha fazla yiyecek elde etmelerini sağlayan bir tahılı, modern mısırı yarattılar.

Tarım ve hayvancılığa ve bitki ve hayvan evcilleştirmeye ilişkin en erken bulgular Ortadoğu'dan, özellikle de Hilly Flanks olarak bilinen, modern İsrail'in güneyinden başlayıp Filistin ve Ürdün Nehri'nin batı kıyısından, Suriye üzerinden Türkiye'nin güneydoğusuna, Kuzey Irak'a ve Batı İran'a uzanan bölgeden gelir. Yaklaşık MÖ 9500'de, modern Filistin'de ve Ürdün Nehri'nin batı kıyısındaki Eriha'da ilk evcil bitkiler olan emmer ve iki sıralı arpa; Suriye'nin daha kuzeyindeki Tell Esved'de de bir buğday türü olan emmer, bezelye ve mercimek bulundu. Her ikisi de Natufian Kültürü'ne ait yerleşim yerleriydi ve her ikisi de büyük köyler barındırıyordu. O tarihte Eriha köyünün muhtemelen 500 kişilik bir nüfusu vardı.

İlk tarım köyleri niçin burada ortaya çıktı da başka bir yerde çıkmadı? Bezelye ve mercimeği evcilleştirenler niçin başka kabileler değil de Natufianlar'dı? Yalnızca şanslı mıydılar; tesadüfen evcilleştirmek için pek çok potansiyel adayın olduğu bir yerde mi yaşıyorlardı? Bu doğru olmasına doğruydu fakat bu türlerin arasında yaşayan başka pek çok halk vardı ve hiçbiri bunları evcilleştirmedi. 2. bölümde Harita 4 ve 5'te gördüğümüz gibi, genetikçilerin ve arkeologların modern evcil bitkilerin yabani atalarının dağılımını saptamak için yaptığı araştırma, bunların çoğunun milyonlarca kilometrekarelik çok geniş bir alana yayıldıklarını ortaya koyuyor. Evcilleştirilmiş hayvan türlerinin yabani ataları Avrasya'ya yayılmıştı. Her ne kadar Hilly Flanks yabani tahıl türleri bakımından bilhassa zengin olsa bile bunlar az rastlanır olmaktan çok uzaktı. Natufianları özel yapan şey yabani türlerle dolu bir bölgede yaşamaları değildi. Bitki ve hayvan türlerini evcilleştirmeye başlamadan önce yerleşik hayata geçmiş olmalarıydı. Bunun kanıtlarından biri, katmanlar halinde büyüyen kemiksi yapıda bağlayıcı/birleştirici bir doku olan sementten oluşan ceylan dişleriydi. Sementin en hızlı büyüdüğü ilkbahar ve yaz süresince katmanlar kışın oluşan katmanlardan farklı bir renktedir. Ceylanın dişinden bir kesit alırsanız ölmeden oluşan son katmanın rengini görebilirsiniz. Bu tekniği kullanarak ceylanın yazın mı yoksa kışın mı öldürüldüğünü anlayabilirsiniz. Natufianlara ait yerleşim yerlerinde ceylanların her mevsimde öldürüldüğü görülebilir ve bu da yıl boyunca yerleşik olduklarını gösterir. Fırat Nehri üzerindeki Ebu Hureyre köyü en yoğun araştırma yapılan Natufian yerleşimlerinden biridir. Neredeyse 40 yıldır köyün katmanlarını inceleyen arkeologlar tarıma geçişten önceki ve sonraki yerleşik hayata ilişkin belgelenmiş örneklerin en iyilerinden birine ulaştılar. Yerleşim muhtemelen yaklaşık MÖ 9500 civarında başlamıştı ve yerleşimciler tarıma geçmeden önce avcı-toplayıcı hayat tarzlarını bir 500 yıl daha sürdürmüşlerdi. Arkeologlar köyün tarımdan önceki nüfusunun 100 ila 300 kişi arasında olduğunu tahmin ediyor.

Bir toplumun yerleşik hayata geçmeyi avantajlı bulmasına pek çok neden gösterebilirsiniz. Hareket halinde olmak maliyetlidir; çocuk ve yaşlıların taşınması gerekir ve kıt zamanlar için yiyecek depolamak hareket halindeyken imkânsızdır. Üstelik, bileğitaşı ve orak gibi aletler yabani yiyecekleri işlemede kullanışlıdır fakat taşımak için ağırdır. Hareket halindeki avcı-toplayıcıların bile mağara gibi belirli yerlerde yiyecek sakladıklarına dair kanıtlar bulunmaktadır. Mısırın cazip yönlerinden biri çok iyi saklanabilmesiydi ve bu da Amerika'da yoğun olarak ekilmesinin temel nedenlerinden biriydi. Depolama sorunuyla daha etkin bir biçimde baş edip yiyecek stoku yapabilmek, yerleşik bir hayat biçimi benimsemek için çok önemli bir teşvik olmalıydı.

Yerleşik hayata geçmek herkes için cazip olabilir ancak bu, dönüşümün mutlaka gerçekleşeceği anlamına gelmez. Hareket halindeki bir grup avcı-toplayıcının bunu yapmayı kabul etmesi ya da biri onları buna zorlaması gerekirdi. Bazı arkeologlar, artan nüfus yoğunluğu ve kötüleşen yaşam standartlarının hareket halindeki insanları belirli bir yerde kalmaya zorladığını ve yerleşik hayatın ortaya çıkmasını sağlayan temel etkenler olduğunu ileri sürüyorlar. Oysa Natufian yerleşimlerinin yoğunluğu önceki gruplarınkinden daha fazla değildi, dolayısıyla nüfus yoğunluğunun arttığına ilişkin bir kanıt görünmüyor. İskelet ve diş kanıtları da sağlık koşullarının gerilediğini göstermiyor. Örneğin, yiyecek kıtlığı hipoplazi denen bir sağlık sorununa neden olur ve insanların diş minelerinde ince çizgiler oluşturur. Oysa Natufian insanlarında bu çizgiler daha sonraki tarım toplumlarından daha az yaygındı.

Daha da önemlisi, yerleşik hayatın artıları olduğu kadar eksileri de vardı. Çatışmaların çözüme kavuşması yerleşik toplumlar için muhtemelen daha zordu; ne de olsa hareket halindeki insanların ve grupların anlaşmazlıkları çözmek için sadece uzaklaşmaları yetiyordu. İnsanlar bir kez kalıcı binalar yapıp taşıyabileceklerinden daha fazla mülk edindiklerinde uzaklaşmak hiç de cazip bir seçenek olmuyordu. Böylece köyler çatışmaları çözmek için daha etkili yollara ve daha ayrıntılı mülkiyet kavramlarına ihtiyaç duydu. Köyün yakınlarındaki hangi arazi parçasını kimin kullanabileceği ya da kimin hangi ağaçlardan meyve toplayıp nehrin hangi bölümünde balık tutabileceği hakkında kararlar verilmesi, kurallar geliştirilmesi ve bu kuralları koyup uygulayan kurumların detaylandırılması gerekti.

Yerleşik hayatın ortaya çıkması için avcı-toplayıcıların yerleşmeye zorlanmış olması gerektiği ve bunun da gücü siyasal elite dönüşecek, mülkiyet haklarını hayata geçirecek, düzen sağlayacak ve ayrıca konumlarını toplumun geri kalanının kaynaklarını sömürmek için kullanacak bir grubun elinde yoğunlaştıracak kurumsal bir yeniliğin ardından gerçekleşmiş olması gerektiği akla yakın görünüyor. Aslında Kral Shyaam'ın başlattığına benzer bir siyasal devrimin, daha küçük ölçekli de olsa, bir çığır açarak yerleşik hayata geçilmesine yol açmış olması kuvvetle muhtemel.

Arkeolojik bulgular gerçekten de Natufianların çiftçiliğe başlamalarından çok zaman önce hiyerarşi, düzen ve eşitsizlikle –sömürücü kurumlar olarak bildiğimiz şeyin başlangıç safhaları– karakterize edilen karmaşık bir toplum geliştirdiklerini gösteriyor. Bu tür bir hiyerarşi ve eşitsizlik için akla yatkın bir kanıt Natufian mezarlarında bulundu. Bazı insanlar Akdeniz sahilinin Carmel (Kurmul) Dağı'na yakın bir kesiminden gelen çok miktarda obsidyen ve denizdişi kabuğuyla gömülmüştü. Diğer takı türleri arasında deniz kabuklarının yanı sıra köpek dişlerinden ve geyik kemiklerinden yapılma gerdanlıklar, diz bağları ve bilezikler bulunuyordu. Başka insanlarsa yanlarında bunların hiçbiri olmadan gömülmüştü. Deniz kabukları ve obsidyen takas ediliyordu ve bu ticaretin kontrolü büyük olasılıkla bir güç birikimi ve eşitsizlik kaynağıydı. Ekonomik ve siyasal eşitsizliğe bir başka kanıt da Taberiye Gölü'nün hemen kuzeyindeki Natufian yerleşim yeri Ayn Mallaha'dan geliyor. Depolamada kullanıldığı gayet açık olan 50 kadar yuvarlak kulübe ve çok sayıda oyuk arasında, merkezi bir açık alanın hemen yanında geniş ve düzgün sıvalı bir bina mevcut. Bu binanın bir şefin evi olduğu neredeyse kesin gibi. Yerleşim yerindeki mezarlardan bazıları denizdişi kabukları ve obsidyenle çok daha özenle hazırlanmış ve ayrıca muhtemelen atalara tapınma göstergesi olan bir kurukafa kültüne ilişkin kanıt da var. Bu tür kültler Natufian yerleşim yerlerinde, özellikle de Eriha'da çok yaygın. Natufian yerleşim yerlerinden elde edilen kanıtların ağırlıklı kısmı bunların muhtemelen elit statünün miras yoluyla aktarılmasını sağlayan detaylı kurumlara sahip toplumlar olduğunu ortaya koyuyor. Uzak bölgelerle ticaret yapıyorlardı, başlangıç aşamasındaki bir tür dine ve siyasal hiyerarşiye sahiplerdi.

Siyasal elitlerin ortaya çıkışı yüksek ihtimalle önce yerleşik hayata, ardından tarıma geçişi başlattı. Natufian yerleşim yerlerinin gösterdiği gibi, yerleşik hayat mutlaka tarım ve hayvancılık anlamına gelmiyordu. İnsanlar yerleşik hayata geçip yine de avcılık-toplayıcılıkla geçinebiliyorlardı. Ne de olsa Uzun Yaz yabani tahılların çoğalmasını sağlamıştı ve avcılıkla toplayıcılık muhtemelen daha cazip hale gelmişti. Çoğu insan avcılığa ve toplayıcılığa dayalı, çok fazla çaba gerektirmeyen geçimlik bir yaşam biçimini tatmin edici bulmuş olsa gerekti. Teknolojik yenilikler bile mutlaka tarımsal üretimin artmasına yol açmaz. Aslına bakılırsa, çelik baltanın gelişi Avustralyalı Aborijin halkı arasında Yir Yoront olarak bilinen bir grubun daha yoğun bir üretim yapmalarındansa daha fazla uyumalarına olanak sağladı; çünkü çelik balta geçimlik ihtiyaçların daha kolay karşılanmasını sağlarken daha fazla çalışmak için çok az teşvik sunuyordu.

Neolitik Devrim'in coğrafyayı esas alan geleneksel açıklaması –ikinci bölümde ele aldığımız Jared Diamond'ın argümanının odak noktası– bu devrime kolaylıkla evcilleştirilebilecek çok sayıda bitki ve hayvan türünün rastlantısal olarak artışının yol açtığıdır. Bu, tarım ve hayvancılığı cazip hale getirmiş ve yerleşik hayatı başlatmıştı. Toplumlar yerleşik hale gelip tarıma geçtikten sonra siyasal hiyerarşi, din ve çok daha karmaşık kurumlar geliştirmeye başlamışlardı. Yaygın biçimde kabul görse de Natufianlardan elde edilen kanıtlar geleneksel açıklamanın sıralamayı yanlış yaptığını gösteriyor. Kurumsal değişimler, toplumlar tarıma geçmeden epey bir süre önce meydana geldi ve muhtemelen hem yerleşik hayata geçişe –ki kurumsal değişimleri pekiştirmişti– hem de Neolitik Devrim'e neden oldu. Bu örüntü yalnızca en yoğun araştırmaların yapıldığı Hilly Flanks'ten elde edilen kanıtlar tarafından desteklenmekle kalmıyor, aynı zamanda Amerika, Sahraaltı Afrika ve Doğu Asya'dan elde edilen kanıtların büyük çoğunluğu da bu görüşü destekliyor.

Kuşkusuz, tarıma geçiş daha büyük bir tarımsal üretime ve nüfusta önemli bir artışa yol açtı. Örneğin Eriha ve Ebu Hureyre gibi yerleşim yerlerinde erken döneme ait tarım köyünün tarım öncesi döneme ait olandan çok daha büyük olduğu görülebilir. Genel olarak, tarıma geçişin ardından köyler iki ila üç kat büyüdü. Ayrıca, insanların yaygın olarak bu geçişten kaynaklandığını öne sürdükleri sonuçların meydana geldiğine de şüphe yok. Daha fazla mesleki uzmanlaşma ve daha hızlı teknolojik ilerlemenin yanı sıra muhtemelen daha karmaşık ve belki de daha az eşitlikçi siyasal kurumlar mevcuttu. Fakat belirli bir yerde bunların ortaya çıkıp çıkmaması bitki ve hayvan türlerinin elverişliliğine bağlı değildi. Yerleşik hayatın ve tarımın ortaya çıkmasına olanak tanıyan, toplumun deneyimlediği kurumsal, sosyal ve siyasal yenilik türleriydi.

Uzun Yaz ile tahıl ve hayvanların varlığı bu gelişmeye olanak tanısa da iklimin ısınmasının ardından tam olarak nerede ve ne zaman ortaya çıkacağını belirlemedi. Daha ziyade, kritik bir dönemecin, yani Uzun Yaz'ın, küçük fakat önem taşıyan kurumsal farklılıklarla etkileşimi belirledi. İklim ısınırken Natufianlar gibi bazı toplumlar merkezi kurumlar ve hiyerarşi unsurları geliştirdiler; elbette modern ulus-devletlerinkilere kıyasla oldukça küçük ölçekte. Shyaam yönetimindeki Bushong'da olduğu gibi, toplumlar yabani bitki ve hayvan bolluğunun yarattığı daha büyük fırsatları değerlendirmek için yeniden örgütlendiler ve hiç şüphesiz bu yeni fırsatlardan ve siyasal merkezileşme sürecinden en fazla yarar sağlayan siyasal elitlerdi. Yalnızca biraz daha farklı kurumlara sahip başka bölgeler siyasal elitlerinin bu dönemeçten benzer biçimde yarar sağlamalarına izin vermediler ve böylece siyasal merkezileşme sürecinin ve yerleşik, tarıma dayalı ve daha karmaşık toplumlara geçişin gerisinde kaldılar. Bu, tam da daha önce gördüğümüz türden bir ayrıma zemin hazırladı. Bu farklılıklar bir kez ortaya çıktığında bazı bölgelere yayılır fakat bazılarına yayılmaz. Örneğin tarım, ekseriyetle çiftçilerin göç etmesi nedeniyle, yaklaşık MÖ 6500'den başlayarak Ortadoğu'dan Avrupa'ya yayıldı. Avrupa'daki kurumlar, Afrika gibi öncül kurumların farklı olduğu ve Ortadoğu'daki Uzun Yaz'ın başlattığı yeniliklerin ancak çok sonra ve de farklı bir biçimde meydana geldiği dünyanın bazı bölgeleriyle bağlarını koparmıştı.

Natufianların kurumsal yenilikleri, muhtemelen Neolitik Devrim'e dayanak oluştursa da, dünya tarihine temel bir miras bırakmadı ve modern İsrail, Filistin ve Suriye'deki anayurtları için uzun vadeli bir refaha da yol açmadı. Suriye ve Filistin dünyanın nispeten fakir bölgeleridir, İsrail'in sahip olduğu refah düzeyi ise büyük ölçüde İkinci Dünya Savaşı'nın ardından bölgeye yerleşen, beşeri sermayeleri yüksek düzeyde ve ileri teknolojilere kolayca erişebilen Yahudiler tarafından getirildi. Natufianların başlarda gösterdiği büyüme Sovyet büyümesinin fiyaskoyla sonuçlanmasıyla aynı nedenden süreklilik gösteremedi. Son derece dikkate değer, hatta zamanına göre devrimci bile olsa, bu sömürücü kurumlara dayalı bir büyümeydi. Ayrıca bu tip bir büyümenin Natufian toplumu için kurumları ve imkân tanıdıkları sömürüyü kimin kontrol edeceği üzerine şiddetli çatışmalar doğurması muhtemeldi. Sömürüden çıkar sağlayan her elit için yerine geçmeye can atacak bir "gayr-i elit" vardır. Bazen iç çatışma sadece bir elitin yerine diğerini getirir. Bazen, Maya şehir devletlerinin 2 bin yıldan uzun bir zaman önce inşa ettikleri görkemli uygarlığın başına geldiği gibi, devletin ve toplumun çöküşüne neden olan bir süreç başlatarak tüm sömürücü toplumu yıkıma uğratır.

İstikrarsız sömürü

Çiftçilik dünyanın farklı yerlerinde birbirinden bağımsız olarak ortaya çıktı. Bugün modern Meksika'nın bulunduğu yerde toplumlar yerleşik devletler ve yerleşimler kurdular ve tarıma geçtiler. Ortadoğu'daki Natufianlarda olduğu gibi, belirli bir ekonomik büyüme de yakaladılar. Aslında Güney Meksika, Belize, Guatemala ve Batı Honduras bölgesindeki Maya şehir devletleri kendilerine özgü sömürücü kurumlarıyla epeyce sofistike bir uygarlık inşa ettiler. Maya deneyimi yalnızca sömürücü kurumlara dayalı büyüme ihtimalini değil, aynı zamanda bu tip büyümenin bir başka temel handikabını ortaya koyar: Farklı grupların sömürüden çıkar sağlamak için savaşmaları sonucu en sonunda hem toplumun hem de devletin çöküşüne neden olan siyasal istikrarsızlık.

Maya şehirleri ilk olarak MÖ 500 civarında ortaya çıkmaya başladı. Bu erken şehirler nihayetinde MS 1. yüzyılda yıkıldı. Ardından MS 250 ile 900 yılları arasında Klasik Dönem'e temel oluşturan yeni bir siyasal model doğdu. Bu dönem Maya kültür ve uygarlığının en yüksek noktasına işaret ediyordu. Ancak sonraki 600 yıl içinde bu daha sofistike uygarlık da yıkılacaktı. 16. yüzyıl başlarında İspanyol *conquistadorlar* geldiğinde Tikal, Palenque ve Calakmul gibi Maya şehirlerinin muazzam tapınak ve sarayları çoktan ormana karışmıştı ve 19. yüzyıla kadar da yeniden keşfedilmeyeceklerdi.

Maya şehirleri hiçbir zaman birleşerek bir imparatorluğa dönüşmedi; gerçi bazı şehirler diğerlerine itaat ediyordu ve görünüşe göre çoğu zaman işbirliği halindeydiler, özellikle de savaş zamanlarında. Bölgenin şehir devletleri arasındaki ana bağlantı, insanların yaklaşık 31 farklı fakat yakın akraba Maya dili konuşmasıydı. Mayalar bir yazı sistemi geliştirmişlerdi ve onlardan geriye kalan en az 15 bin yazıt elit yaşamın, kültürün ve dinin pek çok yönünü betimliyor. Ayrıca "Uzun Hesap" adında, günleri kaydettikleri sofistike bir takvimleri de vardı. Bizimkine çok benzeyen bu takvim belirli bir tarihten itibaren geçen yılları hesaplıyordu ve tüm Maya şehirlerinde kullanılıyordu. Uzun Hesap MÖ 3114'te başlıyordu. Maya toplumuyla ilgili her şeyden çok daha uzun bir zaman öncesine denk gelen bu tarihe Mayaların ne anlam yüklediğini bilemiyoruz.

Kendi başlarına çimentoyu icat eden Mayalar yetenekli inşaatçılardı. Olayları çoğu zaman Uzun Hesap'a göre kaydettikleri için inşa ettikleri binalar ve bıraktıkları yazılar, Maya şehirlerinin gelişimi hakkında hayati bilgiler sunmaktadır. Arkeologlar tüm Maya şehirlerine bakarak belirli yıllarda kaç inşaatın bittiğini bulabiliyorlar. Tarihi, MS 500 civarını gösteren az sayıda anıt var. Örneğin, Uzun Hesap'ta MS 514'e karşılık gelen yalnızca 10 tarih var. Ardından sabit bir artışla MS 672'de 20'ye çıkıyor ve 8. yüzyılın ortalarında 40 oluyor. Bundan sonra tarihi belirtilmiş anıt sayısı bir anda düşüyor. 9. yüzyıla gelindiğinde yılda 10'a ve 10. yüzyıla kadar sıfıra düşüyor. Bu tarihlendirilmiş yazıtlar bize açık biçimde Maya şehirlerindeki genişlemeyi ve sonra 8. yüzyıl sonlarında gelen küçülmeyi gösteriyor.

Maya kayıtlarındaki kral listelerinin incelenmesi tarihler hakkındaki bu analizi tamamlayabilir. Şimdi Honduras'ın batısında kalan Maya şehri Copán'da Altar Q olarak bilinen ünlü bir anıt vardır. Altar Q'da K'inich Yax K'uk' Mo' –ismini yalnızca güneşten değil, ayrıca Orta Amerika ormanlarında yaşayan ve Mayaların tüylerine büyük değer verdiği iki egzotik kuştan alır– hanedanından başlayarak tüm kralların isimleri kayıtlıdır. K'inich Yax K'uk' Mo' Copán'da MS 426'da başa geçti. Bunu Altar Q'daki Uzun Hesap tarihinden kesin olarak biliyoruz. 400 yıl hüküm sürecek bir hanedan kurdu. K'inich Yax'ın bazı haleflerinin de eşit derecede kanlı canlı isimleri vardı. 13. hükümdarın glifi[11] "18 Tavşan" olarak tercüme edilir ve onu "Duman Maymunu" ve ardından MS 763'te ölen "Duman Kabuğu" izler. Altardaki son isim olan Kral Yax Pasaj Chan Yoaat, bu soyun 16. hükümdarıydı ve "Duman Kabuğu"nun ölümüyle tahta geçmişti. Onun ardından –yazıtlardan birindeki bir bölüm sayesinde– yalnızca bir kral hak-

11. Bir sesi, kelimeyi ya da fikri temsil eden oyma veya kabartma şekil. (ç.n.)

kında daha bilgimiz var; Ukit Took. Yax Pasaj'dan sonra inşaatlar ve yazıtlar durdu ve anlaşılan çok geçmeden hanedan devrildi. Ukit Took muhtemelen tahtın gerçek vârisi bile değildi, yalnızca üzerinde hak iddia etmişti.

Copán'daki bu kanıtı değerlendirmenin AnnCorinne Freter, Nancy Gonlin ve David Webster adlı arkeologların geliştirdiği son bir yolu daha var. Bu araştırmacılar obsidyen hidrasyonu denilen ve obsidyenin çıkarıldığı tarihteki su muhtevasının hesaplandığı bir teknik kullanarak MS 400 ile 1250 yılları arasındaki 850 yıllık bir zaman diliminde Copán Vadisi'ndeki yerleşimin yayılmasını inceleyerek Copán'ın yükseliş ve düşüşünün haritasını çıkardılar. Obsidyendeki su muhtevası, çıkarıldığında belirli bir düzeye düşer, bu da arkeologların obsidyen parçasının çıkarıldığı tarihi hesaplamasına olanak tanır. Böylece Freter, Gonlin ve Webster tarihi belirlenen obsidyen parçalarının Copán Vadisi'nin neresinde bulunduğunu haritalandırabildiler ve şehrin nasıl genişleyip sonra nasıl daraldığının izini sürebildiler.

Belirli bir bölgedeki evlerin ve diğer yapıların sayısı hakkında makul tahminler yapabilmek mümkün olduğu için şehrin toplam nüfusu hesap edilebilirdi. MS 400-449 sıralarında nüfus önemsiz bir düzeyde, tahminen 600 kişi kadardı. MS 750-799'da ise istikrarlı bir biçimde artarak en yüksek noktasında 28 bine ulaştı. Günümüz standartlarına göre fazla görünmese de bu o zaman için muazzam bir nüfustu. Günümüze uyarlarsak bu rakamlar Copán'ın Londra ya da Paris'ten daha büyük olması anlamına gelir. Tikal ve Calakmul gibi diğer Maya şehirleri hiç şüphesiz daha büyüktü. Uzun Hesap tarihlerinden elde edilen delillere göre MS 800, Copán nüfusunun zirve noktasıydı. Bu noktadan sonra gerilemeye başladı ve MS 900'e gelindiğinde 15 bine inmişti. Bundan sonra da gerileme devam etti ve MS 1200'e gelindiğinde nüfus 800 yıl önceki haline döndü.

Maya'nın Klasik Dönem'deki ekonomik gelişimi Bushong ve Natufianlarla aynı temele dayanır: Belirli ölçüde merkezi bir devletle sömürücü kurumların oluşturulması. Bu kurumların bazı kilit öğeleri mevcuttu. MS 100 sıralarında Guatemala'daki Tikal şehrinde hanedanlığa dayalı yeni tipte bir krallık ortaya çıktı. *Ajaw*'ı (lord ya da hükümdar) esas alan bir yönetici sınıf, *k'uhul ajaw* (kutsal lord) adında bir kral ve onun altında bir aristokratlar hiyerarşisiyle kök saldı. Kutsal hükümdar bu elitlerin yardımıyla toplumu örgütledi ve ayrıca tanrılarla temasa geçti. Bildiğimiz kadarıyla bu yeni siyasal kurumlar dizisi kitlesel katılımın hiçbir türüne izin vermedi fakat istikrar getirdi. *K'uhul ajaw* çiftçilerden vergi aldı, büyük anıtlar inşa etmeleri için işgücünü örgütledi ve bu kurumların birleşimi etkileyici bir ekonomik genişlemeye temel oluşturdu.

Mayalar astronomide önemli ilerleme kaydetti, kendi takvimlerini icat etti, matematikte içinde sıfır kavramının ilk kez kullanılmasının da yer aldığı çarpıcı gelişmelere imza attı. Ayrıca kendi yazılarını icat ettiler. Ancak yalnızca toplumun yüzde onundan fazlasını teşkil etmeyen elitler okuryazardı ki bu da Roma'daki durumdan farklı değildi. Maya ekonomisi kalifiye çömlekçileri, dokumacıları, doğramacıları, alet ve takı imalatçılarıyla kapsamlı bir mesleki uzmanlaşmaya dayanıyordu. Ayrıca kendi aralarında ve Meksika'nın uzak bölgelerindeki başka devletlerle obsidyen, jaguar postu, denizkabukları, kakao, tuz ve tüy ticareti yapıyorlardı. Muhtemelen paraları da vardı ve Aztekler gibi onlar da kakao tanelerini para birimi olarak kullanıyorlardı.

Maya Klasik Dönemi'nin sömürücü siyasal kurumların oluşturulmasına dayanması Bushonglardaki duruma çok benziyordu; Tikal'in Yax Ehb' Xook'u, Kral Shyaam'ın rolünü üstlenmişti. Yeni siyasal kurumlar ekonomik refahta kayda değer bir artışa yol açmıştı ve bunun büyük kısmı *k'uhul ajaw*'ın etrafında oluşan yeni elit tarafından sömürülüyordu. Fakat MS 300'lerde bu sistem bir kez oturtulduktan sonra çok fazla teknolojik değişiklik olmadı. Daha ileri bir sulama sistemine ve su idaresi tekniklerine ilişkin bazı kanıtlar olmakla beraber tarım teknolojisi ilkel düzeydeydi ve görünüşe göre pek bir değişime uğramamıştı. İnşaat ve sanatsal teknikler zamanla daha sofistike hale geldi fakat toplama bakıldığında çok az yenilik söz konusuydu.

Yaratıcı yıkım yoktu. Fakat yıkımın diğer türleri mevcuttu, çünkü sömürücü kurumların *k'uhul ajaw* ve Maya eliti için yarattığı zenginlik zamanla daha da kötüleşen sürekli bir savaş haline yol açmıştı. Çatışmalar silsilesi Maya yazıtlarında kayıtlıdır. Özel glifler bir savaşın Uzun Hesap'taki belirli bir günde meydana geldiğini gösteriyor. Venüs gezegeni savaşın göksel hamisiydi ve Mayalar gezegenin yörüngesinin bazı evrelerini savaşmaya bilhassa elverişli görüyorlardı. Savaşı ifade eden ve arkeologlarca "yıldız savaşları" olarak bilinen glif, bir yıldızı dünyaya su da kan da olabilecek bir sıvı yağdırırken gösteriyor. Yazıtlar ayrıca ittifak ve rekabet örüntülerini da meydana çıkarıyor. Tikal, Calakmul, Copán ve Palenque gibi şehir devletleri arasında uzun iktidar kavgaları söz konusuydu ve bunlar daha küçük devletle-

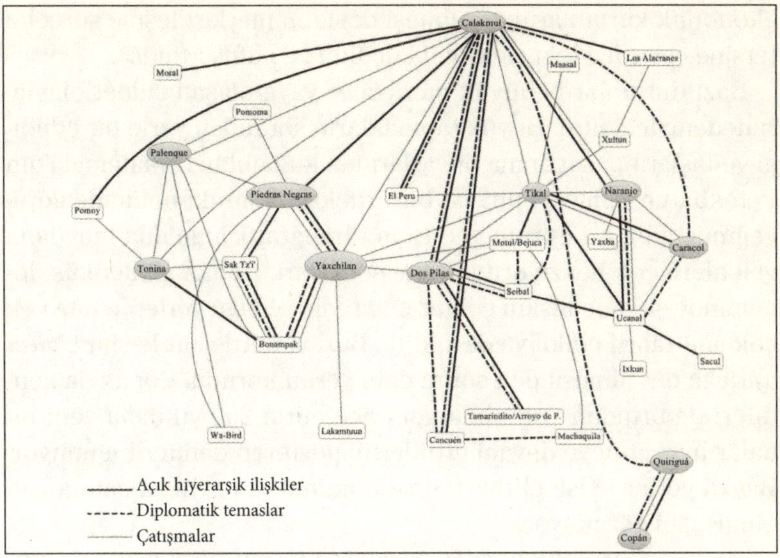

Harita 10: Maya şehir devletleri, şehirlerarası temas ve çatışmalar.

ri vassal statüsüne tabi kılıyordu. Bunun delilleri tahta geçenleri gösteren gliflerden geliyor. Glifler bu dönem esnasında küçük devletlerin artık bir başka dış gücün hâkimiyetine geçtiğini göstermeye başlıyor.

Harita 10, Nikolai Grube ve Simon Martin adlı arkeologların rekonstrüksiyonuyla başlıca Maya şehirlerini ve aralarındaki farklı ilişkilerin oluşturduğu örüntüleri gösteriyor. Bu örüntüler Calakmul, Dos Pilas, Piedras Negras ya da Yaxchilan gibi büyük şehirlerin kapsamlı diplomatik ilişkiler kursalar da bazılarının sıklıkla diğerlerine tabi olduğuna ve ayrıca birbirleriyle savaştıklarına işaret etmektedir.

Maya uygarlığının çöküşüne dair en önemli gerçek, bu çöküşün *k'uhul ajaw*'a dayalı siyasal modelin yıkılmasıyla aynı zamana denk gelmesidir. MS 810'da Yax Pasaj'ın ölümünden sonra Copán'da başka bir kral olmadığını görmüştük. Yaklaşık bu tarihlerde kraliyet sarayları terk edildi. Son kral Yeşim Gökyüzü, Copán'ın 20 mil kuzeyinde Quiriguá şehrinde MS 795 ve 800 yılları arasında tahta çıktı. Uzun Hesap'a göre, tarih düşülmüş son anıt MS 810'a, Yax Pasaj'ın öldüğü yıla ait. Şehir bundan kısa bir süre sonra terk edildi. Tüm Maya dönemi boyunca öykü hep aynı; ticaretin, tarımın ve nüfusun artmasına zemin oluşturan siyasal kurumlar ortadan kayboldu. Hükümranlık işlemez hale geldi, anıtlar ve tapınaklar yapılmaz oldu ve saraylar boşaldı. Siyasal ve ekonomik kurumların çözülmesi devletin merkezileşme sürecini tersine çevirdiği için ekonomi küçüldü ve nüfus azaldı.

Bazı durumlarda büyük merkezler yaygınlaşan şiddet olayları nedeniyle çöktü. Büyük tapınakların sonradan yerle bir edildiği ve taşlarının savunma duvarlarında kullanıldığı Guatemala'nın Petexbatun bölgesi buna iyi bir örnektir. Sonraki bölümde göreceğimiz gibi, bu durum geç Roma İmparatorluğu'nda meydana gelenlere çok benziyordu. Daha sonraları, Copán gibi çöküş döneminde şiddete ilişkin çok az emarenin olduğu yerlerde bile pek çok anıt tahrif edildi ya da yıkıldı. Bazı yerlerde elit kesim *k'uhul ajaw*'ın devrilmesinden sonra dahi yerini korudu. Copán'da kendileri de ortadan yok olmadan önce elitin 200 yıl daha yeni binalar inşa etmeye devam ettiklerini gösteren deliller bulunuyor. Başka yerlerde ise elitler kutsal hükümdarla aynı zamanda yok olmuş gibi görünüyor.

Mevcut arkeolojik kanıtlar bizi *k'uhul ajaw* ve etrafındaki elitlerin neden devrildiği ve Maya Klasik Dönemi'ni meydana getiren kurumların neden çöktüğü konusunda kesin bir sonuca götürmüyor. Bunun şehirler arasında şiddetlenen çatışmalar nedeniyle meydana geldiğini biliyoruz ve şehirlerdeki –muhtemelen elitin farklı fraksiyonlarının öncülük ettiği– muhalefet ve isyanın kurumları çökertmiş olması akla yakın geliyor.

Mayaların oluşturduğu sömürücü kurumlar şehirlerin gelişmesi ve elitin varlıklı hale gelip büyük sanat işleri ve anıtsal yapılar meydana getirmesi için yeterli zenginlik üretse de, sistem istikrarlı değildi. Bu dar elitin hâkimiyetinin dayanağı olan sömürücü kurumlar büyük bir eşitsizlik yarattı ve böylece insanlardan sömürülen zenginlikten çıkar sağlayanlar arasında bir iç çatışma potansiyeli doğurdu. Bu çatışma uzun vadede Maya Uygarlığı'nın sonunu getirdi.

Ters giden ne?

Sömürücü kurumlar tarihte çok yaygındır, çünkü bunun güçlü bir mantığı vardır; sınırlı bir zenginlik üretebilir ve aynı zamanda bunu küçük bir elitin kullanımına sunarlar. Bu büyümenin gerçekleşebilmesi için siyasal merkeziyet olmalıdır. Bu bir kez sağlandığında tipik olarak devletin –ya da devleti kontrol eden elitin– yatırım yapmak, zenginlik üretmek, devletin onların kaynaklarını sömürebilmesi için başkalarını yatırım yapmaya özendirmek ve hatta normalde kapsamlı ekonomik kurum ve piyasaların harekete geçireceği bazı süreçleri taklit etmek için teşvikleri olur. Karayip plantasyon ekonomilerinde sömürücü kurumlar, köleleri şeker üretmeye zorlamak için baskı kullanan elitler biçimindeydi. Sovyetler Birliği'nde kaynakları tarımdan sanayiye aktaran ve idareciler ile işçiler için bazı teşvikler yapılandıran Komünist Parti biçiminde karşımıza çıkarlar. Daha önce gördüğümüz gibi bu tür teşvikler sistemin doğası yüzünden baltalanıyordu.

Sömürücü büyüme potansiyeli siyasal merkeziyet için bir itici güç sağlar. Bu potansiyel Kral Shyaam'ın Kuba Krallığı'nı kurmak istemesinin nedenidir ve muhtemelen Ortadoğu'daki Natufianların nihayetinde Neolitik Devrim'e sebep olacak ilkel bir asayiş, hiyerarşi ve sömürücü kurumlar oluşturmalarını da açıklar. Benzer süreçler muhtemelen Amerika'da yerleşik toplumların ortaya çıkışını ve tarıma geçişi destekledi; ayrıca Mayaların dar bir elitin çıkarları için çok sayıda insana baskı uygulayan son derece sömürücü kurumların temellerini attığı sofistike uygarlıkta da görülebilir.

Ne var ki, sömürücü kurumların ürettiği büyüme kapsayıcı kurumlara dayalı büyümeden yapısal olarak çok farklıdır. En önemlisi, sürdürülebilir değildir. Sömürücü kurumlar doğaları gereği yaratıcı yıkımı teşvik etmezler ve olsa olsa sınırlı miktarda teknolojik ilerleme sağlarlar. Bu yüzden ürettikleri büyüme sınırlı bir süre devam eder. Sovyet deneyimi bu sınır için iyi bir örnek oluşturur. Sovyet Rusya, dünyadaki bazı ileri teknolojileri hızla yakalayarak ve kaynaklarını son derece verimsiz tarım sektöründen çekip sanayiye aktararak hızlı bir büyüme sağladı. Fakat en nihayetinde, sağlanan teşvikler tarımdan endüstriye kadar hiçbir sektörde teknolojik ilerlemeyi canlandıramadı. Bu yalnızca kaynakların adeta akıtıldığı ve Batı'yla rekabetteki rolünden ötürü yeniliğin fazlasıyla ödüllendirildiği birkaç alanda meydana geldi. Büyüme ne kadar hızlı olsa da kısa ömürlü olmaya mahkûmdu ve 1970'lere gelindiğinde pili çoktan bitmişti.

Sömürücü kurumlara dayalı büyümenin keskin sınırlarının olmasının tek nedeni yaratıcı yıkımın ve yeniliğin olmayışı değildir. Maya şehir devletlerinin tarihi, yine sömürücü kurumların iç mantığının zorunlu kıldığı daha meşum ve ne yazık ki daha yaygın bir sonu ortaya koyar. Bu kurumlar elit için ciddi kazançlar sağladığından, mevcut elitin yerine geçme mücadelesi vermek için güçlü teşvikleri olan başka kimseler çıkacaktır. Dolayısıyla iç savaş ve istikrarsızlık sömürücü kurumların doğasından gelen özelliklerdir ve yalnızca daha ileri yetersizliklere yol açmakla kalmaz, aynı zamanda çoğu zaman her türlü siyasal merkeziyeti tersine çevirirler, hatta bazen asayişin tamamen çökmesine ve kaosa neden olurlar; tıpkı Klasik Çağ'da Maya şehir devletlerinin göreli başarılarının ardından deneyimledikleri gibi.

Doğası gereği sınırlı olsa da, sömürücü kurumlara dayalı büyüme iş başındayken olağanüstü bir görünüm arz edebilir. Sovyetler Birliği'ndeki ve Batı'daki pek çok kişi 1920'ler, 30'lar, 40'lar, 50'ler, 60'lar ve hatta 70'lerdeki Sovyet büyümesi karşısında korkuyla karışık bir hayranlık duymuşlardı; tıpkı bugün Çin'deki ekonomik büyümenin tehlikeli boyuttaki hızı karşısında büyülendikleri gibi. Ancak 15. bölümde daha detaylı bir biçimde tartışacağımız gibi, Komünist Parti yönetimindeki Çin sömürücü kurumlara dayalı büyüme deneyimleyen topluma bir başka örnektir ve benzer şekilde, kapsayıcı siyasal kurumlara doğru köklü bir dönüşüm geçirmedikçe sürekli bir büyüme göstermesi pek mümkün değildir.

6

Uzaklaşma

Venedik'in bir müzeye dönüşmesi

Venedik'i oluşturan adalar topluluğu Adriyatik Denizi'nin en kuzeyinde yer alır. Ortaçağ'da Venedik, yeni yeni gelişmeye başlamış siyasal katılımcılığın desteklediği bir dizi kapsayıcı ekonomik kurumla, muhtemelen dünyanın en zengin yeriydi. Bağımsızlığını MS 810'da elde etti; sonradan bunun şanslı bir tarih olduğu ortaya çıkacaktı. Roma İmparatorluğu'nun çöküşüyle yaşadığı gerilemeden zarar görmüş olan Avrupa ekonomisi toparlanıyordu ve Charlemagne gibi krallar yeniden etkili siyasal merkezi güçler oluşturuyordu. Bu durum istikrara, daha fazla güvenliğe ve ticaretin genişlemesine yol açtı ki, Venedik bundan istifade edebilecek benzersiz bir konuma sahipti. Akdeniz'in tam ortasında bulunan bir denizciler ülkesiydi. Doğu'dan baharatlar, Bizans yapımı mallarla köleler geliyordu. Venedik zenginleşti. 1050'ye gelindiğinde Venedik ekonomisi en az 100 yıldır genişleme içindeydi ve 45 bin kişilik bir nüfusa sahipti. Bu, yüzde 50'lik bir artışla 1200'de 70 bine ulaştı. 1330'da nüfus bir yüzde 50 daha arttı ve 110 bine ulaştı; Venedik artık Paris kadar büyüktü ve muhtemelen Londra'nın üç katı boyutlarındaydı.

Venedik'in ekonomik genişlemesinin temel dayanaklarından biri ekonomik kurumları çok daha kapsayıcı hale getiren, sözleşmelerle ilgili bir dizi yenilikti. En ünlüsü, anonim şirketin iptidai bir biçimi olan ve yalnızca tek bir ticari sefer için kurulan *commenda* idi. Bir *commenda* iki ortaktan oluşuyordu; Venedik'te kalan bir "sabit" ortaktan ve bir de seyahat edenden. Sabit ortak girişime sermaye koyar, seyahat edense kargoya eşlik ederdi. Genellikle sermayenin aslan payını koyan sabit ortak olurdu. Böylece, servet sahibi olmayan genç girişimciler tacirlerle seyahat ederek ticarete atılabilirlerdi. Bu dikey sosyal hareketlilik için önemli bir kanaldı. Yolculuk esnasında meydana gelen her türlü zarar ortakların koyduğu sermayeye göre bölüşülüyordu. Yolculuk para kazandırırsa kâr hesabı iki tip *commenda* sözleşmesine göre yapılıyordu. Eğer *commenda* tek taraflıysa, tüm sermayeyi sabit ortak koyuyor ve kârın yüzde 75'ini alıyordu. Eğer iki taraflıysa, sabit ortak sermayenin yüzde 67'sini koyuyor ve kârın yüzde 50'sini alıyordu. Resmi belgeler incelendiğinde *commenda*'nın dikey sosyal hareketlilik için ne denli güçlü bir dayanak oluşturduğu görülebilir: Bu belgeler, önceden Venedik elitine dahil olmayan yeni isimlerle doludur. MS 960, 971 ve 982'ye ait resmi belgelerde yer alan yeni isimlerin kayıtlı tüm isimlere oranları sırasıyla yüzde 69, yüzde 81 ve yüzde 65'tir.

Ekonomik kapsayıcılık ve ticaret yoluyla yeni ailelerin yükselişi siyasal sistemi daha da açık olmaya itti. Venedik'i yöneten doç, Genel Meclis tarafından ömür boyu görevde kalması için seçiliyordu. Genel Meclis her kesimden yurttaşlar tarafından oluşturulsa da pratikte güçlü ailelerin oluşturduğu çekirdek bir grubun kontrolündeydi. Doç çok güçlü olsa da, siyasal kurumlardaki değişikliklerle zamanla gücü yavaş yavaş azaldı. 1032'den sonra doç yeni oluşturulan ve işi doçun mutlak güce ulaşmasını engellemek olan bir Dükalık Konseyi'yle birlikte seçildi. Bu konseyin sınırlama getirdiği ilk başkan Domenico Flabianico daha önce önemli bir makam işgal etmemiş bir aileden gelen varlıklı bir ipek taciriydi. Bu kurumsal değişimi Venedik'in ticaret ve deniz gücündeki muazzam genişleme izledi. Venedik 1082'de Konstantinopolis'te kapsamlı ticaret imtiyazları elde etti ve şehirde bir Venedik Mahallesi kuruldu. Kısa süre içinde bu bölgeye 10 bin Venedikli yerleşti. İşte burada kapsamlı ekonomik ve siyasal kurumların birbiriyle koordinasyon içinde çalışmaya başladığını görüyoruz.

Venedik'in siyasal değişim için daha fazla baskı oluşturan ekonomik gelişimi, doçun 1071'de öldürülmesini izleyen siyasal ve ekonomik değişimlerin ardından patlama yaptı. İlk önemli yenilik, kurulduğu tarihten itibaren siyasal gücün en önemli kaynağını oluşturacak bir Büyük Konsey'in kurulmasıydı. Konsey hâkimler gibi Venedik devlet memurlarından oluşuyordu ve aristokratların hâkimiyetindeydi. Bu devlet memurlarının yanı sıra dört üyesi konsey tarafından kurayla seçilen bir aday komitesi meclise her yıl 100 yeni aday üye sunuyordu. Konsey bilahare çeşitli yasama ve yürütme faaliyetleri olan iki alt konseyin, Senato ve Kırklar Meclisi'nin üyelerini seçiyordu. Ayrıca üye sayısı ikiden altıya çıkan Dükalık Konseyi'ni de Büyük Konsey seçiyordu. İkinci yenilik Büyük Konsey'in kurayla seçtiği, doçu aday gösterecek bir başka konseyin oluşturulmasıydı. Seçimin Genel Meclis tarafından onaylaması gerekse de, yalnızca tek aday gösterildiği için pratikte doçun seçimini konseye kalmış oluyordu. Üçüncü yenilik yeni bir doçun dükalık gücüne sınır getiren bir yeminle göreve başlamasıydı. Zamanla bu sınırlamalar sürekli arttı ve sonraki doçlar *magistrate*'lere itaat etmek zorunda kaldılar ve ardından tüm kararlarında Dükalık Konseyi'nin onayını aldılar. Dükalık Konseyi ayrıca doçun Büyük Meclis'in tüm kararlarına riayet etmesini güvence altına alma rolünü de üstlendi.

Bu siyasal reformlar bir dizi daha ileri kurumsal yeniliğe yol açtı: Hukuk alanında bağımsız *magistrate*'lerin oluşturulması, mahkemeler, bir temyiz mahkemesi ve yeni özel sözleşme ve iflas kanunu. Bu yeni Venedik ekonomik kurumları yeni yasal iş biçimlerinin ve yeni sözleşme tiplerinin doğmasına olanak tanıdı. Hızlı bir finansal yenilik söz konusuydu; modern bankacılığın Venedik'te bu zamanlarda başladığını görüyoruz. Venedik'in tamamen kapsayıcı kurumlara doğru ilerlemesini sağlayan dinamik durdurulamazmış gibi görünüyordu.

Fakat tüm bu olanlar bir gerilim de yaratıyordu. Venedik'in kapsayıcı kurumlarının desteklediği ekonomik büyümeye yaratıcı yıkım eşlik ediyordu. *Commenda* ya da buna benzer başka ekonomik kurumlar sayesinde zengin olan genç girişimcilerin oluşturduğu her yeni dalga, eski grubun kâr oranını ve ekonomik başarısını azaltma eğilimindeydi. Ve girişimciler yalnızca kârı düşürmekle kalmıyorlar, aynı zamanda eskilerin siyasal güçlerine de meydan okuyorlardı. Bu nedenle Büyük Meclis'te oturan mevcut elit için daima cezbedici bir seçenek söz konusuydu; bedel ödemeyecek olsalar sistemi bu yeni insanlara kapatırlardı.

Başlangıçta Büyük Meclis'in üyeleri bir yıllığına seçiliyorlardı. Daha önce gördüğümüz gibi, yıl sonunda rasgele seçilen dört seçmen gelecek yıl için 100 aday üye belirliyordu ve bunlar da otomatik olarak seçiliyordu. 3 Ekim 1286'da Büyük Meclis'e bir teklif sunuldu ve kurallarda değişiklik yapılması istendi. Böylece adaylıkların elit kesimden zengin ailelerin sıkı kontrolü altındaki Kırklar Meclisi'nin çoğunluğunun onayını alması zorunlu hale getirilecekti. Bu sayede elit önceden sahip olmadığı bir şeye, meclise sunulan adaylıkları veto etme gücüne kavuşacaktı. Teklif reddedildi. 5 Ekim 1286'da başka bir teklif sunuldu; bu defa kabul edildi. Bu tarihten itibaren babası ya da büyükbabası mecliste hizmet vermiş olanlar otomatik olarak kabul edilecekti. Diğer hallerde Dükalık Meclisi'nin onayı gerekecekti. 17 Ekim'de, Büyük Meclis'e yapılacak atamaların Kırklar Meclisi, doç ve Dükalık Meclisi tarafından onaylanmasını şart koşan başka bir değişiklik daha kabul edildi.

1286'daki tartışmalar ve yasal değişiklikler Venedik'in *La Serrata*'sının ("Kapanma") habercisiydi. Şubat 1297'de alınan karara göre, geçen dört yılda Büyük Meclis üyeliği yaptıysanız otomatik olarak aday gösterilecek ve kabul edilecektiniz. Yeni adaylıklar artık Kırklar Meclisi'nden onay almak zorundaydı fakat bunun için sadece 12 oy yeterliydi. 11 Eylül 1298'den sonra mevcut üyelerin ve ailelerinin artık onaya ihtiyacı yoktu. Büyük Meclis dışardakiler için artık fiilen mühürlenmişti ve ilk görevliler kalıtıma dayalı bir aristokrasiye dönüşmüşlerdi. Bunun üstündeki mühür ise 1315'te Venedik soylularının resmi sicili olan *Libro d'Oro* ya da "Altın Kitap"la geldi.

Bu yeni filizlenen soyluluğun dışındakiler güçlerinin mücadele etmeden ellerinden kayıp gitmesine izin vermediler. Venedik'te siyasal gerilimler 1297 ile 1315 arasında durmadan arttı. Büyük Meclis buna kendini kısmen büyüterek karşılık verdi. Sesi en çok çıkan muhalifleri kendi yanlarına çekmek için üye sayısını 450'den 1500'e çıkardılar. Bu genişleme, uygulanan baskıyla tamamlandı. 1310'da ilk kez bir polis gücü oluşturuldu ve şüphesiz yeni siyasal düzeni sağlamlaştırmak amacıyla ülke içindeki baskı giderek büyüdü.

Siyasal bir *Serrata*'yı hayata geçiren Büyük Meclis daha sonra bir ekonomik *Serrata*'yı uygulamaya koydu. Sömürücü siyasal kurumlara geçtikten sonra şimdi de sömürücü ekonomik kurumlara yönelmişlerdi. En önemlisi, Venedik'i zenginleştiren en büyük yeniliklerden biri olan *commenda* sözleşmelerini yasaklamışlardı. Fakat bu bir sürpriz olmamalıydı; *commenda* yeni tüccarlara fayda sağlıyordu, oysa şimdi yerleşik elit onları ekarte etmeye çalışıyordu. Bu daha sömürücü kurumlara doğru atılmış bir adımdı sadece. Bir diğer adımsa Venedik devletinin 1314'ten başlayarak ticaretin yönetimini ele alması ve onu ulusallaştırmasıydı. Ticaretle uğraşmaları için devlete ait kadırgalar örgütlediler ve 1324'ten itibaren ticaretle uğraşmak isteyenlerden yüksek vergiler almaya başladılar. Uzun mesafeli ticaret soylulara mahsus bir alan haline geldi. Bu, Venedik'in refahı için sonun başlangıcıydı. Başlıca iş sahalarının gittikçe daralan elitin tekeline geçmesiyle gerileme başlamıştı. Venedik dünyanın ilk kapsayıcı toplumu olmanın eşiğine gelmiş gibi görünüyordu; fakat bir darbeye yenik düştü. Siyasal ve ekonomik kurumlar daha sömürücü hale dönüştü ve Venedik ekonomik gerileme yaşamaya başladı. 1500'e gelindiğinde nüfus 100 bin kişiye düşmüştü. 1650-1800 yılları arasında Avrupa nüfusu hızla artarken Venedik'inki azaldı.

Bugün Venedik'in tüm ekonomisi, biraz balıkçılığın dışında, turizmden ibaret. Venedikliler ticaret yollarına ve ekonomik kurumlara öncülük etmek yerine pizza ve dondurma yapıp turist kafileleri için renkli camlar üflüyorlar. Turistler *Palazzo Ducale* ve Venedik Akdeniz'in hâkimiyken Bizans'tan yağmalanan San Marko Bazilikası'nın atları gibi, Venedik'in *Serrata* öncesi harikalarını görmeye geliyorlar. Bir zamanların ekonomi merkezi olan Venedik, artık bir müze.

Bu bölümde dünyanın farklı bölgelerindeki kurumların tarihsel gelişimine eğileceğiz ve neden farklı şekillerde evrim geçirdiklerini açıklayacağız. 4. bölümde önce Batı Avrupa'nın ekonomik kurumlarının Doğu Avrupa'dakilerden, ardından İngiltere'nin ekonomik kurumlarının Batı Avrupa'nın geri kalan ülkelerininkilerden nasıl farklılaştığını görmüştük. Bu, çoğunlukla kurumsal sürüklenmenin kritik dönemeçle etkileşime girmesinden kaynaklanan küçük kurumsal farklılıkların bir sonucuydu. Şu halde, bin yıl öncesine dayanan tarihsel olayları esas alarak, bu kurumsal farklılıkların muazzam bir tarihsel buzdağının görünen kısmı olduğunu ve su seviyesinin altında başka yerlerdeki kurumlardan kaçınılmaz bir biçimde farklılaşan İngiliz ve Avrupa kurumlarının bulunduğunu düşünmek cazip gelebilir. Geri kalanı da, nasıl derler, tarih.

Fakat öyle değil; iki nedenden ötürü. Birincisi, Venedik'e ilişkin açıklamamızın gösterdiği gibi kapsayıcı kurumlara yönelik gidişat tersine dönebilir. Venedik refaha ulaştı, zenginleşti. Fakat siyasal ve ekonomik kurumları çökertildi ve zenginlik tersine döndü. Bugün Venedik'in zengin olmasının tek nedeni insanların başka yerden sağladıkları kazançlarını geçmişteki ihtişamına hayranlık duyarak Venedik'te harcamayı seçmeleri. Kapsayıcı kurumların tersine dönebilmesi kurumsal gelişimin basit bir kümülatif süreç olmadığını gösterir.

İkincisi, kritik dönemeçlerde hayati rol oynayan küçük kurumsal farklılıklar doğaları gereği kısa ömürlüdür. Küçük olduklarından tersine dönebilir, sonra yeniden ortaya çıkabilir ve ardından tekrar yeniden tersine dönebilirler. Bu bölümde göreceğimiz gibi, coğrafya ve kültür hipotezlerinden beklenebilecek olanın aksine, 17. yüzyılda kapsayıcı kurumlara yönelik belirleyici adımın atıldığı İngiltere yalnızca Ortadoğu'daki Neolitik Devrim'i izleyen bin yılda değil, ayrıca Batı Roma İmparatorluğu'nun çöküşünden sonra Ortaçağ'ın başlangıcında da izole ve geri kalmış bir bölgeydi. Roma İmparatorluğu için Britanya Adaları sınırda kalıyordu, hele Kıta Avrupası'nın batısı, Kuzey Afrika, Balkanlar, Konstantinopolis ya da Ortadoğu'dan kesinlikle daha önemsizdi. Batı Roma İmparatorluğu MS 5. yüzyılda çöktüğünde en büyük gerileme Britanya'da görüldü. Fakat nihayetinde Sanayi Devrimi'ni getirecek siyasal devrimler İtalya'da, Türkiye'de, hatta Kıta Avrupası'nın batısında bile değil, Britanya Adaları'nda meydana geldi.

Bununla birlikte, Roma mirası İngiltere'yi Sanayi Devrimi'ne götüren yolu ve onu takip eden diğer ülkeleri anlamak için birkaç nedenden önemlidir. Birincisi, Venedik gibi Roma da önemli erken kurumsal yenilikler geçirmişti. Venedik'te olduğu gibi Roma'nın ilk ekonomik başarısı da en azından o devrin standartları göz önünde bulundurulduğunda, kapsayıcı kurumlara dayanıyordu. Venedik'te olduğu gibi, bu kurumlar hiç şüphesiz zamanla daha sömürücü hale geldi. Bu durum Roma'da Cumhuriyet'ten (MÖ 510-49) İmparatorluğa (MÖ 49-MS 476) dönüşmenin bir sonucuydu. Roma, Cumhuriyet döneminde bile etkileyici bir imparatorluk kurmuştu, ayrıca uzun mesafeli ticaret ve taşımacılık gelişmişti. Roma ekonomisinin büyük kısmı sömürüye dayanıyordu. Cumhuriyetten imparatorluğa geçiş sömürüyü artırmış ve Maya şehir devletlerinde gördüğümüz gibi en sonunda bir tür iç savaşa, istikrarsızlığa ve çöküşe yol açmıştı.

İkincisi ve daha önemlisi, Batı Avrupa'nın daha sonraki kurumsal gelişiminin, doğrudan Roma'nın mirası olmasa da Batı Roma İmparatorluğu'nun çöküşünün ardından tüm bölgede yaygınlaşan kritik dönemeçlerin bir sonucu olduğunu göreceğiz. Bu kritik dönemeçler Afrika, Asya, ya da Amerika gibi dünyanın diğer bölgeleriyle çok az paralellik taşıyordu. Yine de Etiyopya tarihi aracılığıyla, başka ülkelerin benzer kritik dönemeçlerden geçtiklerinde bazen kayda değer ölçüde benzer reaksiyonlar gösterdiklerini de ortaya koyacağız. Roma'nın gerilemesi feodalizme neden oldu ve bu da bir yan ürün olarak köleliğin gerilemesine yol açtı, monarşilerin ve aristokrasilerin etki alanının dışındaki şehirlere hayat verdi ve bu süreçte siyasal güçlerin ve hükümdarların zayıfladığı yerlerde bir dizi yeni kurum oluşturdu. Kara Ölüm işte bu temeller üzerinde yıkım yarattı ve bağımsız şehirleri ve köylüleri monarşilerin, aristokratların ve büyük toprak sahiplerinin aleyhine daha da güçlendirdi. Ve Atlantik ticaretinin yarattığı fırsatlar işte böyle bir tabloda tükendi. Dünyanın çoğu kesimi bu değişimleri geçirmedi ve bunun sonucunda farklılaştılar, birbirlerinden uzaklaştılar.

Roma'nın meziyetleri...

Romalı *pleb*'lerin seçtiği *pleb tribunus* Tiberius Gracchus, MÖ 133'te Romalı senatörler tarafından sopalanarak öldürüldü ve cesedi tören yapılmaksızın Tiber Nehri'ne atıldı. Katilleri de kendisi gibi aristokrattı ve suikastı kuzeni Publius Cornelius Scipio Nasica planladı. Kusursuz bir aristokratik kökenden gelen Tiberius Gracchus, İlirya ve İkinci Pön savaşlarının kahramanı Lucius Aemilius Paullus ve İkinci Pön Savaşı'nda Hannibal'i mağlup eden General Scipio Africanus gibi Roma Cumhuriyeti'nin daha şanlı bazı liderlerinin soyundandı. Peki, neden zamanının güçlü senatörleri, hatta kuzeni ona düşman olmuşlardı?

Bu sorunun cevabı bize Roma Cumhuriyeti'ndeki gerilimler ve daha sonraki gerileyiş hakkında çok şey anlatır. Tiberius'u bu güçlü senatörlerle karşı karşıya getiren, o zamanın hayati bir meselesinde onların karşısına dikilmeye hazır olmasıydı; *pleb*'lerin, yani sıradan Roma yurttaşlarının toprak dağıtılması ve sahip olacakları haklar.

Tiberius Gracchus'un zamanında Roma köklü bir cumhuriyetti. Siyasal kurumları ve Roma yurttaş-askerlerinin meziyetleri –oğulların babalarına Roma Cumhuriyeti'ni ölene dek savunacaklarına yemin edişini gösteren Jacques-Louis David'in ünlü tablosu *Horatiusların Yemini*'nde resmedildiği gibi– bazı tarihçiler tarafından hâlâ cumhuriyetin başarısının temeli olarak görülür. Roma yurttaşları cumhuriyeti MÖ 510 civarında Gururlu Tarquin olarak bilinen Kral Lucius Tarquinius Superbus'u devirerek kurdular. Cumhuriyet pek çok kapsayıcı unsur içeren zekice tasarlanmış siyasal kurumlara sahipti. Bir yıllığına seçilen *magistra*'lar tarafından yönetiliyordu. *Magistra*'ların makamlarına seçimle ve bir yıllığına gelmesi ve aynı anda birden fazla kişinin bu makamda görev yapması, bunlardan herhangi birinin güçlerini pekiştirmesi ya da suiistimal etmesi olanağını azaltıyordu. Cumhuriyet'in kurumları gücü eşit ve adil biçimde dağıtan bir kuvvetler ayrılığı sistemi içeriyordu. Doğrudan oylama olmaması nedeniyle tüm yurttaşlar eşit temsil hakkına sahip olmasalar bile böyleydi. Ayrıca nüfusun üçte birini oluşturan çok sayıda köle İtalya'nın büyük bölümünde üretim için hayati bir önem taşıyordu. Ve elbette, bırakın siyasal temsili, köleler hiçbir hakka sahip değildiler.

Yine de, Venedik'te olduğu gibi Roma siyasal kurumları da çoğulcu öğeler içeriyordu. *Pleb*'lerin kendilerine ait meclisleri vardı ve bu meclis *magistra*'ların icraatlarını veto gücü olan, Pleb Meclisi'ni toplanmaya çağıran ve yasa teklifinde bulunan *pleb tribunus*'u seçebiliyordu. MÖ 133'te Tiberius Gracchus'u iktidara getiren *pleb*'lerdi. Güçleri bir "itizal"le, yani şehrin dışındaki bir tepenin arkasına çekilip istekleri karşılanana dek *magistra*'larla işbirliğine yanaşmayan *pleb*'lerin, özellikle de askerlerin gerçekleştirdikleri bir tür grevle şekillenmişti. Elbette bu tehdit bir savaş zamanında bilhassa önemliydi. Söylendiğine göre, yurttaşlar MÖ 5. yüzyılda *tribunus*'larını seçme ve topluluklarını yönetme hakkını yine böyle bir "itizal"de elde etmişlerdi. Siyasal ve yasal güvenceleri günümüz standartlarına göre sınırlı ölçüde olsa da, yurttaşlar için ekonomik fırsatlar doğurdu ve ekonomik kurumlarda belli ölçüde bir kapsayıcılık oluşturdu. Bunun sonucunda Roma Cumhuriyeti hâkimiyetindeki Akdeniz ticareti büyüdü. Romalıların yaşam standardının ne olduğu konusunda fikir birliği bulunmuyor. Arkeolojik kanıtlar hem yurttaşların hem de kölelerin çoğunun asgari geçim düzeyinin çok üstünde bir hayat sürmediklerini ortaya koysa da aralarında sıradan yurttaşların da olduğu pek çok Romalı yüksek gelir düzeyine sahipti. Kanalizasyon şebekesi ve sokak aydınlatması gibi kamu hizmetlerinden bile faydalanabiliyor ve kendi zamanlarına göre konforlu bir hayat sürüyorlardı; ancak çok sık savaşa gitmeleri gerekiyordu. Üstelik, Roma Cumhuriyeti döneminde bir miktar ekonomik büyüme sağlandığına dair kanıtlar da var.

Gemi enkazlarına bakarak Romalıların ekonomik zenginliklerinin izini sürebiliriz. Romalıların inşa ettiği uygarlık bir bakıma bir liman şehirleri ağıydı. Bu limanlar doğuda Atina, Antakya ve İskenderiye'den başlayıp Roma, Kartaca ve Cadiz üzerinden uzak batıda Londra'ya kadar uzanıyordu. Roma'nın hükümranlık alanı genişledikçe ticaret ve gemiciliğin de geliştiğini arkeologların Akdeniz tabanında bulduğu gemi enkazlarından anlayabiliriz. Bu enkazlar çeşitli yöntemlerle tarihlendirilebilir. Çoğu zaman bu gemiler İtalya'dan Galya'ya götürülen şarap ya da zeytinyağıyla dolu amforalarla yüklü olurdu. Ya da Roma'da satılmak ya da bedava dağıtılmak üzere İspanya'dan gelen zeytinyağıyla. Kilden yapılma, ağzı kapalı kaplar olan amforalar çoğu kez ne zaman ve kim tarafından yapıldıklarına dair bilgiler içerirdi. Roma'da Tiber Nehri'nin hemen yanında bulunan ve Monte dei Cocci ("Çömlek Dağı") olarak da bilinen Monte Testaccio, tahminen 53 milyon amforanın oluşturduğu küçük bir tepedir. Gemilerden boşaltıldıktan sonra ıskartaya çıkarılan amforalar, geçen yüzlerce yıl içinde muazzam bir tepe meydana getirmişti.

Arkeologların organik kalıntıların yaşını belirlemek için kullandığı güçlü bir teknik olan radyokarbon tarihlendirme yöntemi sayesinde bazen gemilerdeki diğer malların ve geminin kendisinin yaşı belirlenebiliyor. Bitkiler karbondioksiti şekere çevirmek için güneş enerjisini kullanan fotosentez yoluyla enerji üretir. Bunu yaparken doğal olarak meydana gelen bir radyoizotop olan karbon-14'ün bir miktarını özümser. Bitki öldükten sonra radyoaktif bozunma nedeniyle karbon-14 miktarı azalır. Arkeologlar bir gemi enkazı bulduklarında ahşap aksamdaki karbon-14 miktarını ortamdaki olağan karbon-14 miktarıyla karşılaştırarak tarihlendirme yapabilirler. Bu, geminin yapımında kullanılan ağacın ne zaman kesildiğine dair yaklaşık bir fikir verir. Yaşı tespit edilen gemi enkazlarından yalnızca 20 kadarı MÖ 500'lerden kalma. Bunlar muhtemelen Roma gemileri değillerdi ve örneğin pekâlâ Kartaca gemileri olabilirlerdi. Fakat daha sonra Roma gemilerinin sayısı artıyor. İsa'nın doğduğu tarihlerde sayıları 180'le tepe noktasına ulaşıyor.

Gemi enkazları Roma Cumhuriyeti'nin ekonomisinin ana hatlarını ortaya çıkarabilmek için son derece etkili bir yöntem ve ekonomik büyümeye işaret eden kanıtlar sunuyor ancak yine de konunun bağlamında değerlendirilmesi gerekir. Muhtemelen gemilerdeki yükün üçte ikisi Roma devletine ait mallardan oluşuyordu. Yani eyaletlerden toplanarak Roma'ya aktarılan vergi ve haraçlardan ya da Roma yurttaşlarına bedava dağıtılmak üzere Kuzey Afrika'dan getirilen tahıl ve zeytinyağından. Monte Testaccio büyük ölçüde bu sömürü nimetleri sayesinde yükselmişti.

Ekonomik büyümeye ilişkin kanıtlar bulmanın bir başka etkileyici yolu da Grönland Buz Çekirdeği Projesi (Greenland Ice Core Project) yöntemi. Kar taneleri düşme esnasında atmosferden başta demir, gümüş ve bakır gibi metaller olmak üzere bir miktar kir toplar. Kar donar ve önceki yıllarda yağan karın üzerine yığılır. Bu süreç bin yıl boyunca devam eder ve bilim insanlarına binlerce yıl önceki atmosfer kirliliğinin boyutlarını anlamaları için eşsiz bir fırsat sunar. 1990-1992'de buz kütlesini insanlık tarihinin yaklaşık 250 bin yılına karşılık gelecek şekilde 3.030 metre kadar deldiler. Bu ve bundan önceki projelerin en büyük keşiflerinden biri MÖ 500 sıralarında atmosfer kirletici maddelerde belirgin bir artış olduğuydu. Demir, gümüş ve bakırın atmosferik miktarları bu tarihten sonra durmadan arttı ve MS ilk yüzyılda zirveye ulaştı. Dikkate değer bir biçimde, bu atmosferik miktara ancak 13. yüzyılda yeniden ulaşılmıştı. Bu keşifler, öncesi ve sonrasına kıyasla Roma madenciliğinin ne denli yoğun olduğunu gösteriyor. Madencilikteki bu ani artış açık bir ekonomik genişleme göstergesi.

Ancak Roma'nın kısmen kapsayıcı kısmen de sömürücü kurumlarla yakaladığı bu büyüme sürdürülebilir bir büyüme değildi. Roma yurttaşları siyasal ve ekonomik haklara sahip olsalar da kölelik yaygın ve son derece sömürüye dayalıydı. Ayrıca elit kesim, yani senatörler sınıfı, hem ekonomiye hem de siyasete hâkimdi. Gerçi bir Pleb Meclisi ve *pleb tribunus*'u vardı, fakat asıl güce sahip olan idari sınıfı oluşturan büyük toprak sahiplerinden müteşekkil Senato'ydu. Roma tarihçisi Livius'a göre Senato Roma'nın ilk kralı Romulus tarafından kurulmuştu ve 100 üyesi vardı. Onların soyundan gelenler, yeni yüzlerin de eklenmesiyle, senatörler sınıfını oluşturdu. Toprak dağılımı son derece adaletsizdi ve büyük ihtimalle MS 2. yüzyılda bu durum daha da kötüleşti. Tiberius Gracchus'un *tribunus* olarak gündeme getirdiği sorunların kaynağında bu yatıyordu.

Roma, Akdeniz'de yayılmaya devam ederken çok büyük bir zenginliğe kavuştu. Ancak bu zenginliğin büyük kısmı senato sınıfından birkaç varlıklı aile tarafından paylaşıldı ve zenginlerle yoksullar arasındaki eşitsizlik arttı. Senatörler zenginliklerini yalnızca kazançlı eyaletlerin kontrolünü ellerinde tutmalarına değil, aynı zamanda İtalya'nın her yanındaki çok büyük malikânelerine borçluydu. Bu malikânelerde ekseriya savaşlarda tutsak edilmiş esirler çalıştırılıyordu. Fakat bu malikânelerin arazilerinin nereden geldiği de aynı derecede önemliydi. Cumhuriyet dönemi Roma orduları önce Roma'dan, ardından İtalya'nın başka bölgelerinden gelen küçük toprak sahibi yurttaş-askerlerden oluşuyordu. Genellikle ihtiyaç olduğunda orduda savaşıp sonra topraklarına dönüyorlardı. Roma genişleyip seferler uzadıkça bu model işlemez hale geldi. Askerler her defasında topraklarından yıllarca uzak kalıyordu ve çoğu arazi kullanılamaz hale gelmişti. Asker aileleri bazen kendilerini bir borç dağının altında buluyor ve açlığın eşiğine geliyorlardı. Böylelikle pek çok arazi zamanla terk edildi ve senatörlerin malikânelerine dahil oldu. Senatörler sınıfı günden güne zenginleşirken Roma'da çoğu orduyla ilişiği kesilmiş topraksız yurttaşlardan oluşan büyük bir kitle oluştu. Dönecek bir toprakları olmadığından Roma'da iş aradılar. MS 2.

yüzyılın sonlarında bu durum hem zenginle fakir arasındaki uçurumun benzeri görülmemiş bir düzeye erişmesi hem de Roma'da bu adaletsizliğe isyanla karşılık verip Roma aristokrasine cephe almaya hazır hoşnutsuz yurttaşlardan oluşan yığınlar nedeniyle tehlikeli bir noktaya ulaştı. Fakat siyasal güç son iki yüzyıldaki değişimden fayda sağlayan senatörler sınıfının zengin toprak sahiplerinin elindeydi. Çoğunun kendilerine gayet iyi hizmet eden bu sistemi değiştirmek gibi bir niyeti yoktu.

Roma tarihçisi Plutarch'a göre, Tiberius Gracchus şimdi orta İtalya'da bulunan bir bölge olan Etruria'dan geçerken yurttaş-askerlerin ailelerinin çektiği zorlukların farkına vardı. İster bu deneyim yüzünden isterse güçlü senatörlerle arasındaki başka anlaşmazlıklar yüzünden, çok geçmeden İtalya'daki arazi tahsisatını değiştirmek üzere tehlikeli bir planı uygulamaya koydu. MÖ 133'te *pleb tribunus*'luğu için adaylığını koydu, ardından bu makamı bir toprak reformu hazırlamak için kullandı. Buna göre, bir komisyon kamu arazilerinin yasadışı bir biçimde işgal edilip edilmediğini soruşturacak ve yasal sınır olan 300 akrenin üstündeki araziyi yeniden topraksız Roma yurttaşlarına dağıtacaktı. 300 akrelik sınır aslında göz ardı edilerek yüzlerce yıldır uygulanmayan eski bir yasanın bir parçasıydı. Senatörler sınıfı bir süreliğine bu reformların uygulanmasını engellemeyi başarsa da Tiberius Gracchus'un tasarısı onları sarsmıştı. Tiberius kendisini destekleyen güruhtan güç alarak, toprak reformunu veto etmekle tehdit eden başka bir *tribunus*'u devre dışı bırakmayı başarınca teklif ettiği komisyon sonunda kuruldu. Ancak Senato komisyonun fonlarını kısarak uygulamayı engelledi.

Tiberius Gracchus'un toprak reformu komisyonu Yunan şehri Bergama'nın kralından gelen fonlar üzerinde Roma halkı adına hak talep edince sorun doruk noktasına ulaştı. Ardından, biraz da görevden ayrıldıktan sonra Senato'nun yapabileceklerinden korkarak, Tiberius Gracchus *tribunus*'lük için ikinci kez adaylığını koydu. Bu da senatörlere Tiberius'u kendisini kral ilan etmeye çalışmakla suçlamak için bahane oldu. Destekçileriyle birlikte saldırıya uğradı ve çoğu öldürüldü. Tiberius Gracchus ilk ölenlerdendi. Fakat ölümü sorunu çözmedi; toprak tahsisatında ve Roma ekonomisinin ve toplumunun başka cephelerinde reform teşebbüsünde bulunan başkaları da çıktı. Bunların çoğu benzer bir kaderi paylaştı. Örneğin, ağabeyinin yerini alan Tiberius Gracchus'un kardeşi Gaius da arazi sahipleri tarafından öldürüldü.

Bu gerilimler belirli aralıklarla sonraki yüzyılda da gündeme geldi; örneğin MÖ 91 ile MÖ 87 yılları arasında bir iç savaşa, "İtalik Savaşı"na[12] neden oldu. Senatörlerin çıkarlarının ateşli bir savunucusu olan Lucius Cornelius Sulla, yalnızca değişim taleplerini acımasızca bastırmakla kalmadı, *pleb tribunus*'un gücünü de ciddi şekilde kısıtladı. Aynı meseleler Julius Ceasar'ın Senato'ya karşı verdiği mücadelede Roma halkından aldığı destekte de temel etkenlerden biriydi.

Roma Cumhuriyeti'nin çekirdeğini oluşturan siyasal kurumlar MÖ 49'da Cisalpina Galya'daki[13] Roma eyaletlerini İtalya'dan ayıran Rubicon Nehri'ni lejyonuyla geçen Julius Caesar tarafından yıkıldı. Roma Caesar'a boyun eğdi ve bir başka iç savaş patlak verdi. Caesar kazansa da MÖ 44'te Brutus ve Cassius'ün önderlik ettiği hoşnutsuz senatörler tarafından öldürüldü. Caesar'ın destekçileri, bilhassa Marcus Antonius ve Octavianus ile düşmanları arasında yeni bir iç savaş patlak verdi. Antonius ve Octavianus savaşı kazandıktan sonra birbirleriyle savaştılar, ta ki Octavianus MÖ 31'de Aktium Savaşı'ndan galip çıkıncaya dek. MÖ 28'den sonra Augustus Caesar ismiyle anılan Octavianus, ertesi yıldan itibaren sonraki 45 yıl boyunca Roma'yı tek başına yönetti. Augustus Roma İmparatorluğu'nu kurdu, gerçi o kendisi için "eşitlerin birincisi" anlamındaki *princeps*'i tercih ediyor ve rejime "Principate" diyordu. Harita 11, MS 117'de en geniş sınırlarıyla Roma İmparatorluğu'nu gösteriyor. Ayrıca Caesar'ın büyük sonuçlar doğuracak bir kararla geçtiği Rubicon'u[14] da içeriyor.

Roma'nın gerileyişinin tohumlarını atan, cumhuriyetten *principate*'ye geçiş ve sonrasında da tek başına imparatorluktu. Ekonomik başarıya temel oluşturan kısmen kapsayıcı siyasal kurumlar yavaş yavaş zayıfladı. Her ne kadar senatörler sınıfı ve diğer varlıklı Romalılar için uygun şartlar sağlasa da Roma Cumhuriyeti mutlakıyetçi bir rejim değildi ve bu kadar güç daha önce hiçbir zaman tek makamda yoğunlaşmamıştı. Venedik'in *Serrata*'larında olduğu gibi Augustus'un başlattığı değişiklikler de ilk başta siyasaldı fakat sonra önemli ekonomik sonuçlar doğurdu. Bu değişikliklerin sonucunda MS 5. yüzyılda Batı Roma İmparatorluğu –Doğu'dan ayrıldıktan sonra artık Batı olarak anılıyordu– ekonomik ve askeri bakımdan geriledi, çöküşün eşiğine geldi.

12. "Müttefikler Savaşı" ya da "Marsi Savaşı" olarak da bilinir. (ç.n.)

13. "Alpler'in bu tarafındaki Galya" anlamında. (ç.n.)

14. Rubicon: Roma'ya dönen generallerin orduyu bırakmak zorunda oldukları sınır. "Rubicon'u geçmek", Roma'ya başkaldırmak anlamında bir deyimdir. (ç.n.)

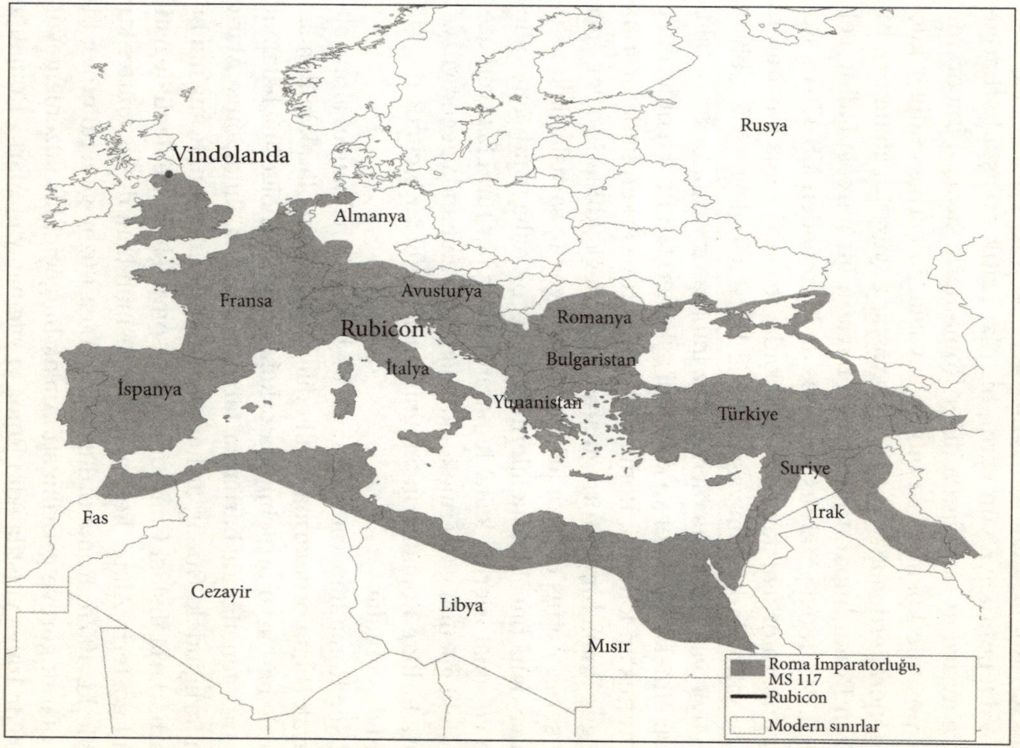

Harita 11: MS 117 yılında Roma İmparatorluğu.

Roma'nın kusurları

Roma İmparatorluğu'nun Gerileyişi ve Çöküşü'nün yazarı Edward Gibbon'un "Son Romalı" diyerek göklere çıkardığı Flavius Aetius, geç Roma İmparatorluğu'nun destansı karakterlerindendi. Bir general olan Aetius, MS 433 ile 454 yılları arasında –III. Valentinianus tarafından öldürülene kadar– muhtemelen Roma İmparatorluğu'ndaki en güçlü kişiydi. Hem iç hem dış politikaya yön verdi, bir dizi kritik savaşta barbarlarla ve ayrıca iç savaşlarda diğer Romalılarla savaştı. İmparatorluk peşinde koşmaması onu iç savaşlarda çarpışan diğer güçlü generallerden ayırıyordu. İç savaşlar 2. yüzyılın sonundan itibaren Roma İmparatorluğu'nda hayatın bir parçası haline gelmişti. MS 180'de Marcus Aurelius'un ölümünden MS 476'da Roma İmparatorluğu'nun çöküşüne kadar iç savaş ya da imparatora karşı saray darbesinin yaşanmadığı 10 yıl neredeyse yok gibiydi. Eceliyle ya da savaşta ölen çok az imparator vardı. Çoğu ya tahtı gasp etmek isteyenler ya da kendi askerleri tarafından öldürüldü.

Aetius'un kariyeri, Roma Cumhuriyeti ve erken İmparatorluk ile geç Roma İmparatorluğu arasındaki değişiklikleri gözler önüne serer. Aetius'un ardı arkası kesilmeyen iç savaşlardaki rolünü ve daha önceki dönemlerin güçleri çok daha sınırlı generallerin ve senatörlerin aksine imparatorluğun her türlü faaliyeti üzerindeki gücünü göstermekle kalmaz, aynı zamanda geçen yüzyıllarla birlikte Romalıların talihinin nasıl köklü bir biçimde değiştiğini de vurgular.

Geç Roma İmparatorluğu'nda ilk başlarda hâkimiyet altına alınarak Roma ordularına dahil edilen ya da köle olarak kullanılan sözde barbarlar artık imparatorluğun pek çok bölgesine hâkimdi. Aetius gençliğinde barbarlar tarafından rehin alındı; önce Alaric önderliğindeki Gotlar, ardından Hunlar tarafından. Roma'nın bu barbarlarla ilişkisi Cumhuriyet'ten sonra işlerin ne denli değiştiğini gösterir. Alaric hem azılı bir düşman hem de bir müttefikti. Öyle ki, 405'te Roma ordusunun en üst düzey generallerden biri olarak göreve getirilmişti. Ancak bu geçici bir düzenlemeydi. 408'de İtalya'yı istila edip Roma'yı yağmalayan Alaric, Romalılara karşı savaşıyordu.

Hunlar da kimi zaman Romalıların zorlu düşmanları kimi zaman müttefikleriydi. Gerçi onlar da Aetius'u rehin almışlardı fakat daha sonra bir iç savaşta yan yana çarpıştıkları da oldu. Yine de Hunlar onların tarafında uzun süre kalmadılar ve 451'de Atilla önderliğinde Ren Nehri'ni geçerek Romalılara karşı büyük bir savaş verdiler. Bu kez Romalıları savunan Theodoric önderliğindeki Gotlar'dı.

Tüm bu olanlar Roma elitlerini barbar komutanları yatıştırmaya çalışmaktan alıkoymuyordu ve genellikle amaçları Roma topraklarını korumak değil, dahili güç mücadelelerinde üstünlük sağlamaktı. Örneğin Vandallar, kralları Geiseric komutasında İber Yarımadası'nın büyük bölümünü yakıp yıktılar ve 429'dan başlayarak Roma'nın tahıl ihtiyacını karşılayan Kuzey Afrika'daki topraklarını fethettiler. Roma'nın buna verdiği karşılık ise imparator III. Valentinianus'un çocuk yaştaki kızını Geiseric'e eş olarak teklif etmesi oldu. O sırada Geiseric, Got liderlerinden birinin kızıyla evliydi fakat bu onu engellemiş gibi görünmüyor. Karısının kendisini öldürmeye çalıştığı bahanesiyle evliliği fesheden Geiseric, kulaklarını ve burnunu kestikten sonra onu ailesine geri gönderdi. Neyse ki müstakbel gelin küçük yaşından ötürü İtalya'da tutuldu ve hiçbir zaman Geiseric'le evliliğini tamamına erdirmedi. Daha sonra bir başka güçlü generalle, Petronius Maximus'la evlendi. İmparator III. Valentinianus, Maximus'un önayak olmasıyla Aetius'u öldürecek, fakat kısa bir süre sonra kendisi de onun hazırladığı bir komploya kurban gidecekti. Maximus daha sonra kendisini imparator ilan etti fakat hükümdarlığı oldukça kısa sürdü ve Geiseric önderliğindeki Vandalların İtalya'ya karşı düzenledikleri, Roma'nın düşerek vahşice yağmalanışına tanık olan büyük saldırıda ölümüyle noktalandı.

5. yüzyılın başlarında barbarlar kelimenin tam anlamıyla kapıdaydı. Bazı tarihçiler bunun Romalıların geç imparatorluk döneminde daha zorlu rakiplerle yüz yüze gelmesinin sonucu olduğunu ileri sürüyor. Ancak Gotların, Hunların ve Vandalların Roma karşısındaki başarısı, Roma'nın gerileyişinin nedeni değil bir belirtisiydi. Cumhuriyet döneminde Roma, Kartaca gibi çok daha örgütlü ve korkutucu rakiplerin hakkından geldi. Roma'nın gerileyişi Maya şehir devletlerininkilerle çok büyük benzerlikler taşıyan nedenler yüzündendi. Roma'nın giderek daha sömürücü hale gelen siyasal ve ekonomik kurumları onun sonunu getirdi, çünkü iç çatışmaya ve iş savaşa neden oldular.

Bu gerilemenin kökleri en az Augustus'un iktidara el koymasına ve bu sayede siyasal kurumları daha da sömürücü hale getirecek değişikliklerin başlamasına kadar uzanır. Bu değişiklikler arasında ordunun yapısında meydana getirilen ve itizali imkânsız hale getiren değişiklik de vardı; böylece sıradan Romalıların siyasal temsil hakkını güvence altına alan hayati bir unsur ortadan kaldırılıyordu. MS 14'te Augustus'un yerini alan İmparator Tiberius, Pleb Meclisi'ni lağvetti ve yetkilerini Senato'ya devretti. Roma yurttaşları artık siyasal söz hakkına değil, bedava dağıtılan buğdaya, zeytinyağına, şaraba ve domuz etine sahipti ve sirk gösterileriyle, gladyatör müsabakalarıyla avutuluyorlardı. Augustus'un reformlarıyla imparatorlar yurttaş-askerlerden oluşan orduya değil Augustus'un oluşturduğu elit bir profesyonel askerler grubu olan Praetorian Muhafızlara itimat eder oldular. Bu muhafızlar kısa bir süre sonra kimin imparator olacağına dair önemli bir aracı rol üstlenmeye başladı; genellikle de barışçıl yollarla değil iç savaşlar ve entrikalarla. Ayrıca Augustus aristokrasiyi sıradan Roma yurttaşlarına karşı güçlendirdi ve Tiberius Gracchus ile aristokratlar arasındaki çatışmayı alevlendiren eşitsizlikteki artış sürdü, hatta belki daha da şiddetlendi.

Gücün merkezde yoğunlaşması sıradan Romalıların mülkiyet haklarının daha az güvence altında olmasına yol açtı. Ayrıca imparatorlukla birlikte kamulaştırma yoluyla devlete ait topraklar arttı ve imparatorluğun pek çok bölgesinin yarıya yakınını kapsayacak kadar büyüdü. Gücün imparator ve maiyetinin elinde toplanması nedeniyle mülkiyet hakları bilhassa istikrarsız hale geldi. Maya şehir devletlerindekinden çok farklı olmayan bir örüntüyle bu güçlü pozisyonun kontrolünü ele geçirmeye yönelik iç çatışmalar arttı. İç savaşlar barbarların hâkimiyetindeki kaotik 5. yüzyılın öncesinde bile olağan birer hadise haline geldi. Örneğin Septimius Severus MS 193'te Pertinax'ın öldürülmesinin ardından imparatorluğunu ilan eden Didius Julianus'u tahttan indirdi. Beş İmparator Yılı'nın üçüncü imparatoru Severus, tahtta gözü olan rakipleri Pescennius Niger ve Clodius Albinus'a savaş açtı ve sonunda onları sırasıyla MS 194 ve 197'de yenilgiye uğrattı. Severus sonraki iç savaşta kaybeden rakiplerinin tüm mal varlığına el koydu. Trajan (MS 98-117), Hadrianus ve Marcus gibi kabiliyetli hükümdarlar gerilemeyi durdurmayı başarsalar da temel kurumsal sorunlara eğilemediler ya da eğilmek istemediler. Bu adamların hiçbiri imparatorluktan vazgeçmeye ya da yeniden Roma Cumhuriyeti'ndekilere benzer etkili siyasal kurumlar oluşturmaya niyet etmedi. Tüm başarılarına rağmen Marcus Aurelius'un yerini alacak kişi, babasından çok Caligula ya da Nero'ya benzeyen oğlu Commodus'tu.

Artan istikrarsızlık imparatorluktaki şehir ve kasabaların konum ve düzenlerinden açıkça anlaşılabilir. MS 3. yüzyılda imparatorluğun büyük denilebilecek tüm şehirlerinde birer savunma duvarı mevcuttu. Çoğu durumda anıtlar, tahkimatlarda kullanılan taşları için yağmalanmıştı. Galya'da MÖ 125'ten, yani Romalıların gelişinden önce savunması daha kolay olduğu için yerleşimlerin tepelere kurulması olağan bir durumdu. Roma'nın gelişiyle bu yerleşimler ovalara indi. 3. yüzyılda bu eğilim tersine dönecekti.

Artan siyasal istikrarsızlığa, ekonomik kurumları daha fazla sömürüye sevk eden toplumsal değişiklikler eşlik etti. Yurttaşlık iyice yaygınlaşıp MS 212'de neredeyse imparatorlukta yaşayan herkes birer yurttaş haline gelse de, bu değişime yurttaşlar arasındaki statü değişiklikleri de eşlik etti. Yasalar önünde eşitlik her bakımdan bozuldu. Örneğin Hadrianus devrinde (MS 117-138) farklı kategorilerdeki Roma yurttaşlarına uygulanan yasa tiplerinde açık farklılıklar vardı. Aynı derecede önemli bir başka husus ise yurttaşların rolünün, Roma'daki meclisler aracılığıyla siyasal ve ekonomik kararlar üzerinde belirli bir güce sahip oldukları Roma Cumhuriyeti zamanından tamamen farklı olmasıydı.

Kölelerin nüfus içindeki payının gerçekte yüzyıllar içinde küçülüp küçülmediği üzerine bir ihtilaf olsa da kölelik Roma'da daima varlığını korudu. Bir başka önemli husus, imparatorluk gelişirken giderek daha fazla tarım işçisinin yarı-köle statüsüne indirgenmesi ve toprağa bağlanmasıydı. Bu kölelere özgü *coloni*[15] statüsü *Codex Theodosianus* ve *Codex Justinianus* gibi hukuki belgelerde geniş bir biçimde tartışılmıştı ve kökeni muhtemelen Diocletianus dönemine (MS 284–305) dayanıyordu. Toprak sahiplerinin *colonuslar* üzerindeki hakları giderek arttı. İmparator Constantinus 332'de toprak sahiplerine, kaçmaya çalıştığından şüphelenilen bir *colonusu* zincire vurma hakkı tanırken MS 365'te *colonusları* toprak sahiplerinin izni olmadıkça kendi mülklerini satma hakkından mahrum ediyordu.

Gemi enkazlarını ve Grönland'daki buzul örneklerini Roma'nın erken dönemlerindeki ekonomik genişlemesinin izini sürmek için kullandığımız gibi gerileyişinin izini sürmek için de kullanabiliriz. MS 500'e gelindiğinde gemi adedi 180'den 20'ye düştü. Roma gerilerken Akdeniz ticareti çökmüştü; hatta bazı araştırmacılar 19. yüzyıla kadar Roma dönemindeki hacmine ulaşamadığını bile ileri sürdüler. Grönland'daki buzlar da benzer şeyler söylüyor. Romalılar gümüşü madeni para yapımında kullanırken kurşunun pipodan sofra gereçlerine kadar geniş bir kullanım alanı vardı. MS ilk yüzyılda doruğa ulaştıktan sonra buzul örneklerindeki kurşun,

15. Köylü, serf. (ç.n.)

gümüş ve bakır tortusunun miktarı gerilemeye başlıyor.

Diğer sömürücü kurumlara bağlı büyüme örneklerinde, örneğin Sovyetler Birliği'nde olduğu gibi, Roma Cumhuriyeti döneminde yaşanan ekonomik büyüme de etkileyiciydi. Fakat kısmen kapsayıcı kurumlara bağlı olarak meydana geldiği hesaba katılsa bile bu büyüme hem sınırlıydı hem de sürdürülebilir olmaktan uzaktı. Büyüme nispeten yüksek tarımsal verimliliğe, eyaletlerden toplanan önemli miktarda vergiye ve uzun mesafeli ticarete dayanıyordu fakat teknolojik ilerleme ya da yaratıcı yıkımla desteklenmiyordu. Romalılar kendilerine intikal etmiş bazı temel teknolojilere, demir alet ve silahlara, okuryazarlığa, saban tarımına ve inşaat tekniklerine sahipti. Cumhuriyetin erken devirlerinde başka teknolojiler de geliştirdiler; çimento harcı, tulumba ve su çarkı. Fakat daha sonra teknoloji tüm Roma İmparatorluğu dönemi boyunca durgundu. Örneğin gemicilik alanında gemi tasarımı ya da teçhizatıyla ilgili çok az bir değişiklik oldu ve Romalılar hiçbir zaman kıç dümeni geliştirmediler, bunun yerine gemilere küreklerle yön veriyorlardı. Su çarkı çok yavaş yayıldı, bu nedenle su gücü hiçbir zaman Roma ekonomisinde köklü bir değişikliğe yol açmadı. Her ne kadar Romalılar tarafından mükemmelleştirilseler de, su kemerleri ve şehir kanalizasyon şebekeleri gibi büyük buluşlar bile mevcut teknolojilerdi. Yenilik olmadan da mevcut teknolojiye dayanarak bir miktar ekonomik gelişme sağlanabilirdi fakat söz konusu olan yaratıcı yıkımın da olmadığı bir büyümeydi. Bu yüzden uzun sürmedi. Mülkiyet hakları daha emniyetsiz hale geldi ve yurttaşların siyasal haklarının ardından ekonomik hakları da gerilerken ekonomik büyüme de benzer bir biçimde geriledi.

Roma devrindeki yeni teknolojilere ilişkin dikkat çekici bir husus, bunların devlet sayesinde geliştirilip yaygınlaşmış gibi görünmesidir. Bu iyidir, ta ki yaratıcı yıkım korkusundan devlet teknolojik gelişimle ilgilenilmediğine karar verene dek, bu da sıkça yaşanan bir durumdur. Büyük Romalı yazar Yaşlı Plinius şu öyküyü naklediyor: İmparator Tiberius zamanında bir adam kırılmayan bir cam icat ediyor ve büyük bir ödül alacağını umarak imparatora gidiyor. İcadını gösterince Tiberius ona bu icattan kimseye bahsedip bahsetmediğini soruyor. Adam hayır diye karşılık verince Tiberius'un emriyle sürüklenerek uzaklaştırılıyor ve "altın, çamurun değerine düşmesin" diye öldürülüyor. Bu hikâyede ilginç iki şey var. Birincisi, adam bir iş kurup bu camı satarak kâr edecek yerde önce Tiberius'a gidiyor. Bu Roma devletinin teknolojinin kontrolündeki rolünü gösteriyor. İkincisi, Tiberius icadın doğurabileceği olumsuz ekonomik etkilerden ötürü onu yok ederken mutluluk duyuyor. Bu da yaratıcı yıkımın ekonomik etkilerinden duyulan korkuyu ifade ediyor.

Ayrıca imparatorluk döneminde yaratıcı yıkımın siyasal sonuçlarına duyulan korkuya dair doğrudan kanıtlar da var. Suetonius, sütunları nispeten daha düşük bir maliyetle Roma'nın kalesi Capitol'e taşıyacak bir araç icat eden bir adamın MS 69-79 yılları arasında hüküm süren imparator Vespasianus'a başvurmasını anlatıyor. Sütunlar büyük ve ağırdı, taşınması da çok zordu. Sütunları madenlerden Roma'ya taşımak binlerce insanın emeğiyle mümkündü, bu da devlet için büyük külfetti. Vespasianus adamı öldürmedi fakat "Halkı nasıl doyururum?" diyerek bu yeniliği kullanmayı da reddetti. Yine bir mucit devlete gelmişti. Belki de bu seferki kırılmayan camdan daha makuldü çünkü Roma devleti sütun madenciliği ve nakliyesiyle son derece ilgiliydi. Bir kez daha yenilik yaratıcı yıkım tehlikesinden ötürü geri çevrilmişti, hem de pek öyle ekonomik etkisinden değil yaratacağı siyasal yaratıcı yıkım korkusu yüzünden. Vespasianus'un endişesi siyasetle, halkı mutlu etmek ve kontrol altında tutmakla ilgiliydi. Roma *plebler*'inin meşgul ve itaatkâr olması sağlanmalıydı. Bu yüzden onlara sütun taşıma gibi işler vermek iyiydi. Bunlar halkı hoşnut tutmak için ücretsiz olarak düzenlenen göstermelik eğlencelerle tamamlanıyordu. Her iki örneğin de cumhuriyetin çöküşünün hemen sonrasına denk gelmesi anlamlıdır. Roma imparatorları değişimi engellemek için cumhuriyet devrinin yöneticilerinden çok daha fazla güce sahipti.

Teknolojik yeniliğin olmayışının bir başka önemli nedeni de köleliğin yaygınlığıydı. Romalıların kontrolündeki bölgeler genişledikçe muazzam sayıda insan köleleştirildi ve çoğunlukla büyük malikânelerde çalıştırılmak üzere İtalya'ya getirildi. Pek çok Roma yurttaşının çalışmaya ihtiyacı yoktu; devletten gelen yardımlarla geçimlerini sağlayabiliyorlardı. Yenilik nereden gelecekti? Daha önce tartıştığımız gibi yenilik, eski problemlere yeni çözümler getiren, yeni fikirlere sahip yeni insanlardan gelir. Roma'da üretimle meşgul olanlar köleler ve sonraları yarı-köle statüsündeki *colonus*'lardı. Herhangi bir yenilikten fayda sağlayan onlar değil efendileri olduğundan yenilik için çok az teşvike sahiplerdi. Bu kitapta pek çok kez göreceğimiz gibi, emek sömürüsüne dayalı ekonomilerle kölelik ve serflik gibi sistemlerin yenilikçi olmadığı herkesçe bilinir. Bu durum antik dünyadan modern çağa kadar geçerlidir. Örneğin Birleşik Devletler'de Sanayi Devrimi'nde rolü olan kuzeydeki eyaletlerdir, güneydekiler değil. Elbette kölelik ve serflik köle sahiplerine ve serfleri kontrol altında tutanlara olağanüstü zenginlik sağladı fakat teknolojik yenilik ya da toplum için refah üretmedi.

Vindolanda'dan yazan yok

MS 43'te Roma İmparatoru Cladius İngiltere'yi fethetti; fakat İskoçya'yı ele geçiremedi. Roma Valisi Agricola son bir nafile girişimde bulundu, fakat o da pes etti ve MS 85'te İngiltere'nin kuzey sınırını korumak için bir dizi kale inşa etti. Bunların en büyüklerinden biri Newcastle'ın 56 kilometre batısında bulunan ve Harita 11'de Roma İmparatorluğu'na ait toprakların kuzeybatı sınırında gösterilen Vindolanda'daydı. Daha sonra Vindolanda, İmparator Hadrianus'un inşa ettiği 137 kilometre uzunluğundaki savunma duvarına dahil edildi. Fakat MS 103'te bir Roma *centurion*'u olan Candidus'un atandığı sıralarda ıssız bir kaleydi. Candidus arkadaşı Octavius ile Roma garnizonunun ihtiyaçlarını karşılamakla meşguldü ve gönderdiği bir mektuba Octavius'tan şu yanıtı almıştı:

> Octavius'tan kardeşi Candidus'a selamlar.
>
> Sana çeşitli kereler beş bin modius[16] başak aldığımı ve bu yüzden nakde ihtiyacım olduğunu yazmıştım. Bana biraz nakit göndermezsen, en azından beş yüz dinar, depozit olarak yatırdığım üç yüz dinarı kaybedeceğim ve bu da beni utandıracak. Bu nedenle mümkün olan en kısa zamanda biraz nakit göndermeni rica ediyorum. Cataractonium'daki hayvan derileri ve yük arabasının bana verileceğini yazmıştın. Yollar bozuk olduğundan hayvanları sakatlamaktan korkuyorum, yoksa onları çoktan alırdım. Tertius'la Fatalis'ten aldığı 8,5 dinarı görüş. Onu henüz benim hesabıma geçirmedi. Bana nakit göndermeyi unutma ki hasat zamanı başaklarımı alabileyim.
>
> Spectatus ve Firmus'a selamlarımı ilet. Hoşçakal.

Candidus ile Octavius arasındaki yazışma Roma İngilteresi'nin ekonomik refah düzeyinin dikkate değer bazı yönlerini sergiliyor: Finansal hizmetler sunan ileri bir para ekonomisinin varlığını ortaya koyuyor. Bazen kötü durumda olsalar bile inşa edilmiş yolların olduğunu ve Candidus'un maaşını ödemek için vergi topla-

16. Antik Roma'da 8,73 litreye karşılık gelen hacim ölçüsü. (ç.n.)

yan bir mali sistemin bulunduğunu gösteriyor. En açık biçimde de, iki adamın da okuryazar olduğunu ve bir tür posta servisinden faydalanabildiklerini ortaya koyuyor. Ayrıca Roma İngilteresi seri halde üretilen yüksek kalitede çömlek işinden (özellikle Oxfordshire'da), hamamlara ve kamu binalarına sahip şehir merkezlerinden ve çatı için harç ve fayansın kullanıldığı inşaat tekniklerinden yararlanıyordu.

4. yüzyıla gelindiğinde bunların hepsinde gerileme söz konusuydu ve MS 411'den sonra Roma İmparatorluğu İngiltere'den vazgeçti. Birlikler geri çekildi, kalanlara maaşları ödenmedi ve Roma devleti dağılırken yöneticileri yerel nüfus tarafından sürüldü. MS 450'de tüm o ekonomik refah alametleri kaybolmuştu. Para tedavülden çekildi. Şehirler terk edildi, binaların taşları söküldü. Yollar otlarla kaplandı. Artık çömlekçilik seri imalata değil elişine dayanıyordu ve üstünkörüydü. Harcın nasıl kullanıldığı unutuldu ve okuryazarlık belirgin bir biçimde geriledi. Çatılar fayanslardan değil, ağaç dallarından yapılır hale geldi. Ve bir daha Vindolanda'dan yazan olmadı.

MS 411'den sonra İngiltere ekonomik bir çöküş geçirerek yoksul ve durgun bir yere dönüştü ve bu ilk kez olmuyordu. Önceki bölümde MÖ 9500 sıralarında Neolitik Devrim'in Ortadoğu'da nasıl başladığını görmüştük. Eriha ve Ebu Hureyre sakinleri küçük kasabalarda yaşayıp çiftçilikle uğraşırken İngiltere'de hâlâ avcı toplayıcı bir hayat hüküm sürüyordu ve en az bir 5.500 yıl kadar daha böyle kalacaktı. O zaman bile çiftçiliği ve hayvancılığı İngilizler icat etmediler; bunlar binlerce yıl boyunca Ortadoğu'dan tüm Avrupa'ya yayılan göçmenler tarafından dışarıdan getirildi. İngiltere sakinleri bu büyük yeniliklere yetişedursun Ortadoğu'dakiler şehirleri, yazıyı, çömlekçiliği icat ediyordu. MÖ 3500'de Mezopotamya'da, modern Irak'ta, Uruk ve Ur gibi büyük şehirler yükseliyordu. Uruk'un nüfusu MÖ 3500'de tahminen 14 bin kişiydi ve bu sayı çok yakında 40 bine çıkacaktı. Çömlekçi çarkı tekerli taşımacılıkla yaklaşık aynı zamanda Mezopotamya'da icat edildi. Bundan biraz sonra Mısır başkenti Memphis büyük bir şehir olarak yükseldi. Yazı her iki bölgede birbirinden bağımsız olarak ortaya çıktı. Mısırlılar MÖ 2500 sıralarında Giza'nın büyük piramitlerini inşa ederken İngilizler en ünlü antik anıtlarını, Stonehenge'deki taş çemberi diktiler. İngiliz standartlarına göre fena sayılmazdı; fakat içine Kral Khufu'nun piramidinin yanında gömülü merasim teknelerinden birini dahi sığmazdı. İngiltere Roma dönemine kadar ve bu dönem boyunca geride kalmayı ve Ortadoğu'dan ve Avrupa'nın geri kalanından öğrenmeyi sürdürdü.

Meşum tarihine rağmen, gerçekten katılımcı bir toplumun ilk kez ortaya çıktığı ve Sanayi Devrimi'nin başladığı yer İngiltere'ydi. Bu, daha önce tartıştığımız gibi küçük kurumsal farklılıklarla kritik dönemeçler arasındaki –örneğin Kara Ölüm ile Amerika'nın keşfi– bir dizi etkileşimin sonucuydu. İngilizlerin izlediği farklı rotanın tarihsel kökleri vardı fakat Vindolanda bu köklerin o kadar da derine inmediğini ve şüphesiz tarihsel olarak önceden belirlenmediğini gösteriyor. Bu kökler Neolitik Devrime kadar inmiyordu, hatta Roma hegemonyasındaki yüzyıllara kadar bile inmiyordu. MS 450'de, tarihçilerin Karanlık Çağ demeye alışkın oldukları dönemin başlangıcında, İngiltere yeniden açlık ve siyasal kaosa sürüklendi. Yüzlerce yıl boyunca İngiltere'de etkili bir merkezi devlet olmayacaktı.

Ayrılan yollar

Kapsayıcı kurumların yükselişi ve sonrasında İngiltere'deki sınai büyüme, doğrudan Roma kurumlarının (ya da daha öncekilerin) bir mirası olarak ortaya çıkmadı. Bu, Avrupa'nın büyük kısmını etkileyen büyük bir olay olan Batı Roma İmparatorluğu'nun yıkılışının hiçbir önemli sonucunun olmadığı anlamına gelmiyor. Avrupa'nın farklı bölgeleri aynı kritik dönemeçleri paylaştığından kurumları da benzer bir sürüklenme gösterdi, muhtemelen belirgin bir biçimde Avrupa'ya özgü bir yolla. Roma İmparatorluğu'nun yıkılışı bu ortak kritik dönemeçlerin hayati bir bölümünü oluşturuyordu. Avrupa'nın izlediği rota dünyanın Sahraaltı Afrika, Asya ve Amerika gibi aynı kritik dönemeçlerden geçmedikleri için kısmen farklı gelişim gösteren diğer bölgelerindeki başka rotalarla zıtlık gösterir.

Roma İngilteresi birdenbire çöktü. Bu İtalya ya da Roma Galyası (modern Fransa) için daha az geçerliydi, hatta çoğu eski kurumun bir şekilde varlığını sürdürdüğü Kuzey Afrika için bile. Yine de hiç şüphe yok ki tek bir Roma devletinden Franklar, Vizigotlar, Ostrogotlar, Vandallar ve Burgondiyalılardan oluşan kalabalık bir devletler grubuna geçiş ciddi bir değişimdi. Bu devletlerin güçleri kıyaslanmayacak ölçüde zayıftı ve periferilerinden gelen art arda saldırılarla örselenmişlerdi. Kuzeyden uzun tekneleriyle Vikingler ve Danimarkalılar geldi. Doğudan Hun süvarileri. Nihayet, Muhammed'in ölümünden sonraki yüzyılda İslam'ın bir din ve bir siyasal güç olarak ortaya çıkışı Bizans İmparatorluğu'nun büyük bölümünde, Kuzey Afrika'da ve İspanya'da İslam devletlerinin oluşmasına yol açtı. Bu ortak süreçler Avrupa'yı sarstı ve bunların ardından çoğunlukla feodal olarak adlandırılan belirli bir toplum tipi doğdu. Feodal toplum güçlü merkezi devletler –Charlemagne gibi hükümdarlar onları yeniden bir araya getirmek için uğraşsa da– zayıf düştüğü için adem-i merkeziyetçiydi ve esasen lordlar, vassallar ve serfler arasındaki ilişkiye dayanıyordu.

Zorunlu işgücüne dayalı feodal kurumlar açık bir biçimde sömürücüydüler ve Ortaçağ boyunca Avrupa'da uzun süreli sömürücü bir yavaş büyüme döneminin temelini oluşturdular. Fakat aynı zamanda sonraki gelişmeler için büyük önem taşıyorlardı. Örneğin, kırsal nüfusun serf statüsüne indirgenmesi sırasında Avrupa'da kölelik ortadan kalktı. Elitler kırsal nüfusun tamamının serflik statüsüne indirgeme imkânı bulduğunda daha önceki tüm toplumlarda olduğu gibi ayrı bir köle sınıfına gerek görmemişlerdi. Feodalizm ayrıca üretim ve ticarette uzmanlaşan bağımsız şehirlerin gelişebildikleri bir iktidar boşluğu da yarattı. Fakat Kara Ölüm'ün ardından güç dengesi değişip Batı Avrupa'da serflik çökmeye başladığında sahne köleliğin olmadığı çok daha çoğulcu bir toplum için hazırdı.

Feodal topluma yol açan kritik dönemeçler farklıydı, fakat tamamen Avrupa'yla sınırlı değildi. Bu durum Etiyopya örneğinde görülebilir. Etiyopya, MÖ 400'lerde bu ülkenin kuzeyinde kurulan Aksum Krallığı'nın ardılıdır. Aksum zamanına göre gelişmiş bir krallıktı; Hindistan, Arabistan, Yunanistan ve Roma İmparatorluğu'yla ticaret yapıyordu. Pek çok yönden Doğu Roma İmparatorluğu'yla mukayese edilebilirdi. Para kullanıyordu, anıtsal kamu binaları ve yollar inşa ediyordu ve mesela tarım ve gemicilikte oldukça benzer bir teknolojiye sahipti. Ayrıca Aksum ve Roma arasında ilgi çekici ideolojik paralellikler mevcuttu. MS 312'de Roma İmparatoru Constantinus, Aksum Kralı Ezana'yla hemen hemen aynı zamanda Hıristiyan oldu. Harita 12, tarihi Aksum devletinin günümüz Etiyopya ve Eritre'si içindeki konumunu ve Kızıldeniz'in diğer yanında, Suudi Arabistan ve Yemen'de bulunan ileri karakollarını gösteriyor.

Roma İmparatorluğu'nun gerilediği sıralarda Aksum da geriledi ve gerilerken Batı Roma İmparatorluğu'nunkine benzer bir kalıbı takip etti. Roma'nın gerileyişinde Vandalların ve Hunların üstlendiği rolü 7. yüzyılda Kızıldeniz'e ve Arabistan Yarımadası'na

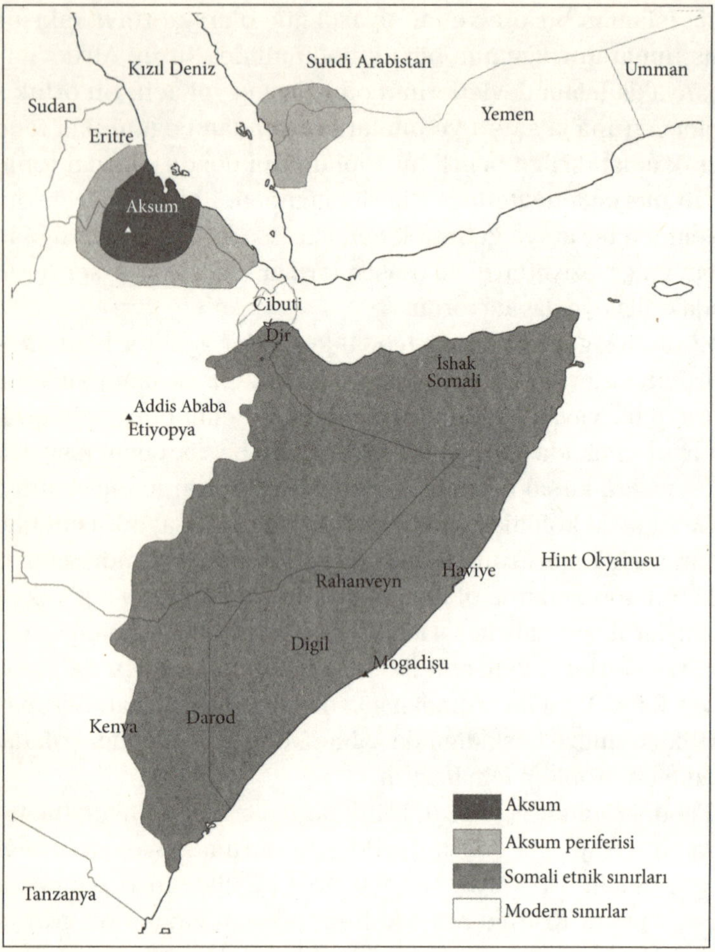

Harita 12: Aksum İmparatorluğu ve Somali klan aileleri.

yayılan Araplar üstlenmişti. Aksum Arabistan'daki sömürgelerini ve ticaret yollarını kaybetti. Bu ekonomik gerilemenin hızlanmasına yol açtı: Madeni para basımı durdu, şehir nüfusu azaldı ve devletin merkezi ülkenin iç kesimine ve modern Etiyopya'nın dağlık bölgelerine kaydı.

Avrupa'da feodal kurumlar merkezi devlet otoritesinin çöküşüyle ortaya çıktı. Etiyopya'da da imparatorun toprak tahsis etmesini içeren *gult* adında bir sisteme dayalı olarak aynı şey oldu. 13. yüzyıla ait elyazmalarında bu kurumun adı geçiyordu fakat kökeni çok daha eskiye dayanıyor olabilir. *Gult* terimi "ona bir fief tahsis edildi" anlamına gelen Amharca bir sözcükten türemişti. Terim *gult* sahibinin toprak karşılığında imparatora hiz-

mellere dayalı kapsayıcı kurumlarına yol açtığı söylenemez. Aslına bakılırsa bu kurumların ilk kez ve en güçlü haliyle ortaya çıktığı yer, Roma hâkimiyetinin en zayıf olduğu ve MS 5. yüzyılda ardında neredeyse hiçbir iz bırakmadan tümüyle ortadan kalktığı İngiltere'ydi. Oysa 4. bölümde tartıştığımız gibi, tarih kurumsal farklılıklara yol açan kurumsal sürüklenme vasıtasıyla çok büyük bir rol üstlenir. Fakat bazen bu farklılıklar çok küçüktür, o zaman da kritik dönemeçlerle etkileşime girerek büyürler. Bu farklılıklar genellikle küçük olduğundan rahatlıkla tersine dönebilir ve mutlaka basit bir birikimsel sürecin sonucunda ortaya çıkması gerekmez.

Elbette, Roma'nın Avrupa üzerinde uzun ömürlü etkileri oldu. Roma hukuku ve kurumları, Batı Roma İmparatorluğu'nun çöküşünün ardından barbarların kurdukları krallıkların hukuk sistemlerini ve kurumlarını etkiledi. Ayrıca feodal sistemin içinde gelişen adem-i merkeziyetçi siyasal ortamı yaratan da yine Roma'nın çöküşüydü. Köleliğin kalkması ve bağımsız şehirlerin ortaya çıkışı bu sürecin uzun ve sürüncemeli (ve elbette tarihsel olarak olumsal) yan ürünleriydi. Kara Ölüm feodal toplumu derinden sarstığında bunlar bilhassa önem taşır hale geldi. Kara Ölüm'ün küllerinden daha güçlü kasaba ve şehirler doğarken, toprakla bağını koparan köylü sınıfı feodal yükümlülüklerden kurtuldu. Tüm Avrupa'yı Sahraaltı Afrika, Asya ya da Amerika'yla hiçbir paralellik göstermeyecek şekilde etkileyen güçlü bir kurumsal sürüklenmeye neden olan kesinlikle Roma İmparatorluğu'nun çöküşüyle ortaya çıkan bu kritik dönemeçlerdir.

16. yüzyıla gelindiğinde Avrupa kurumsal bakımdan Sahraaltı Afrika ve Amerika'dan belirgin bir biçimde farklılaşmıştı. Hindistan ya da Çin'in en görkemli Asya uygarlıklarından daha zengin olmasa da Avrupa bazı kritik hususlarda bu devletlerden ayrılıyordu. Örneğin daha önce bu bölgede görülmemiş türden temsili kurumlar geliştirmişti. Bunlar kapsayıcı kurumların gelişiminde kritik bir rol üstlenecekti. Sıradaki iki bölümde göreceğimiz gibi, Avrupa için asıl önemli olan bu küçük kurumsal farklılıklardı ve bunlar İngiltere'nin lehineydi çünkü feodal sistemin ticaret kafasına sahip çiftçilere ve tüccarlar ile sanayicilerin serpilebileceği bağımsız şehir merkezlerine en kapsamlı biçimde alan açacağı yer orasıydı. Bu gruplar çoktan daha güvenilir mülkiyet hakları, farklı ekonomik kurumlar ve monarşilerinden söz hakkı talep etmeye başlamışlardı. Tüm bu süreç 17. yüzyılda doruk noktasına ulaşacaktı.

7

Dönüm noktası

Sorun haline gelen çoraplar

1583'te William Lee, Cambridge Üniversitesi'ndeki çalışmalarını bırakarak rahip olmak için Calverton-İngiltere'ye döndü. I. Elizabeth yakınlarda bir karar çıkararak halkının her daim örgü başlık takmasını zorunlu kılmıştı. Lee şöyle yazıyor: "Bu tür giyim eşyalarını üretmenin tek yolu örgücülerden geçiyordu fakat ürünü bitirmek çok zaman alıyordu. Düşünmeye başladım. Akşamın alacakaranlığında oturmuş örgü şişleriyle iş gören annemle kız kardeşimi izledim. Eğer giyecekler iki örgü şişi ve bir sıra iplikle yapılıyorsa neden ipliği alan birkaç örgü şişi olmasın diye düşündüm."

Bu çığır açıcı düşünce tekstil üretiminin mekanizasyonunun başlangıcıydı. Lee insanları el örgücülüğünün bitmez tükenmez zahmetinden kurtaracak bir makine yapmayı saplantı haline getirdi. O zamanları şöyle hatırlayacaktı: "Kiliseye ve aileme karşı görevlerimi ihmal etmeye başladım. Makinemi ve onu nasıl yapacağımı düşünmek beni yiyip bitiriyordu."

En sonunda, 1589'da örgü makinesi hazırdı. William Lee, makinenin ne kadar işe yarayacağını gösterip başkalarının tasarımını taklit etmesini engelleyecek bir patent istemek için I. Elizabeth'le (1558–1603) bir görüşme yapabilme umuduyla Londra'ya gitti. Makineyi kurmak için bir bina kiraladı ve kendi bölgesinin parlamento üyesi Richard Parkyns'in yardımıyla Kraliçe'nin Danışma Meclisi üyesi Henry Carey, Lord Hunsdon'la tanıştı. Carey Kraliçe Elizabeth'in gelip makineyi görmesi için bir buluşma ayarladı; fakat kraliçenin tepkisi üzücüydü. Lee'ye patent vermeyi kabul etmediği gibi, ona "Hedefiniz çok yüksek Efendi Lee. Bir düşünün icadınızın zavallı kullarıma neler yapabileceğini. İşlerini ellerinden alarak mutlak surette yıkımın eşiğine getirir ve böylece hepsini dilenciye çevirir" diyerek karşılık verdi. Mahvolan Lee şansını denemek için Fransa'ya gitti; fakat orada da başarısızlığa uğradı. Ardından İngiltere'ye dönerek Elizabeth'in halefi I. James'ten (1603-1625) patent istedi. James de Elizabeth ile aynı gerekçelerden ötürü patent vermeyi reddetti. İkisi de çorap üretiminin mekanizasyonunun siyasal istikrarsızlığa yol açacağından endişe etmişti. İnsanları işlerinden edecek, işsizlik ve siyasal istikrarsızlık yaratacak ve kraliyetin gücünü tehdit edecekti. Örgü makinesi muazzam bir verimlilik artışının yanı sıra yaratıcı yıkım da vaat eden bir yenilikti.

Lee'nin parlak icadına gösterilen reaksiyon bu kitabın temel fikirlerinden birini yansıtmaktadır. Yaratıcı yıkım korkusu, Neolitik Devrim ile Sanayi Devrimi arasında yaşam standartlarında sürdürülebilir bir artışın olmayışının ardındaki esas nedendir. Teknolojik yenilikler toplumları müreffeh hale getirir fakat aynı zamanda eskinin yerine yeninin geçmesine ve belirli insanların ekonomik ayrıcalıklarının ve siyasal güçlerinin yok olmasına da yol açar. Sürdürülebilir ekonomik büyüme için genellikle Lee gibi yeni insanlardan gelen yeni teknolojilere, yeni yöntemlere ihtiyaç duyarız. Teknolojik yenilik toplumu refaha taşıyabilir fakat başlattığı yaratıcı yıkım süreci, Lee'nin teknolojisiyle işsiz kalacak el örgücüleri gibi eski teknolojilerle çalışanların geçimini tehlikeye atar. Daha da önemlisi, Lee'nin makinesi gibi büyük yenilikler siyasal gücün yeniden şekillendirilmesi tehlikesi de yaratırlar. Nihayet, Elizabeth ve James'in patente karşı çıkmalarının nedeni Lee'nin makinesi yüzünden işsiz kalabilecek insanların kaderleriyle alakadar olmaları değildi, bu icadın siyasal istikrarsızlık yaratıp iktidarlarını tehlikeye sokarak onları yerlerinden etmelerinden, siyaseten kaybetmekten korkmalarıydı. Luddistler örneğinde gördüğümüz üzere el örgücüleri gibi işçilerin direnişlerini kırmak çoğu zaman mümkündü. Fakat elitler, hele de siyasal güçleri tehlikeye girdiğinde, yeniliğin önünde çok daha zorlu bir engel oluşturuyordu. Yaratıcı yıkım nedeniyle kaybedecek daha fazla şeye sahip olmaları yalnızca yeni teknolojileri hayata geçirenlerin onlar olmayacağı anlamına gelmiyordu, aynı zamanda genellikle bu tür yeniliklere direnecekleri ve durdurmaya çalışacakları anlamına da geliyordu. Bu nedenle, toplumların radikal yenilikler yapmaları için yeni insanlara ihtiyaç duymalarının yanı sıra bu yeni insanların ve neden oldukları yaratıcı yıkımın da çoğu zaman çeşitli direniş odaklarının –güçlü hükümdarlar ve elitler de dahil– üstesinden gelmeleri gerekir.

Sömürücü kurumlar 17. yüzyıl İngiltere'sine kadar tüm tarih boyunca normdu. Son iki bölümde gösterildiği gibi bu kurumların ekonomik büyüme ürettikleri zamanlar da olmuştu; özellikle de Venedik ve Roma'da olduğu gibi kapsayıcı unsurlar taşıdıklarında. Fakat yaratıcı yıkıma izin vermemişlerdi. Sağladıkları büyüme sürdürülebilir değildi ve yeni teknolojilerin olmayışı, sömürüden fayda sağlamak için çıkan siyasal iç çatışmalar ya da Venedik'te olduğu gibi, henüz olgunlaşmamış kapsayıcı unsurların en sonunda tersine dönmesi nedeniyle sona ermişti.

Ebu Hureyre'deki Natufian köyündeki ortalama yaşam süresi muhtemelen Antik Roma yurttaşlarınınkinden pek farklı değildi. Sıradan bir Romalının ortalama yaşam süresi 17. yüzyıldaki ortalama bir İngiliz yurttaşınınkine oldukça yakındı. Gelir durumu bakımından ise, MS 301'de Roma İmparatoru Diocletianus çeşitli tipte işçilere ödenecek ücretlerin listelendiği Tavan Fiyatlar Fermanı'nı ilan etmişti. Diocletianus'un ücret ve fiyatlarının ne ölçüde iyi uygulanabildiğini tam olarak bilemiyoruz fakat iktisat tarihçisi Robert Allen onun hükmünü vasıfsız bir işçinin yaşam standartlarını belirlemek için kullandığında, bu işçilerin yaşam standartlarının 17. yüzyılda İtalya'da çalışan vasıfsız işçilerinkiyle neredeyse aynı olduğunu buldu. Daha kuzeyde, İngiltere'de, zaten yüksek olan ücretler daha da artıyor ve bazı şeyler değişmeye başlıyordu. İşte bu bölümün konusu da bunun nasıl meydana geldiği.

Kadim siyasal çatışma

Kurumlar ve kaynakların dağılımı üzerine çatışma tarihin her döneminde yaygındır. Örneğin, siyasal çatışmanın Antik Roma'nın ve Venedik'in evrimini nasıl şekillendirdiğini daha önce görmüştük; bu çatışma en nihayetinde iktidar üzerindeki nüfuzunu artırmayı başaran elitin lehine sonuçlanmıştı.

İngiliz tarihi de monarşi ile tebaası arasındaki çatışmalarla, iktidar için savaşan fraksiyonların çatışmalarıyla ve elitler ile yurttaşlar arasındaki çatışmalarla doludur. Fakat netice her zaman iktidardakini güçlendirecek şekilde olmamıştır. 1215'te baronlar, yani kralın altındaki elit tabaka Kral John'a kafa tutarak ona Runnymede'de (bkz. Harita 9) Magna Carta'yı (Büyük Ferman) imzalattılar. Bu belge, kralın otoritesine meydan okuyan bazı temel ilkeleri yasalaştırdı. En önemlisi, kralın vergileri yükseltmek için baronlara danışmasını zorunlu hale getirdi. 61. madde en çekişmeli olanıydı, şöyle diyordu: "Krallığımızın sınırları içerisinde bulunan baronlar kendi aralarından diledikleri 25 kişiyi seçecekler ve bu 25 kişi tüm güçleriyle, halihazırdaki bu fermanla kendilerine bağışladığımız ve teyit ettiğimiz barışı ve özgürlükleri uygulayacak, bunlara uyacak ve karşı tarafın da uymasını sağlayacaklardır." Esas itibarıyla, baronlar kralın fermanı uyguladığından emin olmak için bir meclis oluşturacaktı ve uygulamaması halinde bu 25 baron kalelere, topraklara ve servete el koymaya hak sahibi olacaktı, "ta ki, [yasal] değişikliklerin yapıldığına onlar kani olana dek." Kral John, Magna Carta'dan hoşlanmamıştı, baronlar dağılır dağılmaz da Papa'ya fermanı feshettirdi. Fakat hem baronların siyasal gücü hem de Magna Carta'nın etkisi devam etti. İngiltere çoğulculuğa doğru ilk ikircikli adımını atmıştı.

Kurumlar üzerine çatışma devam etti ve 1265'te seçimle gelen ilk parlamento monarşinin gücünü daha da sınırlandırdı. Parlamentonun üyeleri, Roma'nın Pleb Meclisi'nin ya da günümüzün seçime dayalı yasama organlarının aksine, ilk başta feodal soylular ve daha sonra ülkenin şövalyeleri ve varlıklı aristokratlarıydı. İngiliz Parlamentosu elitlerden oluşmasına rağmen iki ayırt edici özellik geliştirdi. Birincisi, yalnızca krala yakın elitleri temsil etmekle kalmıyordu, ticaret ve sanayi gibi farklı uğraş alanlarından küçük aristokratlar ve daha sonra tüccarlardan ve sınıf atlayan çiftçilerden oluşan yeni bir sınıf olan "eşraf" gibi farklı çıkarlara sahip grupları da temsil ediyordu. Böylelikle parlamento toplumda oldukça geniş bir koalisyonu yetkilendirmiş oldu; özellikle de o zamanın standartları göz önünde tutulduğunda. İkincisi, büyük ölçüde ilk özelliğin bir sonucu olarak, pek çok parlamento üyesi monarşinin gücünü artırma girişimlerine mütemadiyen karşı çıktı ve önce İngiliz İç Savaşı'nda ardından Görkemli Devrim'de monarşiye karşı savaşanlara dayanak noktası oluşturdular.

Monarşinin güçleri ve kimin kral olacağı üzerine siyasal çatışma Magna Carta'ya ve seçimle gelen ilk parlamentoya rağmen devam etti. Bu elitlerin iç hesaplaşması Güller Savaşı'yla; krallığa talip iki aile olan Lancaster ve York hanedanları arasındaki uzun düelloyla sonuçlandı. Lancaster hanedanı galip gelirken tahta aday gösterdikleri Henry Tudor 1485'te VII. Henry oldu.

Kralın gücünü sınırlamaya yönelik yeni adımlar bu zamanda yaşanan tek önemli siyasi gelişme değildi. Birbiriyle ilişkili iki süreç daha cereyan etti. İlki, Tudorlarla başlayan artan siyasal merkeziyetti. 1485'in ardından VII. Henry aristokrasiyi silahsızlandırdı, askeri işlevlerine son verdi ve böylece merkezi devletin gücünü muazzam ölçüde artırdı. Ardından oğlu VIII. Henry, başbakanı

Thomas Cromwell sayesinde hükümette bir devrim yaptı. Cromwell 1530'larda bürokratik bir devletin tohumlarını attı. Hükümet, kralın "özel evi" olmak yerine ayrı bir daimi kurumlar dizisine dönüşebilirdi. Bunu VIII. Henry'nin Roma Katolik Kilisesi'yle yollarını ayırması ve Kilise'nin tüm topraklarına el koymasını sağlayan "Manastırların Feshi" tamamladı. Kilise otoritesinin ortadan kaldırılması devleti daha merkezi bir hale getirme sürecinin parçasıydı. Devlet kurumlarının merkezileştirilmesi ilk kez kapsayıcı kurumların mümkün hale gelmesi anlamını taşıyordu. VII. Henry ve VIII. Henry'nin başlattığı bu süreç yalnızca devlet kurumlarını merkezileştirmekle kalmadı, daha geniş tabanlı bir siyasal temsil talebini de artırdı. Aslına bakılırsa siyasal merkeziyet süreci bir mutlakıyet biçimine yol açabilir; çünkü kral ve yandaşları toplumdaki diğer güçlü grupları ezebilirler. 3. bölümde gördüğümüz gibi, aslında devletin merkezileşmesine muhalefet edilmesinin nedenlerinden biri de budur. Yine de, bu kuvvetin aksine, devlet kurumlarının merkezileştirilmesi Tudor İngilteresi'nde olduğu gibi başlangıç aşamasındaki bir çoğulculuk biçimi için de talep doğurabilir. Baronlar ve yerel elit siyasal gücün giderek daha merkezi hale geldiğini ve bu süreci durdurmanın zor olduğunu fark ettiklerinde merkezi gücün nasıl kullanılacağı hakkında söz hakkı talep edeceklerdir. Bu durum, İngiltere'de geç 15. ve 16. yüzyılda parlamentoyu kraliyetin gücünü dengelemek için bir karşı güç olarak kullanmak ve devletin işleyişini kısmen kontrol edebilmek için bu grupların büyük çaba sarf etmelerine yol açtı. Böylece Tudor projesi kapsayıcı kurumların payandalarından biri olan siyasal merkeziyetçiliği başlatmakla kalmadı, aynı zamanda kapsayıcı kurumların diğer bir payandası olan çoğulculuğa da dolaylı yoldan katkıda bulundu.

Siyasal kurumlardaki bu gelişmeler toplum doğasındaki diğer büyük değişimler çerçevesinde cereyan etti. Özellikle dikkate değer olansa, monarşi ve siyasal elite baskı yapabilen grupların genişlemesine yol açan siyasal çatışmanın büyümesiydi. Bunların en önemlisi, sonrasında İngiliz elitinin ardı ardına halk ayaklanmalarıyla sarsılacağı 1381'deki Köylü İsyanı'ydı. Siyasal iktidarın yeniden bölüşümü artık basitçe kral ile lordlar arasında değil, aynı zamanda elit ile halk arasında gerçekleşiyordu. Bu değişiklikler kralın yetkilerindeki sınırlandırmalarla birlikte mutlakıyet karşıtı geniş tabanlı bir koalisyonun ortaya çıkmasını mümkün kıldı ve böylelikle çoğulcu siyasal kurumların temellerini attı.

İtirazlara rağmen, Tudorların devraldığı ve sürdürdüğü siyasal ve ekonomik kurumlar açık bir biçimde sömürücüydü. VIII. Henry'in kızı, İngiltere tahtına 1558'de çıkan I. Elizabeth, 1603'te ardında çocuk bırakmadan öldü ve Tudorların yerini Stuart hanedanı aldı. Stuartların tahta çıkardıkları ilk kral olan I. James yalnızca bu kurumları değil, bunlar için sürdürülen çatışmaları da devralmıştı. James mutlakıyetçi bir hükümdar olma arzusundaydı. Devletin daha merkezi bir hale gelmiş olmasına ve sosyal değişimin siyasal iktidarı toplum içinde yeniden bölüştürmesine rağmen, siyasal kurumlar henüz çoğulcu nitelikte değildi. Sömürücü kurumlar ekonomide kendilerini yalnızca Lee'nin icadına karşı çıkarak değil, tekeller ve daha da fazla tekeller biçiminde belli ettiler. 1601'de bu tekellerin bir listesi Parlamentoda yüksek sesle okunduğunda üyelerden biri ironiyle "Ekmek yok mu orada?" diye sormuştu. 1621'e gelindiğindeyse sayıları 700'e ulaşmıştı. İngiliz tarihçi Christopher Hill'in ifade ettiği gibi, insanlar,

> Tekel tuğlalarından yapılmış [...] tekel camlarından pencereleri olan (tekel ürünü İrlanda kerestesinden) evlerde yaşıyor, tekel demirinden yapılma ocaklarda tekel kömürüyle ısınıyordu [...] Tekel sabunuyla yıkanıyor, giysilerini tekel kolasıyla kolalıyordu. Tekel dantelinden, tekel keteninden, tekel derisinden, tekel sırma telinden elbiseler giyiyordu [...] Elbiselerini tekel kemerleri, tekel düğmeleri ve tekel iğneleriyle tutturuyordu. Bu elbiseler tekel boyasıyla boyanıyordu. Tekelin yağını, tekelin kuşüzümünü, tekelin tütsülenmiş ringa balığını, tekelin somonunu ve tekelin ıstakozunu yiyordu. Yiyecekleri tekel tuzuyla, tekel biberiyle ve tekel sirkesiyle tatlandırıyordu [...] Tekel kalemiyle tekel kâğıdına yazıyor, (tekel mumlarının ışığında tekel gözlükleriyle) tekelin bastığı kitaplar okuyordu.

Bu tekeller ve daha niceleri, çok sayıda ürünün yegâne üretim hakkını belirli kişi ya da gruplara veriyordu. Ekonomik refah için hayati önem taşıyan yetenek dağılımını engelliyorlardı.

Hem I. James hem de oğlu ve halefi I. Charles monarşiyi güçlendirme, parlamentonun etkisini azaltma ve İspanya ile Fransa'dakilere benzer mutlakıyetçi kurumlar inşa edip bunları daha da sömürücü hale getirerek kendilerinin ve elitin ekonomi üzerindeki kontrolünü artırma hevesindeydiler. I. James ile parlamento arasındaki çatışma 1620'lerde doruk noktasına ulaştı. Bu çatışmanın merkezinde hem denizaşırı hem de Britanya Adaları arasındaki ticaretin kontrolü meselesi vardı. Kraliyetin tekel hakkı bağışlama yetkisi devlet gelirinin en önemli kaynaklarından biriydi ve genellikle kralın destekçilerine münhasır haklar tanımak için kullanılıyordu. Beklenebileceği gibi, piyasaya yeni girişleri engelleyen ve piyasanın işleyişini kısıtlayan bu sömürücü kurum aynı zamanda ekonomik faaliyet ve parlamentonun pek çok üyesinin çıkarları için de son derece sakıncalıydı. 1623'te parlamento I. James'i yeni yerli tekeller oluşturmaktan men eden Tekel Kanunu'nu geçirerek önemli bir başarı elde etti. Fakat parlamentonun uluslararası ilişkilerde yetkisi olmadığından James uluslararası ticarette tekel hakkı bağışlamaya devam edebilecekti. Mevcut tekeller ise uluslararası olsun olmasın olduğu gibi kalacaktı.

Parlamento düzenli bir biçimde toplanmıyordu ve oturumlar için kralın çağrıda bulunması gerekliydi. Magna Carta'nın ardından ortaya çıkan düzene göre yeni vergilerin onaylanması için kralın parlamentoyu toplantıya çağırması gerekiyordu. 1625'te tahta geçen I. Charles 1629'dan sonra parlamentoyu toplantıya çağırmayı reddetti ve I. James'in izinden giderek daha katı bir mutlakıyetçi rejim inşa etmeye yoğunlaştı. Zorunlu kredi uygulaması başlatarak insanları kendisine "borç" vermeye mecbur bıraktı, fakat kredinin şartlarını tek taraflı olarak değiştirerek borçlarını ödemeyi reddetti. Tekel Kanunu'nun ona bıraktığı tek alanda, yani uluslararası ticaret girişimlerinde tekeller oluşturdu ve bunları sattı. Ayrıca yargının bağımsızlığını zedeledi ve hukuki davaların sonuçlarına müdahale etmeye çalıştı. Pek çok para cezası ve harç uygulaması başlattı. Bunların en tartışmalı olanı 1634'te Kraliyet Donanması'nı desteklemeleri için kıyısı olan vilayetlerden alınmaya başlanan "gemi parası" idi; 1635'te iç kesimlerdeki vilayetler de bu harç kapsamına alınacaktı. Gemi parası 1640'a kadar her yıl tahsil edildi.

Charles'ın giderek artan mutlakıyetçi tutumu ve sömürücü politikaları tüm ülkede kızgınlık ve direnişe yol açtı. Charles 1640'da İskoçya'yla çatışma yaşadı ve cepheye sürmek için düzgün bir ordu kuracak parası olmadığından daha fazla vergi istemek için parlamentoyu toplamak zorunda kaldı. "Kısa Parlamento" denen bu parlamentonun yalnızca üç haftalık bir ömrü oldu. Londra'ya gelen parlamenterler vergi hakkında konuşmayı reddettiler fakat Charles onları azledinceye dek pek çok şikâyeti dile getirdiler. Charles'ın ülkeden destek görmediğini fark eden İskoçlar İngiltere'ye saldırıp Newcastle şehrini işgal etti. Müzakereleri başlatan Charles, İskoçların parlamentonun da bu müzakerelere katılması talebiyle karşılaştı. Bu durum Charles'ı 1649'a kadar oturumlara devam ettiği için "Uzun Parlamento" olarak bilinen ve Charles talep ettiğinde dahi dağılmayı reddeden parlamentoyu toplamaya razı etti.

Parlamento içinde kraliyet yanlısı pek çok üye olmasına rağmen 1642'de Charles ve parlamento arasında İç Savaş patlak verdi. Çatışmalar, ekonomik ve siyasal kurumlar için verilen mücadeleyi yansıtıyordu. Parlamento mutlakıyetçi siyasal kurumlara bir son vermek isterken kral bunları daha da güçlendirmek istiyordu. Bu çatışmaların temelinde yatansa ekonomik nedenlerdi. Birçokları kraliyeti destekledi çünkü kendilerine kârlı tekeller bahşedilmişti. Örneğin Shrewsbury ve Oswestry'nin zengin ve güçlü tüccarlarının kontrolündeki yerel tekeller, kraliyet tarafından Londralı tüccarların rekabetinden korunuyordu. Bu tüccarlar I. Charles'ın tarafını tutuyordu. Öte yandan, metalürji sanayii Birmingham'da filizlenmişti; çünkü orada tekeller zayıftı ve bu sektöre yeni girenler ülkenin diğer kesimlerinde olduğu gibi yedi yıllık bir çıraklıktan geçmek zorunda kalmıyorlardı. İç Savaş boyunca kılıç imal ettiler ve parlamentonun tarafını tutan gönüllüleri oluşturdular. Benzer biçimde, Lancashire vilayetinde loncalara ilişkin bir düzenlemenin olmayışı 1640'tan önce yeni bir hafif giysi tarzının, "Yeni kıyafetler"in gelişimine olanak tanıdı. Bu giysilerin üretiminin yoğunlaştığı bölge, Lancashire'ın parlamentoyu destekleyen tek bölgesiydi.

Oliver Cromwell önderliğindeki parlamenterler –saç kesimlerinden ötürü "Roundheads" olarak biliniyorlardı– Cavaliers olarak bilinen kralcıları yenilgiye uğrattı. Charles 1649'da yargılandı ve idam edildi. Yine de, yenilgisi ve monarşinin feshedilmesi, kapsayıcı kurumların ortaya çıkışıyla sonuçlanmadı. Bunun yerine, oligarşinin yerini Oliver Cromwell'in diktatörlüğü aldı. Cromwell'in ölümünün ardından 1660'da monarşi yeniden tesis edildi ve 1649'dan beri mahrum bırakıldığı pek çok ayrıcalığı iade edildi. Daha sonra Charles'ın oğlu II. Charles İngiltere'de mutlakıyetçiliğin tesis edilmesine yönelik programı uygulamaya koydu. 1685'te Charles'ın ölümüyle tahta geçen kardeşi II. James bu girişimleri daha da yoğunlaştırdı. 1688'de James'in mutlakıyetçiliği yeniden kurma girişimi başka bir krize ve başka bir iç savaşa neden oldu. Ancak bu defa parlamento birbirine daha çok kenetlenmişti ve daha örgütlüydü. James'in yerine geçmesi için Hollanda Genel Valisi III. William'ı ve eşi Mary'yi (James'in Protestan kızı) davet ettiler. William beraberinde bir ordu getirerek, ülkeyi mutlakıyetçi bir monarşiyle değil, parlamentonun kuracağı anayasal bir monarşiyle yönetmek için taht üzerinde hak iddia etti. William'ın Devon'daki Brixham'da (bkz. Harita 9) Britanya Adaları'na adım atmasından iki ay sonra James'in ordusu dağıldı ve kendisi de Fransa'ya kaçtı.

Görkemli Devrim

Görkemli Devrim'in zaferinin ardından parlamento ve William yeni bir anayasa müzakere ettiler. William'ın işgalden kısa bir süre önce yaptığı "Deklarasyon" değişikliklerin habercisiydi. Parlamento tarafından 1689 Şubatı'nda hazırlanan Haklar Bildirgesi'yle bu değişiklikler kutsandı. Deklarasyon, William'a tacın teklif edildiği oturumda okundu. Deklarasyon, birçok yönden belirsizlik taşıyordu. Yine de hayati öneme sahip bazı temel anayasal ilkeler oluşturdu. Tahta nasıl geçileceğini belirledi; bu, kalıtsal ilkelere dayalı daha önceki uygulamadan önemli ölçüde farklıydı. Eğer parlamento geçmişte bir hükümdara el çektirip yerine beğendiği başka bir hükümdarı koyabilmişse bunu neden bir kez daha yapmasındı? Haklar Bildirgesi ayrıca hükümdarın yasaları iptal edemeyeceğini ya da kendisinin yasa hazırlayamayacağını da belirtti ve parlamentonun izni olmadan vergi koymanın yasadışı olduğunu tekrar vurguladı. Buna ek olarak, İngiltere'de parlamentonun izni olmaksızın daimi bir ordunun olamayacağını beyan etti. Belirsizlik "Parlamento üyelerinin seçimi serbest olmalıdır" diyen fakat "özgürlük" kavramının nasıl tanımlanacağı konusuna açıklık getirmeyen 8. madde gibi maddelerle başladı. Özü itibarıyla parlamentonun sık sık toplanması gerektiğini söyleyen 13. madde ise daha da belirsizdi. Parlamentonun toplanıp toplanmayacağı, toplanırsa ne zaman toplanacağı tüm yüzyıl boyunca ihtilaflı bir konu olarak kaldığından bu maddenin çok daha detaylı olması beklenebilirdi. Her şeye rağmen bu belirsiz ifade tarzının nedeni açıktır. Maddelerin uygulanması bir zorunluluktu. II. Charles'ın hükümdarlığı boyunca parlamentonun en az üç yılda bir toplanması gerektiğini ileri süren bir "Triennial Act" yürürlükteydi. Fakat Charles bunu görmezden geldi ve hiçbir şey olmadı; çünkü bunu uygulamak için bir yöntem yoktu. 1688'in ardından parlamento bu maddenin uygulanabilmesi için bir yöntem bulmaya çalışabilirdi çünkü Kral John'un Magna Carta'yı imzalamasından sonra baronların kendi meclisleriyle işleri kalmamıştı. Bir yöntem bulmadılar, çünkü buna ihtiyaçları yoktu. Bunun nedeni ise otoritenin ve karar alma gücünün 1688'den sonra parlamentoya geçmiş olmasıydı. William belirli anayasal kurallara ya da yasalara bile gerek kalmadan kendisinden önceki kralların pek çok uygulamasını terk etti. Yargının kararlarına müdahale etmekten ve ömür boyu gümrük vergisi almak gibi önceki "haklarından" vazgeçti. Birlikte ele alındığında siyasal kurumlardaki bu değişiklikler parlamentonun kral üzerindeki zaferini ve böylece önce İngiltere'de ardından Büyük Britanya'da (İngiltere ve İskoçya 1707'de Birleşme Yasası'yla birleştiği için) mutlakıyetin sona erişini yansıtıyordu. Bu tarihten itibaren parlamento devlet siyaseti üzerinde sıkı bir kontrole sahipti. Parlamentonun çıkarları daha önceki Stuart krallarınınkinden çok farklı olduğu için bu durum büyük bir ayrım yarattı. Pek çok parlamento üyesinin önemli ticari ve sınai yatırımları olduğundan mülkiyet haklarının uygulamaya konulması çıkarlarına hizmet ediyordu. Stuartlar sık sık mülkiyet haklarını ihlal ederken onlar destekliyordu. Dahası, eskiden Stuartlar hükümetin parayı nasıl harcadığını kontrol ederken parlamento yüksek vergilere karşı çıkıyor, devlet gücünün artmasına ayak diriyordu. Şimdiyse harcamaları parlamento kontrol ettiğinden, vergileri yükseltmekte ve gerekli gördüğü faaliyetlere para harcamakta sakınca görmüyordu. Bu faaliyetlerin en önemlisi donanmanın güçlendirilmesiydi; bu sayede parlamentonun pek çok üyesinin denizaşırı ticaretteki çıkarları güvence altına alınıyordu.

Parlamenterlerin çıkarlarından daha önemli olan siyasal kurumların çoğulcu karakterinin ortaya çıkışıydı. İngiliz halkı artık parlamentodan ve parlamentonun ürettiği siyasetten ve ekonomik kurumlardan kralın zamanında hiç olmadığı kadar faydalanma imkânına sahipti. Elbette bu durum kısmen parlamento üyelerinin seçimle göreve gelmelerinden kaynaklanıyordu. Fakat o dönemde İngiltere bir demokrasi olmaktan çok uzak olduğundan, sahip oldukları bu imkânlar, ihtiyaçlarının sınırlı olarak çözüm bulmasına olanak tanıyordu. Diğer pek çok adaletsizliğin yanı sıra 18. yüzyılda nüfusun yüzde 2'sinden azı oy kullanabiliyordu ve bunların da erkek olması icap ediyordu. Birmingham, Leeds, Manchester ve Sheffield gibi Sanayi Devrimi'nin gerçekleştiği şehirler parlamentoda bağımsız olarak temsil edilmiyorlardı. Oysa kırsal kesim haddinden fazla temsil ediliyordu. Bir o kadar kötüsü ise kırsal kesimde, *county*'lerde, oy hakkının toprak sahipliğine dayanırken pek çok kentsel alanda, *borough*'larda, kontrolün dar bir elitin elinde olması ve bunların yeni sanayicilerin oy kullanmalarına ya da adaylıklarını koymalarına izin vermemeleriydi.

Örneğin Buckingham *borough*'sunda oy kullanmak için yalnızca 13 *burgesses* (kent sakini) münhasır hakka sahipti. Bunların üstünde tarihsel olarak oy hakkına sahip, fakat ya zamanla nüfusu azaldığı ya da İngiltere'nin batı sahilindeki Dunwich örneğinde olduğu gibi kıyı erozyonu sonucunda gerçekten okyanusun yuttuğu "çürük seçim bölgeleri" vardı. Bu çürük seçim bölgelerinin her birinde küçük bir seçmen grubu iki parlamento üyesi çıkarmak için oy kullanıyordu. Old Sarum'un yedi, Dunwich'in 32 seçmeni vardı ve her ikisi de iki parlamento üyesi seçiyordu.

Fakat parlamento –ve böylece ekonomik kurumlar– üzerinde etkili olmanın başka yolları da vardı. En önemlisi dilekçe vermekti ve bu Görkemli Devrim'in ardından çoğulculuğun doğuşu için demokrasinin sınırlı ölçüdeki gelişiminden daha büyük bir önem taşıyordu. Herkes parlamentoya dilekçeyle başvurabilirdi ve başvurdular da. Daha da önemlisi, halk dilekçe verdiğinde parlamento onları dinliyordu. İşte bu, 1688'den sonra mutlakıyetçiliğin yenilgisini, toplumun epeyce geniş bir kesiminin yetkilendirilmesini ve İngiltere'de çoğulculuğun yükselişini her şeyden daha iyi yansıtmaktadır. Hummalı dilekçe verme faaliyeti, aslında toplum içinde parlamentoda oturan hatta temsil edilenlerden bile daha geniş bir kesimin bulunduğunu; bunların devletin işleyiş biçimi üzerinde etkili olabilecek güce sahip olduklarını ve bu gücü kullandıklarını gösteriyordu.

Bunu en iyi ortaya koyan tekellerin durumudur. Yukarıda 17. yüzyılda sömürücü kurumların temelinde tekellerin yattığını gördük. Bunlar 1623'te Tekel Kanunu'yla topa tutuldu ve İngiliz İç Savaşı'nda ciddi bir ihtilaf konusu haline geldi. Uzun Parlamento, halkın hayatını zorlaştıran tüm yerli tekelleri kaldırdı. II. Charles ve II. James bunları geri getiremeseler de denizaşırı tekneler için yetki tahsis etmeyi sürdürdüler. Bunlardan biri, tekel imtiyazı II. Charles tarafından 1660'da çıkarılan Royal African Company'di. Bu şirket bol kazançlı Afrika köle ticareti üzerinde tekel kurmuştu; yöneticisi ve en büyük ortağı Charles'ın kardeşi James'ti ve pek yakında II. James olarak tahta çıkacaktı. 1688'den sonra şirket yalnızca yöneticisini değil, en büyük destekçisini de yitirmiş oldu. James şirketin tekelini Batı Afrika'dan köle satın alıp Amerika'da satmaya çalışan "yetkisiz tüccarlara" karşı büyük bir titizlikle korumuştu. Bu son derece kârlı bir ticaretti ve Atlantik'teki tüm İngiliz ticareti serbest olduğundan Royal African Company epey rekabetle karşılaştı. Şirket 1689'da Nightingale adlı yetkisiz bir tüccarın yüküne el koydu. Nightingale mallarına yasadışı yoldan el koyduğu gerekçesiyle şirkete dava açtı. Başhâkim Holt, kraliyet imtiyazına dayanan bir tekel hakkı kullandığı için şirketin yaptığının yasadışı olduğuna hükmetti. Holt tekel imtiyazlarının ancak yasayla sağlanabileceğini, bunun da parlamento tarafından yapılması gerektiğini muhakeme etmişti. Böylece Holt yalnızca Royal African Company'i değil, gelecekteki tüm tekelleri de parlamentoya teslim etmiş oldu. 1688'den önce II. James böyle bir yargıda bulunan bir hâkimi derhal görevden alırdı. 1688'den sonra işler farklıydı.

Parlamento artık tekel konusunda ne yapacağına karar vermek zorundaydı ve adeta dilekçe yağmaya başlamıştı. Atlantik'te serbestçe ticaret yapabilme hakkı isteyen yetkisiz tüccarlardan 135 dilekçe gelmişti. Royal African Company karşılık verse de tekelinin son bulmasını talep eden dilekçelere ne sayıca ne de kapsam anlamında yetişmesi mümkün değildi. Yetkisiz tüccarlar itirazlarını yalnızca dar bir kişisel çıkarlar çerçevesine değil, ulusal çıkarlar çerçevesine oturtmayı başarmışlardı ve aslına bakılırsa durum gerçekten de öyleydi. Sonuçta 135 dilekçenin yalnızca beşi bizzat yetkisiz tüccarlar tarafından imzalanmış ve 73 yetkisiz tüccarın dilekçesi Londra'nın dışındaki vilayetlerden gelmişti; buna karşın, gelen dilekçelerden şirket lehine olanların sayısı sekizdi. Dilekçe uygulamasının geçerli olduğu bir diğer mecra olan sömürgelerde ise, yetkisiz tüccarlar 27 dilekçe toplarken şirket 11'de kalmıştı. Ayrıca yetkisiz tüccarların dilekçeleri için topladıkları imza sayısı da şirketin açık ara önündeydi; toplam 8 bin imzalarına karşın şirketin imza sayısı 2.500'dü. Çekişme, Royal African Company'nin lağvedildiği 1698 tarihine kadar sürdü.

Parlamenterler 1688 sonrasında ekonomik kurumlardaki kararlılığın ve yeni siyasal duyarlılığın boy gösterdiği bu yeni mecranın yanı sıra, ekonomik kurumlarda ve devlet politikasında, sonunda Sanayi Devrimi'ne yol açacak bir dizi kilit değişiklik yapmaya koyuldular. Stuartların idaresinde erozyona uğratılan mülkiyet hakları güçlendirildi. Parlamento vergilendirmek ya da engellemek yerine imalatı artırmak için, ekonomik kurumlarda bir reform süreci başlattı. Her ocak ya da sobadan alınan yıllık bir vergi olan "ocak vergisi" 1689'da William ve Mary'nin tahta çıkmasından kısa bir süre sonra kaldırıldı. Parlamento ocaklardan vergi almak yerine toprağı vergilendirmeye başladı.

Vergi yükünün yeniden bölüşümü parlamentonun destek verdiği tek imalat yanlısı politika değildi. Pamuklu tekstil ürünleri pazarını genişletip kârlılığını artıracak bir dolu yeni yasa ve yönetmelik kabul edildi. James'e muhalefet eden parlamenterlerin pek çoğu bu yeni yeni filizlenen imalat sanayiindeki girişimlere büyük yatırımlar yaptığından, tüm bu olanlar siyasal açıdan mantıklıydı. Parlamento ayrıca mülkiyet ve kullanım haklarına ilişkin pek çok arkaik uygulamadan bazılarının takviye edilip bazılarının yürürlükten kaldırılması suretiyle toprağın mülkiyet hakkının bütünüyle yeniden düzenlenmesine olanak sağlayan bir tüzük çıkardı.

Parlamentonun başka bir önceliği de mali reformdu. Görkemli Devrim'i takip eden dönemde bankacılık ve finans alanlarında bir büyüme olsa da bu süreç 1694'te sanayi için bir fon kaynağı olarak Bank of England'ın kurulmasıyla daha da pekiştirildi. Bank of England, Görkemli Devrim'in bir başka doğrudan sonucuydu. Bankanın kuruluşu mali piyasalarda ve bankacılıkta muazzam bir büyümeye yol açacak çok daha kapsamlı bir "mali devrime" zemin oluşturdu. 18. yüzyılın başlarında krediler gerekli teminatı yatırabilen herkese açıktı. Londra'da nispeten küçük bir banka olan Hoare's & Co'nun günümüze ulaşabilmiş 1702-1724 dönemine ait kayıtları bu durumu gözler önüne seriyor. Banka her ne kadar aristokratlara ve lordlara kredi açsa da, bu dönem boyunca kredi verdikleri en büyük müşterilerinin tamı tamına üçte ikisi imtiyazlı sınıflardan gelmiyor, tüccarlardan ve işadamlarından oluşuyordu. Ortalama bir İngiliz için en sık rastlanan isme sahip olan John Smith bunlardan biriydi ve 1715-1719 döneminde bankadan 2.600 sterlin kredi çekmişti.

Buraya kadar Görkemli Devrim'in İngiliz siyasal kurumlarını nasıl dönüştürdüğünü, bunları nasıl daha çoğulcu hale getirdiğini ve ayrıca kapsayıcı ekonomik kurumların temellerini atmaya başladığını vurguladık. Görkemli Devrim'le ortaya çıkan bir önemli değişim daha var: Parlamento, Tudorların başlattığı siyasal merkeziyetçilik sürecini sürdürdü. Mesele yalnızca kuvvetler ayrılığının artması, devletin ekonomiyi farklı bir biçimde düzenlemesi ya da İngiliz hükümetinin parayı farklı şeylere harcaması değildi; aynı zamanda devletin kabiliyet ve kapasitesinin her yönde artmış olmasıydı. Bu durum bir kez daha siyasal merkeziyetle çoğulculuk arasındaki bağları ortaya koyuyor: Parlamento 1688'den önce devleti daha işlevsel hale getirmeye ve daha fazla kaynak aktarmaya karşı çıkmıştı; çünkü onu kontrol edemiyordu. 1688'den sonra işler değişmişti.

Devlet büyümeye başladı ve harcamalar kısa süre içinde milli gelirin neredeyse yüzde 10'una ulaştı. Vergi matrahındaki, özellikle de yurtiçinde üretilen malların önemli bir kısmından alınan tüketim vergisindeki artış buna destek oldu. Bu, o döneme göre çok büyük bir devlet bütçesi demekti; aslına bakılırsa, bugün dünyanın pek çok yerinde gördüklerimizden daha büyüktü. Örnek vermek gerekirse, Kolombiya'nın bütçesi benzer düzeye büyüklüğe ancak 1980'lerde ulaşabildi. Ekonominin çapı büyük miktarlardaki dış yardım akışından bağımsız olarak ele alınırsa, Sahraaltı Afrika'nın pek çok bölgesinde –örneğin Sierra Leone'de– devlet bütçeleri bugün bile çok daha küçüktür.

Fakat devletin büyüklüğündeki artış siyasal merkezileşme sürecinin yalnızca bir parçasıdır. Bundan daha önemlisi, hem devletin işleyişinin hem de devleti kontrol edenlerle devlet için çalışanların davranışlarının niteliksel boyutuydu. İngiltere'de devlet kurumlarının kuruluşu Ortaçağ'a kadar uzanır fakat daha önce gördüğümüz gibi siyasal merkeziyete ve modern yönetimin gelişimine yönelik kararlı adımlar atanlar VII. Henry ve VIII. Henry'dir. Yine de, devlet 1688'den sonra alacağı modern biçimden hâlâ çok uzaktı. Örneğin, pek çok atama ehliyet ya da yeteneğe bakılarak değil siyasal nedenlerle yapılıyordu ve devletin vergi koyma kapasitesi hâlâ çok sınırlıydı.

1688'den sonra parlamento vergi yoluyla gelirini artırma kapasitesini geliştirmeye başladı; 1690'da 1.211 kişiden 1780'de 4.800 kişiye çıkan tüketim vergisi bürokrasisi bu gelişmeyi çok iyi ortaya koyar. Ülkenin dört bir yanına tüketim vergisi müfettişleri atanmıştı ve bunlar ekmek, bira ve tüketim vergisine tabi diğer ürünleri ölçüp miktarlarını kontrol etmek için teftişe çıkan tahsildarlar tarafından denetleniyordu. Bu operasyonun boyutu, tarihçi John Brewer'ın, Murakıp George Cowperthwaite'in vergi turlarını kurguladığı örnekte açıkça görülür. Murakıp Cowperthwaite 1710 yılının 12 Mayıs-5 Haziran tarihleri arasında Yorkshire'ın Richmond bölgesinde 466 kilometre kat etmişti. Bu süre boyunca 263 erzak tedarikçisi, 71 maltçı, 20 gemi levazımatçısı ve bir bira imalatçısı gezdi. Toplam 81 farklı ürün ölçümü yaptı ve kendisine bağlı olarak çalışan dokuz farklı müfettişin çalışmalarını denetledi. Sekiz yıl sonra onu aynı derecede yoğun bir biçimde çalışırken buluyoruz, tek farkla; artık Yorkshire'ın farklı bir yerinde, Wakefield bölgesinde çalışıyordu. Wakefield'da haftada altı gün çalışıyor, ortalama günde 30 kilometreden fazla yol kat ediyor ve genellikle günde dört ya da beş tesis denetliyordu. İzin günlerinde, yani pazar günleri, defter tutuyordu; bu sayede elimizde tüm faaliyetlerinin kayıtları mevcut. Gerçekten de tüketim vergisi sistemi çok özenle hazırlanmış bir arşive sahipti. Memurlar üç farklı türde kayıt tutuyorlardı ve bunların hepsinin birbiriyle tutarlı olması gerekiyordu; bu kayıtlarda tahrifat yapmak ağır bir suç olarak görülüyordu. 1710'da devlet denetiminde gelinen bu kayda değer düzey, günümüzün pek çok yoksul ülkesindeki hükümetlerin ulaşabildiği düzeyin üstündedir. 1688'den sonra devlet siyasi atamalara daha az, yeteneğe daha fazla itimat etmeye başladı ve ülke idaresi için güçlü bir altyapı geliştirdi.

Sanayi Devrimi

Sanayi Devrimi İngiliz ekonomisinin her alanında kendini gösterdi. Taşımacılıkta, metalürjide ve buhar gücünde büyük gelişmeler kaydedildi. Fakat en önemli yenilik sahası tekstil üretiminin mekanizasyonu ve bu tekstil ürünlerinin üretimi için fabrikaların geliştirilmesiydi. Bu dinamik süreç Görkemli Devrim'le başlayan kurumsal değişimler sayesinde mümkün olmuştu. Bu yalnızca 1640'da gerçekleştirilen yerli tekellerin kaldırılması hadisesiyle, farklı vergilerle ya da finansman imkânlarıyla ilgili değildi. Ekonomik kurumların daha emniyetli ve daha etkili mülkiyet haklarına dayanarak, yenilikçilerin ve girişimcilerin lehine yeniden yapılandırılmasıyla ilgiliydi.

Örneğin mülkiyet haklarının emniyeti ve yeterliliğindeki ilerlemeler, Sanayi Devrimi'ne zemin hazırlayan "taşımacılık devriminde" merkezi bir rol oynadı. Kanallara ve *turnpike* denilen paralı yollara yapılan yatırımlar 1688'in ardından muazzam bir biçimde arttı. Bu yatırımlar taşıma maliyetlerini düşürerek Sanayi Devrimi'nin önemli bir önkoşulunun karşılanmasına katkıda bulundu. 1688'den önce bu tür altyapılara yapılacak yatırımlar Stuart krallarının keyfi yasalarıyla engellenmişti. Worcestershire'daki Salwerpe Nehri örneği 1688'den sonra bu durumda yaşanan değişikliği canlı bir biçimde ortaya koyuyor. 1662'de parlamento Salwerpe Nehri'ni seyrüsefere elverişli hale getirmek için yapılacak yatırımları teşvik etmek amacıyla bir yasa çıkardı ve bunun üzerine Baldwyn Ailesi de 6.000 sterlin tutarında bir yatırım yaptı. Karşılığında nehirdeki seferler için insanlardan ücret alacaklardı. 1693'te parlamentoya seyrüsefer bedeli hakkının Shrewsbury Kontu'na ve Lord Coventry'e devredilmesi için bir kanun teklifi sunuldu. Sir Timothy Baldwyn derhal parlamentoya bir dilekçe yazdı ve sunulan kanun teklifinin, seferlerden ücret alma beklentisiyle nehre peşinen yüklü miktarda yatırım yapan babasının haklarına el koyduğunu ileri sürerek bu kanun tasarısına itiraz etti. Baldwyn "Yeni yasanın eski yasayı geçersiz kılacağını ve buna bağlı olarak tüm emek ve malzemenin ziyan olmasına yol açacağını" savundu. Baldwyn, "Kişilerin rızası olmadan, bir parlamento kararıyla haklarına el konulması tehlikeli sonuçlar doğurur" diyordu. Sonuçta yeni yasa yürürlüğe girmedi ve Baldwyn'in hakları muhafaza edildi. 1688'den sonra mülkiyet hakları kısmen parlamentonun çıkarlarıyla örtüştüğü için, kısmen de dilekçe faaliyetleri çoğulcu kurumlara tesir edebildiği için çok daha emniyetliydi. Bütün bunlardan 1688'den sonra İngiltere'de siyasal sistemin dikkat çekici ölçüde daha çoğulcu bir hale dönüştüğünü ve nispeten daha eşit şartlar sağladığını anlıyoruz.

Taşımacılık devriminin ve daha genel olarak 18. yüzyılda toprağın yeniden örgütlenmesinin temelinde mülkiyetin doğasını değiştiren parlamento kararları yatıyordu. 1688'den önce toplumun feodal örgütlenme biçiminin bir mirası olarak kalan, tüm İngiltere toprağının en nihayetinde hükümdara ait olduğu şeklinde bir hukuki faraziye dahi vardı. Her toprak parçası üzerinde mülkiyet haklarının sayısız arkaik biçimi ve kesişen hak talepleri mevcuttu. Çoğu arazi *equitable estate*[17] durumundaydı, bu da arazi sahibinin araziyi ipotek edemeyeceği, kiraya veremeyeceği ya da satamayacağı anlamına geliyordu. Araziyi ekonomik bakımdan tercih edilir bir biçimde kullanmanın önünde sayısız engeller vardı. Mülkiyet haklarının sadeleştirilip yeniden düzenlenmesi için çeşitli grupların parlamentoya dilekçeyle başvurulabilmesine olanak tanıyan ve zamanla yüzlerce kararıyla somutlaşacak değişiklikler yapan parlamento, bu durumu değiştirmeye başladı.

Ekonomik kurumların bu yeniden yapılandırılışı kendini yerli tekstil üretiminin ithal ürünlere karşı korumasına ilişkin bir gündemin oluşmasında da gösterir. Beklenebileceği gibi, parlamenterler ve seçmenleri tüm giriş engellerine ve tekellere karşı değillerdi. Kendi pazarlarının büyümesini ve kârlarının artmasını sağlayanlar hoş karşılanıyordu. Oysa parlamentonun toplumun geniş bir kesimini temsil etmesi, yetkilendirmesi ve dinlemesi gerektiği göz önünde bulundurulursa, çoğulcu siyasal kurumların amacı, bu giriş engellerinin diğer sanayicileri bastırmamasını ve *Serrata*'nın Venedik'te yaptığı gibi yeni gelenleri tamamen engellememesini sağlamak olmalıydı. Güçlü yünlü kumaş imalatçıları bunu kısa süre içinde keşfettiler.

17. Yasal anlamda tam mülkiyet olmamakla birlikte bir mülkten mülkiyet gibi yararlanma imkânı tanıyan yasal hak. (ç.n.)

1688'de İngiltere'ye giren en önemli ithal mallar Hindistan'dan gelen tekstil ürünleri olan patiska ve muslindi; bunlar yaklaşık olarak tüm tekstil ithalatının dörtte birini oluşturuyordu. Bir başka önemli ithal malı ise Çin'den gelen ipekti. Patiska ve ipek 1688'e kadar Asya ticaretinde devlet destekli bir tekel kuran Doğu Hindistan Kumpanyası tarafından ithal ediliyordu. Ancak Doğu Hindistan Kumpanyası'nın siyasal gücü ve tekeli II. James'e verilen yüklü rüşvetlerle sürdürülüyordu. 1688'in ardından şirket savunmasız bir durumdaydı ve kısa bir süre sonra da saldırıya maruz kaldı. Bu saldırı, Uzakdoğu ve Hindistan'da ticaret yapabilmek umuduyla Doğu Hindistan Kumpanyası'yla rekabet edebilmek için parlamentonun iznini talep eden tüccarların başlattığı yoğun bir dilekçe savaşı biçiminde gerçekleşti ve şirket de bu saldırıya, kendi dilekçeleri ve parlamentoya borç para verme teklifiyle karşılık verdi. Şirket kaybetti ve eskisiyle rekabet edecek yeni bir Doğu Hindistan Kumpanyası kuruldu. Fakat tekstil imalatçıları Hindistan ticaretinde daha fazla rekabet istemiyorlardı. Hindistan'dan gelen ucuz ithal tekstil mallarının vergilendirilmesini, hatta yasaklanmasını istiyorlardı. Bu imalatçılar Hindistan'dan gelen ucuz ithal mallarının güçlü rekabetine göğüs germek zorunda kalıyordu. Bu noktada en önemli yerli tekstil imalatçıları yünlü tekstil malları üretiyordu fakat pamuklu giysi üreticileri hem ekonomik bakımdan daha önemli hem de siyasal açıdan daha güçlü hale geliyordu.

Yün sanayii daha 1660'larda kendini korumak için girişimlerde bulunmaya başlamıştı. Başka şeylerin yanı sıra, hafif giysiler giymeyi de yasaklayan "Sumptuary Laws"u desteklemişlerdi. Bunun yanı sıra, parlamentonun 1666 ve 1678'de kanun çıkararak insanların yünlü kefenden başka bir şeyle gömülmelerinin yasaklanması için lobi faaliyetlerinde bulunmuşlardı. Her iki tedbir de yünlü mamuller pazarını korumuş ve İngiliz üreticilerin Asya'yla yaşadıkları rekabeti azaltmıştı. Yine de bu dönemde Doğu Hindistan Kumpanyası, Asya tekstil mamullerinin ithalatının sınırlandırılmasına izin vermeyecek kadar güçlüydü. Fakat bu durum 1688'de tersine döndü. 1696-1698 yılları arasında East Anglia ve West Country'li yünlü mamul üreticileri ithalatın sınırlandırılması için Londra'nın Canterbury yöresindeki ipekli dokumacılarla ve Levant Kumpanyası'yla ittifak kurdu. Levanten-Doğu Akdenizli ipek üreticileri, yakın tarihte tekellerini kaybetmiş olsalar bile, Osmanlı İmparatorluğu'ndan gelen ipeklilere alan açmak için Asya ipeklilerini ülkeye sokmamak istiyorlardı. Bu koalisyon

Asya pamuklu ve ipeklilerinin giyilmesine ve tekstil ürünlerinin İngiltere'de boyanıp basılmasına sınırlandırma getirilmesi için parlamentoya tasarı sunmaya başladı. Buna karşılık, parlamento en sonunda 1701'de "Bu krallığın imalatçılarını teşvik etmek suretiyle yoksulların daha etkili bir biçimde çalıştırılması için" bir yasa çıkardı. Eylül 1701'den itibaren, "Bu krallıkta, ithal edilmiş ya da edilecek işlenmiş ipeklerin, bengal ipeği ve kavak ipeğiyle dokunan kumaşların, menşei İran, Çin ve Doğu Hindistan olan mamullerin ve oralarda boyanmış, işlenmiş, üzerine baskı yapılmış bezlerin giyilmesi yasaktır" deniyordu.

Artık İngiltere'de Asya ipeklileri ve patiskası giymek yasaktı. Fakat Avrupa'ya ya da başka bir yere, özellikle de Amerikan kolonilerine ihraç etmek için ithalatı hâlâ mümkündü. Dahası, baskısız patiskalar ithal edilebiliyor ve İngiltere'de boyanabiliyorlardı; muslinler ise yasaktan muaftı. Uzun bir mücadelenin ardından yerli yünlü mamul imalatçılarının açısından var olan bu yasal boşluklar 1721 Patiska Yasası'yla kapatıldı: "25 Aralık 1722'den itibaren patiskadan her türlü baskılı, boyalı, işlenmiş herhangi bir elbise ya da kıyafet giyilmesi yasaktır." Bu yasa İngiliz yünlülerini Asya rekabetinden kurtarsa da hâlâ yünlülerle rekabeti sürdüren faal bir yerli pamuk ve keten sanayii mevcuttu: Pamuk ve keten bir araya getiriliyor ve pazen denilen popüler bir kumaş imal ediliyordu. Asya rekabetini saf dışı bırakan yünlü sanayiinin şimdiki hedefi ketene aman vermemekti. Ketenin öncelikle İskoçya ve İrlanda'da üretiliyor olması, bu ülkelerin İngiliz pazarlarının dışında tutulmasını talep eden bir İngiliz koalisyonuna alan açtı. Ne var ki, yünlü mamul imalatçılarının gücünün de bir sınırı vardı. Yeni girişimleri, Manchester, Lancaster ve Liverpool'un yeni yeni filizlenen sanayi merkezlerindeki pazen imalatçılarının güçlü muhalefetiyle karşılaştı. Çoğulcu siyasal kurumlar, artık tüm bu farklı grupların oy kullanma ve daha da önemlisi dilekçe yoluyla parlamentodaki siyasal sürece katılabilecekleri anlamına geliyordu. Her iki tarafta da dilekçelerin uçuşmasına, lehte ve aleyhte imzalar toplanmasına karşın, bu çatışma yünlü sanayinin karşısındaki yeni grupların zaferiyle sonuçlandı. 1736 Manchester Yasası "Keten ipliği ve ham pamuktan imal edilen yüklü miktardaki kumaşın üretilmesinin üzerinden birkaç yıl geçtiği ve bu kumaşların Büyük Britanya Krallığı'nda basılıp boyandığı" konusunda hemfikirdi. Ardından, "Bahsi geçen yasadaki [1721 tarihli] hiçbir şey, keten ipliğinden ya da ham pamuktan yapılmış, Büyük Britanya krallığında basılıp boyanmış kıyafet, ev eşyası, mobilya ya da başka bir şeyin giyilmesini ya da kullanılmasını yasak kapsamına alamaz ya da bu şekilde yorumlanamaz" diyerek devam ediyordu.

Manchester Yasası henüz filizlenen pamuk üreticileri için önemli bir zaferdi. Fakat tarihsel ve ekonomik önemi daha da büyüktü. Birincisi, parlamenter İngiltere'nin çoğulcu siyasal kurumlarının müsaade ettiği giriş engellerinin sınırını gösteriyordu. İkincisi, takip eden yarım asır boyunca pamuklu giyim üretimindeki teknolojik yenilikler Sanayi Devrimi'nde merkezi bir rol oynamış ve fabrika sistemini hayata geçirerek toplumu köklü bir biçimde dönüştürmüştü.

1688'in ardından ülke içinde eşit şartlar oluşsa da uluslararası mecrada parlamento engeli söz konusuydu. Bu durum hem Patiska Yasaları'ndan hem de ilki 1651'de çıkarılan ve değişikliklerle sonraki iki yüzyıl boyunca yürürlükte olan Deniz Ulaşım Yasaları'ndan rahatlıkla anlaşılabilir. Bu yasaların hedefi İngiltere'nin uluslararası ticareti tekeline almasını kolaylaştırmaktı; asıl önemli olansa bu tekelleştirmeyi devletin değil, özel sektörün üstlenmesiydi. Temel düstur İngiliz ticaretinin İngiliz gemileriyle sürdürülmesi gerektiğiydi. Bu yasalar yabancı gemilerin Avrupa'dan İngiltere'ye ya da kolonilerine mal taşımasını yasaklıyordu. Aynı şekilde, üçüncü ülkelere ait gemilerin Avrupa'nın başka bir ülkesinden İngiltere'ye mal taşıması da yasaktı. İngiliz tüccar ve imalatçıların bu avantajı doğal olarak kârlarını da artırdığı gibi, bu yeni ve son derece kârlı faaliyetlere yönelik yenilikleri daha da teşvik etti.

1760'a gelindiğinde tüm bu etkenlerin –yeni ve daha etkin mülkiyet hakları, gelişmiş altyapı, değiştirilmiş bir mali rejim, daha fazla finans olanağı ve tüccar ve imalatçıların daha etkili bir biçimde korunması– bileşimi etkisini göstermeye başladı. Bu tarihten itibaren patentli icatlarda bir sıçrama gerçekleşti ve Sanayi Devrimi'nin can damarı olan büyük bir teknolojik değişim belirginleşmeye başladı. Yeniliklerin pek çok alanda boy göstermesi kurumsal çevrenin gelişkinliğini yansıtıyordu. En can alıcı alanlardan biri enerji sektörüydü; özellikle de James Watt'ın 1760'lardaki fikirlerinin ürünü olan buhar makinesinin kullanımının başlattığı dönüşüm.

Watt'ın ilk çığır açıcı buluşu, piston silindirinin bir ısınıp bir soğumak yerine sürekli sıcak kalmasını sağlayan harici bir yoğuşma odasıydı. Ardından başka pek çok fikir geliştirdi. Bunlar arasında buhar makinesinin devinimini güce dönüştürmek için çok daha etkili yöntemler, özellikle de onun "planet dişli grubu" sistemi yer alıyordu. Tüm bu alanlarda teknolojik yenilikler diğer insanların daha önceki çalışmaları üzerine inşa edildi. Buhar makinesi bağlamında, İngiliz mucit Thomas Newcomen ve Fransız fizikçi, mucit Dionysius Papin'in daha önceki çalışmaları buna örnek gösterilebilir.

Papin'in icadının öyküsü –sömürücü kurumlar mevcutken– yaratıcı yıkım korkusunun teknolojik değişime nasıl engel oluşturduğuna bir başka örnektir. Papin 1679'da bir buhar kazanı tasarımı geliştirdi ve 1690'da bunu bir pistonlu motora dönüştürdü. 1705'te bu ilkel makineyi dünyanın ilk istimbotunu inşa etmek için kullandı. Papin o tarihte Almanya'nın Kassel eyaletindeki Marburg Üniversitesi'nde bir matematik profesörüydü. Bu gemiyle Fulda Nehri'nden Weser Nehri'ne ulaşmayı hedefliyordu. Bu seyahate çıkan tüm gemilerin Münden şehrine uğraması zorunluydu. O zamanlar Fulda ve Weser'deki nehir trafiği bir kayıkçılar loncasının tekelindeydi. Papin bir sorun çıkabileceğini sezmiş olmalı. Arkadaşı ve akıl hocası ünlü Alman fizikçi Gottfried Leibniz, Papin'in Kassel'den "rahatsız edilmeden geçebilmesi" için Kasel Elektörü'ne bir dilekçe yazdı. Ne var ki, dilekçesi geri çevrilen Leibniz kısa ve sert bir yanıtla karşılaştı: "Seçici meclis üyeleri söz konusu dilekçeyi onaylama konusunda ciddi engeller tespit ettiler ve gerekçelerini açıklamaksızın, verdikleri karar hakkında sizi bilgilendirmemi buyurdular; netice itibariyle Elektör Hazretleri bu talebi onaylamamıştır." Yılmayan Papin ne olursa olsun seyahati gerçekleştirmeye karar verdi. İstimbotu Münden'e vardığında kayıkçılar loncası gemiye el koyması için önce bir yerel yargıç bulmaya çalıştı fakat başaramadı. Bunun üzerine Papin'in gemisine saldırdılar ve hem gemiyi hem de buhar motorunu paramparça ettiler. Papin yoksulluk içinde öldü ve isimsiz bir mezara gömüldü. Papin, Tudor ya da Stuart İngiltere'sinde de düşmanca bir muamele görürdü fakat 1688'den sonra tüm bunlar değişti. Aslına bakılırsa istimbotu imha edilmeden önce Papin'in niyeti de onunla Londra'ya gitmekti.

Metalürji alanına önemli katkı, 1780'lerde demirdeki katışıklıklara çözüm bularak daha yüksek kalitede dövme demirin üretilebilmesini sağlayan yeni teknikler geliştiren Henry Cort'tan geldi. Bu, makine parçası, çivi ve alet üretiminde son derece önemli bir gelişmeydi. 1709'dan başlayarak demirin izabe edilmesinde kömür kullanımının öncülüğünü yapan Abraham Darby ve oğullarının yenilikleri, Cort'un teknikleriyle muazzam miktarlarda dövme demir üretilebilmesini kolaylaştırdı. Bu süreç 1762'de kok kömürü üretiminde körük silindirlerini çalıştırmak için su gücünü kullanan John Smeaton'la daha da ilerledi. Bunların ardından demir üretiminde odun kömürü kullanımı sona erdi ve onun yerini hem daha ucuz hem de elde etmesi daha kolay olan kok kömürü aldı.

Yenilikler, birbirine eklemlenen süreçler sonucunda oluşur: Bu açıdan 18. yüzyıl ortalarında belirgin bir ivme söz konusuydu. Bunun en net gözlemlendiği alan ise tekstil sektörüydü. Tekstil üretimindeki en temel süreç, pamuk ya da yün gibi bitki ya da hayvan liflerinin bükülerek iplik biçimine dönüştürülmesini içeren eğirme işlemidir. Daha sonra bu iplik dokunur ve böylelikle kumaş elde edilir. Ortaçağ'daki en büyük teknolojik yeniliklerinden biri, elde iplik eğirmenin yerini alan çıkrıktır. Bu icat Avrupa'da 1280 dolaylarında ortaya çıktı, muhtemelen Ortadoğu'dan gelmişti. İplik eğirme yöntemleri 18. yüzyıla kadar değişmedi. Önemli yenilikler Lewis Paul'ün bükülmüş ipliği çekmek için insan eli yerine silindirler kullanan yeni bir iplik eğirme yönteminin patentini almasıyla 1738'de başladı. Fakat makine çok iyi çalışmıyordu; iplik eğirmede gerçek devrim Richard Arkwright ve James Hargreaves'in yenilikleriyle gerçekleşti.

Sanayi Devrimi'nin önemli figürlerinden biri olan Arkwright 1769'da Lewis'in makinesi üzerine en büyük ilerleme olan "su çerçevesi"nin patentini aldı. Çorap ve iç giyim imalatıyla uğraşan Jedediah Strutt ve Samuel Need'le bir ortaklık oluşturdu. 1771'de Cromford'da dünyanın ilk fabrikalarından birini kurdular. Yeni makineler suyla çalışıyordu fakat daha sonra Arkwright son derece önemli bir karar alarak buhar gücüne geçti. 1774'te şirketi 600 işçi çalıştırıyordu. Saldırgan bir politika izledi ve işlerini büyüttü; Manchester, Matlock, Bath ve İskoçya'da New Lanark'ta fabrikalar kurdu. Arkwright'ın yenilikleri, Hargreaves'in 1764'te icat ettiği iğ makinesiyle tamamlandı. Bu icat 1779'da Samuel Crompton, daha sonra Richard Roberts tarafından daha da geliştirildi. Bu yeniliklerin sonuçları gerçekten devrim niteliğindeydi; yüzyılın başında 100 pound (45 kilogram) pamuğu elde eğirmek 50 bin saat alırken bu süre önce 300 saate, sonra da 135 saate düştü.

İplik eğirme sürecinin makineleşmesine, dokumacılığın makineleşmesi eşlik etti. Atılan ilk önemli adım John Kay'in 1733'te atkı mekiğini icat etmesiydi. İlk başta yalnızca elde dokuma yapanların verimliliğini artırsa da, en kalıcı etkisi dokumacılığın makineleşmesine ortam hazırlamak oldu. Edmund Cartwright 1785'te mekanik dokuma tezgâhını geliştirdi. Bu, dokumacılıkta olduğu kadar iplikçilikte de el becerisinin yerini makinelerin almasına yol açan bir dizi yeniliğin ilkiydi.

İngiliz tekstil sanayii yalnızca Sanayi Devrimi'nin ardındaki itici güç olmakla kalmadı, dünya ekonomisinde de devrim yaptı. Başta pamuklu tekstil ürünleri olmak üzere İngiliz ihraç malları 1780-1800 yılları arasında ikiye katlandı. Tüm ekonomiyi sürükleyen bu sektördeki büyümeydi. Teknolojik ve örgütsel yeniliklerin bileşimi, zenginleşen dünya ekonomilerinin ekonomik dönüşüm sürecine model oluşturdu.

Yeni fikirleri olan yeni insanlar bu dönüşüm için hayati önem taşıyordu. Taşımacılıktaki yenilikleri ele alalım. İngiltere'de böyle birkaç yenilik dalgası söz konusuydu; önce kanallar, ardından yollar ve en sonunda demiryolları. Bu dalgaların her birinde yenilikçiler yeni insanlardı. İngiltere'de kanallar 1770'ten sonra gelişmeye başlamış ve 1810'a gelindiğinde önemli imalat bölgelerinin çoğunu birbirine bağlanmıştı. Sanayi Devrimi yayılırken kanallar pamuklu tekstil ürünleri gibi hantal yeni sanayi ürünlerinin ve bilhassa ham pamuk ve kömür (buhar makineleri için) gibi bunların üretiminde kullanılan kalemlerin nakliye masraflarını düşürmede önemli rol oynadı. Kanal inşaatlarında çalışan ilk yenilikçiler, kilit bir öneme sahip sanayi şehri Manchester'ı Liverpool limanına bağlayan Bridgewater Kanalı'nı inşa etmesi için Bridgewater Dükü tarafından görevlendirilen James Brindley gibi adamlardı. Derbyshire kırsalında doğan Brindley bir değirmenciydi. Mühendislik problemlerine yaratıcı çözümler bulmaktaki ünüyle Dük'ün dikkatini çekmişti. Nakliye problemleriyle ilgili tecrübesi yoktu fakat aslında bir duvar ustası olan Thomas Telford ya da bir enstrüman üreticisi ve mühendis olan John Smeaton gibi diğer önemli kanal mühendislerinin de yoktu.

Büyük karayolu ve demiryolu mühendislerinin, tıpkı kanal mühendisleri gibi taşımacılıkla ilgili tecrübeleri yoktu. 1816'da *tarmac*'ı[18] icat eden John McAdam, küçük bir aristokratın ikinci oğluydu. İlk buharlı tren, 1804'te Richard Trevithick tarafından yapıldı. Trevithick'in babası Cornwall'da madencilikle uğraşıyordu; maden çıkarmada kullanılan buhar makinelerin büyüsüne kapılan Richard da erken yaşlarında aynı işe başladı. Daha da önemlisi, okuma yazma bilmeyen bir ana babanın oğlu ve ünlü "Roket" treninin mucidi olan George Stephenson'ın icatlarıy-

18. Katranlı şose. (ç.n.)

dı; Stephenson da bir kömür madeninde makinist olarak çalışmaya başlamıştı.

Bu yeni insanlar ayrıca kritik bir öneme sahip olan pamuklu dokuma sanayiini de harekete geçirmişti. Bu yeni sanayinin bazı öncüleri daha önce yoğun bir biçimde yünlü kıyafetlerin üretimi ve ticaretiyle meşguldüler. Örneğin John Foster, pamuğa geçip 1835'te Black Dyke Mills'i açtığı dönemde el tezgâhında çalışan 700 dokumacıya iş vermişti. Fakat Foster gibi adamlar azınlıktaydı. Önemli sanayicilerin yalnızca yaklaşık beşte biri daha önce bir imalat faaliyetiyle meşgul olmuştu. Bu şaşırtıcı değildi. Her şeyden önce, pamuk sanayii İngiltere'nin kuzeyindeki yeni şehirlerde gelişmişti. Fabrikalar üretimi örgütlemenin tamamen yeni bir yoluydu. Malzemelerin eğirme ve dokuma işlerini evde sipariş üzerine çalışan kişilere yaptıran yünlü tekstil sanayii çok farklı bir biçimde örgütlenmişti. Dolayısıyla yünlü sanayiindeki pek çok kişi Foster'in yaptığı gibi pamuğa geçmek için gerekli donanıma sahip değildi. Yeni teknolojiler geliştirip kullanacak yeni insanlara ihtiyaç vardı. Pamuktaki hızlı büyüme yünlü sanayiinin büyük bir bölümünü yok etti: Yaratıcı yıkım işbaşındaydı.

Yaratıcı yıkım sadece gelir ve zenginliği yeniden dağıtmakla kalmadı, yetkililerin sonuçlarından korktukları için icadına sıcak bakmadığını gören William Lee'nin gördüğü gibi, siyasal gücü de yeniden dağıttı. Sanayi ekonomisi Manchester ve Birmingham'da gelişirken yeni fabrika sahipleri ve etraflarında oluşan orta sınıf gruplar haklarından mahrum edilmelerine ve çıkarlarına ters düşen devlet politikalarına tepki göstermeye başladılar. Baş adayları, fiyat çok düşükse tahılın –tüm hububatın fakat özellikle buğdayın– ithalatını yasaklayan, böylelikle büyük toprak sahiplerinin kazancını güvence altına alan Tahıl Yasaları'ydı (Corn Laws). Bu politika buğday üreten büyük toprak sahipleri için iyi, imalatçılar içinse kötüydü; çünkü ekmeğin yüksek fiyatını telafi etmek için daha yüksek ücretler ödemek zorundalardı. Yeni fabrikalarda ve sanayi merkezlerinde yoğunlaşan işçiler nedeniyle ayaklanmak kolaylaşmıştı. 1820'ye gelindiğinde yeni imalatçıların ve imalat merkezlerinin siyasal anlamda dışlanması tahammül edilemez hale geldi.

16 Ağustos 1819'da siyasal sistemi ve hükümetin politikalarını protesto etmek için St. Peter's Fields, Manchester'da bir miting planlandı. Mitingi düzenleyen fırça imalatçısı ve radikal gazete *Manchester Observer*'ın kurucularından biri olan Joseph Johnson'dı. Diğer düzenleyiciler arasında bir pamuk üreticisi ve

reformcu olan John Knight ve *Manchester Observer* editörü John Thacker Saxton yer alıyordu. 60 bin kişi bir araya gelmişti ve çoğu "Tahıl Yasaları'na Hayır", "Eşit Oy Hakkı" ve "Gizli Oylama" (oylamanın 1819'daki gibi açık değil gizli bir biçimde gerçekleştirilmesi gerektiği anlamında) gibi pankartlar taşıyordu. Yetkililer mitingden son derece endişeliydi ve 15. Hafif Süvari Birliği'nin 600 atlısından oluşan bir kuvvet bir araya getirildi. Konuşmaların başlamasıyla bir yerel sulh hâkimi, konuşmacıların tutuklanması için bir tutuklama emri çıkardı. Polis emri uygulamaya çalışırken kalabalığın direnişiyle karşılaştı ve çatışma çıktı. İşte o anda Hafif Süvari Birliği kalabalığa saldırdı. Kargaşa dolu birkaç dakika içinde 11 kişi öldü ve muhtemelen 600 kişi yaralandı. *Manchester Observer* olayı "Peterloo Katliamı" olarak duyurdu.

Ancak ekonomik ve siyasal kurumlarda gerçekleşmiş değişimler göz önünde bulundurulduğunda, uzun vadeli baskı İngiltere için bir çözüm değildi. Peterloo Katliamı münferit bir hadise olarak kaldı. Ayaklanmanın ardından siyasal kurumlar bu baskıya ve özellikle de Fransa'da 1789 Fransız Devrimi'nin yıktığı mutlakıyetçiliği yeniden kurmaya çalışan X. Charles'a karşı gerçekleştirilen 1830 Devrimi'nin ardından daha geniş sosyal huzursuzlukların yarattığı istikrarsızlık tehdidine dayanamadı. 1832'de hükümet İlk Reform Yasası'nı çıkardı. Yasa Birmingham, Leeds, Manchester ve Sheffield'a oy hakkı tanıdı ve imalatçıların parlamentoda temsil edilebilmeleri için oy tabanını genişletti. Buna bağlı olarak siyasal iktidarda meydana gelen değişim, siyasetin yönünü bu yeni temsil edilmeye başlanan çıkarların tercih ettiği doğrultuya çevirdi: 1846'da nefret uyandıran Tahıl Yasaları'nı yürürlükten kaldırtmayı başardılar, bu da bir kez daha yaratıcı yıkımın yalnızca gelirin değil siyasal iktidarın da yeniden dağılımı anlamına geldiğini gösteriyordu. Ve doğal olarak, zamanla siyasal iktidar dağılımında meydana gelen değişiklikler gelir dağılımına da yansıdı.

Bu sürecin gerçekleşmesini sağlayan İngiliz kurumlarının kapsayıcı doğasıydı. Yaratıcı yıkımdan korkanların ve ondan zarar görenlerin artık onu durduracak gücü yoktu.

Neden İngiltere'de?

Sanayi Devrimi benzersiz kapsayıcı ekonomik kurumları nedeniyle İngiltere'de başladı ve en önemli adımlarını orada attı. Bu kurumlar da Görkemli Devrim'le ortaya çıkan kapsayıcı siyasal kurumların attığı temeller üzerine inşa edilmişlerdi. Mülkiyet haklarını güçlendirip akılcı hale getiren, finans piyasalarını geliştiren, dış ticaretteki devlet destekli tekelleri zayıflatan ve sanayinin ilerlemesinin önündeki engelleri kaldıran Görkemli Devrim'di. Siyasal sistemin önünü açan ve toplumun ihtiyaç ve isteklerine duyarlı hale getiren Görkemli Devrim'di. Bu kapsayıcı ekonomik kurumlar bir yandan James Watt gibi yetenekli, vizyon sahibi kişilere becerilerini ve fikirlerini geliştirmeleri için fırsat ve teşvik sunarken diğer yandan sistemi hem onların hem de ülkenin yararlanabileceği biçimde etkilediler. Doğal olarak bu adamlar da bir kez başarıya ulaştıklarında diğerlerininki gibi dürtülere kapıldılar. Başkalarının kendi iş alanlarına girip onlarla rekabet etmesini engellemek istediler ve nasıl kendileri daha önce başkalarını iflas ettirdilerse, yaratıcı yıkım sürecinin onların da işlerini kaybetmelerine yol açmasından korktular. Fakat 1688'den sonra artık bunu becermek zordu. 1775'te Richard Arkwright hızla gelişen pamuk eğirme sanayiinde kendisine bir tekel sağlayacağını umut ederek herkesi kapsayan bir patent çıkardı. Fakat mahkemelerin bu patenti yürürlüğe koymasını sağlayamadı.

Bu benzersiz süreç neden İngiltere'de ve neden 17. yüzyılda başladı? Neden İngiltere çoğulcu siyasal kurumlar geliştirdi ve sömürücü kurumlarla olan bağını kopardı? Daha önce gördüğümüz gibi, Görkemli Devrim'e yol açan siyasal gelişmeleri birbiriyle bağlantılı birkaç süreç şekillendirmişti. Bunların merkezinde mutlakıyetçilikle karşıtları arasındaki siyasal çatışma yer alıyordu. Bu çatışmanın sonucu İngiltere'de yenilenmiş ve daha güçlü bir mutlakıyetçilik yaratma girişimlerine son verilmesi değildi yalnızca; aynı zamanda ülkenin kurumlarında kökten değişiklik isteyenlerin güçlendirilmesiydi. Mutlakıyet karşıtlarının yaptığı sadece farklı türde bir mutlakıyetçilik inşa etme girişimi değildi. Bu basitçe Güller Savaşı'nda Lancaster Hanedanı'nın York Hanedanı'nı yenilgiye uğratması değildi. Görkemli Devrim anayasal idareye ve çoğulculuğa dayalı yeni bir rejimin doğuşunu içeriyordu.

Bu sonucu belirleyen İngiliz kurumlarının sürüklenişi ve kritik dönemeçlerle nasıl bir etkileşime girdikleriydi. Önceki bölümde Batı Roma İmparatorluğu'nun çöküşünün ardından Batı Avrupa'da feodal kurumların nasıl oluşturulduğunu gördük. Feodalizm Avrupa'nın büyük bölümünü etkisi altına aldı; hem doğusunu hem de batısını. Fakat 4. bölümün gösterdiği gibi, Batı ve Doğu Avrupa, Kara Ölüm'ün ardından birbirinden tamamıyla uzaklaşmaya başladı. Siyasal ve ekonomik kurumlardaki küçük farklılıklar, Batı'da güç dengesinin kurumsal gelişime yol açması anlamına geliyordu; Doğu'da ise kurumsal gerilemeye. Fakat bu kaçınılmaz bir biçimde kapsayıcı kurumlara götürecek bir rota değildi. Yol boyunca daha pek çok hayati dönemeçten geçilmesi gerekiyordu. Magna Carta anayasal idare için bazı belli başlı kurumsal temeller inşa etmeye teşebbüs etse de Avrupa'nın diğer pek çok kesimi, Doğu Avrupa bile, benzer belgelerle benzer mücadelelere tanık oldu. Yine de Kara Ölüm'den sonra Batı Avrupa Doğu Avrupa'dan önemli ölçüde uzaklaştı. Magna Carta gibi belgeler Batı'da daha dişe dokunur hale gelmeye başladı. Doğu'da ise daha az şey ifade ediyorlardı. İngiltere'de, 17. yüzyıldaki çatışmalarından bile önce, kralın parlamentonun onayı olmadan yeni vergi koyamayacağı normu getirilmişti. En az bunun kadar önemli bir diğer husus ise, İngiltere'deki 1381 Köylü İsyanı gibi hadiselerde görülen kırsal toplulukların siyasal seferberliğinde olduğu üzere, gücün yavaş yavaş fakat giderek artan bir yönelimle elitlerden yurttaşlara geçmesiydi.

Kurumlardaki bu sürüklenme şimdi Atlantik'teki muazzam ticari genişlemenin yarattığı bir başka kritik dönemeçle etkileşime giriyordu. 4. bölümde gördüğümüz gibi, bunun gelecekteki kurumsal dinamikleri etkilemesi kraliyetin gücünün bu ticareti tekelleştirmeye yetip yetmeyeceğine bağlıydı. İngiltere'de parlamentonun bir nebze daha güçlü olması, Tudor ve Stuart hükümdarlarının buna güçlerinin yetmeyeceği anlamına geliyordu. Bu da İngiltere'de mutlakıyetçilik inşa etme planına şiddetle karşı çıkan yeni bir tüccar ve işadamları sınıfı yarattı. Örneğin, 1686'da Londra'da Karayipler'e ihracat yapan 702 tüccar vardı; ithalatçıların sayısıysa 1.283'tü. Kuzey Amerika'da ihracat yapan 691, ithalat yapan 626 tüccar bulunuyordu. Yanlarında depocular, denizciler, kaptanlar, liman işçileri ve kâtipler çalışıyordu; hepsi de ortak çıkarlara sahipti. Benzer biçimde Bristol, Liverpool ve Portsmouth gibi diğer faal limanlar da bu gibi tüccarlarla doluydu. Bu yeni insanlar farklı ekonomik kurumlar talep ettiler ve ticaret yaparak zenginleştikçe daha da güçlendiler. Aynı dinamikler Fransa, İspanya ve Portekiz'de de iş başındaydı. Fakat oralarda krallar ticaret ve ticaretten elde edilen kazanç üzerinde çok daha fazla kontrole sahiptiler. İngiltere'deki dönüşümü gerçekleştiren yeni grubun benzerleri bu ülkelerde de ortaya çıktı fakat kayda değer ölçüde daha küçük ve daha zayıflardı.

Uzun Parlamento kurulduğunda ve 1642'de İç Savaş patlak verdiğinde bu tüccarlar parlamenter fikirleri savundular. 1670'de Stuart mutlakıyetçiliğine karşı çıkmak için Whig Partisi'nin kurulmasında son derece etkili oldular ve 1688'de II. James'in tahttan indirilmesinde büyük rol oynadılar. Böylece Amerika'nın sunduğu artan ticari fırsatlar, İngiliz tüccarların bu ticarete ve kolonilerin ekonomik gelişimine kitlesel boyuttaki katılımı ve bu süreçte elde ettikleri büyük zenginlikler, monarşiyle mutlakıyetçilik karşıtları arasındaki mücadelede güç dengesini bozdu.

Belki de en önemlisi, –eşraftan Tudor devrinde ortaya çıkan ticari çiftçi sınıfına; farklı tipte imalatçılardan Atlantik tacirlerine dek– farklı çıkarların ortaya çıkıp güçlenmesi, Stuart mutlakıyetçiliğine karşı çıkan koalisyonun yalnızca güçlü değil, aynı zamanda geniş tabanlı olduğu anlamına geliyordu. Bu koalisyon 1670'lerde kurulan ve onlara menfaatlerini daha iyi savunabilecekleri bir örgüt olan Whig Partisi'yle daha da güçlendi. Stuartlara karşı mücadele verenlerin tümü aynı menfaatlere ve aynı geçmişe sahip olsalardı Stuart monarşisinin devrilmesi Lanchaster ve York hanedanları arasındaki mücadelenin bir tekrarı olur, bir grubun bir diğer menfaat grubuyla boy ölçüşmesine yol açar ve nihayetinde ya eski sömürücü kurumlar yeniden oluşturulur ya da bu kurumların yerini yenileri alırdı. Geniş tabanlı bir koalisyon ise çoğulcu siyasal kurumların oluşturulması için daha büyük bir talep demekti. Belli ölçüde bir çoğulculuk olmasaydı menfaat gruplarından birinin diğer grupları hiçe sayarak iktidara el koyması tehlikesi doğardı. 1688'den sonra parlamentonun geniş bir koalisyonu temsil ediyor olması, parlamento üyelerinin parlamento dışından insanlardan, hatta bir oyu bile olmayan insanlardan gelen dilekçeleri dikkate almalarında son derece etkili olmuştu. Bu da, yünlü mamul imalatçılarının Manchester Yasası'ndan önce yapmaya çalıştığı gibi, gruplardan birinin diğerlerini hiçe sayarak tekel kurmasının engellenmesinde hayati bir rol oynuyordu.

Görkemli Devrim çok önemli bir olaydı çünkü yüreklendirilmiş geniş tabanlı bir koalisyonun öncülüğünde gerçekleşmişti ve bu koalisyonu daha da güçlendirip hem yürütmeye hem de istisna gözetmeksizin üyelerinin tümüne (bu da aynı derecede önemliydi) kısıtlama getiren anayasal bir rejim inşa etmesini sağlamıştı. Örneğin yün imalatçılarının pamuk ve pazen imalatçılarından gelecek rekabete engel olmalarına müsaade etmeyen bu kısıtlamalardı. Dolayısıyla bu geniş koalisyon 1688'in ardından güçlü bir parlamentonun oluşmasında hayati bir role sahipti fakat aynı zamanda parlamentodaki grupların hiçbirinin aşırı ölçüde güçlenip iktidarı kötüye kullanmaması için bir denetim mekanizması anlamına geliyordu. Bu, çoğulcu siyasal kurumların ortaya çıkmasında kritik öneme sahip bir etkendi. Ayrıca böyle geniş tabanlı bir koalisyonun güçlenmesi, 11. bölümde göreceğimiz gibi kapsayıcı siyasal ve ekonomik kurumların güçlü ve sürekli hale gelmesinde de önemli bir rol oynadı.

Yine de bu etkenlerin hiçbiri tam anlamıyla çoğulcu bir rejimi garantilemiyordu; böyle bir rejimin doğuşu kısmen tarihin olumsal rotasının bir sonucuydu. Çok da farklı olmayan bir başka koalisyon Stuartlar karşısında İngiliz İç Savaşı'ndan zaferle çıkmayı başarmış, fakat bu sadece Oliver Cromwell diktatörlüğüne yol açmıştı. Bu koalisyonun gücü de mutlakıyetçiliğin yenilgiye uğratılabileceğini garantilemiyordu. II. James, III. William'ı yenebilirdi. Büyük kurumsal değişimlerin izlediği rota, her zamanki gibi, diğer siyasal çatışmaların sonuçlarından daha az olumsal değildi. Bu durum, belirli bir kurumsal sürüklenme rotası mutlakıyetçiliğe karşı çıkan geniş bir koalisyon yarattığında ve Atlantik ticaretinin doğurduğu kritik dönemecin sunduğu yeni fırsatlar mevcut şartları Stuartların aleyhine çevirdiğinde bile geçerliydi. Dolayısıyla bu örnekte çoğulculuğun ve kapsayıcı kurumların ortaya çıkmasını destekleyen belirleyici etkenler olumsallık ve geniş tabanlı bir koalisyondu.

8

Bizim çiftliğimizde olmaz: Gelişimin önündeki engeller

Basmak yasaktır

1445'te Alman şehri Mainz'de Johannes Gutenberg iktisat tarihini derinden etkileyecek bir yeniliği açıkladı; hareketli hurufata dayalı bir matbaa makinesi. O zamana kadar kitaplar ya kâtipler tarafından elde kopya edilmek –ki bu son derece yavaş ve zahmetli bir işti– ya da bunların her bir sayfası belirli özelliklere sahip tahta kalıplarla basılmak zorundaydı. Kitaplar son derece nadir ve çok pahalıydı. Fakat Gutenberg'in icadından sonra bu durum değişmeye başladı. Kitaplar basıldı ve daha ulaşılır hale geldi. Bu yenilik olmasaydı okuryazarlığın ve eğitimin kitlesel boyutta yaygınlaşması imkânsızdı.

Batı Avrupa'da matbaa makinesinin önemi hemen fark edildi. Sınırın ötesinde, Fransa'nın Strasbourg şehrinde daha 1460'da bir baskı makinesi kurulmuştu bile. 1460 sonlarına gelindiğinde önce Roma ve Venedik'teki, ardından Floransa, Milano ve Torino'daki baskı makineleriyle bu teknoloji İtalya'ya yayılmıştı. 1476'ya gelindiğinde William Caxton Londra'da bir baskı makinesi kurdu, iki yıl sonra Oxford'da da bir tane vardı. Matbaa aynı dönemde Benelüks ülkeleri üzerinden İspanya'ya, hatta 1473'te Budapeşte'de ve bir yıl sonra Kraków'da açılan matbaalarla Doğu Avrupa'ya yayıldı.

Ancak herkes matbaayı cazip bir yenilik olarak görmüyordu. Osmanlı sultanı II. Bayezid, daha 1485'te çıkardığı bir fermanla Müslümanların Arapça baskı yapmasını açıkça yasakladı. Bu kural 1515'te Sultan I. Selim tarafından tekrarlandı. 1727'ye kadar Osmanlı topraklarında matbaaya müsaade edilmedi. Daha sonra Sultan III. Ahmed, İbrahim Müteferrika'ya bir matbaa kurması için izin veren bir kararname çıkardı. Bu gecikmiş adıma bile kısıtlamalar getirilmişti. Kararname "Bu hayırlı günde bu Batılı usul, tıpkı bir gelinin duvağını kaldırır gibi gün yüzüne çıkarılacak ve bir daha asla saklanmayacaktır" dese de Müteferrika'nın matbaası sıkı bir biçimde izlenecekti. Kararname şöyle diyordu:

> Kitapları tashih için, hakîki ulemâ ve müdekkik fâzıllardan, şer'î ilimlerde ve yüksek fenlerde ehilleri tam olan Müslüman faziletli kâdılardan eski İstanbul kâdısı Mevlânâ İshak ve sabık Selanik kâdısı Mevlânâ Sâhib ile Galata eski kâdısı Mevlânâ Es'âd (faziletleri ziyâde olsun) ve büyük şeyhlerden olup, hakîkî âlimlerin önde geleni Kasımpaşa mevlevîhânesi şeyhi Mûsâ (ilmi ziyâde olsun) me'mur ve tâyin olunmuşlardır.

Müteferrika'ya matbaa kurması için izin verilmişti fakat ne basarsa bassın, din ve hukuk âlimlerinden, yani kadılardan oluşan üç kişilik bir heyet tarafından incelenecekti. Belki de matbaa makineleri daha yaygın olsaydı diğer herkes gibi kadıların ilim ve irfanları da ziyade olacaktı. Fakat öyle olmadı, matbaa kurması için Müteferrika'ya izin verildikten sonra bile.

Beklenebileceği gibi, sonuçta Müteferrika çok az kitap basabildi; matbaanın faaliyete geçtiği 1729'dan Müteferrika'nın çalışmayı bıraktığı 1743'e kadar yalnızca 17 adet kitap. Ailesi geleneği sürdürmeye çalışsa da 1797'de pes edinceye kadar yalnızca yedi kitap daha basabildiler. Osmanlı İmparatorluğu'nun Türkiye'deki merkezinin dışında matbaacılık daha da geri kaldı. Örneğin Mısır'da ilk matbaa makinesi ancak 1798'de, Napoléon Bonaparte'ın ülkeyi ele geçirmeye yönelik başarısız girişiminin parçası olan Fransızlar tarafından kurulabildi. 19. yüzyılın ikinci yarısına kadar Osmanlı İmparatorluğu'nda kitap üretimi esasen mevcut kitapların elde kopyalarını çıkaran kâtiplerin üstlendiği bir işti. 18. yüzyıl başlarında İstanbul'da böyle 80 bin kâtibin faaliyet gösterdiği sanılmaktadır.

Matbaa makinesine gösterilen bu muhalefet okuryazarlık, eğitim ve ekonomik başarı için aşikâr sonuçlar doğurdu. 1800'de İngiltere'de yetişkin erkeklerin yüzde 60'ı ve kadınların yüzde 40'ı okuryazarken Osmanlı İmparatorluğu'ndaki yurttaşların muhtemelen yalnızca yüzde 2 ya da 3'ü okuryazardı. Hollanda ve Almanya'daki okuryazarlık oranları daha da yüksekti. Osmanlı toprakları bu dönemdeki eğitimsel düzeyinin son derece düşük olması yüzünden, tıpkı nüfusunun yalnızca yaklaşık yüzde 20'si okuma yazma bilen Portekiz gibi, Avrupa ülkelerinin çok gerisinde kaldı.

Osmanlı kurumlarının son derece mutlakıyetçi ve sömürücü

olduğu göz önünde bulundurulduğunda, sultanın matbaaya gösterdiği düşmanca tutumu anlamak zor değildir. Kitaplar fikirlerin yayılmasına sebep olur ve böylece nüfusu kontrol altında tutmak güçleşir. Bu fikirlerin bazıları ekonomik refahı artırmak için yeni ve değerli yollar sunabilirse de bazıları yıkıcı olabilir ve mevcut siyasal ve sosyal durum için tehdit oluşturabilir. Ayrıca, kitaplar okuma yazma öğrenen herkes için bilgiyi ulaşılır hale getirdiğinden şifahi bilgiyi kontrol edenlerin iktidarını da sarsabilir. Bu da elitlerin kontrolündeki statüko için tehdit oluşturur. Osmanlı sultanları ve din kurumları ortaya çıkabilecek yaratıcı yıkımdan korktular. Getirdikleri çözüm ise matbaayı yasaklamak oldu.

Sanayi Devrimi neredeyse her ülkeyi etkileyen bir kritik dönemeç yarattı. İngiltere gibi bazı ülkeler ticarete, sanayileşmeye ve girişimciliğe yalnızca izin vermekle kalmadılar ayrıca bunları etkin bir biçimde teşvik ettiler ve hızla büyüdüler. Osmanlı İmparatorluğu, Çin ve diğer pek çok mutlakıyetçi rejim ise sanayileşmenin yaygınlaşmasını engelledikleri ya da en azından teşvik etmedikleri için geri kaldılar. Siyasal ve ekonomik kurumlar bir kez daha mevcut kurumlar ile (kurumlar ve ekonomik sonuçlardaki farklılaşmaya yol açan) kritik dönemeçler arasındaki bildik etkileşim kalıbını üreterek teknolojik yeniliklere verilen karşılığı belirlediler.

Osmanlı İmparatorluğu Birinci Dünya Savaşı'nın sonundaki çöküşüne dek mutlakıyetçi kaldı ve böylece matbaa makinesi gibi yeniliklere ve bunların sonucunda oluşabilecek yaratıcı yıkıma başarıyla karşı koymayı ya da engel çıkarmayı sürdürdü. İngiltere'de ortaya çıkan ekonomik değişikliklerin Osmanlı İmparatorluğu'nda cereyan etmemesinin nedeni sömürücü, mutlakıyetçi siyasal kurumlarla sömürücü ekonomik kurumlar arasındaki doğal ilişkiydi. Mutlakıyetçilik yasayla ya da başkalarının istekleriyle sınırlandırılmamış bir yönetimdir. Elbette, mutlakıyetçiler aslında bazı küçük grupların ya da elitin desteğiyle hüküm sürüyorlardı. Örneğin 19. yüzyıl Rusya'sında çarlar nüfusun yaklaşık yüzde 1'ini temsil eden bir soylu sınıfının desteklediği mutlakıyetçi hükümdarlardı. Bu dar grup güçlerini idame etmek için siyasal kurumlar kurmuştu. Çar 1905'te Duma'yı kuruncaya dek Rus toplumunda parlamento ya da diğer grupların siyasal temsili söz konusu değildi. Kaldı ki, Duma'ya verdiği sınırlı güçlerin altını oymakta da hiç gecikmeyecekti. Beklenebileceği gibi ekonomik kurumlar sömürücüydü ve çar ile soylu sınıfını olabildiğince zengin etmek için oluşturulmuşlardı. Pek çok sömürücü ekonomik sistem gibi bunun da temelinde kitlesel emek sömürüsü ve emek kontrolü yatıyordu; hem de son derece kötücül bir sistem olan Rus serfliğiyle.

Sanayileşmeyi önleyen tek siyasal kurum tipi mutlakıyetçilik değildi. Gerçi mutlakıyetçi rejimler çoğulcu değildi ve yaratıcı yıkımdan korkuyordu fakat yine de merkezileşmiş bir devlete ya da en azından matbaa makinesi gibi yeniliklere yasak getirecek kadar merkezileşmiş bir devlete sahipti. Bugün bile Afganistan, Haiti ve Nepal gibi ülkeler siyasal merkeziyetten yoksun ulusal devletlere sahiptir. Sahraaltı Afrika'da durum daha da kötüdür. Daha önce öne sürdüğümüz gibi, düzen sağlayıp kuralları ve mülkiyet haklarını gözeten merkezileşmiş bir devlet olmadan bu bölgede kapsayıcı kurumların ortaya çıkabilmesi mümkün değildi. Bu bölümde Sahraaltı Afrika'nın çoğu bölgesinde (örneğin Somali ve Güney Sudan'da) sanayileşmenin önündeki en büyük engelin siyasal merkeziyetin hiçbir türüne rastlanmaması olduğunu göreceğiz. Bu doğal önkoşullar olmaksızın sanayileşmenin filizlenebilmesi olanaksızdı.

Mutlakıyetçilik ve siyasal merkeziyetin olmayışı ya da zayıflığı, sanayileşmenin önündeki iki farklı engeldir. Fakat bir yandan da birbirleriyle bağlantılıdırlar; ikisini de yerinde tutan yaratıcı yıkım korkusu ve siyasal merkezileşme sürecinin çoğunlukla mutlakıyetçiliğe yönelik bir eğilime neden olmasıdır. Siyasal merkezileşmeye gösterilen direnci harekete geçiren nedenler çoğunlukla kapsayıcı siyasal kurumlara gösterilen direncin nedenleriyle aynıdır; siyasal gücü –bu kez daha yeni merkezileşmiş bir devlet ve onu kontrol edenler nedeniyle– kaybetme korkusu. Önceki bölümde Tudor monarşisinin iktidarında İngiltere'deki siyasal merkezileşme sürecinin farklı yerel elitlerin kaybettikleri siyasal gücü telafi edebilmek için yeni kurulmuş ulusal siyasal kurumlarda söz ve temsil hakkı taleplerini nasıl artırdığını gördük. Daha güçlü bir parlamento oluşturuldu ve bu da nihayetinde kapsayıcı siyasal kurumların ortaya çıkmasını sağladı.

Ancak diğer pek çok örnekte bunun tam tersi gerçekleşti ve siyasal merkezileşme süreci daha büyük bir mutlakıyetçilik dönemi başlattı. I. Petro'nun 1682 ile öldüğü tarih olan 1725 arasında şekillendirdiği Rus mutlakıyetçiliğinin kökenleri bu durumu çok iyi izah eder. Petro modern bir bürokratik devlet ve modern bir ordu kurmak için eski aristokrat(lar) sınıfının gücünü ellerinden alarak Sen Petersburg'da yeni bir başkent inşa etti. Hatta kendisini çar yapan Boyar Duma'sını bile lağvetti. Petro, çara hizmeti esas alan bütünüyle yeni bir sosyal hiyerarşi olan Rütbeler Tablosu'nu uygulamaya koydu. Ayrıca tıpkı VIII. Henry'nin İngiltere'de devleti merkezileştirirken yaptığı gibi kilise üzerinde hâkimiyet kurdu. Petro bu siyasal merkezileşme sürecinde gücü başkalarından alarak kendi elinde yoğunlaştırdı. Yaptığı askeri reformlar geleneksel kraliyet muhafızları Strelsy'i isyana sürükledi. Onları Orta Asya'daki Başkırtların (Başkurtlar) isyanı ve Bulavin İsyanı gibi başka ayaklanmalar izledi. Hiçbiri başarı gösteremedi.

I. Petro'nun siyasal merkezileşme projesi başarı sağlayıp muhalefet bastırılsa da kendilerini siyasal bakımdan tehlikede gören Streltsy gibi merkezi devlete karşı çıkan muhalif güçlerin dünyadaki diğer örnekleri pek çok yerde galip geldiler. Bunun sonucunda ortaya çıkan merkezi devletin yokluğu ise sömürücü siyasal kurumların farklı bir tipinin varlığını sürdürmesi anlamını taşıyordu.

Bu bölümde, ister Osmanlı İmparatorluğu gibi mutlakıyetçi siyasal kurumlara ve sömürücü ekonomik kurumlara sahip olsunlar, ister Somali gibi siyasal merkeziyetten yoksun olsunlar, Sanayi Devrimi'nin yarattığı kritik dönemeçte çoğu ülkenin treni nasıl kaçırdığını ve nasıl olup da sanayinin yayılmasından yararlanmayı başaramadığını göreceğiz.

Önem taşıyan küçük farklılıklar

17. yüzyılda mutlakıyetçilik İngiltere'de çökerken İspanya'da güçlendi. İngiltere Parlamentosu'nun İspanya'daki karşılığı olan Cortes'in yalnızca adı vardı. İspanya 1492'de Kraliçe Isabella ve Kral Ferdinand'ın evliliği sonucunda Kastilya ve Aragon krallıklarının birleşmesiyle ortaya çıktı. O yıl aynı zamanda Yeniden Fetih'in, yani 8. yüzyıldan itibaren İspanya'nın güneyini işgal edip Granada, Cordoba (Kurtuba) ve Sevilla gibi büyük şehirler kuran Arapların kovulma sürecinin sonuna tekabül ediyordu. İber Yarımadası'ndaki son Arap eyaleti olan Granada'nın İspanyolların eline geçmesi ile Kristof Kolomb'un Amerika'ya ulaşıp ardından yolculuğunu finanse eden Kraliçe Isabella ve Kral Ferdinand namına topraklar üzerinde hak iddia etmesi aynı zamana rastlar.

Kastilya ve Aragon hükümdarlıklarının birleşmesi ve bunu izleyen hanedan evlilikleri ve veraset, bir Avrupa süper-devleti yarattı. Isabella 1504'te öldü ve kızı Joanna Kastilya Kraliçesi olarak tahta çıktı. Joanna Habsburg Hanedanı'ndan Kutsal Roma İmparatoru I. Maximilian'ın oğlu Philip'le evlendi. 1516'da Joanna ve Philip'in oğlu Charles, Kastilya ve Aragon hükümdarı I. Charles (Carlos) olarak tahta çıktı. Babası öldüğünde İber Yarımadası ve Amerika'daki topraklarına ilaveten Hollanda ve Franche-Comté da ona kaldı. 1519'da I. Maximilian öldüğünde ise Almanya'daki Habsburg toprakları da artık onundu ve Kutsal Roma İmparatoru V. Charles (Şarlken) unvanını aldı. 1492'de iki İspanyol Krallığı'nın birleşmesiyle ortaya çıkan devlet artık kıtalararası bir imparatorluğa dönüşmüştü ve Charles, Isabella ve Ferdinand'ın başlattığı mutlakıyetçi devleti güçlendirme projesini sürdürdü.

İspanya'da mutlakıyetin inşasına ve kuvvetlendirilmesine yönelik girişim Amerika'da kıymetli madenlerin keşfiyle muazzam ölçüde desteklendi. 1520'lere gelindiğinde Meksika'daki Guanajuato'da zaten büyük miktarda gümüş keşfedilmişti ve bunu kısa bir süre sonra Zacatecas izledi. 1532'den sonra Peru'nun fethi monarşi için daha da büyük bir zenginlik yarattı. Bu zenginlik, fetihlerden ve madenlerden elde edilen her türlü ganimetten alınan beşte birlik bir hisseyle, "royal fifth"le gelmişti. Birinci bölümde gördüğümüz gibi, 1540'larda Potosí'de bir gümüş dağının keşfedilmesi İspanyol kralının servetine servet eklemişti.

Kastilya ve Aragon'un birleştiği sıralarda İspanya, Avrupa'nın ekonomik bakımdan en başarılı bölgelerinden biriydi. Mutlakıyetçi siyasal sistemi güçlendiğinde bu durum göreli bir hal aldı, 1600'den sonra ise mutlak bir ekonomik gerileme başladı. Yeniden Fetih'in ardından Isabella ve Ferdinand'ın neredeyse ilk icraatları Yahudilerin varlıklarına el koymak oldu. Takriben 200 bin Yahudi'ye İspanya'yı terk etmeleri için dört ay süre verildi. Tüm mal ve mülklerini düşük fiyatlarla satmak zorunda kalırlarken ülke dışına altın ya da gümüş çıkarmalarına da izin verilmedi. Sadece 100 yıldan biraz daha uzun bir süre sonra benzer bir insanlık trajedisi daha yaşandı. 1609 ile 1614 yılları arasında III. Filipe İspanya'nın güneyindeki eski Arap eyaletlerinin yurttaşlarının soyundan gelen Moriskoları sınır dışı etti. Yahudiler gibi, Moriskolar da ülkeyi yalnızca yanlarında taşıyabildikleriyle terk etmek zorundaydılar ve altın, gümüş ya da başka kıymetli madenleri ülke dışına çıkarmaları yasaktı.

Habsburg idaresindeki İspanya'da mülkiyet hakları başka yönlerden de güvenceden uzaktı. 1556'da babası V. Charles'ın yerini alan II. Filipe, 1557 ve 1560'da borcunu ödemeyerek bankacı Fugger ve Welser ailelerinin iflasına sebep oldu. Bankacılıkla uğraşan Alman ailelerinin rolünü daha sonra Cenevizli aileler üstlendi ve onlar da Habsburg devrinde 1575, 1596, 1607, 1627, 1647, 1652, 1660 ve 1662'de borcunu ödemeyen İspanyollar yüzünden mahvoldu.

Mutlakıyetçi İspanya'da mülkiyet haklarındaki istikrarsızlık kadar mutlakıyetçiliğin ticaretle ilgili ekonomik kurumlar ve İspanyol sömürge imparatorluğunun gelişimi üzerindeki etkisi de can alıcıydı. Önceki bölümde gördüğümüz gibi, İngiltere'nin ekonomik başarısı ticaretteki hızlı büyümeye dayanıyordu. Gerçi İspanya ve Portekiz'le kıyaslandığında İngiltere Atlantik ticaretine geç girmişti, ticaret ve koloniciliğin sunduğu fırsatlar konusunda nispeten daha geniş bir katılımı hesaba katmak zorundaydı. İspanya'da kraliyetin sandıklarını dolduran şey, şimdi İngiltere'de yeni gelişen ticaret sınıfını zenginleştirmişti. Başlarda İngiltere'nin ekonomik dinamizmine temel oluşturan ve mutlakıyetçilik karşıtı siyasal koalisyonun kalesine dönüşen işte bu tüccarlar sınıfıydı.

Ekonomik gelişime ve kurumsal değişime yol açan bu süreçler İspanya'da cereyan etmedi. Amerika'nın keşfinin ardından Isabella ve Ferdinand Sevilla'daki bir tüccarlar loncası aracılığıyla yeni sömürgeleriyle İspanya arasındaki ticareti düzenlediler. Bu tüccarlar tüm ticareti kontrol altında tuttukları gibi, monarşinin Amerika'dan elde edilen zenginlikteki payını da sağlama alıyorlardı. Sömürgelerin hiçbiriyle serbest ticaret yapılmıyor ve her yıl büyükçe bir *filotilla*[19] Amerika'dan kıymetli madenler ve değerli mallarla Sevilla'ya dönüyordu. Bu tekele dayalı sıkı ticaret, sömürgelerin sunduğu ticari fırsatlar aracılığıyla geniş bir tüccar sınıfının ortaya çıkamadığı anlamına geliyordu. Amerika içindeki ticaret bile çok sıkı düzenlenmişti. Örneğin, kabaca bugünün Meksika'sına karşılık gelen New Spain gibi bir sömürgeden bir tüccar, bugünün Kolombiya'sı New Granada'dan biriyle doğrudan ticaret yapma imkânına sahip değildi. İspanyol İmparatorluğu'nda ticarete getirilen bu kısıtlamalar hem ekonomik refahı hem de dolaylı olarak İspanya'nın refah düzeyi daha yüksek başka bir imparatorlukla yapacağı ticaretten elde edebileceği potansiyel menfaatleri azalttı. Yine de bu kısıtlamalar çok cazipti çünkü gümüşün ve altının İspanya'ya akmaya devam etmesini güvence altına alıyordu.

İspanya'nın sömürücü ekonomik kurumları mutlakıyetçiliğin inşasının ve siyasal kurumların, İngiltere'ye kıyasla, farklı bir yol izlemesinin doğrudan bir sonucuydu. Hem Kastilya Krallığı'nın hem de Aragon Krallığı'nın kendi Cortes'leri, yani krallıktaki

19. Donanmadaki filoların kendi aralarında bölünmeleriyle oluşturulan ufak filolar. (ç.n.)

farklı grupların ya da "zümrelerin" temsil edildiği parlamentoları vardı. İngiltere Parlamentosu'nda olduğu gibi Kastilya Cortes'inin de yeni vergileri kabul etmek için toplanması gerekiyordu. Yine de Kastilya ve Aragon'daki Cortes, İngiltere Parlamentosu'nun yaptığı gibi hem kentsel ve hem kırsal alanları değil, öncelikli olarak büyük şehirleri temsil ediyordu. 15. yüzyıla gelindiğinde, her biri iki delege yollayan 18 şehir temsil ediliyordu yalnızca. Bu nedenle Cortes, İngiliz Parlamentosu'nda olduğu gibi geniş bir gruplar yelpazesini temsil etmiyordu ve hiçbir zaman mutlakıyetçiliğe sınırlama getirmek üzere farklı çıkarların rekabet edebileceği bir merkeze dönüşemedi. Yasama yapamıyordu; hatta vergilendirme kapsamındaki güçleri bile kısıtlıydı. Tüm bunlar İspanyol monarşisinin kendi mutlakıyetçiliğini güçlendirme sürecinde Cortes'i devre dışı bırakmasını kolaylaştırdı. V. Charles (I. Carlos) ve II. Philip (II. Felipe) bir dizi maliyetli savaşı finanse edebilmek için Amerika'dan gelen gümüşe rağmen giderek artan vergi gelirlerine ihtiyaç duydular. 1520'de V. Charles Cortes'e vergileri artırmayı talep etmeye karar verdi. Kent elitleri Cortes'de ve yetkilerinde köklü bir değişikliğe gitme çağrısında bulunmak için bu durumdan faydalandılar. Bu muhalefetin şiddeti arttı ve kısa sürede Comunero İsyanı'na dönüştü. Charles kraliyet birlikleriyle isyanı bastırmayı başarsa da kraliyet yeni vergiler koyup eskilerini ağırlaştırmayı kendine hak gördüğü için 16. yüzyılın geri kalanında sürekli savaş vardı ve tüm iniş çıkışlara rağmen sonunda bu savaşı kazanan monarşi oldu. Cortes 1644'ten sonra bir daha ancak 150 yıl kadar sonra, Napoléon istilaları sırasında yeniden örgütlenince toplandı.

1688'de İngiltere'de mutlakıyetçiliğin yenilgiye uğratılması yalnızca çoğulcu siyasal kurumların değil çok daha etkili bir merkezi devletin gelişimine de olanak sağladı. Oysa İspanya'da mutlakıyetçiliğin zaferiyle bunun tam tersi gerçekleşti. Monarşi Cortes'i zayıf düşürüp kendi faaliyetlerine yönelik tüm kısıtlamaları kaldırsa da vergileri yükseltmek giderek zorlaşıyor, her bir şehirle doğrudan pazarlığa oturmayı denediklerinde bile durum değişmiyordu. İngiliz hükümeti modern ve etkili bir vergi bürokrasisi yaratırken İspanyol hükümeti bir kez daha ters yönde ilerliyordu. Monarşi yalnızca girişimciler için mülkiyet haklarını güvence altına almayı başaramamakla ve ticareti tekelleştirmekle kalmıyor ayrıca önemli makamları satışa çıkarıyor, çoğu zaman bunları verasete tabi tutuyor, iltizam sistemine müsaade ediyor, hatta dokunulmazlık bile satıyordu.

Bu sömürücü ekonomik ve siyasal kurumların İspanya'da yol açtığı sonuçlar tahmin edilebilir nitelikteydi. 17. yüzyıl boyunca İngiltere ticari büyümeye ve ardından hızlı bir sanayileşmeye doğru ilerlerken İspanya geniş çaplı bir ekonomik gerileme girdabına sürükleniyordu. Yüzyılın başında her beş İspanyol'dan biri şehirde yaşarken yüzyılın sonuna gelindiğinde bu oran İspanyol nüfusunun artan yoksulluğuna denk gelecek bir biçimde onda bire düştü. İngiltere zenginleşirken İspanya'nın gelirleri azalmıştı.

Mutlakıyetçiliğin İngiltere'de kökü kazınırken İspanya'da süreklilik gösterip güçlenmesi kritik dönemeçlerde küçük farklılıkların önem taşımasına bir başka örnektir. Burada küçük farklılıklar temsil kurumlarının güçleri ve doğasıydı; kritik dönemeç ise Amerika'nın keşfi. Bunlar arasındaki etkileşim İspanya'yı İngiltere'den çok farklı bir kurumsal rotaya soktu. İngiltere'de ortaya çıkan nispeten daha kapsayıcı ekonomik kurumlar Sanayi Devrimi'yle sonuçlanan eşi benzeri görülmemiş bir ekonomik dinamizm yaratırken İspanya'da sanayileşmenin en ufak bir şansı dahi yoktu. Sınai teknoloji dünyanın pek çok ülkesine yayılana kadar İspanyol ekonomisi o denli gerilemişti ki sanayileşmenin engellenmesi için kraliyete ya da toprak sahibi elite bile ihtiyaç yoktu.

Sanayi korkusu

1688'den sonra, mutlakıyetçi ülkelerin İngiltere'deki siyasal kurumlarda ve siyasal iktidarda ortaya çıkan değişimlerin benzerlerinden geçmeden, Sanayi Devrimi'nin yenilik ve teknolojilerinden yararlanma şansı çok azdı. Örneğin İspanya'da mülkiyet haklarının güvence altına alınmaması ve geniş ölçekli ekonomik gerileme, basitçe insanların gerekli yatırım ve fedakârlıklar için teşvike sahip olmadıkları anlamına geliyordu. Rusya ya da Avusturya-Macaristan'da sanayileşmeye engel olan yalnızca elitlerin ihmali ve yanlış yönetimleri ve sömürücü kurumların neden olduğu ekonomik gerileme değildi. Bunun nedeni, yöneticilerin bu teknolojileri getirmeye yönelik tüm girişimleri ve kanal vazifesi görecek demiryolları gibi tüm altyapı yatırımlarını bilfiil engellemesiydi.

Sanayi Devrimi sırasında, 18. yüzyılda ve 19. yüzyıl başlarında, Avrupa'nın siyasal haritası bugünkünden oldukça farklıydı. Kutsal Roma İmparatorluğu, büyük kısmı sonunda Almanya'yla birleşen 400'ü aşkın devletin oluşturduğu bu yamalı bohça, Orta Avrupa'nın büyük bölümünü işgal etmişti. Habsburg Hanedanı hâlâ büyük bir siyasal kuvvetti ve Habsburg ya da Avusturya-Macaristan İmparatorluğu olarak bilinen imparatorlukları, Bourbonlar 1700'de İspanyol tahtını ele geçirdikten sonra artık İspanya'yı içermese bile 250 bin mil karelik (648 bin kilometrekarelik) geniş bir alana yayılıyordu. Nüfus bakımından Avrupa'nın üçüncü büyük ülkesiydi ve Avrupa nüfusunun yedide birini barındırıyordu. 18. Yüzyıl sonlarında batıda, bugünkü Belçika'da, o zamanlar Avusturya Hollanda'sı olarak bilinen bölge de Habsburg topraklarına dahildi. Yine de en büyük parça, merkezinde Avusturya ve Macaristan'ın olduğu, kuzeyde Çek Cumhuriyeti ve Slovakya, güneyde Slovenya, Hırvatistan, İtalya'nın büyük bölümü ve Sırbistan'dan oluşan bitişik ülkeler blokuydu. Ayrıca kuzeyde bugünün Romanya ve Polonya'sının büyük kısmıyla birleşiyordu.

İngiltere'dekilere kıyasla Habsburg nüfuz alanındaki tüccarların önemi çok daha azdı ve Doğu Avrupa topraklarında serflik hâkimdi. Dördüncü bölümde gördüğümüz gibi, Macaristan ve Polonya Doğu Avrupa'daki İkinci Serflik'in tam merkezindeydi. Stuartların aksine Habsburglar güçlü bir mutlakıyetçi idareyi sürdürmede başarılı olmuşlardı. 1792 ile 1806 yılları arasında Kutsal Roma İmparatorluğu'nun son imparatoru olarak, ardından 1835'te ölene dek Avusturya imparatoru olarak hüküm süren I. Franz tam bir mutlakıyetçiydi. İktidarı üzerinde hiçbir kısıtlamayı kabul etmedi; daha da önemlisi, siyasal statükoyu muhafaza etmek istedi. Temel stratejisi değişime, hem de her türlü değişime direnmekti. 1821'de Laibach'da bir okulda öğretmenlere yaptığı bir konuşmada buna tam da Habsburg hükümdarlarına özgü bir biçimde açıklık getirdi: "Âlimlere ihtiyacım yok; iyi ve dürüst yurttaşlara ihtiyacım var. Sizin göreviniz gençleri bu şekilde yetiştirmek. Hizmetimdekiler onlara emrettiğim şeyleri öğretmeliler. Bunu beceremeyecek olan ya da yeni fikirleri olan varsa gidebilir, ya da onu ben gönderirim."

1740 ile 1780 yılları arasında hüküm süren imparatoriçe Maria Theresa, kurumların nasıl geliştirileceği ya da değiştirileceği hakkında kendisine sunulan önerileri çoğu kez "Her şeyi olduğu gibi bırakın" diyerek yanıtlıyordu. Yine de bir dizi kurumsal değişimin, özellikle de daha güçlü bir merkezi devlet ve daha etkin bir idari sistem inşa etme girişiminin ardında Maria Theresa ve 1780 ile 1790 yılları arasında imparator olan oğlu II. Joseph vardı. Gerçi bunu çoğulcu unsurların çok az olduğu ve icraatları üzerinde gerçek bir güçler ayrılığı ilkesinin işlemediği bir siyasal sistemde gerçekleştirmişlerdi. Monarşi üzerinde bir nebze olsun kontrol sağlayacak bir ulusal parlamento yoktu, yalnızca vergi ve askere almayla ilgili geçmişten gelen güçleri olan bölgesel meclisleri (diet) ve zümre meclisleri sistemi vardı. Avusturya-Macaristan Habsburglarının üzerindeki denetim, İspanyol monarşilerinin üzerindeki denetimden bile daha azdı ve siyasal iktidar son derece dar bir kesimin elinde toplanmıştı.

18. yüzyılda Habsburg mutlakıyetçiliği güçlenirken monarşik nitelik taşımayan kurumların gücü daha da azaldı. Avusturya'nın Tyrol eyaletinden bir temsilciler heyeti Franz'a bir anayasa için dilekçe verdiğinde Franz, "Demek bir anayasa istiyorsunuz! [...] Şimdi bakın, anayasa hiç umurumda değil, size bir anayasa veririm; fakat askerlerin bana itaat etmesi gerektiğini bilmelisiniz. Ayrıca paraya ihtiyacım olduğunda iki kere sormam [...] Ve her halükârda söyleyecekleriniz konusunda size dikkatli olmanızı tavsiye ederim" demişti. Bu sözlerle karşılaşan Tyrollü liderler, "Böyle düşünüyorsanız, anayasa olmasın daha iyi" diye karşılık verince Franz'ın yanıtı "Ben de aynı kanaatteyim" olmuştu.

Franz, Maria Teresa'nın bakanlarıyla istişare etmek için bir forum olarak kullandığı Devlet Konseyi'ni feshetti. Bu olaydan sonra hükümdarın kararları ne istişare edilecekti ne de kamuoyunda tartışılacaktı. Bir polis devleti yaratan Franz biraz olsun radikal sayılabilecek her şeyi acımasızca sansürledi. Franz'ın yönetim anlayışı uzun süre yaverliğini yapan Kont Hartig tarafından "Hükümdarın otoritesinin devamlı surette muhafaza edilmesi ve halkın bu otoriteye iştirakine ilişkin her türlü talebin inkârı" olarak tanımlanmıştı. Tüm bunlar için ona 1809'da dışişleri bakanı olarak atadığı Prens von Metternich destek veriyordu. Aslına bakılırsa Metternich'in gücü ve nüfuzu Franz'ınkinden daha uzun sürdü ve dışişleri bakanlığı görevinde neredeyse 40 yıl kaldı.

Habsburg ekonomik kurumlarının merkezinde feodal düzen ve serflik vardı. İmparatorluğun doğusuna doğru gidildikçe feodalizm daha güçleniyordu. Bu durum 4. bölümde gördüğümüz gibi Batı Avrupa'dan Doğu Avrupa'ya doğru gidildikçe görülen, ekonomik kurumlardaki daha genel bir aşamalı değişimin yansımasıydı. Emeğin dolaşımı alabildiğine sınırlandırılmıştı, dış göç ise yasadışıydı. İngiliz hayırsever Robert Owen Avusturya hükümetini yoksul insanların koşullarını iyileştirmek için bazı sosyal reformlar yapmaya ikna etmeye çalıştığında Metternich'in yardımcılarından Friedrich von Gentz, "Geniş kitlelerin varlıklı ve bağımsız bir hale gelmelerini hiç de istemeyiz [...] Aksi takdirde onlara nasıl hükmederdik?" yanıtını alacaktı.

Habsburg mutlakıyetçiliği, emek piyasasının oluşumunu tamamen engelleyen ve kırsal nüfusun büyük bölümü için ekonomik teşvik ve inisiyatifleri ortadan kaldıran serfliğe ek olarak, tekeller ve diğer ticaret kısıtlamaları üzerinde gelişti. Şehir ekonomisi mesleklere girişi sınırlandıran loncaların hâkimiyetindeydi. 1775'e kadar Avusturya'da bile iç gümrük vergisi alınıyordu. Bu durum 1784'e kadar Macaristan için de geçerliydi. İthal ürünler için uygulanan gümrük vergileri çok yüksekti, ayrıca hem ithal hem de ihraç ürünlerinde çok sayıda yasak söz konusuydu.

Pazarların baskı altına alınması ve sömürücü ekonomik kurumların oluşturulması elbette mutlakıyetçiliğin karakteristik özellikleriydi, fakat Franz bu kadarla kalmadı. Mesele basitçe sömürücü ekonomik kurumların bireylerin yeni teknolojiler icat etmeleri ya da benimsemeleri için gerekli teşvikleri ortadan kaldırması değildi. 2. bölümde Kongo Krallığı'nda sabanın kullanımını artırma girişimlerinin nasıl başarısızlığa uğradığını gördük. Ekonomik kurumların sömürücü doğasından ötürü insanlar teşvikten yoksundu. Kongo kralı insanları saban kullanmaya razı edebilirse tarımsal verimliliğin daha yüksek olacağını ve bu sayede daha fazla zenginlik oluşacağını ve böylelikle daha fazla menfaat sağlayabileceğini fark etmişti. Bu tüm hükümetler için potansiyel bir teşviktir; mutlakıyetçi olanlar için bile. Kongo'daki sorun insanların ne üretirlerse üretsinler buna mutlakıyetçi bir monarşi tarafından el konulacağını anlamış olmalarıydı. Bu nedenle yatırım yapmak ya da daha gelişkin teknolojiler kullanmak için bir teşvikleri yoktu. Franz, Habsburg topraklarındaki yurttaşlarını daha gelişkin teknolojiler benimsemeleri için yüreklendirmemişti; tam tersine, aslında buna karşı koymuş ve normal şartlarda insanların mevcut ekonomik kurumlarla hayata geçirmek isteyecekleri teknolojilerin yaygınlaşmasını engellemişti.

Yeniliğe muhalefet iki şekilde kendini gösterdi. Birincisi, I. Franz sanayinin gelişimine karşı çıktı. Sanayi fabrikaların önünü açar, fabrikalar fakir işçileri şehirlerde yoğunlaştırırdı, özellikle de başkent Viyana'da. Bu işçiler mutlakıyetçilik karşıtlarının destekçilerine dönüşebilirlerdi. Onun izlediği siyaset geleneksel elitleri, siyasal ve ekonomik statükoyu korumayı hedefliyordu. Esasen tarıma dayalı bir toplumsal yapıyı korumayı amaçlamıştı. Franz bunu yapmanın en iyi yolunun her şeyden önce fabrikaların açılmasını engellemek olduğuna inanıyordu. Bunu da örneğin 1802'de

Viyana'da yeni fabrikaların inşasını doğrudan yasaklayarak yaptı. Sanayileşmenin temeli olan yeni makinelerin ithalatını ve kullanımını teşvik edecek yerde 1811'e kadar bunlara yasak getirdi.

İkincisi, Sanayi Devrimi'yle gelen anahtar teknolojilerden biri olan demiryollarının inşasına karşı çıktı. Kuzey istikametinde yapılması düşünülen bir demiryolu projesi I. Franz'ın önüne getirildiğinde, "Hayır, hayır, devrimi ülkeye taşısın diye bununla alakadar olacak değilim" diye karşılık vermişti.

Hükümet bir buharlı tren hattının inşası için ruhsat vermediğinden, imparatorlukta inşa edilen ilk demiryolu hattında atların çektiği vagonların kullanılması gerekiyordu. Tuna üzerindeki Linz şehrinden Vltava (Moldau) Nehri üzerindeki Bohemya şehri Budweis'a uzanan hat, eğimler ve virajlarla inşa edilmişti; bu da onu buharlı makinelerin işleyeceği hale dönüştürmenin imkânsız olduğu anlamına geliyordu. Dolayısıyla 1860'lara kadar beygir gücü kullanıldı. Demiryolunun gelişiminin ekonomik potansiyelini ilk fark eden büyük bir banker ailenin Viyana temsilcisi olan banker Salomon Rothschild oldu. Salomon'un İngiltere'de faaliyet gösteren kardeşi Nathan, George Stephenson'ın lokomotifi "Roket"ten ve buharlı taşımacılığın potansiyelinden çok etkilenmişti. Ailesinin demiryolu inşaatına yatırım yaparak büyük kârlar elde edebileceğine inandığından kardeşiyle irtibata geçerek onu Avusturya'da demiryolları inşa etmek için fırsat aramaya teşvik etti. Nathan ikna oldu fakat bu plan hiçbir yere varmadı, çünkü İmparator Franz bir kez daha kısaca hayır demişti.

Sanayiye ve buharlı taşımacılığa gösterilen muhalefetin kaynağı Franz'ın modern ekonominin gelişimine eşlik edecek yaratıcı yıkımdan duyduğu endişeydi. Onun asıl önceliği, hüküm sürmesini sağlayan sömürücü kurumların istikrarını güvenceye almak ve kendisini destekleyen geleneksel elitin çıkarlarını korumaktı. Mesele yalnızca emeği kırsal kesimden şehirlere çekerek feodal düzenin temellerini sarsan sanayileşmenin pek bir kazanç sağlamayacak olması değildi; fakat Franz büyük ekonomik değişimlerin siyasal iktidarına oluşturacağı tehdidi de fark etmişti. Bunun sonucunda sanayileşmeyi ve ekonomik gelişimi engelledi ve kendisini pek çok alanda gösteren bir ekonomik gerilemeye neden oldu. Örneğin, dünya demir üretiminin yüzde 90'ının kömür kullanılarak gerçekleştirildiği 1883 gibi geç bir tarihte Habsburg topraklarındaki üretimin yarıdan fazlasında hâlâ çok daha düşük bir verimliliği olan odunkömürü kullanılıyordu. Aynı şekilde, imparatorluğun çöktüğü Birinci Dünya Savaşı'na kadar hiçbir zaman tam anlamıyla makineleştirilmemiş dokumacılık sektöründe hâlâ el emeği hâkimdi.

Sanayiden endişe duyan yalnızca Avusturya-Macaristan değildi. Bu bölümün başlarında gördüğümüz gibi, daha doğuda Rusya, I. Petro'nun tesis ettiği eşit derecede mutlakıyetçi siyasal kurumlara sahipti. Tıpkı Avusturya-Macaristan gibi Rusya'nın ekonomik kurumları da son derece sömürücüydü; serfliğe dayanıyor ve nüfusun en az yarısını toprağa bağlıyordu. Serfler haftanın üç günü lordlarının topraklarında bedavaya çalışıyordu. Bulundukları yerden ayrılamıyorlardı, bir zanaattan yoksundular ve lordları canları istediği zaman onları başka lordlara satabiliyordu. Modern anarşizmin kurucularından radikal filozof Peter Kropotkin, Rusya'da 1825'ten 1855'e dek hüküm süren Çar I. Nikola devrinde serfliğin nasıl işlediğine dair canlı bir tasvir sunmuştu. Kropotkin'in çocukluğundan anımsadıkları şunlardı:

> Ailelerinden ve köylerinden koparılan; satılan, kumarda kaybedilen yahut bir iki av köpeğiyle takas edilen ve Rusya'nın uzak kesimlerine nakledilen kadınların ve erkeklerin hikâyeleri [...] ebeveynlerinden alınıp zalim ve ahlaksız efendilerine satılan çocukların; işitilmedik bir gaddarlıkla her gün ahırlarda kırbaçlanmanın; tek kurtuluşu kendini boğmakta gören bir kızın; saçları efendisine hizmet ederken ağaran ve sonunda kendini onun penceresinin altına asan yaşlı bir adamın; ve I. Nikola'nın generallerinin sıradan çekip çıkardıkları onuncu ya da on beşinci adamı ölesiye kırbaçlayıp köylerin harap ederek bastırdıkları serf isyanlarının hikayeleri [...] Bazı köylere, özellikle de imparatorluk ailelerine ait olanlara yaptığım seyahatlerde gördüğüm yoksulluğa gelince; buna şahit olmamış okurlara yaşanan sefaletin sözle tarifi mümkün değildir.

Tıpkı Avusturya-Macaristan'da olduğu gibi, mutlakıyetçilik yalnızca toplumun zenginliğine mâni olan bir dizi ekonomik kurum yaratmakla kalmadı. Yaratıcı yıkım, sanayi ve demiryolu için de benzer korkular vardı. I. Nikola saltanatında bunların merkezindeki isimse 1823-1844 arasında maliye bakanlığı yapan ve toplumun ekonomik refahını artırmak için gerekli değişimlere karşı çıkılmasında kilit bir rol üstlenen Kont Egor Kankrin'di.

Kankrin'in yürüttüğü siyaset, rejimin geleneksel siyasal ilkelerini, özellikle de toprak aristokrasisini güçlendirmeyi ve toplumu kırsal-tarımsal düzeyde tutmayı hedefliyordu. Kankrin maliye bakanı olduktan sonra hiç vakit kaybetmeden önceki maliye bakanı Gurev'in sanayiye kredi sağlayacak devlete ait bir Ticaret Bankası kurma önerisine karşı çıktı ve onu geri çevirdi. Kankrin bunun yerine Napoléon Savaşları sırasında kapatılan Devlet Kredi Bankası'nı yeniden açtı. Bu banka, Kankrin'in onayladığı bir politikayla, büyük toprak sahiplerine sübvanse edilmiş oranlarla kredi vermek için kurulmuştu. Kredi alabilmek için başvuranların ipotek ya da teminat olarak serflerini sunması gerekiyordu. Böylelikle bu kredileri yalnızca feodal toprak sahipleri alabilecekti. Kankrin, Devlet Kredi Bankası'nı finanse etmek için Ticaret Bankası'nın mevduatlarını transfer ederek bir taşla iki kuş vurmuş oldu: Artık sanayi için çok az para kalmıştı.

Kankrin'in yaklaşımlarını şekillendiren, ekonomik değişimin siyasal değişime neden olmasından duyulan endişeydi; aynı şey Çar Nikola için de geçerliydi. Aralık 1825'te Nikola'nın tahta çıkışı Dekabristler (Aralıkçılar) olarak bilinen ve radikal bir sosyal değişim programına sahip subayların gerçekleştirildiği bir darbe girişimiyle neredeyse engelleniyordu. Nikola, Grandük Mikhail'e şunları yazıyordu: "Devrim Rusya'nın kapısında; ama yemin ederim ki ben nefes aldığım sürece bu ülkeye giremeyecek."

Nikola modern bir ekonomi yaratmanın getireceği sosyal değişimlerden korkuyordu. Moskova'daki bir sanayi fuarında imalatçılar toplantısında yaptığı konuşmada belirttiği gibi:

> Hem devlet hem de üreticiler dikkatlerini fabrikaları birer nimet olmaktan çıkarıp birer musibete çevirecek bir konu üzerinde toplamalıdır; bu konu sayıları her geçen yıl artan işçilerin gözetimidir. Bu işçilerin ahlaki yönden etkili ve paternalist bir denetime tabi tutulmaları gerekmektedir. Aksi takdirde bu halk kitlesi giderek yozlaşacak ve sonunda sefil olduğu kadar efendileri için tehlike de arz eden bir sınıfa dönüşecektir.

Tıpkı I. Franz gibi, Nikola da modern sanayiye dayanan bir ekonominin başlatacağı yaratıcı yıkımın Rusya'daki statükoya zarar vermesinden korkuyordu. Kankrin, Nikola'nın teşvikiyle, sınai potansiyeli yavaşlatmak için belirli adımlar attı. Daha önce yeni teknolojileri sergilemek ve teknolojinin hayata geçirilmesini kolaylaştırmak için periyodik olarak düzenlenen bazı sanayi fuarlarını yasakladı. Avrupa 1848'de bir dizi devrimci başkaldırıyla sarsıldı. Bunun üzerine, düzeni sağlamakla görevli Moskova askeri valisi A. A. Zakrevski, Nikola'ya "Günümüzde yalnızca Rusya'nın nail olduğu sükûnet ve refahın korunması için, hükümet kolayca her harekete katılabilecek, sosyal ve ya da kişisel huzuru bozabilecek evsiz ve ahlaksız insanların toplanmasına izin vermemelidir" diye yazıyordu. Tavsiyesi Nikola'nın bakanlarının gündemine getirildi ve 1849'da Moskova'nın herhangi bir yerinde açılabilecek fabrika sayısına sert kısıtlamalar getiren bir yasa çıkarıldı. Bu yasa bilhassa tüm yeni pamuk ya da yün iplikhanelerinin ve demir dökümhanelerinin açılmasını yasaklıyordu. Diğer sanayi dallarında, örneğin dokuma ve boyamada yeni fabrikaların açılması için askeri valiye dilekçeyle başvurulması gerekiyordu. Sonunda pamuk eğirme açıkça yasaklandı. Yasa, isyan çıkarma potansiyeli taşıyan daha fazla işçinin şehirde toplanmasını durdurmayı amaçlıyordu.

Tıpkı Avusturya-Macaristan'da olduğu gibi, sanayiye gösterilen muhalefete demiryoluna gösterilen muhalefet eşlik etti. 1842'den önce Rusya'da yalnızca bir tane demiryolu hattı vardı. O da Sen Petersburg ile Tsarskoe Selo ve Pavlovsk'daki imparatorluk sarayları arasında işleyen 27 kilometrelik Tsarskoe Selo Demiryolu'ydu. Sanayiye muhalefet eden Kankrin, sosyal açıdan tehlikeli bir hareketlilik getireceğini düşündüğü demiryollarını desteklemeye de bir gerek görmedi, "Demiryolları daima doğal ihtiyaçlardan kaynaklanmaz, daha çok bir suni ihtiyaç ya da lüks nesnesidir. Bir yerden diğerine yapılan, zamanımıza özgü gereksiz seyahatleri özendirir" diyordu.

Kankrin demiryolu inşa etmek için verilen sayısız teklifi geri çevirdi ve ancak 1851'de Moskova'yı Sen Petersburg'a bağlayan bir hat inşa edilebildi. Kankrin'in izlediği siyaset ulaştırma ve kamu binaları idaresinin başına getirilen Kont Kleinmichel tarafından sürdürüldü. Bu kurum demiryolu yapımında asıl söz sahibi haline geldi ve Kleinmichel onu inşaat faaliyetlerinin önünü kesmek için bir platform olarak kullandı. Kleinmichel 1849'dan sonra gücünü gazetelerde çıkan, demiryollarının gelişimiyle ilgili tartışmaları sansürlemek için kullanmaya kadar vardırdı.

Harita 13, bu yaklaşımın sonuçlarını göstermektedir. 1870'de Britanya ve kuzeybatı Avrupa'nın büyük bölümü demiryollarıyla örülüyken Rusya'nın uçsuz bucaksız topraklarını kat eden demiryolu sayısı çok azdı. Bu demiryolu karşıtı siyaset, ancak Rusya 1853-1856 Kırım Savaşı'nda İngiliz, Fransız ve Osmanlı kuvvetleri tarafından kesin bir yenilgiye uğratıldığında taşımacılık ağındaki geri kalmışlığın Rusya'nın güvenliği bakımından ciddi bir sorun olduğu anlaşıldığında tersine döndü. Ayrıca her ne kadar 1848 Devrimleri bu bölgelere değişim getirmiş, özellikle de serfliği kaldırmış olsa da, demiryolu konusunda Avusturya-Macaristan'ın Avusturya dışında kalan bölgelerinde ve imparatorluğun batısında da çok az bir ilerleme sağlanmıştı.

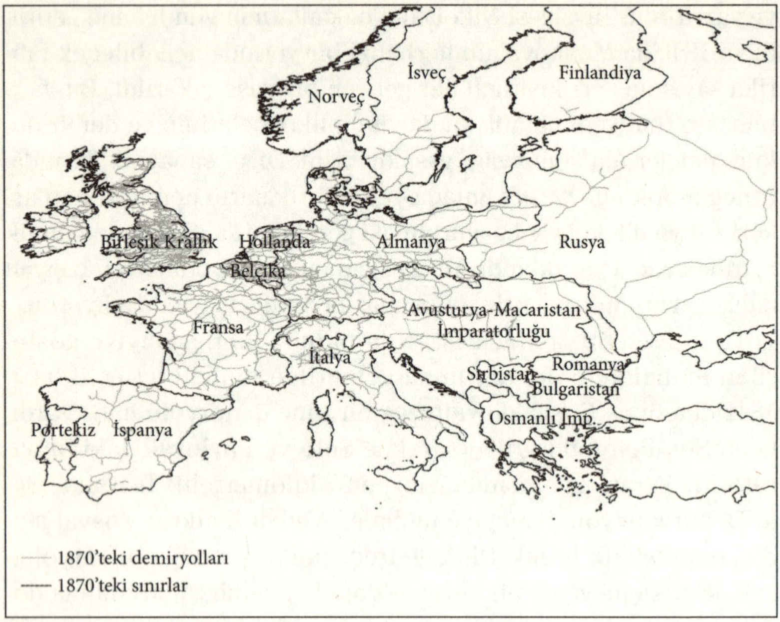

Harita 13: 1870'te Avrupa'da demiryolları.

Nakliye yasaktır

Mutlakıyetçilik Avrupa'nın büyük bölümünde olduğu gibi Asya'da da hüküm sürdü ve benzer biçimde Sanayi Devrimi'nin yarattığı kritik dönemeçte sanayileşmeyi engelledi. Çin'in Ming ve Qing hanedanlıklarında ve Osmanlı İmparatorluğu'nun mutlakıyetçiliğinde bu kalıbı görebiliriz. Çin 960-1279 yılları arasındaki Song hanedanlığı devrinde dünyayı pek çok teknolojik yenilikle tanıştırdı. Çinliler saatleri, pusulayı, barutu, kâğıdı ve kâğıt parayı, porseleni ve demir döküm için maden eritme ocağını Avrupa'dan önce icat etmişlerdi. Çıkrığı ve su gücünü Avrasya'nın öbür ucunda ortaya çıktığı tarihlerle aşağı yukarı aynı tarihlerde ve onlardan bağımsız olarak geliştirmişlerdi. Bunun sonucunda 1500'de Çin'deki yaşam standartları en az Avrupa düzeyindeydi. Ayrıca Çin yüzyıllar boyunca kamu hizmetlilerinin meritokratik bir anlayışla istihdam edildiği merkezi bir devlete sahipti.

Yine de Çin mutlakıyetçiydi ve Song hanedanı dönemindeki büyüme sömürücü kurumlara dayalı bir büyümeydi. Monarşi dışındaki grupların siyasal temsili söz konusu değildi; parlamentoya ya da Cortes'e benzer bir şey de yoktu. Tüccarların Çin'deki durumu daima riskliydi, Song devrinin büyük icatlarının arkasındaki itici güç pazar teşvikleri değildi, bunlar devlet himayesiyle, hatta emriyle, meydana getirilmişti. Çok azı ticari kullanıma sokulmuştu. Songların ardından gelen Ming ve Qing hanedanlıkları devrinde devlet kontrolü daha da sıkılaştı. Tüm bunların kökeninde sömürücü kurumların her zamanki mantığı yatıyordu. Sömürücü kurumları yöneten pek çok hükümdar gibi Çin imparatorları da değişime karşı çıktılar, istikrar istediler ve esas itibarıyla yaratıcı yıkımdan korktular.

Bu durumu en iyi ortaya koyan uluslararası ticaretin tarihidir. Daha önce gördüğümüz gibi, Amerika'nın keşfi ve uluslararası ticaretin örgütlenme biçimi modern Avrupa'nın erken dönemlerindeki siyasal çatışmalarda ve kurumsal değişimlerde anahtar bir rol oynuyordu. Çin'de tüccarlar ekseriya iç ticaretle uğraşırken dış ticaret devlet tekelindeydi. Ming hanedanı 1368'de iktidara geldiğinde 30 yıl hüküm süren ilk hükümdar İmparator Hongwu'ydu. Hongwu denizaşırı ticaretin siyasal ve sosyal açıdan istikrarsızlık getireceğinden endişe ediyordu ve bu yüzden uluslararası alışverişe ancak hükümet tarafından düzenlenmesi ve ticari faaliyetle değil alınacak vergilerle ilgi olması kaydıyla izin verdi. Hatta Hongwu vergi toplama görevini ticari girişime çevirme suçlamasıyla yüzlerce insanı idam ettirdi. 1377 ile 1397 yılları arasında hiçbir okyanus aşırı ticaret misyonuna izin verilmedi. Özel şahısları yabancılarla ticaret yapmaktan men ettiği gibi Çinlilerin denizaşırı seyahatlerine de yasak getirdi.

1402'de İmparator Yongle tahta çıktı ve hükümet destekli dış ticareti daha büyük bir ölçekte yeniden hayata geçirerek Çin tarihinin en meşhur dönemlerinden birini başlattı. Yongle, Amiral Zheng He'yi Güneybatı ve Güney Asya'da, Arabistan'da ve Afrika'da gerçekleştirilecek altı muazzam misyon için destekledi. Çinliler bu yerleri uzun ticari geçmişlerinden biliyorlardı fakat hiçbir zaman bu ölçekte iş yapmamışlardı. İlk filo 27.800 kişiden, biri içme suyu diğerleri erzak ve asker taşıyan 62 büyük hazine gemisinden ve onlara eşlik eden 190 küçük gemiden oluşuyordu. Gerçi İmparator Yongle 1422'deki altıncı seferden sonra bu misyonları geçici olarak durdurdu fakat 1424'ten 1425'e kadar hüküm süren halefi Hongxi bu faaliyetleri kalıcı hale getirdi. Hongxi'nin zamansız ölümüyle taht İmparator Xuande'ye kaldı. Xuande önce 1433'te Zheng He'ye son bir misyon için izin verdi. Fakat daha sonra tüm denizaşırı ticaret yasaklandı. 1436'da açık deniz gemilerinin inşası dahi yasaklandı. Denizaşırı ticaret üzerindeki yasak 1567'ye kadar kaldırılmadı.

Bu hadiseler, istikrarsızlığa yol açabileceği düşünülen pek çok ekonomik faaliyeti engelleyen sömürü buzdağının yalnızca görünen kısmını oluştursa da Çin'in ekonomik gelişimi üzerindeki etkileri çok büyük olacaktı. Tam da uluslararası ticaretin ve Amerika'nın keşfinin İngiltere'nin kurumlarını köklü bir dönüşüme uğrattığı bir dönemde Çin kendisini bu kritik dönemeçten koparıp içine kapandı. Bu içe kapanma 1567'de sona ermedi. Qing hanedanını kuran İç Asya'nın Mançuları Jurchenler 1644'te Ming hanedanlığını yerinden ettiler. Ardından yoğun bir siyasal istikrarsızlık dönemi başladı. Qingler mal mülk demeden her şeye el koymaya giriştiler. Emekli bir Çinli âlim ve başarısız bir tüccar olan T'ang Chen 1690'larda şunları yazıyordu:

> Ch'ing [Qing] hanedanı kurulalı elli seneden fazla oldu, gel gör ki imparatorluk her geçen gün daha da fakirleşiyor. Çiftçi perişan, zanaatkâr perişan, tüccar perişan; memur bile perişan. Tahıl ucuz, lakin kimseyi doyurmaz. Giyecek ucuz, lakin kimseyi korumaz. Gemiler dolusu mal bir pazaryerinden diğerine gider; fakat yok pahasına satılır. Görevlerinden ayrılan memurlar evlerini geçindirecek paralarının olmadığını fark eder. Hakikaten, dört zümrenin dördünü de fakirleştirdiler.

1661'de imparator Kangxi Vietnam'dan Chekiang'a kadar tüm sahil şeridi –özellikle de zamanında Çin'in ticari bakımdan en faal bölgesi olan tüm güney sahili– sakinlerinin 27 kilometre içeriye taşınmasını emretti. Kararın uygulanması için askerler sahilde devriye gezdi ve 1693'e kadar sahil bölgesine taşımacılık yasaklandı. Bu yasak 18. yüzyıl boyunca belirli aralıklarla uygulandı ve Çin'in denizaşırı ticaretinin gelişimini büyük ölçüde engelledi. Bazı ilerlemeler olmadı değil; fakat imparatorun ansızın fikir değiştirip ticareti yasaklayabileceği ve böylece hem gemilere ve donanıma yapılan yatırımın hem de ticari ilişkilerin değersiz hale geleceği bir ortamda çok az kişi yatırım yapmaya istekliydi.

Ming ve Qing hükümetlerinin uluslararası ticarete karşı çıkmalarının sebebine artık aşinayız: Yaratıcı yıkım korkusu. Liderlerin asıl hedefi siyasal istikrardı. Uluslararası ticaret Atlantik ticaretinin genişlediği dönemde İngiltere'de olduğu gibi tüccarları zenginleştirip yüreklendirdiği için istikrarsızlığa yol açma potansiyeli taşıyordu. Bu yalnızca Ming ve Qing hanedanlıklarının görüşü değildi, Song hanedanlığının hükümdarlarının yaklaşımı da bu yöndeydi. Teknolojik yenilikleri desteklemeye istekli olmalarına ve daha büyük bir ticari özgürlük tanımalarına rağmen bunlar ancak kendi kontrollerinde olmak kaydıyla mümkündü. Ming ve Qing hanedanlıkları devrinde devletin ekonomik faaliyet üzerindeki kontrolü daha da arttığı ve denizaşırı ticaret yasaklandığı için durum daha da kötüleşti. Ming ve Qing Çin'inde piyasalar ve ticaret elbette vardı ve hükümet iç ekonomiyi düşük vergilendiriyordu. Ne var ki yeniliğe çok az destek sağlıyor, siyasal istikrarı ticari ve sınai zenginliğin gelişimine yeğliyordu. Ekonomi üzerindeki tüm bu mutlakıyetçi kontrolün sonucunu tahmin etmek zor değil. Diğer ekonomiler sanayileşirken Çin ekonomisi tüm 19. yüzyıl boyunca ve 20. yüzyılın başlarında durgundu. Mao 1949'da komünist rejimi kurduğunda Çin dünyanın en yoksul ülkelerinden biri durumuna gelmişti.

Rahip Johannes'in mutlakıyetçiliği

Bir siyasal kurumlar bütünü olarak mutlakıyetçilik ve onun yol açtığı ekonomik sonuçlar Avrupa ve Asya'yla sınırlı değildi. 2. bölümde gördüğümüz Kongo Krallığı örneğinde olduğu gibi Afrika'da da kendini göstermişti. Afrika mutlakıyetçiliğinin daha da uzun ömürlü örneği ise köklerine 6. bölümde Aksum'un gerilemesinin ardından feodalizmin ortaya çıkışını tartışırken rastladığımız Etiyopya ya da Habeşistan'dır. Hatta Habeşistan mutlakıyetçiliği çok daha farklı engeller ve kritik dönemeçlerle yüzleştiği için Avrupalı emsallerinden bile daha uzun ömürlü olmuştur.

Aksum Kralı Ezana'nın Hıristiyanlığı kabul edişinin ardından Etiyopyalılar da Hıristiyan oldular ve 14. yüzyıldan itibaren Rahip Johannes mitinin odağı haline geldiler. Rahip Johannes Ortadoğu'da İslam'ın yükselişiyle Avrupa'yla bağlantısı kesilmiş bir Hıristiyan kralıydı. Başlangıçta krallığının Hindistan'da olduğu sanılıyordu. Ne var ki Avrupa'nın Hindistan konusundaki bilgisi arttıkça bunun doğru olmadığı anlaşıldı. Ardından Etiyopya Kralı –Hıristiyan olduğu için– bu mitin doğal hedefi haline geldi. Aslına bakılırsa Etiyopya kralları 1300'den itibaren Avrupa'ya diplomatik temsilciler yollayarak Arap istilalarına karşı Avrupa monarşileriyle ittifak kurabilmek için büyük çaba göstermiş ve hatta Portekiz kralını asker yollamaya bile ikna etmişlerdi.

Bu askerler, ayrıca diplomatlar, Cizvitler ve Rahip Johannes'le tanışmak isteyen seyyahlar, geride Etiyopya ilgili pek çok yazılı eser bıraktılar. İktisadi bir bakış açısıyla ele alındığında bunların en ilginç olanlarından birkaçı bir Portekiz diplomatik misyonuna eşlik ederek 1520'den 1527'ye kadar Etiyopya'da kalan bir şapel papazına, Francisco Álvares'e aitti. Buna ilaveten 1624'ten itibaren Etiyopya'da yaşayan Cizvit Manoel de Almeida'nın ve 1768 ile 1773 yılları arasında ülkede bulunan seyyah John Bruce'un beyanları da vardı. Bu insanların yazdıkları o zamanın Etiyopyası'nın siyasal ve ekonomik kurumlarının kapsamlı biçimde tarif ediyor ve Etiyopya'nın mutlakıyetçiliğin mükemmel bir örneği olduğu konusunda hiçbir şüpheye yer bırakmıyor. Etiyopya'da çoğulcu kurumlardan eser olmadığı gibi, hâkimiyetini efsanevi Kral Süleyman ve Saba Melikesi Belkıs'ın soyundan geldiği varsayımına dayandıran imparatorun gücü üzerinde herhangi bir denetim ya da kısıtlama da yoktu.

Mutlakıyetçiliğin neticesi, imparatorun siyasal stratejisi gereği mülkiyet haklarının hiçbir şekilde güvence altında olmamasıydı. Örneğin Bruce şöyle diyordu:

> Tüm arazi kralın, kimden memnun kalırsa ona verir ve ne zaman isterse geri alır. Kral öldüğünde krallığın tüm arazisi yine tahta kalır; bu kadarla da bitmez, arazinin halihazırdaki sahibi öldüğü zaman da, ne kadar süredir onun olursa olsun, mülkü en büyük oğluna değil yine krala kalır.

Álvares, "Büyük adamlar halka fena muamele etmeseler" mahsulün ve ekilebilir arazinin çok daha fazla olacağını iddia ediyordu. Almeida'nın toplumun nasıl bir düzene sahip olduğu konusundaki açıklamaları da bununla tutarlıdır. Almeida'nın gözlemlerine göre:

> İmparator için her iki üç yılda bir, bazen her yıl, insanların arazilerini değiştirmesi, takas etmesi ya da geri alması sıradan bir durum. Hatta bunun yıl içinde birçok kez gerçekleşmesi bile şaşırtıcı değil. Genellikle bir adam toprağı sürer, diğeri eker, bir başkası da biçer. Bu yüzden kimse ona verilen araziyle ilgilenmez, hatta kimse bir ağaç dahi dikmez; çünkü bilir ki ağacı dikenin meyvesini de topladığı pek nadir görülür. Oysa krala göre halkın kendisine bu denli bağımlı olması gayet yararlı.

Bu tasvirler Etiyopya ve Avrupa mutlakıyetçiliğinin siyasal ve ekonomik yapıları arasında büyük benzerlikler olduğunu gösteriyor; fakat aynı zamanda Etiyopya'da mutlakıyetçiliğin daha yoğun ve ekonomik kurumların daha da sömürücü nitelikte olduğuna da açıklık getiriyor. Dahası, 6. bölümde vurguladığımız gibi, Etiyopya İngiltere'deki mutlakıyetçi rejimin zayıflamasını kolaylaştıran kritik dönemeçlere de maruz kalmadı. Modern dünyayı şekillendiren pek çok sürecin dışında kaldı. Böyle olmasaydı dahi Etiyopya'daki mutlakıyeçiliğinin yoğunluğu, bu mutlakıyetçiliğin muhtemelen daha da güçlenmesine yol açacaktı. Örneğin, kârlı köle ticareti dahil, Etiyopya'nın uluslararası ticareti de İspanya'da olduğu gibi monarşinin kontrolündeydi. Etiyopya dış dünyadan tamamen yalıtılmış da değildi: Avrupalılar Rahip Johannes'i ararken Etiyopya da etrafını kuşatan İslam devletleriyle savaşmak zorunda kalmıştı. Her şeye rağmen, tarihçi Edward Gibbon'ın büyük bir doğrulukla belirttiği gibi, "Dört bir yandan din düşmanlarıyla kuşatılmış Etiyopyalılar onları unutmuş dünyadan bihaber neredeyse bin yıllık bir uykuya daldılar."

Etiyopya, 19. yüzyılda Afrika'da Avrupa sömürgeciliği başladığında İmparator II. Tevodros unvanıyla 1855'te taç giydirilen Ras (Dük) Kassa'nın idare ettiği bağımsız bir krallıktı. Tevodros bir devlet modernizasyonuna girişti ve bu sayede daha merkezi bir bürokrasi ve yargı sisteminin yanı sıra, ülkeyi kontrol altına alacak, belki de Avrupalılarla savaşabilecek güçte bir ordu oluşturdu. Her eyalete, görevleri vergi toplamak ve bu vergileri kendisine göndermek olan askeri valiler atadı. Avrupalı güçlerle görüşmelerde sıkıntı yaşıyordu ve bir öfke anında İngiliz elçiyi hapse atmıştı. 1868'de İngilizler gönderdikleri kuvvetle başkenti yağmalayınca da intihar etti.

Gelgelelim, Tevodros'un yeniden yapılandırdığı hükümet İtalyanlar karşısında 19. yüzyılın en büyük sömürgecilik karşıtı zaferlerinden birine imza atmayı başarmıştı. 1889'da taht II. Menelik'e geçti. Menelik tahta geçer geçmez İtalyanların bu bölgede bir sömürge kurma isteğiyle yüz yüze geldi. 1885'te Almanya Şansölyesi Bismarck, Berlin'de Avrupalı güçlerin gizlice "Afrika Yarışı"nı planladıkları, yani Afrika'nın farklı çıkar grupları arasında nasıl bölüşüleceğini kararlaştırdıkları bir konferans düzenledi. İtalya konferansta hem Etiyopya sahili boyunca uzanan Eritre'deki hem de Somali'deki sömürgelerinin haklarını güvence altına aldı. Etiyopya konferansta temsil edilmemesine karşın toprak bütünlüğünü korumayı başardı. Ancak İtalyanlar planlarından vazgeçmemişlerdi ve 1896'da bir orduyu Eritre'nin güneyinden harekete geçirdiler. Menelik'in yanıtı Avrupalı bir ortaçağ kralının vereceği türdendi; soylulara silahlı adamlarını toplamalarını emredip bir ordu kurdu. Bu yaklaşım bir orduyu uzun süre cephede tutamazdı fakat muazzam bir orduyu kısa süreliğine bir araya getirebilirdi. Bu kısa süre, 1896'da Adowa Savaşı'nda Menelik'in 100 bin kişilik ordusunun, 15 bin kişilik ordusu olan İtalyanları ezici bir mağlubiyete uğratması için yeterliydi. Bu, sömürgecilik dönemi öncesinde bir Avrupalı bir gücün bir Afrika ülkesi karşısında aldığı en büyük yenilgiydi ve Etiyopya'nın 40 yıl daha bağımsızlığını korumasını sağladı.

Etiyopya'nın son imparatoru, Ras Tafari, 1930'da Haile Selassie adıyla tahta çıktı. Haile Selassie 1935'te başlayan ikinci İtalyan işgaliyle tahttan indirilinceye dek hüküm sürdü. 1941'de İngilizlerin yardımıyla sürgünden geri döndü. Ardından 1974'te ülkeyi daha büyük bir fakirliğe ve tahribata sürükleyecek bir grup Marksist subaydan oluşan Derg, yani "Komite" tarafından devrilinceye dek hüküm sürmeye devam etti. Mutlakıyetçi Etiyopya imparatorluğunun *gult* gibi temel sömürücü ekonomik kurumları ve Aksum'un gerilemesiyle ortaya çıkan feodalizm, 1974 devrimiyle kaldırılıncaya dek varlığını korudu.

Etiyopya bugün dünyanın en yoksul ülkelerinden biri. Sıradan bir Etiyopyalı'nın geliri, sıradan bir İngiliz yurttaşınınkinin yaklaşık kırkta biri. İnsanların çoğu kırsal kesimde yaşıyor ve geçimlik tarımla uğraşıyor. Temiz sudan ve elektrikten, düzgün okullardan ya da sağlık hizmetlerinden yoksunlar. Ortalama yaşam süresi yaklaşık 55 yıl ve yetişkinlerin yalnızca üçte biri okuryazar. İngiltere ile Etiyopya arasında yapılacak bir karşılaştırma dünya eşitsizliğini sergileyecektir. Etiyopya'nın bugünkü konumunda olmasının nedeni, İngiltere'nin aksine Etiyopya'da mutlakıyetçiliğin yakın geçmişe dek varlığını sürdürmüş olmasıdır. Mutlakıyetçilik Etiyopyalıların büyük çoğunluğuna yoksulluk getiren –öte yandan elbette imparatorlara ve soylulara büyük menfaat sağlayan– sömürücü ekonomik kurumları da beraberinde getirmişti. Fakat mutlakıyetçiliğin en önemli sonucu Etiyopya toplumunun 19. yüzyılda ve 20. yüzyılın başlarında sanayileşmenin yarattığı fırsatlardan yararlanmayı başaramayarak bugün yurttaşlarının yaşadığı sefalete zemin hazırlamasıydı.

Samaale'nin çocukları

Dünyanın dört bir yanındaki mutlakıyetçi siyasal kurumlar, ister ekonomiyi örgütleme biçimleriyle dolaylı yoldan, ister Avusturya-Macaristan ve Rusya'da gördüğümüz gibi doğrudan, sanayileşmeye engel oldular. Fakat mutlakıyetçilik kapsayıcı ekonomik kurumların gelişiminin önündeki tek engel değildi. 19. yüzyılın şafağında dünyanın pek çok bölgesi, özellikle de Afrika'dakiler, asgari ölçüde dahi olsa yasa ve düzen sağlayacak bir devletten yoksundular ki bu modern bir ekonominin önkoşuluydu. Siyasal merkezileşme sürecini başlatıp ardından Rus mutlakıyetçiliğini kuran I. Petro gibi bir hükümdar yoktu Afrika'da; hele parlamentoyu ya da güçlerine yönelik diğer kısıtlamaları tamamen ortadan kaldırmadan –ya da daha doğrusu kaldıramadan– devleti merkezileştiren Tudorlar gibi. Afrika devletlerinin elitleri sanayileşmeye canı gönülden kucak açmış olsalardı bile, belirli ölçüde bir siyasal merkeziyet olmaksızın yapabilecekleri pek de fazla bir şey olmazdı.

Afrika Boynuzu'ndaki Somali, siyasal merkeziyetten yoksun olmanın yıkıcı sonuçlarını gözler önüne serer. Somali tarihsel olarak altı klan ailesinin hâkimiyetindedir. Bunların en büyük dördünün; Dir, Darod, Isaq ve Hawiye'nin hepsi de kökenlerini mitik ataları Samaale'ye dayandırır. Bu klan aileleri Somali'nin kuzeyinde ortaya çıkmış ve zamanla güneye ve doğuya yayılmışlardır. Bugün bile esasen pastoral bir yaşam sürmekte, keçi, koyun ve deve sürüleriyle göç etmektedirler. Diğer iki klan ailesi, Digil ve Rahanweyn güneyde yerleşik bir hayat süren çiftçilerden oluşur. Bu klanlara ait bölgeler Harita 12'de gösterilmiştir.

Somalililer öncelikle ait oldukları klan aileleriyle tanımlanırlar ancak bunlar çok geniştir ve pek çok alt grupları vardır. Bu alt grupların önde gelenleri, kökenlerini en büyük klan ailelerinden birine dayandıran klanlardır. Klan içi gruplaşmaların en dikkate değer olanları *diyet*-ödeyen gruplardır. Bunlar içlerinden birinin öldürülmesi halinde tazminat olarak *diyet* yani "kan parası" ödeyen ve toplayan yakın akrabalardan oluşur. Somali'deki klanlar ve *diyet*-ödeyen gruplar, başta su kaynakları ve hayvanlarını otlatmaya elverişli araziler olmak üzere kıt kaynaklar için tarih boyunca hemen hemen her zaman çatışmak zorundaydılar. Üstelik sürekli olarak komşu klanların ve *diyet*-ödeyen grupların sürülerine baskınlar düzenlediler. Her ne kadar klanların sultan denilen liderleri ve ayrıca ihtiyarları olsa da, bunlar gerçek anlamda güce sahip değildiler. Her yetişkin Somali erkeğinin klanı ya da grubu etkileyebilecek kararlara ilişkin söz söyleme hakkı olduğundan siyasal iktidar geniş bir kitleye dağılmıştı. Bu da tüm yetişkin erkeklerin oluşturduğu gayrı resmi bir meclisle sağlanmıştı. Yazılı bir yasa, polis ya da kayda değer bir hukuk sistemi yoktu, yalnızca bir çerçeve vazifesi gören şeriat kanunu vardı ki aynı zamanda örfi hukuku kapsıyordu. Bir *diyet*-ödeyen grup için bu örfi hukuk, *heer* denilen ve bir grubun karşılıklı ilişkilerinde diğer gruplardan uymasını talep ettiği, açık bir şekilde formüle edilmiş yükümlülükler, haklar ve görevler bütünü olarak kodlanmıştı. Sömürge idaresinin gelişiyle bu *heer*'ler yazılı hale gelmeye başlandı. Örneğin Hassan Ugaas sülalesi yaklaşık 1500 erkekten mürekkep bir *diyet*-ödeyen grup oluşturuyordu ve İngiliz Somalisi'ndeki Dir klan ailesinin bir alt klanıydı. 8 Mart 1950'de *heer*leri İngiliz bölge komiseri tarafından kayda geçirildi. İlk üç madde şöyleydi:

1- Hassan Ugaas sülalesinin bir ferdi dışardan bir grup tarafından öldürüldüğünde en yakın akrabası kan parasından (yüz deve) yirmi deve alır, kalan seksen deve tüm Hassan Ugaaslara bölüştürülür.
2- Eğer Hassan Ugaaslardan bir adam dışarıdan biri tarafından yaralanır ve yaralarına otuz üç deveyle bir devenin üçte biri değer biçilirse kendisine on deve verilir ve kalan develer onun *jiffo*-grubuna (*diyet* grubunun bir alt grubu) verilir.
3- Hassan Ugaaslar arasında işlenen bir cinayet otuz üç deveyle bir devenin üçte biri tutarında tazminata tabidir ve ödeme yalnızca müteveffanın en yakın akrabasına yapılır. Fail ödemenin tümünü karşılayacak güce sahip değilse sülalesinden yardım alır.

Heer'in adam öldürme ve yaralama konusunun bu denli üstünde durması, *diyet*-ödeyen gruplarla klanlar arasında neredeyse daimi bir savaş durumu olduğunu gösteriyor. Bu savaşın merkezindeyse kan parası ve kan davası yer alıyordu. Belirli birine karşı işlenen suç *diyet*-ödeyen grubun tümüne karşı işlenmiş sayılıyor ve kolektif bir tazminatı, yani kan parasını gerektiriyordu. Eğer bu kan parası ödenmezse suçu işleyen kişinin *diyet*-ödeyen grubu kolektif bir cezalandırmayla karşı karşıya kalıyordu. Modern taşımacılık Somali'ye ulaştığında kan parası araba kazalarında meydana gelen ölüm ve yaralanmaları da kapsar hale geldi. Hassan Ugaas'ın *heer*'i yalnızca cinayeti konu edinmiyordu; 6. madde şöyleydi: "Hassan Ugaaslardan biri Hassan Ugaas meclisinde bir diğerine hakaret ederse hakarete uğrayan tarafa 150 şilin verir."

1955 başlarında iki klan, Habar Tol Ja'lo ve Habar Yuunis, Domberelly bölgesinde birbirlerinin yakınında hayvanlarını otlatıyorlardı. Yuunislerden bir adam deve gütme üzerine çıkan bir tartışmada Tol Ja'lolardan biri tarafından yaralandı. Yuunis klanı derhal Tol Ja'lo klanına saldırıp onlardan birini öldürerek misilleme yaptı. Kan parası ilkesi uyarınca bu ölüm Yuunis klanının Tol

Ja'lo klanına tazminat ödemeyi teklif etmesini gerektirdi ve bu teklif kabul edildi. Kan parası şahsen teslim edildi ve âdet olduğu üzere deve cinsinden ödendi. Teslim töreninde Tol Ja'lo'lardan biri Yuunislerin bir üyesini katilin *diyet*-ödeyen grubundan biri zannedip öldürdü. İşte bu topyekûn bir savaşa neden oldu ve müteakip 48 saat içinde 13 Yuunis ve 26 Tol Ja'lo öldürüldü. Savaş İngiliz sömürge idaresinin klanların ihtiyarlarını bir araya getirerek iki tarafı da tatmin edecek bir anlaşmaya (karşılıklı kan parası ödemeye) önayak olmasına dek bir yıl daha devam etti.

Kan parasının ödenmesi, şiddet ve kan davası tehdidinin gölgesinde gerçekleşiyordu ve ödendiğinde bile mutlaka çatışmanın biteceği anlamına gelmiyordu. Genellikle çatışma zamanla azalıyor ve sonra tekrar alevleniyordu.

Böylelikle Somali toplumunda siyasal iktidar son derece, neredeyse çoğulcu denecek kadar dağıtılmış vaziyetteydi. Fakat bırakın mülkiyet haklarını, asayişi sağlayacak merkezi bir devlet otoritesi bile olmadığından bu durum kapsayıcı kurumlara yol açmadı. Kimse bir başkasının otoritesini tanımıyordu ve kimse, en sonunda çıkıp gelen İngiliz sömürge hükümeti de dahil, düzeni sağlayamadı. Siyasal merkeziyetten bütünüyle yoksun olması Somali için Sanayi Devrimi'nden faydalanmayı imkânsız hale getirmişti. Böylesi bir siyasal iklimde Sanayi Devrimi'nden doğan yeni teknolojilere yatırım yapmak ya da bunları hayata geçirmek, hele bunları yapmak için gerekli örgütleri oluşturmak, tasavvur dahi edilemezdi.

Somali'nin karmaşık siyasetinin ekonomik ilerleme konusunda daha başka sonuçları oldu. Afrika tarihinin bazı büyük teknolojik muammalarından daha önce bahsetmiştik. Sömürgeciliğin 19. yüzyıl sonundaki genişlemesinden önce Afrika toplumları tekerlekli taşımacılık yapmıyor ya da tarımda saban kullanmıyorlardı ve çok azında yazı vardı. Fakat gördüğümüz gibi Etiyopya'da durum bu değildi. Somalililerin de yazılı bir alfabeleri vardı fakat Etiyopyalıların aksine onu kullanmıyorlardı. Bunun Afrika tarihindeki örneklerini gördük. Afrika toplumlarının tekerleği ya da sabanı olmayabilirdi fakat kesinlikle bunlardan haberdarlardı. Kongo Krallığı örneğinde gördüğümüz gibi, bu durum temelde ekonomik kurumların insanlara bu teknolojileri hayata geçirmek için teşvik sunmamasından kaynaklanıyordu. Yazının hayata geçirilmesinde de aynı sorunlar ortaya çıkmış olabilir mi?

Somali'nin kuzeybatısında, güney Sudan'daki Nuba Dağları'nda bulunan ve tıpkı Somali gibi siyasal merkezileşme süreci geçirmemiş Taqali Krallığı'nı ele alarak bu duruma biraz açıklık getirebiliriz. Taqali Krallığı 18. yüzyılın sonlarında İsmail adında bir adamın liderliğindeki bir grup savaşçı tarafından kuruldu ve 1884'te İngiliz İmparatorluğu'na dahil edilinceye dek bağımsızlığını korudu. Taqali kralları ve halkı Arapçayı yazı dili olarak kullanma olanağına sahiptiler fakat kullanmadılar. Yalnızca krallar başka devletlerle haberleşmede ve diplomatik yazışmalarda Arapçayı kullandı. İlk bakışta bu durum çok kafa karıştırıcı görünür. Yaygın olarak, yazının Mezopotamya'da bilgiyi kayıt altına almak, halkı kontrol etmek ve vergi almak için devletler tarafından geliştirildiği düşünülür. Peki, Taqali devleti bunlarla ilgilenmiyor muydu?

Taqali devletinin tarihi üzerinde çalışan tarihçi Janet Edward, 1970'lerin sonlarında bu sorulara yanıt aradı. Meselenin bir boyutu şuydu; yurttaşlar devletin hak talep etmesine olanak sağlayarak kaynakların –örneğin verimli toprakların– kontrolü için kullanılmasından korktuklarından yazının kullanımına direnç gösteriyorlardı. Ayrıca yazının daha sistematik bir vergilendirmeye yol açacağından endişe ediyorlardı. İsmail'in başlattığı hanedanlık güçlü bir devlete dönüşmedi. İsteseydi bile, devlet yurttaşların itirazları karşısında bir irade gösterebilecek güçte değildi. Ancak daha başka, daha üstü kapalı etkenler de vardı. Pek çok elit siyasal merkeziyete karşı çıktı; örneğin, yurttaşlarla yazılı yerine sözlü iletişimi tercih ettiler çünkü bu onların takdir gücünü en üst düzeye çıkarıyordu. Yazılı kanunlar ya da kurallar geri alınamaz ya da inkâr edilemezdi ve değiştirilmeleri de çok zordu. İdari elitin tersine çevirmeyi isteyebileceği kıstaslar oluşturuyorlardı. Böylece Taquali'de ne yöneticiler ne de yönetilenler yazıyı kullanmayı çıkarlarına uygun görmediler. Yönetilenler yönetenlerin yazıyı nasıl kullanacağından endişe ederken, yönetenler de yazının olmayışını zaten biraz rizikolu iktidarları için faydalı görüyorlardı. Yazının hayata geçirilememesinin nedeni Taqali'nin siyasi atmosferiydi. Somalililerin Taqali Krallığı'ndakiler kadar sınırları belli elitleri olmasa da yazının ve diğer temel teknolojilerin hayata geçirilmesine aynı etkenlerin engel olduğunu söylemek gayet mantıklı olacaktır.

Somali örneği siyasal merkeziyetten yoksun olmanın ekonomik büyüme üzerindeki sonuçlarını göstermektedir. Tarihsel kaynaklar Somali'de merkeziyeti sağlamaya yönelik herhangi bir girişimden bahsetmiyor. Fakat bunun neden bu denli zor olduğu çok açık. Siyasal merkeziyet demek bazı klanların diğer klanların hâkimiyeti altına girmesi demekti. Fakat bu tür bir tahakkümü ve güçlerinden vazgeçmeyi reddettiler. Ülkedeki askeri güç dengesi de bu tür merkezi kurumların oluşturulmasını güçleştirdi. Aslına bakılırsa, merkezi bir otorite tesis etme teşebbüsünde bulunacak her grup ya da klan muhtemelen yalnızca sert bir direnişle karşılaşmakla kalmayacak, mevcut gücünü ve ayrıcalıklarını da kaybedecekti. Siyasal merkeziyetten yoksun olması ve mülkiyet haklarına ilişkin en temel güvenceleri bile sağlayamaması, Somali toplumunun verimlilik-artıran teknolojilere yapılacak yatırımlar için hiçbir zaman teşvik üretememesine neden oldu. Sanayileşme süreci 19. yüzyılda ve 20. yüzyıl başlarında dünyanın diğer bölgelerinde tüm hızıyla sürerken Somalililer kan davalarıyla boğuştu ve ekonomik geri kalmışlıkları daha da kök saldı.

Bitmeyen geri kalmışlık

19. yüzyıl ve sonrasında Sanayi Devrimi tüm dünya için dönüştürücü bir kritik dönemeç yarattı. Yurttaşlarının yeni teknolojilere yatırım yapmasına olanak sağlayıp teşvik eden toplumlar hızla büyüdüler. Fakat dünyanın dört bir yanındaki pek çok ülke bunu başaramadı; ya da açıkça bunu yapmamayı seçti. Sömürücü siyasal ve ekonomik kurumların kıskacındaki uluslar bu tür teşvikler üretemediler. İspanya ve Etiyopya örnekleri, siyasal kurumlar üzerindeki mutlakıyetçi hâkimiyetin ve sömürücü ekonomik kurumların ekonomik teşvikleri 19. yüzyılın başlamasından çok önce yok ettiğini ortaya koyuyor. Netice diğer mutlakıyetçi rejimlerde, örneğin Avusturya-Macaristan, Rusya, Osmanlı İmparatorluğu ve Çin'de de aynıydı; üstelik bu örneklerde idareciler yaratıcı yıkımdan korktukları için ekonomik ilerlemeyi teşvik etme konusunu savsaklamakla kalmamış, açıkça sanayinin yayılmasını ve sanayileşmeye yol açacak yeni teknolojilerin hayata geçirilmesini engellemek için adımlar atmışlardı.

Mutlakıyetçilik sömürücü siyasal kurumların tek şekli olmadığı gibi sanayileşmeyi engelleyen tek etken de değildir. Kapsayıcı siyasal ve ekonomik kurumlar devletin düzeni sağlayabilmesi, mülkiyet haklarını idame ettirmesi ve gerektiğinde kamu hizmetlerine yatırım yaparak ekonomik faaliyeti desteklemesi için belirli ölçüde bir siyasal merkeziyeti zorunlu kılar. Bugün dahi Afganistan, Haiti, Nepal ve Somali gibi pek çok ulus asgari ölçüde de olsa bir düzen sağlayamamıştır ve ekonomik teşvikleri neredeyse yok edilmiştir. Somali örneği sanayileşme sürecinin bazı toplumlar tarafından nasıl atlandığını da göstermektedir. Siyasal merkeziyete direnç gösterilmesinin sebebi mutlakıyetçiliğin değişime direnç göstermesiyle aynıydı; değişimin siyasal iktidarı bugünün hâkim konumdakilerinden alıp yeni kişi ve gruplara vereceği yönünde, genellikle de boşa çıkmayan korku. Böylece mutlakıyetçilik çoğulculuğa ve de ekonomik değişime yönelik hamleleri engellerken siyasal merkeziyetin olmadığı toplumların hâkim konumdaki geleneksel elitleri ve klanları da aynı şeyi yaptı. Bunun sonucunda, 18. ve 19. yüzyıllarda bu tür bir merkeziyetten hâlâ yoksun olan toplumlar sanayi çağında bilhassa dezavantajlı konumdaydılar.

Mutlakıyetçilikten fazlaca merkeziyet sağlayamamış devletlere kadar geniş bir yelpazede yer alan çeşitli sömürücü kurumlar sanayinin yaygınlaşmasından fayda sağlamayı başaramazken Sanayi Devrimi'nin yarattığı kritik dönemecin dünyanın diğer bölgelerindeki etkileri çok farklıydı. 10. bölümde göreceğimiz gibi, Birleşik Devletler ve Avustralya gibi katılımcı siyasal ve ekonomik kurumlar için çoktan adım atmış ülkeler ile Fransa ile Japonya gibi mutlakıyetçiliğin daha ciddi bir meydan okumayla karşılaştığı ülkeler bu yeni ekonomik fırsatlardan faydalandılar ve hızlı bir ekonomik büyüme süreci başlattılar. Böylece, kritik dönemeç ile mevcut kurumsal farklılıklar arasındaki olağan etkileşim kalıbı 19. yüzyılda daha da ileri bir kurumsal ve ekonomik ayrıma neden oldu ve bu defa daha da büyük bir patlamayla, ulusların zenginlik ve yoksulluğu üzerinde daha önemli etkilere yol açtı.

Sınırı belirleyen çitin kuzeyi: Nogales Arizona.
(Jim West/imagerbroker.net/Photolibrary)

Sınırı belirleyen çitin güneyi: Nogales Sonora.
(Jim West/age fotostock/Photolibrary)

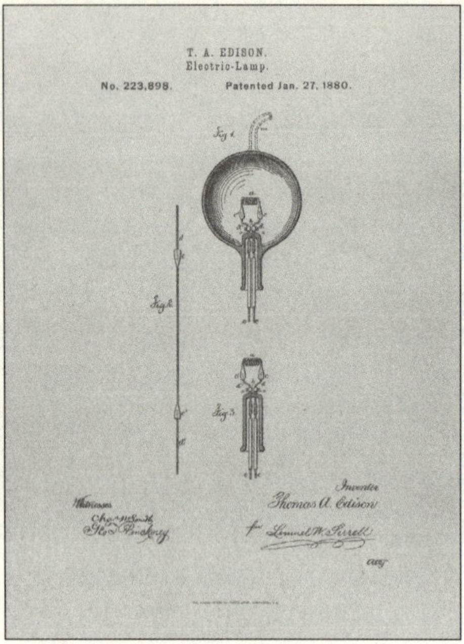

Eşit rekabet koşullarının sonuçları.
Thomas Edison'ın 1880 yılındaki ampul için aldığı patent.
(Records of the Patent and Trademark Office; Record Group 241; National Archives)

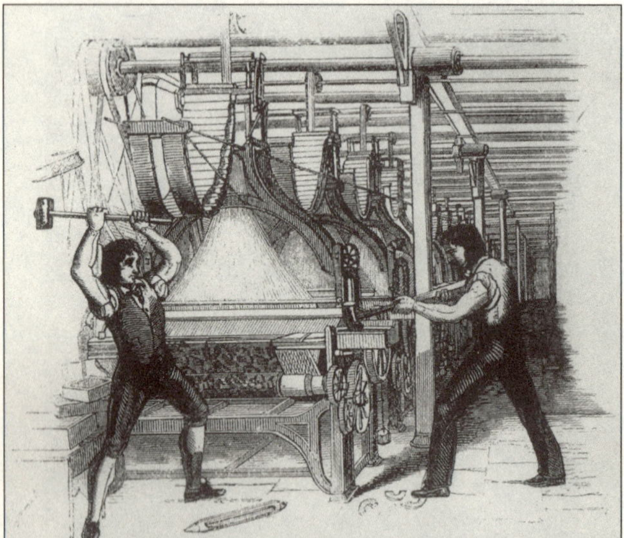

Yaratıcı yıkımın ekonomik alanda kaybedenleri: 19. yüzyıl İngiltere'sinde makineleri tahrip eden Luddistler.
(Mary Evans Picture Library/Tom Morgan)

Siyasal merkeziyetten bütünüyle yoksun olmanın sonuçları, Somali.
(REUTERS/Mohamed Guled/Landov)

Kongo'da sömürücü kurumlardan birbiri ardına istifade edenler: Kongo Kralı.
(© CORBIS)

Kral II. Leopold
(The Granger Collection, NY)

Joseph-Désiré Mobutu
(Richard Melloul/Sygma/CORBIS)

Laurent Kabila
(© Reuters/CORBIS)

Görkemli Devrim: III. William'a parlamento tarafından İngiltere tacı takdim edilmeden önce Haklar Bildirgesi okunuyor.
(After Edgar Melville Ward/The Bridgeman Art Library/Getty Images)

14. yüzyıldaki hıyarcıklı veba salgını kritik dönemeç yaratır (*Ölümün Zaferi*, Yaşlı Brueghel'in Kara Ölüm'ü resmettiği tablo).
(The Granger Collection, NY)

Kurumsal yeniliğin faydasını görenler: Kuba Kralı.
(Eliot Elisofon/Time & Life Pictures/Getty)

Tarım öncesinde, hiyerarşi ve eşitsizliğin ortaya çıkışı: Natufian elitlerinin mezar eşyaları.
(http://en.wikipedia.org/wiki/File:Natufian-Burial-ElWad.jpg)

Sömürücü büyüme: Gulag kamplarının işçileri Baltık Denizi kanalını inşa ediyorlar.
(SOVFOTO)

Britanya'nın geri kalışı: Vindolanda'da Roma İmparatorluğu harabeleri.
(Courtesy of the Vindolanda Trust and Adam Stanford)

Kapsayıcı ekonomik büyümenin özü, yenilik: James Watt'ın buhar makinesi.
(The Granger Collection, NY)

ARKWRIGHT'S FIRST COTTON FACTORY AT CROMFORD.

Kapsayıcı kurumların bir sonucu, örgütsel değişim:
Richard Arkwright'ın Cromford'daki fabrikası.
(The Granger Collection, NY)

Sömürgeci ekonominin sürdürülemeyen büyümesinin meyveleri. Zheng He'nin gemisi Kolomb'un Santa Maria'sının yanında.
(Gregory A. Harlin/National Geographic Stock)

Güney Afrika'daki ikili ekonominin kuş bakışı görünümü: Transkei'de yoksulluk, Natal'da zenginlik.
(Roger de la Harpe/Africa Imagery)

Sanayi Devrimi'nin sonuçları: Bastille Baskını.
(Bridgeman-Giraudon/Art Resource, NY)

Kapsayıcı kurumların önündeki engeller: Standart Oil Company.
(Library of Congress Prints and Photographs Division Washington, D.C.)

Yaratıcı olmayan yıkım: Sierra Leone'de Bo yolu üzerindeki terk edilmiş
Hasting demiryolu istasyonu.
(© Matt Stephenson: www.itsayshere.org)

Günümüzde sömürücü kurumlar: Özbekistan'da pamuk tarlasında çalışan çocuklar.
(Environmental Justice Foundation, www.ejfoundation.org)

Çember kırılıyor: Üç Tsavana şefi Londra'ya giderken.
(Photography by Willoughby, courtesy of Botswana National Archives & Records Services)

Kırılan bir başka çember: Rosa Parks ABD'nin güneyindeki sömürücü kurumlara meydan okuyor.
(The Granger Collection, NY)

Sömürücü kurumlar çocuklarını öğütüyor: Çin Kültür Devrimi, "yozlaşmış entelektüellere" karşı.
(Weng Rulan, 1967, IISH Collection, International Institute of Social History [Amsterdam])

9

Tersine gelişim

Baharat ve soykırım

Modern Endonezya'daki Maluku Adaları üç ada grubundan oluşuyor. 17. yüzyıl başlarında kuzeydeki adalar bağımsız Tidore, Ternate ve Bacan krallıklarına ev sahipliği yaptılar. Merkezdeki adalar Ambon Krallığı'nın yurduydu. Güneyde yer alan Banda Adaları ise henüz siyasal bütünlük sağlayamamış küçük bir takımadaydı. Maluku Adaları bugün bize uzak gibi görünse de karanfil, küçük hindistancevizi kabuğu ve muskat gibi kıymetli baharatların tek üreticisi olduğundan o zamanlar dünya ticaretinin merkezlerinden biriydi. Bunlardan küçük hindistancevizi kabuğu ve muskat yalnızca Banda Adaları'nda yetişiyordu. Bu adaların sakinleri nadir bulunan bu baharatları üretiyor ve Java Adası'ndan, Malezya Yarımadası'ndaki ticaret merkezi Malakka'dan, Hindistan'dan, Çin'den ve Arabistan'dan gelen yiyecek ve mamul mallarla mübadele ediyorlardı.

Ada sakinlerinin Avrupalılarla ilk teması 16. yüzyılda baharat satın almaya gelen Portekizli denizcilerle gerçekleşti. O tarihten önce baharatların sevkıyatı Osmanlı İmparatorluğu'nun kontrolündeki ticaret yolları vasıtasıyla Ortadoğu üzerinden gerçekleştirilmek zorundaydı. Avrupalılar Baharat Adaları'na ve baharat ticaretine doğrudan erişebilmek için Afrika'nın etrafından ya da Atlantik üzerinden bir yol arayışına girdiler. 1488'de Portekizli denizci Bartolomeu Dias Ümit Burnu'nu dolaştı ve 1498'de Vasco de Gama aynı rota üzerinden Hindistan'a ulaştı. Avrupalılar Baharat Adaları'na ulaşmak için ilk kez kendilerine ait bağımsız bir güzergâhı olmuştu.

Portekizliler vakit kaybetmeden baharat ticaretini kontrol altına almak için uğraşmaya koyuldular. 1511'de Malakka'yı ele geçirdiler. Malezya Yarımadası'nın batı kesimindeki stratejik konumu nedeniyle Güneydoğu Asya'nın dört bir yanından tüccarlar Hintli, Çinli ve Arap tüccarlara baharatlarını satmak için buraya geliyorlar, bu tüccarlar da yükledikleri baharatları Batı'ya gönderiyorlardı. Portekizli tüccar Tomé Pires'in 1515'te ifade ettiği gibi, "Bin fersah mesafedeki her milletten adam ticaret ve alışveriş yapmak üzere Maluku'ya gelirdi. Maluku'ya hükmedenin eli Venedik'in boğazında demekti."

Malakka'yı ellerinde tutan Portekizliler sistematik bir biçimde kıymetli baharat ticareti üzerinde tekel kurmaya çalıştılar. Fakat bunu başaramadılar.

Karşılarındaki rakipler yabana atılır cinsten değildi. 14 ila 16. yüzyıllar arasında Güneydoğu Asya'da baharat ticaretine dayalı yoğun bir ekonomik gelişim söz konusuydu. Aceh, Banten, Malakka, Makassar, Pegu ve Brunei gibi şehir devletleri baharatların yanı sıra arasında sert ağaçların da olduğu başka ürünler üretip ihraç ederek hızla büyüdü.

Bu devletler aynı dönemde Avrupa'da olanlara benzeyen mutlakıyetçi yönetim biçimlerine sahipti. Siyasal kurumların gelişimini, savaş yöntemlerindeki ve uluslararası ticaretteki teknolojik değişiklikler gibi Avrupa'dakilere benzer süreçler kamçılamıştı. Devlet kurumları mutlak güç talep eden kralla daha merkezi bir hale gelmişti. Avrupa'nın mutlakıyetçi hükümdarları gibi Gü-

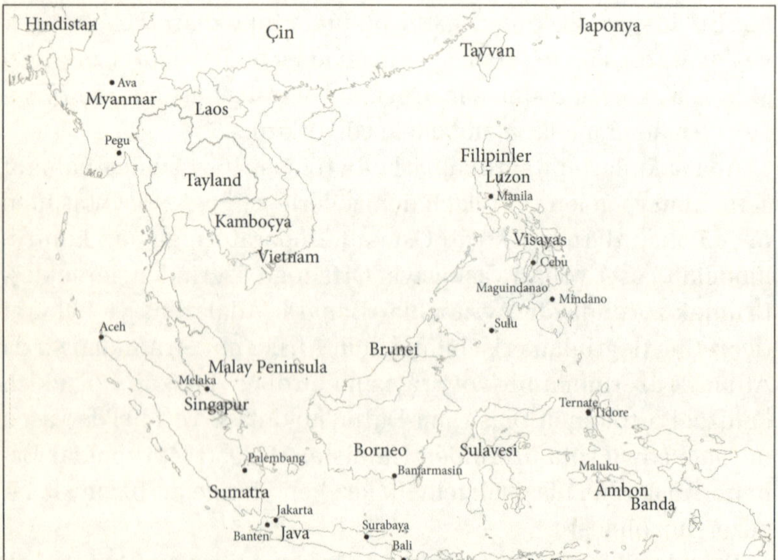

Harita 14: 1600'de Güneydoğu Asya, Baharat Adaları, Ambon ve Banda.

neydoğu Asya kralları da esasen ticaret gelirlerine bel bağlıyor, hem kendilerine pay ayırıyor hem de yerli ve yabancı elite tekel hakkı bağışlıyorlardı. Mutlakıyetçi Avrupa'da olduğu gibi, bu durum bir miktar büyüme sağlamıştı fakat önemli giriş engelleri ve güvence altına alınmamış mülkiyet haklarıyla ekonomik refaha götürecek ideal bir ekonomik kurumlar sisteminden çok uzaktı. Fakat Portekizliler Hint Okyanusu'nda hâkimiyet kurmaya çalışırken dahi ticarileşme süreci devam ediyordu.

Avrupalıların varlığı iyiden iyiye hissedilir hale geldi; Hollandalıların gelişi daha da belirgin bir etki yaptı. Hollandalılar Malakka'nın kıymetli baharatlarının arzı üzerinde tekel kurmanın, yerli ya da Avrupalı tüccarlarla rekabetten çok daha kârlı olacağını hemen fark ettiler. 1600'de Ambon hükümdarını ülkedeki karanfil ticareti üzerinde tekel kurmalarını sağlayan münhasır bir anlaşma imzalamaya ikna ettiler. Hollandalılar, 1602'de Hollanda Doğu Hindistan Kumpanyası'nın kurulmasıyla her ne pahasına olursa olsun tüm baharat ticaretini ele geçirmeye ve rakiplerini saf dışı bırakmaya teşebbüs ettiler. İşler Hollandalılar için iyi gitmeye başlamış fakat Güneydoğu Asya için tam tersi olmuştu. Hollanda Doğu Hindistan Kumpanyası, modern şirketin gelişiminde büyük bir dönüm noktası olan İngiliz Doğu Hindistan Kumpanyası'nın ardından ikinci Avrupalı anonim şirketti ve sonradan Avrupa'nın sınai büyümesinde çok büyük bir rol üstlenecekti. Bu şirket aynı zamanda kendi ordusu ve savaş açıp yabancı toprakları sömürgeleştirecek gücü olan ikinci şirketti. Hollandalılar şirketin askeri gücü sayesinde Ambon hükümdarıyla anlaşmalarını tatbik etmek için tüm potansiyel yetkisiz tüccarları saf dışı bırakmaya koyuldular. 1605'te Portekizlilere ait önemli bir kaleyi ele geçirdiler ve diğer tüccarların tümünü defettiler. Ardından kuzey Malakka'ya açılıp Tidore, Ternate ve Bacan hükümdarlarına kendi bölgelerinde karanfil ekimini ve ticaretini yasaklamayı kabul ettirdiler. Ternate'ye dayattıkları anlaşma Hollandalılara orada buldukları tüm karanfil ağaçlarını yok etme hakkı bile tanıyordu.

Ambon o tarihte Avrupa'nın çoğu ülkesi ve Amerika ülkelerine benzer bir biçimde yönetiliyordu. Ambon yurttaşları hükümdara vergi vermekle yükümlüydü ve angaryaya tabiydi. Hollandalılar bu sistemi devraldılar ve hem daha fazla emek sömürüsü hem de adadan elde edecekleri daha fazla karanfil için daha sıkılaştırdılar. Hollandalılar gelmeden önce geniş aileler Ambon elitine karanfil cinsinden vergi öderlerdi. Hollandalılar ise her aileyi toprağa bağladı ve belirli sayıda karanfil ağacı yetiştirmesini şart koştu. Bunun yanı sıra Hollandalılara angarya hizmeti vermeye de mecburdular.

Hollandalılar Banda Adaları'nın da kontrolünü ele geçirdiler; bu kez küçük hindistancevizi kabuğu ve muskat üzerinde tekel kurma niyetindeydiler. Fakat Banda Adaları Ambon'dan çok farklı biçimde örgütlenmişti. Çok sayıda küçük özerk şehir-devletten oluşuyordu ve hiyerarşik bir sosyal ya da siyasal yapıya sahip değildi. Bu küçük devletler, aslına bakılırsa küçük birer kasabadan daha büyük değildiler, yurttaşların oluşturduğu köy meclisleri tarafından yönetiliyorlardı. Hollandalıların tekel kurmak için anlaşma imzalamaya zorlayabilecekleri bir merkezi otorite olmadığı gibi küçük hindistancevizi kabuğu ve muskat arzının tamamını ele geçirmek için devralacakları bir vergi sistemi de yoktu. Bu, her şeyden önce Hollandalıların İngiliz, Portekizli, Hintli ve Çinli tüccarlarla rekabet etmek zorunda kalmaları ve yüksek fiyat ödemediklerinde baharatı rakiplerine kaptırmaları anlamına geliyordu. Küçük hindistancevizi kabuğu ve muskat tekeliyle ilgili ilk planları suya düşünce Batavia'nın Hollanda valisi Jan Pieterszoon Coen alternatif bir plan yaptı. Coen 1618'de Hollanda Doğu Hindistan Kumpanyası'nın yeni başkenti olarak Java Adası'nda Batavia'yı kurdu. 1621'de bir filoyla Banda'ya yelken açtı ve adalardaki nüfusun neredeyse tamamını, muhtemelen 15 bin insanı katletti. Tüm liderleri de halkın geri kalanıyla birlikte infaz edildi. Yalnızca hindistancevizi kabuğu ve muskat üretimiyle ilgili temel bilgileri muhafaza etmeye yetecek bir avuç insan sağ bırakıldı. Coen bu soykırım tamamlandıktan sonra planı için gerekli siyasal ve ekonomik yapıyı; bir plantasyon toplumunu oluşturmaya koyuldu. Adalar 68 parsele bölünüp parseller çoğu Hollanda Doğu Hindistan Kumpanyası'nın eski ve yeni çalışanlarından oluşan 68 Hollandalıya verildi. Sağ kalan az sayıdaki Bandalı bu yeni plantasyon sahiplerine baharatın nasıl üretildiğini öğrettiler. Hollandalılar artık kimsenin yaşamadığı adaları yeniden iskân etmek ve baharat üretmek için Hindistan Şirketi'nden sabit fiyatla geri satmak kaydıyla köle satın alabiliyorlardı. Hollandalıların Baharat Adaları'nda oluşturduğu sömürücü kurumlar arzu edilen neticeye ulaştı; her ne kadar Banda'da 15 bin masum insanın hayatına ve adaları az gelişmişliğe mahkûm edecek bir dizi siyasal ve ekonomik kurumun tesis edilmesine mal olsa da. 17. yüzyılın sonuna gelindiğinde Hollandalılar bu baharatların dünya çapında arzını yaklaşık yüzde 60 azaltmış ve muskatın fiyatı ikiye katlanmıştı.

Hollandalılar Malakka'da geliştirdikleri stratejiyi tüm bölgeye uyguladılar. Bu durumun Güneydoğu Asya'nın geri kalanının ekonomik ve siyasal kurumları üzerinde önemli etkileri oldu. Bölgedeki çeşitli devletlerin 14. yüzyılda başlayan uzun ticari genişleme süreci tersine döndü. Doğrudan Hollanda Doğu Hindistan Kumpanyası'nın sömürgeleştirmediği devletler bile içe kapanıp ticareti bıraktı. Güneydoğu Asya'da yeni yeni filizlenen ekonomik ve siyasal değişim durdurulmuş oldu.

Bazı devletler Hollanda Doğu Hindistan Kumpanyası'nın yarattığı tehditten sakınmak için ithalata yönelik tahıl üretimini bırakıp ticari faaliyetlerine son verdiler. Hollandalılarla karşı karşıya gelmektense otarşiye, kendine yetecek kadar bir iktisadi düzene kanaat getirmek yeğdi. 1620'de Java Adası'ndaki Banten devleti Hollandalıların kendilerini bu şekilde rahat bırakacağı umuduyla biber ağaçlarını kesti. 1686'da Hollandalı bir tüccar Filipinler'in güneyindeki Maguindanao'yu ziyaret ettiğinde ona "Malakka'da olduğu gibi burada da muskat ve karanfil yetiştirilebilir. Fakat artık ekilmiyor çünkü eski Raja ölmeden önce hepsini yok etti. Hollanda Şirketi'nin bunlar için gelip kendileriyle savaşacağından korktu" denmişti. 1699'da bir tacirin Maguindanao hükümdarı hakkında işittikleri de buna benzer şeylerdi: "Biber ekimini sürdürmeyi yasakladı, böylece ne şirketle ne de başka nüfuzlu kimselerle savaşa girmek zorunda kalmayacaktı." Kentler boşalıyor, hatta nüfus azalıyordu. 1635'te Birmanyalılar sahil kesimindeki Pegu'da bulunan başkentlerini Irrawaddy Nehri'nin çok daha içlerindeki Ava'ya taşıdılar.

Hollanda'nın saldırgan politikaları olmasaydı Güneydoğu Asya devletleri nasıl bir ekonomik ve siyasal gelişim rotası izlerdi sorusunun cevabını bilmiyoruz. Kendilerine özgü bir mutlakıyetçilik geliştirebilirlerdi, 16. yüzyılın sonunda ne durumdaysalar öylece kalabilirlerdi ya da giderek daha fazla kapsayıcı kurumu hayata geçirerek ticarileşme sürecine devam edebilirlerdi. Fakat Malakka'da olduğu gibi, Hollanda sömürgeciliği ekonomik ve siyasal gelişimlerinde köklü bir değişime neden olmuştu. Güneydoğu Asya halkı ticareti bıraktı, içe kapandı ve daha mutlakıyetçi bir hale geldi. Müteakip iki yüzyılda Sanayi Devrimi'yle ortaya çıkan yeniliklerden yararlanabilecek bir konumda olamayacaklardı. Ve en nihayetinde, ticaretten geri durmaları onları Avrupalılardan koruyamayacaktı; 18. yüzyılın sonuna gelindiğinde hepsi Avrupa sömürge imparatorluğunun birer parçası haline gelecekti.

7. bölümde Atlantik'teki Avrupa yayılmacılığının Britanya'daki kapsayıcı kurumların yükselişini nasıl teşvik ettiğini gördük. Fakat Hollanda hâkimiyetindeki Malakka deneyiminin ortaya koyduğu gibi, bu yayılmacılık sömürücü kurumlar dayatarak ya da mevcut olanları daha da güçlendirerek dünyanın dört bir yanında az gelişmişlik tohumları ekti. Bunlar da doğrudan ya da dolaylı olarak tüm dünyada yeni yeni ortaya çıkan ticari ve sınai faaliyetleri ortadan kaldırdı ya da sanayileşmeyi engelleyen kurumları kalıcı hale getirdi. Sonuçta sanayileşme dünyanın bazı bölgelerinde hızla yayılırken bu yeni teknolojilerden yararlanma imkânı bulamayan Avrupa sömürge imparatorluğunun büyük bölümü yerinde saydı.

Şu çok bildik kurum

Modern çağın başlarında Güneydoğu Asya'da,Avrupa'nın denizcilik ve ticaret gücünün yayılışı, umut vaat eden bir ekonomik büyüme ve kurumsal değişim döneminin kısa sürmesine neden oldu. Hollanda Doğu Hindistan Kumpanyası'nın genişlediği dönemle aynı zamanda Afrika'da çok farklı bir ticaret türü yoğunluk kazanıyordu: Köle ticareti.

Birleşik Devletler'in güney eyaletlerindeki kölelikten sıklıkla buraya "özgü" bir kurum olarak söz edilir. Fakat tarihsel açıdan bakıldığında büyük Antikçağ uzmanı Moses Finlay'in işaret ettiği gibi, kölelik hiç de buraya özgü değildi; neredeyse her toplumda görülmüştü. Daha önce gördüğümüz gibi hem Antik Roma'da hem de Avrupa için uzun zaman bir köle kaynağı olan Afrika'da yaygındı; ve tek kaynak da Afrika değildi.

Roma devrinde köleler Karadeniz etrafındaki Slav halklarından, Ortadoğu'dan ve ayrıca Kuzey Avrupa'dan gelirdi. Fakat 1400'le birlikte Avrupalılar birbirlerini köleleştirmeyi bıraktılar. Oysa Afrika, 6. bölümde gördüğümüz gibi, Ortaçağ Avrupası'ndakine benzer bir kölelikten serfliğe geçiş süreci yaşamadı. Erken Modern çağ öncesinde Doğu Afrika'da canlı bir köle ticareti vardı ve çok sayıda köle Sahra Çölü üzerinden Arap Yarımadası'na taşınıyordu. Üstelik Ortaçağ Batı Afrikası'nın büyük devletleri Mali, Gana ve Songhai ticaret yaptıkları Müslüman Kuzey Afrika'nın kurumsal modellerini benimseyerek idarede, orduda ve tarımda yoğun olarak köle gücünden yararlanıyorlardı.

17. yüzyıl başında başlayan Karayipler'deki şeker plantasyonu sömürgelerinin gelişimi, uluslararası köle ticaretinin büyük bir artış göstermesine ve köleliğin Afrika içinde de görülmemiş

ölçüde önem kazanmasına yol açtı. 16. yüzyılda Atlantik'teki köle ticaretin hacmi muhtemelen 300 bin kişi civarındaydı. Bu kölelerin çoğu Orta Afrika'dan geliyordu ve köle ticaretinde hem Kongo'nun hem de bugün Angola'nın başkenti olan Luanda'nın daha güneyini mesken edinen Portekizlilerin payı büyüktü. O sıralarda Sahra-aşırı köle ticareti, köle olarak kuzeye giden muhtemelen 550 bin Afrikalıyla hâlâ daha büyük bir hacme sahipti. 17. yüzyılda bu durum tersine döndü. Atlantik ticaretinde yaklaşık 1 milyon 350 bin Afrikalı köle olarak satılırken artık kölelerin büyük çoğunluğu Amerika'ya gönderiliyordu. Sahra ticaretindeki köle sayısı nispeten aynı kaldı. 18. yüzyıl bir başka büyük artışa şahit oldu; yaklaşık 6 milyon köle Atlantik'i geçerken belki bir 700 bin kadarı da Sahra'yı geçiyordu. Rakamlar toplandığında, 10 milyondan fazla Afrikalı köle olarak kıta dışına çıkarılmıştı.

Harita 15, köle ticaretinin boyutlarını ortaya koyuyor. Bu harita, ülkeler arasındaki modern sınırları kullanarak 1400-1900 yılları arasında köleliğin tahmini kümülatif hacmini, 1400'deki nüfus miktarı içindeki yüzdesi cinsinden gösteriyor. Örneğin Angola, Benin, Gana ve Togo'daki kümülatif köle ihracatının yekûnu bu ülkelerin 1400'deki toplam nüfusunun üstündedir.

Köle satın almaya can atan Avrupalıların bir anda Batı ve Orta Afrika sahillerinin her yerinde belirmesinin Afrika toplumları üzerinde dönüştürücü bir etkiye yol açması kaçınılmazdı. Amerika'ya gönderilen kölelerin büyük bölümü sonradan sahil kesimine nakledilen savaş tutsaklarıydı. Muazzam miktarlardaki silah ve mühimmat ithalatı –Avrupalılar bunları kölelerle mübadele ediyorlardı– savaşlardaki artışı kamçılıyordu. 1730'a gelindiğinde yalnızca Batı Afrika sahiline her yıl yaklaşık 180 bin silah ithal ediliyordu. 1750 ile 19. yüzyıl başı arasında yalnızca İngilizlerin sattığı silah sayısı yılda 283.000 ile 394.000 arasında değişiyordu. 1750-1807 arasında İngilizler yıllık 91 bin kilogram demirin yanı sıra yılda yaklaşık 22 ton gibi görülmemiş miktarda barut sattılar. Ticaret daha güneyde de aynı derecede yoğundu. Kongo Krallığı'nın kuzeyinde, Loango sahilinde Avrupalılar yılda 50 bin silah satıyordu.

Tüm bu savaşlar ve çatışmalar yalnızca büyük çapta can kaybına ve ıstıraba değil, aynı zamanda Afrika'nın istisnai bir kurumsal gelişim rotasına girmesine de sebep oldu. Erken Modern çağ öncesinde Afrika toplumlarında Avrasya'dakilerden daha az siyasal merkeziyet mevcuttu. Bunların çoğu, kabile şeflerinin ya da kralların ülkeyi ve kaynaklarını kontrol ettikleri küçük ölçekli

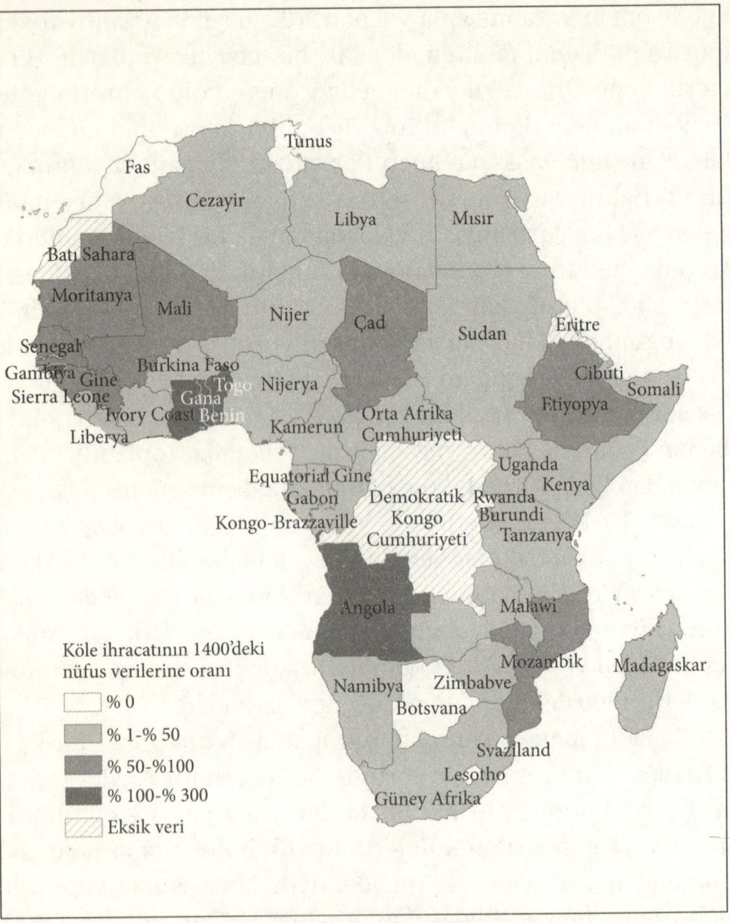

Harita 15: Afrika'dan dış dünyaya köle ihracatı.

devletlerdi. Somali örneğinde gösterdiğimiz gibi, pek çoğu hiyerarşik yapıda bir siyasal otoriteye bile sahip değildi. Köle ticareti birbirine zıt iki siyasal süreci harekete geçirdi. Birincisi, pek çok devlet daha mutlakıyetçi bir nitelik kazanmaya başladı. Tek bir amaç etrafında örgütlenmişlerdi: Başkalarını köleleştirip Avrupalı köle tacirlerine satmak. İkincisi, paradoksal bir sonuç olarak, yukarıdaki sürecin aksine, savaş ve kölecilik en sonunda Sahraaltı Afrika'da düzen ve meşru otorite namına ne varsa yok etti. Köleler savaşların dışında küçük ölçekli baskınlarda da kaçırılıyor ya da ele geçiriliyorlardı. Ayrıca yasalar da köleleştirme için bir araç haline gelmişti. Ne suç işlerseniz işleyin cezası kölelikti. İngiliz tüccar Francis Moore 1730'larda Batı Afrika'nın Senegambia sahili boyunca bu durumun sonuçlarını gözlemlemişti:

Bu köle ticareti başladığından beri tüm cezalandırmalar köleliğe dönüştü; mahkûmiyetlerden fayda sağlıyorlar. Suçlunun satışından kazanç sağlayabilmek amacıyla suç bulmak için çok çaba sarf ediyorlar. Yalnızca cinayet değil, hırsızlık ve zina da suçlunun köle olarak satılmasıyla cezalandırılıyor. İncir çekirdeğini doldurmayacak her dava aynı biçimde sonuçlanıyor.

Kurumlar, hatta dini kurumlar bile, köle ele geçirip satma arzusuyla yoldan çıkmıştı. Buna bir örnek doğu Nijerya'da, Arochukwu'daki meşhur kâhindir. Kâhinin bölgedeki büyük etnik grupların; Ijaw, Ibibio ve Igbo'nun değer verdiği önemli bir tanrının adına konuştuğuna inanılırdı. İhtilafları neticelendirmesi ve anlaşmazlıkları hükme bağlaması için kâhine gelinirdi. Kâhinin huzuruna çıkmak için Arochukwa'ya seyahat edenlerin şehirden Cross Nehri üzerindeki bir boğazda bulunan, önü insan kafataslarıyla kaplı uzun mağaraya inmeleri gerekiyordu. Kâhinin rahipleri, Aro köle tacirleri ve diğer tüccarların işbirliğiyle kâhinin kararlarını bildiriyorlardı. Bu çoğunlukla insanların kâhin tarafından "yutulmasıyla" sonuçlanıyordu. Bir kez mağaraya girenler doğruca Cross Nehri'ne ve orada bekleyen Avrupalıların gemilerine götürülüyordu. Giderek daha fazla köle ele geçirmek için tüm yasa ve âdetlerin tahrif edilip delinmesiyle kendini gösteren bu süreç siyasal merkeziyet üzerinde yıkıcı etkiler doğurdu. Her ne kadar köle ticaretinin asıl sonucu Afrika toplumlarının kurumsal gelişiminin tahribata uğraması olsa da bazı bölgelerde asıl varlık nedeni (*raison d'être*) yağma ve kölecilik olan güçlü devletlerin ortaya çıkmasına yol açtı. Kongo Krallığı muhtemelen dönüşüm geçirerek köleci bir devlet haline gelen ilk Afrika ülkesiydi; ta ki bir iç savaşla yıkılana dek. Nijerya'da Oyo, Benin'de Dahomey ve daha sonra Gana'da Asente de dahil, diğer köleci devletler en çok Batı Afrika'da ortaya çıktı.

Örneğin 17. yüzyıl ortalarında Oyo devletinin genişlemesi, sahil kesimindeki köle ihracatındaki artışla doğrudan ilgiliydi. Devletin gücü kuzeyden at ithal edilip düşman ordularını hezimete uğratabilecek güçlü bir süvari birliğinin kurulmasını içeren askeri bir devrimin sonucuydu. Oyo güney yönünde sahile doğru genişlerken önüne çıkan pek çok devleti ezip geçti ve halkının çoğunu köle olarak sattı. Oyo 1690 ile 1740 arasındaki dönemde bugün Köle Sahili olarak bilinen bölgenin iç kesimlerinde kendi tekelini kurdu. Sahilde satılan kölelerin yüzde 80 ila 90'ının bu fetihlerin sonucu olduğu tahmin ediliyor. Savaşlarla köle arzı arasındaki benzer bir önemli bağlantıya da 18. yüzyılda daha doğuda, bugünün Gana'sı Altın Sahil'de rastlanır. 1700'den sonra Asante devleti de tıpkı daha önce Oyo'nun yaptığı gibi içeriden genişledi. 18. yüzyılın ilk yarısında bu genişleme Akan Savaşları olarak bilinen, Asante'nin birbiri ardına bağımsız devletleri yenilgiye uğrattığı savaşları tetikledi. Bu devletlerin sonuncusu olan Gyaman 1747'de fethedildi. Altın Sahil'den ihraç edilen 375 bin kölenin çoğunluğu 1700-1750 yılları arasında bu savaşlarda ele geçirilmiş tutsaklardan oluşuyordu.

Muhtemelen bu muazzam insan sömürüsünün en bariz etkisi nüfus üzerinde görülüyordu. Modern Çağ'dan önce Afrika nüfusunun ne kadar olduğunu kestirmek güç; fakat bilim adamları köle ticaretinin nüfus üzerindeki etkisini gösteren çeşitli makul tahminler ileri sürdüler. Tarihçi Patrick Manning 18. yüzyılın başlarında Batı ve Orta-Batı Afrika'daki köle ihraç eden bölgelerin nüfusunun 22-25 milyon civarında olduğunu tahmin ediyor. Manning, 18. yüzyılda ve 19. yüzyılın başında ihtiyatlı bir varsayımla köle ticareti olmadan bu bölgelerde yıllık binde 5 oranında nüfus artışı yaşanacağını hesaplayarak 1850'de bu bölgenin nüfusunun en az 46 ila 53 milyon olması gerektiğini tahmin ediyor. Oysa nüfus bunun yaklaşık yarısı kadardı. Bu muazzam farkın nedeni yalnızca 1700-1850 yılları arasında sekiz milyon insanın köle olarak ihraç edilmesi değildi; ayrıca köle ele geçirmek için sürüp giden iç savaşlarda ölen milyonlarca insandı. Afrika'daki kölelik ve köle ticareti aile ve evlilik kurumlarını altüst ederek doğurganlığı da düşürmüş olabilir.

18. yüzyılın sonlarında İngiltere'de, karizmatik bir lider olan William Wilberforce'un önderliğinde köleliğin kaldırılmasına yönelik güçlü bir hareket giderek ivme kazanmaya başladı. Çeşitli başarısızlıklardan sonra 1807'de kölelik karşıtları Parlamento'yu köle ticaretini yasadışı ilan eden bir yasa tasarısını geçirmeye ikna ettiler. Ertesi yıl Birleşik Devletler benzer bir yasayla Britanya'yı takip etti. Fakat Britanya hükümeti daha ileri bir adım attı: Köleliğin kökünü kazımak için Atlantik'e donanmalar göndererek bu kararı aktif biçimde kanunu uygulamaya çalıştılar. Bu kararların gerçek anlamda etkili olmasının zaman almasına ve köleliğin İngiliz İmparatorluğu'nda yasaklanmasının 1834'ü bulmasına rağmen artık Atlantik köle ticaretinin, ticaretin en büyük ayağının, günleri sayılıydı.

Her ne kadar 1807'den sonra köle ticaretinin sona ermesi Afrika'dan gelen kölelere yönelik dış talebi düşürse de, bu durum köleliğin Afrika toplumları ve kurumları üzerindeki etkisinin sihirli bir biçimde kaybolacağı anlamına gelmiyordu. Çoğu Afrika devleti kölelik etrafında örgütlenmişti ve İngilizlerin köle ticaretine son vermesi bu gerçeği değiştirmemişti. Üstelik kölelik Afrika'da çok daha yaygındı. Bu etkenler eninde sonunda Afrika'nın gelişim rotasını şekillendirecekti; yalnızca 1807 öncesinde değil, sonrasında da.

Köleliğin yerini "yasal ticaret" aldı; bu tabir Afrika'dan ihraç edilen ve köle ticaretiyle ilişkisi olmayan malları ifade etmek için türetilmişti. Bunlar palmiye yağı ve çekirdeği, yerfıstığı, fildişi, kauçuk ve arapzamkı gibi mallardı. Avrupa'nın ve Kuzey Amerika'nın geliri Sanayi Devrimi'nin yayılmasıyla artarken bu tropikal ürünlere talep de hızla yükseldi. Afrika toplumları nasıl köle ticaretinin sunduğu ekonomik fırsatlardan amansız bir biçimde faydalandılarsa yasal ticaret için de aynısını yaptılar. Fakat bunu özgün bir bağlamda gerçekleştirdiler. Öyle ki, kölelik bir yaşam biçimiydi fakat kölelere yönelik dış talep tükenmişti. Peki, şimdi Avrupalılara satılamayan tüm bu kölelerle ne yapılacaktı? Yanıt basitti; yeni yasal ticaret kalemlerinin üretilmesi için Afrika'da zorla çalıştırıldıkları takdirde kâr getirebilirlerdi.

Belgelenmiş en iyi örneklerden biri modern Gana'daki Asante'de karşımıza çıkıyor. 1807'den önce Asante İmparatorluğu yoğun bir biçimde köle ele geçirip ihraç ediyordu; yakalanan köleler satılmak üzere sahile, Cape Coast ve Elmina'daki büyük köle kalelerine getiriliyordu. 1807'den sonra bu seçenek ortadan kalkınca Asante siyasal eliti ekonomilerini yeniden örgütlediler. Ne var ki kölecilik ve kölelik bitmedi. Bunun yerine köleler başlangıçta başkent Kumase'de bulunan fakat daha sonra tüm imparatorluğa (modern Gana'nın iç kesimlerinin büyük kısmına) yayılan büyük plantasyonlara yerleştirildiler. İhraç edilecek altın ve kola cevizi üretiminin yanı sıra gıda ürünleri yetiştirmede de çalıştırıldılar ve Asante'de tekerlekli taşımacılık yapılmadığı için yoğun bir biçimde hamal olarak kullanıldılar. Daha doğuda da buna benzer uyarlamalar gerçekleşti. Örneğin Dahomey'de, Whydah ve Porto Novo'nun limanlarının yakınında kralın, tümü köle emeğine dayanan geniş palmiye yağı plantasyonları vardı.

Kısacası, köle ticaretinin kaldırılması köleliğin Afrika'dan kalkması yerine yeniden yerleştirilen kölelerin artık Amerika yerine Afrika'da kullanılmalarına yol açtı. Üstelik önceki iki yüzyılda köle ticaretinin biçimlendirdiği siyasal kurumların pek çoğu değişmeden kaldı ve davranış kalıpları varlığını sürdürdü. Örneğin Nijerya'daki bir zamanların kudretli Oyo Krallığı 1820 ve 30'larda çöktü. Oyo'yu zayıflatan iç savaşlar ve ülkenin güneyinde doğrudan köle ticaretine yönelen Illorin ve Ibadan gibi Yoruba şehir devletlerinin yükselişiydi. 1830'larda başkent Oyo yağmalandı ve ardından Yoruba şehir devletleri bölgesel hâkimiyet için Dahomey'le rekabete girdiler. Yüzyılın ilk yarısını muazzam bir köle arzı üreten, neredeyse aralıksız savaşlarla geçirdiler. Bu savaşlara her zamanki adam kaçırmalar, kâhinlerin verdikleri cezalar ve küçük ölçekli baskınlar eşlik ediyordu. Adam kaçırma Nijerya'nın bazı kesimlerinde öylesine büyük bir dertti ki ebeveynleri kaçırılmalarından korktukları çocuklarının dışarda oyun oynamalarına izin vermiyordu.

Bunun sonucunda 19. yüzyılda kölelik Afrika'da azalacağına artmış gibi görünüyor. Kesin rakamlara ulaşmak zor da olsa, seyyahların ve tacirlerin kaleme aldığı mevcut birkaç kaynak Batı Afrika'nın Asante ve Dahomey krallıklarının ve Yoruba şehir devletlerinin nüfusunun yarıdan fazlasının kölelerden oluştuğunu gösteriyor. Erken dönem Fransız sömürge kayıtlarında Senegal'den başlayıp Mali ve Burkina Faso üzerinden Nijer ve Çad'a uzanan Batı Afrika'nın geniş bir şeridi ve Batı Sudan için daha kesin veriler de mevcut. 1900'de bu bölgedeki nüfusun yüzde 30'u köleleştirilmişti.

Tıpkı yasal ticaretin ortaya çıkışında olduğu gibi Afrika Yarışı sonrası resmi sömürgeciliğin gelişi de Afrika'da köleliği bitirmeye yetmedi. Her ne kadar Afrika'daki Avrupa nüfuzunun büyük kısmı köleliğin mücadele edilmesi ve kaldırılması gerektiği temeline dayandırılarak meşrulaştırılsa da gerçekte durum farklıydı. Kölelik sömürge Afrika'sının çoğu bölgesinde 20. yüzyıla kadar devam etti. Örneğin Sierra Leone'de kölelik ancak 1928'de kaldırılabildi; oysa başkent Freetown aslında 18. yüzyılın sonlarında Amerika'dan yurtlarına geri gönderilen köleler için bir liman olarak kurulmuştu. Ardından İngilizlerin kölelikle mücadele için kurdukları filo için önemli bir üsse ve İngiliz donanmasının köle ticareti yapan gemilerden kurtardığı insanlar için yeni bir yuvaya dönüşmüştü. Bu sembolizmle dahi kölelik Sierra Leone'de 130 yıl boyunca varlığını korudu. Sierra Leone'nin hemen güneyindeki Liberya da benzer şekilde 1840'larda özgürlüğünü kazanan Amerikan köleleri için kurulmuştu. Fakat kölelik orada da 20. yüzyıla kadar devam etmişti; öyle ki, 1960'larda bile dörtte birinin zorunlu emeğe dayandığı tahmin edilen toplam işgücünün çalışma ve yaşama koşulları köleliğe yakındı. Köle ticaretine dayalı sömürücü ekonomik ve siyasal kurumlar sanayileşmenin Sahraaltı Afrika'da yayılmasına engel oldu; dünyanın diğer bölgelerinde ekonomik dönüşüm yaşanırken onlar durgunluk, hatta ekonomik gerileme yaşıyorlardı.

İkili ekonomi inşa etmek

İlk kez 1955'te Sir Arthur Lewis tarafından ortaya atılan "ikili ekonomi" paradigması az gelişmiş ülkelerin ekonomik problemleri üzerine kafa yoran çoğu bilim insanının düşünme biçimini etkilemeye devam ediyor. Lewis'e göre çoğu az gelişmiş ekonomi ikili bir yapıya sahiptir ve bir modern sektörle bir geleneksel sektöre bölünmüştür. Ekonominin daha gelişkin kısmına karşılık gelen modern sektör; şehir hayatıyla, modern sanayiyle ve iler teknoloji kullanımıyla ilişkiliydi. Geleneksel sektör ise kırsal hayatla, tarımla ve "geri kalmış" kurumlar ve teknolojilerle ilişkiliydi. Geri kalmış tarımsal kurumlardan biri olan ortak arazi mülkiyeti, toprak üzerinde özel mülkiyet hakkının olmayışı anlamına geliyordu. Lewis'e göre geleneksel sektörde emek o denli verimsiz kullanılıyordu ki, kırsal sektörün üretim miktarını düşürmeden modern sektöre aktarılabilirdi. Kuşaklar boyunca Lewis'in anlayışını benimseyen kalkınma iktisatçıları için "kalkınma problemi" insanları ve kaynakları geleneksel sektörden, tarımdan ve taşradan alıp modern sektöre, sanayiye ve şehirlere yerleştirmek anlamına geliyordu. Lewis 1979'da iktisadi kalkınma üzerine yaptığı çalışmalar için Nobel Ödülü aldı.

Lewis ve onun çalışmalarını esas alan kalkınma iktisatçıları ikili ekonomi tanımında kesinlikle haklıydılar. Geri ve fakir bir geleneksel sektör ile canlı ve müreffeh bir modern sektöre bölünmüş Güney Afrika bunun en bariz örneklerinden biriydi. Lewis'in tanımladığı ikili ekonomiye bugün dahi Güney Afrika'nın her yerinde rastlanabilir. Bunu görmenin en çarpıcı yollarından biri, eski adı Natal olan KwaZulu-Natal devletiyle otonom Transkei eyaletini ayıran sınırı geçmektir. Sınır, Büyük Kei Nehri'ni izler. Natal'da nehrin doğusunda, sahil boyunca gidildikçe harikulade kumsala yayılmış pahalı mülkler görülür. Daha içerde her yer yemyeşil şekerkamışı plantasyonlarıyla kaplıdır. Yollar bakımlıdır ve tüm bölge adeta buram buram zenginlik kokar. Nehrin öbür yanında ise sanki başka bir zamana ve başka bir ülkeye gelmiş gibi olursunuz. Bölge çoğunlukla harap bir haldedir. Arazi yeşil değil kahverengidir ve yoğun biçimde ormansızlaştırılmıştır. İnsanlar şebeke suyuna, tuvalete ve modern yaşamın tüm konforuna sahip modern evler yerine iğreti barakalarda yaşar ve ateş yakıp üstünde yemek pişirirler. Hayat kesinlikle gelenekseldir, nehrin doğusundaki modern hayat tarzından çok farklıdır. Bu farklılıkların nehrin iki yanındaki ekonomik kurumlar arasındaki büyük farklılıklarla bağlantılı olması, buraya kadar anlatılanlar nedeniyle sizin için şaşırtıcı olmayacaktır.

Doğuda, Natal'da, özel mülkiyet haklarıyla, işleyen bir hukuk sistemiyle, piyasalarla, ticari tarımla ve sanayiyle karşılaşırız. Batıda ise Transkei'nin ortak arazi mülkiyeti ve yakın zamana kadar tüm gücü ellerinde tutan geleneksel şefleri vardır. Lewis'in ikili ekonomi kuramının perspektifinden bakarsak Transkei ve Natal arasındaki tezat, Afrika'nın kalkınma sorunlarını ortaya koymaktadır. Aslında daha da ileri gidebilir ve şöyle diyebiliriz; tarihsel açıdan tüm Afrika modernizm öncesi kurumları, geri teknolojisi ve şefleriyle Transkei gibi yoksuldu. O halde, bu perspektife göre ekonomik kalkınma kısaca Transkei'nin sonunda Natal'a dönüşmesini sağlamakla ilgilidir.

Pek çok doğru yönü olsa da, bu perspektif ikili ekonominin ortaya çıkışının mantığını ve modern ekonomiyle ilişkisini gözden kaçırmaktadır. Transkei'nin geri kalmışlığı, yalnızca Afrika'nın doğal geri kalmışlığının bir kalıntısı değildir. Transkei ile Natal arasındaki ikili ekonomi aslında gayet yakın tarihte baş göstermişti ve hiç de doğal değildi. Bu ikilik, işleri için ucuz işgücü rezervi oluşturmak ve siyahi Afrikalıların rekabet gücünü düşürmek isteyen Güney Afrikalı beyaz elit tarafından yaratılmıştı. Bu ikili ekonomi, kendiliğinden oluşmuş ve yüzyıllarca sürmüş azgelişmişliğe değil, yaratılmış azgelişmişliğe başka bir örnektir.

Güney Afrika ve Botsvana, daha sonra göreceğimiz gibi, köle ticaretinin olumsuz etkilerinin çoğundan ve yol açtığı savaşlardan kaçınmayı başarmıştı. Güney Afrika'nın Avrupalılarla ilk büyük etkileşimi Hollanda Doğu Hindistan Kumpanyası'nın 1652'de bugünün Cape Town limanı Table Bay'de bir üs kurmasıyla başladı. O tarihte Güney Afrika'nın batı kısmı seyrek bir yerleşime sahipti ve nüfusu çoğunlukla Khoikhoi adı verilen avcı-toplayıcılardan oluşuyordu. Daha doğuda, bugün Ciskei ve Transkei'nin olduğu bölgede, tarımda uzmanlaşmış yoğun nüfusa sahip Afrika toplumları bulunmaktaydı. İlk başta Hollandalıların yeni sömürgesiyle çok fazla etkileşime girmediler, kölecilikle de ilgilenmediler. Güney Afrika sahilleri köle pazarlarından çok uzaktı ve Xhosalar olarak bilinen Ciskei ve Transkei sakinleri dikkat çekmeyecek kadar iç kesimde yaşıyorlardı. Sonuç olarak bu toplumlar Batı ve Orta Afrika'yı vuran ters akımların pek çoğundan etkilenmeden kurtuldular.

Bu bölgelerin yalıtılmışlığı 19. yüzyılda sona erdi. Güney Afrika'nın ikliminde ve ortamında Avrupalılara çok cazip gelen bir şey vardı. Batı Afrika'nın aksine Güney Afrika bu kıtanın pek çok bölgesini "beyaz adam mezarlığına" çeviren ve Avrupalıların değil yerleşmelerine, daimi karakollar kurmalarına bile engel olan sıtma ve sarıhummanın olmadığı ılıman bir iklime sahipti. Güney Afrika Avrupalılar için yerleşim yeri olmaya çok daha uygun bir yerdi. İç bölgelerdeki Avrupa yayılmacılığı İngilizlerin Napoléon Savaşları'nda Cape Town'u Hollandalılardan almasından hemen sonra başladı. Bu durum yerleşim sınırı daha iç bölgelere doğru genişlediğinden bir dizi Xhosa savaşına zemin hazırladı. Avrupalıların Güney Afrika'nın iç bölgelerine nüfuz edişi geride kalan ve Afrikanerler ya da Boerler olarak bilinen Hollanda kökenli Avrupalıların Great Trek adıyla bilinen ünlü toplu göçlerine başladıkları 1834'te yoğunluğunu artırdı. Afrikanerler daha sonra Afrika'nın iç kesiminde iki bağımsız devlet kurdular; Oranj Bağımsız Devleti ile Transvaal.

Güney Afrika'nın kalkınmasındaki ikinci aşama 1867'de Kimberley'de geniş elmas rezervlerin ve Johannesburg'da zengin altın madenlerinin bulunmasıyla başladı. İç bölgelerdeki bu muazzam maden zenginliği İngilizleri Güney Afrika'nın tamamını kontrol altına almaya derhal ikna etti. Oranj Bağımsız Devleti ile Transvaal'in direnişi 1880-1881 ve 1899-1902'de meydana gelen ünlü Boer Savaşları'na yol açtı. Başlangıçtaki beklenmedik yenilginin ardından İngilizler Afrikaneer eyaletlerini Cape Province ve Naval'la birleştirerek 1910'da Güney Afrika Birliği'ni kurmayı başardı. Afrikanerler ile İngilizler arasındaki savaş bir yana, maden ekonomisinin gelişimi ve Avrupalıların yerleşim bölgelerinin artışı bölgenin kalkınması üzerinde başka sonuçlar da doğurdu. Bunların en önemlisi, yiyecek ve diğer tarımsal ürünlere talep doğması ve yerli Afrikalılar için hem tarım hem de ticarette yeni ekonomik fırsatların ortaya çıkmasıydı.

Ciskei ve Transkei'deki Xhosalar, tarihçi Colin Bundy'nin belgelediği gibi, bu ekonomik fırsatları değerlendirmekte gecikmediler. Daha 1832'de, henüz madencilik furyası başlamamışken, Transkei'deki Moravyalı bir misyoner bölgedeki yeni ekonomik dinamizmi gözlemleyip Afrikalıların gittikçe yaygınlaşan Avrupalılar sayesinde tanıştıkları yeni tüketim mallarına gösterdikleri talebe dikkat çekiyordu. Şöyle yazmıştı: "Bu nesneleri elde edebilmek için [...] el emeğiyle para kazanmaya ve bu sayede giysi, kürek, saban, yük arabası ve başka işe yarar şeyler almaya baktılar."

John Hemming'in 1876'da Ciskei'deki Fingoland'e yaptığı ziyareti tarifi de bir o kadar aydınlatıcıdır. Şöyle diyordu:

> Fingoların birkaç yıl içinde kaydettiği büyük ilerleme karşısında donakaldım [...] Gittiğim her yerde sağlam kulübelerle, taş ya da tuğladan konutlarla karşılaştım. Pek çok yerde tuğladan yapılma sağlam evler inşa edilmiş [...] meyve ağaçları dikilmiş, nerede uygun bir akarsu varsa kullanılmış ve sulanabilen ne kadar toprak varsa işlenmiş; sabanın götürebildiği her yer, tepelerin yamaçları, hatta dağların zirveleri dahi ekilmiş. Tarım yapılan arazinin büyüklüğü beni şaşkına çevirdi; senelerdir böylesine büyük ekili arazi görmemiştim.

Sahraaltı Afrika'nın diğer kesimlerinde olduğu gibi, tarımda sabanın kullanılması yeniydi fakat görünüşe göre fırsat verildiğinde Afrikalı çiftçiler bu teknolojiyi hayata geçirmeye gayet hazırdı. Ayrıca yük arabalarına ve sulama işlerine yatırım yapmaya da hazırdılar.

Tarım ekonomisi geliştikçe katı kabile kurumları çökmeye başladı. Toprak mülkiyeti hukukunun değiştiğine dair çok sayıda kanıt bulunmaktadır. 1879'da Transkei'de, Griqualand East'in Umzimkulu şehrindeki *magistrate*, "yerlilerin bir kısmının, satın aldıkları 38 bin akrelik arazinin sahibi olmayı giderek daha fazla arzuladığından" bahsediyordu. Üç yıl sonra, bölgedeki yaklaşık sekiz bin Afrikalı çiftçinin 90 bin akre arazi satın alıp çalışmaya başladıklarını kaydediyordu.

Afrika'nın Sanayi Devrimi'nin eşiğinde olmadığı kesindi fakat köklü bir değişimin eli kulağındaydı. Özel toprak mülkiyeti şeflerin gücünü azalttı ve yeni insanların arazi satın alıp servet sahibi olmalarına olanak tanıdı. Bundan yalnızca yirmi otuz yıl önce tüm bunlar akla hayale gelmeyecek şeylerdi. Bu aynı zamanda sömürücü kurumların ve mutlakıyetçi kontrol sistemlerinin zayıflamasının ne büyük bir hızla ekonomik dinamizme yol verdiğini de göstermektedir. Başarı öykülerinden biri de Ciskei'lı, fakirlikten kendi imkânlarıyla sıyrılmış bir çiftçi olan Stephen Sonjica'ya aitti. Sonjica 1911'de yaptığı bir konuşmada, arazi satın alma arzusundan ilk bahsedişinde babasının nasıl yanıt verdiğini aktarıyor: "Arazi satın almak mı? Arazi satın almayı nasıl istersin? Tüm arazinin Tanrı'ya ait olduğunu ve onu yalnızca şeflere verdiğini bilmiyor musun?" Sonjica'nın babasının gösterdiği tepkiyi anlamak mümkün. Fakat bu Sonjica'yı durdurmadı. King William's Town'da iş buldu ve şöyle yazdı:

> Açıkgözlülük edip tasarruflarımın bir kısmını yatırdığım bir banka hesabı açtım [...] Bu yalnızca sekiz pound biriktirinceye kadar sürdü [...] çifte koşulmuş bir çift öküz, teçhizat, saban ve tarım için gerekli başka alet edevat [aldım] [...] Şimdi küçük bir tarla satın aldım [...] Eşime dostuma bir meslek olarak [çiftçiliği] çok da şiddetle tavsiye edemem [...] Yine de kâr sağlayacak modern yöntemlerden faydalanmalılar.

Bu dönemin Afrikalı çiftçilerinin ekonomik dinamizmini ve refah seviyesini gösteren sıra dışı bir kanıt Metodist misyoner W. J. Davis'in 1869'da gönderdiği bir mektupta karşımıza çıkıyor. Davis İngiltere'ye yazdığı mektubunda sevinçle "Lancashire Pamuk Yardım Fonu için" nakit 64 pound topladığını kaydetmişti. O dönemde refah içindeki Afrika çiftçileri fakir İngiliz tekstil işçilerine para yardımı yapıyordu!

Beklenebileceği gibi, bu yeni ekonomik dinamizm, artık bize tanıdık gelen bir örüntü içinde hareket eden kabile şeflerini güç ve servetlerine zarar vereceğini düşündüklerinden memnun etmedi. Matthew Blyth 1879'da, özel mülklere bölünebilir endişesiyle arazinin etüt edilmesine karşı çıkıldığını gözlemledi. Şöyle yazıyordu: "Şeflerin bir kısmı [...] itiraz etti fakat çoğu insan memnun kaldı [...] şefler şahıslara tapu dağıtılmasının reislerin üzerindeki nüfuzlarını yok edeceğini anlamışlardı."

Şefler, sulama kanalları açmak ve çit inşa etmek gibi arazinin ıslah edilmesiyle ilgili kimi yeniliklere de direndiler. Bu yeniliklerin özel toprak mülkiyeti için bir girizgâh, onlar içinse sonun başlangıcı olduğunu fark etmişlerdi. Avrupalı gözlemciler bile şeflerin ve diğer kabile otoritelerinin, örneğin büyücü hekimlerin tüm "Avrupai yöntemlerin" yasaklanmasına uğraştıklarını belirtmişlerdi; yeni ekinler, saban gibi yeni aletler ve ticari ürünler de buna dahildi. Ciskei ve Transkei'nin İngiliz koloni devletine entegre edilmesi kabile şeflerinin ve otoritelerin gücünü zayıflattı ve direnişleri Güney Afrika'daki yeni ekonomik dinamizmi durdurmaya yetmedi. 1884'te Fingoland'daki Avrupalı bir gözlemcinin aktardığı kadarıyla, insanlar...

> Artık bize sadakat gösteriyorlar. Şefleri [...] siyasal güçten yoksun bir tür soylu arazi sahibine dönüştü. Artık şefin gazabından ya da o

ölümcül silahtan [...] varlıklı sığır sahiplerini vuran büyücü hekimden, kabiliyetli müşavirlerden, çıkan yeni yeni âdetlerden, maharetli ziraatçılardan, herkesi eşit seviyede bir aleladeliğe indirgeyen bu şeylerden korkmuyorlar–artık bunlardan kaygılanmayan Fingo klanı üyesi [...] ilerlemeye açık bir adam. Hâlâ çiftçilikle uğraşan bir köylü olsa da [...] yük arabaları ve sabanları var; sulama için kanallar açıyor; bir koyun sürüsü var.

Yalnızca az sayıda kapsayıcı kurum, şeflerin sarsılan iktidarı ve aşınan yasakları bile Afrika'da güçlü bir ekonomik patlama başlatmaya yetmişti. Fakat ne yazık ki bu durum kısa sürdü. 1890 ile 1913 arasında aniden sona erdi ve tersine döndü. Bu dönem zarfında Afrika'nın son 50 yılda yarattığı kırsal refahı ve dinamizmi baltalamak için iki kuvvet iş başındaydı. Bunlardan ilki Afrikalılarla rekabet halindeki Avrupalı çiftçilerin yarattığı husumetti. Başarılı Afrikalı çiftçiler Avrupalıların ürettiği tahılların fiyatlarını düşürüyorlardı. Bunun karşılığında Avrupalılar Afrikalıları işlerinden ediyorlardı. İkincisi daha da fenaydı. Avrupalılar gelişmekte olan madencilik ekonomisinde istihdam etmek için ucuz işgücü arayışındaydı ve bunu ancak Afrikalıları fakirleştirerek sağlayabilirlerdi. Sonraki yirmi otuz yılda düzenli olarak yaptıkları da buydu.

Madenler Birliği Başkanı George Albu'nun 1897'de Soruşturma Komisyonu'na verdiği ifade, ucuz işgücü sağlamak için Afrikalıları fakirleştirmenin mantığını kısa ve öz bir biçimde tarif ediyor. Albu "adamlara kısaca ücretlerinin düşürüldüğünü söyleyerek" nasıl ucuz işgücü sağladığını anlatıyordu. İfadesi şöyle sürüyordu:

Komisyon: Farz edelim ki Kâfirler [siyah Afrikalılar] *kraal*'larına [ağıllarına] geri döndüler. Hükümetten çalışmayı zorunlu hale getirmesinin ister miydiniz?

Albu: Elbette [...] zorunlu hale getirirdim [...] Neden bir zencinin hiçbir şey yapmamasına müsaade edilsin? Bence bir kâfir ekmeğini kazanması için çalışmaya zorlanmalıdır.

Komisyon: Çalışmadan da geçimini sağlayabiliyorsa birini nasıl çalışmaya zorlayabilirsiniz?

Albu: O zaman ondan vergi alırım.

Komisyon: Yani siz o kâfirin toprak sahibi olmasına müsaade etmeyeceksiniz fakat o beyaz adam zengin olsun diye çalışmak zorunda olacak.

Albu: Komşularına yardım için üzerine düşeni yapmak zorunda.

1913 Yerli Arazileri Kanunu'yla (Natives Land Act), hem beyaz çiftçileri rekabetten kurtarma hem de büyük sayıda düşük ücretli işgücü sağlama hedeflerine aynı anda ulaşıldı. Yasa Lewis'in ikili ekonomi nosyonunu öngörerek Güney Afrika'yı modern ve müreffeh bir kesimle geleneksel ve fakir bir kesim arasında ikiye böldü. Ne var ki, zenginlik ve yoksulluğu yaratan aslında yasanın kendisiydi. Yasa arazinin yüzde 87'sinin nüfusun yaklaşık yüzde 20'sini oluşturan Avrupalılara verileceğini beyan ediyordu. Kalan yüzde 13 de Afrikalıların olacaktı. Bu yasanın elbette pek çok öncülü vardı çünkü Avrupalılar zaten Afrikalıların yaşama alanlarını gitgide daraltmaktaydılar. Fakat bu durumu kesin bir biçimde kurumsallaştıran ve beyazlara hem siyasal hem de ekonomik haklar verip siyahları ikisinden de mahrum edecek Güney Afrika Apartheid rejimine zemin hazırlayan 1913'teki yasaydı. Yasa Transkei ve Ciskei'yi de kapsayan bazı arazi rezervlerini Afrikalıların "anayurdu" olarak belirliyordu. Bunlar daha sonra Apartheid retoriğinin başka bir parçasını oluşturan Bantustanlar olarak anılacaktı. Buna göre, Güney Afrika'daki Afrikalılar bu bölgenin yerlileri değillerdi, yaklaşık bin yıl önce Doğu Nijerya'dan göç eden Bantu halkının soyundan geliyorlardı. Bölge üzerinde Avrupalı yerleşimcilerden daha fazla hak sahibi değillerdi. Ve elbette pratikte daha az hak sahibiydiler.

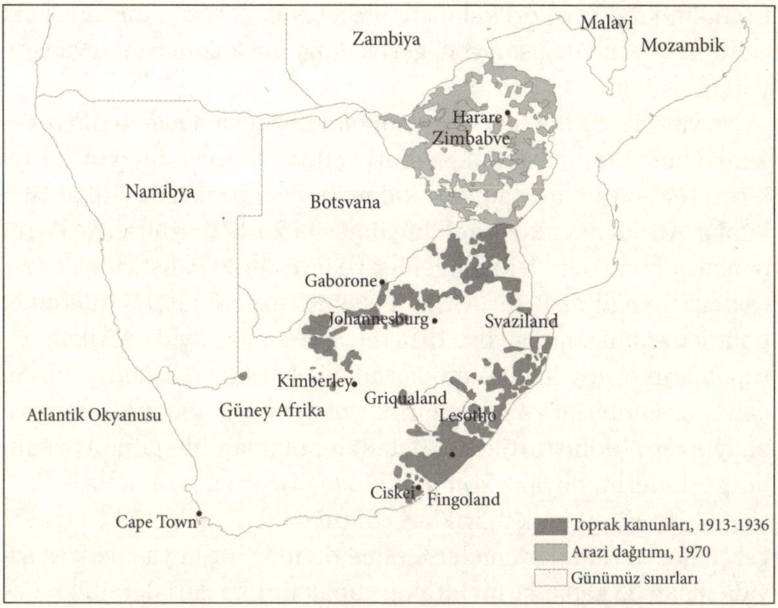

Harita 16: Güney Afrika ve Zimbabve'deki beyaz azınlık rejimlerinin Afrikalılara tahsis ettiği arazi miktarları.

Harita 16, 1913 ve 1936 arazi yasalarıyla Afrikalılara tahsis edilen gülünç miktarda araziyi gösteriyor. Ayrıca 1970'te Zimbabve'de 13. bölümde tartışacağımız bir başka ikili ekonominin inşası sırasında gerçekleşen benzer bir arazi tahsisatıyla ilgili bilgiler veriyor.

1913 yasası ayrıca siyah yarıcı ve işgalcilerin beyazlara ait topraklarda kiracı işçilik dışında hiçbir sıfatla çiftçilik yapmamalarını amaçlayan hükümler içeriyordu. Yerlilerle ilişkiler sekreterinin sözleriyle: "Yasanın amacı gelecekte Avrupalılarla yerliler arasında arazi ya da araziden elde edilen kazançlar bakımından ortaklık niteliği taşıyan her türlü etkileşime son vermekti. Yerlilerle yapılacak tüm yeni sözleşmeler hizmet sözleşmesi niteliğinde olmalıdır. Şayet bu türden *bona fide* bir sözleşme yapılmış olması kaydıyla bir işverenin bir yerliye ayni olarak ödeme yapmasının ya da ona belirli bir arsayı ekip biçme ayrıcalığı tanımasının önünde hiçbir engel yoktur [...] Fakat yerli, işverene oturma hakkı için hiçbir şey ödeyemez."

1950 ve 60'larda, akademik disiplin şekillenmeye başlayıp Arthur Lewis'in fikirleri yayılırken, Güney Afrika'yı ziyaret eden kalkınma iktisatçıları anayurtlarla modern ve müreffeh beyaz Avrupalı ekonomi arasındaki tezatın tam da ikili ekonomi kuramının anlattığı şey olduğunu düşündüler. Ekonominin Avrupalı kısmı şehirli ve eğitimliydi, modern teknoloji kullanıyordu. Anayurtlar ise fakir, kırsal ve geri kalmıştı; işgücü son derece verimsiz, halk eğitimsizdi. Hiç değişmeyen, geri kalmış Afrika'nın özünü yansıtıyor gibiydiler.

Ne var ki, söz konusu ikili ekonomi doğal ya da kaçınılmaz değildi. Onu yaratan Avrupa sömürgeciliğiydi. Evet, anayurtlar fakirdi, teknolojik açıdan geri kalmıştı ve eğitimsizdi. Fakat tüm bunlar Afrika'nın ekonomik büyümesini zorla durduran ve Avrupalıların kontrolündeki madenler ve arazilerde çalıştırılmak üzere ucuz ve eğitimsiz bir Afrikalı işgücü rezervi yaratan hükümet politikalarının sonucuydu. 1913'ten sonra çok sayıda Afrikalı Avrupalıların el koyduğu topraklarından çıkarıldı ve bağımsız bir biçimde geçimlerini kazanmalarına yetmeyecek kadar küçük olan anayurtlara doluşturuldu. Böylelikle, planlandığı gibi, Afrikalılar geçimlerini beyaz ekonomi içinde arayıp onlara ucuz işgücü sağladılar. Ekonomik teşvikleri çöktüğünden önceki 50 yıl içinde gerçekleşen tüm ilerlemeler tersine döndü. Tarım yapacak az sayıda insan da sabanlarını bırakıp çapalı tarıma geri döndüler. Çoğunlukla sadece ucuz işgücü sağlamak için vardılar; zaten anayurtlar da bunun için kurulmuştu.

Yok edilen yalnızca ekonomik teşvikler değildi. Ortaya çıkmaya başlayan siyasal değişimler de tersine dönmüştü. Şeflerin ve kabile yöneticilerinin evvelce gerilemekte olan otoritesi yeniden güçlendi; çünkü ucuz işgücü yaratma projesinin bir parçası da toprağın özel mülkiyetinin ortadan kaldırılmasıydı. Dolayısıyla şeflerin toprak üzerindeki egemenliği yeniden sağlandı. Bu adımlar hükümetin 1951'de "Bantu Authorities Act"i çıkarmasıyla doruk noktasına ulaştı. G. Findlay daha 1940'da Alfred Hoernlé'nin kitabı *South African Native Policy and the Liberal Spirit*'i eleştirirken meseleye parmak basmıştı: "Kabile mülkiyeti, arazinin hiçbir zaman gerektiği gibi işlenmeyeceğinin ve hiçbir zaman gerçek anlamda yerlilere ait olmayacağının garantisiydi. Ucuz işgücünün ucuz bir gelişme alanı olması gerekiyordu ve bu da Afrikalılara kendi paralarıyla temin edilmişti."

Afrikalı çiftçilerin mülksüzleştirilmesi kitlesel yoksulluğa yol açtı. Yalnızca geri kalmış bir ekonomin kurumsal temellerini atmakla kalmadı, aynı zamanda bu ekonomiyi besleyecek fakir insanları da yarattı.

Mevcut deliller 1913 Yerli Arazileri Kanunu'ndan sonra anayurtlardaki yaşam standartlarında düşüş olduğunu gösteriyor. Transkei ve Ciskei uzun süreli bir ekonomik gerileme sürecine girdi. Altın madeni işleten şirketlerin Francis Wilson tarafından derlenen istihdam kayıtları bu gerilemenin Güney Afrika ekonomisinin tamamına yayıldığını gösteriyor. Arazi kanunu ve diğer yasal düzenlemenin ardından madencilerin ücretleri 1911-1921 yılları arasında yüzde 30 oranında azaldı. 1961'de bu ücretler Güney Afrika ekonomisinde görülen nispeten istikrarlı büyümeye rağmen 1911'deki düzeylerinden yüzde 12 oranında daha düşüktü. Bu dönemde Güney Afrika'nın dünyanın en eşitsiz ülkesine dönüşmesine şaşırmamak gerekir.

Peki, siyah Afrikalılar bu koşullar altında bile, bir iş kurarak ya da eğitim görüp bir meslek hayatına atılarak Avrupalıların modern ekonomilerinde kendilerine bir yer bulamaz mıydı? Sömürge hükümeti bunların asla gerçekleşmemesini garantiledi. Ekonominin Avrupalı kısmında, yani ülkenin yüzde 87'sinde hiçbir Afrikalının mülk sahibi olmasına ya da iş kurmasına izin verilmedi. Ayrıca, Apartheid rejimi eğitimli Afrikalıların madenlerde ve beyazlara ait tarım alanlarında kullanılacak ucuz işgücü sağlamak yerine beyazlarla rekabet ettiklerini de fark etmişti. Daha 1904'te madencilikte Avrupalılar için avantajlı bir iş sistemi başlatıldı. Buna göre, Afrikalılar, maden analiz uzmanı, manevracı, demirci, kazan imalatçısı, duvarcı... ağaç işleme operatörlüğüne kadar uzayıp giden bir listedeki mesleklerin hiçbirini icra edemiyorlardı. Afrikalılar bir çırpıda madencilik sektöründe çalışabilecekleri kalifiye işlerin tamamından mahrum bırakılmıştı. Bu, Güney Afrika rejiminin ırkçı icatlarından birinin; ünlü *colour bar*'ın [ırk ayrımı] ilk uygulamasıydı. *Colour bar* 1926'da ekonominin tamamına yayıldı ve 1982'ye kadar devam etti. Siyah Afrikalıların eğitimsiz olması şaşırtıcı değildir; Güney Afrika devleti Afrikalıların eğitimden ekonomik anlamda fayda sağlamalarına engel olmakla kalmadı, siyahların okuyacağı okullara yatırım yapmayı da reddetti ve siyahların eğitimine köstek oldu. Bu politika 1950'lerde Apartheid rejiminin mimarlarından biri olan Hendrik Verwoerd liderliğinde doruk noktasına ulaştı ve hükümet 1994'te Bantu Eğitim Yasası'nı çıkarıncaya dek varlığını korudu. Yasanın dayandığı anlayış 1954'teki bir konuşmasında bizzat Verwoerd tarafından açık açık telaffuz ediliyordu:

> Bantuluya kendi cemaatine hizmet etmesi için her hususta yol gösterilmelidir. Belirli türden meslekler dışında ona Avrupalılar arasında yer yoktur [...] Bu nedenle, aralarına katılamayacağı, katılmak da istemeyeceği halde onu Avrupalıların arasına katmayı hedefleyen işlerin eğitimini alması faydasızdır.

Doğal olarak, Verwoerd'in konuşmasında açık bir şekilde ifade edilen ikili ekonomi türü Lewis'in ikili ekonomi kuramından epey farklıdır. Güney Afrika'da ikili ekonomi kalkınma sürecinin kaçınılmaz bir sonucu değildir. Devlet tarafından yaratılmıştır. Güney Afrika'daki ekonomik kalkınma sürecinde fakir insanların geri kalmış sektörden modern sektöre doğru kesintisiz akışı söz konusu değildi. Aksine, modern sektörün başarısı, beyaz işverenlerin vasıfsız siyah işçileri son derece düşük ücretlerle çalıştırarak muazzam miktarda kâr elde etmelerine olanak sağlayan geri kalmış sektörün varlığına dayanıyordu. Güney Afrika'da Lewis'in yaklaşımının öngördüğü gibi geleneksel sektörün vasıfsız işçilerinin giderek vasıflı ve eğitimli hale geldiği bir süreç yoktu. Aslında siyah işçiler kasıtlı olarak vasıfsız tutuluyor ve vasıflı beyaz işçilerin rekabetle karşılaşmadan yüksek ücret alabilmeleri için yüksek beceri gerektiren mesleklerden men ediliyorlardı. Güney Afrika'daki siyah Afrikalılar aslında anayurtlarında geleneksel ekonomi içinde "kapana kısılmışlardı". Fakat bu büyümeyle çözülebilecek bir kalkınma sorunu değildi. Anayurtlar, beyaz ekonominin gelişimini sağlayan şeylerdi.

Beyazların siyah nüfusu suiistimal etmek için kurduğu sömürücü kurumlara dayanması nedeniyle, Beyaz Güney Afrika'nın ulaştığı ekonomik kalkınmanın sonuç itibarıyla sınırlı bir kalkınma modeli olmasının da şaşırtıcı bir yanı yoktur. Güney Afrikalı beyazların mülkiyet hakları vardı, eğitime yatırım yapabiliyor, altın ve elmas çıkarıp dünya piyasasında kârlı biçimde satabiliyorlardı. Ancak Güney Afrika nüfusunun yüzde 80'den fazlası marjinalleştirilmiş ve cazip ekonomik faaliyetlerin büyük kısmından mahrum bırakılmıştı. Siyahlar yeteneklerini kullanamıyor ve vasıflı işçi, işadamı, girişimci, mühendis ya da bilim insanı olamıyorlardı. Ekonomik kurumlar sömürücü nitelikteydi; beyazlar siyahları sömürerek zengin olmuşlardı. Aslına bakılırsa, beyaz Güney Afrikalılar Batı Avrupa ülkelerinin yaşam standartlarına sahipken siyah Güney Afrikalılar Sahraaltı Afrika'daki diğer siyahlardan yalnızca biraz daha zengindiler. Yaratıcı yıkımdan yoksun olan ve yalnızca beyazlara faydası dokunan bu ekonomik büyüme, altın ve elmas geliri arttığı sürece devam etti. Fakat 1970'lere gelindiğinde ekonomik büyüme sona erdi.

Ve yine bu sömürücü ekonomik kurumların, bir dizi son derece sömürücü siyasal kurumun attığı temeller üzerine inşa edilmiş olmasının da şaşırtıcı bir yanı yoktur. 1994'te alaşağı edilene dek Güney Afrika siyasal sisteminde tüm güç, seçme ve seçilme hakkının yegâne sahibi olan beyazlara verilmişti. Beyazlar polis kuvvetine, orduya ve tüm siyasal kurumlara hükmediyordu. Bu kurumlar beyaz yerleşimcilerin askeri hâkimiyeti altında yapılandırılmıştı. 1910'da Güney Afrika Birliği kurulduğu sırada Oranj Bağımsız Devleti ve Transvaal'in izlediği *Afrikaner* politikaları siyah nüfusu siyasal katılımdan tamamen dışlayan bariz ırksal imtiyazlara sahipti. Natal ve Cape Colony, siyahlara yeterli mülke sahiplerse ki genellikle değillerdi, oy hakkı tanıyordu. Natal ve Cape Colony'deki bu statüko 1910'da muhafaza edildi; fakat 1930'lara gelindiğinde siyahlar Güney Afrika'nın her yerinde haklarından mahrum edilmişlerdi.

Güney Afrika'daki ikili ekonomi 1994'te sona erdi. Fakat bu Sir Arthur Lewis'in kuramsallaştırdığı sebepler yüzünden olmadı. Irk ayrımının sonunu getiren, ekonomik kalkınmanın doğal seyri değildi. Siyah Güney Afrikalılar temel haklarını tanımayıp ekonomik büyümenin kazançlarını onlarla paylaşmayan rejime başkaldırdılar. 1976'daki Soweto ayaklanmasının ardından protestolar daha örgütlü bir hale dönüştü ve kuvvetlendi; en sonunda Apartheid rejimini devirdi. En başta Güney Afrika ikili ekonomisini Güney Afrikalı beyazların siyasal gücü nasıl yarattıysa, örgütlenmeyi başarıp başkaldıran siyahların güçlenmesi de sonlandırmıştı.

Tersine gelişim

Bugün var olan dünya eşitsizliğinin nedeni, bazı ülkelerin 19. ve 20. yüzyıl boyunca Sanayi Devrimi'nden, getirdiği teknolojilerden ve örgütlenme yöntemlerinden faydalanabilmesine karşın diğerlerinin buna imkân bulamamasıdır. Teknolojik değişim refahın lokomotiflerinden yalnızca biridir; fakat muhtemelen en hayati olanıdır. Yeni teknolojilerden yararlanamayan ülkeler refahın diğer lokomotiflerinden de fayda göremediler. Bu ve bundan önceki bölümde gösterdiğimiz gibi, bu başarısızlık ister mutlakıyetçi rejimlerinin sürekliliğinin bir sonucu olsun, ister merkezi devletlere sahip olmamaları nedeniyle olsun, sömürücü kurumlarından kaynaklanıyordu. Fakat bu bölümün ortaya koyduğu bir şey daha var; bazı durumlarda, bu ülkelerin maruz kaldığı yoksulluğa zemin hazırlayan sömürücü kurumlar, tam da Avrupa'nın büyümesini teşvik eden süreç sayesinde ortaya çıktılar ya da en azından daha güçlü hale geldiler: Avrupa'nın ticari ve sömürgeci yayılmacılığıyla. Aslında Avrupa sömürge imparatorluğunun kârlılığı genelde bağımsız devletlerin ve yerli ekonominin yıkılmasıyla sağlanıyordu. Ya da yerli toplumların neredeyse tamamen çökertilmesinin ardından Avrupalıların Afrikalı köleleri ithal ederek plantasyon sistemleri kurduğu Karayipler'de olduğu gibi, sömürücü kurumların sıfırdan inşa edilmesiyle.

Banda Adaları, Ace ya da Burma'daki bağımsız şehir-devletlerinin Avrupa müdahalesi olmasaydı nasıl bir rota izleyeceğini hiçbir zaman bilemeyeceğiz. Belki onların da kendilerine ait yerli Görkemli Devrim'leri olurdu ya da belki de baharat ve diğer kıymetli malların ticaretindeki büyümeye dayanan daha kapsayıcı siyasal ve ekonomik kurumlara doğru yavaşça ilerlerdi. Fakat bu olasılık Hollanda Doğu Hindistan Kumpanyası'nın büyümesiyle ortadan kalktı. Şirket gerçekleştirdiği soykırımla Banda Adaları'nda yerel gelişime yönelik tüm umutları yok etti. Ayrıca yarattığı tehdit Güneydoğu Asya'nın diğer pek çok bölgesindeki şehir-devletlerin ticaretten çekilmesine yol açtı.

Asya'nın en eski uygarlıklardan birinin, Hindistan'ın da buna benzer bir tarihi vardır; tek fark, Hindistan'da gelişimin tersine dönmesine sebebiyet verenlerin Hollandalılar değil İngilizler olmasıdır. 18. yüzyılda Hindistan dünyanın en büyük tekstil üreticisi ve ihracatçısıydı. Hindistan patiskaları ve muslinleri Avrupa piyasalarını istila etti, Asya'da hatta Doğu Afrika'da alıcı buldu. Onları Britanya Adaları'na taşıyan asıl aracı kurum İngiliz Doğu Hindistan Kumpanyası'ydı. Hollandalı muadilinden iki yıl önce, 1600'de kurulan İngiliz Doğu Hindistan Kumpanyası 17. yüzyılı Hindistan'dan gelen kıymetli mallar üzerinde tekel kurmaya çalışarak geçirdi. Goa, Chittagong ve Bombay'da üsleri olan Portekizlilerle ve Pondicherry, Chandernagore, Yanam ve Karaikal'de üslenen Fransızlarla rekabet etmek zorunda kaldı. Yine de Doğu Hindistan Kumpanyası için en kötüsü, 7. bölümde gördüğümüz gibi, Görkemli Devrim'di. Stuart krallarının Doğu Hindistan Kumpanyası'na bahşettiği tekel 1688'in hemen akabinde tehlikeye girdi; hatta 10 yıl kadar sonra kaldırıldı. Daha önce gördüğümüz gibi, İngiliz tekstil üreticileri parlamentoyu Doğu Hindistan Kumpanyası'nın en kârlı kalemi olan patiskanın ithalatını yasaklamaya ikna etmeyi başardıklarından kayda değer bir güç kaybı söz konusuydu. 18. yüzyılda Robert Clive liderliğindeki Doğu Hindistan Kumpanyası strateji değiştirerek bir kıta imparatorluğu kurmaya başladı. O tarihte Hindistan çok sayıda rakip devlet arasında bölünmüştü; gerçi bunların çoğu sözde hâlâ Delhi'deki Babür imparatorunun kontrolü altındaydı. Doğu Hindistan Kumpanyası 1757'de Plassey ve 1764'te Buxar savaşlarıyla yerel güçleri mağlup ederek önce doğuda Bengal'e açıldı. Doğu Hindistan Kumpanyası yerel zenginlikleri yağmalayıp Hindistan'ın Babür hükümdarlarının sömürücü vergi kurumlarını devraldı ve belki daha da güçlendirdi. Bu açılım Hindistan tekstil sanayiinin muazzam ölçüde küçülmesiyle aynı zamana denk geldi; ne de olsa artık İngiltere'de söz konusu ürünler için bir pazar yoktu. Şehirlerin boşalması ve artan yoksulluğun eşlik ettiği bu küçülme Hindistan'da uzun bir tersine gelişim dönemi başlattı. Çok geçmeden, Hintliler tekstil üretmek yerine İngiltere'den satın alıyor ve Doğu Hindistan Kumpanyası'na Çin'de satmaları için afyon yetiştiriyorlardı.

Atlantik köle ticareti aynı örüntüyü –Güneydoğu Asya ve Hindistan'dan daha geri koşullarda başlamış olmasına rağmen– Afrika'da tekrarladı. Çoğu Afrika devleti yakaladıkları köleleri Avrupalılara satan birer savaş makinesine dönüştü. Farklı devletler arasındaki çatışmalar aralıksız bir savaşa dönüşürken Afrika'nın pek çok bölgesinde pek çoğu henüz yeterince siyasal merkeziyete ulaşamamış devlet kurumlarının çökmesi, kalıcı sömürücü kurumlara ve daha sonra inceleyeceğimiz başarısız devletlere zemin hazırladı. Avrupalılar Güney Afrika gibi Afrika'nın köle ticaretinden kurtulabilmiş birkaç bölgesine bu kez madenleri ve tarlaları için ucuz işgücü sağlamak üzere tasarlanmış bir dizi farklı kurum dayattılar. Güney Afrika devleti nüfusun yüzde 80'ini vasıflı işlerden, ticari tarımdan ve girişimcilikten mahrum eden bir ikili ekonomi yarattı. Tüm bunlar yalnızca sanayileşmenin neden dünyanın büyük bölümünü es geçtiğini açıklamakla kalmıyor, aynı zamanda ekonomik kalkınmanın bazen nasıl olup da başka yerel ekonomilerdeki ya da dünya ekonomisindeki azgelişmişliği beslediğini hatta yarattığını da özetliyor.

10

Refah dağılımı

Hırsızın onuru

18. yüzyıl İngiltere'sinin –ya da daha doğru bir ifadeyle 1707'de İngiltere, Galler ve İskoçya'nın birleşmesinin ardından Büyük Britanya'nın– suçlularla baş edebilmek için basit bir formülü vardı; gözden ırak olan gönülden de ırak olur, ya da en azından beladan uzak durur. Britanya hükümeti pek çok suçluyu imparatorluğun ceza kolonilerine yollamışlardı. Bağımsızlık Savaşı'ndan önce hüküm giymiş suçlular, hükümlüler öncelikle Amerikan kolonilerine gönderiliyordu. 1783'ten sonra bağımsız Amerika Birleşik Devletleri artık İngiliz hükümlüleri hoş karşılamıyordu, bu nedenle İngiliz yetkililer onlara başka bir yuva bulmak zorunda kaldılar. İlk düşündükleri yer Batı Afrika oldu. Fakat iklim, sıtma ve sarıhumma gibi Avrupalıların bağışıklığının olmadığı, bölgeye özgü hastalıklar o denli ölümcüldü ki, yetkililer hükümlü bile olsalar insanları "beyaz adam mezarlığına" yollamanın kabul edilemez olduğunda karar kıldılar. Ellerindeki diğer seçenek Avustralya'ydı. Kıtanın doğusundaki sahil şeridi büyük denizci Kaptan James Cook tarafından keşfedilmişti. Cook 29 Nisan 1770'te beraberindeki doğa bilimcilerin keşfettiği zengin türlere atfen Botany Körfezi adını verdiği harikulade küçük bir körfeze demir attı. Burası İngiliz hükümet yetkililerine ideal bir yer olarak görünmüştü. Ilıman bir iklime sahip olmasının yanı sıra gözden ve gönülden alabildiğine ıraktı.

Kaptan Arthur Philip kumandasındaki, hınca hınç hükümlüyle dolu 11 gemilik bir filo, 1788 Ocak ayında Botany Körfezi'ne doğru yola çıktı. Bugün Avustralya Ulusal Günü olarak kutlanan 26 Ocak'ta modern Sidney şehrinin merkezi olan Sidney Körfezi'nde kamp kurdular. Bu yeni koloniye "New South Wales" ismini verdiler. Gemilerden birinin, Duncan Sinclair'in kaptanlık ettiği *Alexander*'ın güvertesinde, Henry ve Susannah Cable adlarında ikisi de hükümlü olan evli bir çift bulunuyordu. Susannah hırsızlıktan hüküm giymiş ve ilk önce ölüm cezasına çarptırılmıştı. Ceza daha sonra hafifletilerek 14 yıla ve Amerikan kolonilerine gönderilmeye çevrilmiş fakat Birleşik Devletler'in bağımsızlığa kavuşmasıyla bu plan suya düşmüştü. Bu esnada Susannah, Norwich Castle Hapishanesi'nde bir başka hükümlü olan Henry'le tanışıp ona âşık olmuştu. 1787'de ilk filoyla Avustralya'daki yeni hükümlü kolonisine gönderilmek için seçilenler arasınaydı. Fakat Henry seçilmemişti. O tarihte Susannah ve Henry'nin küçük bir oğulları vardı; onun adı da Henry'ydi. Bu karar ailenin dağılması anlamına geliyordu. Susannah, Thames Nehri'ne demir atmış bir hapishane gemisine nakledildi. Fakat bu yürek burkan hadisenin haberi yayılarak hayırsever Lady Cadogan'ın kulağına kadar gitti. Lady Cadogan, Cable'ları bir araya getirmek için başarılı bir kampanya düzenledi. Şimdi küçük Henry'yle birlikte ikisi birden Avustralya'ya götürülüyordu. Bu arada Lady Cadogan 20 pound toplayıp onlara Avustralya'da teslim edilecek çeşitli malzemeler almıştı. *Alexander*'la yelken açtılar fakat Botany Körfezi'ne vardıklarında bu malzemeler ortadan yok olmuştu; ya da en azından Kaptan Sinclair öyle iddia etmişti.

Cablelar ne yapabilirdi? İngiltere ya da Britanya hukukuna göre yapabilecekleri çok fazla bir şey yoktu. Her ne kadar 1789'da Britanya kapsayıcı siyasal ve ekonomik kurumlara sahip olsa da bu kapsayıcılık pratikte hiçbir hakka sahip olmayan hükümlülere kadar uzanmıyordu. Mülk sahibi olamazlardı. Kesinlikle kimseyi dava da edemezlerdi. Aslına bakılırsa mahkemeye kanıt dahi sunamazlardı. Sinclair bunu bildiği için, muhtemelen malları çalmıştı. Çaldığını hiçbir zaman itiraf etmese de Cableların kendisini dava edemeyeceklerini haykırmıştı. İngiliz hukukuna göre haklıydı ve Britanya'da mesele bu noktada bitiyordu. Fakat Avustralya'da öyle olmuyordu. Oranın askeri hâkimi David Collins'e bir mahkeme emri ulaştırılmıştı:

> Buranın yeni yerleşimcilerden Henry Cable ve karısı İngiltere'den ayrılmadan önce Kaptan Duncan Sinclair idaresindeki *Alexander*'a, mezkur Henry Cable, karısı ve çocuğunun kullanması için maliyeti pek çok hayırsever tarafından karşılanarak toplanıp satın alınan çeşitli elbiselerden ve mevcut durumlarına uygun birkaç başka eşyadan oluşan belirli miktarda mal yüklenmiştir. Şu an limanda bulunan *Alexander*'ın kaptanından mezkur malları almak için çeşitli başvurular yapılmış fakat bu girişimler az sayıda kitaptan oluşan küçük

bir kısmın alınması dışında sonuçsuz kalmıştır; malların hatırı sayılır ölçüde daha değerli olan bölümü halen Alexander'dadır ve kaptanı bu malı sahiplerine teslim etmekte gayet ihmalkâr davranmış gibi görünmektedir.

İkisi de okuma yazma bilmedikleri için Henry ve Susannah mahkeme emrini imzalayamadılar ve sadece altına birer "çarpı" attılar. "Buranın yeni yerleşimcilerinden" sözü sonradan çizilmişti fakat son derece önemliydi. Biri Henry Cable ve karısının birer hükümlü olarak tarif edildikleri takdirde davanın ilerleme şansı kalmayacağını öngörmüştü. Biri onlara bunun yerine "yeni yerleşimciler" demeyi akıl etmişti. Muhtemelen Hâkim Collins bunu hazmetmekte zorlanmıştı ve sözü sildiren de oydu. Fakat mahkeme emri işe yaradı. Collins davayı bir kenara atmadı ve tamamı hükümlülere muhafızlık etmek için Avustralya'ya gelen askerlerden oluşan bir jüriyle mahkeme heyetini topladı. Sinclair mahkeme huzuruna çıkarıldı. Collins'in davaya hiç de hevesli olmamasına ve jürinin Cablelar gibi hükümlülere muhafızlık etmeleri için gönderilmiş insanlardan oluşmasına rağmen Cablelar davayı kazandı. Sinclair tüm hadiseye Cableların suçlu olması sebebiyle itiraz etti. Fakat karar kesindi ve 15 pound ödemek zorunda kaldı.

Hâkim Collins bu kararı almak için İngiliz hukukunu uygulamadı; onu yok saydı. Bu Avustralya'da karar bağlanmış ilk özel hukuk davasıydı. Avustralya'daki ilk ceza davası da Britanya sakinlerine en az bunun kadar acayip görünürdü. Bir hükümlü başka bir hükümlünün iki penilik ekmeğini çalmaktan suçlu bulundu. O tarihte böyle bir dava, suçluların herhangi bir şeye sahip olmalarına izin verilmediğinden, mahkemeye götürülmezdi. Fakat Avustralya Britanya değildi ve çok geçmeden Avustralya yalnızca medeni hukuk ve ceza hukukuyla değil sahip olduğu ekonomik ve siyasal kurumlarla da Britanya'dan ayrılacaktı.

New South Wales ceza kolonisi başlangıçta hükümlülerden ve çoğu asker olan muhafızlarından oluşuyordu. 1820'lere kadar Avustralya'da çok az "özgür yerleşimci" vardı ve hükümlülerin nakli New South Wales'de 1840'ta sona erse de, Batı Avustralya'da 1868'e kadar sürdü. Hükümlüler aslen angaryanın bir başka adı olan "mecburi iş" görmek zorundaydılar, muhafızlar ise bunun üzerinden para kazanmanın peşindeydiler. İlk başta hükümlülere ödeme yapılmıyordu. Yaptıkları işe karşılık yalnızca yiyecek veriliyordu. Ürettikleri, muhafızlara kalıyordu. Fakat bu sistem, tıpkı

Virginia Kumpanyası'nın Jamestown'da yaptığı gibi, çok iyi işlemedi çünkü hükümlülerin sıkı çalışmak ya da iyi iş çıkarmak için teşvikleri yoktu. Kırbaçlanıyor ya da yalnızca 34 kilometrekarelik bir alana sahip olan ve Pasifik Okyanusu'nda, Avustralya'nın 1.600 kilometre kadar doğusunda bulunan Norfolk Adası'na sürülüyorlardı. Ne sürgün ne de kırbaç işe yaradı; diğer seçenekse hükümlülere verilecek teşviklerdi. Bu askerler ve muhafızlara doğal gelen bir fikir değildi. Hükümlü hükümlüydü, emeklerini satmaları ya da kendilerine ait mülkleri olması gerekmiyordu. Fakat Avustralya'da iş yapacak başka kimse yoktu. Elbette Aborijinler vardı, New South Wales'in kurulduğu tarihte sayıları muhtemelen 1 milyon kadardı. Fakat uçsuz bucaksız bir kıtaya yayılmışlardı ve New South Wales'deki nüfus yoğunlukları sömürülmelerine dayalı bir ekonomi oluşturmak için yeterli değildi. Avustralya'da bir Latin Amerika seçeneği yoktu. Böylece muhafızlar sonunda Britanya'dakilerden bile daha kapsayıcı kurumlara gidecek bir yol benimsediler. Hükümlülere yapmaları için bir dizi görev verildi ve eğer vakitleri kalırsa kendileri için çalışabilecek ve ürettiklerini satabileceklerdi.

Muhafızlar hükümlülerin yeni ekonomik özgürlüklerinden de faydalandılar. Üretim arttı ve muhafızlar hükümlülere mal satmak için tekeller kurdular. Bunların en kazançlısı romdu. O tarihte New South Wales, tıpkı diğer İngiliz kolonilerinde olduğu gibi, İngiliz hükümetinin atadığı bir vali tarafından yönetiliyordu. 1806'da Britanya, William Bligh'i, 15 yıl önce 1789'da meşhur "Bounty'de İsyan" hadisesindeki H.M.S. *Bounty* gemisinin kaptanını atadı. Bligh katı bir disiplin sevdalısıydı; muhtemelen sözü edilen isyandan büyük ölçüde sorumlu olan da bu özelliğiydi. Hiç değişmediği için de derhal rom tekelcilerine meydan okudu. Bu da Bligh'la eski bir asker olan John Macarthur liderliğindeki tekelciler arasında başka bir isyana yol açtı. "Rom İsyanı" olarak bilinen olaylar bir kez daha isyancıların Bligh'a üstün gelmesiyle sonuçlandı; bu defa *Bounty*'nin güvertesi yerine karada. Macarthur, Bligh'ı hapse tıktırdı. İngiliz yetkililer isyanla başa çıkmak için daha fazla asker yolladılar. Macarthur tutuklandı ve İngiltere'ye geri gönderildi. Fakat çok geçmeden salıverildi ve Avustralya'ya dönüp koloninin ekonomisinde ve siyasetinde önemli bir rol üstlendi.

Rom İsyanı ekonomik nedenlere dayanıyordu. Hükümlülere teşvik sağlanması 1790'da ikinci grup gemiyle Avustralya'ya bir asker olarak gelen Macarthur gibilerine çok para kazandırıyordu. Macarthur 1796'da işe yoğunlaşmak için ordudan ayrıldı. O zamana kadar çoktan ilk koyununu edinmiş, küçükbaş hayvancılığının ve yün ihracatının çok para kazandıracağını kavramıştı. Sidney'den içlerde en sonunda 1813'te aşılıp diğer tarafta uçsuz bucaksız otlakları meydana çıkarılan Mavi Dağlar bulunuyordu. Burası bir koyun cennetiydi. Macarthur çok geçmeden Avustralya'nın en zengin adamı oldu. O ve diğer koyun kodamanları, üzerinde koyunlarını otlattıkları araziler onların olmadığı için *Squatter*'lar olarak bilinmeye başladılar. Arazi İngiliz hükümetinindi fakat ilk başta bu küçük bir ayrıntıydı. *Squatter*'lar Avustralya'nın elitiydi, ya da daha doğrusu Squattokrasisi.

New South Wales, Squattokrasi'yle dahi Doğu Avrupa ya da Güney Amerika sömürgelerinin mutlakıyetçi rejimlerine hiçbir yönden benzemiyordu. Ne Avusturya-Macaristan'da olduğu gibi serfler ne de Meksika ve Peru'da olduğu gibi sömürülecek geniş bir yerli nüfusu vardı. Bundan ziyade, New South Wales pek çok bakımdan Jamestown, Virginia'ya benziyordu; elit kesim en sonunda Avusturya-Macaristan, Rusya, Meksika ve Peru'dakilerden önemli ölçüde daha kapsayıcı olan ekonomik kurumlar oluşturmayı kendi çıkarlarına uygun bulmuştu. Yegâne işgücü hükümlülerdi ve onları teşvik etmenin tek yolu yaptıkları iş için onlara ücret ödemekti.

Bir süre sonra hükümlülerin girişimci olabilmelerine ve diğer hükümlüleri işe almalarına izin verildi. Daha önemlisi, cezalarını dolduran hükümlülere toprak dahi veriliyordu ve tüm hakları iade ediliyordu. Bazıları zengin olmaya başlamıştı; bunların arasında okuma yazması olmayan Henry Cable bile vardı. 1798'de "Şahlanan At" adında bir oteli oldu, ayrıca bir de dükkânı vardı. Bir gemi satın alıp fok derisi ticaretine girdi. Cable'ın 1809'da Sidney'de yaklaşık 470 akrelik en az dokuz çiftliğin yanı sıra pek çok dükkân ve evi bulunuyordu.

New South Wales'deki bir sonraki çatışma elit kesim ile –hükümlü, eski hükümlü ve ailelerinden oluşan– toplumun geri kalanı arasında yaşandı. Eski muhafızların ve Macarthur gibi askerlerin öncülüğündeki elite, yün ekonomisindeki canlanma nedeniyle koloninin cazibesine kapılıp gelen bazı özgür yerleşimciler de dahildi. Arazinin büyük kısmı hâlâ elitin elindeydi; fakat eski hükümlüler ve onların torunları daha fazla hükümlü getirilmesine son verilmesini, kendileriyle aynı statüde olanlardan oluşan bir jüri tarafından yargılanmayı ve toprak edinebilmeyi istiyorlardı. Elit kesim bunların hiçbirini istemiyordu. Asıl dertleri işgal ettikleri toprakların yasal mülkiyetini edinmekti. Durum 100 yıldan daha uzun bir süre önce Kuzey Amerika'da meydana gelen olaylara benziyordu. 1. bölümde gördüğümüz gibi, sözleşmeli hizmetlilerin Virginia Kumpanyası'na karşı kazandıkları zaferleri Maryland ve Kuzey ve Güney Carolina'daki mücadeleler izledi. New South Wales'de, Lord Baltimore ve Sir Anthony Ashley-Cooper'ın rollerini Macarthur ve *Squatter*'lar üstlenmişti. İngiliz hükümeti bir kez daha elitin tarafını tutuyor, fakat bir yandan da Macarthur ve *Squatter*'ların günün birinde bağımsızlıklarını ilan etme sevdasına kapılabileceklerinden korkuyorlardı.

İngiliz hükümeti 1819'da John Bigge'yi bölgedeki gelişmeleri incelemek üzere bir soruşturma komisyonunu yönetmesi için koloniye gönderdi. Bigge hükümlülerin yararlandığı haklar karşısında donakaldı ve bu ceza kolonisinin ekonomik kurumlarının temelde kapsayıcı doğası onu şaşkına çevirdi. Radikal bir revizyon tavsiye etti: Hükümlüler toprak sahibi olmayacak, bundan sonra kimse hükümlülere ücret ödeyemeyecek, aflar yasaklanacak, eski hükümlülere toprak verilmeyecek ve cezalar çok daha sert olacaktı. Bigge, *Squatter*'ları Avustralya'nın doğal aristokrasisi olarak görmüş ve onların hâkimiyetindeki otokratik bir toplum tasavvur etmişti. Fakat öyle olmadı.

Bigge zamanı geri çevirmeye çalışırken eski hükümlüler ve onların çocukları daha büyük haklar talep ediyorlardı. En önemlisi, yine Birleşik Devletler'de olduğu gibi, ekonomik ve siyasal haklarını bütünüyle sağlama almak için kendilerini karar alma sürecine dahil edecek siyasal kurumlara ihtiyaçları olduğunu fark etmişlerdi. Eşit muamele görecekleri seçimler, mevki edinebilecekleri temsil kurumları ve meclisler talep ettiler.

Eski hükümlülere ve çocuklarına liderlik eden renkli yazar, kâşif ve gazeteci William Wentworth'tü. Wentworth Mavi Dağlar'ı aşarak uçsuz bucaksız otlaklar açan ilk keşif gezisinin liderlerinden biriydi; bu dağlardaki bir kasaba hâlâ onun adını taşır. Wentworth hükümlülere sempati duyuyordu; belki de bunun nedeni eşkıyalıkla suçlanıp duruşmadan ve olası bir mahkûmiyetten kurtulmak için Avustralya'ya gönderilmeyi kabul etmek zorunda kalan babasıydı. Wentworth o tarihte daha kapsayıcı siyasal kurumların, seçimle işbaşına gelmiş bir meclisin, eski hükümlü ve ailelerinin jüri karşısında yargılanmasının ve New South Wales'e daha fazla hükümlü gönderilmemesinin ateşli bir savunucusuydu. Kurulduğu günden itibaren mevcut siyasal kurumlara saldıran *Australian* adında bir gazete çıkarmaya başladı. Macarthur Wentworth'den –ve elbette isteklerinden– hoşlanmıyordu. Wentworth'ün destekçilerinden oluşan bir liste yapmış ve onları şöyle tarif etmişti:

Burada asılmak üzere ölüm cezasına çarptırılmış
Defalarca yük arabasının arkasına bağlanıp kırbaçlanmış
Londralı bir Yahudi
Yakınlarda ruhsatı iptal edilmiş Yahudi bir hancı
Köle ticareti yüzünden gönderilmiş bir mezatçı
Burada pek çok kez kırbaç cezası almış
İki hükümlünün oğlu
Borca batmış bir üçkâğıtçı
Amerikalı bir maceracı
Karakter yoksunu bir avukat
Yakınlarda müzik dükkânı batırmış bir yabancı
İki hükümlünün kızıyla evli
Eskiden tavernada çalışan hükümlü bir kadınla evli...

Ne var ki, Macarthur ve *Squatter*'ların güçlü muhalefeti Avustralya'daki gidişatı durdurmaya yetmedi. Temsili kurumlara talep yoğundu ve bastırılamamıştı. Vali Sir Ralph Darling 1823'e kadar New South Wales'i iyi kötü tek başına idare etmişti. O yıl İngiliz hükümetinin görevlendirdiği meclisin oluşturulmasıyla güçleri sınırlandırıldı. Tayin edilenler ilk başta *Squatter*'lardan ve hükümlü olmayan elit kesimdendi; Macarthur da onlardan biriydi fakat bu uzun sürmedi. 1831'de vali Richard Bourke baskıya boyun eğdi ve ilk defa eski hükümlülerin jürilerde yer almasına izin verdi. Eski hükümlüler ve aslında pek çok yeni özgür yerleşimci, Britanya'dan hükümlü sevkıyatının durdurulmasını istiyordu çünkü bu emek piyasasında rekabet yaratıyor ve ücretlerin düşmesine yol açıyordu. Düşük ücretler *Squatter*'ların hoşuna gidiyordu fakat kaybettiler. 1840'ta New South Wales'e sevkıyat durdu ve 1842'de üyelerinin üçte ikisi seçimle işbaşına gelen bir yasama kurulu oluşturuldu (geri kalan üyeler atanıyordu). Eski hükümlüler aday olabiliyor ve yeteri kadar mülkleri varsa oy kullanabiliyorlardı ki, pek çoğunun vardı.

Avustralya 1850'de tüm yetişkin beyaz erkeklere oy hakkı tanıdı. Yurttaşların, eski hükümlülerin ve ailelerinin talepleri artık William Wentworth'ün ilk başta hayal ettiklerinin çok ötesine geçmişti. Aslına bakılırsa Wentworth o zamana dek seçime dayanmayan bir Yasama Kurulu'nda ısrar eden muhafazakârların tarafını tutuyordu. Fakat Macarthur gibi Wentworth de daha kapsayıcı siyasal kurumlara doğru gidişatı durduramadı. 1856'da Victoria –1851'de New South Wales'den koparılmıştı– ve Tasmanya eyaletlerinde dünyada ilk kez seçimlerde etkin bir biçimde gizli oylama uygulanıyordu ve bu da oy satın almaya ve zorla oy kullandırtmaya son veriyordu. Bugün hâlâ Avustralya usulü gizli oylamayı seçimlerde oy kullanırken gizliliği sağlamanın standart yöntemi olarak görüyoruz.

Sidney, New South Wales'deki başlangıç koşulları 181 yıl öncesinde Jamestown, Virginia'daki koşullarla büyük benzerlikler gösteriyordu; Jamestown'daki yerleşimcilerin suçlulardan değil çoğunlukla zorunlu hizmetçilerden oluşması hariç. İki örnekte de başlangıç koşulları sömürücü kurumlar oluşturulmasına olanak tanımıyordu. Bu kolonilerden hiçbirinde istismar edilecek yoğun bir yerli nüfusu, kolayca elde edilebilecek altın ya da gümüş gibi değerli madenler ya da köle plantasyonlarını ekonomik bakımdan kendi ayakları üzerinde durabilir hale getirecek toprak ve tahıllar yoktu. 1780'lerde hâlâ canlı bir köle ticareti vardı ve New South Wales'in kölelerle doldurulması kazançlı olabilirdi. Fakat öyle değildi. Hem Virginia Kumpanyası ve askerleri hem de baskılara boyun eğip New South Wales'e kaçan özgür yerleşimciler kapsayıcı siyasal kurumlarla koordinasyon içinde gelişen kapsayıcı ekonomik kurumlar oluşturdular. Hatta bu süreç New South Wales'de Virginia'da olduğundan daha da sancısız bir biçimde meydana geldi ve bu eğilimi tersine çevirmeye yönelik sonraki girişimler başarısızlıkla sonuçlandı.

Birleşik Devletler gibi Avustralya da kapsayıcı kurumlar için İngiltere'ninkinden farklı bir yol izledi. İngiltere'yi önce İç Savaş'la ardından Görkemli Devrim'le sarsan toplumsal hareketler, iki ülkenin çok farklı kuruluş koşulları nedeniyle Birleşik Devletler ve Avustralya'da gerekli değildi. Bu elbette kapsayıcı kurumların hiçbir çatışma yaşanmadan kurulduğu anlamına gelmiyordu; bu süreçte Birleşik Devletler'in İngiliz koloniciliğine son vermesi gerekmişti. İngiltere'de kökleri çok derine inen mutlakıyetçi rejimin uzun bir geçmişi vardı ve yıkılması için bir devrim gerekiyordu. Birleşik Devletler ve Avustralya'da böyle bir şey söz konusu değildi. Gerçi Maryland'de Lord Baltimore ve New South Wales'de John Macarthur böyle bir role soyunmuş olabilirlerdi fakat planlarının sonuca ulaşması için toplum üzerinde yeterince güçlü bir kontrol sağlayamadılar. Birleşik Devletler ve Avustralya'da kurulan kapsayıcı kurumlar Sanayi Devrimi'nin bu ülkelere çok hızlı bir biçimde yayıldığı ve zenginleşmeye başladıkları anlamını taşıyordu. Kanada ve Yeni Zelanda gibi koloniler de bu ülkelerin izlediği yoldan gideceklerdi.

Fakat kapsayıcı kurumlar için daha başka yollar da vardı. Batı Avrupa'nın büyük bölümü Fransız Devrimi'nin itici gücüyle, kapsayıcı kurumlara götürecek bir üçüncü yol tutmuşlardı. Fransız Devrimi Fransa'da mutlakıyetçiliği yıktıktan sonra bir dizi devletlerarası çatışmaya neden olacak ve kurumsal reformun Batı Avrupa'nın çoğu bölgesine yayılmasını sağlayacaktı. Bu reformların ekonomik sonuçları, Batı Avrupa'nın çoğu bölgesinde kapsayıcı kurumların ortaya çıkması, Sanayi Devrimi'nin bu bölgelere yayılması ve ekonomik büyümenin baş göstermesiydi.

Engelleri yıkmak: Fransız Devrimi

Fransa 1789'dan önceki 300 yıl boyunca mutlakıyetçi bir monarşiyle yönetilmişti. Fransız toplumu zümreler olarak adlandırılan üç kesime ayrılmıştı. Ruhban sınıfı İlk Zümre'yi, Aristokratlar (soylular) İkinci Zümre'yi ve geri kalan herkes de Üçüncü Zümre'yi oluşturuyordu. Farklı zümreler farklı yasalara tabiydi ve ilk iki zümre nüfusun geri kalanının sahip olmadığı haklara sahipti. Büyük ölçüde sömürücü olan bir rejimden bekleyebileceğimiz gibi, yurttaşlar birkaç farklı vergi vermek zorundayken soylular ve ruhban sınıfı vergiden muaftı. Aslına bakılırsa kilise vergilerden muaf olmakla kalmıyordu, ayrıca geniş topraklara sahipti ve köylülere kendi vergilerini uygulayabiliyordu. Monarşi, soylular ve ruhban sınıfı lüks bir yaşam tarzının keyfini sürerken Üçüncü Zümre'nin büyük çoğunluğu korkunç bir yoksulluk içinde yaşıyordu. Farklı yasalar soylu ve ruhban sınıflarına yalnızca son derece avantajlı bir ekonomik pozisyonu garantilemiyor, aynı zamanda siyasal güç de sağlıyordu.

18. yüzyıl Fransız şehirlerinde yaşam hem acımasız hem de sağlıksızdı. İmalat, üyelerine iyi bir kazanç sunan ancak diğerlerinin bu mesleklere girmelerini ya da yeni bir iş kurmalarını engelleyen güçlü loncalar tarafından tanzim ediliyordu. *Ancien régime*, kendi sürekliliği ve istikrarıyla övünüyordu. Girişimcilerin ve yetenekli insanların yeni işlere girmesi istikrarsızlık yaratacağından hoş görülmüyordu. Şehirlerdeki hayat acımasızdı ancak köylerdeki hayat daha da kötüydü. Daha önce gördüğümüz gibi, halkı toprağa bağlayıp feodal lordlar için zorla çalıştıran ve onlara harç ödeten serfliğin en aşırı biçimi Fransa'da uzun zamandır gerileme

içindeydi. Yine de, hareket özgürlüğüyle (*mobility*) ilgili kısıtlamalar vardı ve Fransız köylülerinin monarşiye, soylulara ve kiliseye ödemesi gereken bol miktarda feodal harç söz konusuydu.

Böyle bir arka plana dayanan Fransız Devrimi radikal bir olaydı. Kurucu Meclis 4 Ağustos 1789'da yeni bir anayasa teklifi sunarak Fransız yasalarını tamamen değiştirdi. İlk madde feodal sistemin tamamen ve tazminatsız kaldırılacağını hükme bağlıyordu. Dokuzuncu maddede ise vergilerin ödenmesindeki maddi ayrıcalıkların ilelebet kaldırıldığı, vergilerin "tüm yurttaşlardan ve tüm mülklerden aynı şekilde ve aynı yollardan toplanacağı" belirtiliyordu.

Böylelikle Fransız Devrimi feodal sistemi ve ona bağlı tüm yükümlülük ve harçları tek hamlede kaldırdı ve soylular ile ruhban sınıfının vergi muafiyetlerine son verdi. Ancak belki de en radikali, hatta o zamana göre akla hayale sığmayacak olanı, 11. maddeydi:

> Tüm yurttaşlar, doğuştan gelen farklılıklara bakılmaksızın, dini, sivil ya da askeri, tüm mevki ve rütbelere hak sahibidir ve hiçbir meslekte ayrımcılık yapılmayacaktır.

Böylece artık yasalar önünde herkes için eşitlik vardı, üstelik yalnızca gündelik yaşamda ve işte değil, siyasette de. Devrimin getirdiği reformlar 4 Ağustos'tan sonra da sürdü. Ardından kilisenin özel vergiler koyma yetkisi kaldırıldı ve ruhban sınıfını devlet memurlarına dönüştürdü. Katı siyasal ve sosyal rollerin kaldırılmasıyla birlikte ekonomik faaliyetlerin önündeki hayati engeller de yok edilmiş oldu. Loncaların ve tüm mesleki sınırlandırmaların kaldırılmasıyla şehirlerde daha eşit şartlar sağlandı.

Bu reformlar mutlakıyetçi Fransız hükümdarlarının saltanatını sona erdirmek için ilk adımdı. 4 Ağustos deklarasyonlarını birkaç on yıl boyunca süren istikrarsızlık ve savaş takip etti. Fakat mutlakıyetçilikten ve sömürücü kurumlardan kapsayıcı siyasal ve ekonomik kurumlara doğru geri dönüşü olmayan bir adım atılmıştı. Bu değişimleri sonunda 1870'de Üçüncü Cumhuriyet'le doruk noktasına ulaşan ve böylece Fransa'ya İngiltere'de Görkemli Devrim'in başlattığı türden bir parlamenter sistem getiren siyaset ve ekonomideki diğer reformlar izledi. Fransız Devrimi beraberinde şiddet, ıstırap, istikrarsızlık ve savaş getirdi. Buna rağmen, Fransızlar devrim sayesinde Doğu Avrupa'nın mutlakıyetçi rejimlerinde olduğu gibi (örneğin Avusturya-Macaristan ve Rusya), ekonomik büyümeyi ve zenginliği engelleyen sömürücü kurumlara saplanıp kalmadılar.

Mutlakıyetçi Fransız monarşisi nasıl olup da 1789 Devrimi'nin eşiğine gelebildi? Ne de olsa, pek çok mutlakıyetçi rejimin ekonomik durgunluklarda ve sosyal çalkantılarda bile uzun süre hayatta kalmayı başarabildiğini daha önce gördük. Devrimlerin ve radikal değişimlerin pek çok örneğinde olduğu gibi, Fransız Devrimi'ne ortam hazırlayan da bir etkenler birleşimiydi ve bu etkenler Britanya'nın hızla sanayileşmesiyle yakından ilgiliydi. Ve elbette bu yol genelde olduğu üzere olumsaldı; nitekim monarşinin rejimi istikrarlı hale getirmeye yönelik pek çok girişimi başarısızlığa uğrarken devrim kurumsal değişim konusunda Fransa'da ve Avrupa'nın her yerinde 1789'dan önce kimsenin hayal edemeyeceği kadar başarılı olmuştu,

Fransa'daki yasa ve ayrıcalıkların çoğu Ortaçağ'dan kalmaydı. Bunlar Birinci ve İkinci Zümre'ye yalnızca nüfusun büyük çoğunluğu karşısında avantaj sağlamakla kalmıyordu, aynı zamanda kraliyet karşısında da ayrıcalıklar tanıyordu. Güneş Kral XIV. Louis, 1661'den 1715'teki ölümüne dek Fransa'ya 54 yıl hükmetti. Gerçi tahta 1643 yılında, henüz beş yaşındayken çıkmıştı. Gittikçe güçlenen bir mutlakıyete doğru yüzyıllar önce başlayan süreci devam ettirerek monarşinin iktidarını sağlamlaştırdı. Çoğu hükümdar kraliyetin özenle seçtiği önemli aristokratlardan oluşan Ayan Meclisi'nden (*Assemblée des notables*) görüş alıyordu. Ayan Meclisi aslen danışmanlıkla ilgili olmasına karşın monarşinin iktidarı üzerinde az da olsa kısıtlayıcı bir rol oynuyordu. Bu nedenle XIV. Louis hükümdarlığı boyunca Meclis'i toplamadı. Fransa onun hükümdarlığında bir miktar ekonomik büyüme yaşadı; mesela Atlantik ve sömürge ticaretine dahil olarak. Louis'nin becerikli maliye bakanı Jean-Baptiste Colbert, hükümet destekli ve kontrollü bir sanayinin gelişimine, yani bir sömürücü büyüme biçimine, nezaret etti. Bu sınırlı miktardaki büyüme neredeyse tamamen Birinci ve İkinci Zümre'nin çıkarlarına hizmet etmişti. XIV. Louis ayrıca Fransa'nın vergi sistemini de rasyonelize etmek istedi; çünkü devlet habire patlak veren savaşları, büyük daimi orduyu ve kralın lükse düşkün maiyetini, harcamalarını ve saraylarını finanse etmekte genellikle güçlük çekiyordu. Sistemin küçük soylulardan dahi vergi alamaması vergi gelirlerine büyük kısıtlama getiriyordu.

1774'te XVI. Louis tahta çıktığında çok az bir ekonomik büyüme kaydedilmiş olsa da toplumdaki değişim büyüktü. Üstelik daha önceki mali sorunlar bir mali krize dönüşmüştü; özellikle 1756 ile 1763 yılları arasında İngilizlerle yapılan ve Fransa'nın Kanada'yı kaybettiği Yedi Yıl Savaşı çok masraflıydı. Önemli birkaç şahsiyet borcu yeniden yapılandırıp vergileri artırarak kraliyet bütçesini denkleştirmeye çalıştılar; bunlar arasında zamanının en önemli iktisatçılarından Anne-Robert-Jacques Turgot, devrimden sonra da önemli bir rol üstlenecek olan Jacques Necker ve Charles Alexandre de Calonne bulunuyordu. Fakat hiçbiri başarılı olamadı. Calonne, stratejisi gereği, XVI. Louis'yi Ayan Meclisi'ni toplamaya ikna etti. Tıpkı I. Charles'ın 1640'ta İngiliz Parlamentosu'nu topladığında İskoçlarla savaşacak bir ordunun maliyetinin karşılanmasına kolayca rıza göstermelerini umduğu gibi, kral ve danışmanları da Ayan Meclisi'nin reformlarını destekleyeceğini ummuştu. Fakat Meclis umulmadık bir adım attı ve ancak temsili bir organın, Zümreler Meclisi'nin, bu tür reformlara onay verebileceğini hükme bağladı.

Zümreler Meclisi Ayan Meclisi'nden çok farklı bir organdı. Ayan Meclisi soylulardan oluşup çoğunlukla hükümdar tarafından önemli aristokratlar arasından seçilirken Zümreler Meclisi her üç zümreden temsilciler içeriyordu ve en son 1614'te toplanmıştı. Zümreler Meclisi 1789'da Versailles'da toplandığında bir anlaşmaya varılamayacağı hemen açıklık kazandı, uzlaştırılamaz farklılıklar vardı. Üçüncü Zümre bunu siyasal gücünü artırmak için bir şans olarak görüp soylu ve ruhban sınıflarının kararlılıkla muhalefet etmelerine karşın Zümreler Meclisi'nde daha fazla sandalye istedi. Oturum 5 Mayıs 1789'da krizi daha da derinleştiren daha güçlü bir organı, Ulusal Meclis'i toplama kararının dışında bir çözüme ulaşmadan sona erdi. Üçüncü Zümre, özellikle tüccarlar, işadamları, meslek erbapları ve zanaatkârlar; daha fazla güç isteyen herkes, bu gelişmeleri artan nüfuzlarının kanıtı olarak gördü. Böylece Ulusal Meclis'teki müzakerelerde daha da fazla söz sahibi olmayı ve genel itibarıyla daha geniş haklara kavuşmayı talep ettiler. Bu gelişmelerin yüreklendirdiği yurttaşların ülkenin dört bir yanında, sokaklara çıkarak verdiği destek Meclis'in 9 Temmuz'da Ulusal Kurucu Meclis adıyla yeniden inşasına yol açtı.

Bu esnada ülkedeki, özellikle de Paris'teki hava giderek radikalleşiyordu. Bunun karşılığında XVI. Louis'nin etrafındaki muhafazakâr çevreler onu reform yanlısı maliye bakanı Necker'i azletmeye ikna ettiler. Bu, sokakların daha da radikalleşmesine neden oldu. Sonuç 14 Temmuz 1789'daki ünlü Bastille Baskını'ydı. Devrim bu noktadan sonra tam anlamıyla başladı. Necker görevine iade edilirken devrimci Marquis de Lafayette Paris'teki Ulusal Muhafızlar'ın başına getirildi.

Bastille Baskını'ndan bile daha dikkat çekici olan 4 Ağustos

1789'da henüz kazandığı özgüvenle yeni bir anayasa kabul eden, hem feodalizmi hem de birinci ve ikinci zümrelerin ayrıcalıklarını kaldıran Ulusal Kurucu Meclis'in dinamikleriydi. Fakat toplumun nasıl bir şekil alması gerektiği konusunda pek çok muhalif görüş olduğu için bu radikalizm Meclis'te hizipleşmeye yol açtı. İlk adım yerel kulüplerin oluşturulmasıydı. Bunların en önemlisi daha sonra devrimin kontrolünü ele geçiren radikal Jakoben Kulübü'ydü. Bu esnada *émigrés* [göçmenler] denilen çok sayıda soylu ülkeyi terk ediyordu. Pek çokları da Meclis'i dağıtması ve ister tek başına ister Kraliçe Marie Antoinette'in anavatanı Avusturya gibi yabancı bir güçten yardım alarak harekete geçmesi için kralı yüreklendiriyordu. Sokaktaki yurttaşların çoğu devrimin geçen iki yılda ulaştığı kazanımların büyük bir tehdit altında olduğunu görmeye başlayınca radikalizm ivme kazandı. Ulusal Kurucu Meclis 29 Eylül 1791'de Fransa'yı herkese eşit haklar tanıyarak feodal yükümlülük ve harçları kaldıran, loncaların dayattığı tüm ticari kısıtlamaları sona erdiren bir anayasal monarşiye dönüştüren anayasanın son halini kabul etti. Fransa hâlâ bir monarşiydi fakat artık kralın çok az bir rolü, hatta aslına bakılırsa özgürlüğü, vardı.

Fakat devrimin dinamikleri Fransa ile Avusturya liderliğindeki "birinci koalisyon" arasında 1792'de patlak veren savaşla geri dönülemeyecek biçimde değişti. Savaş devrimcilerin ve kitlelerin (o zamanlar moda olan tarzda pantolonlar giyecek maddi imkâna sahip olmadıklarından onlara "baldırı çıplaklar" anlamına gelen *sans-culottes* deniyordu) kararlılığını ve radikalizmini artırdı. Bu sürecin ürünü XVI. Louis ve Marie Antoinette'in infazından sonra patlak veren; Robespierre ve Saint-Just liderliğindeki Jakoben grubun idaresindeki Terör Dönemi olarak bilinen evreydi. Terör Dönemi yalnızca çok sayıda aristokrat ve karşıdevrimcinin değil, eski popüler liderlerden Brissot, Danton ve Desmoulins'in de aralarında olduğu devrimin bazı önemli figürlerinin de infaz edilmesine yol açtı.

Fakat Terör Dönemi çok geçmeden kontrolden çıktı ve nihayet Robespierre ve Saint-Just'ün de dahil, kendi liderlerinin infazıyla Temmuz 1794'te sona erdi. Bu dönemi önce 1795 ile 1799 arasındaki çok da başarı gösteremeyen Direktuvar yönetimi ve ardından gücün daha yoğunlaştığı Ducos, Sieyès ve Napoléon Bonaparte'dan oluşan üç kişilik Konsullük'le, nispeten istikrarlı bir evre takip etti. Daha Direktuvar döneminde askeri başarılarıyla üne kavuşan genç General Napoléon Bonaparte'ın nüfuzu 1799'dan sonra daha da arttı.

Konsüllük kısa sürede Napoléon'un kişisel hâkimiyetine geçti. Napoléon önce Kasım 1799'da ilk konsül olarak seçildi, ardından 1804'te devrim takvimindeki tarihe karşılık gelen ünlü 18 Brumaire darbesiyle imparatorluğunu ilan etti. 1799 ile Napoléon hükümdarlığının sona erdiği 1815 arasındaki yıllar Austerlitz, Jena-Auerstadt ve Wagram savaşları gibi kıta Avrupası'nı önünde diz çöktüren bir dizi büyük askeri zafere tanık oldu. Bu zaferler ayrıca Napoléon'un kendi iradesini, reformlarını çok geniş bir bölgede uygulamaya koymasına olanak tanıdı. Fakat devrim pek çok bakımdan dönüp dolaşıp aynı noktaya gelmiş, XVI. Louis'nin monarşisinin yerini Napoléon'un imparatorluğu almıştı. Napoléon'un 1815'teki son yenilgisinin ardından düşüşü de bir kemer sıkma dönemi ve daha kısıtlı siyasal haklar getirecek ve XVIII. Louis idaresinde Fransız monarşisinin restorasyonunu başlatacaktı. Fakat tüm bu olanlar eninde sonunda boy gösterecek olan kapsayıcı siyasal kurumların ortaya çıkışını sadece yavaşlatıyordu. 1789 Devrimi'yle zincirlerinden kurtulan kuvvetler Fransız mutlakıyetçiliğine son verdi ve kaçınılmaz olarak, yavaşça da olsa, kapsayıcı kurumların ortaya çıkmasına yol açtı. Böylece Fransa ve Avrupa'nın devrimci reformların ihraç edildiği bölgeleri, 19. yüzyılda çoktan başlamış sanayileşme sürecindeki yerlerini aldılar.

Devrimin ihracı

1789 Fransız Devrimi'nin arifesinde tüm Avrupa'da Yahudilerin yaşamı üzerinde sert kısıtlamalar söz konusuydu. Örneğin Alman şehri Frankfurt'ta Yahudilerin hayatı Ortaçağ'dan kalma bir yasanın hükümlerine göre tanzim edilmişti. Frankfurt'taki Yahudi ailelerinin sayısı 500'ü geçmiyordu ve hepsi de şehrin duvarlarla bölünmüş küçük bir kısmında, Yahudi gettosu Judengasse'de yaşamak zorundaydı. Geceleri, pazarları ya da hiçbir Hıristiyan bayramında gettoyu terk edemezlerdi. Judengasse akıl almaz ölçüde sıkışık bir yerdi. 400 metre uzunluğunda olmasına karşın genişliği üç buçuk metreden fazla değildi, hatta yer yer üç metrenin altındaydı. Yahudiler sürekli baskı ve denetim altında yaşıyorlardı. Her yıl en fazla iki yeni aile gettoya kabul ediliyor, en fazla 12 Yahudi çifti evlenebiliyordu ve bu ancak ikisi de 25 yaşın üstündeyseler mümkün olabiliyordu. Yahudiler tarla süremiyor ayrıca silah, baharat, şarap ya da tahıl ticareti yapamıyordu. 1726'ya dek belirli işaretler taşımaları gerekiyordu; bunlar erkekler için iki eşmerkezli sarı halka ve kadınlar için çizgili peçeydi. Tüm Yahudiler özel bir kelle vergisi vermekle yükümlüydü.

Fransız Devrimi patlak verdiğinde Frankfurt Judengasse'de Mayer Amschel Rothschild adında genç ve başarılı bir işadamı yaşıyordu. Rothschild 1780'lerin başında Frankfurt'un madeni paralar, değerli madenler ve antikayla uğraşan önde gelen sarraflarından biri haline geldi. Fakat şehirdeki tüm Yahudiler gibi o da gettonun dışında iş kuramıyor, hatta yaşayamıyordu.

Kısa bir süre sonra bu durum tamamen değişti. 1791'de Fransız Ulusal Meclisi Fransız Yahudilerini özgürlüğe kavuşturdu. Fransız orduları şimdi Rhineland'i işgal edip Batı Almanya Yahudilerini de özgürleştiriyordu. Frankfurt'taki etkileri ise daha ani ve belki de biraz kasıtsız olmuştu. 1796'da Fransızlar Frankfurt'u bombaladı ve bu esnada Judengasse'nin yarısını yıktı. Yaklaşık 2 bin Yahudi evsiz kalıp gettonun dışına çıkmaya mecbur oldu. Rothschild ailesi de onların arasındaydı. Bir kez gettonun dışına çıkıp Yahudileri girişimcilikten men eden sayısız düzenlemeden de kurtulunca yeni iş fırsatları yakalama olanağı buldular. Bunlar arasında Avusturya ordusuna tahıl tedarik etmek için yapılan bir anlaşma da vardı ki, bu daha önce yapamayacakları bir şeydi. Rothschild 1790'ların sonunda artık Frankfurt'un en zengin Yahudilerinden biriydi ve çoktan iyi bir iş adamı olup çıkmıştı. Fakat tam özgürlük için 1811'e kadar beklemek gerekecekti; özgürlükler Napoléon'un 1806'da yeniden örgütlediği Almanya'nın Frankfurt Grandükü tayin edilen Karl von Dalberg tarafından yürürlüğe konuldu. Mayer Amschel oğluna "İşte şimdi bir yurttaş oldun" diyecekti.

Bu olaylar, özellikle Napoléon sonrası politik tasfiyeyi belirleyen 1815'teki Viyana Kongresi'ndeki gibi geriye gidişler olsa da Yahudilerin özgürlüğü için verilen mücadele sonlanmadı. Fakat Rothschildler için getto defteri kapanmıştı. Mayer Amschel ve oğulları kısa süre içinde Frankfurt, Londra, Paris, Napoli ve Viyana şubeleriyle 19. yüzyıl Avrupa'sının en büyük bankasının sahibi olmuşlardı.

Bu münferit bir olay değildi. Önce Fransız Devrim Orduları, ardından Napoléon, kıta Avrupası'nın büyük kısmını işgal ettiler ve işgal ettikleri hemen her yerde mevcut kurumlar Ortaçağ'dan, krallardan, prenslerden, soylulardan kalmaydı; hem şehirlerde hem de kırsal bölgelerdeki ticareti kısıtlıyorlardı. Bu bölgelerin pek çoğunda serflik ve feodalizm Fransa'dan bile daha fazla öneme sahipti. Doğu Avrupa'da, Avusturya-Macaristan'ın hem Prusya hem de Macaristan tarafında, serfler toprağa bağlıydı. Batı'da serfliğin bu katı biçimi çoktan yok olmuştu fakat köylülerin feodal lordlara borçlu oldukları çeşitli vergiler ve angaryalar vardı. Örneğin Nassau-Usingen idari bölgesinde köylülerin mesul tutulduğu birbirinden farklı vergi ve hizmetlerin sayısı 230'du. Bunlardan biri bir hayvan kesildikten sonra alınan *blood tithe*'di ayrıca arıdan alınan öşür vergisi ve balmumundan alınan öşür vergisi vardı. Eğer bir mülk alınır ya da satılırsa lorda harç ödenirdi. Şehirlerdeki her türlü ekonomik faaliyeti tanzim eden loncalar buralarda genellikle Fransa'da olduğundan daha kuvvetliydiler. Batı Almanya'daki Köln ve Aachen şehirlerinde iplik eğirme ve dokuma makinelerinin kullanılması loncalar tarafından engellenmişti. İsviçre'de Bern'den İtalya'da Floransa'ya kadar pek çok şehir yalnızca birkaç ailenin kontrolündeydi.

Fransız Devrimi'nin liderleri ve daha sonra Napoléon, devrimi bu ülkelere ihraç ederek mutlakıyetçiliği yıktılar; feodal toprak ilişkilerine son verdiler, loncaları kaldırdılar ve sonraki bölümde daha detaylı olarak ele alacağımız çok önemli bir hukuk kaidesi olan yasa önünde eşitliği getirdiler. Böylelikle Fransız Devrimi yalnızca Fransa'yı değil, Avrupa'nın büyük kısmını kapsayıcı kurumlara ve bunların kamçılayacağı ekonomik büyümeye hazırlamış oldu.

Fransız Devrimi'nin bazı liderleri yasalar önünde eşitlik ilke-

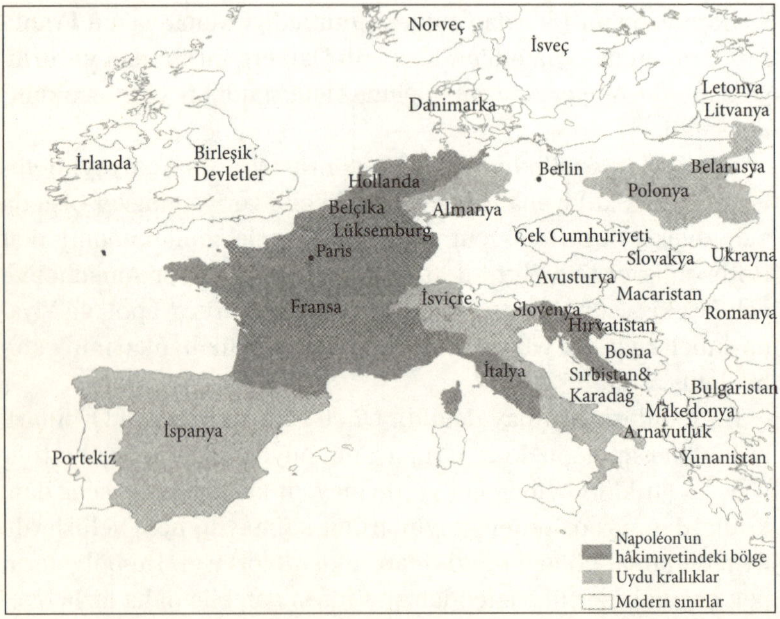

Harita 17: Napoléon imparatorluğu.

sinin tüm Avrupa'ya ihraç edilmesi ve tüm mutlak monarşilerin ve prensliklerin yıkılması gerektiğine inanıyordu. Fakat Fransa 1789'u izleyen yıllarda bir kargaşa içindeydi ve başka ülkelerin siyasal meselelerine aktif olarak karışabilecek durumda değildi. Oysa daha önce gördüğümüz gibi, Fransa'daki gelişmelerden korkan bazı Avrupalı güçler sözde Kral XVI. Louis'yi kurtarmak, fakat aslında Fransız Devrimi'ni bastırmak için, 1792'de Fransa'ya saldırmak üzere Avusturya'nın etrafında bir araya geldiler. Beklentiler devrimin savaş meydanlarına sürdüğü derme çatma orduların çok geçmeden darmadağın olacağı yönündeydi. Fakat başlangıçtaki bazı yenilgilerin ardından, savunmaya dayalı bir savaşta zafer kazan Fransa Cumhuriyeti oldu. Üstesinden gelinmesi gereken ciddi örgütsel sorunlar vardı. Fakat Fransızlar büyük bir yenilikle diğer ülkelerin önündeydi: seferberlik. Ağustos 1793'te başlatılan seferberlik Fransızlara savaş alanında büyük ordular sürmelerine ve daha Napoléon'un ünlü askeri becerileri sahneye çıkmadan önce bile üstünlüğe yaklaşan bir askeri avantaj yakalamalarına olanak tanımıştı.

Başlangıçtaki askeri başarı Cumhuriyet'in liderlerini yeni cumhuriyetle düşman Prusya ve Avusturya monarşileri arasında etkili bir tampon oluşturmak amacıyla Fransa'nın sınırlarını genişletmek için cesaretlendirdi. Fransızlar hemen Avusturya Hollandası ve Birleşik Eyaletler'i; temelde bugünkü Hollanda'yı zapt etti. Fransızlar ayrıca günümüzdeki İsviçre'nin büyük kısmını da ele geçirdi. Fransızlar 1790'larda her üç bölgeyi de kontrol ettiler.

Başlarda Almanya için sıkı bir mücadele yaşandı. Fakat 1795'e gelindiğinde Fransa Almanya'nın batı kısmında, Ren Nehri'nin sol kıyısında uzanan Rhineland'ı kesin kontrolü altına almıştı. Prusyalılar Basel Antlaşması'yla bu gerçeği kabul etmek zorunda kaldılar. Fransızlar 1795 ile 1802 arasında tüm Almanya'da bir tek Rhineland'ı ellerinde tuttular. 1802'de Rhineland resmen Fransa'ya dahil edilmişti.

İtalya 1790'ların ikinci yarısında Avusturya ile Fransa mücadelesinde esas savaş bölgesi olmayı sürdürdü. Savoy 1792'de Fransa tarafından topraklarına katıldı ve Napoléon'un Nisan 1796'daki işgaline dek bir yenişememe durumu hüküm sürdü. Napoléon 1797 başlarındaki ilk büyük kıta seferinde Avusturyalıların ele geçirdiği Venedik dışında neredeyse tüm Kuzey İtalya'yı fethetti. Ekim 1797'de Avusturyalılarla imzalanan Campo Formio Antlaşması Birinci Koalisyon Savaşı'nı sona erdirdi ve Kuzey İtalya'da Fransa kontrolündeki bir grup cumhuriyeti tanıdı. Ne var ki, Fransızlar bu anlaşmadan sonra bile Papalık Devleti'ni işgal edip Mart 1798'de Roma Cumhuriyeti'ni kurarak İtalya üzerindeki hâkimiyetlerini genişlettiler. Aralık 1798'de Piemonte ele geçirildi. Ocak 1799'da Napoli fethedildi ve Partenopea Cumhuriyeti kuruldu. Avusturyalılara kalan Venedik hariç, Fransızlar ister Savoy örneğinde olduğu gibi doğrudan, ister Cisalpine, Ligurya, Roma ve Partenopea cumhuriyetleri gibi uydu devletler aracılığıyla tüm İtalya Yarımadası'nın hâkimiyetini ele geçirmişlerdi.

1798 ile 1801 yılları arasındaki İkinci Koalisyon Savaşı'nda da gidiş gelişler oldu fakat temelde Fransızların hâkimiyetiyle sonuçlandı. Fransız Devrim Orduları fethettikleri ülkelerde mevcut serflik kalıntılarını ve feodal toprak ilişkilerini kaldırıp yasa önünde eşitlik getirerek süratle radikal bir reform süreci yürütmeye başladılar. Ruhban sınıfının özel statüsü ve gücü ellerinden alındı ve kentsel alanlardaki loncalar ya ortadan kaldırıldı ya da en azından güçten düşürüldü. 1795'teki Fransız işgalinin hemen ardından Avusturya Hollandası'nda ve Fransızların kendi ülkelerindekilere çok benzeyen siyasal kurumlarla Batavya Cumhuriyeti'ni kurdukları Birleşik Eyaletler'de böyle oldu. İsviçre'deki durum da buna benziyordu, loncalar hem de feodal toprak sahipleri ve Kilise yenilgiye uğratıldı; feodal ayrıcalıklar kaldırıldı, loncalar yasaklanıp kamulaştırıldı.

Napoléon, Fransız Devrim Orduları'nın başlattığını şu ya da bu biçimde sürdürdü. Napoléon her şeyden önce fethettiği bölgelerde sıkı bir hâkimiyet kurmakla ilgileniyordu. Bu bazen yerel elitle anlaşma yapmayı ya da kendi ailesinden ve yakınlarından birini görevlendirmeyi gerektiriyordu. Fakat Napoléon devrimin reformlarını sürdürmeyi ve yerleştirmeyi de samimiyetle arzuluyordu. En önemlisi Roma hukukunu ve adalet önünde eşitlik ilkesini Napoléon Kanunları olarak bilinen bir hukuk sistemi içinde toplamıştı. Napoléon bu kanunları mirası olarak görüyor ve hâkimiyeti altındaki her bölgede uygulanmasını istiyordu.

Elbette Fransız Devrimi'nin ve Napoléon'un getirdiği reformlar geri dönülmez değildi. Bazı yerlerde, örneğin Almanya'nın Hanover şehrinde, eski elitler Napoléon'un düşüşünün ardında eski konumlarına döndüler ve Fransızların sağladığı kazanımların çoğu sonsuza dek yok oldu. Fakat başka pek çok yerde feodalizm, loncalar ve soylular ya kalıcı bir biçimde yok edilmiş ya da güçten düşürülmüştü. Örneğin, pek çok yerde Fransızlar çekildikten sonra bile Napoléon Kanunları yürürlükte kalmıştı.

Neticede, Fransız orduları Avrupa'da büyük ıstıraba neden olduysa da aynı zamanda mevcut durumu da kökten değiştirdi. Avrupa'nın büyük kısmında feodal ilişkiler; loncalarını gücü; hükümdar ve prenslerin mutlak hâkimiyeti; ruhban sınıfının ekonomik, sosyal ve siyasal güç/iktidar üzerindeki kontrolü ve insanlara doğuştan gelen statülerine göre muamele eden *ancien régime*'in temel yapısı ortadan kalktı. Bu değişiklikler sanayileşmenin bu yerlere kök salmasına olanak tanıyacak türde kapsayıcı ekonomik kurumlar oluşturdu. 19. yüzyılın ortasına gelindiğine, sanayileşme Fransa'nın hâkimiyetindeki hemen her yerde hızlı bir ilerleme gösterirken Avusturya-Macaristan ve Rusya gibi Fransa'nın fethetmediği ya da Polonya ve İspanya gibi Fransızların geçici ve sınırlı bir hâkimiyet kurduğu yerler hâlâ büyük ölçüde durgundu.

Modernliğin peşinde

1867 sonbaharında, feodal Japonya'nın Satsuma Beyliği'nin önde gelen saraylılarından Õkubo Toshimichi, bugünün Tokyo'su başkent Edo'dan Yamaguchi kentine seyahat etti. 14 Ekim'de Chõshū Beyliği'nin liderleriyle görüştü. Basit bir teklifi vardı: Güçlerini birleştirip ordularını Edo'nun üstüne yollayacak ve şogunu, Japonya'nın hükümdarını devireceklerdi. Õkubo Toshimichi o zamana kadar Tosa ve Aki beyliklerinin liderlerini çoktan saflarına katmıştı. Güçlü Chõshū'nun liderleri kabul eder etmez gizli Satcho İttifakı kurulmuş oldu.

1600'den beri Tokugava ailesinin –liderleri 1603'te şogun (kumandan) unvanını almıştı– hâkimiyetindeki Japonya 1868'de ekonomik bakımdan geri kalmış bir ülkeydi. Japon imparatoru devre dışı kalmış ve tamamen törensel bir rol üstlenmişti. Tokugava şogunları, Shimazu ailesinin idaresindeki Satsuma'nın da aralarında bulunduğu, kendi beyliklerini yönetip vergi alan bir feodal lordlar sınıfının hâkim üyeleriydi. Bu lordlar, ünlü samuraylarının yardımıyla katı mesleki kategorileri, ticaret kısıtlamaları ve çiftçilerden alınan yüksek vergilerle Ortaçağ Avrupası'nı andıran bir toplum idare ediyordu. Şogun ülkeyi Edo'dan idare ediyordu; tekeline aldığı dış ticareti buradan kontrol ediyordu ve yabancıların ülkeye girişini yasaklamıştı. Siyasal ve ekonomik kurumlar sömürücüydü ve Japonya fakirdi.

Fakat şogunun hegemonyası eksiksiz değildi. Tokugava ailesinin ülkenin kontrolünü ele geçirdiği 1600'de bile herkese hükmedemiyorlardı. Ülkenin güneyinde Satsuma Beyliği epey özerkti; öyle ki, Ryukyu Adaları üzerinden dış dünyayla bağımsız bir ticaret sürdürmelerine bile izin verilmişti. İşte Õkubo Toshimichi'nin 1830'da doğduğu yer de Satsuma'nın başkenti Kagoshima'ydı. Õkubo Toshimichi bir samurayın oğluydu ve o da samuray olmuştu. Yeteneği ilk başlarda Satsuma lordu Shimazu Nariakira tarafından keşfedilmiş ve onun sayesinde bürokraside hızla yükselmişti. O tarihte Shimazu Nariakira Satsuma birliklerini şogunu devirmek için kullanacağı bir planı çoktan formüle etmişti. Asya ve Avrupa'yla ticareti geliştirmek, eski feodal ekonomik kurumları kaldırmak ve Japonya'da modern bir devlet kurmak istiyordu. Daha gelişme aşamasındaki planı 1858'deki ölümüyle yarım kaldı. Halefi Shimazu Hisamitsu ise daha ihtiyatlıydı; en azından ilk başlarda.

Õkubo Toshimichi Japonya'da feodal şogunluğun devrilmesi gerektiğine giderek daha fazla inandı ve en sonunda Shimazu Hisamitsu'yu da ikna etti. Gerekli desteği sağlamak için imparatorun devre dışı bırakılmasına duyulan öfkeyi paravan olarak kullandılar. Õkubo Toshimichi'nin Tosa Beyliği'yle birlikte imzaladığı antlaşmada, "Bir ülkede iki hükümdar olmaz, bir evin iki efendisi olmaz, devlet tek yöneticiye intikal eder" denmekteydi. Fakat asıl niyet sırf imparatoru eski gücüne kavuşturmak değil, siyasal ve ekonomik kurumları tamamen değiştirmekti. Tosa cephesinde antlaşmaya imza koyanlardan biri Sakamoto Ryūma'ydı. Satsuma ve Chōshū ordularını harekete geçirirken Sakamoto Ryūma da şoguna iç savaş çıkmasın diye çekilmesi için baskı yapan sekiz maddelik bir plan sundu. Plan gayet radikaldi ve birinci madde ülkedeki siyasal iktidarın devrini içeriyordu. İkinci, üçüncü, dördüncü ve beşinci maddelerde şöyle deniyordu:

2. İki yasama organı, bir üst meclis ve bir alt meclis kurulacak ve tüm hükümet kararları genel kanı esas alınarak karara bağlanacaktır.
3. Lordlar, soylular ve halkın geneli arasından seçilecek kabiliyetli insanlar konsil üyesi olarak atanacak ve miadını dolduran eskiden kalma geleneksel makamlar kaldırılacaktır.
4. Dış ilişkiler genel kanı esas alınarak hazırlanmış uygun düzenlemelere göre yürütülecektir.
5. Daha önceki mevzuat ve düzenlemeler feshedilip yeni ve uygun bir yasa seçilecektir.

Şogun Yoshinobu istifa etmeyi kabul etti ve 3 Ocak 1868'de Meici Restorasyonu ilan edildi. İmparator Kõmei ve bir ay sonra oğlu Meici iktidara geldiler. Satsuma ve Chõshū kuvvetleri Edo'yu ve imparatorluk başkenti Kyõto'yu işgal etseler de Tokugavaların yeniden iktidara gelip şogunluğu kurmaya teşebbüs edeceklerinden korkuyorlardı. Õkubo Toshimichi Tokugavaların tamamen yok edilmesini istiyordu. Tokugava Beyliği'ni ilga edip topraklarına el koyması için imparatoru ikna etmişti. 27 Ocak'ta eski şogun Yoshinobu'nun Satsuma ve Chõshū kuvvetlerine hücum etmesiyle başlayan iç savaş, sonunda Tokugavaların bozguna uğratıldığı yaza kadar tüm şiddetiyle sürdü.

Japonya'da Meici Restorasyonu'nu dönüştürücü bir kurumsal reformlar süreci izledi. 1869'da feodalizm kaldırıldı ve 300 fief devlete intikal ederek atanmış bir valinin idaresindeki vilayetlere dönüştürüldü. Vergilendirme merkezileştirildi ve eski feodal düzenin yerini modern bir bürokratik devlet aldı. 1869'da tüm sosyal sınıfların adalet önünde eşitliği kabul edildi, iç göç ve ticaret üzerindeki sınırlamalar kaldırıldı. Samuray sınıfı kaldırıldı; tabii bu bazı isyanların bastırılmasıyla mümkün oldu. Özel toprak mülkiyeti hakkı tanındı ve kişilere her türlü ticarete girme serbestisi getirildi. Devlet yoğun biçimde altyapı faaliyetlerine koyuldu. Mutlakıyetçi rejimlerin demiryollarına yaklaşımının aksine, Japon rejimi 1869'da Tokyo ve Osaka arasına buharlı gemi hattı kurdu ve Tokyo ile Yokohama arasında ilk demiryolunu inşa etti. Bunlara ilaveten bir imalat sanayii tesis etti ve maliye bakanı Õkubo Toshimichi uyumlu bir sanayi hamlesinin başlangıcına nezaret etti. Çömlek, top ve pamuk ipliği fabrikaları inşa eden ve İngiltere'den tekstil makineleri ithal ederek 1861'de Japonya'da ilk modern iplikhanesini kuran Satsuma Beyliği'nin lordu, bu faaliyetlerin öncülerinden biriydi. Ayrıca iki modern tersane inşa etmişti. 1890'a gelindiğinde Japonya yazılı bir anayasası olan ilk Asya ülkesiydi ve seçilmiş bir parlamento olan *diet*'i ve bağımsız bir yargı sistemi olan anayasal bir monarşi kurmuştu. Bu değişiklikler Japonya'nın Asya'da Sanayi Devrimi'nden en çok istifade eden ülke haline gelmesinde son derece belirleyici rol oynadı.

19. yüzyıl ortalarında hem Çin hem de Japonya, mutlakıyetçi rejimlerin idaresinde zayıf düşmüş yoksul ülkelerdi. Çin'deki rejim yüzyıllar boyunca değişime şüpheyle yaklaşmıştı. Çin ve Japonya arasında pek çok benzerlik olsa da –daha önce Çin imparatorlarının yaptığı gibi Tokugava şogunluğu da 17. yüzyılda de-

nizaşırı ticareti yasaklamıştı, ayrıca hem ekonomik hem de siyasal değişime karşıydı– belirgin siyasal farklılıklar da vardı. Çin mutlak güce sahip bir imparator tarafından yönetilen merkezi bir bürokratik imparatorluktu. Kuşkusuz imparatorun iktidarı bazı tehditlerle karşı karşıya kalıyordu, bunların en önemlisi isyan tehlikesiydi. 1850 ile 1864 yılları arasında milyonlarca insanın çatışmalar ya da kitlesel açlık nedeniyle hayatını kaybettiği Taiping İsyanı, tüm güney Çin'i harabeye çevirdi. Fakat imparatora yönelik muhalefet kurumsallaşmadı.

Oysa Japon siyasal kurumlarının yapısı farklıydı. Şogunluk imparatoru devre dışı bırakmıştı fakat daha önce gördüğümüz gibi Tokugava iktidarı mutlakıyetçi değildi; Satsuma Beyliği gibi beylikler bağımsızlıklarını sürdürmüşlerdi, hatta kendi başlarına dış ticaret bile yapabiliyorlardı.

Fransa için olduğu gibi Çin ve Japonya için de İngiliz Sanayi Devrimi'nin önemli sonuçlarından biri, askeri bakımdan saldırıya açık hale gelmeleriydi. 1839-1842 yılları arasındaki Birinci Afyon Savaşı'nda İngiliz deniz gücü Çin'i küçük düşürmüş ve Birleşik Devletler'in Komodor Matthew Perry komutasındaki savaş gemileri 1853'de Edo Körfezi'ne girdiğinde Japonlar da aynı tehditle karşı karşıya kalmıştı. Ekonomik geri kalmışlığın askeri geri kalmışlığa yol açtığı gerçeği Shimazu Nariakira'nın şogunluğu devirip Meici Restorasyonu'yla sonuçlanacak değişiklikleri harekete geçirme planının arkasındaki itici gücün bir paçasıydı. Satsuma Beyliği'nin liderleri ekonomik büyümenin –hatta belki de Japonya'nın bekasının– ancak kurumsal reformlarla sağlanabileceğini kavramışlardı fakat şogun buna karşı çıkıyordu çünkü iktidarı mevcut kurumlara bağlıydı. Reformların uygulanabilmesi için şogunun devrilmesi gerekiyordu ve öyle de oldu. Çin'deki durum da buna benziyordu fakat başlangıçtaki farklı siyasal kurumlar imparatoru devirmeyi daha zor hale getirdiğinden böyle bir şey ancak 1911'de gerçekleşebildi. Çinliler kurumlarda reforma gitmek yerine İngiliz ordusuyla modern silahlar ithal ederek boy ölçüşmeye çalıştı. Japonlarsa kendi askeri sanayilerini kurdular.

Başlangıçtaki bu farklılıklar nedeniyle iki ülkenin 19. yüzyılın zorluklarına farklı biçimde karşılık vermesiyle Japonya ve Çin, Sanayi Devrimi'nin yarattığı kritik dönemeç karşısında birbirlerinden çarpıcı biçimde uzaklaştılar. Japon kurumları dönüşüm geçirip ekonomi hızlı bir büyüme rotasına girdi; Çin'de ise kurumsal değişimin itici güçleri yeterince güçlü değildi ve sömürücü kurumlar Mao'nun 1949'daki komünist devrimiyle daha da kötü bir hal alana dek neredeyse hiç hız kesmeden iş başında kaldı.

Dünya eşitsizliğinin kaynağı

Bu ve bundan önceki üç bölümde İngiltere'de Sanayi Devrimi'ni mümkün kılan kapsayıcı ekonomik ve siyasal kurumların nasıl ortaya çıktığı ve neden belirli ülkeler Sanayi Devrimi'nden yararlanıp büyüme rotasına girerken diğerlerinde bunun gerçekleşmediği ya da, aslına bakılırsa, sanayileşmenin başlamasına dahi azimle karşı çıktıkları anlatıldı. Bir ülkenin sanayileşmeyi benimseyip benimsememesi büyük ölçüde kurumlarına bağlıydı. İngiliz Görkemli Devrimi'ne benzer bir dönüşüm geçiren Birleşik Devletler 18. yüzyılın sonuna kadar çoktan kendi kapsayıcı siyasal ve ekonomik kurumlarını geliştirmişti. Böylelikle Britanya Adaları'ndan gelen yeni teknolojilerden yararlanan ilk ülke oldular ve kısa zamanda Britanya'yı geride bırakarak sanayileşmenin ve teknolojik değişimin öncülüğünü üstlendiler. Biraz daha geç başlayıp biraz daha az önemsenmesine karşın Avustralya da kapsayıcı kurumlar için benzer bir rota izledi. Tıpkı Birleşik Devletler'de ve İngiltere'de olduğu gibi yurttaşlarının kapsayıcı kurumlara sahip olabilmek için mücadele etmeleri gerekti. Bu kurumlar tesis edildiğinde Avustralya da kendi ekonomik büyüme sürecini başlattı. Avustralya ve Birleşik Devletler sanayileşip hızla büyüyebildiler; çünkü nispeten kapsayıcı kurumları yeni teknolojiler, yenilik ya da yaratıcı yıkım için engel oluşturmadı.

Oysa diğer Avrupa sömürgelerinde böyle olmadı. Onların dinamikleri Avustralya ve Birleşik Devletler'deki dinamiklerin tam tersiydi. Her ne kadar yurttaşları siyasal haklar ve kapsayıcı kurumlar için büyük bir mücadele vermek zorunda kalmış olsa da, yerli nüfusun ya da sömürülecek kaynakların yokluğu Avustralya ve Birleşik Devletler'deki koloniciliği çok farklılaştırdı. Avrupalıların Asya, Karayipler ve Güney Amerika'da sömürgeleştirdiği diğer pek çok yer gibi Maluku Adaları'ndaki yurttaşların böyle bir mücadeleyi kazanmak için çok az şansları vardı. Avrupalı sömürgeciler bu bölgelerde baharat ve şekerden altın ve gümüşe kadar değişen değerli kaynakları sömürmek için ya yepyeni sömürücü kurumlar dayattılar ya da hangi sömürücü kurumları buldularsa kendilerine mal ettiler. Bu bölgelerin pek çoğunda kapsayıcı kurumların ortaya çıkma ihtimalini son derece düşüren bir dizi kurumsal değişimi harekete geçirdiler. Bazılarında gelişmekte olan tüm sanayileri ya da mevcut ekonomik kurumları doğrudan yok ettiler. Bu bölgelerin çoğu 18. yüzyılda, hatta 20. yüzyılda bile sanayileşmeden yararlanacak durumda değildi.

Avrupa'nın geri kalanındaki dinamikler de Avusturya ve Birleşik Devletler'inkilerden gayet farklıydı. 18. yüzyılın sonunda Britanya'da Sanayi Devrimi hızını artırırken çoğu Avrupa ülkesi hükümdarların ve temel geliri kaynağı sahip oldukları topraklar ya da yasaklayıcı giriş engelleri sayesinde yararlandıkları ticari ayrıcalıklar olan aristokrasilerin kontrolündeki mutlakıyetçi rejimler tarafından yönetiliyordu. Fakat sanayileşme sürecinin ortaya çıkaracağı yaratıcı yıkım liderlerin ticaretten elde ettiği kârı azaltarak, kaynakları ve iş gücünü topraklarından uzaklaştıracaktı. Aristokrasiler sanayileşmenin ekonomik kaybedenleri haline gelecekti. Daha da önemlisi, sanayileşme süreci hiç şüphesiz istikrarsızlık yaratıp siyasal iktidar tekellerine yönelik meydan okumalara yol açacağından siyasal kaybedenlere de dönüşeceklerdi.

Fakat Britanya'daki kurumsal dönüşümler ve Sanayi Devrimi Avrupa devletleri için yeni fırsatlar ve yeni zorluklar yarattı. Batı Avrupa'da mutlakıyetçilik hüküm sürse de bölge geçen bin yılda Britanya'yı etkileyen kurumsal sürüklenmeden büyük ölçüde nasibini aldı. Fakat Doğu Avrupa'da, Osmanlı İmparatorluğu'nda ve Çin'de durum gayet farklıydı. Bu farklılıklar sanayileşmenin yaygınlaşması bakımından önem taşıyordu. Tıpkı Kara Ölüm ya da Atlantik ticareti gibi bu kritik dönemeç de kurumlar üzerine cereyan eden ve değişime karşı çıkanları zayıflatıp destekleyenleri güçlendiren kadim mücadeleyi yoğunlaştırdı. 1789 Fransız Devrimi temel etkendi. Fransa'da mutlakıyetçiliğin sona ermesi kapsayıcı kurumların önünü açtı ve Fransızlar en sonunda sanayileşmeye ve hızlı ekonomik büyümeye kavuştular. Aslında Fransız Devrimi bundan fazlasını yaptı. Bazı komşu ülkeleri işgal edip buradaki sömürücü kurumları zorla reforma tabi tutarak kendi kurumlarını ihraç etti. Böylece yalnızca Fransa'da değil Belçika'da, Hollanda'da, İsviçre'de ve Almanya'yla İtalya'nın bazı kesimlerinde sanayileşmenin önünü açtı. Daha doğuda Kara Ölüm'den sonraki reaksiyon da buna benziyordu; feodalizm dağılacağına yoğunlaşmıştı. Avusturya-Macaristan, Rusya ve Osmanlı İmparatorluğu ekonomik bakımdan daha da geri kaldılar fakat mutlakıyetçi monarşileri Birinci Dünya Savaşı'na kadar yerlerinde kalmayı başardı.

Mutlakıyetçilik dünyanın başka yerlerinde de Doğu Avrupa'da olduğu kadar dirençliydi. Bu Ming-Qing dönüşümünün kendini uluslararası ticarete ve piyasa ekonomisine karşı, istikrarlı bir tarım toplumu inşa etmeye adamaya yönlendirdiği Çin için bilhassa geçerliydi. Fakat Asya'da önemli kurumsal farklılıklar da söz konusuydu. Çin Sanayi Devrimi'ne Doğu Avrupa gibi reaksiyon gösterdiyse Japonya da Batı Avrupa gibi gösterdi. Tıpkı Fransa'da olduğu gibi, sistemi değiştiren bir devrim oldu; bu seferki devrim Satsuma, Chōshū, Tosa ve Aki beyliklerinin asi lordlarının liderliğinde gerçekleşmişti. Bu lordlar şogunu devirdi, Meici Restorasyonu'nu gerçekleştirdi ve Japonya'yı kurumsal reformlar ve ekonomik büyüme rotasına soktu.

Ayrıca mutlakıyetçiliğin dış dünyadan soyutlanan Etiyopya'da da direnç gösterdiğini gördük. Kıtanın başka yerlerinde, İngiliz kurumlarının dönüşümüne yardımcı olan uluslararası ticaret gücü, Batı ve Orta Afrika'nın büyük bölümünü köle ticareti vasıtasıyla son derece sömürücü kurumlara mahkûm etti. Bu kimi bölgelerdeki toplumları yok ederken kimi bölgelerde de sömürücü köleci devletlerin ortaya çıkmasına yol açtı.

İzah ettiğimiz kurumsal dinamikler nihai olarak hangi ülkelerin 18. yüzyılın sunduğu önemli fırsatlardan yararlandığını ve hangilerinin bunu başaramadığını belirledi. Bugün gözlemlediğimiz dünya eşitsizliğinin kaynağı bu ayrışmada bulunabilir. Birkaç istisna dışında günümüzün zengin ülkeleri 19. yüzyılda başlayan sanayileşme sürecini ve teknolojik değişimi benimseyenlerdir; fakir olanlar da benimsemeyenler.

11

Verimli döngü

The Black Act

Londra'nın hemen batısındaki Windsor Şatosu, İngiltere'nin en muazzam kraliyet konutlarından biridir. Saray 18. yüzyılın başlarında geyiklerle dolu büyük bir ormanla çevriliydi; bugünse artık çok az geyik var. 1722'de, orman bekçilerinden Baptist Nunn kendini şiddetli bir çatışmanın içinde bulmuştu. 27 Haziran'da şöyle yazıyordu:

> Gece Karalar geldi, bana üç kez ateş edip odamın penceresine iki kurşun sıktılar; ben de ayın otuzunda Crowthorne'da onlara 5 guinea vermeye razı oldum.

Nunn'ın günlüğünde başka bir yerde şöyle deniyor: "Yeni bir sürpriz. Yüzünü gizlemiş biri, bir tehdit mesajıyla çıkageldi."

Bu tehditler savuran, Nunn'a ateş edip para talep eden esrarengiz "Karalar" kimdi? Karalar, yörede yaşayan ve gece eşkallerini gizlemek için yüzlerini "karartan" adamlardan oluşan gruplardı. O dönemde İngiltere'nin güneyinde yaygındılar; geyikleri ve diğer hayvanları öldürüyor ya da yaralıyor; kuru ot yığınlarını ve ahırları yakıyor; çitleri ve balık yetiştirme havuzlarını yıkıyorlardı. Görünüşte düpedüz kanunsuzluktu bu; fakat işin aslı başkaydı. Krala ya da aristokrasinin başka üyelerine ait topraklarda geyiklerin yasadışı yollardan avlanması uzun zamandır devam ediyordu. 1640'larda, İç Savaş sırasında, Windsor Sarayı'nın tüm geyik nüfusu yok edilmişti. 1660'taki Restorasyon'dan sonra, II. Charles tahta geçtiğinde, geyik parkı yeniden dolduruldu. Fakat Karalar yalnızca karınlarını doyurmak için kaçak geyik avcılığı yapmıyorlardı, acımasızca yıkıp yok etmeye girişmişlerdi. Peki, amaçları neydi?

1688 Görkemli Devrimi'nin hayati önemdeki temel ilkesi parlamentoda temsil edilen çıkarların çoğulcu doğasıydı. Ne tüccarlar, ne sanayiciler, ne eşraf ve ne de ilkin III. William'la, daha sonra 1707'de Kraliçe Anne'in yerini alan Hanover Hanedanı hükümdarlarıyla ittifak içindeki aristokrasi, isteklerini tek taraflı olarak dayatabilecek güçteydi.

Stuart monarşisini restore etme girişimleri 18. yüzyılın büyük bölümünde devam etti. II. James 1701'de ölünce *The Old Pretender* lakaplı oğlu James Francis Edward Stuart Fransa, İspanya, Papa ve İngiltere ve İskoçya'daki Jacobusçular olarak bilinen Stuart monarşisi yanlıları tarafından İngiltere tahtının yasal vârisi olarak tanındı. *The Old Pretender* 1708'de Fransız askerlerinin desteğiyle tacı geri alma girişiminde bulundu fakat başarılı olamadı. Bunu izleyen birkaç on yılda en büyükleri 1715 ve 1719'da meydana gelen başka Jacobusçu isyanlar da oldu. 1745-46'da *The Old Pretender*'ın oğlu *The Young Pretender* Charles Edward Stuart tacı geri almayı denedi fakat emrindeki kuvvetler İngiliz ordusu tarafından yenilgiye uğratıldı.

Daha önce gördüğümüz gibi 1670'lerde yeni ticari ve ekonomik çıkarları temsil etmek amacıyla kurulan Whig siyasal partisi Görkemli Devrim'in ardındaki asıl organizasyondu ve 1714'ten 1760'a kadar parlamentoda üstünlük sağlamıştı. İktidara gelir gelmez elde ettikleri yeni konumu diğerlerinin haklarını gasp etmek için kullanmaya meylettiler; ne yardan geçiyorlardı ne de serden. Stuart krallarından farkları yoktu; fakat mutlak bir güce sahip olmaktan çok uzaklardı. Hem parlamentodaki rakip grupların, özellikle de Whiglere muhalefet etmek için kurulan Tory Partisi'nin, hem de parlamentoyu güçlendirmek ve yeni bir mutlakıyetçiliğin ortaya çıkmasını ve Stuartların geri gelmesini engellemek amacıyla kurulmaları için bizzat mücadele verdikleri kurumların denetimindeydiler. Görkemli Devrim'le ortaya çıkan toplumun çoğulcu doğası aynı zamanda geniş halk kitlelerinin, hatta parlamentoda resmen temsil edilmeyenlerin dahi yetkilendirilmesi anlamını taşıyordu ve "karartma" kesin olarak avam kesimin Whiglerin mevkilerini suiistimal ettikleri algısına verdiği bir tepkiydi.

1701 ile 1714 yılları arasında cereyan eden İspanya Veraset Savaşı'nda ve Jacobusçu isyanların bastırılmasında başarı gösteren bir general olan William Cadogan vakası, karatmanın nedeninin Whiglerin avam kesimin haklarına tecavüz etmesi olduğunu ortaya koymaktadır. I. George Cadogan'ı 1716'da baron, ardından 1718'de kont yapmıştı. Ayrıca devletin önemli meselelerini ele alan Regency Council of Lords Justices'in etkili bir üyesiydi ve başkomutan vekili olarak hizmet etmişti. Windsor'un 32 kilometre kadar batısındaki Caversham'da yaklaşık bin akrelik büyük bir arazi satın almıştı. Burada büyük bir ev ve gösterişli bahçeler inşa etmiş ve 240 akrelik bir geyik parkı düzenlemişti. Fakat bu mülk malikânenin yakınlarında yaşayanların haklarına tecavüz edilerek oluşturulmuştu. Halk tahliye edilmiş ve hayvanlarını otlatma, turba ve yakacak odun toplama gibi geleneksel hakları yürürlükten kaldırılmıştı. Cadogan, Karalar'ın gazabına uğradı. 1 Ocak 1722'de ve sonra temmuzda, atlı ve silahlı Karalar tarafından parka baskın düzenlendi. İlk saldırıda 16 geyik telef edildi. Earl Cadogan yalnız değildi. Başka pek çok önemli arazi sahibi ve siyasetçinin malikâneleri de Karalar'ın baskınına uğradı.

Whig hükümeti bunu sineye çekecek değildi. Mayıs 1723'te parlamento asılarak cezalandırılacak özel 50 yeni cürüm ihdas eden Black Act'i onayladı. Black Act yalnızca silah taşımayı değil, yüz gizlemeyi de suç haline getirdi. Whig elitleri yasayı uygulamaya koymak için zevkle kolları sıvadı. Baptist Nunn Karalar'ın kimliklerini tespit etmek için Windsor Ormanı'nda bir muhbirler ağı kurdu. Kısa süre içinde birkaçı tutuklandı. Tutuklamadan asmaya geçiş basit bir meseleydi. Ne de olsa Black Act çıkmıştı, Whigler parlamentoya, parlamento ülkeye hâkimdi ve Karalar bazı güçlü Whiglerin çıkarlarının tam tersine hareket ediyorlardı. Devlet bakanı –o zamanın başbakanı ve Cadogan gibi Regency Council of the Lords Justices'in bir diğer etkili üyesi– olan Sir Robert Walpole bile işin içindeydi. I. Charles'ın umumi arazide kurduğu, Londra'nın güneybatısındaki Richmond Park'ta o da hak sahibiydi. Bu parkla yerli halkın hayvanlarını otlatma, tavşan avlama ve yakacak odun toplama hakları da gasp edilmişti. Fakat bu hakların sona erdirilmesi gevşek bir biçimde tatbik edilmiş gibi görünüyor; hayvan otlatma ve avlanma devam etmişti, ta ki Walpole oğlunun park korucusu olmasını sağlayıncaya dek. O zaman park kapatıldı, yeni bir duvar inşa edildi ve insanlar için tuzaklar yerleştirildi. Walpole geyik avlamayı seviyordu ve Houghton'da, parkın içinde, kendisi için yapılmış bir av köşkü vardı. Çok geçmeden bölgedeki Karalar'ın garezi alevlenecekti.

10 Kasım 1724'te parkın dışında yaşayan yöre sakinlerden John Huntridge geyik hırsızlarına yardımla ve malum Karalar'ı azmettirmekle suçlandı; her iki suçun cezası da asılarak idam edilmekti. Huntridge'le ilgili adli takibat en tepeden, Walpole ve Cadogan'ın hâkimiyetindeki Regency Council of Lords Justices

tarafından başlatıldı. Walpole Huntridge'in suçlu gösteren kanıtları Richard Blackburn adında bir muhbirden bizzat temin edecek kadar ileri gitti. Verilen hükmün beklenen bir sonuç olması gerekirdi; fakat değildi. Sekiz on saatlik bir duruşmanın ardından jüri kanıtların toplanma şeklindeki usulsüzlükler nedeniyle Huntridge'i suçsuz buldu.

Karalar'ın ya da onlara sempati duyanların hepsi Huntridge kadar şanslı değildiler. Başka suçsuz bulunan ya da cezaları hafifletilenler olsa da, pek çoğu asıldı ya da o zamanın tercih edilen sürgün kolonisine, Kuzey Amerika'ya nakledildi; yasa ise 1824'te yürürlükten kaldırılıncaya dek kanun kitaplarındaki yerini korudu. Yine de Huntridge'in zaferi dikkate değer niteliktedir. Jüri Huntridge'in emsallerinden değil Walpole'a sempati duyması beklenecek büyük toprak sahiplerinden ve eşraftan oluşuyordu. Fakat artık Yıldız Mahkemesi'nin[20] düpedüz Stuart hükümdarlarının isteklerini yerine getirdiği, muhaliflerinin üstünde baskı kurmak için bir araç vazifesi gördüğü ve kralların kararlarını beğenmedikleri hâkimleri görevden alabildiği 17. yüzyılda değillerdi. Artık Whigler de kanunların keyfi olarak ya da ayrım gözeterek uygulanamayacağını ve kimsenin kanundan üstün olamayacağını buyuran hukukun üstünlüğü ilkesine göre hareket etmek zorundaydı.

Black Act etrafında gelişen olaylar, Görkemli Devrim'in hukukun üstünlüğü ilkesini yarattığını, bu nosyonun İngiltere ve Britanya'da daha kuvvetli olduğunu ve elitlere hayal edebileceklerinden bile daha fazla kısıtlama getirdiğini göstermektedir. En önemlisi, hukukun üstünlüğünün sadece yasaya göre yönetilmek anlamına gelmemesiydi. Whigler avam kesimin yarattığı engellerin üstesinden gelmek için sert, baskıcı bir kanun çıkarmayı başardıklarında bile hukukun üstünlüğü nedeniyle başka kısıtlamalarla başa çıkmak zorunda kaldılar. Çıkardıkları yasa, kralların "kutsal" haklarını ve elitlerin ayrıcalıklarını yerle bir eden Görkemli Devrim'in ve onu takip eden siyasal kurumlardaki değişimin insanlara tanıdıkları hakları çiğniyordu. Bu durumda hukukun üstünlüğü hem elitlerin hem de elit olmayanların bu ilkenin uygulanmasına aynı şekilde direneceği anlamına geliyordu.

Hukukun üstünlüğü, tarihsel bir perspektifle ele aldığınızda gayet tuhaf bir kavramdır. Neden yasalar herkese eşit muamele etsin? Kral ve aristokrasi siyasal iktidara sahipse ve diğerleri de-

20. Star Chamber/ Yıldız Salonu: 15. yüzyılda kurulan ve özellikle ceza yargılamalarına bakan mahkeme. Yargılamaların Westminster'daki Yıldız Salonu'nda yapılması nedeniyle bu adı almıştır. (ç.n.)

ğilse, kral ve aristokrasi için mubah olan her şeyin diğerleri için yasak ve cezaya tabi olması son derece doğaldır. Gerçekten de, mutlakıyetçi siyasal kurumların olduğu koşullarda hukukun üstünlüğü tasavvur edilemez. Hukukun üstünlüğü çoğulcu siyasal kurumların ve çoğulculuğu destekleyen geniş tabanlı koalisyonların ürünüdür. Herkesin eşit muamele görmesi fikri yalnızca bireylerin ve grupların çoğu, alınan kararlarda ve siyasal iktidarda söz sahibi olduğunda bir anlam taşımaya başlayabilir. 18. yüzyıl başlarında Britanya yeterli çoğulculuğa ulaşmaya başlamıştı ve Whig elitleri hukukun üstünlüğü ilkesiyle yüceltilen yasaların ve kurumların kendilerini de kısıtladığını keşfedeceklerdi.

Peki ama neden Whigler ve parlamenterler bu kısıtlamalara riayet ediyorlardı? Neden parlamento ve devlet üzerindeki güçlerini kullanıp taviz vermeden Black Act'i uygulamaya zorlamadılar ve bu yönde kararlar almadıklarında mahkemeleri alaşağı etmediler? Bu sorunun cevabı, Görkemli Devrim'in doğası (neden sadece eski mutlakıyet rejimini yenisiyle değiştirmediği), çoğulculuk ile hukukun üstünlüğü arasındaki bağlantı ve verimli döngülerin dinamikleri hakkında çok şey ortaya koyuyor. 7. bölümde gördüğümüz gibi, Görkemli Devrim sadece bir elitin diğerini devirmesi değildi; eşraf, tüccarlar ve imalatçıların oluşturduğu geniş koalisyonla Whig ve Tory gruplaşmalarının mutlakıyetçiliğe karşı düzenlediği bir devrimdi. Çoğulcu siyasal kurumların ortaya çıkışı bu devrimin ürünüydü. Hukukun üstünlüğü de bu sürecin bir yan ürünü olarak ortaya çıktı. İktidarı paylaşan çok sayıda taraf varken bu taraflardan birinin aşırı güce ulaşıp en sonunda çoğulculuğun temellerine zarar vermemesi için tümüne uygulanan yasa ve kısıtlamaların olması doğaldı. Nitekim, idareciler üzerinde sınırlandırmalar ve kısıtlamalar olması nosyonu; yani hukukun üstünlüğünün özü, Stuart mutlakıyetçiliğine karşı çıkan geniş tabanlı koalisyonun meydana getirdiği çoğulculuk anlayışının bir parçasıydı.

Bu bilgiler ışığında, hukukun üstünlüğü ilkesinin, hükümdarların kutsal haklara sahip olmadığı fikriyle birlikte, Stuart mutlakıyetçiliğine karşı gerçekten de önemli bir argüman olması şaşırtıcı olmamalıdır. İngiliz tarihçi E. P. Thompson'ın belirttiği gibi, Stuart hükümdarlarına karşı mücadelede,

> kendisi de hukukun üstünlüğü ilkesine tabi olan ve meşruiyeti bu yasal yapıların eşitliğine ve evrenselliğine dayanan bir egemen sınıf imajının oluşturulması için büyük çabalar sarf edildi [...] Ve hükümdarlar, ciddi manada, bilerek ya da bilmeyerek, kendi söylemlerinin

mahkûmuydular; kendilerine uygun kurallarla iktidar oyunları oynadılar fakat bu kuralları çiğneyemiyorlardı yoksa tüm oyun boşa giderdi.

Oyunun boşa gitmesi sistemi istikrarsız hale getirir, geniş tabanlı koalisyonlar alt gruplar yaratır, mutlakıyetçiliğin önü açılır ve hatta Stuartların geri gelmesi riski doğardı. Thompson'un sözleriyle, parlamentoyu yeni bir mutlakıyet kurmaktan alıkoyan şey şuydu,

Hukuku ortadan kaldırırlarsa kraliyet ayrıcalıkları [...] yeniden mülklerini ve hayatlarını tehdit edebilirdi.

Dahası,

Onların [tahtla mücadele halindeki aristokratlar, tüccarlar vs.] kendilerini savunmak için seçtikleri araç, doğası gereği yalnızca kendi sınıflarının kullanımına tahsis edilemezdi. Hukuk, her kesimden ve mevkiden insana yayılması gereken [...] eşitlik ve evrensellik ilkeleri gerektirir.

Bir kez yerine oturtulduğunda, hukukun üstünlüğü ilkesi yalnızca mutlakıyetçiliği uzaklaştırmakla kalmadı, aynı zamanda bir verimli döngü tipi de yarattı: Yasalar herkese eşit olarak uygulanacaksa o zaman hiçbir birey ya da grup, Cadogan ya da Walpole bile, hukukun üstüne çıkamazdı ve özel mülkiyete tecavüzle suçlanan avam kesimin hâlâ adil bir şekilde yargılanmaya hakkı vardı.

Kapsayıcı ekonomik ve siyasal kurumların nasıl ortaya çıktığını gördük. Fakat neden zamanla kalıcı hale geldiler? Black Act'in tarihi ve uygulanmasındaki sınırlamalar bir verimli döngüyü, yani bu kurumları temellerine zarar verecek girişimler karşısında koruyan ve aslında kapsayıcılığın daha da artmasına yol açan kuvvetlerin harekete geçmesini sağlayan güçlü bir pozitif etkileşim sürecini ortaya koyar. Verimli döngülerin mantığı, kısmen kapsayıcı kurumların yetki kullanımına yönelik kısıtlamalara ve siyasal iktidarın toplum içindeki çoğulcu dağıtımına dayandığı gerçeğinden kaynaklanır. Bir alt grubun iradesini hiçbir kısıtlama olmadan diğerlerine dayatmaya gücünün yetmesi –bunlar Huntridge gibi sıradan yurttaşlar olsa bile– bu dengeyi tehlikeye sokardı. Bu denge köylüler umumi arazilerine tecavüz eden elitleri protesto ederken geçici olarak askıya alınırsa gelecekte tekrar askıya alınmayacağını ne garanti edebilirdi? Ve gelecek sefer askıya alındığında hükümdarın ve aristokrasinin geçen yarım yüzyılda tüccarların, işadamlarının ve eşrafın elde ettiği kazanımları geri almalarına kim mâni olacaktı? Aslına bakılırsa bir sonraki askıya alınışında dar bir çevrenin çıkarları, geniş tabanlı koalisyonun çıkarlarının önüne geçeceğinden muhtemelen tüm o çoğulculuk projesi darmadağın olacaktı. Siyasal sistem bu riske girmedi. Fakat bu, çoğulculuğu ve onun gerektirdiği hukukun üstünlüğünü İngiliz siyasal kurumlarının kalıcı özellikleri haline getirdi. Ve ileride göreceğimiz gibi, çoğulculuk ve hukukun üstünlüğü bir kez yerleştiğinde daha fazla çoğulculuk ve siyasal sürece daha fazla katılım için talep olacaktı.

Verimli döngülerin ortaya çıkışı yalnızca çoğulculuğun ve hukukun üstünlüğünün içsel mantığından değil, kapsayıcı siyasal kurumların kapsayıcı ekonomik kurumları destekleme eğiliminde olmasından da kaynaklanır. Bu, toplumun daha geniş bir kesimini güçlendirip siyasal açıdan daha da eşit şartlar oluşturarak daha eşit bir gelir dağılımı sağlar. Bu da birinin siyasal iktidara el koyup yeniden sömürücü siyasal kurumlar oluşturmak için teşvikleri azalttığında ulaşabileceği şeyleri sınırlar. Bu etkenler Britanya'da gerçek anlamda demokratik siyasal kurumların ortaya çıkmasında önem taşıyordu.

Çoğulculuk ayrıca daha açık bir sistem yaratıp bağımsız bir basının gelişimine olanak tanır ve böylece kapsayıcı kurumları devam ettirmek isteyen grupların bu kurumlara yönelik tehditlerden haberdar olup bunlara karşı örgütlenmelerini kolaylaştırır. 1688'den sonra İngiliz hükümetinin basını sansürlemeyi bırakması son derece önemlidir. Bu bölümde göreceğimiz gibi, basın Birleşik Devletler'de nüfusun genelinin güçlendirilmesinde ve kurumsal gelişime ilişkin verimli döngünün sürdürülmesinde de benzer şekilde önemli bir rol üstlenmiştir.

Verimli döngü her ne kadar kapsayıcı kurumların sürdürülmesine yönelik bir eğilim yaratsa da bu ne zorunlu ne de geri dönüşü olmayan bir durumdur. Kapsayıcı ekonomik ve siyasal kurumlar hem İngiltere hem de Birleşik Devletler'de pek çok engele maruz kaldı. 1745'te Charles Edward Stuart, Görkemli Devrim'de şekillendirilen siyasal kurumları ortadan kaldırmak için bir orduyla Londra'ya sadece 160 kilometre uzaklıktaki Derby'e kadar dayandı. Fakat bozguna uğratıldı. Dış tehditlerden daha önemlisi, kapsayıcı kurumların çözülmesine yol açabilecek olası iç tehditlerdi. 1819'da Manchester'daki Peterloo Katliamı bahsinde gördüğümüz ve birazdan daha ayrıntılı biçimde ele alacağımız gibi, İngiliz siyasal elitleri siyasal sistemin daha da açık bir hale gelmesinden kaçınmak için baskıya başvurmayı düşünmüşlerdi; fakat bunun eşiğinden döndüler. Benzer biçimde, Birleşik Devletler'deki ekonomik ve siyasal kapsayıcı kurumlar ciddi tehditlerle karşılaştı; bunların başarıya ulaşması da ihtimal dahilindeydi fakat ulaşamadı. Ve elbette bu tehditlerin bertaraf edilmesi de bir kader değildi. İngiltere ve Birleşik Devletler'deki kapsayıcı kurumların ayakta kalıp zamanla çok daha güçlü hale gelmesi yalnızca verimli döngü yüzünden değil, aynı zamanda tarihin olumsal rotasının idrak edilmesi yüzündendi.

Demokrasinin ağır adımlarla ilerleyişi

Black Act'e gösterilen tepki, sıradan İngilizlere zannettiklerinden daha fazla hakka sahip olduklarını gösterdi. Geleneksel haklarını ve ekonomik çıkarlarını hem mahkemelerde hem de dilekçeler ve lobi faaliyetleriyle parlamentoda savunabildiler. Fakat bu çoğulculuk henüz etkin bir demokrasi getirmemişti. Çoğu yetişkin erkek oy kullanamıyordu; aynı şey kadınlar için de geçerliydi ve mevcut demokratik yapılarda pek çok eşitsizlik söz konusuydu. Fakat bunların tümü değişecekti. Kapsayıcı kurumların verimli döngüsü yalnızca daha önce elde edilmiş kazanımları korumakla kalmaz, aynı zamanda kapsayıcılığın daha da artmasına yol açar. Koşullar, ciddi bir tehditle karşılaşmadan siyasal gücü elinde tutmayı sürdüren 18. yüzyıl İngiliz elitinin aleyhineydi. Bu elit, kralların kutsal hakkına meydan okuyup halkın siyasete katılmasına zemin hazırlayarak iktidara gelmiş, ne var ki sonra bu hakkı sadece küçük bir azınlığa vermişti. Nüfusun günden güne artan bölümünün siyasal sürece dahil olmayı talep etmesi artık yalnızca an meselesiydi. Ve 1831'i takip eden yıllarda taleplerini gündeme getirdiler.

İngiltere'de 19. yüzyılın ilk otuz yılı gittikçe artan sosyal huzursuzluklara şahit oldu. Bunlar çoğunlukla ekonomik adaletsizliklere gösterilen tepkiden ve haklarından mahrum edilmiş geniş halk kitlelerinin daha fazla siyasal temsil talebinden kaynaklanıyordu. İşçilerin ücretlerinin düşmesine yol açacağını düşündükleri için yeni teknolojilerin uygulanmasına karşı mücadele ettikleri 1811-1816 Luddistler Ayaklanması'nı 1816'da Londra'da ortaya çıkan Spa Fields Ayaklanmaları ve 1819'da Manchester'da ortaya çıkan Peterloo Katliamı gibi açıkça siyasal haklar talep eden ayaklanmalar izledi. 1830'daki Swing Ayaklanmaları'nda tarım işçileri yeni teknolojilerin uygulamaya konulması kadar, gerileyen hayat standartlarını da protesto ediyorlardı. Bu arada Paris'te 1830 Temmuz Devrimi patlak verdi. Elitler, hoşnutsuzluğun patlama noktasına ulaştığı, sosyal huzursuzluğu yatıştırmanın ve bir devrime engel olmanın tek yolunun kitlelerin taleplerini karşılamak ve parlamento reformuna gitmek olduğu yönünde fikir birliğine varmaya başlamışlardı.

Dolayısıyla, 1831 seçimlerinin büyük ölçüde tek bir meseleyle, siyasal reformla ilgili olması da şaşırtıcı değildir. Sir Robert Walpole'dan neredeyse 100 yıl sonra Whigler sıradan insanların isteklerine çok daha duyarlıydı ve oy kullanma hakkının kapsamının genişletilmesi için mücadele veriyorlardı. Fakat bu yalnızca seçmen kitlesinde küçük bir artış anlamına geliyordu. Genel oy hakkı, yalnızca erkekler için dahi olsa, söz konusu değildi. Whigler seçimi kazandılar ve liderleri Earl Grey başbakan oldu. Earl Grey radikal biri değildi, hem de hiç. Onun ve Whiglerin reformda ısrarının nedeni daha geniş bir oy dağılımının daha adil olduğunu düşünmeleri ya da iktidarı paylaşmak istemeleri değildi. İngiliz demokrasisini elit kesim bahşetmemişti. Demokratik haklar büyük ölçüde son birkaç yüzyıldır İngiltere ve Britanya'da süren siyasal süreçlerin güçlendirdiği geniş halk kitleleri tarafından elde edilmişti. Bu kitleler Görkemli Devrim'le siyasal kurumların doğasında gerçekleşen değişimlerden güç almışlardı. Reformlara gidilmişti çünkü elitler, biraz daha sınırlandırılmış bir haliyle de olsa, hâkimiyetlerini korumanın tek yolunun reform olduğunu düşünüyorlardı. Earl Grey, Parlamento'daki siyasal reformu destekleyen ünlü konuşmasında bunu açık biçimde dile getiriyordu:

> Yılda bir sandığa giden parlamentolara, genel oy hakkına ve gizli oylamaya benim kadar karşı biri yoktur. Amacım bu umutları ve projeleri desteklemek değil; tersine bunlara bir son vermek [...] Reformumun temel prensibi devrim ihtiyacını ortadan kaldırmak [...] devirmek için değil muhafaza etmek için reform gerçekleştirmek.

Geniş halk kitleleri yalnızca kendi iyilikleri için oy hakkı istemiyordu, çıkarlarını savunmak için söz hakkı da istiyordu. Adını Magna Carta'yı çağrıştırması için Halkın Bildirgesi'nden (People's Charter) alan ve 1838'in ardından genel oy hakkı için kampanya yürüten Chartist hareket bunu çok iyi kavramıştı. Chartist J.R. Stephens genel oy hakkının ve tüm yurttaşların oy kullanmasının geniş halk kitleleri için neden bu denli önem taşıdığını şöyle ifade ediyordu:

> Genel oy hakkı meselesi [...] bir çatal bıçak meselesidir; bir peynir ekmek meselesidir [...] Genel oy hakkıyla kastettiğim, ülkedeki tüm işçilerin sırtlarına geçirecekleri iyi giysilere, başlarına takacakları iyi şapkalara, barınabilecekleri iyi evlere ve sofralarında iyi yemeklere hakları olduğudur.

Stephens İngiliz halkına daha fazla hak tanımanın ve işçi kesimine giysi, şapka, başlarını sokabilecekleri bir ev ve iyi bir yemek sağlamanın en kalıcı yolunun genel oy hakkı olduğunu gayet iyi anlamıştı.

Sonunda, Earl Grey hem İlk Reform Yasası'nın kabul edilmesinde hem de genel oy hakkını kitleselleştirecek önemli adımlar atmadan devrimci cereyanların önünü almada başarılı oldu. 1832 reformları mütevazı ölçülerdeydi; yetişkin erkek nüfusun yüzde 8'ine denk gelen oy hakkını yalnızca ikiye katlayarak yaklaşık yüzde 16'sına (tüm nüfusun yüzde 2'sinden yüzde 4'üne) çıkardı. Buna ilaveten çürük seçim bölgelerinden kurtularak Manchester, Leeds ve Sheffield gibi yeni yeni sanayileşen şehirlere bağımsız temsil hakkı tanıdılar. Fakat pek çok mesele hâlâ çözümsüz kalmıştı. Bu nedenle çok geçmeden daha fazla oy hakkı için yeni talepler yükseldi ve yeni sosyal huzursuzluklar baş gösterdi. Bunun üzerine başka reformlar geldi.

İngiliz elitleri neden taleplere boyun eğmişti? Earl Grey neden kısmi reformun sistemi korumanın tek yolu olduğunu düşünmüştü? Neden herhangi bir reforma gerek duymadan iktidarlarını sürdürmek yerine iki musibetten, reform ya da devrimden, ehvenişer olanı sineye çekmek zorunda kalmışlardı? İspanyol *conquistadorlar*'ın Güney Amerika'da yaptığını; ilerleyen yıllarda reform talepleri ülkelerine ulaştığında Avusturya-Macaristan ve Rusya hükümdarlarının yapacağını; hatta bizzat İngilizlerin Karayipler'de ve Hindistan'da yaptığını yapıp talepleri bastırmak için zora başvuramazlar mıydı? Bu sorunun yanıtı verimli döngüde gizlidir. İngiltere'de meydana gelen ekonomik ve siyasal değişim, bu talepleri bastırmak için zor kullanmayı elit kesim için hem itici hem de gittikçe daha olanaksız hale getirmişti. E. P. Thompson'ın yazdığı gibi:

> 1790-1832'de verilen mücadeleler dengenin değiştiğini işaret ettiğinde İngiltere'nin idarecileri endişe verici alternatiflerle karşı karşıya kaldılar. Ya hukukun üstünlüğünden vazgeçecek, inceden inceye hazırlanmış anayasal yapılarını yürürlükten kaldıracak, zor yoluy-

la kendi söylemlerini ve yasayı geçersiz kılacaklardı ya da kendi koydukları esaslara boyun eğecek ve hegemonyalarından vazgeçeceklerdi [...] İlk istikamette kararsız adımlar attılar. Fakat sonunda kendi imajlarını zedelemek ve 150 yıllık anayasal meşruiyeti reddetmek yerine hukuka teslim oldular.

Bir başka deyişle, Black Act döneminde İngiliz elitinin hukukun üstünlüğü düşüncesinin zarar görmemesini istemelerini sağlayan kuvvetler bu kez tüm sistemin istikrarını riske atacak baskı ve güç kullanımından kaçınmalarını sağladı. Black Act'i uygulamaya çalışarak hukukun temellerine zarar vermek, tüccarların, işadamlarının Görkemli Devrim'de inşa ettiği sistemi zayıflatmak anlamına gelirdi, 1832'de baskıcı bir diktatörlük kurmaksa onu tümüyle tehlikeye atmak... Aslında, parlamento reformu talep eden protestoları düzenleyenler, hukukun üstünlüğünün öneminin ve bu dönemde İngiliz siyasal kurumları için neyi simgelediğinin gayet farkındaydı. Bu noktaya gelmek için onun söylemini kullanmışlardı. Parlamento reformu isteyen ilk örgütlerden biri, gemi vergisi için I. Charles'a ilk kez direnen parlamento üyesine atfen Hampden Kulüp adını taşıyordu. Bu, 7. bölümde gördüğümüz Stuart mutlakıyetçiliğine karşı ilk büyük ayaklanmaya yol açmış kritik bir olaydı.

Ayrıca kapsayıcı ekonomik ve siyasal kurumlar arasında böyle bir hareket tarzını cazip hale getiren olumlu etkileşimler de söz konusuydu. Kapsayıcı ekonomik kurumlar piyasaların gelişimine yol açtı, daha etkin bir kaynak tahsisini teşvik etti, eğitimi ve beceri edinmeyi daha fazla özendirdi ve daha ileri teknolojik yeniliklerin önünü açtı. 1831'e gelindiğinde İngiltere'de tüm bu kuvvetler iş başındaydı. Halktan gelen taleplere aman vermeyip kapsayıcı siyasal kurumlara karşı bir darbe düzenlemek de bu kazanımları yok ederdi ve daha fazla demokratikleşmeye, daha büyük kapsayıcılığa karşı çıkan elitler bu yıkımda servetlerini yitirebilirlerdi.

Bu olumlu etkileşimin bir diğer yönü de ekonomik ve siyasal kurumlar altında iktidarın kontrolünün daha az merkezi hale gelmesidir. 8. bölümde gördüğümüz gibi, Avusturya-Macaristan'da ve Rusya'da hükümdarların ve aristokrasinin sanayileşme ve devrim yüzünden kaybedecek çok şeyleri vardı. Buna karşılık, kapsayıcı ekonomik kurumların gelişimi sayesinde 19. yüzyıl başında Britanya'da çok daha az şey tehlikedeydi: Serfler yoktu, emek piyasasında nispeten daha az baskı söz konusuydu ve giriş engellerinin koruduğu tekellerin sayısı azdı. Bu yüzden, güce sarılmak İngiliz eliti için daha az değer taşıyordu.

Verimli döngünün mantığı, bu tür baskıcı adımların giderek olanaksızlaşması anlamına da geliyordu ve bu da yine kapsayıcı ekonomik ve siyasal kurumların pozitif etkileşimi nedeniyleydi. Kapsayıcı ekonomik kurumlar sömürücü kurumlara nazaran kaynakların daha eşit bir dağılımına yol açarlar. Böyle olunca da, daha geniş kitleleri yetkilendirir, bu sayede daha eşit şartlar sağlarlar; söz konusu iktidar mücadelesi olduğunda bile. Bu durum küçük bir elitin, ya da en azından bazılarının, kitlelerin taleplerine boyun eğmek yerine onları ezmesini daha güç hale getirir. Ayrıca, kapsayıcı İngiliz kurumları çoktan Sanayi Devrimi'ni başlatmıştı ve Britanya büyük ölçüde şehirleşmişti. Şehirli, yoğun, kısmen örgütlü ve yetkilendirilmiş halk gruplarına baskı uygulamak, köylülere ya da bağımlı serflere baskı uygulamaktan çok daha zor olurdu.

Böylece verimli döngü İngiltere'ye 1832'de İlk Reform Yasası'nı getirdi. Fakat bu yalnızca başlangıçtı. Gerçek bir demokrasi için kat edilecek hâlâ uzun bir yol vardı; çünkü elit kesim 1832'de yalnızca vermek zorunda olduklarını düşündükleri kadarını sunmuştu, fazlasını değil. Parlamento reformu meselesini Chartist hareket üstlenmişti; 1838 tarihli Halkın Bildirgesi şu maddeleri içeriyordu:

> 21 yaşını doldurmuş, aklı başında ve işlediği bir suç yüzünden ceza almamış her erkeğe oy hakkı.
>
> Gizli oy: Seçmeni oy kullanırken korumak için.
>
> Parlamento üyeliği için mülkiyet sınırlamasının olmaması: Böylece [seçim bölgelerindeki] seçmenlerin, zengin ya da fakir, istedikleri adamı seçebilmeleri;
>
> Üyelere ödeme yapılması, böylelikle ülkenin çıkarları için işinden alıkonulmuş dürüst bir ticaret adamının, işçinin ya da başka birinin bir seçim bölgesinde hizmet edebilmesi.
>
> Büyük seçim bölgelerinin oylarını yutmalarına müsaade etmek yerine aynı miktarda seçmen için aynı miktarda temsil sunan denk seçim bölgeleri.
>
> Parlamento seçimlerinin yıldan yıla düzenlenmesi. Böylelikle, bir seçim bölgesinin yedi yıllığına (gizli oyla bile olsa) satın alınması mümkün olsa da hiçbir zenginin bir seçim bölgesini (genel oy hakkına dayalı bir sistemde) peşpeşe on iki ay satın alamayacağı ve üyelerin yalnızca bir yıllığına seçildiklerinden şu an olduğu gibi seçim bölgelerine karşı gelip ihanet edemeyecekleri için, rüşvet ve kayırmacılığa karşı en etkili denetimin sağlanması.

"Gizli Oy"la hem oyların satın alınmasını hem de oy kullananların baskı altına alınmasını kolaylaştıran açık oylamanın sona ermesini kastediyorlardı.

Chartist hareket bir dizi kitlesel gösteri düzenledi ve bu dönem boyunca parlamento sürekli olarak daha başka reform olanaklarını tartıştı. Chartistler 1848'in ardından dağılsalar da onları 1864'te kurulan Ulusal Reform Birliği ve 1865'te kurulan Reform Cemiyeti izledi. Temmuz 1866'da Hyde Park'ta cereyan eden reform yanlısı büyük ayaklanmalar, reformu bir kez daha siyasal gündemin en tepesine taşıdı. Bu baskı, toplam seçmen sayısının ikiye katlandığı ve işçi sınıfından seçmenlerinin tüm kentsel seçim bölgelerinde çoğunluk haline geldiği 1867 İkinci Reform Yasası biçiminde tezahür etti. Kısa bir süre sonra gizli oy uygulanmaya başladı ve "ikram" gibi (genellikle para, yiyecek ya da alkol gibi bir ikram karşılığında seçmenin oyunun satın alınması) ahlaksız seçim uygulamalarını ortadan kaldırmak için adımlar atıldı. Yetişkin erkeklerin yüzde 60'ının oy hakkına kavuştuğu 1884'teki Üçüncü Reform Yasası'yla seçmen kitlesi bir kez daha ikiye katlandı. Birinci Dünya Savaşı'nı izleyen 1918'deki Seçim Kanunu (Representation of the People Act of 1918) 21 yaşın üstündeki tüm yetişkin erkeklere ve vergi mükellefi olan ya da bir vergi mükellefiyle evli olan 30 yaşın üstündeki tüm kadınlara oy hakkı verdi. En nihayetinde, 1928'de tüm kadınlar erkeklerle aynı koşullarda oy hakkına kavuştular. 1918'in kriterleri savaş sırasında görüşüldü ve savaşıp mühimmat üretmesine ihtiyaç duyulan işçi sınıfıyla hükümet arasında bir *quid pro quo*'ya[21] yansıdı. Hükümet Rus Devrimi'nin radikalizminden de ders çıkarmış olabilirdi.

Daha kapsayıcı siyasal kurumların kademeli gelişimine paralel olarak daha da kapsayıcı ekonomik kurumlara doğru bir hareket söz konusuydu. İlk Reform Yasası'nın önemli sonuçlarından biri Tahıl Yasaları'nın 1846'da feshedilmesiydi. 7. bölümde gördüğümüz gibi, Tahıl Yasaları tahıl ve hububat ithalatını yasaklamış, fiyatlarını yüksek tutarak büyük toprak sahiplerine yüksek kazançlar sağlamıştı. Manchester ve Birmingham'ın yeni parlamenterleri ucuz mısır ve düşük ücret istiyordu. Kazandılar ve arazi sahipleri büyük bir yenilgiye uğradı.

19. yüzyıl boyunca seçmen kitlesinde ve siyasal kurumların diğer alanlarında gerçekleşen değişiklikleri başka reformlar izledi. 1871'de liberal başbakan Gladstone devlet memurluğunu genel

21. Verilen şey karşılığında alınan şey; ortak çıkarlara hizmet eden şey. (ç.n.)

sınava tabi tutarak meritokratik hale getirdi ve böylelikle siyasal merkezileşme sürecini ve devlet kurumlarının Tudor döneminde başlayan yapılandırılmasını sürdürdü. Bu dönemde Liberal Parti ve Tory hükümetleri emek piyasasına ilişkin kayda değer miktarda mevzuat hazırladı. Örneğin işverenlerin işçilerinin hareketliliğini kısıtlamasına olanak sağlayan İşçi ve İşveren Yasaları (The Masters and Servants Acts) feshedildi, böylelikle iş ilişkilerinin doğasını işçilerin lehine çevirdi. 1906-1914 yılları arasında H. H. Asquith ve David Lloyd George liderliğindeki Liberal Parti İngiltere'ye sağlık ve işsizlik sigortası, hükümetin finanse ettiği emekli maaşları, asgari ücret içeren bir düzenleme getirdi. Bu mali değişiklikler sonucunda 19. yüzyılın son otuz yılında vergilerin milli gelir içindeki payı iki katın üstünde artış gösterdi ve 20. yüzyılın ilk otuz yılında bir kez daha ikiye katlandı. Ayrıca vergi sistemi daha fazla "artan oran"a göre düzenlendi ; böylece zenginler daha fazla yük üstlenmiş oldu.

Öte yandan, daha önceleri esasen elit kesimin hizmetinde ve dini zümrelerin kontrolünde olan ya da yoksul insanların ücret ödemesini gerektiren eğitim sistemi kitleler için daha erişilir hale getirildi: 1870 Eğitim Yasası hükümetin ilk kez sistematik olarak yaygın eğitim hizmeti sunmasını sağladı. 1891'de eğitim parasız hale getirildi. 1899'da zorunlu eğitim yaşı 12'ye çıkarıldı ve muhtaç aileler için özel hükümler getirildi. Bu değişikliklerin sonucunda okula yazdırılan 10 yaşındaki çocukların 1870'te yüzde 40 gibi düşük bir düzeyde seyreden oranı 1900'de yüzde 100'e çıktı. Son olarak, 1902 Eğitim Yasası eğitime ayrılan kaynakların büyük ölçüde artırılmasına yol açtı ve Britanya'da ortaöğretimin temeli haline gelen okulları hayata geçirdi.

Aslına bakılırsa, kapsayıcı kurumların verimli döngüsünü ortaya koyan İngiliz örneği, gerçekte "aşamalı verimli döngüye" örnek teşkil eder. Siyasal değişiklikler şüpheye yer bırakmayacak biçimde daha kapsayıcı siyasal kurumlara yönelikti ve yetkilendirilmiş kitlelerin taleplerinin sonucuydu. Fakat aynı zamanda aşamalı bir yapıları vardı. Her on yılda bir demokrasiye doğru bir başka adım atıldı; bazen daha küçük, bazen daha büyük. Bu adımların her biri çatışmaya yol açtı ve her birinin sonucu olumsaldı. Fakat verimli döngü iktidara yapışmak suretiyle elde edilen menfaatleri azaltacak kuvvetler yarattı. Ayrıca hukukun üstünlüğünü teşvik etti; böylece zamanında elitlerin Stuart hükümdarlarından talep ettiklerini bugün kendileri gündeme getirenlere karşı güç kullanmalarını zorlaştırdı. Bu çatışmanın tam bir devrime dönüşme ihtimali azalırken, daha büyük bir kapsayıcılığı olan çözüme ulaşma ihtimali arttı. Bu tür aşamalı değişimlerin büyük bir avantajı vardır. Elit kesim için sistemin tamamen alaşağı edilmesinden daha az tehdit oluşturur. Her adım küçüktür ve küçük bir talebe boyun eğmek büyük bir restleşmeye girmekten daha makuldür. Bu, Tahıl Yasası'nın nasıl daha ciddi çatışmalara yol açmadan feshedildiğini kısmen açıklıyor. 1846'ya gelindiğinde toprak sahipleri artık parlamentodaki yasama faaliyetlerini kontrol edemiyorlardı. Bu İlk Reform Yasası'nın bir sonucuydu. Ne var ki, 1832'de hem seçim bölgelerinin genişletilmesi, hem çürük seçim bölgelerinin reformu hem de Tahıl Yasaları'nın feshedilmesi gündemde olsaydı toprak sahipleri çok daha fazla direniş gösterirlerdi. Oysa önce sınırlı siyasal reformlar geldi; Tahıl Yasaları'nın feshedilmesiyse ancak çatışmanın yatıştırılmasından sonra gündeme geldi.

Aşamalı değişim aynı zamanda bu girişimlerin meçhul yollara sapmasına engel oldu. Sistemin şiddet yoluyla alaşağı edilmesi demek, yıkılanın yerine tamamen yeni bir şey inşa etmek zorunda kalmak demektir. Fransız Devrimi'nde durum buydu, ilk demokrasi deneyimi Terör'e yol açmış, ardından iki kez monarşiye dönülmüş ve en son 1870'te Üçüncü Cumhuriyet gelmişti. Rus Devrimi'ndeki durum da böyleydi; çoğunluğun Rus İmparatorluğu'ndakinden daha eşit bir sistem arzulaması, eski sistemden daha sert, kanlı ve kötücül bir tek parti diktatörlüğüne yol açmıştı. Aşamalı reformun bu toplumlarda gerçekleşmesi güçtü; çünkü çoğulculuktan yoksundular ve son derece sömürücüydüler. Britanya'da aşamalı değişimi mümkün ve cazip kılan Görkemli Devrim'in ortaya çıkardığı çoğulculuk ve getirdiği hukukun üstünlüğü ilkesiydi.

Fransız Devrimi'ne büyük bir azimle muhalefet eden muhafazakâr İngiliz yazar Edmund Burke, 1790'da şöyle yazıyordu: "Uzun zamanlar toplumun ortak amaçlarına hizmet etmiş büyük bir yapıyı yıkmaya ya da elinin altında kendini kanıtlanmış modeller ve şablonlar olmaksızın yeniden inşa etmeye kalkan herkes son derece ihtiyatlı olmalıdır." Büyük resim dikkate alındığında Burke yanılıyordu. Fransız Devrimi yozlaşmış bir yapıyı değiştirmişti ve sadece Fransa'da değil Batı Avrupa'nın büyük bölümünde kapsayıcı kurumların yolunu açmıştı. Fakat Burke'ün uyarısı tamamen yanlış da sayılmazdı. 1688'de başlayıp Burke'ün ölümünden otuz yıl sonra temposunu artıran İngiliz siyasal reformunun aşamalı gelişimi daha etkili olmuştu; çünkü aşamalı doğası onu daha güçlü, direnilmesi daha zor ve nihayet daha dayanıklı kılmıştı.

Tekelleri yıkmak

Birleşik Devletler'deki kapsayıcı kurumların kökleri koloni döneminde Virginia, Maryland ve Güney ve Kuzey Carolina'daki mücadelelere dayanır. Bu kurumlar Birleşik Devletler Anayasası'yla; bu anayasanın getirdiği sınırlamalarla ve güçler ayrılığı ilkesiyle takviye edilmişti. Fakat Birleşik Devletler Anayasası kapsayıcı kurumların gelişim sürecinin bitişine işaret etmiyordu. Tıpkı Britanya'da olduğu gibi, bunlar da verimli döngüyü esas alan bir olumlu etkileşim süreciyle güçlendirilmişlerdi.

19. yüzyıl ortalarında Birleşik Devletler'de kadınlar ve siyahlar değilse de tüm beyaz erkekler oy kullanabiliyordu. Ekonomik kurumlar daha kapsayıcı hale gelmişti; örneğin, 1862'de sınırdaki toprakları siyasal elite tahsis etmek yerine potansiyel yerleşimcilerin kullanımına açan İskân Yasası'nın çıkmasıyla. Fakat tıpkı Britanya'da olduğu gibi, kapsayıcı kurumların karşılaştığı engeller hiçbir zaman tamamen ortadan kalkmadı. İç Savaş'ın sona ermesi Kuzey'de ani bir hızlı ekonomik büyüme sıçraması başlattı. Demiryolları, sanayi ve ticaret büyürken küçük bir azınlık büyük servete kavuştu. Ekonomik başarılarından cesaret alan bu adamlar ve şirketleri giderek ahlakı hiçe sayar hale geldiler. Tekellerini birleştirmeyi ve tüm potansiyel rakipleri piyasa dışında tutmayı ya da eşit şartlarda iş yapmalarını engellemeyi hedefleyen çıkarcı iş yöntemleri yüzünden "Hırsız Baronlar" olarak anılmaya başladılar. En kötü şöhretlilerinden biri meşhur, "Hukuku ne diye umursayacakmışım? Gücüm yok mu?" sözlerinin sahibi Cornelius Vanderbilt'di.

Bir diğeri 1870'te Standard Oil Company'i kuran John D. Rockefeller'dı. Kısa sürede Cleveland'daki rakiplerini saf dışı ederek petrol ve petrol ürünlerinin nakliyesi ve perakendeciliği üzerinde tekel kurmaya koyuldu. 1882'de muazzam bir tekel –o günkü tabirle tröst– kurdu. 1890'a gelindiğinde Standard Oil, Birleşik Devletler'deki rafine petrol akışının yüzde 88'ini kontrol ediyordu ve 1916'da Rockefeller dünyanın ilk milyarderi olmuştu. Dönemin karikatürlerinde Standard Oil kollarını yalnızca petrol sanayisine değil aynı zamanda Capitol Hill'e de dolamış bir ahtapot olarak betimlenir.

Adı neredeyse onun kadar kötüye çıkmış biri de geçen onlarca yıl içinde pek çok şirket birleşmesiyle J.P. Morgan Chase'e dönüşecek olan modern bankacılık holdingi J.P. Morgan'ın kurucusu John Pierpont Morgan'dı. Morgan, Andrew Carnegie ile birlikte 1901'de sermaye değeri 1 milyar doların üstündeki ilk şirket ve dünyanın açık arayla en büyük çelik şirketi olan U.S. Steel Company'i kurdu. 1890'larda ekonomideki neredeyse her sektörde büyük tekeller belirmeye başladı ve bunların pek çoğu kendi sektörlerinin yüzde 70'ten fazlasını kontrol eder hale geldi. Bunlara Du Pont, Eastman Kodak ve International Harvester gibi çeşitli tanınmış isimler de dahildi. Tarihsel olarak Birleşik Devletler, en azından kuzeyi ve orta batısı, nispeten rekabetçi piyasalara sahipti ve ülkenin diğer kesimlerine, özellikle de Güney'e kıyasla daha eşitlikçiydi. Fakat bu dönemde rekabet tekele boyun eğdi ve servet eşitsizliği hızla arttı.

Birleşik Devletler'in çoğulcu siyasal sistemi, zaten toplumun geniş bir kesimini bu tür tecavüzlere göğüs gerebilecek ölçüde güçlendirmişti. Hırsız Baronların tekelci uygulamalarının kurbanları ya da sektörlerindeki ahlak dışı hegemonyalarına karşı çıkanlar onlara karşı örgütlenmeye başladılar. Önce Popülist, ardından İlerici hareketi başlattılar.

Popülist hareket, Orta Batı'yı 1860'lardan itibaren etkisi altına alan uzun soluklu bir zirai krizde ortaya çıktı. "Granger Hareketi" olarak bilinen "The National Grange of the Order of Patrons of Husbandry" 1867'de kuruldu ve çiftçileri adaletsiz ve ayrımcı ticari teamüllere karşı harekete geçirmeye başladı. Granger Hareketi yandaşları 1873 ve 1874'te ortabatıdaki 11 eyalet yasama meclisinin kontrolünü ele geçirdi ve kırsal kesimdeki hoşnutsuzluk 1892'de People's Party'nin kurulmasıyla sonuçlandı; bu parti 1892'nin başkanlık seçimlerinde halkoylarının yüzde 8,5'ini aldı. Sonraki iki seçimde, Popülistler William Jennings Bryan'ın yürüttüğü iki başarısız Demokrat Parti kampanyasında geride kaldılar. Tekellerin yaygınlaşması karşısında tabandan yükselen muhalefet, artık Rockefeller ve diğer "Hırsız Baronlar"ın ulusal siyaset üzerindeki nüfuzunu kırmak için örgütlenmişti.

Bu siyasal hareketler bilhassa devletin tekel düzenlemesi konusundaki rolü bağlamında, siyasi duruş ve yasal mevzuat üzerinde etkili olmaya başladı. İlk önemli yasa Eyaletlerarası Ticaret Komisyonu'nu kuran ve sanayide federal düzenlemeyi başlatan 1887 Eyaletlerarası Ticaret Yasası'ydı. Bunu çok geçmeden 1890 Sherman Anti-Tekel Yasası izledi. Bugün hâlâ Birleşik Devletler anti-tekel düzenlemesinin önemli bir bölümünü oluşturan Sherman Yasası, "Hırsız Baronlar"ın tekellerine yönelik saldırıların temel dayanağı haline gelecekti. Tekellere karşı asıl büyük hamle ise kendilerini reforma ve "Hırsız Baronlar"ın güçlerini sınırlamaya adamış başkanların seçilmesinden sonra geldi: Theodore Roosevelt, 1901-1909, William Taft, 1909-1913 ve Woodrow Wilson, 1913-1921.

Anti-tekelin ve sanayideki federal düzenleme hamlesinin arkasındaki anahtar kuvvetlerden biri bir kez daha çiftçi oylarıydı. 1870'lerde eyaletlerin demiryollarını düzenlemeye yönelik ilk girişimleri çiftçi örgütlerinden geldi. Aslında Sherman Yasası'nın kabulünden önce Kongre'ye gönderilen ve tekelleri konu edinen 59 dilekçenin neredeyse tamamı tarım yapılan eyaletlerden geliyordu ve Çiftçi Sendikası, Çiftçi İttifakı, Çiftçi Çıkarları Derneği ve Hayvan Besicileri İşletmecileri gibi örgütlerden çıkıyordu. Çiftçiler sanayideki tekelci uygulamalara karşı çıkmayı ortak çıkarlarına uygun görmüşlerdi.

Demokratlar'dan yana tavır aldıktan sonra ciddi biçimde güç kaybeden Popülistler'in küllerinden heterojen bir reform hareketi olan ve çoğunlukla yine aynı meselelerle ilgilenen İlericiler doğdu. İlerici hareket başlangıçta William McKinley'in başkan yardımcısı olan ve McKinley'in 1901'de suikasta kurban gitmesinin ardından başkanlığı devralan Teddy Roosevelt figürü etrafında toplandı. Roosevelt başkanlık koltuğuna oturmadan önce tavizsiz bir New York valisiydi, siyasal ahlaksızlığın ve "başkan sultasının" önüne geçmek için büyük çaba sarf etmişti. Roosevelt, Kongre'deki ilk konuşmasında dikkatini tekellere yoğunlaştırdı. Birleşik Devletler'in zenginliğinin piyasa ekonomisine ve işadamlarının maharetlerine dayandığını öne sürdü; fakat aynı zamanda şöyle diyordu:

> Amerikan halkının zihnini meşgul eden gerçek ve vahim kötülükler [...] ve [...] tröst olarak bilinen büyük kuruluşların, özellikleri ve eğilimleri itibarıyla ülkenin zenginliği için zararlı oldukları yönünde yaygın bir inanç mevcut. Bu inanç kıskançlıktan, merhametsizlikten ya da bu ülkeyi ticari üstünlük için mücadele eden ulusların başına getiren büyük sınai başarılarla gurur duyulmamasından kaynaklanmıyor. Değişen ve değişmekte olan ticari koşulların gereklerinin yeni yöntemlerle karşılanmasının bir zorunluluk olduğunun idrak edilememesinden ya da dünyanın gidişatı büyük işler başarılmasını gerektirirken, büyük işler başarmak için sermayenin birleştirilmesi gerektiği gerçeğinden habersiz olunmasından da kaynaklanmıyor. Birleştirme ve yoğunlaştırmanın yasaklanmaması fakat denetlenmesi ve makul sınırlar içinde kontrol edilmesi gerektiği yönündeki samimi bir görüşe dayanıyor ve benim kanaatime göre bu görüş doğrudur.

Roosevelt şöyle devam ediyordu: "Sosyal gelişim peşinde olanlar şiddet suçunun siyasi yapısından kurtulmak için iş çevrelerinin kurnaz suç dünyasından kurtulmayı da hedeflemelidir." Ve şu sonuca varıyordu:

> Tüm halkın çıkarı için, ülkenin, eyaletlerarası iş yapan tüm kuruluşları eyaletlerin meseleye ilişkin kendi yetkilerine karışmadan denetleme ve düzenleme yetkisi olmalıdır. Bu, özellikle bir kuruluşun kendi iş sahasındaki servetini bazı tekelci unsurlar ya da eğilimlerin varlığı sayesinde edindiği durumlar için geçerlidir.

Roosevelt Kongre'ye büyük kuruluşların ilişkilerini soruşturma yetkisine sahip federal bir birim kurulması ve böyle bir birimin kurulması için, şayet gerekliyse, bir anayasa değişikliği yapılması önerisinde bulundu. Roosevelt 1902'de Northern Securities Company'yi çökertmek ve J. P. Morgan'ın çıkarlarına darbe vurmak için Sherman Yasası'ndan faydalandı ve sonrasında Du Pont, The American Tobacco Company ve The Standard Oil Company için benzer davalar açıldı. Roosevelt Eyaletlerarası Ticaret Yasası'nı 1906 Hepburn Yasası'yla takviye etti. Bu yasa, demiryollarının mali hesaplarını denetlemesine izin verip yeni sahaları için yetki tanıyarak Eyaletlerarası Ticaret Komisyonu'nun güçlerini artırdı. Roosevelt'in halefi William Taft tekellerin üstüne daha da büyük bir ısrarla gitti; bunun zirve noktası 1910'da Standard Oil Company'nin çökertilmesiydi. Taft ayrıca 1913'te On Altıncı Yasa Değişikliği'nin kabul edilmesinin ardından bir federal gelir vergisinin konulması gibi başka önemli reformlara da önayak oldu.

İlerici reformların doruk noktasına 1912'de Woodrow Wilson'ın seçilmesiyle ulaşıldı. Wilson 1913 tarihli kitabı *The New Freedom*'a düştüğü notta "Tekel varlığını korursa daima hükümetin tepesinde olacaktır. Onun kendi kendini dizginlemesini beklemiyorum. Eğer bu ülkede Birleşik Devletler hükümetini satın alacak büyüklükte adamlar varsa onu mutlaka satın alacaklardır."

Wilson 1914'te Sherman Yasası'nı takviye eden Clayton Anti-Tekel Yasası'nın geçmesi için uğraştı ve Clayton Yasası'nı uygulayan Federal Ticaret Komisyonu'nu kurdu. Wilson ayrıca tekelin finans sektörüne yayılmasıyla oluşan "para tröstü" hakkında Louisiana kongre üyesi Arsene Pujo'nun liderliğindeki Pujo Komitesi'nin yürüttüğü soruşturmanın verdiği itici güçle, finans sektöründeki düzenlemeleri artırmaya koyuldu. 1913'te finans sektöründeki tekelci faaliyetleri denetleyecek olan Federal Rezerv Kurulu'nu kurdu.

"Hırsız Baronlar"ın ve tekellerinin 19. yüzyıl sonu, 20. başındaki yükselişi, –3. bölümde vurguladığımız üzere–, piyasaların varlığının kendi başına kapsayıcı kurumları güvence altına almayacağı gerçeğinin altını çizmektedir. Piyasalar fahiş fiyatlar koyup daha etkili rakiplerin ve yeni teknolojilerin girişini engelleyen birkaç şirketin hâkimiyetine girebilir. Piyasalar kendi işleyişlerine bırakıldıklarında kapsayıcı olmayı bırakabilir, giderek ekonomik ve siyasal bakımdan güçlü kişiler ve şirketler tarafından kontrol edilir hale gelebilirler. Kapsayıcı ekonomik kurumlar yalnızca piyasalara değil, halkın çoğunluğuna eşit şartlar ve ekonomik fırsatlar yaratan kapsayıcı piyasalara ihtiyaç duyarlar. Elit kesimin siyasal gücünden destek alan yaygın tekel bununla çelişir. Fakat tekellere gösterilen tepki, siyasal kurumların kapsayıcı nitelikte olması halinde, bunların kapsayıcı piyasalardan uzaklaşan hareketler karşısında dengeleyici bir güç oluşturduklarını da göstermektedir. İşte bu, verimli döngünün marifetidir. Kapsayıcı ekonomik kurumlar kapsayıcı siyasal kurumların filizlenebileceği temeller oluştururken kapsayıcı siyasal kurumlar da kapsayıcı ekonomik kurumlardan sapmaları sınırlandırır. Meksika'da gördüğümüzün aksine, Birleşik Devletler'deki tröst yıkılması verimli döngünün bu özelliğini ortaya koyar. Meksika'da Carlos Slim tekelini kısıtlayacak bir siyasal yapı olmamasına karşın Sherman ve Clayton yasaları Birleşik Devletler'de geçen yüzyıl boyunca tröstleri, tekelleri ve kartelleri kısıtlamak ve piyasaların kapsayıcı nitelikte kalmasını sağlamak için tekrar tekrar kullanıldı.

20. yüzyılın ilk yarısındaki Birleşik Devletler deneyimi ayrıca özgür basının toplumun geniş kesimlerinin yetkilendirilmesinde –ve böylelikle verimli döngüde– oynadığı rolünün öneminin de altını çizmektedir. Roosevelt 1906'da *intrusive journalism*'le ne kastettiğini izah etmek için edebi bir karaktere, Bunyan'ın *Pilgrim's Progress* (Hac Yolunda) eserindeki tırmıklı adama atfen *muckraker*[22] terimini türetmişti. Terim tutuldu ve "Hırsız Baronlar"ın aşırılıklarını olduğu kadar yerel ve federal siyasetteki yozlaşmaları da izinsizce fakat aynı zamanda etkili bir biçimde ifşa eden gazetecileri sembolize eder hale geldi. Muhtemelen en ünlü *muckraker*, kamuoyunu Rockefeller'a ve iş girişimleri-

22. Kamu örgütlerinin kamu çıkarlarına ters düşen uygulamalarını araştırarak bunları açıklamak amacını güden gazeteci. (ç.n.)

ne karşı döndürerek Standard Oil'ın 1910'da çökmesinde önemli bir rol oynayan 1904 tarihli *History of the Standard Oil Company* kitabının yazarı Ida Tarbell'di. Bir başka önemli *muckraker* da sonradan Başkan Wilson'ın Yüksek Mahkeme üyesi yapacağı avukat ve yazar Louis Brandeis'dı. Brandeis *Other People's Money and How Bankers Use It* (Başkalarının Parası ve Bankerler Bunu Nasıl Kullanıyor) kitabında bir dizi finans skandalını ana hatlarıyla ortaya koymuştu ve Pujo Komitesi üzerinde son derece etkili olmuştu. Ayrıca, gazete kralı William Randolph Hearst de bir *muckraker* olarak dikkat çekici bir rol oynamıştı. 1906'da gazetesi *The Cosmopolitan*'da tefrika ettiği David Graham Phillips'in "The Treason of the Senate" (Senato'nun İhaneti) başlıklı makalelerinde 1914 tarihli On Yedinci Yasa Değişikliği'nin kabul edilmesiyle başlayan bir başka ilerici reformu, Senato için doğrudan seçimlerin getirilmesini amaçlayan kampanyanın fitilini ateşlemişti.

Muckraker'lar siyasetçilerin tröstlere karşı harekete geçirilmesinde büyük bir rol oynadılar. "Hırsız Baronlar", *muckraker*'lardan nefret ettiler fakat Birleşik Devletler'in siyasal kurumları sayesinde onları ortadan kaldırıp susturamadılar. Kapsayıcı siyasal kurumlar özgür basının gelişmesine olanak tanır; buna karşılık özgür basın da geniş kesimlerin kapsayıcı ekonomik ve siyasal kurumlara yönelik tehditlerden haberdar olmasını ve bunlara direnebilmesini kolaylaştırır. Oysa sömürücü siyasal kurumların, mutlakıyetçiliğin ya da diktatörlüğün söz konusu olduğu koşullarda böylesi bir özgürlük imkânsız hale gelir; çünkü bunlar sömürücü rejimlerin ciddi bir muhalefeti daha oluşma aşamasındayken önlemesine yardım ederler. 20. yüzyılın ilk yarısında Birleşik Devletler'de özgür basının sağladığı bilgilerin önemi çok açıktı. Bu bilgiler olmaksızın Birleşik Devletler halkı "Hırsız Baronlar"ın sahip olduğu gücün ve yaşanan suiistimallerin gerçek boyutlarını bilemeyecek ve tekellerine karşı harekete geçemeyeceklerdi.

Üye sayısını artırmak

Demokrat Parti adayı ve Teddy Roosevelt'in kuzeni Franklin D. Roosevelt, Büyük Buhran'ın ortasında, 1932'de başkan seçildi. Büyük Buhran'la mücadele etmek üzere hırslı bir dizi politikayı hayata geçirmek için büyük bir halk desteğiyle iktidara geldi. Göreve başladığı 1933 başlarında işgücünün dörtte biri işsizdi ve çoğu sefalet içindeydi. Buhran'ın 1929'daki başlangıcından beri sınai üretim yarıdan aza düşmüştü ve yatırımlar durmuştu. Roosevelt'in bu durumla mücadele etmek için önerdiği politikalar *New Deal* olarak biliniyordu. Roosevelt yüzde 57'lik halkoyuyla kesin bir zafer kazandı ve Demokrat Parti hem Kongre hem de Senato'da *New Deal* yasalarının geçmesi için yeterli çoğunluğu elde etti. Ne var ki, bazı yasalar anayasal güçlükler doğurdu ve Roosevelt'in arkasındaki halk desteğinin hiç fayda etmediği Yüksek Mahkeme'ye götürüldü.

New Deal'ın temel payandalarından biri Ulusal Sınai Kalkınma Yasası'ydı. İlk kısım sınai kalkınmaya odaklanıyordu. Başkan Roosevelt ve ekibi sınai rekabeti kısıtlamanın, sendika kurmaları için işçilere daha fazla hak tanımanın ve çalışma standartlarını düzenlemenin kalkınma girişimi için hayati önem taşıdığına inanıyordu. İkinci kısım Public Works Administration'ı kuruyordu; bu kurumun altyapı projeleri arasında Philadelphia'daki Otuzuncu Cadde Tren İstasyonu, Triborough Köprüsü, Grand Coulee Barajı ve Key West, Florida'yı anakaraya bağlayan Overseas Highway bulunur. Başkan Roosevelt yasa tasarısını 16 Haziran 1933'te imzaladı ve Ulusal Sınai Kalkınma Yasası hayata geçti. Fakat derhal mahkeme engelleriyle karşılaştı. Yüksek Mahkeme 27 Mayıs 1935'te oybirliğiyle Birinci Kısım'ın anayasaya aykırı olduğuna hükmetti. Verdikleri hüküm , "Olağanüstü koşullar olağanüstü çareler gerektirebilir. Fakat [...] Olağanüstü koşullar anayasal güç oluşturmaz ya da onu genişletmez" diyordu.

Roosevelt Yüksek Mahkeme'nin kararını beklemeden gündeminin ikinci adımına geçerek emeklilik ikramiyesi, işsizlik ödenekleri, küçük çocuklu ailelere yardım ve kimi halk sağlığı uygulamaları ve maluliyet tazminatlarıyla Birleşik Devletler'i modern refah devletiyle tanıştıran Sosyal Güvenlik Yasası'nı imzaladı. Ayrıca sendika kurmalarına, toplu sözleşme yapabilmelerine ve işverenlerine karşı greve gidebilmelerine olanak tanıyarak işçi haklarını takviye eden Ulusal İşçi-İşveren İlişkileri Yasası'nı imzaladı. Bu yasalar da Yüksek Mahkeme engeliyle karşılaştı. Onlar adli sistemde kendilerine yol açmaya çalışırken Roosevelt 1936'da güçlü bir halk desteğiyle oyların yüzde 61'ini alarak yeniden başkan seçildi.

Roosevelt rekor düzeydeki popülaritesiyle, Yüksek Mahkeme'nin onun siyasal gündemine daha fazla engel çıkarmasına izin vermeye niyetli değildi. 9 Mart 1937'de radyodan canlı olarak yayınlanan rutin konuşmalarından birinde planlarını ortaya koydu.

Sözlerine iktidarının ilk döneminde en fazla ihtiyaç duyulan politikaların Yüksek Mahkeme'den kıl payıyla geçtiğine dikkat çekerek başladı. Şöyle devam etti:

> Dört yıl önce size radyodan ilk kez hitap ettiğim o mart akşamını anımsıyorum. O zamanlar büyük bir bankacılık krizinin ortasındaydık. Çok geçmeden, Kongre'nin verdiği yetkiyle ulustan ellerindeki tüm altını, kuruşu kuruşuna Birleşik Devletler hükümetine devretmesini istedik. Bugünkü durum o politikanın ne kadar doğru olduğunu kanıtlıyor. Fakat neredeyse iki yıl sonra Yüksek Mahkeme'nin önüne geldiğinde, anayasaya uygunluğu yalnızca beşe dört oyla onaylandı. Bir oyun değişmesi bu büyük ulusun tüm çabalarını boşa çıkarıp onu umutsuz bir kaosa sürükleyecekti. Aslında dört yargıç, bir özel sözleşmeden doğan hakla kesilen diyetin anayasanın payidar bir ulus yaratmaya yönelik temel hedeflerinden daha kutsal olduğuna hükmetmiş oldu.

Açıkça görülüyor ki, böyle bir riske tekrar girilmemeliydi. Roosevelt şöyle devam ediyordu:

> Geçen perşembe Amerikan devlet yapısını anayasanın Amerikan halkına tarlalarını sürmeleri için verdiği üç ata benzetmiştim. Bu üç at elbette devletin üç organına, yani Kongre, yürütme ve mahkemelere karşılık gelmektedir. Bugün bu atların ikisi, Kongre ve yürütme, ahenk içinde iş görüyor; üçüncüsü öyle yapmıyor.

Roosevelt bunun ardından aslında Birleşik Devletler Anayasası'nın Yüksek Mahkeme'ye, yasamanın anayasaya uygunluğunu sorgulama hakkı vermediğine fakat Yüksek Mahkeme'nin 1803'te bu rolü üstlendiğine dikkat çekiyordu. O tarihte Yargıç Bushrod Washington, Yüksek Mahkeme'nin "Anayasa'yı ihlal ettiği hiçbir şüpheye yer bırakmayacak şekilde kanıtlanana dek [bir yasayı] geçerli kabul etmesini" şart koşmuştu. Roosevelt şöyle itham ediyordu:

> Geçtiğimiz dört yılda yasalara hüsnü zanla yaklaşmaya yönelik aklıselim düstur bir kenara bırakıldı. [Yüksek] Mahkeme yalnızca hukuki bir organ olarak değil aynı zamanda siyasal kararlar alan bir organ olarak hareket etti.

Roosevelt bu durumu değiştirecek halk desteğine sahip olduğunu belirtiyor ve "hangi reformun gerçekleştirilmesi gerektiği dikkate alındığında, kesin biçimde anayasal olan tek yöntem [...] tüm mahkemelerimize yeni kan zerk etmekti" diyordu. Ayrıca Yüksek Mahkeme yargıçlarının fazla çalıştığını ve iş yükünün yaşlı yargıçlar için çok fazla olduğunu ileri sürdü; ne tesadüftür ki, yaptığı yasaları iptal edenler de bu yaşlı yargıçlardı. Ardından 70 yaşını dolduran tüm yargıçlarının zorunlu emekliliğe sevk edilmesini önerdi; böylece altı yeni yargıç atama olanağına kavuşacaktı. Roosevelt'in "Judiciary Reorganization Bill" olarak sunduğu bu plan, kendisinden önceki daha muhafazakâr yönetimler tarafından atanan ve New Deal'ın en ateşli muhalifleri olan bu yargıçları uzaklaştırmak için yeterli olacaktı.

Roosevelt bu yasa için büyük bir ustalıkla halk desteğini elde etmeye çalışsa da kamuoyu yoklamaları nüfusun yalnızca yüzde 40'ının plandan yana olduğunu gösteriyordu. Louis Brandeis şimdi bir Yüksek Mahkeme yargıcıydı. Brandeis, Roosevelt'in yasalarının çoğuna sempati duysa da başkanın Yüksek Mahkeme'nin gücünü zayıflatma girişimlerine ve adaletin iş yükünün ağır olduğu yönündeki iddialarına karşı çıktı. Roosevelt'in Demokrat Parti'si Kongre'nin her iki yasama organında da büyük çoğunluğa sahipti. Fakat Temsilciler Meclisi Roosevelt'in yasa teklifini ele almaya pek yanaşmadı. Bunun üzerine Roosevelt de şansını Senato'da denedi. Yasa tasarısı son derece çekişmeli toplantıların düzenlendiği, tasarı hakkında çeşitli fikirlerin ısrarla dile getirildiği Senato Adalet Komitesi'ne gönderildi. Sonunda "Anayasal ilkeden [...] emsal ya da haklı sebep olmaksızın gereksiz, nafile ve son derece tehlikeli bir biçimde vazgeçilmesi" gerekçesiyle olumsuz bir raporla Senato'ya geri gönderildi. Senato da 70'e 20 oyla, yeniden yazılması için komiteye geri gönderdi. Mahkemenin üye sayısını artırmaya yönelik tüm hususlar ayıklandı. Sonuçta Roosevelt, Yüksek Mahkeme'nin gücüne getirdiği kısıtlamalardan kurtulamadı. Roosevelt'in güçleri sınırlı kalsa da uzlaşmalar da söz konusuydu; Yüksek Mahkeme, Sosyal Güvenlik ve Ulusal İşçi-İşveren İlişkileri yasalarının anayasaya uygun olduğuna hükmetmişti.

Bu iki yasanın akıbetinden daha önemli olan husus, aynı zamanda bu bölümden çıkarılacak dersi de ortaya koyuyor. Kapsayıcı siyasal kurumlar yalnızca kapsayıcı ekonomik kurumlardaki büyük sapmaları denetlemekle kalmazlar, ayrıca kendi sürekliliklerine zarar verecek girişimlere de direnirler. Hem Yüksek Mahkeme'nin üye sayısının artırılması hem de New Deal yasalarının tümünün hayata geçirilmesi Demokratik Kongre ve Senato'nun doğrudan çıkarınaydı. Fakat nasıl ki 18. yüzyıl başlarında İngiliz siyasal elitleri hukukun üstünlüğünün askıya alınmasının monarşiden güçlükle elde ettikleri kazanımları tehlikeye atacağını anladılarsa, kongre üyeleri ve senatörler de başkanın yargı bağımsızlığını zedelemesinin onları başkandan koruyan ve çoğulcu siyasal kurumların sürekliliğini güvence altına alan sistemin güç dengesine zarar vereceğini anladılar.

Belki de Roosevelt sonraki adımda yasama faaliyetleri için çoğunluk elde etmeye çalışmanın çok fazla tavize ve zaman kaybına neden olduğuna karar verecek ve bunun yerine çoğulculuğa ve Birleşik Devletler'in siyasal sistemine tümden zarar verecek şekilde kararnamelerle yönetmeyi tercih edecekti. Kongre kesinlikle bunu onaylamayacak fakat Roosevelt Kongre'nin Buhran'la mücadele için gerekli tedbirlerin alınmasına engel olduğu iddiasıyla ulusa çağrıda bulunacaktı. Kongre'yi kapatmak için polisi kullanabilirdi. Pek de inandırıcı gelmiyor mu? 1990'larda Peru ve Venezuela'da aynen böyle oldu. Başkan Fujimori ve Chávez işbirliğine yanaşmayan kongreleri kapatmak için arkalarındaki halk desteğine başvurdular ve başkanın güçlerini muazzam ölçüde artırmak için anayasalarını yeniden yazdılar. 1720'lerde Walpole'un İngiliz mahkemelerine hile karıştırmasını ve Birleşik Devletler Kongresi'nin Roosevelt'in üye sayısını artırma planını desteklemesini engelleyen, tam da çoğulcu siyasal kurumların idaresinde iktidarı paylaşanların bu kaygan zemininden duydukları korkuydu. Roosevelt verimli döngünün gücüyle karşı karşıya gelmişti.

Fakat bu mantık her zaman bu şekilde işlemez; özellikle de bazı kapsayıcı özelliklere sahip olsalar da büyük ölçüde sömürücü nitelikteki toplumlarda. Roma ve Venedik örneklerinde bu dinamikleri görmüştük. Başka bir örnek için Roosevelt'in başarısız üye artırma girişimini Arjantin'deki benzer girişimlerle karşılaştırabiliriz: Sömürücü ekonomik ve siyasal kurumların ezici çoğunlukta olduğu bir ortamda Arjantin'de de son derece benzer mücadeleler meydana gelmişti.

Arjantin'de 1853'teki anayasayla ABD Yüksek Mahkemesi'nin görevleriyle benzer görevlere sahip bir Yüksek Mahkeme kuruldu. 1877 tarihli bir kararla ABD Yüksek Mahkemesi gibi Arjantin mahkemesi de belirli yasaların anayasaya uygun olup olmadığına karar verme rolünü üstlendi. Teoride, Yüksek Mahkeme Arjantin'de kapsayıcı ekonomik kurumların temel unsurlarından biri haline gelebilirdi fakat geri kalan siyasal ve ekonomik kurumlar son derece sömürücü nitelikteydi ve böyle de kaldılar; ayrıca Arjantin'de ne toplumun geniş kitlelerin yetkilendirilmesinden ne de çoğulculuktan eser vardı. Birleşik Devletler'de olduğu gibi Arjantin'de de Yüksek Mahkeme'nin anayasal rolüne meydan okundu. 1946'da Juan Domingo Perón demokratik bir seçimle Arjantin'in başkanı oldu. Perón eski bir albaydı, ilk kez 1943'teki askeri darbeyle adını duyurdu ve bu darbe sonrasında çalışma bakanlığına getirildi. Bu makamdayken işçi sendikaları ve işçi hareketleriyle, başkanlık adaylığı için büyük önem taşıyacak bir siyasal koalisyon oluşturdu.

Perón'un zaferinden kısa bir süre sonra Temsilciler Meclisi'ndeki destekçileri Yüksek Mahkeme'nin beş üyesinden dördü hakkında meclis soruşturması talep ettiler. Yöneltilen suçlamalar muhtelifti. Bunlardan biri 1930 ve 1943'teki iki askeri rejimi yasal kabul etmenin anayasaya aykırılığına ilişkindi ki, bu durum Perón'un bunlardan ikincisinde kilit bir rol üstlenmesi nedeniyle oldukça ironikti. Bir diğeri, mahkemenin –tıpkı Birleşik Devletler'deki muadilinin yaptığı gibi– iptal ettiği yasaya odaklanıyordu. Perón başkan seçilmeden hemen önce mahkeme onun yeni ulusal işçi-işveren ilişkileri kurulunun anayasaya aykırı olduğuna hükmeden bir karar çıkarmıştı. Tıpkı Roosevelt'in 1936'da yeniden başkan seçilmek için yürüttüğü kampanyada Yüksek Mahkeme'yi ağır biçimde eleştirdiği gibi, Perón da 1946'da yürüttüğü kampanyada aynı yola başvurdu. Meclis soruşturmasının başlamasından dokuz ay sonra Temsilciler Meclisi üç yargıcı itham etti, dördüncüsü zaten istifa etmişti. Senato önergeyi onadı. Ardından Perón dört yeni yargıç atadı. Mahkemeyi zayıflatmak, çok açık bir biçimde Perón'un siyasal kısıtlamalardan kurtulmasına yol açmıştı. Artık Arjantin'in kendisinden önceki ve sonraki askeri rejimlerinin yaptıkları gibi denetim dışı güç kullanabilirdi. Örneğin henüz atadığı yargıçlar, ana muhalefet partisi lideri Ricardo Balbín'in Perón'a saygısızlık etmekten suçlu bulunmasının anayasaya uygun olduğuna hükmettiler. Perón artık fiilen bir diktatör olarak hüküm sürüyordu.

Perón'dan sonra Arjantin'de her yeni başkanın kendi Yüksek Mahkeme yargıçlarını seçmesi bir ilke haline geldi. Böylece yürütmenin gücüne belirli ölçüde kısıtlama getirebilecek siyasal bir kurum ortadan kayboldu. Perón rejimi 1955'te bir başka darbeyle alaşağı edildi, ardından iktidar uzun bir süre askeri ve sivil idareler arasında el değiştirdi. Bu yeni askeri ve sivil rejimlerin hepsi de yargıçlarını kendileri seçtiler. Fakat Arjantin'de Yüksek Mahkeme yargıçlarını seçmek yalnızca askeri ve sivil idareler arasındaki geçişlerle sınırlı bir faaliyet değildi. 1990'da Arjantin sonunda demokratik seçimle gelen hükümetler arasındaki bir geçişe sahne oldu ve bir demokratik hükümeti diğer bir demokratik hükümet izledi. Fakat bu tarihten sonra da demokratik hükümetler iş Yüksek Mahkeme'ye geldiğinde askeri hükümetlerden pek farklı davranmadılar. Yeni başkan Peróncu Parti'den Carlos Saúl Menem'di. Mevcut Yüksek Mahkeme 1983'teki demokrasiye geçişten sonra Radikal Parti Başkanı Raúl Alfonsín tarafından atanmıştı. Bu demokratik bir geçiş olduğundan Menem'in kendi mahkemesini ataması için bir neden olmamalıydı. Fakat seçimlere yaklaşıldığında Menem gerçek yüzünü göstermişti bile. Başarı sağlayamasa da sürekli olarak mahkeme üyelerini istifaya teşvik etmeye (hatta bunun için onlara gözdağı vermeye) çalıştı. Hâkim Carlos Fayt'a bir elçilik teklif ettiği gayet iyi bilinmektedir. Fakat azar işitti ve Fayt ona "Bunu benim yazdığımı unutma" diye not düştüğü *Hukuk ve Etik* adlı kitabını gönderdi. Fakat Menem yılmadı ve başkanlığa geldikten üç ay sonra Temsilciler Meclisi'ne Yüksek Mahkeme'nin üye sayısını beşten dokuza çıkarmayı teklif eden bir yasa tasarısı sundu. Argümanlarından biri Roosevelt'in 1937'de kullandığıyla aynıydı: Mahkemenin iş yükü çok ağırdı. Yasa hızla Senato ve Meclis'ten geçti ve bu da Menem'e dört yeni üye ataması için olanak tanıdı. İstediği çoğunluğa ulaşmıştı.

Menem'in Yüksek Mahkeme karşısındaki zaferi daha önce bahsettiğimiz türden kaygan zemin dinamiklerini harekete geçirdi. Bir sonraki adımı yeniden başkan seçilmesine engel olan sınırlamaları kaldırmak için anayasayı yeniden yazmak oldu. Tekrar başkan seçildikten sonra ise anayasayı yeniden yazmaya kalkıştı fakat bu kez durduruldu; Arjantin'in siyasal kurumları tarafından değil, onun şahsi hâkimiyetine karşı koyan Peróncu Parti'deki fraksiyonlar tarafından.

Arjantin bağımsızlığından itibaren Latin Amerika'yı kasıp kavuran çoğu anayasal sorundan nasibini aldı. Verimli bir döngüye değil kısır bir döngüye yakalanmıştı. Bunun sonucunda olumlu gelişmeler, örneğin bağımsız bir Yüksek Mahkeme kurulmasına yönelik ilk adımlar, hiçbir zaman tutunacak bir zemin bulamadı. Çoğulcu rejimlerde hiçbir grup bir diğerinin iktidarını devirmeyi istemez ya da buna cüret etmez; çünkü daha sonra kendi iktidarlarına da meydan okunmasından çekinirler. Ayrıca gücün geniş kesimlere dağılmış olması da böyle bir hadiseyi güçleştirir. Bir Yüksek Mahkeme, mahkemenin bağımsızlığına zarar verecek girişimleri püskürtmeye hazır olan ve bunun için kayda değer bir destek sağlayan geniş bir toplumsal kesimin varlığıyla güçlü olabilir. Birleşik Devletler'deki durum buydu; fakat Arjantin'de değildi. Oradaki kanun koyucular bunun bizzat kendi mevkilerini tehlikeye sokacağını bile bile [Yüksek] Mahkeme'yi zayıflatmaktan memnunlardı. Bunun nedenlerinden biri, sömürücü kurumlara sahipseniz Yüksek Mahkeme'yi devirmekle elinize geçecek çok şey olması ve potansiyel kazançların alacağınız riske değmesidir.

Olumlu etkileşim ve verimli döngü

Kapsayıcı ekonomik ve siyasal kurumlar kendiliğinden ortaya çıkmaz. Genellikle ekonomik gelişime ve siyasal değişime direnen elitler ile onların ekonomik ve siyasal güçlerini sınırlamak isteyenler arasındaki ciddi mücadelenin ürünüdür. Kapsayıcı kurumlar bir dizi etkenin elit kesimin iktidarını zayıflatıp rakiplerini güçlendirdiği ve çoğulcu bir toplumun inşası için teşvik yarattığı kritik dönemeçlerde ortaya çıkar; tıpkı İngiltere'deki Görkemli Devrim'de ya da Kuzey Amerika'daki Jamestown kolonisinin kuruluşunda olduğu gibi. Siyasal mücadelenin sonucu hiçbir zaman kesin değildir; dönüp baktığımızda pek çok olay kaçınılmaz olarak görünse bile, tarihin rotası olumsaldır. Yine de kapsayıcı ekonomik ve siyasal kurumlar bir kez sahneye çıktıklarında bu kurumların kalıcı hale gelmesini hatta genişlemesini muhtemel kılan bir verimli döngü, yani bir olumlu etkileşim süreci oluşturmaya eğilimlidir.

Verimli döngü çeşitli mekanizmalarla iş görür. Birincisi, çoğulcu siyasal kurumlar iktidarın bir diktatör, hükümet içindeki bir fraksiyon ve hatta iyi niyetli bir başkan tarafından gasp edilmesini çok daha zor hale getirir: Franklin Roosevelt Yüksek Mahkeme'nin getirdiği sınırlamalardan kurtulmaya çalıştığında ya da Sir Robert Walpole uzun uzadıya beklemeden Black Act'i uygulamak istediğinde karşılaştığı buydu. Gücün bir bireyin ya da dar bir grubun elinde yoğunlaşması her iki durumda da çoğulcu siyasal kurumların temellerine zarar verir ve çoğulculuğun gerçek ölçütü tam da bu tür girişimlere karşı direnç gösterme kabiliyetindedir. Ayrıca çoğulculuk hukukun üstünlüğü nosyonunu, yani yasaların herkese eşit uygulanması gerektiği ilkesini yüceltir; bu bir mutlak monarşide doğal olarak imkânsız bir şeydir. Fakat öte yandan hukukun üstünlüğü de yasaların basitçe bir grup tarafından bir başka grubun haklarına tecavüz etmek için kullanılamaması demektir. Dahası, hukukun üstünlüğü ilkesi insanların yalnızca yasa önünde değil siyasal sistemde de eşit olmaları gerektiği görüşününü ileri sürerek siyasal süreç için daha fazla katılımın ve daha büyük kapsayıcılığın önünü açar. 19. yüzyılda daha fazla demokrasi için yükselen güçlü talepler karşısında İngiliz siyasal sisteminin direnebilmesini güçleştiren ve yavaş yavaş tüm yetişkinlere oy hakkının kapılarını açan ilkelerden biri de buydu.

İkincisi, daha önce birçok kez gördüğümüz gibi, kapsayıcı siyasal sistemler kapsayıcı ekonomik sistemleri destekler ve onlardan destek görür. Bu da verimli döngünün başka bir mekanizmasını oluşturur. Kapsayıcı ekonomik kurumlar kölelik ve serflik gibi sömürücü ekonomik ilişkilerin en korkunç örneklerini ortadan kaldırır, tekellerin önemini azaltır ve dinamik bir ekonomi yaratır: Tüm bunlar, en azından kısa vadede, siyasal iktidarın gasp edilmesiyle elde edilebilecek ekonomik kazançları azaltır. 18. yüzyıla gelindiğinde Britanya'da ekonomik kurumlar zaten yeterli ölçüde kapsayıcı hale geldiğinden elitler iktidara sarılarak fazla bir şey elde edemeyecekleri gibi, daha fazla demokrasi talep edenlere yaygın biçimde baskı uygulayarak çok şey kaybedebilirlerdi. Verimli döngünün bu yönü 19. yüzyıl İngiltere'sinin demokrasi yolundaki tedrici ilerleyişini hem elit için daha az tehlikeli hale getirdi hem de bu ilerlemenin başarı şansını artırdı. Bu tablo, ekonomik kurumların hâlâ son derece sömürücü olduğu, dolayısıyla elit kesimin gücü paylaşması halinde kaybedecek çok fazla şeyinin olduğu ve bu yüzden de 19. yüzyılın ilerleyen tarihlerindeki siyasal kapsayıcılık taleplerinin bastırıldığı Avusturya-Macaristan ve Rusya İmparatorlukları gibi mutlakıyetçi rejimlerdeki durumdan son derece farklıdır.

Son olarak, kapsayıcı siyasal kurumlar özgür basının gelişmesine izin verir ve genellikle özgür basın da halkı bilgilendirerek kapsayıcı kurumlara yönelik tehditler karşısında muhalefeti harekete geçirir; tıpkı Hırsız Baronların artan ekonomik hâkimiyetinin Birleşik Devletler'in kapsayıcı ekonomik kurumların özünü tehdit ettiği 19. yüzyılın son, 20. yüzyılın ilk çeyreğinde olduğu gibi.

Kadim çatışmaların sonuçları olumsallıklarını sürdürseler de, verimli döngü bu mekanizmalar sayesinde kapsayıcı kurumların kalıcı hale gelmesine, tehditlere direnmelerine ve yayılmalarına (Britanya ve Birleşik Devletler'de olduğu gibi) yönelik güçlü bir eğilim yaratır. Ne yazık ki, sonraki bölümde göreceğimiz gibi, varlıklarını sürdürebilmek için sömürücü kurumlar da aynı ölçüde etkili kuvvetler yaratır; bu da kısırdöngü sürecidir.

12

Kısırdöngü

Artık Bo'ya tren yok

1896'da Batı Afrika ülkesi Sierra Leone'nin tamamı bir İngiliz sömürgesine dönüştü. Başkent Freetown aslında ülkesine dönen azat edilmiş köleler için 18. yüzyıl sonlarında bir yurt olarak kurulmuştu. Fakat Freetown bir İngiliz sömürgesine dönüştüğünde Sierra Leone'nin iç bölgeleri hâlâ pek çok Afrika krallığından oluşuyordu. 19. yüzyılın ikinci yarısında Afrikalı hükümdarlarla yapılan bir dizi antlaşmayla İngilizler hâkimiyetlerini yavaş yavaş iç bölgelere doğru genişlettiler. 31 Ağustos 1896'da İngiliz hükümeti bu antlaşmalar uyarınca sömürgeyi *protektora* ilan etti. İngilizler önemli hükümdarları tanıdılar ve onlara yeni bir unvan verdiler: Yüce Şef (paramount chief). Örneğin İngilizler Doğu Sierra Leone'deki modern elmas madenciliği bölgesi Kono'da güçlü bir savaşçı kral olan Suluku'yla karşılaştılar. Kral Suluku, Yüce Şef Suluku'ya dönüştürüldü ve protektoraya bağlı bir idari birim olarak Sandor Şefliği kuruldu.

Suluku gibi krallar bir İngiliz idarecisiyle antlaşmalar imzalasalar da bu antlaşmaların bir sömürge kurmak için *carte blanche* [23] olarak yorumlanacağını anlamamışlardı. Ocak 1898'de İngilizler bir kulübe vergisi (her haneden toplanan 5 şilinlik vergi) koymaya çalıştıklarında şefler ayaklanıp "Kulübe Vergisi İsyanı" olarak bilinen bir iç savaş başlattılar. İç savaş kuzeyde başladıysa da en güçlü ve uzun soluklu olduğu yer güney, özellikle de Mende etnik grubunun hâkimiyetindeki Mendeland'di. Kulübe Vergisi İsyanı kısa sürede bastırıldı fakat İngilizlere Sierra Leone hinterlandını kontrol altına almanın zorluklarını da göstermiş oldu. İngilizler Freetown'dan iç bölgelere doğru bir demiryolu inşaatına çoktan başlamışlardı. Çalışma 1896 Mart'ında başladı ve demiryolu hattı

23. Açık çek; kayıtsız şartsız yetki. (ç.n.)

Aralık 1898'de Kulübe Vergisi İsyanı'nın ortasında Songo Town'a ulaştı. 1904'e ait İngiliz parlamento kayıtlarında şöyle deniyor:

> Sierra Leone Demiryolları hadisesinde, Şubat 1898'de patlak veren yerli ayaklanması bir süre için çalışmaların tamamen durmasına ve ekibin tüm düzeninin bozulmasına yol açtı. İsyancıların demiryoluna hücum etmesiyle ekibin tümü Freetown'a kaçmak zorunda kaldı [...] Bugün Freetown'a 55 mil uzaklıktaki Rotifunk o tarihte tamamen asilerin elindeydi.

Aslında Rotifunk 1894'teki demiryolu hattı planında yoktu. Rota isyanın başlamasının ardından değiştirildi, böylece kuzeydoğuya gidecek yerde Rotifunk ve Bo üzerinden güneye, Mendeland'e yöneldi. İngilizler hem Mendeland'e, isyanın merkezine, hem de başka isyanların patlak vermesi ihtimaline karşı hinterlandın karışıklık çıkması muhtemel diğer bölgelerine hızlı erişim sağlamak istiyordu.

Sierra Leone 1961'de bağımsızlığına kavuştuğunda İngilizler iktidarı Sir Milton Margai'ye ve onun güneyde, özellikle Mendeland'de ve doğuda destek bulan Sierra Leone Halk Partisi'ne (SLPP) devrettiler. Sir Milton'dan sonra başbakanlık koltuğuna 1964'te kardeşi Sir Albert Margai oturdu. 1967'de SLPP kıyasıya bir rekabetin hüküm sürdüğü bir seçimi muhalefetteki Siaka Stevens liderliğindeki Tüm Halk Kongresi Partisi (APC) karşısında kıl payıyla kaybetti. Stevens kuzeydeki Limbalardandı ve APC çoğunlukla kuzeyli etnik gruplardan Limba, Temne ve Loko'dan destek alıyordu.

Demiryolu başlangıçta İngilizlerin Sierra Leone'yi idare etmeleri için tasarlandıysa da 1967'ye gelindiğinde kahve, kakao ve elmas gibi ülkenin ihraç ürünlerinin çoğunun nakliyesinde ekonomik bir rol oynuyordu. Kahve ve kakao yetiştiren çiftçiler Mende'deydi ve demiryolu Mendeland'ın dünyaya açılan penceresiydi. 1967 seçimlerinde Albert Margai Mendeland'dan büyük oy almıştı. Stevens iktidarda kalmayı Mendeland'ın ihracatını artırmaktan çok daha fazla önemsiyordu. Yürüttüğü mantık basitti: Mende için iyi olan her şey SLPP için iyi, Stevens içinse kötüydü. Bu yüzden Mendeland'e giden demiryolu hattını söktü. Ardından icraatına devam etti ve değişimi mümkün olduğunca geri dönülemez hale getirmek için hattı ve demiryolu araçlarını elden çıkardı. Bugün bir araçla Freetown'dan Doğu'ya giderseniz harap haldeki Hastings ve Waterloo tren istasyonlarından geçersiniz. Artık Bo'ya tren yoktur. Stevens'ın sert icraatı elbette Sierra Leone ekonomisinin en faal sektörlerinden bazılarına ağır hasar verdi. Fakat iş iktidarı sağlama almakla ekonomik büyümeyi teşvik etmek arasında seçim yapmaya geldiğinde bağımsızlık sonrasının pek çok liderinin yaptığı gibi Stevens da iktidarı sağlama almayı seçti ve asla ardına bakmadı. Bugün artık Bo'ya giden bir tren bulamazsınız; çünkü tıpkı demiryollarının Rusya'ya devrim getireceğinden korkan Çar I. Nikola gibi Stevens da demiryolunun rakiplerini güçlendireceğinden korkmuştu. Sömürücü kurumların başındaki diğer pek çok idareci gibi siyasal gücüne meydan okunmasından korkuyordu ve bu meydan okumaları savuşturmak için ekonomik büyümeden vazgeçmeye hazırdı.

Stevens'ın stratejisi ilk bakışta İngilizlerinkiyle tezat oluşturuyor gibi gelebilir. Fakat aslında İngiliz idaresi ve Stevens rejimi arasında kısırdöngü mantığını ortaya koyan kayda değer miktarda süreklilik söz konusudur. Stevens, Sierra Leone'yi ülke halkının kaynaklarını benzer yöntemlerle sömürerek idare etti. 1985'te hâlâ iktidarda olmasının nedeni halkoyuyla yeniden seçilmesi değildi, 1967'de siyasal rakiplerini özellikle de SLPP üyelerini ortadan kaldırarak ya da taciz ederek katı bir diktatörlük kurmasıydı. 1971'de kendini yeniden başkan ilan etti ve 1978'den sonra Sierra Leone'nin yalnızca tek partisi vardı; Stevens'ın APC'si. Böylelikle Stevens iktidarını başarıyla sağlama almıştı; bunun bedeli hinterlandın büyük kısmının yoksullaşması olsa da.

İngilizler sömürgecilik döneminde Sierra Leone'yi idare etmek için Afrika'daki pek çok sömürgelerinde yaptıkları gibi bir dolaylı idare sistemi kullandılar. Bu sistemin temelinde vergi toplayan, adalet dağıtan ve düzen sağlayan "yüce şef"ler bulunuyordu. İngilizler kakao ve kahve üreticilerinin önüne set çekmediler; ürünlerini güya çiftçilere yardım edecek olan sömürge bakanlığının kurduğu bir pazarlama komitesine satmaya zorladılar. Tarım ürünlerinin fiyatları zamanla büyük dalgalanmalar gösterdi. Kakao fiyatları bir yıl yüksek bir yıl düşük olabiliyordu. Buna bağlı olarak çiftçilerin gelirlerinde de dalgalanma yaşanıyordu. Pazarlama komitelerini meşru göstermenin dayanağı fiyat dalgalanmalarını çiftçilerin değil, komitenin absorbe edecek olmasıydı. Dünya fiyatları yüksek olduğunda komite Sierra Leone'deki çiftçilere dünya fiyatlarından az ödeme yapıyor, dünya fiyatları düştüğündeyse fazla ödeme yapıyorlardı. Prensipte iyi bir fikir gibi duruyordu. Fakat işin aslı çok farklıydı. Sierra Leone Ürün Pazarlama Komitesi 1949'da kuruldu. Elbette komitenin iş görmesi için bir gelir kaynağına ihtiyacı vardı. Bunu elde etmenin doğal yolu, ister iyi ister kötü bir yılda olsun, ellerine geçmesi gerekenden bir parça az ödeme yapmaktı. Bu fonlar daha sonra genel giderler ve idari giderler için kullanılabilirdi. Çok geçmeden bu "bir parça az", çok daha aza döndü. Sömürge devleti pazarlama komitesini çiftçilerden yüksek vergi almanın bir yolu olarak kullanıyordu.

Çoğu kişi sömürge idaresinin Sahraaltı Afrika'da uyguladığı en kötü yöntemlerin bağımsızlığın ardından sona ereceğini ve pazarlama komitelerinin çiftçileri aşırı ölçüde vergilendirmek için kullanılmasının bir son bulacağını umuyordu. Fakat bunların hiçbiri gerçekleşmedi. Aslına bakılırsa, pazarlama komitelerinin çiftçilerin sömürülmesi için kullanılması daha da habis bir hal aldı. 1960 ortalarında hurma çekirdeği çiftçileri pazarlama komitesinden dünya fiyatının yüzde 56'sını; kakao çiftçileri yüzde 48'ini; kahve çiftçileri yüzde 49'unu alıyorlardı. Stevens 1985'te özenle seçtiği halefi Joseph Momoh'un başkan olması için görevinden istifa ettiğinde bu rakamlar sırasıyla yüzde 37, 19 ve 27'ydi. Bu rakamlar kulağa ne kadar acıklı gelse de çiftçilerin Stevens hükümdarlığı döneminde aldığından iyiydi: O dönemde fiyatlar genellikle yüzde 10'lara kadar düşüyordu ki, bu da çiftçilerin gelirinin yüzde 90'ının Stevens hükümeti tarafından sömürüldüğü ve bu gelirin yol ya da eğitim gibi kamu hizmetlerinin yerine getirilmesi için değil, kendini ve maiyetindekileri zenginleştirmek ve siyasal destek satın almak için kullanıldığı anlamına geliyordu.

İngilizler dolaylı idarenin bir parçası olarak yüce şefin ömür boyu makamda kalmasını da şart koşmuşlardı. Şefliğe hak sahibi olmak için tanınmış bir "hanedan"dan gelmek gerekiyordu. Şeflikte hanedanın tanımı zaman içinde değişmişti fakat esasen belirli bölgelerde kral soyundan ve 19. yüzyılda İngilizlerle antlaşma imzalayan elit ailelerden gelmeye dayanıyordu. Şefler seçimle geliyorlardı fakat bunlar demokratik seçimler değildi. Kimin yüce şef olacağına üyeleri daha az önemli köylerin şefleri olan ya da yüce şefler, köy şefleri ya da İngiliz yetkilileri tarafından atanan Kabile İdaresi adındaki bir organ karar veriyordu. Bu sömürge kurumunun bağımsızlıktan sonra kaldırılması ya da en azından reforma tabi tutulması beklenebilirdi. Fakat tıpkı pazarlama komisyonu gibi ona da bir şey olmadı ve değişmeden varlığını sürdürdü. Bugün yüce şefler hâlâ vergi toplama işini sürdürüyorlar. Artık topladıkları kulübe vergisi değilse de onun yakın bir akrabası; kelle vergisi. 2005'te Kono bölgesindeki Sandor'un kabile idaresi yeni bir yüce şef seçti. Fasuluku hanedanı tek hanedan olduğundan yalnızca Fasuluku hanedanının adayları başvurabildi. Kazanan King Suluku'nun torununun torunu olan Sheku Fasuluku'ydu.

Pazarlama komisyonlarının tutumu ve geleneksel toprak sahipliği sistemi Sierra Leone'de ve Sahraaltı Afrika'da tarımsal verimliliğin neden bu denli düşük olduğunu açıklamak için son derece yararlıdır. 1980'lerde siyaset bilimci Robert Bates iktisat ders kitaplarına göre tarımın Afrika'daki en dinamik ekonomik sektör olması gerekirken neden bu denli randımansız olduğunu çözmeye girişti. Sonunda bunun coğrafyayla ya da 2. bölümde tanımladığımız doğası gereği tarımsal verimliliği düşürdüğü kabul edilen etkenlerle hiçbir alakasının olmadığını gördü. Asıl neden pazarlama komitelerinin uyguladığı fiyat politikalarının çiftçilerin yatırım yapmaları, gübre kullanmaları ve toprağı korumalarına yönelik tüm teşvikleri yok etmesiydi.

Pazarlama komitelerinin politikalarının kırsal kesimin çıkarlarına hiç mi hiç uygun olmamasının nedeni bu çıkarları temsil edenlerin hiçbir siyasal güce sahip olmamasıydı. Bu fiyat politikaları başka temel etkenlerle birleşerek arazi kullanım hakkını güvenceden yoksun hale getiriyor ve yatırım teşviklerini daha da baltalıyordu. Sierra Leone'de yüce şeflerin işi yalnızca yasa ve düzeni korumak, adli hizmetleri yerine getirmek ve vergi almak değildi. Ayrıca "toprağın koruyucuları"ydılar. Aileler, klanlar ve sülaleler toprak için kullanım haklarına ve geleneksel haklara sahip olsalar da kimin nereyi süreceği konusunda son sözü söyleyen şefler oluyordu. Toprak mülkiyeti hakkınız ancak şefle bağlantınız varsa hatta aynı hanedandansanız güvencedeydi. Toprak alınıp satılamaz ya da bir kredi için teminat olarak gösterilemezdi ve eğer bir şefliğin dışında doğmuşsanız size *de facto* mülkiyet hakkı vereceği endişesiyle kahve, kakao ya da hurma ağacı gibi uzun ömürlü bir ekin dikemezdiniz.

İngilizlerin Sierra Leone'de geliştirdiği sömürücü kurumlar ile Avustralya gibi diğer sömürgelerde gelişen kapsayıcı kurumlar arasındaki tezat, madeni kaynakların işletilme biçiminden anlaşılabilir. Ocak 1930'da Doğu Sierra Leone'deki Kono'da elmas bulundu. Bu elmaslar alüvyaldi, yani derin madenlerden çıkmıyorlardı. Dolayısıyla onları çıkarmanın temel yöntemi nehirlerde elekten geçirmekti. Bazı sosyal bilimciler pek çok insanın madencilik yapmasına olanak tanıyarak potansiyel bir kapsayıcı fırsat yarattıkları için bunlara "demokratik elmaslar" diyor. Fakat Sierra Leone'de durum hiç de öyle değildi. İngiliz hükümeti elekten geçirerek elmas çıkarma yönteminin demokratik yönünü rahatlıkla göz ardı edip tüm protektora genelinde "Sierra Leone Selection Trust" adını verdikleri bir tekel kurdu ve onu Güney Afrikalı dev madencilik şirketi De Beers'e tahsis etti. Buna ilaveten 1936'da De Beers'a Sierra Leone'deki sömürge hükümetininkinden bile büyük bir ordu haline gelecek bir özel orduyu, "The Diamond Protection Force"u kurma yetkisi de verildi. Yine de, alüvyal elmasın yaygın biçimde bulunması denetimi güçleştiriyordu. 1950'lere gelindiğinde The Diamond Protection Force, muazzam bir çatışma ve kaos kaynağı olan binlerce yasadışı elmas madencisiyle boğuşuyordu. 1955'te İngiliz hükümeti bazı elmas bölgelerini Sierra Leone Selection Trust'ın dışındaki lisanslı madencilere açtı; fakat şirket hâlâ Yengema, Koidu ve Tongo Field'daki en zengin bölgeleri elinde tutuyordu. İşler bağımsızlıktan sonra daha da kötüye gitti. 1970'te Siaka Stevens "Sierra Leone Selection Trust"ı fiilen kamulaştırarak hükümetin (yani fiilen Stevens'ın) yüzde 51'lik bir hisse aldığı "National Diamond Mining Company (Sierra Leone) Limited"i kurdu. Bu, Stevens'ın ülkedeki elmas madenciliğini ele geçirme planının başlangıç aşamasıydı.

19. yüzyıl Avustralyası'nda herkesin dikkatini çeken elmas değil, 1851'de New South Wales ve yeni kurulmuş Victoria eyaletinde keşfedilen altındı. Sierra Leone'deki elmaslar gibi buradaki altın da alüvyaldi ve nasıl işletileceği hakkında bir karar verilmesi gerekiyordu. Daha önce tartıştığımız "İşgalciler"in (Squatters) önde gelen lideri John MacArthur'un oğlu James MacArthur gibiler maden bölgelerinin etrafına çit döşenmesini ve tekel hakkının açık artırmayla satılmasını teklif ettiler. Sierra Leone Selection Trust'ın Avustralya versiyonunu kurmak istiyorlardı. Gerçi, Avustralya'da pek çok kişi altın madenciliğinin yapıldığı bölgelere serbest erişim hakkı istiyordu. Kapsayıcı model galip geldi ve Avustralyalı yetkililer bir tekel kurmak yerine yıllık madencilik bedeli ödeyen herkese altın aramak ve çıkarma izni verdiler. Çok geçmeden, bu maceracılar ya da daha bildik bir tabirle altın arayıcıları, Avustralya siyasetinde özellikle de Victoria'da büyük bir güç haline geldiler. Genel oy hakkı ve gizli oyun gündeme gelmesinde önemli bir rol oynadılar.

Afrika'da Avrupa yayılmacılığı ve sömürge idaresinin iki habis etkisini daha önce görmüştük: Bunlar, Afrika'nın siyasal ve ekonomik kurumlarının sömürücü bir doğrultuda gelişmesini teşvik eden Atlantik köle ticaretinin başlaması ve Avrupalılarla rekabete girebilecek Afrika ticari tarımını saf dışı bırakmak için sömürge yasalarının ve kurumlarının kullanılması idi. Kölelik Sierra Leone'de kesinlikle bir güçtü. Sömürgecilik döneminde iç bölgelerde güçlü bir merkezi devlet yoktu, sadece karşılıklı husumet besleyen ve durmadan birbirine saldırıp karşı tarafın erkeklerini ve kadınlarını kaçıran çok sayıda krallık vardı. Kölelik yaygındı, muhtemelen nüfusun yüzde 50'si köle olarak çalışıyordu. Bölgesel hastalıklar beyaz nüfusa ait büyük ölçekli bir yerleşimin mümkün olmadığı anlamına geliyordu. Bu yüzden Afrikalılarla rekabet edecek beyazlar yoktu. Dahası, Johannesburg ölçeğinde bir madencilik ekonomisinin olmayışı, beyazların tarlalarından siyahi işgücüne talep olmamasının yanı sıra Apartheid Güney Afrika'sıyla benzer özelliklere sahip sömürücü işgücü piyasası kurumları oluşturmak için de bir teşvik bulunmadığı anlamına geliyordu.

Başka mekanizmalar da devredeydi. Sierra Leone'nin kakao ve kahve üreticileri beyazlarla rekabete girmemişlerdi fakat bir devlet tekeli olan pazarlama komitesi aracılığıyla hâlâ gelirlerine el konuluyordu. Ayrıca Sierra Leone dolaylı yönetimden de mustaripti. Dolaylı yönetime taraftar İngiliz yetkililer, Afrika'nın pek çok bölgesinde kontrolünü ele geçirebilecekleri merkezi bir idare sistemi olmayan halklarla karşılaştılar. Örneğin İngilizlerin 19. yüzyılda karşılaştıları Doğu Nijerya'daki Igbo halkının bir şefi yoktu. Ardından İngilizler onlara kıdemli şefler (*warrant chiefs*) yarattılar. İngilizler Sierra Leone'de dolaylı yönetimi mevcut kurumların ve idari sistemlerin üzerine inşa ettiler.

Yine de, 1896'da yüce şef olarak tanınan kişilerin tarihsel temellerinden bağımsız olarak, dolaylı yönetim ve onun yüce şeflere sağladığı güçler Sierra Leone'deki mevcut siyaseti tamamen değiştirdi. Her şeyden önce bir sosyal tabakalaşma sistemi getirdi; önceden bunların hiçbiri mevcut değildi. Şeflerin halk desteğine ihtiyaç duyduğu çok daha akıcı bir sistemin yerini bir kalıtsal aristokrasi aldı. Bu yeni yapılanma, Freetown ya da Britanya'daki patronlarına medyun şeflerin makamlarını ömür boyu koruduğu ve yönettikleri halka karşı çok daha az sorumlu olduğu katı bir sistemdi. İngilizler mevcut kurumları başka yollarla, örneğin meşru şeflerin yerine daha işbirlikçi kişiler getirerek yıktıkları için çok memnundular. Gerçekten de, bağımsız Sierra Leone'nin ilk iki başbakanını destekleyen Margai ailesi, Kulübe İsyanı'nda şef Nyama karşısında İngilizlerin tarafını tutarak Aşağı Banta şefliğinde iktidara geldi. Nyama görevden alındı, Margailer şef oldular ve 2010'a kadar mevkilerini korudular.

Burada asıl dikkat çekici olan, sömürgeci ve bağımsız Sierra Leone arasındaki sürekliliğin boyutlarıydı. İngilizler pazarlama komiteleri oluşturmuş ve bunları çiftçilerden vergi almak için kullanmışlardı. Sömürgecilik sonrası hükümetler bu sömürüyü daha da ileri boyutlara taşıdılar. İngilizler yüce şefler aracılığıyla dolaylı idare sistemini kurmuşlardı. Bağımsızlık sonrası hükümetler bu sömürgeci kurumları kaldırmayıp kırsal kesimi idare etmek için kullandılar. İngilizler bir elmas tekeli kurmuş ve Afrikalı madencileri uzak tutmaya çalışmıştı. Bağımsızlık sonrası hükümetleri de aynısını yaptı. Siaka Stevens'ın aksine, İngilizlerin demiryolunun Mendeland'ı yönetmek için iyi bir yol olduğunu düşündüğü doğrudur. İngilizler ordularına güveniyor ve bir isyan çıkarsa onu Mendeland'e gönderebileceklerini biliyorlardı. Oysa Stevens böyle bir şey yapamazdı. Güçlü bir ordu pek çok Afrika ülkesinde olduğu gibi Stevens'ın iktidarı için de bir tehdide dönüşebilirdi. Orduyu güçten düşürerek küçültmesinin ve kendisine bağlı özel olarak oluşturulmuş milis kuvvetleriyle şiddeti özelleştirmesinin nedeni buydu ve zamanla Sierra Leone'nin zaten zayıf olan mevcut devlet otoritesinin daha da zayıflamasını hızlandırdı. Ordunun yerini önce Sierra Leone'nin ondan çok çeken halkının "Seni Vururum"[24] adını verdiği İç Güvenlik Birimi ISU aldı. Ardından halkın "Sieka Steven'ın Köpekleri" adını verdiği Özel Güvenlik Birimi SSD geldi. Rejimi destekleyen bir ordunun olmayışı en nihayetinde rejimin sonunu da getirdi. 29 Nisan 1992'de APC rejimini iktidardan edenler Yüzbaşı Valantine Strasser komutasındaki 30 askerden ibaretti.

Sierra Leone'nin gelişimi, ya da neden gelişemediği, kısırdöngünün sonucu olarak ele alındığında çok daha iyi anlaşılır. İngiliz sömürge yetkilileri ilk başta sömürücü kurumlar inşa ettiler; bağımsızlık sonrası Afrikalı siyasetçilerse bu kurumları kendilerine mal etmeye dünden razıydılar. Bu örüntü Sahraaltı Afrika'nın her yerinde ürkütücü benzerlikler taşıyordu. Bağımsızlık sonrasında Gana, Kenya, Zambiya ve başka pek çok Afrika ülkesinde benzer umutlar vardı. Buna rağmen, tüm bu örneklerde sömürücü kurumlar kısırdöngünün öngördüğü bir örüntüyle yeniden oluşturuldu; tek fark bunların zamanla daha da habis hale gelmeleriydi. Örneğin, İngilizlerin oluşturdukları pazarlama kurumları ve dolaylı yönetim bu ülkelerin hepsinde varlığını korudu.

24. Baş harfleri ISU'ya denk gelen "I Shoot You"dan türetilen bir yakıştırma. (ç.n.)

Bu kısırdöngünün doğal sebepleri var. Sömürücü siyasal kurumlar çoğunluğun sırtından birkaç kişiyi zengin eden sömürücü ekonomik kurumlara yol açar. Böylelikle, sömürücü kurumlardan çıkar sağlayanların kendi (özel) ordularını kurmak, paralı askerler tutmak, yargıçlar satın almak ve iktidarda kalabilmek amacıyla seçimlere hile karıştırmak için kaynakları olur. Ayrıca sistemi savunmak için her türlü sebepleri bulunur. Dolayısıyla, sömürücü ekonomik kurumlar sömürücü siyasal kurumların ayakta kalması için bir platform oluşturur. Sömürücü siyasal kurumların olduğu rejimlerde iktidar kıymetlidir; çünkü denetime tabi değildir ve ekonomik zenginlik getirir.

Sömürücü siyasal kurumlar iktidarın kötüye kullanılmasına karşı denetim de sağlamaz. Bir iktidarın yozlaşıp yozlaşmadığı tartışmaya açıktır fakat Lord Acton mutlak iktidarın mutlak surette yozlaşacağını savunurken kesinlikle haklıdır. Önceki bölümde Franklin Roosevelt'in başkanlık yetkilerini toplumun çıkarlarına uygun olduğunu düşündüğü bir biçimde, yani Yüksek Mahkeme'nin getirdiği kısıtlamalar olmaksızın kullanmak istediğinde Birleşik Devletler'in kapsayıcı siyasal kurumlarının onun bu kısıtlamaları bir kenara itmesine engel olduğunu görmüştük. Sömürücü kurumların söz konusu olduğu koşullarda iktidar ne denli yozlaşmış ve toplum çıkarlarına zarar verir hale gelmiş olursa olsun, yetki kullanımı üzerindeki denetim son derece sınırlıdır. 1980'de Sierra Leone'de dönemin merkez bankası başkanı Sam Bangura, Siaka Stevens'ın politikalarını savurgan bularak eleştirdi. Çok geçmeden öldürüldü ve merkez bankası binasının en üst katından, epey "yerinde" bir ad taşıyan Siaka Stevens Caddesi'ne fırlatıldı. Bundan da anlaşıldığı gibi, sömürücü siyasal kurumlar aynı zamanda bir kısırdöngü oluşturma eğilimi de taşır; çünkü devletin güçlerini daha fazla gasp edip kötüye kullanmak isteyenlere karşı hiçbir savunması yoktur.

Kısırdöngülerin ortaya çıkmasına neden olan bir başka mekanizma da, sömürücü kurumların denetimsiz güç ve büyük bir gelir eşitsizliği yaratarak siyaset oyunundaki potansiyel kazançları artırmasıdır. Her kim devletin kontrolünü eline geçirirse bu denetimsiz güçten ve ürettiği zenginlikten çıkar sağladığından, sömürücü kurumlar iktidarı ve beraberinde getirdiği menfaatleri kontrol etmek için çıkan iç çatışmalara teşvik yaratır. Bu dinamiği Maya şehir devletlerinde ve Antik Roma'da görmüştük. Bu bilgiler ışığında, pek çok Afrika ülkesinin sömürgeci güçlerden devraldığı sömürücü kurumların iktidar mücadelelerinin ve iç savaşların tohumlarını ekmesi de şaşırtıcı değildir. Bu mücadeleler İngiliz İç Savaşı ve Görkemli Devrim'den çok farklı çatışmalardır. Bunlarda siyasal kurumların değişmesi, yetki kullanımına sınırlama getirilmesi ya da çoğulculuğun sağlanması için değil, iktidarı ele geçirmek ve bir grubu diğerlerinin sırtından zengin etmek için savaş verilmiştir. Sonraki bölümde daha detaylı bir biçimde göreceğimiz gibi bu çatışmalar Angola'da, Burundi'de, Çad'da, Fildişi Sahili'nde, Kongo Demokratik Cumhuriyeti'nde, Etiyopya'da, Liberya'da, Mozambik'te, Nijerya'da, Kongo Cumhuriyeti'nde, Ruanda'da, Somali'de, Sudan'da ve Uganda'da ve elbette Sierra Leone'de kanlı iç savaşlara dönüştü ve hem ekonomik yıkıma hem de eşi görülmemiş ıstıraplara neden oldu. Ve aynı zamanda devletin tümden iflasına.

Encomienda'dan toprak gaspına

14 Ocak 1993'te, Ramiro De León Carpio Guatemala Başkanı olarak yemin etti. Richard Aitkenhead Castillo'yu maliye bakanı, Ricardo Castillo Sinibaldi'yi kalkınma bakanı yaptı. Bu üç adamın ortak bir yanı vardı; üçü de doğrudan Guatemala'ya 16. yüzyıl başlarında gelen *conquistadorlar*'ın soyundan geliyorlardı. De León, ünlü Juan De León Cardona'nın soyundan gelirken Castillolar Meksika'nın fethinin en ünlü görgü tanığı ifadelerinden birini kaleme alan Bernal Díaz del Castillo'nun akrabalarıydı. Hernán Cortés'e verdiği bu hizmet karşılığında Díaz del Castillo bugün Guatemala'daki Antigua şehri olan Santiago de los Caballeros'un valiliğine atanmıştı. Pedro de Alvarado gibi diğer *conquistadorlar*'ın yanı sıra Castillo ve De León da birer hanedan kurdular. Guatemalalı sosyolog Marta Casaus Arzú Guatemala'da 22 ailelik çekirdek bir grup belirledi. Bunlar evlilik bağlarıyla 26 ailelik bir başka gruba bağlıydı. Soybilimsel ve siyasal çalışması bu ailelerin 1531'den beri Guatemala'nın ekonomik ve siyasal gücünü kontrol ettiğini öne sürüyordu. Hangi ailelerin bu elite dahil olduklarına dair daha da kapsamlı bir tarif, 1990'larda nüfusun yalnızca yüzde 1'inden biraz fazlasına karşılık geldiklerini gösteriyordu.

Sierra Leone'de ve Sahraaltı Afrika'nın çoğunda görülen kısırdöngü, sömürgeci güçlerin kurduğu, bağımsızlık sonrasında yerli liderlerin devraldığı sömürücü kurumlar biçiminde ortaya çıkıyordu. Orta Amerika'nın çoğu bölgesinde olduğu gibi Guatemala'da da kısırdöngünün daha basit, daha yalın bir biçimini görürüz: Ekonomik ve siyasal güce sahip olanlar bu gücü ellerinde tutmak için kurumlar inşa ederler ve bunda da başarılı olurlar. Bu tip kısırdöngüler sömürücü kurumların ve aynı elitlerin azgelişmişlikle birlikte kalıcı hale gelmesine yol açar.

Fetih döneminde Guatemala muhtemelen 2 milyon civarında Maya'dan oluşan nüfusuyla yoğun bir yerleşim bölgesiydi. Hastalık ve sömürü tüm Amerika'da olduğu gibi burada da büyük kayıplara neden oldu. Nüfus ancak 1920'lerde eski düzeyine gelebildi. Yerli halk, İspanyol İmparatorluğu'nun her tarafında olduğu gibi, *encomienda* verilen *conquistadorlar*'a tahsis edildi. Meksika ve Peru'nun sömürgeleştirilmesi bağlamında gördüğümüz gibi *encomienda* bir angarya sistemiydi ve sonradan özellikle *repartimiento* (Guatemala'da *mandamiento* olarak da bilinir) gibi buna benzer başka baskıcı kurumların önünü açmıştı. *Conquistadorlar*'ın torunlarından ve bazı yerli unsurlardan oluşan elit, yalnızca çeşitli angarya sistemlerinden değil *Consulado de Comercio* adlı tüccar loncası aracılığıyla kontrol altına alınmış ve tekelleştirilmiş bir ticaretten de istifade ediyordu. Guatemala nüfusunun büyük kısmı dağlık kesimde yaşıyordu ve sahilden çok uzaklardı. Yüksek nakliyat giderleri ihraç ekonomisinin hacmini düşürüyordu ve başlangıçta toprak çok değerli değildi. Büyük kısmı hâlâ *ejidos* denen komünal arazilere sahip yerli halkın elindeydi. Geri kalan arazi çoğunlukla boştu ve teoride devlete aitti. Ticareti kontrol edip vergilendirmek, toprağı kontrol etmekten daha kazançlıydı.

Tıpkı Meksika'da olduğu gibi, Guatemala eliti de Cadiz Anayasası'ndan hiç hoşnut olmadı ve bu anayasa tıpkı Meksika elitinin yaptığı gibi bağımsızlık ilan etmeleri için onlara cesaret verdi. Meksika ve Orta Amerika Federasyonu'yla yapılan kısa ömürlü bir birliğin ardından Guatemala'daki sömürge eliti Rafael Carrera diktatörlüğüyle 1839'dan 1871'e kadar hüküm sürdü. Bu dönem boyunca *conquistadorlar*'ın soyundan gelenler ve yerli elit, sömürgecilik döneminden kalma sömürücü kurumları hemen hemen hiç değiştirmeden muhafaza ettiler. *Consulado* örgütü bile bağımsızlığın ardından değişmedi. Bu bir kraliyet kurumu olsa da memnuniyetle cumhuriyetçi bir hükümetin idaresi altında varlığını sürdürdü.

Dolayısıyla bağımsızlık, tıpkı Meksika da olduğu gibi, sadece önceden var olan yerel bir elitin yaptığı bir darbeden ibaretti; büyük çıkar sağladıkları mevcut sömürücü ekonomik kurumları olduğu gibi devam ettirdiler. İronik olan, bu dönem boyunca *Consulado*'nun ülkenin ekonomik gelişiminden sorumlu olmaya devam etmesiydi. Fakat tıpkı bağımsızlık öncesi olduğu gibi, *Consulado*'nun çıkarları ülkenin çıkarlarından önce geliyordu. *Consulado*'nun sorumluğundaki alanların bir kısmını da liman ve yol yapımı gibi bazı altyapı faaliyetleri oluşturuyordu fakat Avusturya-Macaristan, Rusya ve Sierra Leone'de olduğu gibi, bu durum çoğunlukla yaratıcı yıkım tehdidi doğuruyordu ve bu da sistemi istikrarsız hale getirebilirdi. Bu nedenle altyapı iyileştirilme faaliyetleri hayata geçirilecek yerde sık sık dirençle karşılaşıyordu. Örneğin, teklif edilen projelerden biri Pasifik Okyanusu'na bakan Suchitepéquez sahilinde bir liman inşa edilmesiydi. O tarihlerde işe yarar limanlar yalnızca Karayip sahillerindeydi ve bunlar da *Consulado*'nun kontrolündeydi. *Consulado*, Pasifik tarafında hiçbir şey yapmadı çünkü bu bölgede inşa edilecek bir liman Mazatenango ve Quezaltenango'nun dağlık şehirlerinden gelen mallar için çok daha elverişli bir kanal açacak ve bu malların farklı bir pazara erişimi *Consulado*'nun dış ticaret üzerindeki tekeline zarar verecekti. Aynı mantık yine ülkenin tamamında *Consulado*'nun sorumluluğunda bulunan yol yapımı için de geçerliydi. Tahmin edilebileceği gibi rakip grupları güçlendirebileceği ya da potansiyel olarak kendisine ait tekeli ortadan kaldırabileceği için *Consulado* yol yapmaya da yanaşmamıştı. Bu adımların atılması için yine Batı Guatemala'dan ve Los Altos bölgesindeki Quezaltenango'dan baskı gelmişti. Fakat Los Altos ve Suchitepéquez sahili arasındaki yol imar edilseydi bu durum başkentteki *Consulado* tüccarlarıyla rekabet edecek bir tüccar sınıfı yaratabilirdi. Ve böylece yol imar edilmeden olduğu gibi kaldı.

Bu elit hâkimiyetinin sonucunda, 19. yüzyılda dünyanın geri kalanı hızla değişirken Guatemala bir zaman tüneline girdi. Fakat bu değişiklikler en nihayetinde Guatemala'yı da etkileyecekti. Buharlı tren, demiryolları ve yeni, çok daha hızlı gemiler nedeniyle nakliye maliyetleri düşüyordu. Üstelik Batı Avrupa ve Kuzey Amerika'daki insanların artan gelirleri Guatemala gibi bir ülkenin üretim potansiyeline sahip olduğu pek çok ürün için muazzam bir talep doğuruyordu.

Yüzyılın başlarında ihraç etmek amacıyla biraz çivit ve ardından koşnil üretildi, bunların ikisi de doğal boyaydı. Fakat kahve üretiminin başlamasıyla daha kazançlı fırsat doğacaktı. Guatemala'nın kahve için elverişli toprağı boldu ve *Consulado*'dan hiçbir destek gelmediği halde üretim yaygınlaşmaya başladı. Kahvenin dünya fiyatı artıp uluslararası ticaretin genişlemesiyle muazzam bir kâr fırsatı doğdu ve Guatemala eliti kahveyle ilgi göstermeye başladı. Diktatör Carrera'nın uzun ömürlü rejimi en sonunda 1871'de aynı adla anılan dünya çapındaki harekete atfen kendilerine Liberaller diyen bir grup insan tarafından devrildi. Liberalizmin anlamı zamanla değişti. Fakat 19. yüzyılda Birleşik Devletler ve Avrupa'da bugünkü özgürlükçülüğe benziyordu ve bireylerin özgürlüğünü, sınırlı devleti ve serbest ticareti savunuyordu. Oysa Guatemala'da işler biraz farklı yürüyordu. Başlangıçta Miguel Garcia Granados'un, 1873'ten sonra ise Justo Rufino Barrios'un liderliğindeki Liberaller, ekseriyetle, liberal fikirleri olan yeni adamlar değildi. Genelde aynı aileler iş başında kaldı. Sömürücü ekonomik kurumları muhafaza ettiler ve kahveden istifade edebilmek için ekonomide muazzam bir yeniden örgütleme gerçekleştirdiler. 1871'de *Consulado*'yu lağvettiler fakat ekonomik koşullar değişmişti. Sömürücü ekonomik kurumların odağında artık kahve üretimi ve ihracı vardı.

Kahve üretimi için araziye ve işgücüne ihtiyaç vardı. Liberaller kahve tarlaları için tarım arazisi yaratmak amacıyla bir arazi özelleştirmesi dayattılar ki, aslında bu önceden ortak mülkiyette ya da devlet mülkiyetinde olan arazileri ele geçirmelerine olanak tanıyan bir arazi gaspından başka bir şey değildi. Girişimleri şiddetli itirazlarla karşılaşsa da, siyasal kurumların son derece sömürücü nitelikte olduğu ve siyasal gücün tekelde toplandığı Guatemala'da sonunda galip gelen elit kesim oldu. 1871 ile 1883 yılları arasında yaklaşık 1 milyon akrelik arazi; çoğunlukla yerlilere ait ortak araziler ve sınırdaki araziler, elitlerin eline geçti ve ancak o zaman kahve üretimi hızla arttı. Hedef büyük arazilerin oluşturulmasıydı. Özelleştirilmiş araziler açık artırmayla genellikle geleneksel elite dahil olanlara ya da onlarla bağlantısı olanlara satıldı. Ardından çeşitli angarya sistemlerinin hayata geçirilmesi ve yoğunlaştırılmasıyla liberal devletin baskıcı gücü büyük arazi sahiplerinin işgücü elde etmelerini kolaylaştırmak için kullanıldı. Kasım 1876'da Başkan Barrios tüm Guatemala valilerine şöyle yazıyordu:

> Ülke işlenerek istifade edilmeyi bekleyen büyük miktarda toprağa sahiptir; bunun gerçekleştirilmesi için gerekli çok sayıda işçinin bugün ülkenin üretim unsurlarını artırmak için başlatılan hareketin dışında kalması nedeniyle zirai ihracat için her türlü yardımı göstermeniz gerekmektedir.
>
> Bölgenizdeki *finca* [tarla] sahiplerinin gerekli işgücünü karşılamak için talep ettiği işçi adedini, elli ya da yüz olsun, bölgenizdeki yerlilerin yaşadığı kasabalardan tedarik edin.

Repartimiento, yani zorla çalıştırma, bağımsızlığın ilanından sonra zaten hiçbir zaman kaldırılmamıştı fakat şimdi hem kapsam hem de süre olarak genişletiliyordu. Bu durum 1877'de işverenlerin hükümetten arazilerinin bulunduğu bölgeden iseler 15, dışardan geliyorlarsa 30 gün çalıştırılmak için 60'a varıncaya kadar işçi isteyip alabileceğini belirten 177 sayılı kararnameyle kurumsallaştı. İşveren arzu ederse talep yenilenebilecekti. Bu işçiler kendilerine ait işçi karneleriyle söz konusu hizmeti yakın zamanda tatminkâr biçimde ifa ettiklerini ispat edemedikleri takdirde zorla çalıştırılabileceklerdi. Keza tüm tarım işçileri *libreta* denen, kim için çalıştıklarına ve ne kadar borçları olduğuna dair detaylar içeren bir işçi karnesi taşımaya zorlandı. Çoğu tarım işçisi işverenlerine borçluydu ve borçlu işçiler halihazırdaki işverenlerinin izni olmadan onları bırakamıyordu. Ayrıca 177 sayılı kararnameye göre *repartimiento* ile zorla çalıştırılmamanızın tek yolu halen bir işverene borçlu olduğunuzu göstermenizdi. İşçiler kapana kısılmıştı. Bu yasalara ek olarak, çok sayıda serserilik yasası kabul edildi; böylelikle bir işi olduğunu ispatlayamayan herkes derhal *repartimiento* için ya da yol yapımındaki başka angaryalar için işe alınacak, ya da bir tarlada çalıştırılmayı kabul etmeye zorlanacaktı. 19. ve 20. yüzyıl Güney Afrika'sında olduğu gibi 1871 sonrası toprak politikaları da yerli halkların geçimlik ekonomisini baltalamak ve onları düşük ücretlerle çalışmaya zorlamak için tasarlanmıştı. *Repartimiento* 1920'lere kadar varlığını korudu; *libreta* sistemi ve serserilik yasalarının her çeşidi Guatemala'da demokrasinin ilk kez ve kısa bir süre için yeşerdiği 1945'e kadar iş başındaydı.

Guatemala eliti, 1871 öncesinde olduğu gibi, ordunun güçlü isimleri aracılığıyla hüküm sürmeye devam etti. Kahve üretiminin patlama yapmasının ardından da bunu sürdürdüler. En uzun süre hüküm süren 1931 ile 1944 yılları arasında başkanlık yapan Jorge Ubico'ydu. Kimse ona karşı adaylığını koyacak kadar ahmak olmadığından Ubico 1931 başkanlık seçimlerini rakipsiz kazandı. *Consulado* gibi o da yaratıcı yıkıma neden olacak, hem siyasal gücünü hem de kendisinin ve elitin çıkarlarını tehlikeye atacak şeyler yapmayı uygun görmüyordu. Avusturya-Macaristan'da I. Franz ve Rusya'da I. Nikola gibi o da aynı nedenlerden ötürü sanayiye karşı çıktı; sanayi işçileri sorun yaratırdı. Paranoyaklığa varan baskıcı tutumunun ürünü olan benzeri görülmemiş bir yasayla *obreros* (işçiler), *sindicatos* (işçi sendikaları) ve *huelgas* (grevler) gibi sözcükleri yasakladı. Bu sözcüklerden herhangi birini kullanmanız halinde cezaevine girebilirdiniz. Ubico güçlü olsa da ipler elitin elindeydi. Rejim karşıtı muhalefet, 1944'te gösteriler düzenlemeye başlayan muhalif üniversite öğrencilerinin önderliğinde başladı. Halkın huzursuzluğu arttı ve 24 Haziran'da çoğu elit kesime mensup 311 kişi rejimi kınayan bir açık mektuba, *Memorial de los 311*'e imza attılar. Ubico 1 Temmuz'da istifa etti. Onu 1945'te demokratik bir rejim izlediyse de bu rejim 1954'te kanlı bir iç savaşa yol açan bir darbeyle devrildi. Guatemala ancak 1986'da yeniden demokratikleşti.

İspanyol *conquistadorlar* sömürücü bir siyasal ve ekonomik sistem kurmaktan çekinmemişlerdi. Ne de olsa Yeni Dünya'ya kadar gelmelerinin nedeni buydu. Fakat oluşturdukları kurumların çoğu geçici nitelikteydi. Örneğin *encomienda* işgücünü kontrol etmek için verilmiş geçici haklardı. 400 yüzyıl daha varlığını koruyacak bir sistemi nasıl inşa edeceklerine dair işe yarar bir planları yoktu. Aslına bakılırsa, oluşturdukları kurumlar zaman içinde kayda değer ölçüde değişime uğradı; değişmeyen tek şey kurumların sömürücü doğasıydı ki, bu da kısırdöngünün sonucuydu. Sömürü biçimi değişti fakat ne kurumların sömürücü doğası ne de elitin kimliği değişti. Guatemala'da *encomienda*, *repartimiento* ve ticaretin tekelleşmesi *libreta*'nın ve arazi gaspının önünü açtı. Fakat yerli nüfusun büyük çoğunluğunu oluşturan Maya yerlileri, haklarından ve kamu hizmetlerinden yoksun, eğitimsiz birer düşük ücretli emekçi olarak çalışmaya devam ettiler.

Orta Amerika'nın birçok yerinde olduğu gibi Guatemala'da da, tipik bir kısırdöngü örüntüsüyle, sömürücü siyasal kurumlar sömürücü ekonomik kurumları destekledi ve sömürücü ekonomik kurumlar da karşılığında sömürücü siyasal kurumlara temel oluşturup aynı elitin iktidarı elinde tutmasını sağladı.

Kölelikten Jim Crow'a

Guatemala'daki sömürücü kurumlar sömürgecilik döneminden modern zamanlara kadar aynı elitin sıkı kontrolü altında varlığını sürdürdü. Kahve üretimindeki patlamanın motive ettiği elitin arazi gaspı örneğinde olduğu gibi, kurumlarda görülen her değişiklik değişen çevreye uyum sağlamaya yönelikti. Birleşik Devletler'in güneyindeki kurumlar da İç Savaş'a kadar aynı ölçüde sömürücüydü. Ekonomi ve siyaset, geniş arazilere ve çok sayıda köleye sahip plantasyon sahiplerinden oluşan güneyli elitin hâkimiyetindeydi. Köleler ne siyasal ne de ekonomik haklara sahiptiler; aslına bakılırsa, çok az hakları vardı.

19. yüzyılın ortasına gelindiğinde Güney'in sömürücü ekonomik ve siyasal kurumları onu Kuzey'den kayda değer ölçüde yoksul hale getirmişti. Güney sanayiden yoksundu ve altyapı yatırımı nispeten azdı. 1860'ta toplam üretim hacmi Pennsylvania, New York ya da Massachusetts'inkinden azdı. Kuzeydoğu'daki yüzde 35'lik orana karşılık Güney'deki nüfusun yalnızca yüzde 9'u kentsel alanlarda yaşıyordu. Kuzey'deki demiryolu yoğunluğu Güney eyaletlerinden üç kat fazlaydı. Açılan kanalların uzunluğunda da durum aynıydı.

Harita 18, 1860'ta Birleşik Devletler'in köle nüfusunun yüzdelerinin grafiğini çıkararak köleliğin boyutlarını ortaya koyuyor. Güney'deki bazı eyaletlerde köleliğin hâkim olduğu çok açık; örneğin, Mississippi Nehri boyunca nüfusun yüzde 95'e yakını köle. Harita 19 ise bu durumun sonuçlarından birini, 1880'de imalat sektöründeki işgücü oranlarını sergiliyor. Bu oranlar 20. yüzyıl standartlarına göre hiçbir yerde yüksek değilse de, Kuzey ve Güney arasında belirgin farklar mevcut. Kuzeydoğunun birçok yerinde işgücünün yüzde 10'undan fazlası imalat sektöründe çalışırken Güney'de, özellikle de köle nüfusunun son derece yoğun olduğu bölgelerde, oran esasen sıfır düzeyinde.

Güney, uzmanlaştığı sektörlerde bile yenilikçi değildi; 1837'den 1859'a dek mısır ve buğdayla ilgili yenilikler için çıkarılan yıllık ortalama patent sayısı sırasıyla 12 ve 10'du; Güney'deki en önemli tahıl olan pamuk içinse yalnızca bir. Sanayileşme ve ekonomik büyümenin yakın bir zamanda başlayacağına ilişkin hiçbir gösterge mevcut değildi. Fakat İç Savaş'ta alınan yenilgiyi süngü zoruyla başlatılan esaslı bir ekonomik ve siyasal reform takip etti. Kölelik kaldırıldı ve siyah erkeklere oy hakkı tanındı.

Bu büyük değişimlerin Güneyli sömürücü kurumları kapsayıcı kurumlara dönüştürecek radikal bir dönüşümün önünü açması ve Güney'i bir ekonomik refah rotasına sokması gerekirdi. Fakat, işte bir başka kısırdöngü alameti örneği, böyle bir şey olmadı. Güney'de sömürücü kurumların bir uzantısı ortaya çıktı; fakat bu kez kölelik değil *Jim Crow* söz konusuydu. İddialara göre *Jim Crow* ifadesinin kökeni, 19. yüzyıl başlarında siyahi insanları konu alan ve "kara suratlı" beyazlar tarafından icra edilen "Zıpla Jim Crow" adlı bir taşlamaya dayanıyordu. Bu ifade 1865 sonrasında Güney'de uygulamaya koyulan tüm ırkçı yasaları ima eder hale gelmişti. Bunlar neredeyse sonraki yüzyıla, bir başka büyük çalkan-

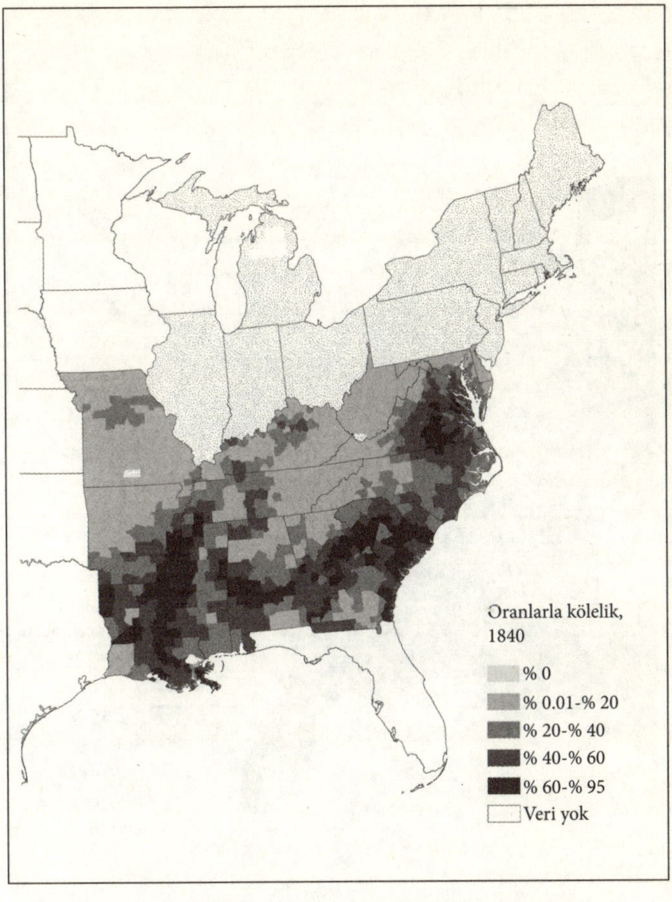

Harita 18: 1840'ta Birleşik Devletler'de köleliğin illere göre dağılımı.

tı olan Medeni Haklar Hareketi'ne kadar sürdü. Bu esnada siyahlar siyasal güçten uzak tutulmaya ve baskı görmeye devam ettiler. Düşük ücrete dayalı plantasyon tipi tarım ve eğitim düzeyi düşük işgücü varlığını korudu ve Güneylilerin gelir düzeyi Birleşik Devletler ortalamasına oranla daha da düştü. O tarihlerde sömürücü kurumların kısırdöngüsü çoğu kişinin zannettiğinden daha güçlüydü.

Köleliğin kalkmasına ve siyahlara oy hakkı verilmesine rağmen Güney'in ekonomik ve siyasal rotasının hiç değişmemesinin nedeni, siyahların siyasal gücünün ve ekonomik bağımsızlığının çok zayıf olmasıydı. Güneyli plantasyon sahipleri savaşı kaybetmiş fakat barışı kazanmışlardı. Hâlâ örgütlüydüler ve toprak hâlâ onlarındı. Savaş sırasında, özgürlüğüne kavuşan kölelere kölelik kaldırıldıktan sonra 40 akre toprak ve bir katır sözü verilmişti ve bazıları General William T. Sherman'ın ünlü seferleri es-

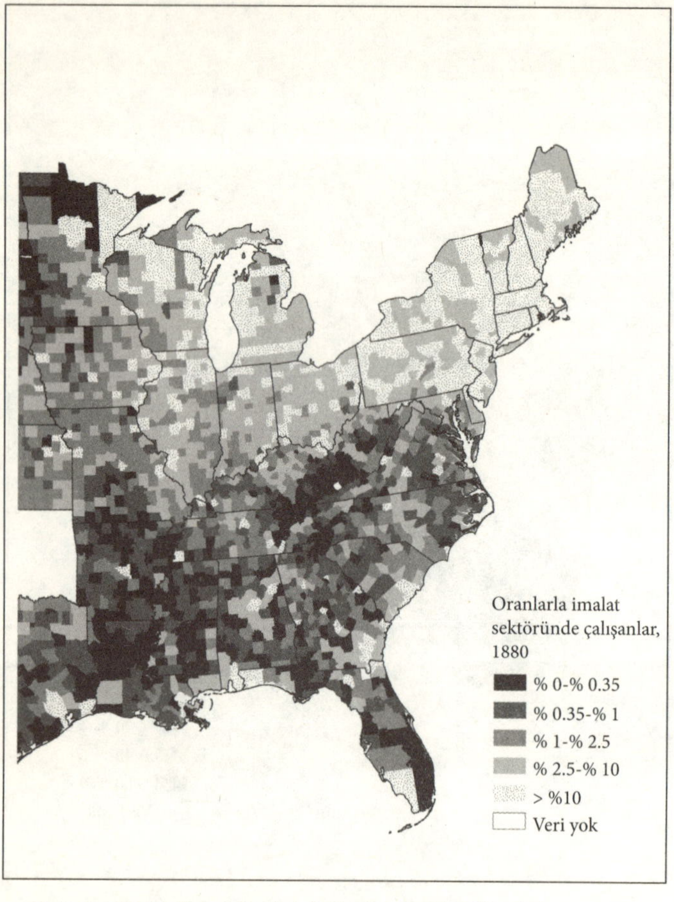

Harita 19: 1880'de Birleşik Devletler'de imalat sektöründeki istihdam oranları.

nasında bunlara sahip oldular da. Fakat 1865'te Başkan Andrew Johnson, Sherman'ın emirlerini yürürlükten kaldırdı ve umutla beklenen arazi bölüşümü hiçbir zaman gerçekleşmedi. Kongre'deki bu konuya ilişkin bir tartışmada kongre üyesi George Washington Julian büyük bir öngörüyle, "Aristokratik gücün eski tarımsal dayanakları olduğu gibi kalacaksa [...] köleliği tamamen kaldıracak bir kongre kararının ne faydası var?" diyordu. Bu, eski Güney'in "kurtuluşunun" ve Güneyli toprak sahibi elitin kalıcı hale gelişinin başlangıcıydı.

Sosyolog Jonathan Wiener Güney Alabama'nın beş idari bölgesinde plantasyon elitinin sürekliliği üzerine bir araştırma yaptı. Bu yerler en önemli pamuk bölgesi olan Black Belt'in (Siyah Kuşak) üzerindeydi. Birleşik Devletler nüfus sayımlarından ailelerin izlerini sürüp en az 10 bin dolarlık gayrimenkulü olan aileleri dikkate alarak 1850'de plantasyon elitinin 236 üyesinden 101'inin 1870'te de elite dahil olduğunu keşfetti. İlginç bir şekilde, bu süreklilik oranı İç Savaş öncesi dönemde görülenle büyük benzerlik taşıyordu; 1850'de plantasyon sahipleri arasında en zengin 236 aileden 10 yıl sonra yalnızca 110'u elit içindeki yerini korumuştu. Yine de, 1870'te en geniş arazilere sahip 25 aileden 18'i (yüzde 72) 1860'ta elit aileler arasında yer alıyordu; bunların 16'sı 1850'nin elit grubuna dahildi. İç Savaş'ta ölenlerin sayısı 600 bini geçerken plantasyon eliti çok az kayıp vermişti. Plantasyon eliti tarafından yine plantasyon eliti için tasarlanan yasa, ellerindeki her 20 köle için bir köle sahibini askerlikten muaf saymıştı. Güney'in plantasyon ekonomisini korumak uğruna yüzbinlerce insan ölürken büyük köle sahipleri ve onların oğulları savaşı verandalarından izlemiş ve böylece plantasyon ekonomisinin sürekliliğini garanti altına alabilmişlerdi.

Arazilerin kontrolünü elinde bulunduran elit plantasyon sahipleri savaşın bitiminin ardından işgücü üzerinde yeniden kontrol sağlamayı başardı. Köleliğin ekonomik kurumu kaldırılsa da, kanıtlar Güney'in ekonomik sisteminde ucuz işgücü kullanan plantasyon tipi tarıma dayalı bir damarın açık bir biçimde varlığını koruduğunu gösteriyor. Bu ekonomik sistem, yerel siyasetin kontrol altına alınması ve şiddet uygulanması da dahil, çeşitli kanallar üzerinden varlığını devam ettirdi. Bunun sonucunda, Afrika kökenli Amerikalı bilim insanı W.E.B. Du Bois'in sözleriyle Güney, "esasen siyah halkın gözünü korkutmak için uğraşan silahlı bir karargâh" haline geldi.

1865'te Alabama eyalet yasama meclisi siyahi işgücünün bastırılmasında önemli bir dönüm noktası olan "Black Code"u çıkardı. Guatemala'daki 177 nolu kararname gibi Alabama'nın Black Code'u da bir serserilik yasasından ve işçilerin "ayartılmasına" karşı bir yasadan oluşuyordu: İşgücünün dolaşımına engel olmak, emek piyasasındaki rekabeti azaltmak için tasarlanmış ve Güneyli plantasyon sahiplerinin güvenilir bir düşük ücretli işgücü havuzuna sahip olmayı sürdürmelerini sağlamıştı.

İç Savaş'ı takip eden "Yeniden Yapılanma" adıyla bilinen dönem 1865'ten 1877'ye kadar sürdü. Kuzeyli siyasetçiler Birlik Ordusu'nun da yardımıyla Güney'de bazı sosyal değişiklikler gerçekleştirdiler. Fakat sözde Güney'in kurtuluşunun peşindeki "Kurtarıcılar"a destek maskesi altında Güneyli elitten gelen sistematik tepkiler, eski sistemi yeniden yarattı. 1877 başkanlık seçimlerinde Rutherford Hayes seçmenler kurulunda Güney'in desteğine ihtiyaç duyuyordu. Bugün de mevcut olan bu kurul Birleşik Devletler Anayasası'nın yarattığı dolaylı başkanlık seçimi sisteminin merkezinde yer alıyordu. Yurttaşların oyları doğrudan başkanı seçmiyor, bunun yerine seçmenler kurulunda başkanı seçecek seçmenleri seçiyordu. Güneyliler seçmenler kurulunda gösterecekleri desteğin karşılığında Birlik askerlerinin Güney'den çekilmesini ve bölgenin kendi organlarına bırakılmasını talep ediyorlardı. Hayes bunu kabul etti. Güneylilerin desteğiyle başkan seçildi ve birlikleri geri çekti. 1877'yi takip eden dönem İç Savaş öncesinin plantasyon elitinin gerçek anlamda yeniden ortaya çıkışına tanıklık ediyordu. Güney'in kurtuluşu yeni kelle vergilerinin ve oy kullanabilmek için okuryazarlık sınavlarının getirilmesini de kapsıyordu. Bu sınavlar hem sistematik bir biçimde siyahları hem de, genellikle, yoksul beyaz nüfusu haklarından mahrum ediyordu. Bu girişimler başarılı oldu ve siyasal gücün plantasyon elitinin ellerine bırakıldığı Demokrat Parti güdümünde bir tek parti rejimi yarattı.

Jim Crow yasaları ayrı ve tahmin edileceği gibi kalitesiz okullar yarattı. Örneğin Alabama bunu 1901'de anayasasını yeniden yazarak sağladı. Akıllara durgunluk verecek şekilde, bugünkü Alabama anayasasının 256. maddesi, –artık yürürlükte olmasa da– hâlâ şöyle der:

> Yasanın [bir] devlet okulu sistemi kurma ve idame ettirme; devlet okulu fonu tahsis etme; beyaz ve renkli çocuklar için ayrı okullar kurma yükümlülüğü.
>
> Yasa tüm eyalette yedi ila yirmi bir yaşları arasındaki çocukların yararına liberal bir devlet okulları sistemi kurar, örgütler ve idame ettirir. Çeşitli illere okul çağındaki çocukların sayısı oranında devlet okulu fonu tahsis edilir ve okulların bulunduğu illerdeki ilçe ya da kazada mümkün olduğunca eşit yarıyıllar içinde okullara taksim edilir. Beyaz ve siyahi çocuklar için ayrı okullar kurulacak ve farklı ırklardan hiçbir çocuğun diğer ırkın okullarından birine gitmesine izin verilmeyecektir.

256. maddenin anayasadan çıkarılmasına yönelik bir yasa değişikliği 2004'te eyalet yasama organında kıl payıyla reddedildi. Haklarından mahrum etme, Alabama'nın Black Code'u gibi serserilik yasaları, çeşitli Jim Crow yasaları ve genellikle elit tarafından finanse edilen ve desteklenen Ku Klux Klan eylemleri, İç Savaş sonrası Güney'i siyahlar ile beyazların farklı hayatlar sürdüğü etkili bir apartheid toplumuna dönüştürdü. Güney Afrika'da ol-

duğu gibi, bu yasa ve uygulamalar siyah nüfusu ve onun işgücünü kontrol etmeyi hedefliyordu.

Ayrıca Washington'daki Güneyli siyasetçiler de Güney'in sömürücü kurumlarının sürekliliğini garantiye almak için uğraştılar. Örneğin, Güneyli elitin siyahi işgücü üzerinde kurduğu kontrolü tehlikeye atacak hiçbir federal projenin ya da bayındırlık hizmetinin onaydan geçmemesini sağladılar. Sonuç olarak Güney 20. yüzyıla hâlâ el emeği ve katır gücü kullanan ve neredeyse mekanik araçlardan hiç yararlanmayan, düşük eğitim düzeyi ve geri teknolojisiyle büyük ölçüde kırsal bir toplum olarak girdi. Kentsel alanlardaki nüfusun oranı artsa da hâlâ Kuzey'dekinden çok gerideydi. Örneğin 1900'de kuzeydoğuda nüfusun yüzde 60'ı kentlileşmişken Güney'de bu oran yüzde 13,5'ti.

Neticede, Birleşik Devletler'in güneyindeki toprak sahibi elitinin gücüne, plantasyon tarımına ve düşük ücretli, eğitim düzeyi düşük işgücüne dayalı sömürücü kurumlar, 20. yüzyıla kadar varlığını korudu. Bu kurumlar ancak İkinci Dünya Savaşı'nın ardından ve gerçek anlamda ancak Medeni Haklar Hareketi sistemin siyasal temelini yok ettiğinde yıkılmaya başladı. Güney ancak bu kurumların 1950'ler ve 60'larda yok olmasının ardından hızla Kuzey'i yakalama sürecine girdi.

Birleşik Devletler'in güneyi kısırdöngünün daha dirençli başka bir yönünü gösterdi: Tıpkı Guatemala'da olduğu gibi, Güneyli plantasyon eliti iktidarda kaldı ve iktidarının sürekliliğini sağlamak için ekonomik ve siyasal kurumları yapılandırdı. Fakat Guatemala'dan farklı olarak İç Savaş'ta aldığı yenilginin ardından, köleliği kaldıran ve siyahların tümüyle, anayasal biçimde siyasal katılımdan mahrum edilmesine son veren ciddi zorluklarla yüzleşti. Ancak demokrasilerde çareler tükenmez: Plantasyon eliti muazzam büyüklükteki arazilerin kontrolünü elinde tuttuğu ve örgütlü kaldığı sürece bir dizi yeni kurumu yapılandırdı ve aynı hedefe ulaşmak için köleliğin yerine Jim Crow'u getirdi. Kısırdöngü Abraham Lincoln de dahil çoğu kişinin düşündüğünden daha güçlü çıkmıştı. Kısırdöngü sömürücü ekonomik kurumlar yaratan sömürücü siyasal kurumlara dayanıyordu, karşılığında bu ekonomik kurumlar da sömürücü siyasal kurumlara destek veriyordu; çünkü ekonomik zenginlik ve güç siyasal gücü satın alabiliyordu. 40 akre ve bir katır gündemde yokken Güneyli plantasyon elitinin ekonomik gücü zarar görmeden kaldı ve beklenebileceği gibi, maalesef, sonuçlar Güney'in siyah nüfusu ve Güney'in ekonomik gelişimi için aynıydı.

Etiyopya'nın Süleyman hanedanı 1974'te bir askeri darbeyle devrilinceye kadar hüküm sürdü. Darbeyi düzenleyen Derg adında Marksist subaylardan oluşan bir gruptu. Derg'in iktidardan uzaklaştırdığı rejim sanki bir anakronizmle geçmiş yüzyıllardan birinde donup kalmış gibi görünüyordu. İmparator Haile Selassie güne İmparator II. Menelik'in 19. yüzyıl sonlarında inşa ettirdiği Büyük Saray'ın avlusuna gelerek başlardı. Onun gelişini bekleyen bir rütbeliler güruhu sarayın önünde yerlere kadar eğilip umutsuzca dikkatini çekmeye çalışırdı. İmparator, imparatorluk tahtında oturduğu kabul salonunda bir şeyler anlatarak ilgi odağı olurdu. Selassie kısa boylu bir adamdı; her gittiği yerde bir yastıkla ona eşlik eden özel bir görevli, oturduğunda ayakları havada kalmasın diye ayağının altında üzerine basabileceği uygun bir yastık bulundurmayı iş edinmişti. Yastık sorumlusunun her duruma uygun 52 yastıktan oluşan bir stoku vardı. Selassie bir dizi aşırı derecede sömürücü kurum aracılığıyla hüküm sürüyor, lütuf dağıtıp iltimas geçiyor ve sadakatsizliği insafsızca cezalandırıyordu. Süleyman hanedanının idaresindeki Etiyopya'da ekonomik gelişme adına sözü edilebilecek hiçbir şey yoktu.

Derg ilk önce ülkenin dört bir yanındaki farklı askeri birimlerden 108 temsilci oluşturdu. Harar vilayetindeki Üçüncü Tümen'in temsilcisi Mengistu Haile Mariam adında bir binbaşıydı. Derg subayları 4 Temmuz 1974'teki ilk deklarasyonlarında imparatora bağlılıklarını bildirseler de kısa zamanda hükümet üyelerini tutuklamaya başlayıp bunun ne büyüklükte bir muhalefete yol açacağını test ettiler. Selassie rejimine verilen desteğin güçlü olmadığına kanaat getirdiklerinde doğrudan imparatora yönelip 12 Temmuz'da onu tutukladılar. Ardından infazlar başladı. Eski rejimin çekirdeğinde yer alan pek çok siyasetçi çabucak öldürüldü. Aralık ayına gelindiğinde Derg, Etiyopya'nın sosyalist bir devlet olduğunu ilan etti. Selassie 27 Ağustos 1975'te öldü, muhtemelen öldürüldü. Derg 1975'te tüm kentsel ve kırsal arazileri ve pek çok türden özel mülkiyeti kamulaştırmaya başladı. Rejimin gittikçe artan otoriter tavrı tüm ülkede muhalefeti harekete geçirdi. Etiyopya'nın büyük bölümü daha önce değindiğimiz Adowa Savaşı'nın galibi imparator II. Menelik'in yayılmacı politikaları sonucunda, 19. yüzyıl sonu 20. yüzyıl başlarındaki Avrupa'nın sömürgeci genişlemesi sırasında birleştirildi. Bunlar arasında kuzeyde Eritre ve Tigray, doğuda Ogaden de vardı. Derg'in insafsız rejimine karşılık veren bağımsızlık hareketleri Eritre ve Tigray'de ortaya çıkarken Somali ordusu Somalice konuşulan Ogaden'i işgal etti. Derg de dağılmaya ve fraksiyonlara bölünmeye başladı. Aralarında en insafsız ve en zeki olanın Binbaşı Mengistu olduğu ortaya çıktı. Mengistu 1977 ortalarında başlıca rakiplerini saf dışı bıraktı ve çökmekten ancak o yılın kasım ayında Sovyetler Birliği ve Küba'dan muazzam miktarda silah ve asker sevkiyatıyla kurtulan rejimin kontrolünü tamamen ele geçirdi.

1978'de rejim Haile Selassie'nin devrilişinin dördüncü yılı vesilesiyle bir ulusal tören düzenledi. Mengistu, artık Derg'in tartışmasız lideriydi. Etiyopya'yı idare etmek için kendisine monarşi ilga edileli beri boş duran Selassie'nin Büyük Saray'ını seçmişti. Törende tıpkı eskinin imparatorları gibi varaklı bir koltukta oturup resmigeçidi izledi. Resmi faaliyetler bir kez daha Büyük Saray'da yürütülüyor ve Mengistu, Haile Selassie'nin eski tahtında oturuyordu. Mengistu kendini bir gerileme döneminin ardından 19. yüzyıl ortalarında Süleyman Hanedanı'nı yeniden kuran İmparator Tevodros'la karşılaştırmaya başlamıştı.

Bakanlarından biri, Dawit Wolde Giorgis, hatıratında şöyle diyor:

> Devrimin başlangıcında hepimiz geçmişe ilişkin her şeyi tamamen reddettik. Artık araba kullanmayacak ya da takım elbise giymeyecektik; kravat takmak suç sayıldı. Sizi hali vakti yerinde ya da burjuva gösteren her şey, bir tutam zenginlik ya da kültür, eski düzenin bir parçası olarak görülüp küçümsendi. Sonra, 1978 civarı, tüm bunlar değişmeye başladı. Maddiyat önce yavaş yavaş kabul edildi, ardından gerekli görüldü. En iyi Avrupa terzilerinin diktiği takım elbiseler tüm üst düzey devlet yetkililerinin ve Askeri Meclis üyelerinin üniforması haline geldi. Her şeyin en iyisine sahiptik; en iyi evler, en iyi arabalar, en iyi viski, şampanya, yemek. Bu, Devrim ideallerinin tamamen tersine dönmesiydi.

Giorgis ayrıca Mengistu'nun ülkenin tek hâkimi olduğunda nasıl hemen değiştiğini de canlı bir biçimde aktarıyor:

> Gerçek Mengistu yüzünü gösterdi; intikamcı, zalim ve otoriter [...] Eskiden içimizden biriymişçesine onunla elimiz cebimizde konuşan bizler, kendimizi onun önünde büyük bir dikkatle hazırolda bekleyip çekinerek saygı gösterirken bulduk. Eskiden ona hitap ederken *ante*, yani "sen" derken artık daha resmi biçimde *ersiwo*, yani "siz" di-

yorduk. Menelik Sarayı'nda daha büyük, daha pahalı bir ofise taşındı [...] İmparator'un arabalarını kullanmaya başladı [...] Eşitlik getirecek bir devrimimizin olması gerekiyordu; oysa o yeni imparatora dönüşmüştü.

Haile Selassie ile Mengistu arasındaki ya da Sierra Leone'nin İngiliz sömürge valileri ile Siaka Stevens arasındaki geçişin ortaya koyduğu kısırdöngü örüntüsü öylesine uç ve bazı noktalarda öylesine tuhaftır ki, özel bir ismi hak ediyor. 3. bölümde bahsettiğimiz gibi, Alman sosyolog Robert Michels bu durumu "Oligarşinin Tunç Yasası" olarak adlandırıyor. Michels oligarşilerin ve aslında tüm hiyerarşik örgütlerin iç mantığının, yalnızca iktidarda aynı elit varken değil, aynı zamanda tamamen yeni bir grup kontrolü ele geçirdiğinde de kendilerini yeniden üretmelerine yol açtığını ileri sürüyor. Michels'in beklemediği şeyse muhtemelen Karl Marx'ın tarihin tekerrürü –ilkinde trajedi, ikincisindeyse fars olarak– görüşünün bir yankısıydı.

Mesele yalnızca çoğu Afrikalı bağımsızlık sonrası liderinin aynı konuta yerleşmeleri, aynı iltimas ağlarını kurmaları ve piyasaları manipüle edip kaynakları sömürmek için, yerlerini aldıkları sömürge rejimleri ve imparatorlarla aynı yöntemlere başvurmaları değildi; mesele aynı zamanda işleri daha da kötü hale getirmeleriydi. Sadık bir sömürgecilik karşıtı olan Stevens'ın İngilizlerin kontrol altına almak istedikleri Mende halkının kontrolünü ele geçirmekle ilgilenmesi; İngilizlerin yetkilendirip hinterlandı kontrol altına almak için kullandıkları şeflere bel bağlaması; ekonomiyi aynı biçimde, yani çiftçilerin aynı pazarlama kurullarıyla mallarını ellerinden alarak ve elmas üretimini benzer bir tekelle kontrol ederek idare etmesi gerçekten de bir farstı. Mobutu diktatörlüğüne karşı bir ordu oluşturan ve insanları özgürleştirip Mobutu Zairesi'ndeki boğucu, yoksullaştırıcı yozlaşmayı ve baskıyı sona erdirmeyi vaat eden Laurent Kabila'nın daha sonra aynı ölçüde yozlaşmış ve belki daha da feci bir rejim kurması gerçekten de bir farstı; hem de çok acı bir fars. Daha önce Mobutu'nun enformasyon bakanı olan Dominique Sakombi Inongo'nun yardımı ve kışkırtmasıyla Mobutuvari kült bir kişilik geliştirmeye başlaması ve bizzat Mobutu rejiminin 100 yıldan uzun bir süre önce Kral Leopold'ün Özgür Kongo Devleti'nde başlayan kitlesel sömürü modellerini esas alması kesinlikle maskaralıktı. Marksist subay Mengistu'nun bir sarayda yaşamaya başlaması, kendini bir imparator olarak görmesi ve tıpkı Haile Selassie ve ondan önceki diğer imparatorlar gibi kendini ve maiyetindekileri zenginleştirmesi gerçekten de bir farstı.

Hepsi bir farstı, fakat aynı zamanda orijinal trajediden daha trajiklerdi ve bu yalnızca boşa çıkardıkları umutlar yüzünden değildi. Afrika'nın diğer pek çok hükümdarı gibi Stevens ve Kabila da önce rakiplerini sonra da masum yurttaşları öldürmeye başlayacaklardı. Mengistu ve Derg'in politikaları Etiyopya'nın bereketli topraklarına tekrarlanan kıtlıklar getirdi. Tarih tekerrür ediyordu; fakat çok çarpık bir biçimde. En sonunda bardağı taşırıp rejime karşı muhalefeti güçlendiren, 1973'te Wollo vilayetinde baş gösteren ve Haile Selassie'nin belli ki ilgilenmediği bir kıtlıktı. Selassie, en azından, yalnızca ilgisiz davranmıştı. Oysa Mengistu kıtlığı rakiplerinin gücünü kıracak siyasal bir araç olarak görmüştü. Tarih, Etiyopya yurttaşları ve Sahraaltı Afrika'nın çoğu bölgesi için yalnızca farsvari ve trajik değil, bir o kadar da zalimaneydi.

Oligarşinin Tunç Yasası'nın –kısırdöngünün bilhassa bu modelinin– özü, radikal değişim vaadiyle eski liderleri deviren yeni liderlerin, eskisinden farklı bir şey getirmemeleriydi. Oligarşinin Tunç Yasası'nı anlamak kısırdöngünün diğer biçimlerini anlamaktan bir bakıma daha zordur. Birleşik Devletler'in güneyindeki ve Guatemala'daki sömürücü kurumların sürekliliğinin mantığı gayet açıktır. Ekonomi ve siyasete yüzyıllar boyunca aynı gruplar egemen olmuştu. Birleşik Devletler'deki Güneyli plantasyon sahiplerinin İç Savaş sonrasında karşılaştığı gibi meydan okumalarla karşılaştıklarında dahi güçlerini kaybetmediler ve çıkar sağlamayı sürdürecekleri bir dizi benzer sömürücü kurumu yeniden hayata geçirmeyi başardılar. Fakat radikal değişim adına iktidara gelip aynı sistemi yeniden oluşturanları nasıl yorumlayabiliriz? Bu sorunun cevabı bir kez daha kısırdöngünün ilk bakışta göründüğünden daha kuvvetli olduğunu gösteriyor.

Oysa tüm radikal değişimler başarısızlığa mahkûm değildir. Görkemli Devrim radikal bir değişimdi ve belki de son iki bin yılın en önemli siyasal devrimine yol açmıştı. Kaos, aşırı şiddet ve Napoléon Bonaparte'ın yükselişi dikkate alındığında Fransız Devrimi daha da radikaldi; fakat yeni bir *ancien régime*, yani "yeni bir eski rejim" yaratmamıştı.

Görkemli Devrim ve Fransız Devrimi'nin ardından daha kapsayıcı siyasal kurumların ortaya çıkışını büyük ölçüde üç etken kolaylaştırmıştı. Birincisi, bizzat istifade edecekleri bir yaratıcı yıkım sürecinin başlamasını isteyen yeni tüccarlar ve işadamlarıydı; bu yeni adamlar devrimci koalisyonların kilit üyeleriydi ve kendilerini kurban seçecek bir başka sömürücü kurumlar dizisinin gelişimine seyirci kalmak istemiyorlardı.

İkincisi, her iki örnekte de ortaya çıkan geniş koalisyonun doğasıydı. Örneğin Görkemli Devrim dar bir grup tarafından düzenlenen ya da belirli sınırlı bir çıkarı temsil eden bir darbe değildi; tüccarların, sanayicilerin, eşrafın ve farklı siyasal toplulukların sahip çıktığı bir hareketti. Aynı durum büyük ölçüde Fransız Devrimi için de geçerliydi.

Üçüncü etken, İngiliz ve Fransız siyasal kurumlarının geçmişiyle ilgilidir. Bu kurumlar yeni ve daha kapsayıcı kurumların gelişebileceği bir zemin oluşturdular. Her iki ülke de bir parlamento geleneğine sahipti ve yetki paylaşımının kökleri İngiltere'de Magna Carta'ya, Fransa'da Ayanlar Meclisi'ne kadar uzanıyordu. Üstelik, her iki devrim de mutlakıyetçi rejimlerin ya da mutlakıyetçi olmaya can atan rejimlerin güçlerinin zayıfladığı bir süreçte cereyan etmişti. Söz konusu örneklerin hiçbirinde bu siyasal kurumlar yeni hükümdarların ya da dar bir grubun devletin kontrolünü ellerine geçirerek mevcut ekonomik zenginliği gasp etmelerini ve denetimden yoksun, kalıcı bir siyasal iktidar inşa etmelerini kolaylaştırmamıştı. Fransız Devrimi sonrasında Robespierre ve Saint-Just liderliğindeki dar bir grup kontrolü ele geçirdi ve bu da feci sonuçlar doğurdu. Fakat bu geçici bir durumdu ve daha kapsayıcı kurumlara doğru gidişatı değiştirmedi. Tüm bunlar aşırı derecede sömürücü ekonomik ve siyasal kurumlara ilişkin uzun bir geçmişi olan ve idarecilerinin gücü üzerinde herhangi bir denetim mekanizması bulunmayan toplumlardaki durumla tamamen zıttır. Bu toplumlarda kısmen daha kapsayıcı ekonomik ve siyasal kurumlar elde etmek için mevcut rejime karşı direnişi destekleyip finanse edecek güçlü yeni tüccarlar ya da işadamları yoktur; üyelerinin her birinin gücü üzerinde denetim uygulayacak geniş koalisyonlar yoktur; iktidarı gasp ya da istismar etmeye niyetlenecek yeni idarecileri kısıtlayacak siyasal kurumlar yoktur.

Bu nedenle, Sierra Leone'de, Etiyopya'da ve Kongo'da kısırdöngüye direnmek çok daha zordu ve kapsayıcı kurumlara yönelik girişimlerin başarıya ulaşma olasılığı çok daha düşüktü. Devletin kontrolünü ele geçirenlerin gücünü denetleyecek geleneksel ve tarihsel kurumlar da yoktu. Bu tür kurumlar Afrika'nın bazı kesimlerinde ve Botsvana'da mevcuttu, hatta sömürge döneminde bile ayakta kalmışlardı. Fakat Sierra Leone'nin tarihinde çok daha düşük bir öneme sahipti ve var olanlar da dolaylı yönetim yüzünden yozlaşmıştı. Aynı durum Kenya ve Nijerya gibi Afrika'daki diğer İngiliz sömürgeleri için de geçerliydi. Mutlakıyetçi Etiyopya krallığında ise hiçbir zaman var olmamışlardı. Kongo'da yerel kurumlar Belçikalı sömürge idaresi ve Mobutu'nun otokratik politikalarıyla güçsüz düşürüldü. Ayrıca bu toplumların hiçbirinde yeni rejimleri destekleyen, güvence altına alınmış mülkiyet hakları ve mevcut tekellere bir son verilmesini talep eden yeni tüccarlar ya da girişimciler de bulunmuyordu. Aslına bakılırsa sömürgecilik döneminin sömürücü ekonomik kurumları, girişimcilik ve iş adına geriye pek bir şey kalmadığı anlamına geliyordu.

Uluslararası toplum, sömürgecilik sonrasında Afrika'daki bağımsızlığın devlet planlaması ve özel sektörün geliştirilmesiyle ekonomik büyümeye yol açacağını düşünüyordu. Oysa ortada özel sektör diye bir şey yoktu; yeni hükümetlerde temsilcisi olmayan, bu nedenle de ilk kurbanlara dönüşecek kırsal bölgelerdekiler hariç. Belki de en önemlisi, bu örneklerin pek çoğunda iktidarda olmanın muazzam menfaatler sağlamasıydı; çünkü önceki sömürücü siyasal kurumlar yetki kullanımına hiçbir denetim getirmemişlerdi. Bu menfaatler hem Stevens gibi bu gücü tekeline almak isteyen son derece vicdansız adamları cezbediyor hem de bir kez iktidarı ele geçirdiklerinde onları daha da beter hale getiriyordu. Bu kısırdöngüyü kıracak hiçbir şey yoktu.

Olumsuz etkileşim ve kısırdöngüler

Zengin ülkeler büyük ölçüde son 300 yıl içinde belli bir noktada kapsayıcı kurumlar geliştirmeyi başardıkları için zengindirler. Bu kurumlar bir verimli döngüler süreciyle kalıcı hale geldiler. En başta yalnızca sınırlı ölçüde kapsayıcı (ve bazen kırılgan) olsa bile, bir olumlu etkileşim süreci yaratarak kapsayıcılıklarını giderek artıran dinamikler oluşturdular. İngiltere 1688'de Görkemli Devrim'in ardından bir demokrasiye dönüşmedi. Bilakis, nüfusun yalnızca küçük bir dilimi resmi temsile sahipti. Fakat asıl önemlisi İngiltere'nin çoğulcu olmasıydı. Çoğulculuk bir kez sağlandığında kurumların zamanla daha kapsayıcı hale gelmesine yönelik bir eğilim oluşmuştu; bu zorlu ve belirsizliklerle dolu bir süreç olsa bile.

Bu bağlamda İngiltere verimli döngüye tipik bir örnekti; kapsayıcı siyasal kurumlar yetki kullanımına ve gaspına kısıtlama getiriyordu. Ayrıca kapsayıcı ekonomik kurumlar oluşturma eğilimindeydiler ki, bu ekonomik kurumlar da karşılığında kapsayıcı siyasal kurumların süreklilik şansını artırıyorlardı. Kapsayıcı ekonomik kurumların olduğu koşullarda zenginlik, ekonomik gücünü orantısız bir siyasal güç oluşturmak için kullanacak küçük bir grubun elinde toplanmaz. Dahası, kapsayıcı ekonomik kurumlar varken siyasal gücü elde tutmakla sağlanacak menfaatler daha sınırlıdır, böylelikle devletin kontrolünü ele geçirmeye çalışacak gruplar ve hırslı yeni zengin bireyler için daha az teşvik söz konusudur. Etkenlerin bir kritik dönemeçte bir araya gelmesi, mevcut kurumlar arasındaki etkileşim ve kritik dönemecin beraberinde getirdiği fırsatlar ve tehlikeler de dahil olmak üzere, genellikle İngiltere örneğinde olduğu gibi kapsayıcı kurumların ortaya çıkmasına neden olur. Fakat bu kapsayıcı kurumlar bir kez devreye girdiğinde varlıklarını sürdürebilmeleri için aynı etkenlerin yeniden bir araya gelmesine ihtiyaç yoktur. Verimli döngüler de kayda değer ölçüde olumsallığa tabi olsa da, kurumların sürekliliğini sağlar ve genellikle toplumu daha fazla kapsayıcılığa taşıyacak dinamikleri harekete geçirir.

Verimli döngüler kapsayıcı kurumların sürekliliğini sağlarken kısırdöngüler de sömürücü kurumların sürekliliğini sağlayan büyük kuvvetler yaratır. Tarih kader değildir ve 14. bölümde göreceğimiz gibi, kısırdöngüler de kırılmaz değildir. Fakat dayanıklıdır. Sömürücü siyasal kurumların sömürücü ekonomik kurumları şekillendirdiği, karşılığında bu sömürücü ekonomik kurumların da sömürücü siyasal kurumların kalıcılığına dayanak oluşturduğu güçlü bir olumsuz etkileşim süreci yaratır. Bunu en açık biçimde Guatemala örneğinde gördük; aynı elit önce sömürgecilik döneminde, ardından bağımsız Guatemala'da, dört yüz yıl boyunca iktidarı elinde tutmuştu. Sömürücü kurumlar eliti zenginleştirir, elitin zenginliği de hâkimiyetine dayanak oluşturur.

Aynı kısırdöngü süreci Birleşik Devletler'in güneyindeki plantasyon ekonomisinin sürekliliğinde de göze çarpar; üstelik bu örnekte kısırdöngünün meydan okumalar karşısında büyük bir dayanıklılığa sahip olduğu da görülür. Güneyli plantasyon sahipleri İç Savaş'ın ardından ekonomik ve siyasal kurumlar üzerindeki hâkimiyetlerini resmi anlamda kaybettiler. Plantasyon ekonomisinin temeli olan kölelik kaldırıldı ve siyahlara eşit ekonomik ve siyasal haklar tanındı. Yine de İç Savaş plantasyon elitinin siyasal gücünü ya da bu gücün ekonomik temelini ortadan kaldırmadı ve böylelikle sistemi yeniden, farklı bir görünümde fakat hâlâ kendi yerel siyasal hâkimiyetleri altında ve aynı hedefe, plantasyonlar için düşük ücretli işgücü bolluğuna ulaşmak için yapılandırma olanağı buldular.

Kısırdöngü yalnızca bu biçimde, sömürücü kurumların elitin kontrolünde olduğu ve elitin bunların sürekliliklerinden kazanç sağladığı için yerlerini korumasıyla karşımıza çıkmaz; başka kısırdöngü biçimleri de vardır. İlk bakışa daha kafa karıştırıcı görünen fakat ne daha az gerçek ne de daha az kısır olan olumsuz etkileşimler çoğu ülkenin siyasal ve ekonomik gelişimini şekillendirmiştir; Sahraaltı Afrika'nın büyük bölümünde, özellikle de Sierra Leone ve Etiyopya'da yaşanan sömürgecilik sonrası deneyimler bu duruma örnek gösterilebilir. Sömürücü kurumların tepesindeki rejimin devrilmesi, sosyolog Robert Michels'ın "Oligarşinin Tunç Yasası" olarak tanımladığı bir biçimde, bir grup yeni efendinin aynı habis sömürücü kurumları kendi çıkarları için kullanmak üzere gelişinin habercisiydi.

Geriye dönüp bakıldığında, bu tür kısırdöngülerin mantığını kavramak kolaydır; sömürücü siyasal kurumlar yetki kullanımına çok az sınırlama getirir, yani aslında kendilerinden önceki diktatörleri devirenlerin yetki kullanımını ve istismarını kısıtlayacak hiçbir kurum yoktur ve sömürücü ekonomik kurumlar yalnızca iktidarı elde tutup diğerlerinin varlıklarına el koyarak ve tekeller kurarak bile büyük kazançlar ve servetler elde edilebileceği anlamına gelir.

Elbette, Oligarşinin Tunç Yasası, fizik yasaları gibi gerçek bir yasa değildir. İngiltere'de Görkemli Devrim ya da Japonya'da Meici Restorasyonu'nun gösterdiği gibi kaçınılmaz bir rota çizmez. Bu hadiselerdeki kapsayıcı kurumlara doğru büyük bir yönelişe eşlik eden kilit faktör mutlakıyetçiliğe karşı cephe alan ve mutlakıyetçi kurumların yerine daha kapsayıcı ve çoğulcu olanları getiren geniş tabanlı bir koalisyonun yetkilendirilmesiydi. Geniş tabanlı bir koalisyonla gelen bir devrim çoğulcu siyasal kurumların ortaya çıkışını daha olası kılar. Sierra Leone ve Etiyopya'da Oligarşinin Tunç Yasasını daha olası kılan yalnızca mevcut kurumların son derece sömürücü olması değildi, ayrıca ne önceki bağımsızlık hareketinin ne de sonraki Derg darbesinin geniş tabanlı koalisyonların gerçekleştirdiği devrimler değil, sömürü faaliyetini üstlenmek için iktidar peşinde olan bireylerin ve grupların işi olmasıydı.

Kısırdöngünün 5. bölümde Maya şehir devletleri tartışmamızda öngördüğümüz daha yıkıcı bir başka yönü vardır. Sömürücü kurumlar toplumda muazzam eşitsizlikler oluşturup gücü elinde tutanlar için büyük zenginlik ve denetimsiz güç sağladığından, devletin ve kurumların hâkimiyetini ele geçirmek isteyenler olacaktır. Dolayısıyla sömürücü kurumlar yalnızca bir sonraki sömürücü rejimin önünü açmakla kalmazlar, aynı zamanda bitmek bilmeyen iç çatışmalara ve iç savaşlara da neden olurlar. Bu iç savaşlar da daha fazla acıya sebep oldukları gibi, bu toplumların ulaştığı çok az bir merkezileşmeyi de yok ederler. Ayrıca bu, sıradaki bölümde göreceğimiz gibi, genellikle kanunsuzluğa, devletin acze düşmesine ve siyasal kaosa yol açan bir süreç başlatarak ekonomik refaha dair tüm hayalleri yıkar.

13

Bugün uluslar neden başarısız oluyor

Zimbabve'de nasıl piyango kazanılır

Harare-Zimbabve'de 2000'in Ocak ayıydı. Teşrifatçı Fallot Chawawa kısmen devlet bankası olan Zimbabve Banking Corporation (Zimbank) tarafından düzenlenen milli piyangoda kazanan bileti belirlemek için kura çekmekle görevliydi. Piyango 1999'un Aralık ayında bu bankadaki hesaplarında 5 bin ya da daha fazla Zimbabve doları bulunan tüm müşterilere açıktı. Chawawa kurayı çektiğinde hayretten donakaldı. Zimbank'ın basın açıklamasında denildiği gibi, "Teşrifatçı Fallot Chawawa 100 bin Zimbabve doları ödüllü bilet kendisine uzatılıp biletin üzerinde 'Ekselansları RG Mugabe' yazdığını gördüğünde gözlerine inanamadı."

1980'den beri Zimbabve'yi her türlü yola başvurarak, genellikle de demir yumrukla idare eden Başkan Robert Mugabe 100 bin Zimbabve doları tutarındaki piyangoyu kazanmıştı ki, bu tutar ülkenin kişi başına düşen milli gelirinin yaklaşık beş katıydı. Zimbank, Mr. Mugabe'nin isminin binlerce hak sahibi arasından çekildiğini açıkladı. Ne şanslı adam! O paraya hiç de ihtiyacı olmadığını söylemeye gerek yok elbette. Çok değil kısa bir süre önce kendisini ve kabinesini yüzde 200'e varan maaş artışıyla ödüllendirmişti.

Mugabe'nin piyango bileti Zimbabve'nin sömürücü kurumlarının göstergelerinden yalnızca biridir. Yozlaşma olarak görülebilir fakat aslında yalnızca Zimbabve'deki kurumsal sıkıntının belirtilerinden biridir. Mugabe'nin istediğinde piyangoyu bile kazanabilmesi, Zimbabve'deki hadiseler üzerinde ne denli büyük bir güce sahip olduğunu gösterdiği gibi, dünyaya ülkedeki sömürücü kurumların boyutları hakkında da fikir veriyor.

Bugün ülkelerin başarısız olmalarının en sık rastlanan sebebi sömürücü kurumlara sahip olmalarıdır. Mugabe rejiminin hüküm sürdüğü Zimbabve bu durumun ekonomik ve sosyal sonuçlarını canlı bir biçimde ortaya koyuyor. Zimbabve'nin ulusal istatistikleri güvenilir olmaktan çok uzak olsa da, 2008'de Zimbabve'nin kişi başına milli geliri ülkenin bağımsızlığını kazandığı 1980'deki rakamın en iyi tahminle yarısı kadardı. Yeterince acıklı gibi görünse de aslında bu rakamlar Zimbabve'nin yaşam standartlarındaki gerilemenin boyutlarını tam anlamıyla ifade etmiyor. Devlet çökmüş, neredeyse hiçbir temel kamu hizmetini sağlayamaz hale gelmişti. 2008-2009'da sağlık sistemindeki gerileme ülke genelinde bir kolera salgınına yol açtı. Bu, 10 Ocak 2010 itibarı ile rapor edilmiş 98.741 vaka ve 4.293 ölümle, son 15 yılın en ölümcül kolera salgınıydı. Öte yandan kitlesel işsizlik benzeri görülmemiş seviyelere tırmandı. 2009 başlarında BM İnsani İşler Koordinasyon Ofisi işsizlik oranının yüzde 94 gibi inanılmaz bir seviyeye ulaştığını açıkladı.

Sahraaltı Afrika'nın büyük bölümünde olduğu gibi Zimbabve'deki çoğu ekonomik ve siyasal kurumun kökleri de sömürgecilik dönemine kadar uzanır. 1890'da Cecil Rhodes'un İngiliz Güney Afrika Kumpanyası, o zamanlar bir krallık olan Matebaland'deki Ndebele'ye ve ayrıca bitişiğindeki Mashonaland'e bir askeri sefer düzenledi. Sahip oldukları üstün silah gücü Afrikalıların direnişini kısa zamanda bastırdı ve 1901'de, bugün Zimbabve'nin olduğu bölgede, adını Rhodes'dan alan Güney Rodezya sömürgesi kuruldu. İngiliz Güney Afrika Kumpanyası artık bölgede imtiyaz sahibi olduğundan Rhodes değerli taşlar arayıp çıkararak para kazanmayı umuyordu. Bu girişimler hiçbir zaman hayata geçmedi fakat tarıma son derece elverişli araziler beyaz göçmenleri cezbetmeye başladı. Bu yerleşimciler çok geçmeden ülkenin çoğunu sahiplendiler. 1923'te kendilerini İngiliz Güney Afrika Kumpanyası'nın idaresinden kurtarıp İngiliz hükümetini kendilerine özerklik vermeye ikna ettiler. Bunun ardından yaşananlar 10 yıl kadar önce Güney Afrika'da olanlara çok benziyordu. 1913 Yerli Arazileri Kanunu, Güney Afrika'da bir ikili ekonomi yaratmıştı. Rodezya da benzer yasalar çıkardı ve Güney Afrika modelinden ilham alınarak 1923'ün hemen ardından beyazlara mahsus bir apartheid devleti inşa edildi.

1950'lerin sonu, 1960'ların başlarında Avrupalı sömürge imparatorlukları çökerken Rodezya'da nüfusun yüzde 5'ine karşılık gelen Ian Smith liderliğindeki beyaz elit 1965'te İngiltere'den ayrılarak bağımsızlık ilan etti. Uluslararası camiada Rodezya'nın bağımsızlığını tanıyan yalnızca birkaç ülke çıktı ve Birleşmiş Milletler bu durum karşısında ekonomik ve siyasal yaptırımlar uyguladı. Siyahi yurttaşlar komşu ülkeler Mozambik ve Zambiya'daki üslerden bir gerilla savaşı örgütlediler. Uluslararası baskı ve iki ana grubun, Mugabe'nin ZANU'nun (Zimbabve Afrika Ulusal Birliği) ve Joshua Nkomo liderliğindeki ZAPU'nun (Zimbabve Afrika Halk Birliği) ateşlediği isyan beyaz rejimin hâkimiyetine son veren bir mutabakatla sonuçlandı. 1980'de Zimbabve devleti kuruldu.

Mugabe bağımsızlığın ardından hızla kendi hâkimiyetini oluşturdu. Rakiplerini ya şiddet yoluyla saf dışı bıraktı ya da kendi tarafına çekti. En korkunç şiddet eylemleri ZAPU destekçilerinin merkezi olan Matabeleland'de meydana geldi ve 1980'lerin başlarında 20 bin kadar insan öldürüldü. 1987'ye gelindiğinde ZAPU, ZANU'yla birleşerek ZANU-PF'yi oluşturdu ve Joshua Nkomo siyasal olarak dışlandı. Mugabe bağımsızlık müzakerelerine dayanarak anayasayı yeniden yazma olanağı buldu; kendini başkan yaptı (önce başbakan yapmıştı); yine bağımsızlık müzakereleri gereği beyazların seçmen kütüğünü kaldırdı ve nihayet 1990'da Senato'dan tümüyle kurtuldu ve yasama meclisinde kendisinin aday gösterebileceği pozisyonlar oluşturdu. Mugabe idaresinde bir *de facto* tek parti devletiydi sonuç.

Bağımsızlıkla birlikte Mugabe beyaz rejimin oluşturduğu bir dizi sömürücü ekonomik kurumun idaresini de devraldı. Bunlar arasında fiyatlara ve uluslararası ticarete yönelik birçok düzenleme, devletin işlettiği sanayi kurumları ve zorunlu tarımsal pazarlama komiteleri vardı. ZANU-PF destekçilerine verilen işlerle devlet memuru sayısı hızla arttı. Ekonomideki sıkı hükümet düzenlemeleri ZANU-PF elitlerinin işine geliyordu çünkü kendi siyasal tekellerine meydan okuyabilecek bağımsız bir Afrikalı işadamları sınıfının ortaya çıkmasını zorlaştırıyordu. Bu 2. bölümde gördüğümüz 1960'ların Gana'sındaki duruma çok benziyordu. Ve elbette, ironik bir biçimde, bu durum beyazları asıl ticari sınıf haline getirdi. Bu dönem boyunca beyaz ekonominin temel güçleri, özellikle de son derece randımanlı tarımsal ihracat sektörü aynı kaldı. Fakat bu durum ancak Mugabe gözden düşünceye dek sürdü.

Düzenleme modeli ve piyasa müdahalesi zamanla istikrarsız hale geldi ve ciddi bir mali krizin ardından 1991'de Dünya Bankası ve Uluslararası Para Fonu'nun desteğiyle bir kurumsal değişim süreci başlatıldı. Gerileyen ekonomik performans sonunda ZANU-PF'nin tek parti yönetimine karşı ciddi bir muhalefetin ortaya çıkmasına yol açtı: Demokratik Değişim Hareketi (MDC). 1995 parlamento seçimleri rekabetten çok uzaktı. ZANU-PF oyların yüzde 81'ini ve 120 sandalyenin 118'ini kazandı. Bu parlamento üyelerinin 55'i seçimi rakipsiz kazandı. Bir yıl sonraki başkanlık seçimi başıbozukluğa ve yolsuzluğa ilişkin daha da fazla gösterge sunuyordu. Mugabe oyların yüzde 93'ünü almıştı fakat iki rakibi, Abel Muzorewa ve Ndabaningi Sithole hükümeti baskı ve yolsuzlukla suçlayarak seçimlerden önce adaylıktan çekilmişlerdi.

2000'den sonra, tüm yozlaşmaya rağmen, ZANU-PF'nin gücü zayıflıyordu. Halk oyunun yalnızca yüzde 49'unu alabilmiş ve 63 sandalye kazanabilmişti ki, bunlara da başkent Harare'deki tüm sandalyeleri kazanan MDC itiraz etti. Mugabe 2002 başkanlık seçimlerini yüzde 56 oyla ucu ucuna kazanmıştı. Her iki seçimi de ZANU-PF'nin kazanmasının nedeni yalnızca şiddet, gözdağı ve seçim yolsuzluğuydu.

Mugabe'nin çöken siyasal hâkimiyetine yanıtı hem baskıyı hem de oy satın almaya yönelik devlet politikalarını artırmak oldu. Beyaz toprak sahiplerine karşı geniş çaplı bir saldırı başlattı. 2000'den itibaren bir dizi kapsamlı toprak işgali ve kamulaştırmayı teşvik etti ve destek sağladı. Bunlar genellikle sözde bağımsızlık savaşında savaşmış eski askerlerin oluşturduğu savaş gazileri derneklerinin önderliğinde gerçekleştirildi. Kamulaştırılan arazilerin bir kısmı bu gruplara verildi fakat çoğu yine ZANU-PF elitlerine gitti. Mugabe ve ZANU-PF sayesinde mülkiyet haklarının güvenceden yoksun olması, tarımsal üretimin ve verimliliğin çöküşüne yol açtı. Ekonomi çökerken geri kalan tek şey oy satın almak için para basmaktı ki, bu da muazzam bir hiperenflasyona yol açtı. 2009 Ocak'ında Güney Afrika randı gibi yabancı paraların kullanımı yasallaştı ve değersiz bir kâğıt parçasına dönen Zimbabve doları tedavülden kalktı.

1980 sonrasında Zimbabve'de yaşananlar bağımsızlık sonrası Sahraaltı Afrika'sı için olağandı. Zimbabve 1980'de son derece sömürücü siyasal ve ekonomik kurumlar devralmıştı. Bu kurumlar ilk 15 yıl nispeten olduğu gibi kaldı. Seçimler sırasında bu kurumlar kapsayıcılıktan çok uzaktı. Ekonomik kurumlar bir nebze değişti; örneğin artık siyahlara karşı açık bir ayrımcılık uygulanmıyordu. Fakat genele bakıldığında kurumlar sömürücü kalmıştı; tek fark Ian Smith ve beyazlar yerine ceplerini dolduranların Robert Mugabe ve ZANU-PF elitlerinin olmasıydı. Zaman içinde bu kurumlar daha da sömürücü hale geldi ve Zimbabve'nin gelirleri tükendi. Zimbabve'deki ekonomik ve siyasal başarısızlık Oligarşinin Tunç Yasası'nın bir başka tezahürüdür; Ian Smith'in sömürücü ve baskıcı rejiminin yerini bu kez Robert Mugabe'nin sömürücü, yozlaşmış ve baskıcı rejimi almıştır. Bu nedenle Mugabe'nin 2000'deki sahte piyangosu, son derece yozlaşmış ve zaman içinde şekillenmiş bir buzdağının yalnızca görünen kısmıdır.

Bugün uluslar başarısız oluyor; çünkü bu ulusların sömürücü kurumları insanların tasarruf, yatırım ve yenilik için ihtiyaç duydukları teşvikleri sağlamıyorlar. Sömürücü siyasal kurumlar sömürüden çıkar sağlayanların gücünü pekiştirerek bu ekonomik kurumlara destek sağlıyorlar. Bu başarısızlığın kökeninde, detayları farklı koşullar altında farklılık gösterseler de, daima bu sömürücü ekonomik ve siyasal kurumlar var. Bu başarısızlık Arjantin, Kolombiya ve Mısır'da göreceğimiz gibi, pek çok durumda yeterli ekonomik faaliyetin olmayışı biçiminde kendini gösterir; çünkü siyasetçiler kaynakları sömürmekten ya da kendilerini ve ekonomik eliti tehdit edecek her türlü ekonomik faaliyeti bastırmaktan son derece memnundular. Birazdan ele alacağımız Zimbabve ve Sierra Leone gibi bazı uç örneklerde sömürücü kurumlar yalnızca yasa ve düzeni değil en temel ekonomik faaliyetleri de yok ederek devletin tamamen acze düşmesine yol açarlar. Sonuç ekonomik durgunluktur ve –Angola, Kamerun, Çad, Kongo Demokratik Cumhuriyeti, Haiti, Liberya, Nepal, Sierra Leone, Sudan ve Zimbabve'nin yakın tarihinin gösterdiği gibi– iç savaşlar, kitlesel boyuttaki zorunlu göçler, kıtlıklar ve salgınlar bu ülkelerin çoğunu 1960'larda olduklarından daha yoksul hale getirmiştir.

Çocukların Seferi

23 Mart 1991'de Foday Sankoh liderliğindeki bir grup silahlı adam sınırı geçerek Liberya'dan Sierra Leone'ye girdiler ve güneydeki sınır kasabası Kailahun'a saldırdılar. Sankoh daha önce Sierra Leone ordusunda bir onbaşıydı ve 1971'de Siaka Stevens hükümetine karşı başarısız bir darbe girişiminde yer aldığı için hapsedilmişti. Serbest bırakıldıktan sonra kendini en sonunda diktatör Albay Kaddafi'nin Afrikalı devrimciler için kullandığı bir eğitim kampına katıldığı Libya'da buldu. Orada Liberya'daki hükümeti devirme planları yapan Charles Taylor'la tanıştı. Taylor 1989 Noel arifesinde Liberya'yı işgal ettiğinde San-

koh yanındaydı ve Sankoh Sierra Leone'yi işgal ettiğinde de yanında Taylor'un adamlarından, çoğunlukla da Liberyalılardan ve Burkinabé'lerden (Burkina Faso yurttaşları) oluşan bir grup vardı. Kendilerine Devrimci Birleşik Cephe (RUF) diyor ve APC'nin yozlaşmış ve zalim hükümetini devirmek için orada olduklarını ilan ediyorlardı.

Önceki bölümde gördüğümüz gibi, Siaka Stevens ve onun başında bulunduğu Tüm Halkın Kongresi-APC, tıpkı Mugabe ve ZANU-PF'nin Zimbabve'de yaptığı gibi Sierra Leone'nin sömürge idaresinden kalma sömürücü kurumlarını devralıp daha da pekiştirdi. 1985'e gelindiğinde kanser hastası Stevens yerine Joseph Momoh'u getirdiğinde ekonomi çöküyordu. Stevens, "inek bağlandığı yerde otlar" özdeyişini alıntılamaktan büyük keyif duyuyordu ve görünüşe göre ironi de yapmıyordu. Eskiden Stevens'ın "otladığı" yerde şimdi Momoh otluyordu. Yollar delik deşik olmuş, okullar arasındaki bütünlük bozulmuştu. Enformasyon Bakanlığı vericiyi satınca 1987'de ulusal televizyon yayını durdu ve 1989'da radyo sinyallerini Freetown dışına aktaran bir radyo kulesi yıkıldı, böylece başkent dışında yayın durdu. Başkent Freetown'da bir gazetede yayımlanan bir analiz kulağa oldukça doğru geliyordu:

> Momoh, iktidarının sonlarına doğru memurlara, öğretmenlere hatta Yüce Şef'lere [bile] ödeme yapmayı kesti. Merkez hükümet çöktü ve ardından elbette sınır ihlalleri, "isyancılar" ve Liberya sınırından akan tüm o otomatik silahlar gündeme geldi. NPRC, isyancılar, isyancılara dönüşen askerler; hükümet ortadan kaybolduğunda meydana çıkması beklenebilecek her türlü kaos mevcuttu. Bunların hiçbiri sorunlarımızın nedenleri değildi, sonuçlarıydı.

Stevens'ın aşırı sömürücü kurumlarının yol açtığı kısırdöngünün sonuçlarından biri olan Momoh idaresindeki devletin çöküşü, RUF'un 1991'de sınırdan girmesini engelleyecek hiçbir şeyin olmaması anlamına geliyordu. Devletin buna karşı koyacak gücü yoktu. Stevens orduyu çoktan etkisiz hale getirmişti; çünkü kendisini devireceklerinden korkuyordu. Bu yüzden az sayıda silahlı adamın ülkenin büyük bölümünde kaos yaratması kolaydı. Hatta "Demokrasi'ye Giden Yollar" adında bir manifestoları bile vardı ve siyahi entelektüel Franz Fanon'dan bir alıntıyla başlıyordu: "Her kuşak, ister yerine getirsin ister ihanet etsin, kendi misyonunu keşfetmelidir." "Ne uğruna savaşıyoruz?" adlı bölüm şöyle başlıyordu:

> Savaşmaya devam ediyoruz çünkü devlet destekli yoksulluğun ebedi kurbanları olmaktan ve otokratik idare ve militarizm yıllarının getirdiği aşağılanmadan bıktık. Fakat kendimizi tutacağız ve barışla olan randevumuzu sabırla bekleyeceğiz ve o zaman hepimiz kazanacağız. Her ne pahasına olursa olsun barışa bağlıyız fakat bağlı olmadığımız bir şey varsa o da barışın kurbanları olmaktır. Amacımızın adil olduğunu ve Tanrı'nın yeni bir Sierra Leone inşa etme mücadelemizde bizi asla yalnız bırakmayacağını biliyoruz.

Sankoh ve diğer RUF liderleri siyasi şikâyetlerle yola çıkmış olabilirler ve ilk zamanlarda onları harekete katılmaya teşvik eden APC'nin sömürücü kurumlarından çeken insanlardı; fakat durum hızla değişti ve kontrolden çıktı. RUF'un "misyonu" ülkeyi büyük bir ıstıraba sürükledi; Sierra Leone'nin güneyindeki Geoma'dan bir gencin ifadesinde belirtildiği gibi;

> Bazılarımızı topladılar [...] Seçtikleri bazı arkadaşlarımızı, iki arkadaşımızı öldürdüler. Bu insanların babaları şefti ve asker postalları, evlerinde asker malzemeleri vardı. Vurulmalarının tek nedeni askerlere yataklık etmekle suçlanmalarıydı. Şefler de öldürüldü; hükümetin bir parçası oldukları için. Birini yeni şef yaptılar. Hâlâ bizi APC'den kurtarmak için geldiklerini söylüyorlardı. Bir noktadan sonra artık vuracakları insanları seçmiyorlardı, öylece insanlara ateş ediyorlardı.

İşgalin ilk yılında RUF'un sahip olabileceği tüm entelektüel kökler kurumuştu. Sankoh artan vahşet olaylarını eleştirenleri infaz etti. Çok geçmeden gönüllü olarak RUF'a katılanlar azaldı. Onlar da zorla adam toplamaya başladılar; özellikle de çocukları. Aslında, tarafların hepsi böyle yaptı, ordu da dahil. Eğer Sierra Leone iç savaşı nihayetinde daha iyi bir toplum inşa etmek için verilmiş bir savaşsa, bu çocukların savaşıydı. Çatışma katliamlarla, toplu tecavüzlerle, ellerin ve kulakların kesilmesi gibi ağır insan hakları ihlalleriyle şiddetini artırdı. RUF kontrolünü ele geçirdiği bölgelerde ekonomik sömürüye de girişiyordu. Bu en açık biçimde insanların çete zoruyla madenlerde çalıştırıldığı elmas madenleri bölgesinde görülse de aslında durum her yerde aynıydı.

RUF vahşetler, katliamlar ve örgütlü emek sömürüsünde yalnız değildi. Hükümet de aynısını yapıyordu. Yasa ve düzen ortadan kalktığından halkın kimin asker kimin isyancı olduğunu anlaması güçleşmişti. Askeri disiplin tümüyle yok olmuştu. 2001'de savaş bittiğinde muhtemelen 80 bin kişi hayatını kaybetmiş ve tüm ülke harap olmuştu. Yollar, evler ve yapılar tamamen tahrip olmuştu. Bugün doğudaki büyük bir elmas üretim bölgesi olan Koidu'ya giderseniz yanıp kül olmuş, kurşun delikleriyle delik deşik sıra sıra evler görürsünüz.

1991'e gelindiğinde Sierra Leone'de devlet tamamen iflas etmişti. Kral Shyaam'ın Bushgong'da ne başlattığını anımsayalım: Gücünü pekiştirmek için sömürücü kurumlar oluşturmuş ve toplumun geri kalanının tüm üretimini sömürmüştü. Fakat merkezi otorite tamamen onun elindeyken sömürücü kurumlar bile yasa ve düzenin, merkezi otoritenin ya da mülkiyet haklarının olmadığı Ksai Nehri'nin diğer yanındaki Lele toplumuyla özdeşleşen duruma göre bir ilerleme sayılırdı. Düzenin ve merkezi otoritenin olmayışı, kısmen siyasal merkezileşme sürecinin tarihsel bakımdan çoğu Sahraaltı Afrika ülkesinde gecikmeye uğraması nedeniyle, fakat aynı zamanda sömürücü kurumların mevcut merkezi devlet otoritesini de yok etmesi nedeniyle, yakın dönemde pek çok Afrika ülkesinin kaderi haline gelmiş ve devletin iflasına yol açmıştı.

Sierra Leone geçirdiği 10 yıllık kanlı iç savaş döneminde, 1991'den 2001'e kadar, iflas etmiş devletin tipik bir örneğiydi. Başlangıçta sömürücü kurumların pençesindeki ülkelerden biriydi sadece; tek fark söz konusu sömürücü kurumların bilhassa habis ve verimsiz olmalarıydı. Ülkeler bulundukları coğrafya ya da sahip oldukları kültür nedeniyle başarısız olmazlar, güç ve zenginliğin devleti idare edenlerin; karışıklığa, çatışmaya ve iç savaşa neden olanların elinde yoğunlaşmasına neden olan sömürücü kurumlar mirası yüzünden başarısız olurlar. Ayrıca sömürücü kurumlar en temel kamu hizmetlerinde bile yatırımların ihmal edilmesine neden olarak devletin yavaş yavaş iflasa sürüklenmesine doğrudan katkıda bulunur; tıpkı Sierra Leone'de olduğu gibi.

Varına yoğuna el koyarak halkı yoksullaştıran ve ekonomik gelişime engel olan sömürücü kurumlar Afrika, Asya ve Güney Amerika'da oldukça yaygındır. Charles Taylor, Sierra Leone'de iç savaşın başlamasına yardım ederken aynı zamanda Liberya'da devletin iflasına neden olan vahşi bir çatışma da başlatıyordu. Sömürücü kurumlar ülkeleri iç savaşa sürüklüyor ve Afrika'nın her yerinde, örneğin Angola, Fildişi Sahili, Demokratik Kongo Cumhuriyeti, Mozambik, Kongo Cumhuriyeti, Somali, Uganda ve

Sudan'da devletler iflas ediyordu. Sömürü, Maya şehir devletlerinin neredeyse bin yıl önce ürettiğinden hiç de farklı olmayan çatışmalara zemin hazırlıyordu. Çatışma devletin iflasını hızlandırıyordu. Dolayısıyla, günümüzde ülkelerin başarısız olmalarının bir başka nedeni de devletlerinin iflas etmesidir. Bu da, onlarca yıl sömürücü ekonomik ve siyasal kurumlarla idare edilmenin bir sonucudur.

Kimdir bu devlet?

Zimbabve, Somali ve Sierra Leone örnekleri Afrika'daki hatta Asya'daki bazı fakir ülkeler baz alındığında normal gibi görünse de aslında biraz uç örneklerdir. Peki, Latin Amerika ülkelerinin devletleri iflas etmemiş midir? Onların başkanları piyango kazanacak kadar pişkin değil midir?

Kolombiya'da And Dağları, Karayip Denizi'nin kıyısındaki geniş bir kıyı ovası üzerinden kuzeyle birleşir. Kolombiyalılar And-lar'daki *tierra fria*'dan yani "soğuk ülke"den ayırmak için buraya *tierra caliente* yani "sıcak ülke" derler. Kolombiya son 50 yıl boyunca çoğu siyaset bilimci ve hükümet tarafından demokratik bir ülke olarak görüldü. Birleşik Devletler potansiyel bir serbest ticaret antlaşması için görüşmekten ve bu ülkeye her türlü yardımı, özellikle de askeri yardım, yapmaktan memnundu. Bir anlaşmayla siyasal iktidar ve başkanlığın 1974'e dek iki geleneksel parti olan Muhafazakârlar ve Liberaller arasında el değiştirmesi sağlanmıştı gerçi, fakat yine de 1958'de noktalanan kısa ömürlü bir askeri hükümetin ardından düzenli olarak seçime gidilmişti. Dahası bu anlaşma, yani Ulusal Cephe, bir referandumla Kolombiya halkının onayını almıştı; tüm bunlar yeterince demokratik görünüyor.

Fakat Kolombiya'nın uzun bir demokratik seçim geçmişi olsa da kapsayıcı kurumları yoktu. Bunun yerine, Kolombiya tarihi insan hakları ihlalleriyle, yargısız infazlarla, sivillere yönelik şiddetle ve iç savaşla lekelenmişti. Bunlar pek de bir demokrasiden beklediğimiz sonuçlar değil. Kolombiya'daki iç savaş, devlet ve toplumun çöküp kaosun hüküm sürdüğü Sierra Leone'dekinden farklıydı. Fakat her şeye rağmen bir iç savaştı, hem de çok daha fazla kayba neden olan bir iç savaş. 1950'lerin askeri idaresi de bir ölçüde İspanyolcada kısaca *La Violencia* yani "Şiddet" olarak bilinen bir iç savaşın karşılığıydı. O tarihten itibaren bir dizi isyancı grup, genellikle komünist devrimciler, kırsal kesimi adam kaçırmalar ve cinayetlerle kasıp kavurdu. Kolombiya'nın kırsal kesimlerinde bu nahoş seçeneklerden uzak durmak için tam olarak "aşı" anlamına gelen *vacuna* ödemeniz gerekiyordu; bu da her ay bazı silahlı eşkıya gruplarına ödeme yaparak kendinizi öldürülmeye ya da kaçırılmaya karşı aşılatmanız demekti.

Kolombiya'da silahlı grupların hepsi komünist değildi. 1981'de Kolombiya'daki başlıca komünist gerilla grubunun, Fuerzas Armadas Revolucionarias de Colombia'nın (Kolombiya Devrimci Silahlı Kuvvetleri, FARC) üyeleri, *sıcak ülke*'de Antioquia eyaletinin kuzeydoğusundaki Amalfi adlı küçük bir kentte yaşayan bir mandıracı olan Jesus Castaño'yu kaçırdı. FARC, Kolombiya kırsalında küçük bir servet anlamına gelen 7.500 dolar tutarında fidye istedi. Aile çiftliği ipotek ederek parayı karşıladı; fakat yine de babalarının cesedini bir ağaca zincirlenmiş halde buldular. Castaño'nun oğulları Carlos, Fidel ve Vicente'nin canına tak etmişti, FARC üyelerinin peşine düşüp bu olayın hesabını sormak için Los Tanqueros adında bir milis grubu kurdular. Kardeşler örgütlenme konusunda iyiydi, grupları kısa zamanda büyüdü ve benzer nedenlerle kurulan diğer milis gruplarıyla ortak çıkarlar bulmakta gecikmediler. Ülkenin pek çok bölgesindeki Kolombiyalılar solcu gerillalardan mustaripti ve bunlara karşı sağcı milisler oluşturuldu. Milisler toprak sahipleri tarafından kendilerini gerillalara karşı savunmak için kullanılıyorlardı fakat aynı zamanda uyuşturucu kaçakçılığı, haraç, adam kaçırma ve cinayete de karışmışlardı.

1997'ye gelindiğinde Castaño kardeşlerin liderliğindeki milisler Autodefensas Unidas de Colombia (Kolombiya Birleşik Savunma Kuvvetleri, AUC) adında bir ulusal milis örgütü kurmayı başardılar. AUC ülkenin geniş kesimlerine yayıldı, özellikle de sıcak ülkedeki Córdoba, Sucre, Magdalena ve César eyaletlerine. 2001'de AUC'nin emrinde belki de 30 bin kadar silahlı adam mevcuttu ve farklı bloklar halinde örgütlenmişti. Córdoba'daki milis kuvveti Bloque Catatumbo, Salvatore Mancuso tarafından idare ediliyordu. AUC güçlenmeye devam ederken stratejik bir karar alarak siyasete yöneldi. Bazı AUC liderleri Córdoba'nın Santa Fé de Ralito kentinde önde gelen siyasetçilerle bir toplantı düzenlediler. AUC'nin önde gelen üyelerinden "Jorge 40" (Rodrigo Tovar Pupo'nun lakabı), Adolfo Paz (Diego Fernando "Don Berna" Murillo'nun takma adı) ve Diego Vecino (gerçek adı Edwar Cobo Téllez) ile aralarında senatör William Montes ve senatör Miguel de la Espriella'nın da olduğu siyasetçiler "Ülkeyi yeniden inşa etme" çağrısında bulunan bir ortak belgeye, bir anlaşmaya imza attılar. Bu noktada Kolombiya'nın pek çok bölgesi AUC'nin kontrolündeydi ve 2002 Kongre ve Senato seçimlerinde kimin seçileceğini ayarlamak onlar için gayet basitti. Örneğin, Sucre'deki San Onofre beldesinde seçimi milis lideri Cadena ("Zincir") tarafından ayarlanmıştı. Bir görgü tanığı olanları şöyle tarif ediyordu:

> Cadena'nın gönderdiği kamyonlar San Onofre'nin mahallelerini, *corregimiento*'larını[25] ve kırsal kesimlerini dolaşıp adam topladı. Bazı bölge sakinlerine göre [...] 2002 seçimleri için yüzlerce köylü parlamento seçimlerinde oy vermek zorunda oldukları adayların, yani Senato için Jairo Merlano ve Kongre için Muriel Benito Rebollo'nun yüzlerini görsünler diye Plan Parejo *corregimiento*'suna götürüldü.
>
> Cadena belediye meclis üyelerinin isimlerini bir torbaya koydu, ardından iki isim çekti ve Muriel'in kazanmaması halinde hem bunları hem de rastgele çektiği diğer isimleri öldüreceğini söyledi.

Bu tehdit işe yaramış görünüyor; iki aday da tüm Sucre'de 40'ar bin oy aldılar. San Onofre belediye başkanının Santa Fé de Ralito anlaşmasını imzalamasının şaşırtıcı bir yanı yoktu. Muhtemelen kongre üyeleri ve senatörlerin üçte biri 2002 seçimlerini milislerin desteğiyle kazandılar; Kolombiya'da milislerin kontrolündeki bölgeleri gösteren Harita 20 ne kadar geniş bir alanı denetim altında tuttuklarını gösteriyor. Salvatore Mancuso bile olanları bir röportajda şöyle anlatıyordu:

> Kongre'nin yüzde 35'i Savunma gruplarının eyaletlerindeki bölgelerden seçildi. Bu eyaletlerde vergileri toplayan bizdik, adaleti biz sağlıyorduk, ordu ve bölgenin kontrolü bize aitti ve siyasete girmek isteyen herkes oradaki siyasal temsilcilerimizin üstesinden gelmek zorundaydı.

Siyaset ve toplum üzerinde bu boyutta bir milis hâkimiyetinin ekonomik kurumlar ve kamu düzeni üzerindeki etkisini tasavvur etmek zor değildir. AUC'nin yayılması barışçıl bir hadise değildi. Yalnızca FARC'la savaşmadılar, aynı zamanda masum sivilleri öldürdüler yüzbinlerce insanı korkutup yuvalarından ettiler.

25. Nüfusu az küçük idari bölge, belediye. (ç.n.)

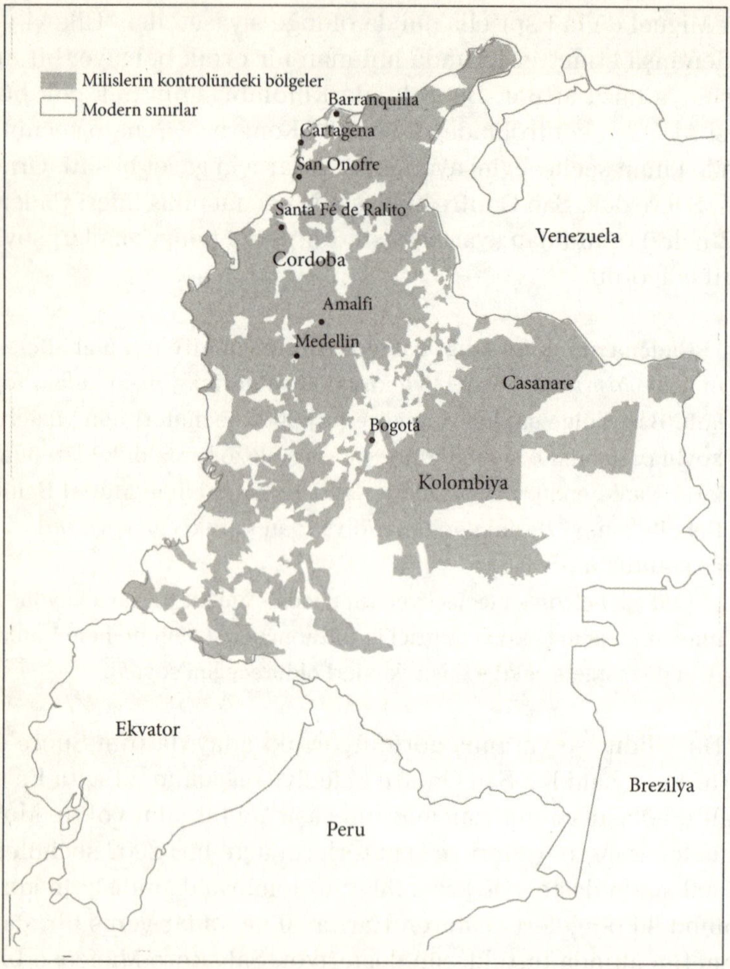

Harita 20: Kolombiya'da milis kuvvetlerinin durumu, 1997-2005.

Norveç Mülteci Konseyi'nin Ülke İçinde Yerinden Edilme İzleme Merkezi'ne (IDMC) göre 2010 başlarında Kolombiya nüfusunun yaklaşık yüzde 10'u, neredeyse 4,5 milyonu ülke içinde göçe zorlandı. Ayrıca, Manusco'nun belirttiği gibi milisler hükümeti ve tüm işlevlerini üstlenmişlerdi; tabii topladıkları vergilerin sadece kendi ceplerini doldurması kaydıyla. Kolombiya'nın doğusundaki Casanare eyaletinde milis lideri Martín Llanos (gerçek adı Héctor Germán Buitrago) ile Tauramena, Aguazul, Maní, Villanueva, Monterrey ve Sabanalarga belediye başkanları arasındaki sıra dışı bir antlaşma, bu belediye başkanlarının "Casanare Köylü Milisleri"nin emriyle uymak zorunda oldukları aşağıdaki kuralları sıralıyordu:

9) Belediye bütçesinin yüzde 50'sinin idaresinin Casanare Köylü Milisleri'ne verilmesi.

10) Belediye'nin her ihalesinin yüzde 10'unun Casanare Köylü Milisleri'ne verilmesi

11) Casanare Köylü Milisleri'nin düzenlediği tüm mitinglere zorunlu destek verilmesi.

12) Casanare Köylü Milisleri'nin tüm altyapı projelerine dahil edilmesi.

13) Casanare Köylü Milisleri'nin kuracağı yeni siyasal partiye üye olunması.

14) Bu partinin idari programına riayet edilmesi.

Casanare fakir bir eyalet değildi. Tam tersine, tüm Kolombiya eyaletleri arasında kişi başına düşen en yüksek milli gelire sahipti, çünkü kayda değer petrol yatakları vardı; tam da milisleri cezbedecek kaynaklar. Aslında milisler güçlenir güçlenmez sistematik istimlak faaliyetlerini yoğunlaştırmışlardı. Denildiğine göre, bizzat Mancuso 25 milyon dolar değerinde kentsel ve kırsal gayrimenkul edinmişti. Kolombiya'da milisler tarafından yapılan arazi istimlaklerinin tüm kırsal kesimin yüzde 10'unu bulduğu tahmin ediliyor.

Kolombiya örneğindeki, çökmenin eşiğine gelmiş başarısız bir devlet değildir. Fakat yeterince merkezileşmemiş, tüm bölgeleri üzerinde tam bir kontrol sağlamaktan çok uzak bir devlettir. Devlet Bogotá ve Barranquilla gibi geniş kentsel bölgelerde güvenliği ve kamu hizmetlerini sağlamayı başarsa da, ülkenin önemli bir bölümünde çok az kamu hizmeti yerine getirilebiliyor, yasa ve düzense neredeyse hiç sağlanamıyordu. Siyasetin ve kaynakların kontrolü daha ziyade alternatif grupların ve Mancuso gibi kişilerin elindeydi. Ülkenin bazı kesimlerinde ekonomik kurumlar oldukça iyi işliyordu ayrıca beşeri sermaye ve girişim becerileri de hayli yüksek düzeydeydi; diğer kesimlerde ise kurumlar son derece sömürücüydü, asgari ölçüde bir merkezi devlet otoritesi bile sağlanamıyordu.

Bunun gibi bir durumun nasıl olup da on yıllar hatta yüzyıllar boyunca varlığını koruduğunu anlamak biraz zor olabilir. Fakat aslında bir kısırdöngü tipi olarak bu durumun kendine has bir mantığı var. Bu tür kısırdöngülerde şiddet olayları merkezi devlet kurumlarının olmayışıyla birleşerek toplumun işlevsel organlarını idare eden siyasetçilerle simbiyotik bir ilişkiye girer. Böyle bir simbiyotik ilişkinin doğmasının nedeni, ulusal hükümet milis kuvvetlerinin kendi yöntemlerini uygulamaları için başıboş bıraktığında ulusal siyasetçilerin ülkenin periferisindeki kanunsuzluğu istismar etme imkânı bulmasıdır.

Bu örüntü 2000'lerde bilhassa belirgin hale geldi. 2002'de başkanlık seçimini Álvaro Uribe kazandı. Uribe'nin Castaño kardeşlerle ortak bir yanı vardı; babası FARC tarafından öldürülmüştü. Uribe, önceki yönetimin FARC'la barış sağlama girişimlerini reddeden bir seçim kampanyası yürüttü. 2002'de oy oranı milislerin olduğu bölgelerde diğer bölgelere kıyasla yüzde 3 daha fazlaydı. 2006'da yeniden seçildiğinde bu bölgelerdeki oy oranı yüzde 11 daha fazlaydı. Eğer Mancuso ve ortakları Kongre ve Senato için oy bulabildilerse başkanlık seçimleri için de bulabilirlerdi, özellikle de onların dünya görüşünün kuvvetli bir müttefiki olan ve muhtemelen onlara karşı hoşgörülü olacak bir başkan için. Mancuso'nun yardımcısı ve AUC'un Sinú ve San Jorge bloklarının lideri Jairo Angarita'nın 2005 Eylül'ünde "bugüne dek sahip olduğumuz en iyi başkanın yeniden seçilmesi için" çalışmaktan gurur duyduğunu açıklıyordu.

Senatörler ve kongre üyeleri seçilir seçilmez Uribe'nin isteği doğrultusunda oy kullandılar, böylelikle anayasada özel bir değişiklik yapıldı ve Uribe 2006'da yeniden başkan seçildi; 2002'de ilk kez seçildiğinde bu mümkün değildi. Buna karşılık Başkan Uribe de milislerin seferberlik halini sona erdirmeleri için son derece hoşgörülü bir yasa çıkardı. Seferberliğin sonu milisliğin sonu demek değildi; aslında milislerin kontrolünü ele geçirdikleri Kolombiya'nın büyük bölümünde ve Kolombiya devletinde milisliğin kurumsallaşması demekti.

Kolombiya'da ekonomik ve siyasal kurumların pek çok veçhesi zamanla daha kapsayıcı hale geldi. Fakat belirli sömürücü unsurlar aynı kaldı. Kanunsuzluk ve güvence altına alınmamış mülkiyet hakları ülkenin çoğu bölgesinde yaygındı ve bu da hem devletin ülkenin çoğu kesiminde kontrol sağlayamamasının hem de merkezi bir devletten yoksun olmanın Kolombiya'daki istisnai biçiminin bir sonucuydu. Fakat bu durum kaçınılmaz bir sonuç değildi. Mevcut kısırdöngüyü yansıtan dinamiklerinin bir sonucuydu: Kolombiya'daki siyasal kurumlar siyasetçilere ülkenin çoğu kesiminde kamu hizmetleri sunup yasa ve düzeni sağlamaları için teşvikte bulunmuyor, milislerle ve eşkıyalarla açık ya da örtük işlere girişmelerini engelleyecek sınırlamalar getirmiyordu.

El Corralito

Arjantin 2001 sonlarında bir ekonomik krizin pençesindeydi. Geliri üç yıldır azalıyor, işsizlik artıyordu ve muazzam bir iç borç birikmişti. Bu duruma yol açan politikalar 1989 sonrasında Carlos Menem hükümeti tarafından hiperenflasyonu durdurup ekonomiye istikrar kazandırmak için hayata geçirilmişti. Bir süreliğine başarılı da olmuştu.

Menem 1991'de Arjantin pesosunu Amerikan dolarına endeksledi. Bir peso, yasayla bir dolara eşitlendi. Döviz kurunda değişiklik olmayacaktı. Mesele hallolmuştu. Yani, neredeyse. Halkı hükümetin gerçekten yasaya bağlı kalacağına inandırmak için onları Amerikan dolarıyla banka hesabı açmaya ikna etti. Dolarlar başkent Buenos Aires'in dükkânlarında kullanılabilir ve tüm şehirdeki bankomatlardan çekilebilirdi. Bu politika ekonomiye istikrar kazandırmaya yarayabilirdi fakat büyük bir dezavantajı vardı. Arjantin'in ihraç mallarını çok pahalı, ithal mallarını ise çok ucuz hale getirdi. İhracat durma noktasına gelirken ithalat coştu. Bunlara para yetiştirmenin tek yolu borç almaktı. Bu sürdürülebilir bir durum değildi. Giderek daha fazla insan pesonun sürdürülebilirliği konusunda endişelenmeye başlarken aynı zamanda zenginliklerinin daha büyük kısmını da bankalardaki dolar hesaplarına yatırmaya başladılar. Ne de olsa eğer hükümet yasayı hiçe sayar ve pesoyu devalüe ederse dolar hesaplarıyla güvende olurlardı, değil mi? Peso hakkında endişelenmekte haklıydılar. Fakat dolarları hakkında çok iyimserdiler.

1 Aralık 2001'de hükümet tüm banka hesaplarını dondurdu, başlangıç olarak 90 günlüğüne. Yalnızca az miktarda nakdin haftalık bazda çekilmesine izin verildi. Bu miktar ilk başta 250 pesoydu ki, hâlâ 250 dolar ediyordu; ardından 300 oldu. Fakat bu paranın ancak peso hesaplarından çekilmesine izin vardı. Dolarlarını pesoya çevirmeye razı olmadıkları sürece kimse dolar hesabından para çekemiyordu. Bunu da kimse istemiyordu. Arjantin bu durumu *El Corralito*, yani "Küçük Ağıl" olarak adlandırdı: Mudiler inek gibi bir ağıla tıkılmışlardı, gidecek hiçbir yerleri yoktu. Nihayet ocak ayında devalüasyon yürürlüğe sokuldu ve bir peso bir dolar ederken çok geçmeden dört peso bir dolar etmeye başladı. Bu, tasarruflarını dolara yatırmaları gerektiğini düşünenleri haklı çıkarmalıydı. Fakat öyle olmadı, çünkü hükümet tüm dolar hesaplarını zorla pesoya çevirdi; ne var ki, eski bire bir döviz kuru üzerinden. 1.000 dolar tasarrufu olan birinin bir anda yalnızca 250 doları oldu. Hükümet halkın tasarruflarının dörtte üçünü kamulaştırmıştı.

İktisatçılar için Arjantin kafa karıştırıcı bir ülkedir. Nobel ödüllü iktisatçı Simon Kuznets Arjantin'i anlamanın ne kadar güç olduğunu anlatmak için bir keresinde dört tür ülke olduğuna dikkat çekmişti; gelişmiş ülkeler, az gelişmiş ülkeler, Japonya ve Arjantin. Kuznets böyle düşünmüştü çünkü Birinci Dünya Savaşı dolaylarında Arjantin dünyanın en zengin ülkelerinden biriydi. Ardından Batı Avrupa ve Kuzey Amerika'daki diğer zengin ülkelere kıyasla büyük bir gerileme göstermeye başladı; bu durum 1970'ler ve 80'lerde mutlak bir gerilemeye dönüştü. Görünürde Arjantin'in ekonomik performansı kafa karıştırıcıdır fakat kapsayıcı ve sömürücü kurumlar perspektifinden bakıldığında gerilemesinin nedeni daha anlaşılır hale gelir.

1914'ten önce Arjantin'in yaklaşık 50 yıl boyunca sürekli ekonomik büyüme gösterdiği doğrudur fakat bu klasik bir sömürücü kurumlara dayalı büyüme durumudur. Arjantin bu dönemin ardından tarımsal ihracat ekonomisine büyük yatırım yapmış dar bir elitin idaresine girdi. Et, deri ve tahıl fiyatlarının patlama yaptığı bir devirde bu malların ihracatıyla ekonomi büyüdü. Tüm benzer sömürücü kurumlara dayalı büyümeye deneyimleri gibi, ne yaratıcı yıkım ne de yenilik içeriyordu. Ve sürdürülebilir değildi. Birinci Dünya Savaşı dolaylarında artan siyasal istikrarsızlık ve silahlı ayaklanmalar Arjantin elitini siyasal sistemi genişletmeye çalışmaya sevk etti fakat bu kontrol edemeyecekleri kuvvetlerin harekete geçmesine yol açtı ve 1930'da ilk askeri darbe geldi. O tarihten 1983'e kadar Arjantin bir yandan diktatörlükle demokrasi arasında diğer yandan çeşitli sömürücü siyasal kurumlar arasında gidip geldi. 1970'lerde doruk noktasına ulaşan askeri rejim döneminde kitlesel baskı söz konusuydu ve en az dokuz bin, muhtemelen çok daha fazla insan yasadışı yollarla infaz edildi. Yüz binlercesi hapse atıldı ve işkence gördü.

Sivil idarenin olduğu dönemlerde seçimler vardı; yani bir çeşit demokrasi. Fakat siyasal sistem kapsayıcı olmaktan son derece uzaktı. 1940'larda Perón'un yükselişinin ardından Arjantin'e onun kurduğu parti hâkimdi; kısaca Peróncu Parti olarak bilinen Partido Justicialista. Peróncular oy satın alan, iltimas geçen, siyasal destek karşılığında devlet ihalelerinde ve memuriyetlerde yolsuzluk yapan muazzam bir siyasal makine sayesinde seçimleri kazandılar. Bir bakıma bu bir demokrasiydi fakat çoğulcu değildi. Güç Peróncu Parti'nin elinde aşırı ölçüde yoğunlaşmıştı; buna karşın yapabileceği şeyler üzerinde çok az kısıtlama söz konusuydu, en azından ordunun onu iktidardan uzaklaştırmaya gücünün yetmediği dönemde. Daha önce gördüğümüz gibi eğer Yüksek Mahkeme partinin politikalarından birine karşı çıkarsa onun için hiç de iyi olmuyordu.

Perón 1940'larda işçi hareketini bir siyasal taban olarak geliştirdi. Bu hareket 1970'lerde ve 80'lerde ordunun baskısıyla zayıflayınca partisinin yaptığı da sadece oy satın alacak başkalarını bulmak oldu. Ekonomik politikalar ve kurumlar eşit şartlar oluşturmak için değil destekçilerine gelir sağlamak için tasarlanmıştı. Başkan Menem 1990'larda onu yeniden seçilmekten alıkoyan bir dönem kısıtlamasıyla karşılaşınca yine aynı şey olmuş, basitçe anayasayı yeniden yazarak dönem kısıtlamasından kurtulmuştu. El Corralito'nun gösterdiği gibi, Arjantin'de seçimler ve halkın seçtiği hükümetler olsa bile hükümet rahatlıkla mülkiyet haklarına baskın gelebiliyor ve fütursuzca, bir ceza görmeden kendi yurttaşlarının mallarına el koyabiliyordu. Arjantin başkanları ve siyasal eliti üzerinde çok az denetim söz konusuydu ve elbette çoğulculuktan eser yoktu.

Kuznets'in ve şüphesiz Buenos Aires'i ziyaret eden başka pek çok kişinin kafasını karıştıran şey şehrin Lima, Guatemala City ve hatta Mexico City'den çok farklı görünmesidir. Yerli halka rastlamaz, eski kölelerin torunlarını görmezsiniz. Genellikle gördüğünüz şey "Belle Epoch" döneminde, yani sömürücü kurumlara dayalı büyüme sırasında inşa edilmiş binalar ve bu dönemin görkemli mimarisidir. Fakat Buenos Aires'te gördüğünüz Arjantin'in yalnızca bir yüzüdür. Örneğin Menem, Buenos Aires'ten değildi. Buenos Aires'in kuzeybatısında ve çok uzağında kalan dağlarda, La Rioja eyaletindeki Anillaco'da doğmuş ve eyalete üç kez valilik yapmıştı. Amerika'nın İspanyollar tarafından fethedildiği dönemde Arjantin'in bu bölgesi İnka İmparatorluğu'nun merkezden uzak bir bölgesiydi ve yerli halkın oluşturduğu yoğun bir nüfusa sahipti (Bkz. Harita 1). İspanyollar burada *encomienda*'lar kurdular ve kuzeydeki Potosí'nin madencilerinin ihtiyaçlarını karşılamak üzere tarıma ve katır yetiştiriciliğine dayalı son derece sömürücü bir ekonomi gelişti. Aslında, bölgeyi kanunsuzca yöneten ve ordusunu Buenos Aires'in üzerine süren meşhur Facundo Quiroga, La Rioja'dan çıkmıştı. Arjantin'in siyasal kurumlarının gelişiminin öyküsü, La Rioja gibi iç eyaletlerin Buenos Aires'le nasıl anlaşmalara vardıklarının öyküsüdür. Bu anlaşmalar bir ateşkesti; La Rioja "savaş lordları" Buenos Aires'i para kazanması için kendi haline bırakacaklardı. Karşılığında Buenos Aires eliti de "iç kesimin" kurumlarında reform yapmaktan vazgeçecekti. Böylece Arjantin ilk bakışta Peru ya da Bolivya'dan farklı bir dünya olarak görünür fakat bir kez Buenos Aires'in zarif bulvarlarından uzaklaştığınızda çok da fark yoktur. Ülkenin diğer sömürücü Latin Amerika ülkelerininkiyle çok benzer bir rota izlemesinin nedeni de, iç bölgelere ait özelliklerin ve politikaların Arjantin kurumlarında yerleşik hale gelmesidir.

Seçimlerin ne kapsayıcı ekonomik kurumlar ne de kapsayıcı siyasal kurumlar getirmesi Latin Amerika'da alışıldık bir durumdur. Kolombiya'da milisler ulusal seçimlerde oyların üçte birine hile karıştırabiliyorlardı. Tıpkı Arjantin gibi günümüz Venezuela'sında da demokratik seçimlerle işbaşı yapan Huge Chávez hükümeti rakiplerine saldırıyor, kamu sektöründeki işlerden kovuyor, yazarlarını beğenmediği gazeteleri kapatıyor ve mülke el koyuyor. Chávez 1720'lerin İngiltere'sinde Black Act'le John Huntridge'i mahkûm edemeyen Sir Robert Walpole'dan hem daha güçlü hem de yetkileri onunkilerden daha az sınırlı. Huntridge günümüz Venezuelası'nda çok daha fazla zorlanırdı.

Latin Amerika'da ortaya çıkan demokrasi prensip olarak elit idaresine taban tabana zıt olmasına ve hem söylemde hem de filiyatta hak ve fırsatları en azından bir kısım elitin elinden alıp yeniden bölüştürmeye çalışmasına rağmen, kökleri iki nedenden ötürü sıkı sıkıya sömürücü rejimlere dayalıdır. Birincisi, yüzlerce yıl süren sömürücü rejimlerin yarattığı eşitsizlikler seçmenlerin bu yeni ortaya çıkan demokrasilerde aşırı politikalar savunan politikacıların lehine oy kullanmasına neden oldu. Bunun nedeni Arjantinlilerin naif olmaları ve Juan Perón ya da daha yakın dönemden örnek vermek gerekirse Menem ya da Kirchnerler gibi Peróncu siyasetçilerin özverili olup yalnızca halkın çıkarlarını gözettiklerini düşünmeleri ya da Venezuelalıların kurtuluşu Chávez'de görmeleri değildir. Aksine, çoğu Arjantinli ve Venezuelalı tüm diğer siyasetçilerin ve partilerin, uzun süredir yurttaşların taleplerini dile getirmeyi, yol ve eğitim gibi en temel kamu hizmetleri yerine getirmeyi ve onları yerel elitin sömürüsünden kurtarmayı başaramadıklarının farkındadır. Bugün pek çok Venezuelalı beraberinde yozlaşma ve israf getirse bile Chávez'in benimsediği politikaları destekliyor; tıpkı 70'lerde çoğu Arjantinlinin Perón'un politikalarını desteklediği gibi. İkincisi, uygulanabilir alternatifler üreten etkin bir parti sistemi yerine siyaseti Perón ve Chávez gibi diktatörler için bu kadar çekici kılan ve onların lehine olacak şekilde taraflı hale getiren, yine altta yatan sömürücü kurumlardır. Perón, Chávez ve Latina Amerika'daki başka düzinelerce diktatör yalnızca oligarşinin tunç yasasının başka bir veçhesidir ve adından da anlaşıldığı gibi, bu yasanın kökleri elitin kotrolündeki rejimlere dayanmaktadır.

Yeni mutlakıyetçilik

Kasım 2009'da Kuzey Kore hükümeti iktisatçıların para reformu olarak adlandırdıkları bir uygulama başlattı. Bu tür reformların nedeni genellikle şiddetli enflasyon dönemleridir. Ocak 1960'ta Fransa'da gerçekleştirilen bir para reformu tedavüldeki frangın 100 katına karşılık gelen yeni bir frangı uygulamaya koydu. Eski franklar tedavülde kaldı, hatta yeni frangın değerinde değişiklik oldukça insanlar fiyat vermek için eski frangı kullandı. Sonunda Fransa avroya geçince Ocak 2002'de eski franklar tedavülden kaldırıldı. Kuzey Kore reformu görünüşte Fransa'dakiyle benzerlik taşır. 1960 Fransa'sında olduğu gibi Kuzey Kore hükümeti de paradan iki sıfır atmaya karar verdi. 100 eski won, Kuzey Kore'nin para birimi, artık bir yeni wona karşılık geliyordu. Bireyler eski paralarını getirip yeni basılmış paralarla değiştirebileceklerdi; fakat Fransa örneğindeki gibi 42 yılda değil, bir haftada. Sonra meselenin içyüzü anlaşıldı: Hükümet kimsenin 100 bin wondan daha fazlasını değiştiremeyeceğini duyurdu; gerçi sonradan bunu 500 bin wona kadar esnettiler. 100 bin won karaborsada yaklaşık 40 dolara karşılık geliyordu. Böylece hükümet Kuzey Kore yurttaşlarına ait muazzam miktarda şahsi birikimi tek hamlede silip süpürdü; ne kadar olduğunu tam olarak bilemiyoruz, fakat muhtemelen Arjantin hükümetinin 2002'de el koyduğundan daha fazlaydı.

Kuzey Kore hükümeti özel mülkiyete ve piyasalara karşı çıkan komünist bir diktatörlüktür. Fakat karaborsayı kontrol etmek güçtür; ayrıca karaborsada alım satım işlemleri nakit parayla yapılır. İşin içinde az miktarda yabancı para vardır elbette, özellikle de Çin parası, fakat çoğu işlemde won kullanılır. Para reformu bu pazarları kullanan insanları cezalandırmak ve özellikle bunların aşırı derecede zenginleşip ya da güçlenip rejim için tehdit oluşturmadıklarından emin olmak için tasarlanmıştı. Bunları fakir tutmak daha güvenliydi. Ayrıca Kuzey Kore halkı tasarruflarını wona yatırıyordu çünkü Kore'de az banka vardı ve hepsi de hükümete aitti. Neticede hükümet para reformunu halkın tasarruflarının büyük bölümüne el koymak için kullanmıştı.

Hükümet her ne kadar piyasaların kötü olduğunu söylese de, Kuzey Kore eliti piyasaların kendilerine sağladığı şeylerden memnun. Liderleri Kim Jong-Il'in içinde bir barı, bir karaoke makinesi ve bir mini sinema salonu olan yedi katlı bir sarayı var. Giriş katında dalga makinesi olan devasa büyüklükte bir havuz bulunuyor; Kim bu havuzda küçük bir motoru olan bir body-board kullanmayı seviyor. 2006'da Birleşik Devletler Kuzey Kore'ye bazı yaptırımlar uyguladığında rejimi nasıl can evinden vuracağını biliyordu. 60'tan fazla lüks tüketim maddesinin ihracatını yasakladı; bunlara yatlar, jetskiler, yarış arabaları, motosikletler, DVD oynatıcılar, 29 ekrandan büyük televizyonlar da dahildi. Artık ipek eşarplar, özel tasarım dolmakalemler, kürkler ya da deri çantalar yoktu. Bunlar tam da Kim ve onun Komünist Parti elitlerine hitap eden kalemlerdi. Bir bilim insanı, Fransız şirketi Hennessy'nin rakamlarını kullanarak Kim'in yaptırımlardan önceki konyak bütçesinin yılda 800 bin doları bulmuş olabileceğini hesapladı.

20. yüzyılın sonunda dünyanın pek çok fakir bölgesini anlayabilmek ancak 20. yüzyılın yeni mutlakıyetçiliğini anlamakla mümkündür; yani komünizmi. Marx'ın öngördüğü, daha insani koşullar altında ve eşitsizlik olmadan zenginlik üretecek bir sistemdi. Lenin ve onun Komünist Partisi Marx'tan esinlendi, fakat pratik, kuramın kendisinden bu denli farklı olamazdı. 1917 Bolşevik Devrimi kanlı bir hadiseydi ve hiçbir insani yönü yoktu. Lenin ve etrafındakilerin yaptığı ilk şey Bolşevik Parti'nin başına yeni bir eliti, yani kendilerini getirmek olduğundan denklemde eşitliğe de yer yoktu. Bunları yaparken yalnızca komünist olmayan unsurları değil, iktidarları için tehdit oluşturabilecek diğer komünist unsurları da tasfiye edip öldürdüler. Fakat asıl trajediler daha sonra yaşanacaktı; önce İç Savaş'la, ardından Stalin'in kamusallaştırma politikaları ve belki de 40 milyon kadar insanın hayatına mal olan aşırı sıklıktaki tasfiyeleriyle. Rus komünizmi acımasız, baskıcı ve kanlıydı fakat eşsiz değildi. Ekonomik sonuçlar ve çekilen acılar başka yerlerde olup bitenlerle büyük benzerlikler taşıyordu, örneğin 1970'lerde Kızıl Kmerler'in idaresinde Kamboçya'da yaşananlarla; ayrıca Çin'de ve Kuzey Kore'dekilerle. Bu örneklerin tümünde komünizm habis diktatörlükleri ve yaygın insan hakları ihlallerini beraberinde getirdi. Yaşanan ıstıraplar ve katliamlar bir yana, komünist rejimlerin hepsi de farklı türlerde sömürücü kurumlar inşa ettiler. Ekonomik kurumlar, piyasalar olsun olmasın, halkın kaynaklarını sömürmek için tasarlanmıştı ve mülkiyet haklarından nefret edildiğinden genellikle zenginlik yerine yoksulluk yaratıyorlardı. 5. bölümde gördüğümüz Sovyet örneğinde olduğu gibi, komünist sistem önce hızlı büyüme üretti fakat ardından hızını kaybetti ve durgunluğa yol açtı. Sonuçlar Mao idaresindeki Çin'de, Kızıl Kmerler idaresindeki Kamboçya'da ve ko-

münist ekonomik kurumların ekonomik çöküşe ve kıtlığa yol açtığı Kuzey Kore'de çok daha yıkıcıydı.

Bu komünist ekonomik kurumlar tüm gücü komünist partilerin ellerinde yoğunlaştırıp bu gücün kullanımına hiçbir kısıtlama getirmeyen sömürücü siyasal kurumlar tarafından destekleniyordu. Bunlar şeklen farklı sömürücü kurumlar olsalar da insanların geçim kaynakları üzerinde Zimbabve ve Sierra Leone'deki sömürücü kurumlarla benzer etkiler doğuruyorlardı.

Kral pamuk

Pamuğun Özbekistan ihracatının yaklaşık yüzde 45'ine karşılık gelmesi onu Sovyetler Birliği'nin dağılıp ülkenin bağımsızlığını ilan ettiği 1991'den beri en değerli mahsul haline getirdi. Sovyet komünizminin idaresindeyken Özbekistan'ın tüm ekilebilir alanları devlete ait 2.048 çiftliğin kontrolündeydi. Bunlar dağıtıldı ve 1991'in ardından tüm arazi bölüştürüldü. Fakat bu çiftçilerin bağımsız hareket edebilecekleri anlamına gelmiyordu. Özbekistan'ın ilk ve şimdilik tek başkanı İslam Kerimov hükümeti için pamuk fazla değerliydi. Bunun yerine, çiftçilerin ne ekebileceğini ve tam olarak kaça satabileceğini belirleyen düzenlemeler getirildi. Pamuk değerli bir ihraç maddesiydi; çiftçilere mahsulleri karşılığında dünya pazar fiyatlarının çok altında bir ödeme yapılıyor, gerisini hükümet alıyordu. Bu fiyata kimse pamuk ekmezdi, hal böyle olunca hükümet onları buna mecbur etti. Artık her çiftçi arazisinin yüzde 35'ini pamuğa tahsis etmek zorundaydı. Bu durum pek çok probleme yol açtı, en başta da makinelerle yaşanan güçlükler geliyordu. Bağımsızlık döneminde hasadın yüzde 40'ı biçerdöverle toplanıyordu. 1991'den sonra, Başkan Kerimov rejiminin oluşturduğu koşullar göz önünde bulundurulduğunda beklenebileceği gibi, çiftçiler biçerdöverleri satın almak ya da ellerinde tutmak istemiyorlardı. Sorunun farkına varan Kerimov bir çözüm buldu. Aslına bakılırsa bu biçerdöverden daha ucuz bir seçenekti; okul çocukları.

Pamuk kozaları eylül başlarında olgunlaşıp toplanmaya hazır hale gelir, yani yaklaşık olarak çocukların okula döndükleri zaman. Kerimov tüm okullara teslim etmeleri gereken pamuk miktarını belirten kotalar göndermeleri için kaymakamlara emir verdi. Eylül başında okullarda 2,7 milyon (2006 verileriyle) çocuk eksikti. Öğretmenler eğitmenlik edecekleri yerde birer personel alım memuruna dönmüşlerdi. Bu çocuklardan ikisinin annesi olan Gülnaz olanları şöyle açıklıyordu:

Her eğitim yılına başlarken, yaklaşık olarak eylül başında, okuldaki derslere ara verilir ve çocuklar ders yerine pamuk toplamaya gönderilir. Kimse ailelerin fikrini sormaz. Çocukların [hasat sezonu boyunca] hafta sonu tatilleri yoktur. Bir çocuk ne sebeple olursa olsun evde kaldıysa öğretmeni ya da sınıf sorumlusu gidip ebeveynlerini ihbar eder. Her çocuk için bir program hazırlarlar, bu da çocuğun yaşına göre 20 ila 60 kg arasında değişir. Eğer çocuk planlanan kotayı doldurmayı başaramazsa ertesi sabah tüm sınıfın önünde fena halde azarlanır.

Hasat iki ay sürüyor. Kırsal kesimdeki çocukların evlerine yakın, yürüyerek ya da otobüsle gidebilecekleri tarlalara tahsis edilme şansı var. Daha uzaktaki ya da şehirlerdeki çocukların baraka ya da ambarlarda makineler ve hayvanlar arasında uyumaları gerekiyor. Tuvaletleri ya da mutfakları yok. Çocukların öğle yemeği için kendi yiyeceklerini getirmeleri gerekiyor.

Tüm bu angaryadan çıkar sağlayan asıl kişiler Özbek pamuğunun *de facto* kralı olan Başkan Kerimov'un liderliğindeki siyasal elittir. Sözde okul çocuklarına emeklerine karşılık ödeme yapılıyor, fakat sadece sözde. 2006'da pamuğun dünya fiyatı kilo başına 1,40 dolar civarında iken 20 ya da 60 kiloluk günlük kotalarına karşılık çocuklara yapılan ödeme yaklaşık 0,03 dolar idi. Bugün pamuk hasadının muhtemelen yüzde 75'ini çocuklar gerçekleştiriyor. Sonbaharda okullar mecburi çapalama, ayıklama ve dikim için kapatılıyor.

İşler nasıl bu noktaya gelmişti? Tıpkı diğer Sosyalist cumhuriyetler gibi Özbekistan'ın da Sovyetler Birliği'nin çöküşünün ardından bağımsızlığını kazanması ve bir piyasa ekonomisi ve demokrasi geliştirmesi gerekiyordu. Oysa diğer pek çok Sovyet Cumhuriyeti gibi, Özbekistan'da da böyle olmadı. Siyasal kariyerine eski Sovyetler Birliği'nin Komünist Parti'sinde başlayan Başkan Kerimov 1989'un sunduğu fırsatla, tam Berlin Duvarı yıkılırken, partinin birinci sekreterliğine yükselmiş ve kendini bir ulusalcı olarak yeniden yaratmayı başarmıştı. 1991'de güvenlik kuvvetlerinin kritik desteğiyle Özbekistan'ın ilk başkanlık seçimini kazandı. İktidara geldikten sonra bağımsız siyasal muhalefete karşı sert önlemler aldı. Muhalifler şimdi ya hapis ya da sürgünde. Özbekistan'da özgür basın yok, sivil toplum kuruluşlarına izin verilmiyor. Artan baskı 2005'te Andican'da muhtemelen 750, belki de daha fazla göstericinin polis ya da asker tarafından öldürülmesiyle doruk noktasına ulaştı.

Kerimov güvenlik güçlerini bu şekilde kullanıp medya üzerinde tam bir kontrol uygulayarak önce bir referandumla başkanlık süresini beş yıla çıkardı, ardından 2000'de yeni bir yedi yıllık dönem için seçildi, hem de yüzde 91,2'lik bir oy oranıyla. Tek rakibi oyunu Kerimov'a verdiğini açıklamıştı! Geniş kitlelerce hileli olduğu düşünülen 2007'deki seçimde yeniden seçilirken oyların yüzde 88'ini aldı. Özbekistan'daki seçimler Sovyetler Birliği'nin en parlak döneminde Josef Stalin'in düzenlediklerine benziyor. Bu seçimlerden birinde, 1937'de, *New York Times* temsilcisi Harold Denny'nin Komünist Parti'nin gazetesi *Pravda*'dan bir çeviriyi kullanarak hazırladığı meşhur haberi Sovyet seçimlerindeki tansiyonu ve heyecanı aktarmayı hedefliyordu:

> Saatler gece yarısını gösteriyor. Aralığın on ikisi; ilk genel, eşit ve doğrudan Yüksek Sovyet seçimleri tamamlandı. Seçim sonuçları açıklanmak üzere.
>
> Komisyon odasına çekildi. Ortama sessizlik hâkim, lambalar ağırbaşlılıkla parıldıyor. Başkan gayet özenle ve büyük bir beklenti içinde oyları saymaya başlamadan önce gerekli tüm formaliteleri yerine getiriyor; listeden kaç seçmen olduğuna ve kaçının oy kullandığını kontrol ediyor ve sonuç yüzde 100. Yüzde 100! Hangi ülkede, hangi seçimde, hangi adaya yüzde 100 oy verilmiştir?
>
> Fakat asıl iş şimdi başlıyor. Heyecanla sandıkların mühürlerini teftiş ediyor başkan. Ardından komisyon üyeleri teftiş ediyor sandıkları. El değmemiş vaziyetteki mühürler sonunda kırılıyor. Sandıklar açılıyor.
>
> Büyük bir sessizlik var. Seçim müfettişleri ve idareciler yerlerinde büyük bir dikkat ve ciddiyetle oturuyor.
>
> Şimdi zarfları açma zamanı. Komisyonun üç üyesi makasları ellerine alıyor. Başkan ayağa kalkıyor. Sayım görevlileri defterlerini hazır ediyor. İlk zarf açılıyor. Tüm gözler zarfa dikiliyor. Başkan zarfın içinden iki kâğıt çıkarıyor –beyaz [bir Birlik Sovyeti adayı için] ve mavi [bir Uluslar Sovyeti adayı için]– ardından yüksek sesle ve büyük bir kararlılıkla okuyor, "Yoldaş Stalin."
>
> Ortamdaki ciddi hava bir anda dağılıyor. Odadaki herkes yerinden sıçrayıp büyük bir sevinç ve büyük bir coşkuyla Stalinist Anayasaya göre gizli oylamayla gerçekleştirilen ilk genel seçiminden çıkan ilk oyu, anayasanın yaratıcısının isminin yazılı olduğu oyu alkışlamaya başlıyor.

Konu baskı ve siyasal kontrole gelince Stalin'e yakışır bir öğrenci olarak ortaya çıkan ve gerçeküstücülükte Stalin'inkilerle yarışan seçimler düzenleyen Kerimov'un yeniden seçilmesi esnasında da yukarıda tarif edilenle aynı hava teneffüs ediliyordu.

Kerimov idaresindeki Özbekistan son derece sömürücü siyasal ve ekonomik kurumlara sahip bir ülkedir. Ve de yoksuldur. Muhtemelen nüfusun üçte biri yoksulluk içinde yaşıyor ve kişi başına ortalama yıllık gelir 1.000 dolar civarında. Fakat kalkınma göstergelerinin hepsi kötü değil. Dünya Bankası verilerine göre okula yazılma oranı yüzde 100... Eh, herhalde hasat zamanı hariç. Okuryazarlık da çok yüksek, tabii rejim tüm basını denetim altında tuttuğu gibi, tüm kitapları yasaklamış ve interneti de sansürlemiş durumda. Çoğu insan pamuk toplamak için günde yalnızca birkaç kuruş alsa da 1989 sonrasında kendilerini yeni ekonomik ve siyasal elite dönüştüren Kerimov ailesi ve eski komünist yoldaşları inanılmaz derecede zenginleştiler.

Ailenin ekonomik çıkarları, Kerimov'un kızı –ve muhtemelen babasının ardından halefi– Gülnur tarafından idare ediliyor. Bu denli şeffaflıktan uzak, kapalı kutu bir ülkede kimse Kerimov ailesinin tam olarak neyi kontrol ettiğini ya da ne kadar para kazandığını bilmiyor; fakat bir Birleşik Devletler şirketi olan Interspan deneyimi geçen 20 yılda Özbek ekonomisinde neler olduğunu ortaya koyuyor. Pamuk tek tarım ürünü değil; ülkenin kimi bölgeleri çay yetiştirmeye müsait, Interspan da yatırım kararı aldı. 2005'te yerel pazarın yüzde 30'unu ele geçirdi fakat daha sonra başı derde girdi. Gülnur çay sanayiinin ekonomik bakımdan umut verici olduğu sonucuna varmıştı. Çok geçmeden Interspan'in yerli personeli tutuklanmaya, dövülmeye, işkence görmeye başladı. Interspan için faaliyete devam etmek imkânsız hale geldi ve şirket Ağustos 2006'da çekildi. Şirket tesisleri pazar payı bir iki yıl önce yüzde 2 seviyesindeyken 2006'da pazarın yüzde 67'sini temsil eden Kerimov ailesinin kontrolüne geçti.

Özbekistan pek çok bakımdan geçmişten, unutulmuş bir çağdan kalma bir yadigâr gibi görünür: Tek bir ailenin ve maiyetinin mutlakıyetçiliği altında takati kalmamış, angaryaya –hem de çocukların zorla çalıştırılmasına– dayalı bir ekonomisi olan bir ülke. Fakat aslında öyle değildir. Özbekistan günümüzün sömürücü kurumlar nedeniyle başarısızlığa uğrayan ülkeler mozaiğinin bir parçasıdır ve ne yazık ki Ermenistan ve Azerbaycan'dan; Kırgızistan, Tacikistan ve Türkmenistan'a kadar uzanan eski Sovyet Sosyalist Cumhuriyetleriyle pek çok ortak noktaya sahiptir ve bize sömürücü ekonomik ve siyasal kurumların 21. yüzyılda bile yüzsüz ve acımasız bir sömürü modeline dönüşebileceğini hatırlatmaktadır.

Rekabet alanını belli bir ölçekte tutmak

1990'lar Mısır için bir reform dönemiydi. Mısır, askeri darbe 1954'te monarşiye son verdiğinden beri hükümetin merkezi bir rol üstlendiği yarı sosyalist bir toplumdu. Ekonomideki çoğu sektör iktisadi devlet teşekküllerinin hâkimiyetindeydi. Yıllar içinde sosyalizm retoriği zaman aşımına uğradı, piyasalar açıldı ve özel sektör gelişti. Fakat bu piyasalar kapsayıcı piyasalar değildi, devletin ve Başkan Enver Sedat'ın 1978'de kurduğu Ulusal Demokrat Parti (UDP) taraftarı bir avuç işadamının kontrolündeki piyasalardı. İşadamları partiye gitgide daha fazla karışırken, Hüsnü Mübarek hükümeti zamanında bu kez parti gitgide onlara daha fazla karışır oldu. Enver Sedat'a düzenlenen suikastın ardından 1981'de başkan olan Mübarek, önsözde değindiğimiz gibi yoğun protestolar ve orduyla Şubat 2011'de iktidardan uzaklaştırılıncaya dek UDP'yle hüküm sürdü.

Büyük işadamları ekonomik çıkarlarıyla yakından ilgili bölgelerde önemli hükümet görevlerine getirildi. Unilever AMET (Afrika, Ortadoğu ve Türkiye) eski başkanı Raşit Muhammed Raşit dış ticaret ve sanayi bakanı oldu; Mısır'ın en büyüklerinden Garana Travel Company'nin sahibi ve genel müdürü Muhammed Zuheyr Vahit Garana turizm bakanı oldu; Mısır'ın en büyük pamuk ihracat şirketi Nile Cotton Trade Company'nin kurucusu Emin Ahmed Muhammed Osman Abaza tarım bakanı oldu.

İşadamları pek çok ekonomik sektörde devlet düzenlemesiyle sektöre girişi kısıtlaması için hükümeti ikna etti. Bu sektörler arasında basın, demir çelik, otomotiv sanayii, alkollü içecekler ve beton yer alıyordu. Siyasal bağlantıları olan işadamlarını ve şirketleri koruyan yüksek giriş engelleriyle her sektör iyice konsantre hale getirildi. Ahmed Ezz (demir çelik), Saviris ailesi (multimedya, içecek ve telekomünikasyon) ve Muhammed Nasır (içecek ve telekomünikasyon) gibi rejime yakın büyük işadamları yalnızca devlet tarafından kollanmakla kalmadılar, teminat göstermek zorunda kalmadan devlet ihaleleri ve büyük banka kredileri de aldılar. Ahmed Ezz hem ülkenin çelik sanayiinin en büyük şirketi Ezz Çelik'in başkanı; hem UDP'nin üst düzey üyesi; hem Halk Meclisi Bütçe ve Planlama Komisyonu başkanı; hem de Başkan Mübarek'in oğullarından Cemal Mübarek'in yakın arkadaşıydı.

Uluslararası finansal kurumların ve iktisatçıların desteklediği 1990'lı yılların ekonomik reformları piyasaları serbest bırakmayı ve devletin ekonomideki rolünü azaltmayı hedefliyordu. Dünyanın her yerinde bu tür reformların temel prensibi devlete ait malvarlıklarının özelleştirilmesidir. Meksika'daki özelleştirmenin sağladığı şey ise rekabeti artırmak yerine, Carlos Slim gibi siyasal bağlantıları olan işadamlarını zenginleştiren bir süreç sayesinde sadece devlet tekellerini özel tekellere dönüştürmek olmuştu. Mısır'da olan da tam tamına buydu. Rejimle bağlantılı işadamları Mısır'ın özelleştirme programının zengin iş çevrelerinin –ya da Mısırlıların tabiriyle "balinaların"– çıkarlarına uygun biçimde uygulanmasında son derece etkili oldular. Özelleştirmenin başladığı sıralarda ekonomi bu balinaların 32'sinin hâkimiyetindeydi.

Bunlardan biri olan Ahmed Zayat, Luxor Group'un başındaydı. 1996'da hükümet Mısır'ın bira üretimini tekelinde tutan El Ahram içeceklerini (ABC) özelleştirme kararı aldı. Emlak müteahhidi Farid Saad'ın idaresindeki Mısır Finans Şirketi ile 1995'te kurulan Mısır'ın ilk risk sermayesi şirketinin oluşturduğu konsorsiyumdan bir teklif geldi. Konsorsiyumda eski turizm bakanı Fuad Sultan'ın yanı sıra Muhammed Nasır ve bir diğer elit işadamı, Muammed Ragıp da bulunuyordu. Grubun güçlü bağlantıları vardı; fakat bunlar yeterince güçlü bağlantılar değildi. 400 milyon Mısır poundu tutarındaki teklifleri çok az bulunarak geri çevrildi. Zayat'ın bağlantıları daha güçlüydü. ABC'yi satın alacak parası yoktu, o da Carlos Slim'e yaraşır bir tezgâh hazırladı. ABC hisseleri ilk kez Londra Menkul Kıymetler Borsası'nda satışa sunulmuştu ve Luxor Group hisse başına 68,5 Mısır poundu vererek bu hisselerin yüzde 74,9'unu satın almıştı. Üç ay sonra hisseler ikiye bölündü ve Luxor Group her birine 52,5 pound vererek yüzde 36'lık bir kâr elde etti ve böylece Zayat da ertesi ay ABC'yi 231 milyon pounda satın alacak parayı bulabildi. O tarihte ABC'nin yıllık kârı yaklaşık 41,3 milyon Mısır pounduydu ve 93 milyon Mısır poundu nakit rezervine sahipti. Yok pahasına satılmıştı. 1999'da yeni özelleştirilmiş ABC, özelleştirilen bir başka kurum olan ulusal şarap tekeli Gianaclis'i satın alarak bira tekeline şarabı da ekledi. İthal şaraptan alınan yüzde 3.000 oranındaki gümrük vergisine sarılan ve sattığı ürünlerden yüzde 70 kâr sağlayan Gianaclis çok kârlı bir kurumdu. 2002'de Zayat ABC'yi 1,3 milyar Mısır pounduna Heineken'e sattığında tekel yeniden el değiştirdi. Beş yılda yüzde 563 kâr elde edilmişti.

Muhammed Nasır her zaman kaybeden tarafta olmamıştı. 1993'te, özelleştirilen El Nasır Şişeleme Sanayi'ni satın almıştı.

Mısır'da Coca-Cola ürünlerini şişeleyip satmak bu şirketin tekelindeydi. Nasır'ın şirketi satın alırken çok az rekabetle karşılaşmasını sağlamıştı. Nasır iki yıl sonra şirketi aldığı fiyatın üç katından fazlasına sattı. Başka bir örnek de özel sektörün 1990'ların sonlarında kamu sinema sektörüne girme teşebbüsüydü. Fakat bir kez daha siyasal bağlantılar yalnızca iki ailenin teklif verip sinemaları işletebileceğini söylüyordu; bunlardan biri de Saviris Ailesi'ydi.

Mısır bugün yoksul bir ülkedir. Güneyde, Sahraaltı Afrika'daki çoğu ülke kadar değilse de nüfusunun yaklaşık yüzde 40'ının çok yoksul olduğu, günde iki dolardan az bir parayla geçindiği bir ülkedir. İronik bir biçimde, daha önce gördüğümüz gibi, 19. yüzyılda Mısır, fiilen İngiliz İmparatorluğu'na dahil olmadan önce oldukça uzun süren bir sömürücü ekonomik büyüme dönemi yakalayan Mehmet Ali'nin kurumsal değişim ve ekonomik modernizasyon girişiminin başlangıçta başarı sağladığı bir ülkeydi. İngiliz sömürgecilik döneminde bir dizi sömürücü kurum ortaya çıktı ve 1954'ten sonra da ordu sayesinde varlığını korudu. Belirli miktarda ekonomik bir büyüme yakalanmış ve eğitime yatırım yapılmıştı fakat elit kesim hükümetle olan bağlantılarından nasiplenme imkânı bulurken toplumun büyük kısmı çok az ekonomik fırsata sahipti.

Bu sömürücü ekonomik kurumlar da yine sömürücü siyasal kurumlar tarafından destekleniyordu. Başkan Mübarek bir siyasal hanedan başlatmayı planlıyor, yerine geçmesi için oğlu Cemal'i hazırlıyordu. Ancak bu planı 2011 başlarında "Arap Baharı" sırasında ortaya çıkan geniş çaplı huzursuzluk ve gösteriler karşısında sömürücü rejiminin çökmesiyle kısa sürdü. Nasır'ın başkanlık yaptığı dönemde ekonomik kurumların bazı kapsayıcı yönleri vardı; devlet eğitim sistemini geliştirmiş ve Kral Faruk rejiminin sunmadığı bazı fırsatlar sağlamıştı. Fakat bu yalnızca sömürücü siyasal kurumlarla bir dereceye kadar kapsayıcılığa sahip ekonomik kurumların istikrarsız bir katışımına örnekti.

Mübarek'in hüküm sürdüğü dönemde gelen kaçınılmaz sonuç, ekonomik kurumların daha sömürücü hale gelmesiydi ki, bu da siyasal gücün toplumdaki dağılımını yansıtıyordu. Arap Baharı bir anlamda buna bir tepkiydi. Bu sadece Mısır için değil Tunus için de geçerliydi. 30 yıl süren sömürücü siyasal kurumlara dayalı büyüme Başkan Ben Ali ve ailesinin ekonomiyi giderek daha fazla yağmalamasıyla tersine dönmeye başlamıştı.

Uluslar neden başarısız olur

Uluslar sömürücü kurumlar yüzünden ekonomik başarısızlığa uğrar. Bu kurumlar yoksul ülkelerin yoksul kalmasını sağlar ve bir ekonomik büyüme rotasına girmelerini engeller. Günümüzde bu durum Afrika'da Zimbabve ve Sierra Leone; Güney Amerika'da Kolombiya ve Arjantin; Asya'da Kuzey Kore ve Özbekistan ve Ortadoğu'da Mısır gibi ülkeler için geçerliliğini korumaktadır. Bu ülkeler arasında kayda değer farklılıklar söz konusudur. Bazıları tropikal, bazılarıysa mutedil iklimlerdedir. Bazıları İngiltere'nin, diğerleriyse Japonya, İspanya ve Rusya'nın sömürgeleriydiler. Çok farklı tarihlere, dillere ve kültürlere sahiptirler. Hepsinin ortak noktası ise sömürücü kurumlardır. Bu örneklerin hepsinde söz konusu sömürücü kurumların temelinde ekonomik kurumları toplumun büyük çoğunluğunun yoksullaşması pahasına kendilerini zenginleştirip iktidarlarını idame ettirecek şekilde tasarlayan bir elit bulunur. Ülkelerin farklı geçmişleri ve farklı sosyal yapıları, elitlerin doğasında ve sömürücü kurumların detaylarında görülen farklılıklara yola açar. Fakat bu sömürücü kurumların varlıklarını devam ettirebilmeleri daima kısırdöngüyle ilintilidir ve bu kurumların doğurduğu sonuçlar –yoğunluk bakımından farklılık gösterseler bile– yurttaşlarını yoksullaştırmaları bakımından benzerdir.

Örneğin Zimbabve'de bu elit 1970'lerde sömürgecilik karşıtı mücadelenin başını çeken Robert Mugabe ve ZANU-PF'nin çekirdek kadrosundan oluşuyordu. Kuzey Kore'de ise Kim Jong-Il'in etrafındaki bir klik ve Komünist Parti'ydi. Özbekistan'da Başkan İslam Kerimov, ailesi ve yeni koşullara ayak uyduran, Sovyetler Birliği döneminden kalma yakın çevresiydi. Gayet açıktır ki, bu gruplar birbirlerinden çok farklıdır ve bu farklılıklar, idare ettikleri devletlerin ve ekonomilerin çeşitliliğiyle birlikte, sömürücü kurumların farklı biçimler alabileceği anlamına gelir. Mesela, Kuzey Kore komünist bir devrimle inşa edildiği için burada onun siyasal modeli olan Komünist Parti'nin tek parti idaresi biçimini almıştı. Bu, Kuzey Kore'nin komşusu ve destekçisi Çin'le paylaştığı bir modeldi. Mugabe 1980'lerde Kuzey Kore ordusunu Matabeleland'deki rakiplerini katletmesi için Zimbabve'ye davet etmişti etmesine; fakat bu tür bir sömürücü siyasal kurumlar modeli Zimbabve için uygulanabilir olmaktan uzaktı. Bunun yerine, Mugabe sömürgecilik karşıtı mücadelede iktidara geliş biçiminden ötürü iktidarını seçimlerin arkasına gizlemek zorundaydı, hatta bir süreliğine anayasal olarak kutsanmış bir tek parti devleti inşa etmeyi fiilen başarsa bile.

Kolombiya'nın ise aksine, uzun bir seçim geçmişi vardır ve bu seçimler tarihsel olarak ülkenin İspanya'dan bağımsızlığını kazanmasının ardından iktidarın Liberal ve Muhafazakâr partiler arasında paylaşılmasının bir yöntemi olarak ortaya çıkmıştır. Elitler yalnızca yapıları bakımından değil sayıca da farklıdırlar. Özbekistan'da Kerimov, Sovyet devletinden kalan ve alternatif elitleri baskı altına alıp öldürebilmesi için güçlü araçlar sunan kurumların kontrolünü ele geçirebilmişti. Kolombiya'da ise ülkenin kimi bölgelerinde merkezi devlet otoritesinin olmayışı doğal olarak çok daha parçalı bir elite yol açtı; o kadar ki, bazen birbirlerini öldürüyorlar. Yine de, elitler ve siyasal kurumlardaki tüm bu çeşitliliğe rağmen, bu kurumlar genellikle kendilerini yaratan elitin gücüne güç katmayı becerirler. Fakat bazen de bu kurumların yol açtığı iç çatışmalar devletin çökmesine neden olurlar; tıpkı Sierra Leone'de olduğu gibi.

Ülkelerin farklı geçmişlere ve farklı yapılara sahip olmaları elitlerin kimliğinde ve sömürücü siyasal kurumların detaylarında farklılıklara yol açtığı gibi, elitlerin kurduğu sömürücü ekonomik kurumların detaylarında da farklılıklara yol açar. Kuzey Kore'de sömürü araçları yine komünizm döneminden kalmaydı: Özel mülkiyetin kaldırılması, devlete ait tarım ve sanayi işletmeleri.

1952'den sonra Albay Nasır'ın kurduğu alenen sosyalist askeri rejimle idare edilen Mısır'da da durum oldukça benzerdi. Nasır Soğuk Savaş'ta Sovyetler Birliği'yle aynı safta yer almış, yabancı yatırımlara, örneğin İngilizlere ait Süveyş Kanalı'na el koymuş ve ekonominin büyük kısmını kamu mülkiyetine geçirmişti. Ne var ki, Mısır'ın 1950'ler ve 60'lardaki durumu Kuzey Kore'nin 1940'lardaki durumundan çok farklıydı. Japonlara ait eski mülkleri kamulaştırıp Çin Devrimi'nin ekonomik modelini temel aldıkları için Kuzey Korelilerin daha radikal bir komünist ekonomi inşa etmesi çok daha kolaydı. Oysa Mısır Devrimi daha ziyade bir grup subayın gerçekleştirdiği bir darbeydi. Mısır, Soğuk Savaş sırasında taraf değiştirip Batı yanlısı bir politika benimsediğinde, haliyle Mısır ordusu için merkezi komutadan eş-dost kapitalizmine geçmek bir sömürü yöntemi olarak hem elverişli hem de nispeten kolaydı. Buna rağmen, Mısır'ın Kuzey Kore'ye kıyasla daha iyi bir ekonomik performans göstermesi Mısır kurumlarının yapı itibarıyla daha az sömürücü olmasındandır. Birincisi, Mısır rejimi Kuzey Kore Komünist Partisi'nin boğucu hâkimiyetinden yoksun olduğundan, toplumu Kuzey Kore rejiminden farklı bir biçimde yatıştırmak zorundaydı. İkincisi, eş-dost kapitalizmi bile yatırım için bir miktar teşvik sağlar, en azından rejimin kolladığı çevrelere; fakat Kuzey Kore bundan tamamen yoksundur.

Bu detaylar ne kadar önemli ve ilgi çekici olursa olsun, daha hayati dersler olayın bütününde gizlidir; bu örneklerin her birinde, sömürücü siyasal kurumlar zenginliği ve gücü elite aktaran sömürücü ekonomik kurumlar oluşturmuştur. Bu ancak Mısır'daki gibi, elitin mülkiyet haklarının güvencede olduğu ve fırsatların eşit değil, elitleri kayırdığı durumlarda, ya da Arjantin, Kolombiya ve Kuzey Kore'de olduğu gibi, devletin ya da elitlerin başını çektiği bir tür sömürü, mülkiyet haklarını tehlikeye soktuğunda ve teşviklere zarar verdiğinde söz konusu olabilir. Ya da Zimbabve'de olduğu gibi sömürücü kurumların devletin çöküşü sürecini başlattığı ve tüm teşvikleri yok ettiği bir durumda.

Sömürünün yoğunluğu bu farklı ülkelerde açık biçimde çeşitlilik gösterir ve refah için önemli sonuçlar doğurur. Örneğin Arjantin'de anayasa ve demokratik seçimler çoğulculuğu teşvik etmek için yeterince iyi işlemez fakat Kolombiya'da olduğundan çok daha iyi işlev görürler. En azından Arjantin'de devlet, şiddet tekeli üzerinde hak iddia edebilir. Biraz da bu sebeple, Arjantin'de kişi başına gelir Kolombiya'dakinin iki katıdır. Her iki ülkenin de siyasal kurumları eliti kısıtlamakta Zimbabve ve Sierra Leone'de olduğundan çok daha iyi iş çıkarırlar ve bunun sonucunda Zimbabve ve Sierra Leone, Arjantin ve Kolombiya'dan çok daha yoksuldur.

Ayrıca kısırdöngünün varlığı, Zimbabve ve Sierra Leone'de olduğu gibi sömürücü kurumların devletin çöküşüne yol açtığı durumlarda bile bunun söz konusu kurumların hâkimiyetine son vermeyeceği anlamına da gelir. Kritik dönemeçlerde iç savaşların ve devrimlerin ortaya çıkabildiğini fakat bunların mutlaka kurumsal değişime yol açmadıklarını daha önce gördük. 2002'de iç savaş bittikten sonra Sierra Leone'de cereyan eden hadiseler bu olasılığı canlı bir biçimde ortaya koymaktadır.

2007'de Siaka Stevens'ın eski partisi APC, demokratik bir seçimle iktidara döndü. Başkanlık seçimini kazanan Ernest Bai Koroma'nın eski APC hükümetleriyle bağlantısı olmasa da kabine üyelerinin çoğunun vardı. Hatta Stevens'ın iki oğlu, Bockarie ve Jengo, Birleşik Devletler ve Almanya büyükelçiliklerine getirilmişlerdi. Bu bir bakıma Kolombiya'da gördüğümüz hadiselerin daha istikrarsız bir versiyonudur. Kolombiya'nın pek çok bölgesinde hâlâ merkezi devlet otoritesinden eser yok; çünkü böylesi ülkenin siyasal elitinin belirli bir kısmının işine geliyor. Öte yandan, 1950'den bu yana devletin merkezi kurumları da bu düzensizliğin topyekûn bir kaosa dönüşmesini engelleyecek kadar güçlü. Sierra Leone'de kısmen ekonomik kurumların daha sömürücü bir yapıya sahip olması, kısmen de ülke tarihindeki son derece sömürücü siyasal kurumlar nedeniyle, toplum yalnızca ekonomik bakımdan büyük sıkıntı çekmekle kalmadı, ayrıca topyekûn düzensizlik ile idareten bir düzen arasında gidip geldi. Bu durumun uzun vadedeki sonucu hâlâ aynıdır; devlet neredeyse yok gibidir ve kurumlar sömürücüdür.

Tüm bu örneklerde, sömürücü kurumlar en azından 19. yüzyıla dayanan uzun bir geçmişe sahipler. Bu ülkelerin hepsi de birer kısırdöngü içindeler. Bu kısırdöngüler Kolombiya ve Arjantin'de İspanyol sömürge idaresinin kurumlarından, Zimbabve ve Sierra Leone'de ise 19. yüzyıl sonlarında kurulan İngiliz sömürge rejiminden kaynaklanıyor. Sierra Leone'de bu rejimler beyaz yerleşimcilerin yokluğunda büyük ölçüde sömürgecilik öncesinin siyasal gücünün mevcut sömürücü yapıları üzerine inşa edildi ve onları daha da yoğunlaştırdı. Bu yapılar da siyasal merkeziyetin olmayışı ve köle ticaretinin feci sonuçları ile öne çıkan uzun bir kısırdöngünün ürünüydü. İngiliz Güney Afrika Kumpanyası bir ikili ekonomi inşa ettiğinden, Zimbabve'deki durum daha çok sömürücü kurumların yeni bir biçiminin yapılandırılmasıydı. Özbekistan ise Sovyetler Birliği'nin sömürücü kurumlarını devralmış ve Mısır gibi o da bunu bir eş-dost kapitalizmine çevirmişti. Sovyetler Birliği'nin sömürücü kurumları da birçok yönden çarlık rejiminin sömürücü kurumlarının birer devamıydı ve yine Oligarşinin Tunç Yasası'na dayalı bir örüntü izliyordu. Son 250 yılda bu muhtelif kısırdöngüler dünyanın farklı bölgelerinde gelişirken bir dünya eşitsizliği ortaya çıktı ve kalıcı hale geldi.

Bugün ülkelerin ekonomik ve siyasal başarısızlıklarının çaresi, sömürücü kurumlarını kapsayıcı kurumlara dönüştürmeleridir. Kısırdöngü bize bunun kolay olmayacağını söylüyor fakat ne bunu gerçekleştirmek imkânsızdır ne de Oligarşinin Tunç Yasası kaçınılmazdır. Kurumlarda önceden var olan bazı kapsayıcı unsurlar; ya da mevcut rejimle mücadele eden geniş tabanlı koalisyonların varlığı; ya da sadece tarihin olumsal doğası, kısırdöngüyü kırabilir. Tıpkı Sierra Leone'deki iç savaş gibi 1688'in Görkemli Devrim'i de bir iktidar mücadelesiydi. Fakat bu mücadelenin doğası Sierra Leone'deki iç savaşınkinden son derece farklıydı. Muhtemelen parlamentoda bazıları yeni mutlakıyetçiler rolüne soyunup Oliver Cromwell'in İngiliz İç Savaşı'ndan sonra yaptığı gibi, Görkemli Devrim'in ardından II. James'i tahttan indirmek için mücadele ettiler. Fakat parlamentonun yeterince güce sahip olması ve farklı ekonomik çıkarlardan ve farklı bakış açılarından oluşan geniş bir koalisyonu bir araya getirmesi, Oligarşinin Tunç Yasası'nın 1688'e uygulanabilmesini daha az olası hale getirmişti. II. James karşısında şansın parlamentodan yana olmasının da buna yardımı dokunmuştu. Gelecek bölümde çemberi kırmayı başaran ve sömürücü kurumlar konusunda uzun bir geçmişe sahip olmalarına rağmen kurumlarını dönüştürebilen başka ülkelerden örnekler göreceğiz.

14

Çemberi kırmak

Üç Afrika şefi

6 Eylül 1895'te, *Tantallon Castle* transatlantiği İngiltere'nin güney sahilindeki Plymouth'ta limana yanaştı. Üç Afrika şefi, Ngwato kabilesinden Khama, Ngwaketse kabilesinden Bathoen ve Kwena kabilesinden Sebele karaya çıktılar ve 8:10 ekspresiyle Londra'nın Paddington İstasyonu'na hareket ettiler. Üç şef İngiltere'ye bir misyon için gelmişlerdi: Kendi eyaletlerini ve diğer beş Tsvana eyaletini Cecil Rhodes'dan kurtarmak için. Ngwato, Ngwaketse ve Kwena sekiz Tsvana eyaletinden üçüydü. Bu sekiz eyalet o zamanlar Bechuanaland olarak bilinen, 1965'te bağımsızlığını kazanmasının ardından Botsvana olarak bilinecek ülkeyi oluşturuyordu.

Bu kabileler 19. yüzyılın büyük bölümünü Avrupa'yla ticaret yaparak geçirmişlerdi. 1840'larda ünlü İskoç misyoner David Livingstone Bechuanaland'e kapsamlı seyahatler düzenlemiş ve Kwena Kralı Sechele'yi Hıristiyan yapmıştı. Kitabı Mukaddes'in Afrika dillerindeki ilk çevirisi Tsvana diline yapılmıştı. 1885'te Britanya, Bechuanaland'i protektora ilan etti. Tsvanalılar bunun kendilerini başka Avrupa istilalarından, özellikle de İngiliz sömürgeciliğinden kaçan binlerce kişinin iç bölgelere göçtüğü 1835'teki "Great Trek"ten (Büyük Göç) beri çatıştıkları Boerlerden koruyacağını düşündükleri için anlaşmadan memnundular. Öte yandan İngilizler hem Boerlerin daha fazla ilerlemesine engel olmak hem de bugünün Namibya'sına karşılık gelen Güneybatı Afrika'yı ilhak eden Almanların ilerleme olasılığını ortadan kaldırmak için bölgenin kontrolünü ellerinde tutmak istiyordu. İngilizler geniş çaplı bir sömürgeciliğin bir değer taşıdığını düşünmüyorlardı. Yüksek Komiser Rey 1885'te İngiliz hükümetinin tavrını açık bir biçimde özetliyordu: "Molope'un kuzeyindeki ülkeyle [Bechuanaland protektorası] iç bölgelere giden bir yol olması dışında bir ilgimiz yok; bu nedenle protektoryanın bu kısmının haydutlar ya da yabancı güçler tarafından işgal edilmesini engellemek istiyorsak şu an için kendimizi gerek idarecilik gerekse yerleşim bakımından mümkün olduğunca az şey yapmakla sınırlamalıyız."

Fakat 1889'da Cecil Rhodes'un İngiliz Güney Afrika Şirketi'nin Güney Afrika'nın kuzeyinde ilerlemeye başlayıp sonunda Kuzey ve Güney Rodezya'ya, yani günümüzün Zambiya ve Zimbabve'si haline gelecek büyük arazi şeritlerine el koymasıyla Tsvana için işler değişmişti. 1895'e, üç şefin Londra'yı ziyaret ettiği yıla gelindiğinde Rhodes gözünü Rodezya'nın güneybatısındaki topraklara, Bechuanaland'e dikmişti. Şefler Rhodes'un idaresine girdikleri takdirde bu bölgeleri yalnızca yıkım ve sömürünün beklediğini biliyorlardı. Rhodes'u askeri bakımdan alt etmeleri imkânsız olsa da onunla ellerinden geldiğince mücadele etmeye kararlıydılar. Böylece ehvenişerden yana karar kıldılar ve Rhodes tarafından ilhak edilmek yerine İngiliz hâkimiyetinin artmasını seçtiler. Kraliçe Victoria ve zamanın sömürgelerden sorumlu bakanı Joseph Chamberlain'i Bechuanaland'daki İngiliz hâkimiyetini artırıp ülkeyi Rhodes'dan korumaya ikna etmek için Londra Misyonerlik Cemiyeti'nin yardımıyla Londra'ya gittiler.

Şeflerin Chamberlain'le ilk görüşmeleri 11 Eylül 1895'te gerçekleşti. İlk önce Sebele konuştu, ardından Bathoen ve son olarak Khama. Chamberlain kabileleri Rhodes'dan korumak için İngiliz hâkimiyetini artırma konusunu dikkate alacağını bildirdi. Bu esnada şefler talepleri için halkın desteğini kazanmak amacıyla hızla tüm ülkede konuşmalar yapmaya koyuldular. Londra yakınlarındaki Windsor ve Reading'i; güney sahilinde Southampton ve Bristol'ü; ve Chamberlain'in siyasal bakımdan asıl destek aldığı bölge olan Midlands'deki Leicester ve Birmingham'ı ziyaret edip konuşmalar yaptılar. Kuzey'de sanayi bölgesi Yorkshire'a, Sheffield'a, Leeds'e, Halifax'a ve Bradford'a; ayrıca batıda Bristol'e ve ardından Manchester ve Liverpool'a gittiler.

Bu arada Güney Afrika'da Cecil Rhodes, Chamberlain'in şiddetli itirazlarına rağmen Transvaal'deki Boer Cumhuriyeti'ne yönelik, daha sonra Jameson Baskını olarak anılacak feci silahlı saldırıya hazırlık yapıyordu. Bu olaylar büyük ihtimalle Chamberlain'in başka şartlar altında belki de itibar etmeyeceği şeflerin vaatlerine daha fazla sempati duymasına yol açtı. 6 Kasım'da şefler Londra'da Chamberlain'le tekrar bir araya gelerek bir tercüman aracılığıyla konuştular:

Chamberlain: Şeflerin toprakları hakkında, demiryolu hakkında ve de şeflerin bölgelerinde uygulanacak yasalar hakkında konuşacağım [...] Şimdi gelin haritaya bakalım [...] Demiryolu inşa etmek istediğimiz bölgeyi alacağız, daha fazlasını değil.

Khama: Bay Chamberlain'in söz konusu bölgeyi kendisinin alması beni memnun eder, diyorum.

Chamberlain: O zaman ona deyin ki, demiryolunu oraya göndereceğim kişinin nezaretinde bizzat kendim yapacağım; arazinin yalnızca bana gerektiği kadarını alacağım ve bu yerler değerliyse tazminat ödeyeceğim.

Khama: Demiryolunun nereye gideceğini öğrenmek isterdim.

Chamberlain: Onun bölgesinden geçecek fakat çitle çevrilecek, araziye dokunmayacağız.

Khama: Bu işi benim namıma yapacağınıza ve bu konuda bana adil davranacağınıza inanıyorum.

Chamberlain: Çıkarlarınızın koruyucusu olacağım.

Ertesi gün Edward Fairfield Sömürge Bakanlığı'nda Chamberlain'in anlaşmasını daha detaylı bir biçimde açıkladı:

Üç şefin, Khama, Sebele ve Bathoen'in her biri, şimdiye dek nasıl yaşamışlarsa Kraliçe'nin himayesinde yine öyle yaşamayı sürdürecekleri birer ülkeye sahip olacaklar. Kraliçe onlarla ikamet edecek bir görevli atayacak. Şefler kendi halklarını bugünkü gibi idare edecekler.

Rhodes'un üç Afrika şefi tarafından köşeye sıkıştırılmasına gösterdiği tepkiyi tahmin etmek zor değildi. Bir çalışanına çektiği telgrafta, "Ayaktakımından üç yerlinin beni alt etmesini gerçekten kaldıramam" diyordu.

Aslında şeflerin Rhodes'dan ve ardından İngilizlerin dolaylı yönetiminden koruyacakları değerli bir şeyi vardı. 19. yüzyıla gelindiğinde Tsvana eyaletleri bir dizi merkezi siyasal kurum geliştirmişlerdi. Bunlara Sahraaltı Afrika standartlarına göre alışılmadık seviyede bir siyasal merkeziyet ve çoğulculuğun tam olgunlaşmamış, ilkel bir formu olarak bile değerlendirilebilecek kolektif karar alma prosedürleri de dahildi. Tıpkı Magna Carta'nın baronların siyasal karar alma sürecine katılmalarını sağlayıp İngiliz hükümdarlarının eylemlerine kısıtlama getirmesi gibi, başta kgotla olmak üzere Tsvana siyasal kurumları da siyasal katılımı teşvik edip şeflere kısıtlama getirdi. Güney Afrikalı antropolog Isaac Schapera *kgotla*'nın nasıl işlediğini şöyle tarif ediyor:

Kabile siyasetinin tüm meseleleri en son şefin *kgotla*'sındaki (konseyin toplandığı yer) yetişkin erkekler meclisinin huzurunda ele alınır. Bu tür toplantılar çok sık tertip edilir [...] görüşülen konular ise [...] kabilesel anlaşmazlıklar, şefle akrabaları arasındaki münakaşalar, alınacak yeni vergiler, yeni kamu hizmetlerinin üstlenilmesi, şefin yeni hükümleri duyurmasıydı [...] Kabile meclisinin şefin isteklerini reddetmesi bilinmedik bir şey değildi. Herkes söz alabildiğinden bu toplantılar şefin insanların genel hissiyatını öğrenebilmesini sağlar ve insanlara da şikâyetlerini dile getirmek için bir fırsat tanır. İnsanlar açıkça ve dürüstçe konuşmaktan nadiren korktuklarından gerektiğinde şef ve danışmanları şiddetli bir biçimde eleştirilebilirler.

Kgotla'nın dışında, Tsvana şeflik sistemi de sıkı sıkıya kalıtsal değildi; kayda değer bir yetenek ve beceri sergileyen herkese açıktı. Bir başka Tsvana eyaletinin, Rolong'un siyasal tarihini detaylı bir biçimde araştıran antropolog John Comaroff, görünüşte Tsvana şefliğin babadan oğula geçişini şart koşan açık kurallar olsa da pratikte bu kuralların kötü hükümdarların gönderilebileceği ve onların yerine yetenekli adayların şef olabileceği biçimde yorumlandığını gösterdi. Şefliği elde etmenin bir başarı meselesi olduğunu fakat sonradan akılcılaştığını ve böylece başarılı rakibin meşru vâris olarak görülebildiğini gösterdi. Tsvana'da bu fikir içinde bir nebze anayasal monarşi tadı hissedilen bir atasözüyle ifade bulur; *kgosi ke kgosi ka morafe*, yani "Kral halkın lütfuyla kraldır."

Tsvana şefleri Londra gezisinin ardından Britanya karşısında bağımsızlıklarını koruma ve kendi kurumlarını muhafaza etme girişimlerini sürdürdüler. Bechuanaland'da demiryolu inşa edilmesini kabul ettiler fakat İngilizlerin ekonomik ve siyasal hayatın diğer alanlarına yönelik müdahalelerini kısıtladılar. Demiryolu inşatına karşı değildiler, hele hele Avusturya-Macaristan ve Rus hükümdarların demiryolu inşaatını engelleme nedenleriyle uzaktan yakından ilgileri yoktu. Sadece İngilizlerin diğer politikaları gibi demiryolunun da sömürge idaresinin kontrolünde olduğu sürece Bechuanaland'un gelişimine hiçbir katkıda bulunmayacağının farkına varmışlardı. Bağımsız Botsvana'nın 1980'den 1998'e kadarki başkanı Quett Masire'nin ilk zamanlardaki deneyimleri bunun nedenini açıklıyor. Masire 1950'lerde girişimci bir çiftçiydi; süpürge darısı yetiştirmek için yeni teknikler geliştirmişti ve Güney Afrika sınırının öte yanından bir şirkette, Vryburg Milling'de potansiyel bir müşteri bulmuştu. Bechuanaland'deki Lobatse tren istasyonunun şefine gidip mahsulü Vryburg'a taşımak için iki küçük vagon kiralamak istedi. İstasyon şefi reddetti. O da beyaz bir arkadaşını devreye soktu. İstasyon şefi isteksizce kabul etti, fakat Masire'den beyazlardan aldığından dört kat fazla ücret aldı. Masire pes etti ve şu sonuca vardı: "Afrikalıların arazi mülkiyeti haklarının ya da işyeri açma ruhsatlarının olmamasının ve böylece siyahların Bechuanaland'de girişimlerini geliştirememelerinin nedeni yalnızca yasalar değildi, beyazların uygulamalarıydı."

Bütün olarak bakıldığında, şefler ve Tsvana halkı şanslıydı. Her şeye rağmen Rhodes'un kontrolü ele geçirmesini engellemeyi başarmışlardı. Bechuanaland İngilizler için hâlâ marjinalliğini koruduğu için Tsvana'da dolaylı yönetimin kurulması Sierra Leone'deki gibi bir kısırdöngü yaratmamıştı. Ayrıca bu toprakları beyaz madenciler ve çiftçiler için ucuz işgücü kaynağına dönüştürecek, Güney Afrika'nın içlerine doğru ilerleyen sömürgeci yayılmanın bir benzerinden korunmuşlardı. Sömürgecilik sürecinin erken aşamaları çoğu toplum için bir kritik dönemeç, ekonomik ve siyasal gelişim üzerinde uzun vadeli sonuçlar doğuran olayların ortaya çıktığı son derece önemli bir evredir. 9. bölümde tartıştığımız gibi, Sahraaltı Afrika'daki çoğu ülke, tıpkı Güney Amerika ve Güney Asya gibi, sömürgecilik dönemi boyunca sömürücü kurumların kuruluşuna ya da yoğunlaşmasına tanıklık etti. Oysa Tsvana hem dolaylı yönetimin aşırılığından hem de Rhodes'un ülkelerini ilhak etmeyi başarması durumunda başlarına gelecek çok daha beter bir kaderden korundu. Fakat bu şans eseri meydana gelmiş bir şey değildi. Bu, bir kez daha, Tsvana halkının kurumsal sürüklenişiyle şekillenmiş mevcut kurumlarıyla sömürgeciliğin doğurduğu kritik dönemecin etkileşiminin bir sonucuydu. Üç şef inisiyatif alıp Londra'ya giderek kendi şanslarını kendileri yaratmışlardı; bunu başarabilmişlerdi çünkü Tsvana kabilelerinin ulaştığı siyasal merkeziyete borçlu oldukları, Sahraaltı Afrika'nın diğer kabile şeflerine kıyasla alışılmadık ölçüde bir otoriteye sahip oldukları gibi ayrıca belki de kabile kurumlarının yerleşik bir özelliği olan bir nebze çoğulculuk sayesinde alışılmadık ölçüde meşruiyete de sahiptiler.

Sömürgecilik döneminin sonundaki bir başka kritik dönemeç, kapsayıcı kurumlar geliştirebilmesini sağlayarak Botsvana'nın başarısında daha merkezi bir rol üstlenecekti. Bechuanaland 1966'da Botsvana adı altında bağımsızlığını kazandığında Sebele, Bathoen ve Khama'nın talihli başarısı çoktan geçmişte kalmıştı. Aradan geçen yıllar içinde İngilizler Bechuanaland'a çok az yatırım yapmışlardı. Bağımsızlığını kazandığında Bechuanaland dünyanın en yoksul ülkelerinden biriydi; toplam 12 kilometre asfalt yolu, üniversite mezunu 22 ve ortaokul mezunu 100 yurttaşı vardı. Daha da önemlisi, etrafı Güney Afrika, Namibya ve Rodezya'nın beyaz rejimleriyle çevriliydi ve bu rejimler siyahlar tarafından idare edilen bağımsız Afrika ülkelerine düşmanca davranıyorlardı. Botsvana muhtemelen çok az insanın başarı beklediği ülkelerden biriydi. Yine de, izleyen 45 yılda Botsvana dünyanın en hızlı büyüyen ülkelerinden biri haline geldi. Bugün Botsvana, Sahraaltı Afrika'da kişi başına düşen en yüksek milli gelire sahip; Estonya ve Macaristan gibi başarılı Doğu Avrupa ülkeleriyle ve Kosta Rika gibi en başarılı Latin Amerika ülkeleriyle aynı seviyede.

Botsvana çemberi nasıl kırdı? Bağımsızlığın ardından hızla kapsayıcı ekonomik ve siyasal kurumlar geliştirerek. O zamandan beri demokratik bir biçimde idare ediliyor, muntazaman ve rekabete dayalı seçimler düzenliyor; ayrıca ne bir iç savaş ne de bir askeri müdahale deneyimi var. Hükümet özel mülkiyet haklarını tatbik eden, makroekonomik istikrar sağlayan ve kapsayıcı bir piyasa ekonomisinin gelişimini teşvik eden ekonomik kurumlar tesis etti. Fakat elbette daha düşündürücü soru şuydu: Diğer Afrika ülkelerinin çoğu tam tersini yaparken Botsvana nasıl olup da istikrarlı bir demokrasiyi ve çoğulcu kurumları hayata geçirmeyi başarmış ve seçimini kapsayıcı ekonomik kurumlardan yana kullanmıştı? Bunu yanıtlamak için bir kritik dönemecin, bu örnekte sömürge yönetiminin sona ermesinin, Botsvana kurumlarıyla etkileşimini anlamak durumundayız.

Sahraaltı Afrika'nın büyük bölümünde –örneğin Sierra Leone ve Zimbabve'de– bağımsızlık, sömürgecilik dönemindekilerle aynı türden sömürücü kurumların yeniden inşa edilmesiyle kaçan bir fırsattı. Botsvana'da bağımsızlığın erken aşamalarının Sahraaltı Afrika'daki herhangi bir ülkeden daha farklı cereyan etmesi yine büyük ölçüde Tsvana'nın tarihsel kurumlarının yarattığı arka plana dayanıyordu. Bu noktada Botsvana Görkemli Devrim'in eşiğindeki İngiltere'yle pek çok paralellik gösteriyordu. İngiltere Tudorların idaresinde hızla siyasal merkeziyet kazanmıştı; Magna Carta'ya ve en azından hükümdarları kısıtlamak ve belirli ölçüde bir çoğulculuk getirmek isteyen bir parlamento geleneğine sahipti. Botsvana da bir miktar devlet merkeziyetine ve sömürgeciliğe rağmen ayakta kalmış nispeten çoğulcu kabile kurumlarına sahipti. İngiltere'de Atlantik tüccarlarından, sanayicilerden ve ticaret kafasına sahip eşraftan oluşan, yeni kurulmuş, mülkiyet haklarının iyi tatbik edilmesinden yana geniş tabanlı bir koalisyon vardı. Tsvana eyaletlerinde toprağın komünal bir mülk olmasına karşın büyükbaş hayvan özel mülktü ve elitler benzer biçimde mülkiyet haklarının iyi tatbik edilmesinden yanaydı. Elbette tüm bunlar tarihin olumsal rotasını yadsımıyor. Eğer yeni parlamento liderleri ve yeni hükümdar Görkemli Devrim'i iktidarı gasp etmek için kullanmayı deneselerdi İngiltere'de olaylar çok farklı gelişirdi. Aynı şekilde, olaylar Botsvana'da da çok farklı gelişebilirdi; özellikle de Seretse Khama ya da Quett Masire gibi Sahraaltı Afrika'nın bağımsızlık sonrası liderlerinin pek çoğunun yaptığını yapmayıp iktidara seçimlerde yarışarak gelmeyi seçen liderleri olmasaydı.

Tsvana bağımsızlığını kazandığı sıralarda, şefliğin kısıtlamalara tabi olmasını her şeyden üstün tutan kurumlara sahipti ve şeflerin insanlara karşı belirli ölçüde bir hesap verme mecburiyeti vardı. Afrika'da bu gibi kurumları bulunan tek ülke Tsvana değildi; fakat bu kurumların sömürgeciliği hasarsız atlatması bakımından Tsvana benzersizdi. Ülke adeta İngiliz idaresine hiç girmemiş gibiydi. Bechuanaland Güney Afrika'daki Mafeking'den idare edildi ve Gaborone'nin başkent yapılması planları ancak 1960'lardaki bağımsızlığa geçiş sürecinde masaya yatırıldı. Başkent ve oradaki yeni yapılar yerel kurumların yok edilmesi anlamına gelmiyordu, onların üzerine inşa edileceği anlamına geliyordu; Gaborone inşa edilirken yeni *kgotlas* da onunla birlikte planlandı.

Bağımsızlığın belli bir düzen içinde gerçekleştiği söylenebilir. Bağımsızlığın itici gücü 1960'ta Quett Masire ve Seretse Khama'nın kurduğu Demokratik Botsvana Partisi'ydi (BDP). Khama, Kral III. Khama'nın torunuydu; ön adı Seretse, "bir araya getiren kil" anlamına geliyordu. Son derece uygun bir isimdi bu. Khama, Ngwato'nun verasete dayalı şefiydi ve Tsvana şeflerinin ve elitinin çoğu Demokratik Botsvana Partisi'ne katıldı. İngilizler sömürgeye karşı o denli ilgisizdi ki Botsvana'da bir pazarlama kurulu yoktu. BDP 1967'de hemen bir tane kurdu: Botsvana Et Komisyonu. Fakat Et Komisyonu çiftlik sahiplerinin ve büyükbaş hayvan sahiplerinin mallarını elinden almak yerine büyükbaş hayvan ekonomisinin gelişiminde merkezi bir rol üstlendi; şap hastalığının kontrol altına alınması için çitler kurdu ve ihracatı teşvik etti. Böylece hem ekonomik gelişime katkıda bulundu hem de kapsayıcı ekonomik kurumlara desteği artırdı.

Botsvana'nın başlardaki büyümesi et ihracatına dayanıyor olsa da elmas keşfedildiğinde durum bariz bir şekilde değişti. Botsvana'nın doğal kaynaklarının idaresi de diğer Afrika ülkelerinden önemli ölçüde farklılaştı. Sömürgecilik döneminde Tsvana şefleri Bechuanaland'da maden arama faaliyetlerini engellemeye çalıştılar çünkü Avrupalıların değerli maden ya da taş bulmaları durumunda özerkliklerinin sona ereceğini biliyorlardı. İlk büyük elmas Seretse Khama'nın anavatanı olan Ngwato topraklarında bulundu. Bu keşif duyurulmadan önce Khama bir yasa değişikliğine önayak olarak toprak altındaki tüm madenlerin haklarının kabileye değil ülkeye ait olmasını sağladı. Bu, elmasın yol açacağı zenginliğin Botsvana'da büyük eşitsizlikler doğurmamasını garantiye alıyordu. Ayrıca artık elmastan elde edilen gelir bir devlet bürokrasisi kurmak, altyapı inşa etmek ve eğitime yatırım yapmak için kullanılabileceğinden devletin merkezileşme sürecine daha fazla itici güç sağlıyordu. Çıkarılan elmaslar Sierra Leone'de ve diğer pek çok Sahraaltı Afrika ülkesinde farklı gruplar arasındaki çatışmaları tetiklemiş, iç savaşların uzamasına neden olmuş ve elmasları kontrol etmek için süren savaşların beraberinde getirdiği kıyımlar nedeniyle Kan Elmasları adını almışlardı. Botsvana'da ise elmas gelirleri ülkenin iyiliği ve menfaati için kullanılmıştı.

Toprak altındaki madenlerin kullanım haklarındaki değişiklik Seretse Khama hükümetinin uyguladığı tek devlet politikası değildi. En nihayetinde yasama meclisinin bağımsızlıktan önce kabul ettiği 1965 Şeflik Yasası ve 1970'te bu yasada yapılan değişiklik, şeflerin toprak tahsis etme yetkisini kaldırıp gerek gördüğünde başkanın bir şefi görevden alabilmesini sağlayarak devletin gücünü ve seçimle gelen başkanı yüceltecek ve böylece siyasal merkezileşme sürecini devam ettirecekti. Siyasal merkeziyetin bir başka boyutu da ülkeyi daha ileri bir birliğe taşıma girişimiydi; örneğin, yasayla okullarda yalnızca Setsvana ve İngilizce okutulmasının sağlanması gibi. Bugün Botsvana diğer pek çok Afrika ülkesiyle bağdaştırılan etnik ve linguistik parçalanmanın olmadığı, homojen bir ülke görünümündedir. Fakat bu, toplumu oluşturan farklı kabileler ve gruplar arasındaki çatışmaları en alt seviyede tutmak için yalnızca İngilizceye ve tek bir milli dile, Setsvana'ya sahip olma politikasının bir sonucuydu. Etnisiteyle ilgili soruların sorulduğu son nüfus sayımı 1946'da gerçekleştirildi, nitekim bu sayım Botsvana'nın önemli ölçüde homojen olduğunu göstermişti. Örneğin Ngwato'da nüfusun sadece yüzde 20'si kendini tamamen Ngwatolu olarak tanımlamıştı. Başka Tsvana kabileleri vardı gerçi; fakat ana dilleri Setsvana olmayan ve Tsvana kabilelerinden olmayan pek çok grup da vardı. Altta yatan bu heterojenlik hem bağımsızlık sonrası hükümet politikalarıyla hem de Tsvana kabilelerinin nispeten kapsayıcı kurumlarıyla hafifletildi; tıpkı Britanya'daki heterojenliğin, örneğin İngilizler ve Galliler arasındakinin, İngiliz devleti tarafından hafifletildiği gibi. Botsvana hükümeti de böyle yaptı. Bağımsızlıktan sonra Botsvana'da düzenlenen nüfus sayımlarında etnik heterojenliğe ilişkin hiçbir soru sorulmadı; çünkü Botsvana'da herkes Tsvana'ydı.

Botsvana bağımsızlığın ardından kayda değer bir büyüme oranı yakaladı; çünkü Seretse Khama, Quett Masire ve Demokratik Botsvana Partisi, Botsvana'yı bir kapsayıcı ekonomik ve siyasal kurumlar rotasına soktular. 1970'te elmaslar işletmeye açıldığında bir iç savaşa yol açmadı, bunun yerine, elde ettiği gelirle kamu hizmetlerine yatırım yapan hükümet için güçlü bir mali destek oluşturdu. Hükümete meydan okumak ya da onu devirip devletin kontrolünü ele geçirmek için çok az sebep söz konusuydu. Kapsayıcı siyasal kurumlar siyasal istikrarı besledi ve kapsayıcı ekonomik kurumları destekledi. Kapsayıcı ekonomik kurumlar 11. bölümde tarif edilen verimli döngüden aşina olduğumuz bir örüntü dahilinde kapsayıcı siyasal kurumların yaşayabilirliğini ve dayanıklılığını artırdı.

Botsvana çemberi kırdı çünkü bir kritik dönemeci, sömürgecilik döneminin ardından gelen bağımsızlık evresini aşmayı ve kapsayıcı kurumlar kurmayı başardı. Demokratik Botsvana Partisi ve bizzat Khama dahil olmak üzere geleneksel elit bir diktatörlük rejimi kurmaya ya da kendilerini halkın sırtından zengin edecek sömürücü kurumlar kurmaya çalışmadılar. Bu, bir kez daha, bir kritik dönemeçle mevcut kurumların etkileşiminin ürünüydü. Daha önce gördüğümüz gibi, Sahraltı Afrika'nın neredeyse tamamında görülen durumdan farklı olarak, Botsvana'nın zaten belirli miktarda bir merkezi otoriteye ulaşmış ve bazı önemli çoğulcu özellikler barındıran kabile kurumları vardı. Üstelik Botsvana güvence altına alınmış mülkiyet haklarından bizzat büyük çıkar sağlayacak ekonomik elitlere sahipti. En az bunun kadar önemli bir başka husus da tarihin olumsal rotasının Botsvana'dan yana olmasıydı. Seretse Khama ve Quett Masire'nin bir Siaka Stevens ve bir Robert Mugabe olmaması gerçekten büyük şanstı. Bunlardan ilk ikisi Tsvana'nın kabile kurumlarının üzerine kapsayıcı kurumlar inşa etmek için dürüst bir biçimde ve büyük bir gayretle çalışmışlardı. Tüm bunlar Botsvana'nın kapsayıcı kurumlara giden yolu seçmesini daha muhtemel kılmıştı; oysa diğer Sahraaltı Afrika ülkelerinin çoğu bunu denemeye bile yeltenmemiş ya da düpedüz başarısız olmuşlardı.

Güney'deki sömürünün sonu

Tarih 1 Aralık 1955. Alabama'nın Montgomery kentinde tutuklama emri suçun oluştuğu saati 18:06 olarak kaydediyor. Otobüs şoförü James Blake bir sorunla karşılaşmış, polisi aramış, bunun üzerine polis memurları Day ve Mixon da olay yerine gelmişti. Raporlarına şöyle yazmışlardı:

> Aldığımız çağrı üzerine olay yerine geldiğimizde otobüsün şoförü bize siyah bir kadının beyazlara ayrılan bölüme oturduğunu ve arkaya geçmediğini söyledi. Kadını [...] biz de gördük. Otobüs şoförü onun için bir tutuklama emri çıkardı. Rosa Parks (Hıristiyan/Kadın) Montgomery City Yasası'nın 6. bölümünün 11. maddesini ihlal etmekle suçlandı.

Rosa Parks'ın suçu Cleveland Bulvarı otobüsünün beyazlara ayrılan bölümüne oturmaktı ve bu da Alabama'nın Jim Crow yasalarına göre bir suçtu. Parks 10 dolar cezanın yanı sıra mahkeme masrafları için de dört dolara çarptırıldı. Rosa Parks herhangi biri değildi. Uzun süredir Birleşik Devletler'in güney eyaletlerindeki kurumları değiştirmek için mücadele veren Siyahların Gelişmesi için Ulusal Birlik'in, kısa adıyla NAACP'nin Montgomery şubesi sekreteriydi. Tutuklanması Martin Luther King'in yönettiği kitlesel bir hareketi, Montgomery Otobüs Boykotunu tetikledi. 3 Aralık'ta King ve diğer siyahi liderler siyahi halkı Mongomery'deki hiçbir otobüse binmemeye ikna ederek eşgüdümlü bir otobüs boykotu düzenlediler. Boykot başarılı oldu ve 20 Aralık 1956'ya kadar devam etti. Birleşik Devletler Yüksek Mahkemesi'nin Alabama ve Montgomery'deki otobüslerde ayrımcılık yapan yasaların anayasaya aykırı olduğuna hükmetmesiyle sonuçlanacak bir süreci harekete geçirdi.

Montgomery Otobüs Boykotu, Birleşik Devletler'in güney eyaletlerindeki medeni haklar hareketi için bir dönüm noktasıydı. Bu hareket en sonunda Güney'de çemberi kırıp kurumlarda köklü bir değişime yol açan bir dizi olayın ve değişikliğin bir parçasıydı. 12. bölümde gördüğümüz gibi, İç Savaş'ın ardından güneyin toprak sahibi elitleri İç Savaş'tan önce Güney'e hâkim olan sömürücü ekonomik ve siyasal kurumları yeniden inşa etmişlerdi. Bu kurumların çeşitli detayları değişse de –örneğin kölelik artık mümkün değildi– ekonomik teşvikler ve refah üzerindeki etkileri aynıydı. Güney, Birleşik Devletler'in geri kalanından belirgin ölçüde yoksuldu.

Güneydeki kurumlar 1950'lerden başlayarak bölgeyi daha hızlı bir büyüme rotasına soktu. Birleşik Devletler'in güney eyaletlerinin tasfiye edilen sömürücü kurumları, bağımsızlık öncesi Botsvana'nın sömürgeci kurumlarından farklı türdeydi. Çöküşlerine yol açan kritik dönemecin türü de farklıydı fakat paylaştıkları bazı ortak noktalar vardı. 1940'lardan başlayarak Güney'deki ayrımcılığın ve sömürücü kurumların ceremesini çeken Rosa Parks gibi insanlar bu kurumlara karşı verdikleri mücadelede daha örgütlü hale gelmeye başladılar. Bu sırada Birleşik Devletler Yüksek Mahkemesi ve federal hükümet sonunda Güney'deki sömürücü kurumları reforma tabi tutmak için sistematik müdahalelere başladılar. Böylece Güney'deki değişim için bir kritik dönemeci yaratan ana etkenlerden biri bölgedeki siyah Amerikalıların yetkilendirilmesi ve güneyli elitin tartışmasız hâkimiyetine son verilmesiydi.

Güney'in siyasal kurumlarının, hem İç Savaş'tan önce hem de İç Savaş'tan sonra, Güney Afrika'nın apartheid rejiminden çok da farklı olmayan gayet açık bir ekonomik mantığı vardı; plantasyonlara ucuz işgücü sağlamak. Fakat 1950'lerle birlikte bu mantık daha az etkili olmaya başladı. Her şeyden önce, hem Büyük Buhran'ın hem de İç Savaş'ın neticesinde siyahlar Güney'den son derece kitlesel bir dış göçe başlamışlardı. Göç eden insan sayısı 1940'lar ve 50'lerde yılda ortalama 100 bine ulaştı. Bu arada tarımda gerçekleştirilen teknolojik yenilik, hayata geçirilmesi zaman alsa da, plantasyon sahiplerinin ucuz işgücüne bağımlılığını azaltıyordu. Plantasyonlarda ihtiyaç duyulan işgücünün büyük kısmını pamuk toplamak oluşturuyor ve 1950'de neredeyse Güney'in tüm pamuğu elle toplanıyordu. Fakat pamuk toplamanın makineleşmesi elle toplama işine yönelik talebi azaltıyordu. 1960'a gelindiğinde Alabama, Louisiana ve Mississippi gibi kilit eyaletlerde üretimin neredeyse yarısı makineleştirildi. Artık siyahların Güney'de tongaya düşürülmesi zorlaşmıştı fakat aynı zamanda plantasyon sahipleri için eskisi gibi vazgeçilmez de değildiler. Bu yüzden de elit kesimin eski sömürücü ekonomik kurumları idame ettirmek amacıyla canhıraş bir mücadele vermek için daha az nedeni vardı. Fakat bu, kurumlardaki değişimi seve seve kabul edecekleri anlamına gelmiyordu elbette. Bunun yerine, sürüncemeli bir çatışma doğdu. Güneyli siyahlar ile Birleşik Devletler'in kapsayıcı federal kurumları arasındaki alışılmadık bir koalisyon, Güney'deki sömürüye karşı çıkan ve Güneyli siyahların eşit siyasal ve medeni haklara sahip olmalarını hedefleyen son derece etkili bir kuvvet doğurdu. Bu kuvvet en sonunda Birleşik Devletler'in güney eyaletlerinde ekonomik gelişimin önünü tıkayan ciddi engelleri ortadan kaldıracaktı.

Değişim için en önemli itici güç, Medeni Haklar Hareketi'nden geldi. Montgomery'de olduğu gibi, etraflarındaki sömürücü kurumlara meydan okuyarak, hak talep ederek ve haklarını elde edebilmek için protestolar düzenleyip seferber olarak yolu açan, siyahların yetkilendirilmesiydi. Fakat bu konuda yalnız değillerdi, çünkü Birleşik Devletler'in güneyi ayrı bir ülke değildi ve güneyli elit tam yetkiye –mesela Guatemala elitinin sahip olduğu gibi– sahip değildi. Güney, Amerika Birleşik Devletleri'nin bir parçası olarak Birleşik Devletler Anayasası'na ve federal yasalara tabiydi. Güney'de gerçekleştirilecek köklü bir reform talebinin en sonunda Birleşik Devletler idaresi, yasama organı ve Yüksek Mahkemesi'nin desteğini almasının nedeni, kısmen Medeni Haklar Hareketi'nin sesini Güney'in dışında da duyurmayı başarması ve bu sayede federal hükümeti harekete geçirmesiydi.

Güney'deki kurumları değiştirmeye yönelik federal müdahale, 1944'te Yüksek Mahkeme'nin yalnızca beyazların katılabildiği ön seçimlerin anayasaya aykırı olduğunu hükmetmesiyle başladı. Daha önce gördüğümüz gibi, siyahlar kelle vergisi ve okuryazarlık testleri sayesinde 1890'larda siyasal haklardan mahrum edilmişti. Bu testler siyahlara karşı ayrımcılık yapabilmek için rutin bir biçimde kullanılırken yoksul ve okuma yazma bilmeyen beyazlar hâlâ oy kullanabiliyordu. 1960'ların başlarında Louisiana'da yaşanan meşhur bir örnekte, beyaz adaylardan biri kendisine yöneltilen eyalet yasasıyla ilgili bir soruya verdiği "FRDUM FOOF SPETGH"[26] yanıtına rağmen okuryazar sayılıyordu. Yüksek Mahkeme'nin 1944'te verdiği karar siyasal sistemi siyahlara açmaya yönelik uzun bir savaşın ilk salvosuydu; Mahkeme beyazların siyasal partilerdeki hâkimiyetini azaltmanın önemini anlamıştı.

Bu kararı Yüksek Mahkeme'nin okullarda ve diğer kamu alanlarındaki devlet güdümlü ayrımcılığı anayasaya aykırı bulduğu, 1954 *Brown v. Board of Education* (Brown ile Eğitim Komisyonu arasındaki dava) izledi. 1962'de mahkeme beyaz elitin siyasal hâkimiyetinin başka bir payandasını daha yerle bir etti; yasama organındaki adaletsiz dağılımı. Bir yasama organında adaletsiz bir dağılım söz konuş olduğunda –İngiltere'de İlk Reform Yasası öncesinde "çürük seçim bölgelerinde" olduğu gibi– bazı böl-

26. "Konuşma Özgürlüğü" anlamına gelen "Freedom of Speech" ifadesinin ağır imla hatalarıyla yazılmış hali. (ç.n.)

geler genel nüfus içindeki payları esas alındığında olması gerekenden çok daha fazla temsil olanağına kavuşurlar. Güney'deki adaletsiz dağılım kırsal alanların, yani güneyli plantasyon elitinin merkezinin, kentsel alanlara kıyasla aşırı ölçüde daha fazla temsil edilmesi demekti. Yüksek Mahkeme 1962'de *Baker v. Carr* davasında aldığı kararla "bir kişiye bir oy" prensibini hayata geçirerek buna bir son verdi.

Eğer uygulamaya geçirilmeselerdi, Yüksek Mahkeme'nin aldığı tüm bu kararlar çok az anlam ifade ederlerdi. Aslına bakılırsa 1890'larda siyahlara oy hakkı tanıyan yasal düzenleme uygulamaya koyulmadı, çünkü yerel emniyet teşkilatı Güneyli elitin ve Demokrat Parti'nin kontrolündeydi; ayrıca federal hükümet işlerin böyle devam etmesinden memnundu. Fakat siyahların Güneyli elite başkaldırmaya başlamasıyla bu Jim Crow kalesi yıkıldı ve Demokrat Parti bünyesinde barındırdığı güneyli olmayan unsurların öncülüğünde ırk ayrımcılığına cephe aldı. Partiden ayrılan güneyli Demokratlar, Eyalet Hakları Demokrat Partisi'nin bayrağı altında yeniden birleştiler ve 1948 başkanlık seçimi için yarıştılar. Adayları Strom Thurmond dört eyalette kazandı ve Seçiciler Kurulu'nda 39 oy elde etti. Fakat bütün bunlar Demokrat Parti'nin ulusal siyasetteki gücünden ve bu partinin Güneyli elite kıyasla elde ettiklerinden çok uzaktı. Strom Thurmond'un seçim kampanyası onun federal hükümetin güneydeki kurumlara müdahale etmedeki yeterliliğine meydan okuması üzerine kuruluydu. Thurmond fikirlerini sert bir biçimde dile getiriyordu: "Bayanlar baylar, size şunu söylemek isterim ki, ordunun Güney halkını ayrımcılıktan vazgeçirmeye ve zenci ırkını sinemalarımıza, yüzme havuzlarımıza, evlerimize ve kiliselerimize sokmayı kabul ettirmeye yetecek kadar askeri yok."

Strom Thurmond yanılıyordu. Yüksek Mahkeme'nin kararı Oxford'daki Mississippi Üniversitesi de dahil olmak üzere güneydeki eğitim kurumlarının ırk ayrımcılığına son vermek zorunda oldukları anlamına geliyordu. Bir hukuk mücadelesinin ardından 1962'de federal mahkemeler genç bir hava kuvvetleri gazisi olan James Meredith'in "Ole Miss"e[27] kabul edilmek zorunda olduğuna karar verdi. Bu kararın uygulamaya konulmasına karşı muhalefet, ilki 1954'te Indianola, Mississippi'de ırk ayrımcılığının ortadan kaldırılmasına karşı savaşmak için kurulan Yurttaş Meclisleri denilen kurumlar tarafından örgütlendi. Eyalet Valisi Ross Barnett 13 Eylül'de televizyonda eyalet üniversitelerinin ayrımcılığın

27. Mississippi Üniversitesi. (ç.n.)

kaldırılmasını kabul etmeye kalmadan kapatılacağını duyurarak mahkemenin ırk ayrımcılığına son verilmesi kararını alenen reddetti. Barnett ile Başkan John Kennedy ve Adalet Bakanı Robert Kennedy arasında süren uzun pazarlıkların ardından en sonunda federal hükümet kararı zorla uygulamaya koymak için duruma müdahale etti. Polis şeflerinin Meredith'i Oxford'a getirmesi için bir gün belirlendi. Irkçı beyazlar önceden örgütlenmeye başladılar. 30 Eylül'de, Meredith'in getirileceği günden bir gün önce polis şefleri üniversite kampusüne girdi ve ana idare binasının etrafını kuşattılar. Protesto için yaklaşık 2.500 kişilik bir kalabalık toplandı ve kısa bir süre sonra isyan patlak verdi. Polis şefleri isyancıları dağıtmak için göz yaşartıcı gaz kullandı fakat çok geçmeden üzerlerine ateş açıldı. O gece saat 10'da askeri birlikler asayişi sağlamak için kente girdi. Çok geçmeden Oxford'daki asker sayısı 20 bine, ulusal muhafız sayısı da 11 bine ulaştı. Toplam 300 kişi tutuklandı. Meredith polis şeflerinin ve 300 askerin onu ölüm tehditlerinden koruduğu kampuste kalmaya karar verdi ve en sonunda mezun oldu.

Güney'deki kurumsal reform sürecinin odak noktasını federal mevzuat oluşturuyordu. 1957'de ilk Medeni Haklar Yasası kabul edilirken, o tarihte senatör olan Storm Thurmond yasanın yürürlüğe girmesini engellemek, en azından geciktirmek için aralıksız 24 saat 18 dakika konuştu. Konuşması sırasında Bağımsızlık Bildirgesi'nden çeşitli telefon rehberlerine kadar her şeyi okudu. Fakat sonuç alamadı. 1957'de çıkarılan yasa, ayrımcı yasa ve uygulamaların tümünü yasadışı ilan eden 1964 Medeni Haklar Yasası'nın önünü açtı. 1965 Oy Hakkı Yasası okuryazarlık testini, kelle vergisini ve güneyli siyahları oy hakkından mahrum etmek için kullanılan diğer yöntemleri yasadışı ilan etti. Ayrıca eyalet seçimlerinde federal denetimi kayda değer ölçüde artırdı.

Tüm bu olaylar Güney'deki ekonomik ve hukuki kurumlarda kayda değer bir değişime yol açtı. Örneğin 1960'ta Mississippi'de okuryazar siyah nüfusun yalnızca yüzde 5'i oy kullanırken 1970'e gelindiğinde bu oran yüzde 50'ye çıktı. Alabama ve Güney Carolina'da 1960'ta yüzde 10 olan oran 1970'te yüzde 50'ye yükseldi. Bu örüntüler seçimlerde büyük değişikliğe yol açtı; hem yerel hem de ulusal düzeyde. Daha önemlisi baskın durumdaki Demokrat Parti'nin siyahlara ayrımcılık uygulayan sömürücü kurumlara verdiği siyasal destek azaldı. Böylece ekonomik kurumlardaki bir dizi değişim için yol açılmış oldu. Siyahlar 1960'ların kurumsal reformlarının öncesinde dokuma fabrikalarındaki işlerden neredeyse tamamen dışlanırlardı. 1960'ta güneydeki tekstil fabrikalarındaki çalışanların yalnızca yüzde 5 kadarı siyahtı. Medeni haklar yasası bu ayrımcılığa son verdi. 1970'e gelindiğinde bu oran yüzde 15'e yükseldi; 1990'da yüzde 25'ti. Siyahlara uygulanan ekonomik ayrımcılık azalmaya başladı, yararlanabilecekleri eğitim fırsatları ise belirgin biçimde arttı ve güneyin emek piyasası daha rekabetçi hale geldi. Kapsayıcı kurumlarla birlikte Güney daha hızlı ekonomik ilerlemeler kaydetti. 1940'ta güney eyaletlerinin kişi başına milli gelir oranı Birleşik Devletler'in genel ortalamasının yalnızca yüzde 50'lerine karşılık geliyordu. Bu durum 1940'lar ve 50'lerde değişmeye başladı. 1990'a gelindiğinde aradaki fark temelde kapanmıştı.

Botsvana'da olduğu gibi, Birleşik Devletler'in güney eyaletlerinde de can alıcı nokta kapsayıcı ekonomik ve siyasal kurumların gelişimiydi. Bu da Güney'in sömürücü ekonomik kurumlarından mustarip siyahların artan hoşnutsuzluğu ile Demokrat Parti'nin Güney'de uyguladığı tek parti idaresinin çöküşünün yan yana gelmesiyle ortaya çıktı. Bir kez daha, değişim rotasını mevcut kurumlar belirlemişti. Bu örnekte, Güney'in kurumlarının Birleşik Devletler'in kapsayıcı federal kurumlarının bünyesinde konumlanması hayati bir rol oynamıştı ve bu da güneyli siyahların sonunda federal hükümeti ve federal kurumları kendi amaçları için harekete geçirmelerine olanak sağlamıştı. Tüm bu süreci hızlandıran bir diğer etkense, ekonomik koşulların siyahların Güney'den muazzam miktardaki dışgöçü ve pamuk üretiminin makineleşmesiyle değişmesi ve böylece güneyli elitlerin mücadeleyi sürdürme hevesinin kırılmasıydı.

Çin'in yeniden doğuşu

Mao Zedung liderliğindeki Komünist Parti 1949'da Çan Kayşek liderliğindeki milliyetçileri yendi. 1 Ekim'de Çin Halk Cumhuriyeti ilan edildi. 1949'dan sonra oluşturulan siyasal ve ekonomik kurumlar son derece sömürücüydü. Siyasal olarak, Çin Komünist Partisi diktatörlüğü hâkimdi. O tarihten itibaren Çin'de başka hiçbir siyasal örgüte izin verilmedi. Komünist Parti ve hükümet 1976'daki ölümüne dek tamamen Mao'nun hâkimiyetindeydi. Bu otoriter ve sömürücü siyasal kurumlara son derece sömürücü ekonomik kurumlar eşlik ediyordu. Mao derhal toprağı millileştirdi ve mülkiyet haklarının her türünü bir çırpıda yasakladı. Toprak sahiplerini ve rejime karşı olduğunu düşündüğü başka kesimlerden insanları idam ettirdi. Piyasa ekonomisi esas itibariyle kaldırıldı. Kırsal kesimdeki insanlar kademeli olarak komünal çiftliklerde örgütlendiler. Para ve ücretlerin yerini mallarla takas edilebilen "çalışma/iş puanları" aldı. Ekonomik ve siyasal kontrolü artırmak amacıyla 1956'da izinsiz seyahatler yasaklanarak ülke içi pasaport uygulaması başlatıldı. Benzer şekilde tüm sanayi millileştirildi ve Mao, Sovyetler Birliği'ndeki uygulamayı model alan "beş yıllık planlarla" hızlı bir sınai gelişim hedefleyen hummalı bir girişim başlattı.

Tüm sömürücü kurumlarda olduğu gibi, Mao'nun rejimi de artık tamamen kontrolü altındaki uçsuz bucaksız ülkenin kaynaklarını sömürmeye girişmişti. Sierra Leone hükümetinin pazarlama kuruluyla yaptığı gibi, Çin Komünist Partisi de pirinç ve tahıl gibi ürünlerin satışı üzerinde tekele sahipti ve bu tekel çiftçilerden ağır vergiler almak için kullanılıyordu. Sanayileşme girişimleri 1958'de ikinci beş yıllık planın ilanının ardından kötü şöhretli "Büyük İleri Atılım"a dönüştü. Mao küçük ölçekli "arka bahçe" maden eritme ocakları sayesinde çelik üretiminin bir yıl içinde ikiye katlanacağını duyurdu ve Çin'in 15 yıl içinde İngiltere'nin çelik üretimini yakalayacağını öne sürdü. Tek sorun, bu hedeflere ulaşmak için uygulanabilir bir yolun olmamasıydı. Planın hedeflerine ulaşmak için hurda metal bulunması gerekiyordu ve insanlar kap kacaklarını hatta çapa ve pulluk gibi tarım aletlerini eritmek zorunda kalacaklardı. Tarlalarıyla meşgul olması gereken işçiler pulluklarını, dolayısıyla gelecekte kendilerini ve ülkeyi besleme olanaklarını yok ederek çelik üretiyorlardı. Sonuç, Çin'in kırsal kesiminde baş gösteren vahim bir kıtlık oldu. Bilim insanları Mao'nun izlediği siyaseti kuraklıkların sonuçları üzerinden tartışsalar da, 20 ila 40 milyon insanın ölümünde Büyük İleri Atılım'ın merkezi bir rol oynadığından kimsenin şüphesi yok. Tam olarak kaç kişi olduğunu bilemiyoruz, çünkü Mao'nun idaresindeki Çin'de yaşanan vahşetleri belgeleyecek rakamlar kayda geçirilmedi. Kişi başına düşen gelir ise yaklaşık dörtte bir oranında geriledi.

Büyük İleri Atılım'ın sonuçlarından biri de Komünist Parti'nin üst düzey bir üyesinin; devrimin en başarılı generallerinden biri olup yürüttüğü "anti-sağcı" bir kampanyayla pek çok "devrim düşmanının" idam edilmesini sağlayan Deng Şiaoping'in fikir değiştirmesiydi. 1961'de Çin'in güneyindeki Guangzhou'daki bir konferansta "Kedinin siyah ya da beyaz olmasının önemi yok, eğer fare yakalıyorsa iyi kedidir" diyordu. Üretilen politikaların komünist politikalar gibi görünüp görünmediği önemli değildi; insanlarını doyurabilmek için Çin'in üretimi teşvik edecek politikalara ihtiyacı vardı.

Ne var ki, Deng yeni peyda olan bu iş bitiriciliğinin bedelini çok geçmeden ödeyecekti. Mao 16 Mayıs 1966'da devrimin Çin'in komünist toplumunu yavaş yavaş zayıflatıp kapitalizmi yeniden yapılandırmak isteyen "burjuva" çıkarlarının tehdidi altında olduğunu duyurdu. Buna karşılık, genellikle Kültür Devrimi olarak telaffuz edilen Büyük Proleter Kültür Devrimi'ni ilan etti. Kültür Devrimi 16 hususa dayanıyordu. İlki şöyle başlıyordu:

> Burjuvazi devrilmiş olmasına rağmen kitleleri yozlaştırmak, akıllarını çelmek ve bir tertiple yeniden eski gücüne kavuşabilmek için hâlâ sömürücü sınıfların eski fikirlerini, kültürünü, âdetlerini ve alışkanlıklarını kullanmaya çalışıyor. Proletarya bunun tam tersini yapmalıdır; burjuvazinin ideolojik alandaki her meydan okuyuşuna göğüs germeli ve tüm toplumun zihinsel bakışını değiştirmek için yeni proleter fikirlere, proleter kültüre, âdetlere ve alışkanlıklara başvurmalıdır. Şu anki hedefimiz, sosyalist sistemi sağlamlaştırıp geliştirmek için, kapitalist yolu benimseyen bu mevki sahipleriyle mücadele edip onları ezmek, gerici burjuva akademik otoriteleri, burjuva ideolojisini ve diğer tüm sömürücü sınıfları eleştirip reddetmek ve eğitimi, edebiyatı, sanatı ve sosyalist ekonomik tabana oturmayan üstyapının diğer kısımlarının tümünü dönüştürmektir.

Tıpkı Büyük İleri Atılım gibi Kültür Devrimi de çok geçmeden hem ekonomiyi hem de çok sayıda insanın hayatını mahvetmeye başladı. Tüm ülkede Kızıl Muhafızlar'dan birlikler oluşturuldu. Bunlar rejim düşmanlarını tasfiye etmede kullanılan genç ve hevesli Komünist Parti üyeleriydi. Pek çok insan öldürüldü, tutuklandı ya da sürgün edildi. Mao, vahşetin boyutları hakkında endişe duyanlara "Şu Hitler denen adam bile daha acımasızdı. Ne kadar acımasızsanız o kadar iyi, sizce de öyle değil mi? Ne kadar insan öldürürseniz o kadar devrimcisiniz" diyerek sert bir biçimde tepki gösteriyordu.

Deng kendini kapitalist yolu tutan iki numaralı adam olarak yaftalanmış buldu ve 1967'de hapse atıldı. Ardından 1969'da kırsaldaki bir traktör fabrikasında çalışmak üzere Jiangxi eyaletine sürgün edildi. 1974'te itibarı iade edildi ve Başbakan Chu Enlai, Deng'i başbakan yardımcısı yapması için Mao'yu ikna etti. Deng, daha 1975'te, uygulanmaları halinde Çin'e yeni bir yön çizecek üç belge hazırlamıştı. Bu belgelerde yükseköğretimin yeniden canlandırılmasının, sanayi ve tarımda maddi teşviklere dönülmesinin ve "solcuların" partiden ihraç edilmesinin gerekliliği vurgulanıyordu. O sıralarda Mao'nun sağlığı kötüye gidiyor ve iktidar gidererek Deng Şiaoping'in iktidardan uzaklaştırmaya çalıştığı o solcuların elinde yoğunlaşıyordu. Mao'nun eşi Jiang Qing ve üç yakın arkadaşı, yaygın olarak bilinen adıyla Dörtlü Çete, Kültür Devrimi'nin ve beraberinde getirdiği baskının büyük destekçileri olagelmişlerdi. Ülkeyi Komünist Parti diktatörlüğüyle idare etmek için bu planı sürdürme niyetindeydiler. 5 Nisan'da Chu Enlai için düzenlenen spontane bir anma hükümet karşıtı bir protestoya dönüştü. Dörtlü Çete gösterilerden Deng'i sorumlu tuttu ve bir kez daha Deng'in tüm yetkileri elinden alınarak azledildi. Deng solcuları saf dışı bırakayım derken kendisi saf dışı bırakılmıştı. Mao, Chu Enlai'nin ölümünün ardından Hua Guofeng'i Deng'in yerine başbakan yardımcısı olarak atadı. Hua 1976'nın iktidar boşluğunda büyük bir kişisel güç elde etmeyi başarmıştı.

Eylüle gelindiğinde bir kritik dönemeç ortaya çıktı: Mao ölmüştü. Çin Komünist Partisi Mao'nun hâkimiyetindeydi ve hem Büyük İleri Atılım hem de Kültür Devrimi büyük ölçüde onun inisiyatifindeydi. Mao'nun ölümüyle farklı vizyonları olanlar ile değişime dair farklı korkuları olanlar arasında bir güç mücadelesine yol açan gerçek bir iktidar boşluğu doğdu. Dörtlü Çete, Kültür Devrimi'nin politikalarını sürdürme eğilimindeydi, çünkü ancak bu sayede kendilerinin ve Komünist Parti'nin gücünü sağlama alabilirlerdi. Hua Guofeng Kültür Devrimi'ni terk etmek istiyordu fakat kendini ondan çok da uzak tutamadı; ne de olsa partideki yükselişini Kültür Devrimi'ne borçluydu. Bunun yerine, 1977'de Çin Komünist Partisi'nin gazetesi *Halkın Günlüğü*'nde kısaca "İki Hepsi" biçiminde aktarılan, Mao'nun vizyonunun daha dengeli bir versiyonuna dönüşü savundu. Hua şöyle diyordu, "Başkan Mao'nun aldığı siyasal kararların *hepsini* kararlılıkla koruyacak ve verdiği talimatların *hepsini* hiç sapmadan takip edeceğiz."

Deng Şiaoping komünist rejimi kaldırıp yerine kapsayıcı piyasaları getirmeyi istemiyordu. O da komünist devrimin iktidara getirdiği grubun üyesiydi. Fakat Deng ve destekçileri siyasal hâkimiyetlerini tehlikeye atmadan da ekonomik büyümenin yakalanabileceğini düşünüyorlardı: Çin halkı yaşam koşullarının iyileştirilmesine muhtaç durumda olduğundan ve Komünist Parti karşısındaki kayda değer tüm muhalefet Mao dönemi ve Kültür Devrimi sırasında yok edildiğinden iktidarlarını tehdit etmeyen, sömürücü siyasal kurumlara dayalı bir büyüme modeline sahiptiler. Bu büyümeye ulaşmak için de yalnızca Kültür Devrimi'ni değil, Maocu kurumsal mirasını da büyük ölçüde reddetme niyetindeydiler. Ekonomik büyümenin ancak kapsayıcı kurumlara doğru kayda değer adımların atılmasıyla mümkün olduğunu fark etmişlerdi. Bu nedenle ekonomide reforma gidip piyasa güçlerinin ve teşviklerin rolünü artırmak istediler. Ayrıca sınıf mücadelesi kavramını bir kenara bırakarak özel mülkiyetin kapsamını genişletip Komünist Parti'nin toplumdaki ve idaredeki rolünü azaltmak istediler. Ayrıca Deng'in grubu dış yatırımlara ve uluslararası ticarete de açıktı ve uluslararası ekonomiyle entegrasyonda çok daha girişken bir politika izlemek istiyordu. Fakat hâlâ kısıtlamalar mevcuttu ve gerçek anlamda kapsayıcı ekonomik kurumlar inşa edip Komünist Parti'nin ekonomi üzerindeki kontrolünü belirgin biçimde azaltmak söz konusu bile değildi.

Çin için dönüm noktası Hua Guofeng'in iktidarı ve onun bu iktidarı Dörtlü Çete'ye karşı kullanmaya istekli oluşuydu. Mao'nun ölümünden yaklaşık bir ay sona Hua, Dörtlü Çete'ye karşı bir darbe düzenledi ve dördünü de tutuklattı. Ardından Mart 1977'de Deng'i görevine geri getirdi. Ne bu olaylar zinciri ne de bizzat Hua'nın Deng Şiaoping tarafından saf dışı bırakılmasıyla sonuçlanan sonraki önemli adımlar kaçınılmazdı. Deng Kültür Devrimi'nin alenen eleştirilmesini teşvik etti ve Komünist Parti'nin her seviyedeki tüm kilit mevkilerini kendisi gibi bu dönemde mağdur olmuş insanlarla doldurmaya başladı. Hua Kültür Devrimi'ni reddedememiş, bu da onu zayıflatmıştı. Dahası, Hua iktidar çevrelerine yeni dahil olmuş rekabetçi biriydi; Deng'in yıllar içinde oluşturduğu bağlantılar ağına ve gayriresmi ilişkilere sahip değildi. Deng yaptığı bir dizi konuşmada Hua'nın politikalarını eleştirmeye başladı. Eylül 1978'de doğru yaklaşımın uygulanan politikaların Mao'nun söylediği şeylerle belirlenmesine müsaade etmek değil, "gerçeği, olgularda aramak" olduğunu belirterek *"İki Hepsi"* yaklaşımına açıkça saldırıyordu.

Deng ayrıca büyük bir ustalıkla Hua üzerinde kamuoyu baskısı kurmaya başladı; bunu en iyi yansıtan örnek, insanların ülke hakkındaki şikâyetlerini Beijing'deki bir duvara astıkları 1978'deki Demokrasi Duvarı hareketiydi. Temmuz 1978'de Deng'in destekçilerinden biri olan Hu Qiaomu, ekonomik reform için bazı temel prensipler sundu. Bunlar arasında şirketlere daha fazla inisiyatif ve üretimle ilgili kendi kararlarını alma yetkisi verilmesi gerektiği görüşü de yer alıyordu. Fiyatların safi hükümet tarafından ayarlanması yerine, arz ve talebi buluşturmalarına olanak tanınmalı ve daha genel olarak ekonomi üzerindeki devlet denetimi azaltılmalıydı. Bunlar radikal önerilerdi, fakat Deng'in nüfuzu artıyordu. Kasım ve Aralık 1978'de On Birinci Merkez Parti Komitesi'nin Üçüncü Genel Kurulu büyük bir kırılmayla sonuçlandı. Hua'nın itirazlarına rağmen, partinin o tarihten itibaren sınıf mücadelesine değil ekonomik modernizasyona odaklanmasına karar verildi. Genel kurul bazı eyaletlerde kolektif tarımdan vazgeçip tarımda ekonomik teşvikleri hayata geçirmeye yönelik bir girişim olan "aile sorumluluk sistemi" ile ilgili deneme niteliğinde bazı uygulamaları duyurdu. Ertesi yıl Merkez Komite "gerçeği, olgularda aramak" nosyonunu kabul ediyor ve Kültür Devrimi'nin Çin halkı için büyük bir felaket olduğunu duyuruyordu. Bu dönem boyunca Deng kendi destekçilerinin parti içinde, orduda ve hükümette önemli pozisyonlara atanmasını sağlıyordu. Merkez Komite'de Hua'nın destekçileri karşısında yavaş hareket etmek zorunda kalsa da paralel bir güç yarattı. 1980'de Hua, yerine Zhao Ziyang'ın geçmesi için başbakanlıktan çekilmeye zorlandı. 1982'de Hua Merkez Komite'den çıkarıldı. Fakat Deng bununla kalmadı. 1982'deki On İkinci Ulusal Kongre'de ve sonra Eylül 1985'teki Ulusal Halk Kongresi'nde parti liderliğinin ve üst düzey kadroların neredeyse tamamını değiştirmeyi başardı. Böylece çok daha genç, reform yanlısı insanlar göreve gelmiş oldu. 1980 ile 1985 karşılaştırıldığında 1985'te Merkez Komitesi'nin 26 üyesinden 21'inin, Komünist Parti sekreteryasının 11 üyesinden sekizinin ve 18 başbakan yardımcısından 10'unun değiştiği görülecektir.

Deng ve reformcular artık siyasal devrimlerini tamamına erdirip devletin kontrolünü ele geçirdiklerinden ekonomik kurumlarda bir dizi daha değişikliği hayata geçirdiler. Tarımla başladılar: 1983'te, Hu Qiaomu'nun fikirleri doğrultusunda, çiftçilere ekonomik teşvik sağlayacak aile sorumluluk sistemi tüm ülkede hayata geçirildi. 1985'te tahıldaki zorunlu devlet alımı terk edilip yerine gönüllülük esasına dayanan bir sözleşmeler sistemi getirildi. Tarımdaki fiyatların idari kontrolü 1985'te büyük ölçüde gevşetildi. Şehir ekonomisinde devlet girişimlerine daha fazla özerklik sağlandı ve on dört "açık şehir" belirlenip bunlara yabancı yatırım çekme olanağı tanındı.

İlk şahlanan kırsal ekonomi oldu. Teşviklerin uygulamaya konulması tarımsal verimlilikte gözle görülür bir artışa yol açtı. Daha az insanın tarımla iştigal etmesine karşın 1984'teki tahıl üretimi 1978'dekinden üçte bir oranında daha fazlaydı. Çoğu kişi Köy ve Kasaba İşletmeleri olarak bilinen yeni kırsal sanayi alanlarında istihdam edildi. 1979'da yeni şirketlerin kurulabilmesi ve devlete ait şirketlerle rekabet edebilmesi kabul edildikten sonra bunların devlet güdümlü sınai planlama sisteminin dışında gelişmesine izin verildi. Aşamalı olarak ekonomik teşvikler sanayi sektöründe de hayata geçirildi, özellikle de devlet teşebbüslerinin işletilmesinde; gerçi bu aşamada, ortaya çıkması 1990'ların ortalarını bulacak özelleştirmenin henüz hiçbir belirtisi yoktu.

Çin'in yeniden doğuşu, bir dizi son derece sömürücü ekonomik kurumdan daha kapsayıcı kurumlara doğru gözle görülür bir ilerlemeyle gerçekleşti. Sanayi ve tarımdaki piyasa teşvikleri, ardından yabancı kaynaklı yatırım ve teknoloji, Çin'i bir hızlı büyüme rotasına soktu. Gelecek bölümde daha detaylı olarak tartışacağımız gibi, siyasal kurumların Kültür Devrimi sırasında olduğu kadar baskıcı olmamasına ve ekonomik kurumların kısmen kapsayıcı hale gelmeye başlamasına karşın, bu büyüme sömürücü siyasal kurumlara dayalı bir büyümeydi. Tüm bunlar Çin'in ekonomik kurumlarında yaşanan radikal değişimin boyutlarının hafife alınmasına yol açmamalıdır. Çin, siyasal kurumlarını dönüştürmese de, çemberi kırmayı başardı. Botsvana ve Birleşik Devletler'in güneyinde olduğu gibi, yaşanan önemli değişimler bir kritik dönemeçte ortaya çıktı; Çin örneğinde Mao'nun ölümünü takiben. Ayrıca bu önemli değişimlerin ortaya çıkışı olumsaldı; hatta Dörtlü Çete'nin güç mücadelesini kaybetmesinin kaçınılmaz bir sonuç olmadığı dikkate alınırsa, son derece olumsaldı. Ve eğer bu mücadeleyi kaybetmeselerdi Çin son 30 yılda görülen sürdürülebilir ekonomik büyümeyi yakalayamayacaktı. Fakat Büyük Atılım ve Kültür Devrimi'nin neden olduğu yıkım ve acılar, Deng Şiaoping ve müttefiklerinin bu siyasal mücadeleyi kazanabilmesini sağlayacak değişim için yeterli talebi doğurmuştu.

Tıpkı İngiltere'deki Görkemli Devrim, Fransız Devrimi ve Japonya'daki Meici Restorasyonu gibi Botsvana, Çin ve Birleşik Devletler'in güneyi de tarihin kaderden ibaret olmadığının canlı örnekleridir. Sömürücü kurumlar kısırdöngüye rağmen kapsayıcı kurumlarla değiştirilebilir. Fakat bu süreç ne kendiliğinden gerçekleşir ne de kolaydır. Bir etkenler birleşimi, özellikle de bir kritik dönemecin reform için baskı yapan geniş tabanlı bir koalisyonla ya da diğer elverişli mevcut kurumlarla birlikteliği, genellikle bir ülkenin daha kapsayıcı kurumlara doğru büyük hamleler yapması için gereklidir. Ayrıca biraz şans da önemlidir; çünkü tarih daima olumsal bir rota izler.

15

Zenginliği ve yoksulluğu anlamak

Tarihsel kökenler

Dünyanın dört bir yanındaki yaşam standartları arasında muazzam farklılıklar mevcut. Birleşik Devletler'in en yoksul yurttaşlarının bile bir geliri var; sağlık hizmetlerinden, eğitimden, kamu hizmetlerinden ve Sahraaltı Afrika'da, Güney Asya ve Orta Amerika'da yaşayan sayısız insanın yararlanabileceğinden çok daha fazla ekonomik ve sosyal fırsattan yararlanabiliyorlar. Güney ve Kuzey Kore, iki Nogales ve Birleşik Devletler ile Meksika arasındaki tezat bize bunların nispeten yeni olgular olduğunu hatırlatıyor. 500 yıl önce Aztek uygarlığının yurdu olan Meksika kesinlikle kuzeydeki devletlerden daha zengindi ve Birleşik Devletler 19. yüzyıla kadar Meksika'nın önüne geçememişti. İki Nogales arasındaki uçurum ise daha da yeni. Güney ve Kuzey Kore, ülkenin İkinci Dünya Savaşı'nın ardından 38. Paralel üzerinde ikiye bölünmesinden önce ekonomik olduğu kadar sosyal ve kültürel bakımdan da ayırt edilemeyecek durumdaydı. Benzer biçimde bugün etrafımızda gözlemlediğimiz muazzam ekonomik farklılıklar son 500 yılda, çoğunlukla da son 200 yılda ortaya çıktı.

Peki, bütün bunlar böyle mi olmak zorundaydı? Batı Avrupa'nın, Birleşik Devletler'in ve Japonya'nın son iki yüzyılda Sahraaltı Afrika'dan, Latin Amerika'dan ve Çin'den çok daha zengin olacağı tarihsel, kültürel ya da etnik olarak önceden mi belirlenmişti? Sanayi Devrimi'nin, 18. yüzyılda ve İngiltere'de başlaması, ardından Batı Avrupa'ya ve Avrupa'nın Kuzey Avrupa ve Okyanusya'daki uzantılarına yayılması kaçınılmaz mıydı? Görkemli Devrim ve Sanayi Devrimi'nin Peru'da meydana geldiği ve ardından Batı Avrupa'yı sömürgeleştirip, belki de beyazları köleleştirdiği bir dünya karşı olgusal bir dünya mıdır, yoksa sadece bir tarihsel bilimkurgu biçimi mi?

Bu sorulara cevap vermek –hatta bunlar hakkında akıl yürütmek– için neden bazı ülkelerin müreffeh, bazılarınınsa başarısız ve yoksul olduklarına dair bir kurama ihtiyacımız var. Bu kuramın hem zenginliği ve onun tarihsel kökenlerini oluşturan etkenleri, hem de bunları geciktiren etkenleri betimlemesi gerekmektedir. Bu kitap böyle bir kuram ileri sürüyor. Dünyanın dört bir yanındaki yüzlerce devletin farklı ekonomik ve siyasal rotalarının kökenleri gibi büyük olasılıkla çok sayıda nedene dayanan her karmaşık sosyal fenomen, çoğu sosyal bilimciyi tek nedenli, basit ve genel olarak uygulanabilir kuramlardan uzak durmaya, bunun yerine farklı zamanlarda ve bölgelerde ortaya çıkan görünürde benzer sonuçlara farklı açıklamalar getirmeye itmektedir. Sosyal bilimlerdeki bu kökleşmiş eğilime rağmen basit bir kuram önerdik ve bunu Neolitik Devrim'den bu yana dünyadaki ekonomik ve siyasal gelişimin ana hatlarını açıklamak için kullandık. Tercihimizin arkasındaki motivasyon böyle bir kuramın her şeyi açıklayabileceği gibi naif bir inanç değildi; bir kuramın –bazen bizi ilgi çekici detaylardan soyutlaması pahasına– paralelliklere odaklanmamızı sağlaması gerektiği inancıydı. Dolayısıyla başarılı bir kuram sadakatle her detayı yeniden üretmek yerine bir dizi süreç için kullanışlı ve ampirik olarak sağlam temellere dayanan bir açıklama getirebilmeli ve aynı zamanda iş başındaki asıl kuvvetleri netleştirebilmelidir.

Kuramımız bu hedefe iki aşamada faaliyet göstererek ulaşmayı amaçlıyor. Birincisi, sömürücü ve kapsayıcı ekonomik ve siyasal kurumlar arasındaki ayrım. İkincisi, kapsayıcı kurumların dünyanın bazı bölgelerinde ortaya çıkıp bazılarında çıkmamasının nedenine ilişkin açıklamamız. Kuramımızın birinci aşaması tarihin kurumsal bir yorumuyla ilgiliyken ikinci aşaması tarihin ülkelerin kurumsal rotasını nasıl şekillendirdiğiyle ilgili.

Kapsayıcı ekonomik ve siyasal kurumlarla refah arasındaki bağlantı, kuramımızın odak noktasını oluşturuyor. Mülkiyet haklarını hayata geçiren, eşit rekabet şartları sağlayan ve yeni teknoloji ve becerilere yatırım yapmayı teşvik eden kapsayıcı ekonomik kurumlar, ekonomik büyüme konusunda çoğunluğun kaynaklarının azınlık tarafından sömürülmesi amacıyla yapılandırılan ve mülkiyet haklarını korumayı ya da ekonomik faaliyet için teşvik sağlamayı başaramayan sömürücü ekonomik kurumlardan daha elverişlidir. Kapsayıcı ekonomik kurumlar kapsayıcı siyasal kurumlara –yani siyasal gücü çoğulcu bir biçimde dağıtan; yasa ve düzeni sağlamak, güvence altına alınmış mülkiyet haklarının temellerini atmak ve bir kapsayıcı piyasa ekonomisi oluşturmak için belirli ölçüde bir siyasal merkeziyete ulaşmayı başaran siyasal kurumlara– destek olur ve onlardan destek alır. Aynı şekilde, sömürücü ekonomik kurumlar da iktidarı ele geçirdiklerinde mevcut sömürücü ekonomik kurumları kendi çıkarları doğrultusunda kullanıp geliştirmek için teşvik bulacak ve ellerine geçirdikleri kaynakları siyasal iktidar üzerindeki hâkimiyetlerini pekiştirmek için kullanacak az sayıda insanın elinde toplayan sömürücü siyasal kurumlarla sinerjik bir ilişki içindedir.

Bu eğilimler sömürücü ekonomik ve siyasal kurumların ekonomik büyümeyle uyumsuz oldukları anlamına gelmez. Aksine her elit, diğer koşullar sabitken, sömürecek daha fazla şey elde edebilmek için büyümeyi ellerinden geldiğince teşvik edecektir. En azından asgari ölçüde bir siyasal merkeziyete ulaşmış sömürücü kurumlar genellikle bir miktar büyüme sağlamayı başarırlar. Fakat asıl can alıcı olan, sömürücü kurumlara dayalı büyümenin iki önemli nedenden ötürü sürdürülebilir nitelikte olmamasıdır. Birincisi, sürdürülebilir ekonomik büyüme yenilik gerektirir; yenilik ise ekonomik alanda eskiyi yeniyle değiştirirken aynı zamanda siyasetteki mevcut güç ilişkilerini de istikrarsızlaştıran yaratıcı yıkımdan ayrıştırılamaz. Sömürücü kurumlara hâkim olan elitler yaratıcı yıkımdan korktukları için ona direnirler; sömürücü kurumlara dayalı her büyüme kısa ömürlü olmaya mahkûmdur. İkincisi, sömürücü kurumları ellerinde tutanların toplumun sırtından büyük çıkar sağlayabilmesi, sömürücü kurumlara dayalı siyasal iktidarı uğrunda pek çok grup ve bireyin mücadele ettiği hayli gıpta edilen bir konum haline getirir. Bu da sömürücü kurumlarla idare edilen toplumları siyasal istikrarsızlığa itecek büyük güçlerin ortaya çıkmasına neden olacaktır.

Sömürücü ekonomik ve siyasal kurumlar arasındaki sinerji bir kısırdöngü meydana getirir ve sömürücü kurumlar bir kez bu döngüdeki yerlerini aldıklarında kalıcı olma eğilimi gösterirler. Benzer şekilde, bir de kapsayıcı ekonomik ve siyasal kurumlara bağlı verimli bir döngü vardır. Fakat ne kısır ne de verimli döngü mutlaktır. Aslında bugün bazı ulusların kapsayıcı kurumlarla yönetilmesi, her ne kadar sömürücü kurumlar tarih boyunca bir norm olagelmişseler de, bazı toplumların çemberi kırmayı başarıp daha kapsayıcı kurumlara geçmeyi başarmalarındandır. Bu geçişlere getirdiğimiz açıklama tarihseldir fakat tarihsel olarak önceden belirlenmiş değildir. Büyük ekonomik değişim için zorunlu olan büyük kurumsal değişim mevcut kurumlarla kritik dönemeçlerin etkileşimi sonucu ortaya çıkar. Kritik dönemeçler, 14. yüzyılda Avrupa'nın büyük kısmında nüfusun neredeyse yarısını yok eden Kara Ölüm gibi, Batı Avrupa'daki pek çok kişi için inanılmaz kâr fırsatları doğuran Atlantik ticaret yollarının açılması gibi ve dünyanın dört bir yanındaki ekonomik yapılarda hızlı fakat bir o kadar da yıkıcı bir değişiklik imkânı sunan Sanayi Devrimi gibi; bir ya da daha çok toplumdaki mevcut siyasal ve ekonomik dengeyi bozan büyük olaylardır.

Toplumlar arasındaki mevcut kurumsal farklılıklar geçmiş kurumsal değişimlerin sonucudur. Kurumsal değişim rotası niçin toplumdan topluma değişir? Bu sorunun yanıtı kurumsal sürüklenmede yatar. Tıpkı evrimsel ya da genetik ayrışma denen süreç içinde iki ayrı organizma popülasyonundaki genlerin rastlantısal mutasyon nedeniyle ayrışması gibi, diğer yönleriyle benzer iki toplum da kurumsal bakımdan ayrışır; fakat bir kez daha, yavaş bir biçimde. Gelir, iktidar ve dolaylı olarak kurumlar üzerine çatışma tüm toplumların değişmez bir unsurudur. Genellikle bu çatışma onu doğuran rekabet şartlarının eşit olmadığı durumda bile olumsal bir sonuç doğurur. Bu çatışmanın sonucu kurumsal sürüklenmeye yol açar. Fakat bunun mutlaka kümülatif bir süreç olması gerekmediği gibi bundan belirli bir noktada ortaya çıkan küçük farklılıkların zamanla mutlaka büyüyeceği anlamı da çıkmaz. Aksine, 6. bölümde Roma devri Britanyası'na ilişkin tartışmamızda gösterdiğimiz gibi, küçük farklılıklar ortaya çıkar, ardından kaybolur, sonra yeniden belirir. Fakat bir kritik dönemeç gelip çattığında kurumsal sürüklenme sonucu ortaya çıkan bu küçük farklılıklar, diğer yönleriyle oldukça benzer toplumların radikal bir biçimde birbirinden ayrışmasında rol oynayan küçük farklılıklar olabilir.

7. ve 8. bölümlerde İngiltere, Fransa ve İspanya arasındaki pek çok benzerliğe rağmen Atlantik ticaretinin doğurduğu kritik dönemecin bazı küçük farklılıklar (15. ve 16. yüzyıldaki gelişmeler sonucunda denizaşırı ticaretin çoğunlukla Fransa ve İspanya kraliyetlerinin tekelinde olması nedeniyle İngiliz Kralliği'nın bu ticaretin tümünü kontrol edememesi) nedeniyle en çok İngiltere üzerinde dönüştürücü olduğunu gördük. Bunun sonucunda, Fransa ve İspanya'da Atlantik ticareti ve sömürgeciliğin yayılmasından asıl fayda sağlayanlar monarşi ve monarşiyle ittifak içindeki gruplar iken İngiltere'de bu kritik dönemecin yolunu açtığı ekonomik fırsatlardan kazanç sağlayan, monarşi karşıtı gruplardı. Kurumsal sürüklenme küçük farklılıklara yol açsa da kritik dö-

nemeçlerle etkileşimi kurumsal ayrışmaya neden olur ve böylece bu ayrışma da bir sonraki kritik dönemecin etkileneceği daha büyük kurumsal farklılıklar doğurur.

Kritik dönemeçlerde kurumsal sürüklenme aracılığıyla önemli sonuçlar doğurabilecek farklılıkları yaratan tarihsel süreç olduğundan, tarihin anahtar bir rolü vardır. Kritik dönemeçler tarihsel dönüm noktalarıdır, kısır ve verimli döngüler ise tarihsel olarak yapılandırılmış kurumsal farklılıkları anlayabilmek için tarih çalışmamız gerektiğine işaret eder. Fakat yine de bizim kuramımız tarihsel determinizme –ya da herhangi türden bir determinizme– dayanmıyor. Bu bölümün başında sorduğumuz sorunun yanıtının hayır olmasının nedeni de bu; Peru'nun Batı Avrupa ya da Birleşik Devletler'den çok daha yoksul hale gelmesi bir tarihsel zorunluluk değildi.

Her şeyden önce, coğrafya ve kültür hipotezlerinde ileri sürülenlerin aksine Peru, coğrafyası ya da kültürü nedeniyle yoksulluğa mahkûm olmadı. Bizim kuramımızda günümüzde Peru'nun Batı Avrupa ve Birleşik Devletler'e kıyasla çok yoksul olmasının nedeni Peru'nun kurumlarıdır ve bunun nedenini anlamak için Peru'nun kurumsal gelişim sürecini anlamamız gerekir. İlk bölümde gördüğümüz gibi, 500 yıl önce günümüzde Peru'nun bulunduğu bölgede hüküm süren İnka İmparatorluğu, Kuzey Amerika'daki daha küçük devletlerden daha zengin, teknolojik bakımdan daha gelişkin ve siyasal bakımdan daha merkezileşmişti. Dönüm noktası ise bu bölgenin sömürgeleştirilme biçimi ve bunun Kuzey Amerika'nın kolonileştirilmesiyle nasıl bir tezat oluşturduğuydu. Bu, tarihsel olarak önceden belirlenmiş bir sürecin sonucu değildi; kritik dönemeçler esnasında ortaya çıkan bazı önemli kurumsal gelişmelerin olumsal bir sonucuydu ve olayların gidişatını değiştirebilecek, çok farklı uzun vadeli örüntülere yol açabilecek en az üç etken mevcuttu.

Birincisi, 15. yüzyılda Amerika'daki kurumsal farklılıklar bu bölgelerin kolonileştirilme biçiminde belirleyici oldu. Kuzey Amerika Peru'dan farklı bir kurumsal rota izledi; çünkü kolonicilikten önce de seyrek bir yerleşime sahipti ve Avrupalı yerleşimcilere cazip gelmişti. Öyle ki, bu yerleşimciler daha sonra Virginia Kumpanyası gibi teşekküllerin ve İngiliz Krallığı'nın oluşturmaya çalıştığı elite karşı başarıyla ayaklanacaklardı. Tersine, İspanyol *conquistadorlar* Peru'da devralabilecekleri merkezileşmiş, sömürücü bir devlet ve madenlerde, plantasyonlarda çalıştırabilecekleri büyük bir nüfus buldular. Fakat Avrupalıların geldiği sıralarda Amerika'daki vaziyet hakkında coğrafi anlamda önceden belirlenmiş bir şey yoktu. 5. bölümde gördüğümüz gibi, Kral Shyaam'ın önderliğinde merkezi bir devletin ortaya çıkmasının büyük bir kurumsal yeniliğin, hatta belki de siyasal bir devrimin sonucu olması gibi, Peru'daki İnka uygarlığı ve bu bölgedeki büyük nüfus da büyük kurumsal yeniliklerin sonucuydu. Bunlar Peru yerine Kuzey Amerika'da da olabilirdi; mesela Mississippi Vadisi gibi yerlerde, hatta Birleşik Devletler'in kuzeydoğusunda bile. Eğer böyle olsaydı, Avrupalılar Andlar'da bomboş topraklarla ve Kuzey Amerika'da merkezi devletlerle karşılaşabilir, Peru ve Birleşik Devletler rolleri değiştirebilirlerdi. O zaman Avrupalılar Peru'nun etrafındaki bölgelere yerleşirdi ve yerleşimcilerin büyük çoğunluğuyla elit arasındaki çatışma kapsayıcı kurumların Kuzey Amerika yerine orada oluşturulmasına yol açardı. Bunu izleyen ekonomik gelişim rotası da muhtemelen farklı olurdu.

İkincisi, Japonların Edo Körfezi'ne ulaşan Komodor Perry'nin gemilerine yaptıkları gibi, İnka İmparatorluğu da Avrupa sömürgeciliğine direnebilirdi. Japonya'daki Tokugava rejimine kıyasla İnka İmparatorluğu'nun daha sömürücü nitelikte olması Peru'da Meici Restorasyonu'na benzer bir siyasal devrimin ortaya çıkma ihtimalini kesinlikle azaltsa da, İnkaların Avrupa hâkimiyetine boyun eğmeleri bir tarihsel zorunluluk değildi. Direnmeyi başarabilselerdi ve hele bir de bu tehditler karşısında kurumsal bir modernizasyon gerçekleştirselerdi Yeni Dünya'nın tüm tarihsel rotası ve böylece tüm dünya tarihi farklı olabilirdi.

Üçüncüsü ve en radikali, dünyayı sömürgeleştirenlerin ne tarihsel, ne coğrafi, ne de kültürel bakımdan Avrupalılar olması da önceden belirlenmiş bir zorunluluk değildi. Çinliler ya da İnkalar da olabilirdi. Elbette, Batı Avrupa'nın Amerika'nın önüne geçtiği ve Çin'in çoktan gerilemeye başladığı 15. yüzyıl perspektifinden dünyaya baktığımızda böyle bir sonuç imkânsızdır. Fakat 15. yüzyıl Batı Avrupa'sının kendisi de kritik dönemeçlerin araya girdiği olumsal nitelikte bir kurumsal sürüklenme sürecinin ürünüydü ve bunun kaçınılmaz hiçbir yanı yoktu. Bazı tarihsel dönüm noktaları olmaksızın Batı Avrupalı güçler öne geçemez ve dünyayı fethedemezlerdi. Feodalizmin köleliğin yerini alarak ve hükümdarların iktidarını zayıflatarak izlediği kendine özgü yol; Avrupa'da ilk bin yılı izleyen yüzyılların bağımsız ve ticari anlamda özerk şehirlere tanıklık etmesi; Avrupalı hükümdarların ne Çin imparatorları kadar denizaşırı ticaretin tehdidi altında kalmış ne de onların Ming hanedanı zamanında yaptığı gibi denizaşırı ticaretin önünü kesmeye çalışmış olması ve feodal düzeni temelden sarsan Kara Ölüm'ün varlığı, bu kritik dönemeçler arasındadır. Eğer bu hadiseler farklı gelişmiş olsaydı bugün belki de Peru'nun Batı Avrupa ve Birleşik Devletler'den zengin olduğu çok farklı bir dünyada yaşıyor olurduk.

Doğal olarak, hem küçük farklılıkların hem de olumsallığın kilit rol oynadığı bir kuramın öngörü gücü sınırlı olacaktır. Roma İmparatorluğu'nun çöküşünün ardından geçen yüzlerce yıl şöyle dursun, 15. hatta 16. yüzyılda bile kimse kapsayıcı kurumlara yol açacak büyük atılımın Britanya'da meydana geleceğini bilemezdi. Bunu mümkün kılan yalnızca Atlantik ticaretinin başlamasının yarattığı kritik dönemecin doğası ve özel bir kurumsal sürükleniş süreciydi. 1970'lerde Kültür Devrimi sırasında Çin'in yakında ekonomik kurumlarında radikal bir değişim yoluna sapacağına ve ardından tehlikeli bir büyüme rotasına gireceğine de kimse inanmazdı. Benzer biçimde 500 yıl sonraki durumun ne olacağını herhangi bir kesinlikte öngörmek de imkânsızdır. Yine de bunlar kuramımız için bir eksiklik oluşturmuyor. Şimdiye dek ortaya koyduğumuz tarihsel açıklama, tarihsel determinizme dayalı –ister coğrafya, ister kültür, isterse başka tarihsel etkenlere dayansın– yaklaşımların tatminkâr bir kuram sunma olasılığının zayıf olduğunu gösteriyor. Küçük farklılıklar ve olumsallık yalnızca bizim kuramımızın değil tarihin ilerleyişinin de bir parçası.

Hangi toplumların diğerlerine nazaran zenginliğe kavuşacağı hakkında kesin öngörülerde bulunmak zorsa da, kitap boyunca kuramızın tüm dünyada ülkelerin zenginlik ve yoksulluğu arasında görülen büyük farklılıkları oldukça iyi açıkladığını gördük. Bu bölümün geri kalanında kitabın aynı zamanda gelecek birkaç on yılda hangi tip toplumların ekonomik büyümeye ulaşmasının daha muhtemel olduğuna dair bazı genel prensipler sunacağını da göreceğiz.

Birincisi, kısırdöngüler de verimli döngüler de kurumsal anlamda bir sürekliliğe ve rehavete yol açar. Birleşik Devletler ve Batı Avrupa'nın kapsayıcı ekonomik ve siyasal kurumlarından ötürü önümüzdeki 50 hatta 100 yıl boyunca Sahraaltı Afrika'dan, Ortadoğu'dan, Orta Amerika'dan ya da Güneydoğu Asya'dan daha zengin, hatta yüksek ihtimalle çok çok daha zengin olacağından pek şüphe yok. Ne var ki, gelecek yüzyılda bu genel örüntülerin içinde büyük kurumsal değişimler ortaya çıkacak ve bazı ülkeler çemberi kırarak yoksulluktan zenginliğe geçecekler.

Somali ya da Afganistan gibi neredeyse hiç siyasal merkeziyet sağlayamamış ülkelerde ya da Haiti'de son birkaç on yılda –2010'da muazzam bir depremin altyapının tamamen çökmesine yol açmasından çok daha önce– görüldüğü gibi devletin tamamen çöktüğü ülkeler muhtemelen sömürücü kurumlara dayalı bir büyüme bile yakalayamayacak ya da kapsayıcı kurumlar için büyük değişimler gerçekleştiremeyecekler. Daha ziyade, önümüzdeki birkaç on yılda ekonomik büyüme –bu muhtemelen sömürücü siyasal kurumlara dayalı bir büyüme olsa da– yakalayacak ülkeler yüksek ihtimalle belirli ölçüde bir siyasal merkeziyet sağlamış ülkeler olacak. Sahraaltı Afrika'dan bu gruba dahil ülkeler Brundi, Etiyopya, Ruanda gibi uzun merkezi devlet geçmişi olan ülkeler ve böyle bir merkeziyet sağlamayı başarmış ya da en azından bağımsızlıktan bu yana merkezileşmenin bazı ön koşullarını yerine getirmiş Tanzanya olacak. Latin Amerika'da ise yalnızca siyasal merkeziyete ulaşmakla kalmayıp yeni yeni oluşmaya başlayan çoğulculuğa doğru kayda değer adımlar atan Brezilya, Şili ve Meksika. Kuramımız sürdürülebilir ekonomik büyümenin Kolombiya için pek muhtemel görünmediğini ileri sürüyor.

Kuramımız ayrıca Çin'de olduğu gibi sömürücü kurumlara dayalı büyümenin ya da günümüz Rusya'sında olduğu gibi hem sömürücü ekonomik kurumlara hem de sömürücü siyasal kurumlara dayalı büyümenin sürdürülebilir büyüme getirmeyeceğini ve muhtemelen sıfırı tüketeceğini ileri sürüyor. Bu örneklerin ötesinde ise belirsizlik hâkim. Örneğin Küba, kapsayıcı kurumlara geçişi sağlayabilir ve büyük bir ekonomik dönüşüm gerçekleştirebilir ya da sömürücü ekonomik ve siyasal kurumlara takılıp kalabilir. Aynı durum Asya'da Kuzey Kore ve Burma için de geçerli. Dolayısıyla, kuramımız kurumların nasıl değiştiği ve bu değişimlerin sonuçları hakkında düşünmek için araçlar sunsa da, bu değişimin doğası –küçük farklılıkların ve olumsallığın rolü– daha kesin öngörülerde bulunmayı zorlaştırıyor.

Zenginliğin ve yoksulluğun kökenleri hakkındaki bu genel açıklamadan siyasal tavsiyeler çıkarırken daha da büyük dikkat sarf etmek gerekiyor. Kritik dönemeçlerin etkisinin mevcut kurumlara bağlı olması gibi bir toplumun aynı siyasi müdahaleye verdiği tepki de mevcut kurumlara bağlıdır. Elbette, bizim kuramımız tamamen ulusların –sömürücü kurumlarını kapsayıcı kurumlara dönüştürerek– refaha götüren adımları nasıl atabilecekleriyle ilgili. Fakat aynı zamanda böyle bir dönüşüme ulaşmanın basit bir reçetesinin olmadığına da daha en başından açıklık getiriyor. Birincisi, kısırdöngü demek kurumları değiştirmenin başta göründüğünden çok daha zor olması demektir. Bilhassa 12. bölümde gördüğümüz Oligarşinin Tunç Yasası'yla sömürücü kurumlar kendini farklı kisveler altında yeniden oluşturabilir. Bu yüzden, Başkan Mübarek'in sömürücü rejiminin Şubat 2011'deki halk protestosuyla devrilmesi, Mısır'ın daha kapsayıcı kurumlara doğru bir rota tutturacağını garanti etmiyor. Sömürücü kurumlar canlı ve umut dolu demokrasi yanlısı hareketlere rağmen kolayca kendilerini yeniden oluşturabilir. İkincisi, tarihin olumsal rotası nedeniyle kritik dönemeçlerle mevcut kurumsal farklılıklar arasındaki belirli bir etkileşimin daha kapsayıcı kurumlara mı yoksa daha sömürücü kurumlara mı yol açacağını kestirmek zor olduğundan kapsayıcı kurumlara yönelik değişimi teşvik edecek genel siyasete dair tavsiyeler formüle etmek kahramanlık olurdu. Yine de, yanlış hipotezlere ya da kurumların nasıl değiştiğine dair yetersiz bilgiye dayanan kötü siyasal tavsiyeleri ayırt etmemizi sağladığı için kuramımız siyasal analiz konusunda hâlâ işe yarıyor. Bu bağlamda, pek çok şeyde olduğu gibi, en kötü yanlışlardan kaçınmak en az basit çözümler geliştirmeye çalışmak kadar önemli ve bu yüzden daha gerçekçi. Bu belki de en açık biçimde, Çin'in son birkaç on yılda deneyimlediği başarılı büyümeyi esas alan "otoriter büyüme" yanlısı mevcut siyasal tavsiyeleri ele aldığımızda belirginlik kazanır. Birazdan bu siyasal tavsiyelerin neden yanıltıcı olduğunu; Çin'deki büyümenin, şu ana kadar ki seyriyle, neden yalnızca sömürücü kurumlara dayalı büyümenin bir başka biçimine karşılık geldiğini ve bunun sürdürülebilir ekonomik gelişime dönüştürülmesi ihtimalinin zayıf olduğunu açıklayacağız.

Otoriter büyümenin karşı konulmaz cazibesi

Dai Guofang Çin'deki yaklaşan kentsel büyümeyi önceden fark etmişti. 1990'larda Çin'in her tarafına yeni otoyollar, iş merkezleri, rezidanslar ve gökdelenler inşa ediliyordu ve Dai bu büyümenin gelecek 10 yılda hızını daha da artıracağını düşünüyordu. Şirketi Jiangsu Demir Çelik'in bir düşük maliyetli üretici olarak, özellikle de devlete ait yetersiz çelik fabrikalarıyla kıyaslandığında, büyük pazar paylarına ulaşacağı sonucuna varmıştı. Dai gerçek bir çelik devi yaratmayı planlıyordu ve Changzhou'daki yerel parti liderlerinin desteğiyle 2003'te harekete geçti. Fakat Mart 2004'te proje Beijing'deki Çin Komünist Partisi'nin emriyle durduruldu ve Dai hiçbir zaman açıkça belirtilmeyen sebeplerden dolayı tutuklandı. Yetkililer Dai'nin ifadelerinde onu suçlu gösterecek bazı kanıtlar bulacaklarını düşünmüş olabilirlerdi. Sonuç itibariyle Dai sonraki beş yılı hapishanede ve ev hapsinde geçirdi ve 2009'da önemsiz bir suçtan hüküm giydi. Asıl suçu ise devlet destekli şirketlerle rekabet edebilecek büyük bir proje başlatması ve bunu yaparken Komünist Parti ileri gelenlerinin onayını almamasıydı. Diğerlerinin olaydan çıkardıkları ders kesinlikle buydu.

Komünist Parti'nin Dai gibi girişimcilere gösterdiği tepki sürpriz olmamalı. Deng Şiaoping'in en yakın arkadaşlarından biri ve muhtemelen ilk piyasa reformlarının asıl mimarı Chen Yun, partinin çekirdek kadrosunu oluşturanların çoğunun ekonomiye bakış açısını bir "kafesteki kuş" analojisiyle özetliyordu: Kuş Çin ekonomisini temsil ediyordu; kuşun daha sağlıklı ve daha dinamik olması için partinin kontrolünün, yani kafesin, genişletilmesi gerekiyordu, fakat kuşun kaçmaması için bu kafes ne açılabilir ne de atılabilirdi. Jiang Zemin 1989'da Çin'in en güçlü mevkii olan Komünist Parti Genel Sekreteri olduktan kısa bir süre sonra daha da ileri gitti ve partinin girişimcilerden duyduğu şüpheyi onları "aldatan, zimmetine para geçiren, rüşvet veren ve vergi kaçıran serbest meslek sahibi tüccarlar ve seyyar satıcılar" olarak tanımladı. 1990'larda Çin'e yabancı yatırım yağarken hatta devlet destekli teşebbüsler büyümeleri için teşvik edilirken bile özel girişimciler şüpheyle karşılanmış ve pek çok girişimcinin malına el konulmuş hatta bazıları hapse atılmıştı. Jiang Zemin'in girişimciler karşısındaki tavrı, eskisi kadar olmasa da, Çin'de hâlâ yaygındır. Çinli bir iktisatçının sözleriyle, "Büyük devlet şirketleri dev projelere girişebilirler. Fakat aynı şeyi özel şirketler yaparsa, özellikle de devletle rekabete girerek, o zaman adım başı bir sorun çıkmaya başlar."

Bugün Çin'de kârlı bir biçimde faaliyetlerini sürdüren çok sayıda şirkete rağmen ekonominin çoğu unsuru hâlâ partinin komuta ve koruması altında. Gazeteci Richard McGregor en büyük devlet teşebbüslerini idare edenlerin her birinin masasında bir kırmızı telefon olduğunu bildiriyor. Bu kırmızı telefon çaldığında, arayan şirketin ne yapması gerektiği, neye yatırım yapması gerektiği ve hedefinin ne olacağı hakkında emirler veren partidir. Partinin çok az bir açıklama yaparak bu şirketlerin başındakileri değiştirmeye karar vermesi, onları kovması ya da terfi ettirmesi bize bu dev şirketlerin hâlâ partinin kontrolünde olduğu gerçeğini hatırlatır.

Bu anlatılanlar elbette Çin'in kapsayıcı kurumlar yönünde attığı, son otuz yılda şaşırtıcı büyüme oranlarına yol açan adımları yadsımıyor. Çin'de çoğu girişimci, kısmen yerel kadroların ve Beijing'deki Komünist Parti elitlerinin desteğini kazandıkları için, nispeten güvenli mülkiyet haklarına sahip. Çoğu iktisadi devlet teşebbüsü kâr amacı güdüyor ve uluslararası piyasalarda rekabet ediyor. Bu Mao'nun Çin'ine nazaran radikal bir değişim. Önceki bölümde gördüğümüz gibi, Çin ilk kez Deng Şiaoping yönetiminde gerçekleştirilen ve en habis sömürücü ekonomik kurumlardan kapsayıcı ekonomik kurumlara doğru bir geçiş hedefleyen radikal reformlar sayesinde büyüme sağladı. Çin'in ekonomik kurumları daha büyük bir kapsayıcılığa doğru bir rota izlerken bu büyüme yavaş da olsa sürdü. Buna ek olarak Çin çok büyük bir ucuz işgücü arzına sahip olmasından ve yabancı piyasalara, yabancı sermayeye ve yabancı teknolojilere erişebilmesinden de büyük ölçüde yararlanıyor.

Bugün Çin'in ekonomik kurumları otuz yıl öncesine kıyasla karşılaştırılamayacak ölçüde daha kapsayıcı olsa bile, Çin deneyimi yine de sömürücü kurumlara dayalı büyümenin bir örneğidir. Çin'deki büyüme, yakın dönemde yeniliğe ve teknolojiye verilen öneme rağmen yaratıcı yıkıma değil, mevcut teknolojilerin hayata geçirilmesine ve hızlı yatırıma dayanıyor. Ayrıca Çin'de mülkiyet hakları da tam anlamıyla güvence altına alınmış değil. Ara sıra Dai gibi girişimcilerin malvarlığına el konulabiliyor. İşgücü hareketliliği sıkı bir düzenlemeye tabi ve mülkiyet haklarının en temel formu olan kişinin kendi emeğini istediği biçimde satma hakkı bile hâlâ gerektiği gibi korunmaktan son derece uzak. Yerel parti kadrolarının, daha da önemlisi Beijing'in, desteği olmadan yalnızca bir avuç işadamı ve işkadınının herhangi bir girişime cesaret edebilmesi ise, ekonomik kurumların hâlâ tam anlamıyla kapsayıcı olmaktan ne kadar uzak olduğunu gösteriyor. İş dünyası ile parti arasındaki bağlantı her iki taraf için de son derece kazançlı. Parti destekli işletmeler uygun koşullarla ihaleler alabilir, sıradan insanların topraklarını istimlak etmek için tahliye ettirebilir ve sonuçlarından çekinmeden yasaları ve düzenlemeleri ihlal edebilirler. Bu iş planlarının yoluna çıkanlar ezilir hatta hapse atılabilir ya da öldürülebilirler.

Çin Komünist Partisi'nin fazlasıyla hissedilen ağırlığı ve sömürücü kurumlar, aralarında kayda değer farklılıklar olmasına rağmen bize Çin'in şu anki büyümesi ile Sovyetler'in 1950'ler ve 60'lardaki büyümesi arasındaki pek çok benzerliği hatırlatıyor.

Sovyetler Birliği sömürücü ekonomik kurumlar ve sömürücü siyasal kurumlarla büyüme yakaladı; çünkü bir merkezi komuta yapısı sayesinde kaynakları zorla sanayiye, özellikle de silah ve ağır sanayiye tahsis etti. Böylesi bir büyüme, geri kalınmış pek çok alanda arayı kapatabilmek için bir dereceye kadar makuldü. Yaratıcı yıkım bir zorunluluk olmadığında sömürücü kurumlara dayalı büyüme daha kolaydır. Çin'in ekonomik kurumları Sovyetler Birliği'ndekilerden kesinlikle daha kapsayıcıydı fakat yine de siyasal kurumları hâlâ son derece sömürücüydü. Komünist Parti Çin'de mutlak güce sahiptir ve tüm devlet bürokrasisini, silahlı kuvvetleri, medyayı ve ekonominin büyük bölümünü kontrol eder. Çin halkının siyasal özgürlükleri sınırlıdır ve siyasal sürece katılımları çok düşüktür.

Pek çok kişi uzun zaman Çin'deki büyümenin demokrasi ve daha fazla çoğulculuk getireceğini düşündü. 1989'da Tiananmen Meydanı'ndaki gösterilerin daha büyük bir açılıma ve hatta belki de komünist rejimin çökmesine yol açacağı görüşü hâkimdi. Fakat göstericilerin üzerine tanklar sürüldü ve bugün tarih kitapları barışçıl bir devrim yerine "Tiananmen Meydanı Katliamı"ndan bahsediyor. Tiananmen'in ardından Çin'in siyasal kurumları pek çok bakımdan daha sömürücü hale geldi; Komünist Parti genel sekreteri sıfatıyla Tiananmen Meydanı'ndaki öğrencilere destek veren Zhao Ziyang gibi reformcular tasfiye edildi ve parti temel haklara ve basın özgürlüğüne daha büyük bir şevkle sınırlama getirdi. Zhao Ziyang 15 yıldan fazla bir süre ev hapsinde tutuldu ve siyasal değişimi savunanlar için bir sembol olmasın diye adı kamuya açık kayıtlardan kademe kademe silindi.

Bugün, internet de dahil olmak üzere, partinin medya üzerindeki kontrolünün bir benzeri daha yok. Bunun büyük kısmı otosansür sayesinde sağlanıyor; basın kuruluşları Zhao Ziyang'dan ya da hükümeti eleştiren, daha fazla demokratikleşme isteyen ve bu yüzden de bugün Nobel Barış Ödülü almış olmasına rağmen hâlâ hapiste çürüyen Liu Xiaobo'dan bahsetmemeleri gerektiğini biliyorlar. Otosansür konuşmaları ve diğer iletişim araçlarını gözetim altında tutabilen, web sitelerini kapatabilen ve hatta internetteki haberlere erişimi engelleyebilen Orwellci bir cihazdan destek alıyor. 2002'den beri partinin genel sekreterliğini yürüten Hu Jintao'nun oğluyla ilgili yolsuzluk suçlamalarını konu alan haberler patlak verdiğinde, yani 2009'da, tüm bu olup bitenler ekranlara yansımıştı. Parti'nin cihazı derhal harekete geçti ve sadece Çin medyasının olayı aktarmasını engellemeyi başarmakla kalmadı, olayla ilgili olarak *New York Times* ve *Financial Times*'ın web sitelerindeki haberleri engellemeyi de başardı.

Partinin ekonomik kurumlar üzerindeki kontrolü nedeniyle yaratıcı yıkımın kapsamı son derece daraltıldı ve siyasal kurumlardaki radikal reformlara kadar da öyle kaldı. Sovyetler Birliği'nde olduğu gibi, Çin'deki sömürücü kurumlara dayalı büyüme de büyük ölçüde teşvik edildi çünkü geri kalınmış pek çok alanda arayı kapatmaları gerekiyordu. Kişi başına düşen gelir Çin'de hâlâ Birleşik Devletler ve Batı Avrupa'daki rakamların çok altındadır. Elbette, Çin'deki büyüme Sovyetler'deki büyümeye kıyasla kayda değer bir çeşitlilik göstermektedir; yalnızca silah sanayiine ya da ağır sanayiye dayalı değildir. Ayrıca Çinli girişimciler de pek çok alanda büyük bir yaratıcılık sergilemektedir. Yine de bu büyüme, sömürücü siyasal kurumlar kapsayıcı kurumlara yol vermediği takdirde enerjisini yitirecektir. Siyasal kurumlar sömürücü kaldıkları sürece büyüme, tüm benzer örneklerde olduğu gibi, doğası gereği sınırlı kalacaktır.

Çin deneyimi Çin'deki büyümenin geleceği hakkında, daha da önemlisi otoriter büyümenin cazibesi ve yaşayabilirliği hakkında bazı ilgi çekici soruları da beraberinde getirdi. Bu tür büyüme, dünyanın pek çok az gelişmiş bölgesi için piyasanın, ticaret serbestisinin ve ekonomik büyümeyi harekete geçirecek belirli kurumsal reform biçimlerinin önemini vurgulayan "Washington Konsensüsü"[28] karşısında popüler bir alternatife dönüştü. Otoriter büyümenin cazibesi biraz da Washington Konsensüsü'ne bir tepki olmasından gelse de, muhtemelen onu daha cazip kılan –hele hele sömürücü kurumların tepesindekiler için– onlara iktidar üzerindeki hâkimiyetlerini sürdürmeleri hatta güçlendirmeleri için tam yetki vermesi ve sömürü faaliyetlerini meşrulaştırmasıdır.

Kuramımızın altını çizdiği gibi, sömürücü kurumlara dayalı bu tip bir büyüme, özellikle belirli ölçüde bir devlet merkeziyetine ulaşmış toplumlarda muhtemeldir ve hatta Kamboçya ve Vietnam'dan Burundi, Etiyopya ve Ruanda'ya kadar çeşitli ülkeler için belki de en muhtemel senaryodur. Fakat kuramımız, sömürücü siyasal kurumlara dayalı tüm diğer büyüme örnekleri gibi bunun da sürdürülebilir olmayacağına işaret ediyor.

Çin örneğindeki bu arayı kapamaya, yabancı teknoloji ithalatına ve düşük kaliteli, ucuz imalat ürünlerinin ihracatına dayalı bü-

28. ABD ve diğer G-8 ülkeleri tarafından kabul edilen; IMF ve Dünya Bankası tarafından belirlenen neoliberal ekonomi politikaları. (ç.n.)

yüme süreci muhtemelen bir süre daha devam edecektir. Yine de Çin bir orta gelirli ülkedeki yaşam standartlarına ulaştığında büyüme muhtemelen son bulacaktır. Çin Komünist Partisi ve giderek güçlenen Çin ekonomik eliti için en muhtemel senaryo, iktidar üzerindeki sıkı hâkimiyetlerini birkaç on yıl daha sürdürmeyi başarmaları olacaktır. Bu durumda hem tarih hem de kuramımız, yaratıcı yıkımın ve hakiki yeniliğin eşlik ettiği bir büyümenin ortaya çıkmayacağını ve Çin'deki göz alıcı büyüme oranlarının yavaşça uçup gideceğini öne sürüyor. Fakat bu sonuç bir kader değildir; eğer Çin'in sömürücü kurumlara dayalı büyümesi kendi doğal sınırlarına ulaşmadan kapsayıcı siyasal kurumlara geçiş sağlanabilirse bundan kaçınmak mümkün. Yine de, birazdan göreceğimiz gibi, Çin'de daha kapsayıcı siyasal kurumlara geçişin ihtimal dahilinde olduğunu ya da bunun kendiliğinden ve acısız gerçekleşeceğini ummak için çok az neden var.

Çin Komünist Partisi'nden bazı yetkililer bile önlerindeki yolda kendilerini bekleyen tehlikelerin farkındalar ve etrafa siyasal reformun –bizim terminolojimizle daha kapsayıcı siyasal kurumlara geçişin– zorunlu olduğu fikrini yayıyorlar. Kısa bir süre önce Çin'in güçlü başbakanı Wen Jiabao siyasal reform başlamazsa ekonomik büyümenin aksama tehlikesine dikkat çekti. Bazıları samimiyetinden kuşku duysa da biz Wen'in ileriyi gören bir analiz yaptığını düşünüyoruz. Fakat Batı'daki pek çok kişi Wen'in resmi açıklamalarıyla aynı fikirde değil. Onlara göre Çin sürdürülebilir ekonomik büyüme için alternatif bir yol izliyor; kapsayıcı ekonomik ve siyasal kurumlara değil de otoriterizme dayalı bir büyüme rotası. Fakat yanılıyorlar. Buraya kadar Çin'in başarısının en önemli dayanaklarını görmüş bulunuyoruz; ekonomik kurumlarda gerçekleştirilen, katı komünist ekonomik kurumlardan verimlilik artışı ve ticarete yönelik teşvikler sağlayan kurumlara doğru radikal bir değişim. Bu perspektiften bakıldığında, sömürücü kurumlardan kapsayıcı kurumlara doğru ilerlemeyi –Çin örneğinde olduğu gibi sömürücü kurumlarla bile olsa– başarmış ülkelerin deneyimleriyle karşılaştırıldığında Çin deneyiminin temelde hiçbir farklı yanı yok. Bu nedenle Çin, ekonomik büyümeye sömürücü ekonomik kurumları sayesinde değil, onlara rağmen ulaştı; son 30 yıldaki başarılı büyüme deneyimi, sömürücü ekonomik kurumlardan belirgin biçimde daha kapsayıcı kurumlara doğru radikal bir değişim yüzündendi ve son derece otoriter, sömürücü siyasal kurumların varlığı bu süreci zorlaştırmıştı.

Otoriter büyümeye getirilen bir başka savunma ise, doğasının sevimsizliğini kabul etmekle birlikte otoriterizmin yalnızca bir geçiş aşaması olduğunu öne sürer. Bu fikir siyaset sosyolojisinin klasik kurumlarından birine, Seymour Martin Lipset tarafından formüle edilen modernleşme kuramına dayanır. Modernleşme kuramı, tüm toplumların büyürken daha modern, gelişmiş ve uygar bir varoluşa/yaşam biçimine ve özellikle de demokrasiye yöneldiğini ileri sürer. Yine modernleşme kuramının pek çok taraftarı, demokrasi gibi kapsayıcı kurumların da büyüme sürecinin bir yan ürünü olarak ortaya çıktığını savunur. Üstelik, demokrasinin kapsayıcı siyasal kurumlar içermediği durumlarda bile düzenli seçimler ve nispeten engelsiz bir siyasal rekabet muhtemelen kapsayıcı siyasal kurumların gelişimine yol açacaktır. Ayrıca modernleşme kuramının farklı versiyonları eğitimli bir işgücünün doğal olarak demokrasiye ve daha iyi kurumlara yol açacağını da ileri sürer. Modernleşme kuramının az çok postmodern bir versiyonunda, *New York Times* köşe yazarı Thomas Friedman bir ülkenin yeterince McDonald's restoranı olduğunda demokrasi ve kurumların da peşi sıra geleceğini ileri sürecek kadar ileri gitmiştir. Tüm bunlar iyimser bir tablo çiziyor. Geçen altmış yılda çoğu ülke, hatta sömürücü kurumlara sahip pek çok ülke, belirli ölçüde bir büyüme yaşadı ve bunların çoğu sahip oldukları işgücünün eğitim düzeyinde önemli bir artışa da tanık oldu. Dolayısıyla gelirleri ve eğitim düzeyleri artmaya devam ederken, bir biçimde tüm diğer iyi şeyler; demokrasi, insan hakları, medeni haklar ve güvence altına alınmış mülkiyet hakları da artmalıydı.

Modernleşme kuramı gerek akademik çevrelerde gerekse başka alanlarda çok sayıda taraftar topladı. Örneğin Birleşik Devletler'in yakın geçmişte Çin'e karşı takındığı tavrı bu kuram şekillendirdi. George H. W. Bush Birleşik Devletler'in Çin'deki demokrasi konusunda izlediği politikayı "Çin'le özgürce ticaret yapın, ne de olsa zaman bizden yana" biçiminde özetlemişti. Ana fikir, Çin'in Batı'yla özgürce ticaret yaparken büyümesi ve bu büyümenin Çin'e demokrasiyi ve daha iyi kurumları getirmesiydi; tıpkı modernleşme kuramının öngördüğü gibi. Oysa 1980'lerin ortalarından itibaren hızla artan Birleşik Devletler-Çin ticareti, Çin demokrasine çok az katkıda bulundu; hatta gelecek 10 yılda muhtemelen daha da artacak olan entegrasyonun sağlayacağı katkı da aynı ölçüde az olacak.

Pek çok kişinin Irak toplumunun geleceği ve Birleşik Devletler önderliğindeki işgalin sonuçları hakkındaki yaklaşımları da modernleşme kuramı nedeniyle benzer ölçüde iyimser. Irak, Saddam Hüseyin rejimi dönemindeki feci ekonomik performansına rağmen 2002'de Sahraaltı Afika ülkelerinin çoğu gibi yoksul değildi ve nispeten daha eğitimli bir nüfusa sahipti; dolayısıyla demokrasi ve temel özgürlüklerin gelişimi, hatta belki de çoğulculuk için uygun bir zemin olduğuna inanılıyordu. Kaos ve iç savaş Irak toplumunun üzerine çökerken çok geçmeden bu umutlar da suya düştü.

Modernleşme kuramı, başarısız ülkelerdeki sömürücü kurumların önemli sorunlarıyla nasıl yüzleşileceğini düşünmek için hem yanlış hem de faydasızdır. Modernleşme kuramını destekleyen en güçlü kanıt, demokratik rejimlere sahip olan, medeni haklara ve insan haklarına değer veren, işleyen piyasalara ve genel olarak kapsayıcı ekonomik kurumlara sahip ülkelerin zengin ülkeler olmasıdır. Ancak bu birlikteliği modernleşme kuramını desteklediği yönünde yorumlamak, kapsayıcı ekonomik ve siyasal kurumların ekonomik büyüme üzerindeki en büyük etkisini görmezden gelmek demektir. Tüm kitap boyunca öne sürdüğümüz gibi, geçen 300 yılda büyüyen ve günümüzde nispeten daha zengin olan toplumlar, kapsayıcı kurumları olanlardır. Eğer olaylara bir parça farklı bakarsak, bunun etrafımızda olanları açıkladığı açıkça görülür: Son birkaç yüzyılda kapsayıcı ekonomik ve siyasal kurumlar inşa eden ülkeler kayda değer bir büyümeye ulaşırken, son 60 ya da 100 yılda daha hızlı bir büyüme gösteren otoriter rejimler, Lipset'in modernleşme kuramının aksine, daha demokratik hale gelmediler ve aslında bu hiç de şaşırtıcı değil. Sömürücü kurumlara dayalı büyüme, tam da bu kurumların mutlaka ortadan kalkması gerekmediği ya da kalksa bile bunun kendiliğinden gerçekleşmesi gerekmediği için mümkündür. Aslında, Çin Komünist Partisi'nin 1980'lerden beri uyguladığı gibi, bu tür bir büyümenin nedeni genellikle sömürücü kurumları kontrol edenlerin ekonomik büyümeyi bir tehdit olarak değil, rejimlerini destekleyen bir unsur olarak görmeleridir. Ayrıca Gabon, Rusya, Suudi Arabistan ve Venezuela'daki gibi, bir ülkenin doğal kaynaklarının değerindeki artışlardan kaynaklanan büyümenin ve petrol fiyatlarındaki artışlardan kaynaklanan büyümenin bu otoriter rejimleri kapsayıcı kurumlara doğru köklü bir değişime götürmesinin pek mümkün olmaması da şaşırtıcı değildir.

Tarihsel veriler modernleşme kuramına daha da az destek veriyor. Nispeten müreffeh pek çok ülke baskıcı diktatörlüklere ve sömürücü kurumlara boyun eğdi ve onları destekledi. Hem Almanya hem de Japonya 20. yüzyılın ilk yarısında dünyanın en zengin ve en sanayileşmiş ülkeleri arasında yer alıyorlardı ve nispeten iyi eğitimli yurttaşlara sahiplerdi. Fakat bu Almanya'da Nasyonal Sosyalist Parti'nin ya da Japonya'da savaş üzerinden bölgesel bir büyüme hedefleyen militarist bir rejimin yükselmesine engel olmadı ve bu her iki ülkenin siyasal ve ekonomik kurumlarının sömürücü kurumlara doğru keskin bir dönüş gerçekleştirmesine neden oldu. Ayrıca Arjantin de 19. yüzyılda dünyanın en zengin ülkelerinden biriydi; sanayileşme nedeniyle olmasa da dünya çapında bir kaynak bolluğundan faydalandığı için İngiltere kadar, hatta ondan bile zengindi; ayrıca Latin Amerika'nın en eğitimli nüfusuna sahipti. Fakat Arjantin'deki demokrasi ve çoğulculuk diğer Latin Amerika ülkelerinden daha ileride değildi, hatta muhtemelen daha gerideydi. Darbeler birbirini izledi ve 11. bölümde gördüğümüz gibi seçimle gelen liderler bile gözü doymaz diktatörlere dönüştüler. Yakın zamanda bile kapsayıcı ekonomik kurumlara yönelik çok az gelişme söz konusu ve 13. bölümde gördüğümüz gibi 21. yüzyılın Arjantin hükümetleri hâlâ yurttaşlarının varlıklarına fütursuzca el koyabiliyor.

Tüm bunlar bazı önemli fikirlerin altını çiziyor. Birincisi, Çin'deki otoriter, sömürücü kurumlara dayalı büyüme, her ne kadar bir süre daha devam edecek gibi görünse de, hakiki kapsayıcı ekonomik kurumların ve yaratıcı yıkımın desteklediği sürdürülebilir bir büyümeye dönüşmeyecek. İkincisi, modernleşme kuramının iddialarının aksine, otoriter büyümenin demokrasiye ya da kapsayıcı kurumlara götüreceğine bel bağlamamalıyız. Şu sıralarda Çin, Rusya ve diğer birkaç otoriter rejim muhtemelen siyasal kurumlarını daha kapsayıcı bir doğrultuya sokamadan – ve aslında muhtemelen elit kesimde böyle bir değişim için bir istek doğmadan ya da onları buna zorlayacak herhangi bir kuvvetli muhalefet oluşmadan– sömürücü büyümenin sınırlarına ulaşacak bir büyüme yaşıyor. Üçüncüsü, otoriter büyüme uzun vadede ne arzu edilebilir ne de sürdürülebilir bir şeydir; bu yüzden, uluslararası camia, pek çok ülkenin tam da bazen onları yöneten ekonomik ve siyasal elitin çıkarlarıyla uyuştuğu için seçecekleri bir rota olsa da otoriter büyümeye Latin Amerika, Asya ve Sahraaltı Afrika'daki ülkeler için bir şablon olarak destek vermemelidir.

Refahı inşa edemezsiniz

Bu kitapta geliştirdiğimiz kuramın aksine, cehalet hipotezinin yoksulluk sorununun nasıl "çözüleceğine" dair önerisi hazırdır: Cehaletten mustaripsek, yöneticileri ve siyasetçileri aydınlatmak bizi kurtaracaktır; doğru tavsiyelerde bulunup siyasetçileri iyi ekonominin ne olduğuna ikna ederek tüm dünyada refah "inşa" edebiliriz. 2. bölümde bu hipotezi tartışırken Gana Başbakanı Kofi Busia'nın 1970'li yılların başında yaşadıklarının, piyasa başarısızlıklarını azaltıp ekonomik büyümeyi teşvik edecek politikaları hayata geçirmedeki temel engelin siyasetçilerin cehaleti değil, ülkedeki siyasal ve ekonomik kurumlardan kaynaklanan teşvik ve kısıtlamalar olduğu gerçeğinin altını çizdiğini göstermiştik. Yine de, neredeyse diğer her şeyi bir kenara bırakıp refahın nasıl inşa edileceğine odaklanan cehalet hipotezi Batılı siyaset çevrelerinde hâlâ hâkimiyetini korumaktadır.

Bu inşa girişimleri iki biçimde kendini gösterir. Genellikle Uluslararası Para Fonu gibi uluslararası kurumların savunduğu birinci yaklaşım, düşük büyümeyi kötü ekonomik politikalara ve kurumlara bağlar ve bu uluslararası kurumların yoksul ülkelere kabul ettirmeye çalıştığı reformlardan oluşan bir liste hazırlanır (Washington Konsensüsü de böyle bir liste sunar). Bu reformlar makroekonomik istikrar gibi akla uygun amaçlara ve kamu sektörünün küçültülmesi, esnek döviz kurları ve sermaye hesabı serbestisi gibi görünüşte cazip makroekonomik hedeflere odaklıdır. Ayrıca özelleştirme, kamu hizmetlerinin iyileştirilmesi gibi daha mikroekonomik hedefleri, hatta belki de yolsuzluk karşıtı önlemlere ağırlık vererek bizzat devletin nasıl işlevsel hale getirileceği hakkında önerileri de vardır. Kendi başına ele alındığında bu reformların çoğu akla yakın olabilir; fakat Washington, Londra, Paris ve başka yerlerdeki uluslararası kurumların yaklaşımı hâlâ siyasal kurumların ve bunların siyasal sürece getirdikleri kısıtlamaların rolünü kavrayamayan hatalı bir perspektife dayanmaktadır. Uluslararası kurumların yoksul ülkelerin gözünü korkutarak onlara daha iyi politikalar ve daha iyi kurumlar benimsetip ekonomik büyüme inşa etme girişimleri başarılı olmuyor; çünkü bu girişimler her şeyden önce bu kötü politikaların ve kurumların neden orada olduğuna bir açıklama getirme bağlamında uygulamaya konulmuyorlar; tabii yoksul ülkelerinin liderlerinin cahil olduklarını söylemek dışında. Hal böyle olunca bu politikalar ne benimseniyor ne de uygulanıyor; uygulanıyorsa da bu uygulama sadece sözde kalıyor.

Örnek verecek olursak, Latin Amerika'dakiler başta olmak üzere görünüşte bu gibi reformlar uygulayan dünyanın dört bir yanındaki pek çok ekonomi 1980'ler ve 1990'larda durgunluk yaşadılar. Aslında bu reformlar mevcut siyasetin aynen devam ettiği bir ortamda bu ülkelerin başına yıkılmıştı. Bu yüzden reformlar uygulamaya konduğunda bile ya amaçlarından uzaklaştırılmışlardı ya da siyasetçiler reformların etkisini azaltmak için başka yollara başvurmuştu. Tüm bunlar uluslararası kurumların makroekonomik istikrar hedefleyen en önemli tavsiyelerinden biri olan merkez bankasının özerk hale getirilmesinin nasıl "uygulandığına" bakılarak da anlaşılabilir. Bu tavsiye ya teoride kaldı ve pratiğe geçmedi ya da geçtiyse de başka siyasal araçlar vasıtasıyla baltalandı. Prensipte gayet akla yatkındı. Tüm dünyada pek çok politikacı vergi gelirinden elde ettiklerinden daha fazla harcama yapıyor ve merkez bankalarını para basmaya zorlayarak aradaki farkı kapatmaya çalışıyordu. Ortaya çıkan enflasyon istikrarsızlığa ve belirsizliğe yol açıyordu. Teoride Almanya'daki Bundesbank gibi özerk merkez bankalar siyasal baskıya direnecek ve enflasyona bir dur diyecekti. Zimbabve Başkanı Mugabe tavsiyeyi dikkate almaya karar verdi; 1995'te merkez bankasının özerkliğini ilan etti. Bu tarihten önce Zimbabve'deki enflasyon oranı yüzde 20'lerde seyrediyordu. 2002'ye gelindiğinde yüzde 140'a çıkmıştı; 2003'te neredeyse yüzde 600'dü; 2007'de yüzde 66.000 ve 2008'de yüzde 230 milyon! Elbette, başkanın piyango kazandığı bir ülkede merkez bankasına özerklik tanıyan bir yasanın çıkmasının hiçbir anlam taşımaması kimseyi şaşırtmamalıdır. Zimbabve merkez bankasının müdürü, Sierra Leone'deki muadilinin Sieka Stevens'la anlaşmazlık yaşayınca merkez bankasının en üst katından nasıl "düştüğünü" muhtemelen biliyordu. Özerk olsun olmasın, başkanın talepleri doğrultusunda hareket etmek ekonominin sağlığı için olmasa bile kendi sağlığı için mantıklı seçimdi. Fakat tüm ülkeler Zimbabve gibi değildi. 1990'larda Arjantin ve Kolombiya'daki merkez bankalarına da özerklik tanındı ve hakikaten de enflasyonu düşürmek için üzerlerine düşeni yaptılar. Fakat iki ülkede de mevcut siyasette değişiklik olmadığından siyasal elit oy satın almak için başka çarelere başvurabildi, çıkarlarını koruma imkânı buldu ve hem kendilerini hem de destekçilerini ödüllendirdi. Artık bunu para basarak gerçekleştiremedikleriden farklı bir yol bulmak zorundaydılar. Her iki ülkede de merkez bankasının özerk hale getirilmesi kamu harcamalarında büyük bir artışla aynı zamana denk geldi ve bu harcamalar da büyük ölçüde borçlanma yoluyla finanse edildi.

Refah inşa etmeye yönelik ikinci yaklaşım bugünlerde çok daha moda. Bu yaklaşım bir milleti bir gecede hatta birkaç on yılda yoksulluktan kurtarıp refaha kavuşturacak basit bir reçetenin olmadığını kabul ediyor. Bunun yerine, yerinde tavsiyelerle telafi edilebilecek pek çok "mikro-piyasa başarısızlığı" olduğunu ve siyasetçilerin bu fırsatlardan yararlanması halinde sonucun refah olacağını savunuyor; elbette bu zenginliğe yine iktisatçıların ve diğerlerinin yardımları ve öngörüleriyle ulaşılacak. Bu yaklaşıma göre yoksul ülkelerde küçük piyasa başarısızlıklarına her yerde rastlamak mümkün; mesela eğitim sistemlerinde, sağlık hizmetlerinde ve piyasalarının örgütlenme biçiminde. Bu hiç şüphesiz doğrudur. Fakat asıl sorun bu küçük piyasa başarısızlıklarının buzdağının yalnızca görünen kısmını oluşturması, sömürücü kurumlarla idare edilen bir toplumun daha köklü sorunların bir belirtisi olmaktan ileri gitmemesidir. Yoksul ülkelerin kötü makroekonomik politikalar izlemesi bir tesadüf olmadığı gibi, eğitim sistemlerinin iyi işlememesi de bir tesadüf değildir. Bu piyasa başarısızlıkları yalnızca cehaletten kaynaklanmayabilir. İyi niyetli tavsiyelere göre hareket eden siyasetçilerin ve bürokratların da pekâlâ sorunun parçası olabileceği gibi bu yetersizlikleri düzeltmeye yönelik pek çok girişim de her şeyden önce sorumluların yoksulluğun kurumsal nedenlerini ele almamalarından ötürü geri tepebilir.

Bu sorunlar sivil toplum kuruluşu Seva Mandir'in Hindistan'ın Racasthan eyaletindeki sağlık hizmetlerinin iyileştirilmesi için gerçekleştirdiği müdahaleye bakılarak anlaşılabilir. Sağlık hizmetleri meselesi Hindistan'ın en köklü sorunlardan biridir. Devletin sağladığı sağlık hizmetleri, en azından teoride, yaygın ve ucuzdur ayrıca personel de genellikle vasıflıdır. Fakat en fakir Hintliler bile kamu sağlık kuruluşlarına gitmezler; bunun yerine çok daha pahalı, denetimsiz ve bazen daha bile yetersiz özel sağlık kuruluşlarını tercih ederler. Bunun nedeni bir tür akıldışılık değildir; halk işten kaytarmanın yaygın olduğu kamu kuruluşlarından hiçbir hizmet göremez. Beldesindeki kamu sağlık kuruluşuna giden bir Hintli orada bir hemşire bile bulamamakla kalmayacak, muhtemelen binaya girmeyi bile başaramayacaktır; çünkü sağlık tesisleri çoğu zaman kapalıdır.

2006'da Seva Mandir bir grup iktisatçıyla birlikte Racasthan'ın Udaipur bölgesindeki hemşireleri işe gitmeye özendirecek bir teşvik planı hazırladı. Fikir basitti; Seva Mandir hemşirelerin tesiste olduğu gün ve saati işleyecek bir puantaj aleti kurdu. Hemşirelerin mesai kartlarını günde üç kez damgalatmaları gerekiyordu; bu sayede işe zamanında gelmeleri, mesai bitimine kadar kalmaları ve zamanında çıkmaları sağlanacaktı. Böylesi bir planın işe yarayıp sağlık hizmetlerin hem nitel hem de nicel anlamda iyileşmesi, kalkınma temel sorunlarına basit çözümler getirilebileceği teorisine çok güçlü bir dayanak oluştururdu.

Oysa bu müdahale çok farklı bir sonuç doğurdu. Programın uygulamaya konulmasından kısa bir süre sonra hemşirelerin devamlılığında ani bir artış oldu. Fakat bu çok kısa sürdü. Bir yıldan biraz daha fazla bir zaman sonra bölgedeki yerel sağlık idaresi Seva Mandir'in uygulamaya koyduğu teşvik planını kasten sabote etti. Devamsızlık eski seviyesine döndüğü gibi bu kez hemşirelerin etrafta olmadığı "muafiyet günlerinde" ani bir artış oldu; fakat bu duruma resmen onay veren yerel sağlık idaresiydi. Ayrıca puantaj cihazlarının bozulması gibi "mekanik problemlerde" de ani bir artış ortaya çıktı. Fakat Seva Mandir bunları yenileyemiyordu çünkü yerel sağlık yetkilileri işbirliğine yanaşmıyordu.

Hemşireleri günde üç defa kart basmaya zorlamak pek öyle yenilikçi bir fikir gibi görünmüyor. Aslına bakılırsa bu uygulama sanayide, hatta Hint sanayiinde bile kullanılan bir yöntemdir; sağlık idarecilerine sorunlarını halledecek potansiyel bir çözüm gibi gelmiş olmalı. O halde böylesine basit bir teşvik planının kullanılamamasının nedeninin cehaletle açıklanması pek mümkün görünmüyor. Programın uygulanması esnasında olanlar da bunu doğruluyor. Sağlık idarecileri programı sabote etmişlerdi çünkü hemşirelerle işbirliği içinde ve yaygın devamsızlık sorunlarının suç ortağı konumundaydılar. Hemşireleri işe gelmeye zorlayacak, gelmedikleri takdirde ücretlerinin düşürülmesine yol açacak bir teşvik planını istememişlerdi.

Hindistan'da yaşanan, sorunların kaynağında öncelikle kurumların yattığı durumlarda kayda değer değişiklikler yapabilmenin güçlüğünün küçük ölçekli bir örneğidir. Bu hadisede kurumsal reformu baltalayan ahlaksız politikacılar ya da güçlü iş çevreleri değildir; Seva Mandir'in ve kalkınma iktisatçılarının teşvik planını sabote etmeyi başaran daha ziyade yerel sağlık idaresi ve hemşirelerdir. Buradan çıkan sonuç, kolayca halledilebilir gibi görünen mikro-piyasa başarısızlığının aslında aldatıcı olduğudur: piyasa başarısızlıklarına neden olan kurumsal yapı aynı zamanda mikro düzeyde teşvik sağlayacak müdahalelere de engel olur. Sorunların temel nedeniyle –yani onları muhafaza eden sömürücü kurumlar ve politikalarla– yüzleşmeden refah inşa etmeye çalışmak yüksek ihtimalle sonuç vermeyecektir.

Sonuç vermeyen dış yardımlar

11 Eylül 2001'deki El Kaide saldırılarının ardından Birleşik Devletler'e ait kuvvetler El Kaide'nin kilit isimlerine yataklık edip bunları teslim etmeye yanaşmayan Afganistan'daki baskıcı Taliban rejimini süratle devirdi. Aralık 2001'de, Birleşik Devletler kuvvetleriyle işbirliği yapan Afgan mücahitlerinin eski liderleri ile aralarında Hamit Karzai'nin de olduğu Afgan diasporasının kilit isimleri arasında gerçekleştirilen Bonn Antlaşması'yla demokratik bir rejim inşa etmek için bir plan hazırlandı. Atılan ilk adımlardan biri yurt çapında bir büyük meclis olan ve geçici hükümete liderlik etmesi için Karzai'yi seçen Loya Jirga'ydı. Afganistan için işler yoluna girmeye başlamıştı. Afgan halkının büyük çoğunluğu Taliban'ı geride bırakmaya can atıyordu. Uluslararası toplum Afganistan'ın tüm ihtiyacının geniş çaplı bir dış yardım olduğunu düşünüyordu; çok geçmeden Birleşmiş Milletler temsilcileri ve birkaç önemli STK başkent Kabil'e üşüştü.

Sonraki gelişmeler, özellikle de son 50 yılda yoksul ülkelere ve başarısız devletlere yapılan dış yardımların fiyaskoyla sonuçlandığı dikkate alındığında şaşırtıcı olmamalıydı. Şaşırtıcı olsun ya da olmasın, her zamanki ritueller tekrar edildi. Çok sayıda yardım görevlisi beraberindekilerle birlikte özel jetleriyle kente geldi; ülke kendi gündemlerinin peşindeki her türlü STK'nın akınına uğradı; hükümetlerle uluslararası toplumu temsil eden delegasyonlar arasında üst düzey görüşmeler başladı. Afganistan için milyarlarca dolar yoldaydı. Fakat bunun çok az bir kısmı altyapı inşasına, okullara ya da kapsayıcı kurumların geliştirilebilmesi hatta yasa ve düzenin sağlanabilmesi için elzem olan başka kamu hizmetlerine harcandı. Altyapının büyük kısmı harap bir halde kalırken paranın ilk kısmı BM ve diğer uluslararası kuruluşların yetkililerinin gelip gitmesi için bir havayolu şirketinin hizmete sokulmasına harcandı. Sonraki ihtiyaçları şoförler ve tercümanlardı. Böylece rayicinden katbekat fazla maaş vererek İngilizce konuşan az sayıda bürokratı ve Afgan okullarının elde kalan öğretmenlerini sağa sola giderken kendilerine şoförlük ve şaperonluk yapmaları için tuttular. Sayıları zaten az olan vasıflı bürokratlar dış yardım heyetinin hizmetini görmek için görevlendirilirken, dış ülkelerden aktarılan yardımlar da Afganistan'ın altyapısına harcanacak yerde kalkındırıp güçlendirmeleri gereken Afgan devletinin altını kazmaya başladı.

Orta Afganistan'daki bir vadinin ücra bir bölgesinde yaşayan köylüler bir radyo anonsunda bölgelerindeki barınakları yenilemeyi hedefleyen milyon dolarlık yeni bir programdan bahsedildiğini işittiler. Aradan epey bir vakit geçtikten sonra mücahitlerin eski kumandanlarından, Afgan hükümet üyesi İsmail Han'ın nakliyecilik karteline ait kamyonlarla birkaç ahşap kiriş teslim edildi. Fakat hiçbir amaçla kullanılamayacak kadar büyüktüler; hal böyle olunca köylüler de onları olanakların elverdiği biçimde değerlendirdiler; yakacak odun olarak. Peki, köylülere vaat edilen milyonlarca dolara ne olmuştu? Vaat edilen paranın yüzde 20'si Cenevre'deki BM genel merkezinin masrafları olarak alınmıştı. Geri kalan meblağ taşeron bir STK'ya verilmiş, Brüksel'deki kendi genel merkezinin masrafları için bir yüzde 20'de o almıştı; bu böylece üç kez daha tekrar etmiş ve taraflar her seferinde kalan meblağın yaklaşık yüzde 20'sini almıştı. Afganistan'a ulaşan azıcık para batı İran'dan kereste almak için kullanılmış, bu paranın çoğu da fahiş nakliye ücretlerini karşılamak için İsmail Han'ın karteline ödenmişti. Koca koca ahşap kirişlerin o köye ulaşması bile bir bakıma mucizeydi.

Afganistan'ın ortasındaki bu vadide yaşananlar münferit bir olay değildi. Pek çok araştırma yardımların yalnızca yüzde 10'unun ya da en fazla yüzde 20'sinin hedefine ulaştığını öngörüyor. Hem BM yetkililerinin hem de yerel yetkililerin yardım paralarını hortumlamakla suçlandığı düzinelerce yolsuzluk soruşturması devam ediyor. Fakat dış yardım israfının çoğu yolsuzluktan değil beceriksizlikten kaynaklanıyordu; hatta daha da kötüsü, tüm bunlar yardım kuruluşları için olağan şeylerdi.

Diğer örneklerle kıyaslandığında Afgan yardımı deneyimi aslında başarılı bile sayılabilir. Son 50 yılda tüm dünyada pek çok hükümete "kalkınma" yardımı kapsamında milyarlarca dolar para aktarıldı. Bu paranın büyük kısmı Afganistan'da olduğu gibi genel giderler ve yolsuzluklar nedeniyle heba oldu. Daha da kötüsü, önemli bir bölümü hem rejimi destekleyecek yandaşlar bulmak hem de kendini zengin etmek için Batılı patronlarından gelecek yardıma bel bağlayan Mobutu gibi diktatörlere harcandı. Sahraaltı Afrika'nın geri kalan kısmının çoğunda durum aynıdır. Kriz zamanlarında geçici bir çare olarak başvurulan insani yardım, örneğin yakınlarda Haiti ve Pakistan'a yapılan yardımlar, her ne kadar bunların ulaştırılmasında da benzer sorunlarla karşılaşılsa da kesinlikle çok daha yararlı olmuştur.

"Kalkınma" yardımının geçmişteki bu pek de iç açıcı olmayan performansına rağmen dış yardım Batılı hükümetlerin, Birleşmiş

Milletler gibi uluslararası kuruluşların ve farklı türden STK'ların dünya genelinde yoksullukla mücadele yöntemi olarak tavsiye ettikleri en gözde politikalardan biridir. Ve elbette, dış yardımın başarısızlık döngüsü kendini tekrar edip durdu. Zengin Batılı ülkelerin Sahraaltı Afrika, Karayipler, Orta Amerika ve Güney Asya'daki yoksulluk sorununu ortadan kaldırmak için yüklü miktarda "kalkınma yardımı" yapmaları gerektiği görüşü, yoksulluğun nedeni konusundaki yanlış bir kavrayışa dayanır. Afganistan gibi ülkeler sömürücü kurumları yüzünden yoksuldur; bu kurumlar mülkiyet haklarının, yasa ve düzenin ya da iyi işleyen bir hukuk sisteminin olmamasına yol açtığı gibi, ulusal ve –daha çok– yerel elitlerin ekonomik ve siyasal hayat üzerindeki boğucu hâkimiyetine neden olur. Benzer kurumsal sorunlar da dış yardımın fayda etmeyeceği; yağmalanacağı ve gitmesi gereken yere ulaşamayacağı anlamına geliyor. En kötü ihtimal ise, yapılacak yardımların bu toplumların sorunlarının asıl kaynağı olan rejimleri destekleyecek olmasıdır. Sürdürülebilir ekonomik büyüme kapsayıcı kurumlara bağlıysa, sömürücü kurumların başındaki rejimlere yardım etmek çözüm olamaz. Bu, insani yardımın da ötesinde, okulu olmayan bölgelere okul inşa eden ve başka türlü ücretsiz çalışmak zorunda kalacak öğretmenleri maaşa bağlayan belirli yardım programlarının kayda değer yararları olduğunu inkâr etmek anlamına gelmiyor. Kabil'e akın eden yardım kurumlarının çoğu sıradan Afganların hayatını kolaylaştırmak için çok az şey yapsa da, okul inşasında büyük başarılar da elde edildi, özellikle de Taliban idaresinde, hatta öncesinde, eğitimden tamamen mahrum bırakılan kızlar için.

Çözümlerden biri –kısmen kurumların refahla hatta yardımın ulaştırılmasıyla bir ilgisi olduğunun anlaşılması nedeniyle şu sıralar daha revaçta– yardımı "şartlı" hale getirmektir. Bu görüşe göre, dış yardımın devam etmesi muhatap hükümetin belirli koşulları sağlamasına bağlı olmalıdır; örneğin piyasalara serbestlik tanıması ya da demokratikleşme yönünde adımlar atmasına. George W. Bush yönetimi gelecekteki yardım ödemelerini ekonomik ve siyasal kalkınmanın çeşitli boyutlarında gerçekleştirilecek nicel gelişmelere bağlayan "Millennium Challenge Accounts"u başlatarak bu tür bir şartlı yardım için en büyük adımı attı. Fakat koşullu yardımın verimliliği koşulsuz olandan daha iyiymiş gibi görünmüyor. Bu koşulları sağlayamayan ülkeler de genellikle karşılayanlar kadar yardım alıyor. Bunun basit bir nedeni var; ister insani amaçlı ister kalkınmaya yönelik olsun daha fazla yardıma ihtiyaçları var. Ve kolayca öngörülebileceği gibi, koşullu yardım bir ülkenin kurumları üzerinde çok az etkilidir. Ne de olsa Sierra Leone'de Siaka Stevens ya da Kongo'da Mobutu gibilerin yalnızca biraz daha fazla dış yardım alabilmek için aniden sömürücü kurumları tasfiye etmeye başlaması biraz şaşırtıcı olurdu. Dış yardımın pek çok hükümetin toplam bütçesinin önemli bir kısmını oluşturduğu Sahraaltı Afrika'da bile ve hatta şartlılığı artıran "Millennium Challenge Accounts"tan sonra bile bir diktatörün bizzat kendi iktidarını sarsmak suretiyle elde edeceği ek yardımın miktarı hem azdır hem de ne ülkesi üzerindeki hâkimiyetini ne de hayatını riske etmeye değmeyecektir.

Fakat tüm bunlar insani yardımın dışında kalan dış yardımların kesilmesi gerektiği anlamına gelmiyor. Dış yardımı kesmek bir işe yaramayacağı gibi muhtemelen başka ıstıraplara yol açacaktır. İşe yaramayacaktır çünkü pek çok Batılı ülkenin yurttaşları dünyanın dört bir yanındaki ekonomik ve insani felaketlerden suçluluk ve rahatsızlık duyuyor ve dış yardım bu sorunlarla savaşmak için bir şey yapıldığına inanmalarını sağlıyor. Bu "bir şey" çok etkili olmasa bile onu yapma arzusu devam edecek; tabii dış yardım da. Uluslararası kurumlar ve STK'lardan oluşan muazzam yapı da statükoyu korumak için aralıksız olarak kaynak talep etmeye ve aktarmaya devam edecek. Ayrıca muhtaç ülkelere yapılan yardımları kesmek duyarsızlık olurdu. Evet, bu yardımların büyük kısmı ziyan oluyor. Fakat her bir dolarlık yardımımızın on cent'i dahi dünyanın en yoksul insanlarına ulaşsa, bu yaşadıkları korkunç yoksulluğu hafifletmek için fazladan bir 10 cent anlamına gelecektir ve yine de hiç yoktan iyidir.

Buradan çıkarılacak iki önemli ders var. Birincisi, dış yardım dünya genelinde ülkelerin başarısızlıklarıyla mücadele etmek için etkin bir araç değildir. Hem de hiç. Ülkelerin yoksulluk döngüsünü kırmak için kapsayıcı ekonomik ve siyasal kurumlara ihtiyaçları vardır. Bu bakımdan dış yardımın yapabileceği şeyler genellikle sınırlıdır, hele bugünkü örgütlenme biçimiyle yapabileceği hiçbir şey yoktur. Dünya eşitsizliğinin ve yoksulluğun kökeninde neyin yattığını kavramamız yanlış vaatlere umut bağlamamamız bakımından son derece önemlidir. Bu sorunların kökeninde kurumlar yattığına göre, dış yardım, alıcı ülkelerin mevcut kurumları nedeniyle sürdürülebilir bir büyümenin teşvik edilmesinde çok az etkili olacaktır. İkincisi, kapsayıcı ekonomik ve siyasal kurumların gelişimi anahtar bir rol oynadığından, mevcut dış yardım akışını sürdürmek, en azından bu tür bir gelişimi kolaylaştırmak bakımından, yararlı olacaktır. Daha önce gördüğümüz gibi, şartlılık ilkesi, tavizler verecek mevcut idareciler gerektirdiği için bu sorunlara bir çözüm getirmez. Bunun yerine, dış yardımı yapılandırmak ve bu yardımlar sayesinde kendi başlarına siyasal alanda söz sahibi olamayan grup ve liderleri karar alma sürecine dahil etmek ve geniş halk kitlelerini yetkilendirmek muhtemelen daha iyi sonuç verecektir.

Yetkilendirme

12 Mayıs 1978, Brezilya'nın São Paulo eyaletinin São Bernardo şehrinde Scânia tır fabrikasında sıradan bir günmüş gibi görünüyordu. Fakat işçiler huzursuzdu. Ordunun, Başkan João Goulart'ın demokratik hükümetini devirdiği 1964'ten beri Brezilya'da grevler yasaktı. Fakat hükümetin enflasyon rakamlarını ayarladığı ve hayat pahalılığındaki artışın dikkate alınmadığı haberi yayılmıştı. Sabah 7'de vardiya başladı, işçiler aletlerini bıraktı. 8'de tesiste çalışan bir sendika idarecisi olan Gilson Menezes sendikayı aradı. São Bernardo Metal İşçileri Sendikası'nın başkanı Luiz Inácio Lula da Silva ("Lula") adında 33 yaşında bir aktivistti. Öğle olduğunda Lula fabrikaya varmıştı. Şirket ondan işçileri işe dönmeye ikna etmesini istediğinde Lula reddetti.

Scânia grevi Brezilya'nın tamamını etkisi altına alan bir grev dalgasının ilk ayağıydı. Görünürde bu grevler ücretlerle ilgiliydi fakat Lula'nın daha sonra belirttiği gibi,

> Kanımca ekonomik ve siyasal etkenleri birbirinden ayıramayız [...] Bu [...] mücadele ücretler için verildi fakat işçi sınıfı ücretler için mücadele verirken siyasal bir zafer kazandı.

Brezilya işçi hareketinin canlanışı aslında on beş yıldır süren askeri rejime gösterilen çok daha geniş bir sosyal tepkinin bir parçasıydı. Yeniden demokrasiye geçilmesinin ardından tıpkı Lula gibi Brezilya devlet başkanı seçilecek olan solcu entelektüel Fernando Henrique Cardoso, 1973'te Brezilya'da demokrasinin ordu karşıtı çok sayıda sosyal grubun bir araya gelmesiyle kurulacağını ileri sürüyordu. Gerekenin "sivil toplumun yeniden harekete geçirilmesi [...] profesyonel dernekler, sendikalar, kiliseler, öğrenci örgütleri, çalışma grupları, tartışma grupları ve toplumsal hareketler" olduğunu söylüyordu; başka bir deyişle demokrasiyi geri getirmeyi ve Brezilya toplumunu değiştirmeyi hedefleyen geniş bir koalisyondu gerekli olan.

Scânia fabrikası bu koalisyonun kuruluşunu müjdeliyordu. Lula 1978'in sonlarında yeni bir siyasal parti fikrini yaymaktaydı: İşçi Partisi. Fakat bu yalnızca sendikacıların partisi olmamalıydı. Lula bunun genel olarak tüm ücretlilerin ve yoksulların partisi olması gerektiği üzerinde duruyordu. Bu noktada sendika liderlerinin bir siyasal platform kurma girişimleri yeni yeni ortaya çıkmaya başlayan pek çok toplumsal hareketle kaynaşmaya başlamıştı. 18 Ağustos 1979'da São Paulo'da İşçi Partisi'nin kuruluşunu tartışmak için eski muhalif siyasetçileri, sendika liderlerini, öğrencileri, entelektüelleri ve 1970'lerde tüm Brezilya'da örgütlenmeye başlayan yüz farklı toplumsal hareketin temsilcilerini bir araya getiren bir toplantı düzenlendi. 1979 Ekim'inde São Bernardo'daki São Judas Tadeo restoranında kurulan İşçi Partisi tüm bu farklı grupları temsil edecekti.

Parti ordunun gönülsüzce tanzim ettiği siyasal açılımdan hızla istifade etmeye başladı. 1982 yerel seçimlerinde ilk defa aday çıkardı ve iki belediye başkanlığı kazandı. 1980'lerde Brezilya'da demokrasi kademe kademe yeniden yapılandırılırken İşçi Partisi giderek daha fazla mahalli idarede söz sahibi oldu. 1988'e gelindiğinde aralarında São Paulo ve Porto Allegre gibi büyük şehirlerin de olduğu 36 belediye idaresi İşçi Partisi'nin kontrolündeydi. 1989'da askeri darbeden sonraki ilk özgür başkanlık seçimlerinin ilk turunda Lula, İşçi Partisi adayı olarak oyların yüzde 16'sını kazandı. İkinci turda Fernando Collor karşısında yüzde 44 oy aldı.

1990'larla birlikte giderek pek çok belediyenin başkanlığını kazanan İşçi Partisi yerel toplumsal hareketlerin çoğuyla simbiyotik bir ilişki geliştirmeye başladı. Porto Allegre'de 1988'den sonraki ilk İşçi Partisi yönetimi sıradan yurttaşlara şehrin harcamalarındaki önceliklerin planlanmasında söz hakkı tanımayı hedefleyen bir mekanizma olan "katılımcı bütçe" uygulamasını başlattı. Bu uygulama yerel yönetimlerin mali sorumluluğu ve duyarlılığı konusunda dünya modeline dönüşen bir sistem yarattı ve bu sayede hem kamu hizmetlerinde hem de şehrin yaşam kalitesinde muazzam ilerlemeler kaydedildi. Partinin yerel düzeydeki başarılı idari yapısı onu ulusal düzeyde daha büyük siyasal seferberlik ve başarıyla buluşturdu. Lula 1994 ve 1998'deki başkanlık seçimlerinde Fernando Henrique Cardoso tarafından yenilgiye uğratılsa da 2002'de Brezilya devlet başkanı seçildi. İşçi Partisi o tarihten beri iktidarda.

Farklı toplumsal hareketlerin bir araya gelmesi sonucunda geniş tabanlı bir koalisyonun kurulması ve örgütlü işgücü, Brezilya ekonomisi üzerinde kayda değer bir etki yarattı. 1990'dan bu yana hızlı bir ekonomik büyüme yaşanıyor, ayrıca 2006 verilerine göre yoksul kesimin oranı yüzde 45'ten yüzde 30'a düşmüş durumda. Ordunun iktidarda olduğu dönemde hızla artan eşitsizlik bilhassa İşçi Partisi iktidara geldikten sonra keskin bir düşüş gösterdi; ayrıca ortalama eğitim süresinin 1995'te altı yıl iken 2006'da sekiz yıla çıkmasıyla eğitimde muazzam bir ilerleme kaydedildi. Bugün BRIC ülkelerinden (Brezilya, Rusya, Hindistan ve Çin) biri haline gelen Brezilya, uluslararası diplomasi çevrelerinde ağırlığı olan ilk Latin Amerika ülkesi.

Brezilya ekonomisinin 1970'lerden beri süren yükselişi Brezilyalı siyasetçilere nasıl daha iyi politikalar geliştirecekleri ya da piyasa başarısızlıklarından nasıl kaçınacakları konusunda talimat veren uluslararası kurumların iktisatçıları sayesinde olmadı. Bu sonuca akıtılan dış yardımlarla ulaşılmadı. Modernizasyonun doğal bir sonucu da değildi. Daha ziyade, farklı gruplardan insanların cesurca kapsayıcı kurumlar inşa etmesinin ürünüydü. Sonuçta bunlar daha kapsayıcı ekonomik kurumlara yol açtı. Fakat Brezilya'nın dönüşümü, tıpkı 17. yüzyılda İngiltere' de gerçekleşen dönüşüm gibi, kapsayıcı siyasal kurumların oluşturulmasıyla başladı. Peki, bir toplum kapsayıcı siyasal kurumları nasıl inşa edebilir?

Tarih, daha önce gördüğümüz gibi, Oligarşinin Tunç Yasası'na boyun eğen ve mevcut sömürücü kurumların yerine daha da beterlerini getiren reform hareketlerinin oluşturduğu örneklerle doludur. 1688'de İngiltere'de, 1789'da Fransa'da ve 1868 Meici Restorasyonu sırsında Japonya'da kapsayıcı siyasal kurumların siyasal devrimle inşa edildiğini gördük. Fakat bu siyasal devrimler büyük yıkım ve zorluklara neden olur ve başarı kesin olmaktan çok uzaktır. Bolşevik Devrimi'nin hedefi çar yanlısı Rusya'nın sömürücü ekonomik sisteminin yerine milyonlarca Rus'u özgürlük ve zenginliğe kavuşturacak daha adil ve daha verimli bir sistem getirmekti. Ne yazık ki sonuç tam tersiydi; Bolşeviklerin alaşağı ettiği kurumların yerini çok daha baskıcı ve sömürücü kurumlar aldı. Çin, Küba ve Vietnam deneyimleri de benzerdi. Komünist olmayan, tepeden inme nitelikteki çoğu reform da daha iyi sonuç vermedi. Nasır, Mısır'da modern, eşitlikçi bir toplum inşa etmeye söz vermişti fakat 13. bölümde gördüğümüz gibi, bu yalnızca Hüsnü Mübarek'in yozlaşmış rejimine yol açtı. Robert Mugabe çoğu kişi tarafından Ian Smith'in ırkçı ve son derece sömürücü

Rodezya rejimini deviren bir özgürlük savaşçısı olarak görülmüştü. Fakat Zimbabve kurumları daha az sömürücü değildi; ekonomik performansı bağımsızlık öncesinden bile daha kötüydü.

Kuzey Amerika'da, 19. yüzyılda İngiltere'de ve bağımsızlık sonrasında Botsvana'da daha kapsayıcı kurumlara ve tedrici bir kurumsal değişime başarıyla zemin hazırlayan –ayrıca kapsayıcı siyasal kurumların önemli ölçüde güçlenmesine de yol açan– siyasal devrimlerin ortak noktası toplumun hayli geniş bir kesitini yetkilendirmede gösterdikleri başarıydı. Kapsayıcı siyasal kurumların temel taşı olan çoğulculuk, siyasal iktidarın toplumun geniş bir kesimini kucaklamasını gerektirir ve bu da gücü dar bir elitin elinde toplayan sömürücü kurumlardan başlanarak bir yetkilendirme süreciyle mümkündür. 7. bölümde vurguladığımız gibi, Görkemli Devrim'i bir elitin yerini diğer bir elitin aldığı örneklerden ayıran budur. Görkemli Devrim örneğindeki çoğulculuğun kökeninde tüccarların, sanayicilerin eşrafın ve hatta İngiliz aristokrasisinin kraliyetle ittifak içinde olmayan pek çok üyesinin oluşturduğu geniş bir koalisyonun bir siyasal devrimle II. James'i devirmesi yatıyordu. Daha önce gördüğümüz gibi, Görkemli Devrim'e olanak tanıyan, daha önceki geniş tabanlı bir koalisyonun harekete geçirilmesi ve yetkilendirilmesiydi. Daha da önemlisi, bunun karşılığında Görkemli Devrim de toplumun öncekinden daha geniş bir kesimini yetkilendirmişti; gerçi bu kesimin toplumun tamamına kıyasla çok daha dar olduğu da ortadaydı ve İngiltere iki yüzyıl daha gerçek anlamda bir demokrasi olmaktan uzak kalacaktı. İlk bölümde gördüğümüz gibi, Kuzey Amerika kolonilerinde kapsayıcı kurumların ortaya çıkmasına yol açan etkenler de benzerlik taşıyordu. Virginia, Carolina, Maryland ve Massachusetts'le başlayan; Bağımsızlık Bildirgesi'ne ve Birleşik Devletler'de kapsayıcı siyasal kurumların güçlenmesinin önünü açan olaylar silsilesi, toplumun gittikçe genişleyen kesimlerinin yetkilendirilmesine bir örnekti.

Fransız Devrimi de *ancien régime*'e karşı ayaklanıp daha çoğulcu bir siyasal sisteme yol açmayı başaran, toplumun daha geniş bir kesiminin yetkilendirilmesine bir örnekti. Fakat Fransız Devrimi, özellikle de Robespierre'in önderliğindeki Terör Dönemi olarak bilinen ara dönem, o baskıcı ve kanlı rejim, aynı zamanda yetkilendirme sürecinin gizli tehlikeleri olduğunu da ortaya koymaktadır. Fakat en nihayetinde, Robespierre ve onun Jakoben kadroları saf dışı edildi ve Fransız Devrimi'nin en önemli mirası giyotin değil, Fransa ve Avrupa'nın diğer bölgelerinde uygulamaya konulan geniş kapsamlı reformlar oldu.

Yetkilendirmeye ilişkin bu tarihsel süreçler ile 1970'lerden başlayarak Brezilya'da yaşananlar arasında pek çok paralellikler bulunmaktadır. Her ne kadar İşçi Partisi'nin kaynaklarından birini sendika hareketi oluştursa da, Lula gibi liderler pek çok entelektüel ve partiye destek veren muhalif siyasetçilerle birlikte daha ilk günlerden itibaren geniş tabanlı bir koalisyon oluşturma arayışına girmişlerdi. İşçi Partisi yerel yönetimleri ele geçirip sivil katılımı teşvik ederek ülke idaresinde bir tür devrime yol açarken bu itici güçler de ülkenin dört bir yanındaki yerel toplumsal hareketlerle kaynaşmaya başladı. 17. yüzyıl İngiltere'sinin ya da 18. yüzyıl başı Fransa'sının aksine, Brezilya'da siyasal kurumları dönüşüm sürecini bir çırpıda ateşleyecek bir radikal devrim olmamıştı. Fakat São Bernardo fabrikalarında başlayan yetkilendirme biraz da askeri idareden demokrasiye geçiş gibi ulusal düzeyde köklü bir siyasal değişime dönüştüğü için etkili olmuştu. Daha da önemlisi, Brezilya'daki taban seviyesinde yetkilendirme, demokrasiye geçişin kapsayıcı siyasal kurumlara yönelik bir ilerlemeye karşılık gelmesini sağlıyordu ve bu nedenle kendini kamu hizmetlerinin sağlanmasına, eğitimin yaygınlaşmasına ve gerçek anlamda eşit rekabet şartlarının oluşturulmasına adayan bir yönetimin ortaya çıkmasında önemli bir etkendi. Daha önce gördüğümüz gibi, demokrasi çoğulculuğun ortaya çıkması için bir teminat değildir. Bu bağlamda Brezilya'da çoğulcu kurumların gelişimi ile Venezuela deneyimi arasındaki tezat çarpıcıdır. 1958'in ardından Venezuela da demokrasiye geçti; fakat bu taban seviyesinde bir yetkilendirme olmaksızın gerçekleşti ve siyasal gücün çoğulcu bir biçimde dağıtılmasına yol açmadı. Bunun yerine Venezuela'da yozlaşmış siyaset, iltimas ve çatışma sürdü ve kısmen bunun sonucunda seçmenler sandık başına gittiklerinde Hugo Chávez gibi potansiyel despotları desteklemeye can atmışlardı çünkü muhtemelen onun tek başına Venezuela'nın mevcut elitlerine kafa tutabileceğini düşünmüşlerdi. Neticede Brezilya çemberi kırarken sömürücü kurumların pençesindeki Venezuela güç kaybetmeye devam ediyor.

Yetkilendirme sürecini başlatmak ya da belki sadece kolaylaştırmak ve bu sayede kapsayıcı siyasal kurumların gelişimini sağlamak için ne yapılabilir? Bu sorunun doğru yanıtı elbette bu tür kurumları inşa etmenin bir reçetesinin olmadığıdır. Yetkilendirme sürecini hayata geçirmeyi daha muhtemel kılacak bazı bariz etkenler elbette vardır. Bu etkenler arasında mevcut rejimlere meydan okuyan sosyal hareketlerin hemen kanunsuzluğa dönüşmemesi için belirli ölçüde merkezi bir düzenin kurulmuş olması; geniş tabanlı koalisyonların oluşturulup sürdürülebilmesi için Botsvana'daki geleneksel siyasal kurumlar gibi mevcut kurumların olması ve ne muhalif hareketlerin mevcut elitler tarafından kolayca bastırılabilmesi ne de bu hareketlerin bir başka grubun mevcut sömürücü kurumları ele geçirme aracına dönüşmesi için toplumun taleplerini koordine edecek sivil toplum kurumlarının bulunması sayılabilir. Fakat bu etkenlerin çoğu tarihsel olarak önceden belirlenmiştir ve ancak yavaş yavaş değişim gösterirler. Brezilya örneği sivil toplum kurumlarının ve yardım organizasyonlarının sıfırdan inşa edilebileceğini ortaya koyuyor; fakat bu yavaş işleyen bir süreçtir ve farklı koşullar altında ne denli başarı göstereceği henüz açıklık kazanmamıştır.

Yetkilendirme sürecinde dönüştürücü bir rol üstlenebilecek bir başka aktör ya da aktörler grubu daha vardır: medya. Toplumun bütünüyle yetkilendirilmesi, iktidar sahiplerinin siyasal ve ekonomik istismarda bulunup bulunmadığına dair geniş çaplı enformasyon olmadan koordine edilmesi ve sürdürülmesi zor bir süreçtir. 11. bölümde Birleşik Devletler'de medyanın halkı bilgilendirip kapsayıcı kurumlara zarar veren kuvvetlere karşı taleplerini koordine etmedeki rolünü görmüştük. Yine 11. bölümde, medyanın toplumun geniş bir kesiminin yetkilendirilmesi sürecini daha kalıcı siyasal reformlara yönlendirmede önemli bir rol de üstlendiğini gördük; özellikle de İngiltere'nin demokratikleşmesi bağlamında.

Halkı haberdar edip harekete geçiren broşürler ve kitaplar İngiltere'deki Görkemli Devrim'de, Fransız Devrimi'nde ve demokrasi yolunda ilerleyen 19. yüzyıl Britanya'sında önemli roller üstlendi. Aynı şekilde, medya, özellikle de bloglar, anonim sohbet siteleri, Facebook ve Twitter gibi bilgi ve iletişim teknolojilerindeki ilerlemelere dayanan yeni uygulamalar Ahmedinejad'ın 2009'daki hileli seçimine ve ardından gelen baskıya karşı İran muhalefetinde merkezi bir rol oynamıştı ve görünüşe göre biz bu kitabı bitirirken devam etmekte olan Arap Baharı protestolarında da benzer bir rol oynuyor.

Otoriter rejimler genellikle özgür bir medyanın öneminin farkındadır ve onunla mücadele etmek için ellerinden gelen her şeyi yaparlar. Bunun uç bir örneği Peru'daki Alberto Fujimori rejimidir. Fujimori aslında demokratik bir seçimle işbaşına gelse de çok geçmeden Peru'da bir diktatörlük rejimi kurdu; hem de

1992'de daha görevdeyken kendi düzenlediği bir darbeyle. Daha sonra seçimler sürse de Fujimori yozlaşmış bir rejim inşa edip baskı ve rüşvetle hüküm sürdü. Bunu yaparken de Peru'nun güçlü milli istihbarat teşkilatının başında bulunan sağ kolu Valdimiro Montesinos'tan büyük destek gördü. Montesinos tertipli bir adamdı; bağlılıklarını kazanmak için idarenin farklı bireylere ne kadar para ödediğini büyük bir beceriyle kayıt altına aldı, hatta pek çok rüşvet anını videoya çekti. Bunun bir mantığı vardı. Arşivciliğin ötesinde, yardakçıların faaliyetleri artık kayıtlara geçmişti ve herhangi bir aksilik durumunda Fujimori ve Montesinos kadar suçlu olacaklardı. Rejimin çöküşünden sonra bu kayıtlar gazetecilerin ve yetkililerin ellerine geçti. Rakamlar bir diktatörlük için medyanın ne değerde olduğunu ortaya koyuyordu. Bir Yüksek Mahkeme yargıcı ayda 5 bin ila 10 bin dolar ediyordu, aynı ya da farklı partilerden siyasetçilere de benzer miktarlarda ödeme yapılıyordu. Fakat sıra gazetelere ve televizyon kanallarına geldiğinde meblağlar milyonlarla ifade ediliyordu. Fujimori ve Montesinos televizyon kanallarını kontrol edebilmek için bir keresinde dokuz milyon, bir diğerinde ise on milyon dolardan fazla ödemişlerdi. Anaakım gazetelerden birine bir milyon dolardan fazla ödemiş, diğerlerine ise başlık başına 3 bin ila 8 bin dolar arasında değişen paralar vermişlerdi. Fujimori ve Montesinos medyayı kontrol etmenin siyasetçileri ve yargıçları kontrol etmekten çok daha önemli olduğunu düşünmüşlerdi. Montesinos'nun yandaşlarından General Bello video kayıtlarından olup biteni şöyle özetliyordu: "Televizyonu kontrol edemesezsek, hiçbir şeyi kontrol edemeyiz."

Çin'in bugünkü sömürücü kurumları da Çinli yetkililerin medya üzerinde kurduğu ve daha önce gördüğümüz gibi korkutucu boyutlara varan hâkimiyetine sıkı sıkıya bağlıdır. Çinli bir yorumcunun özetlediği gibi, "Parti'nin liderliğini sürdürmek için izlenmesi gereken üç prensip var. Bunla, Parti'nin silahlı kuvvetleri kontrol etmesi, Parti'nin kadroları kontrol etmesi ve Parti'nin haber akışını kontrol etmesidir."

Fakat elbette, halkı bilgilendiren ve daha kapsayıcı kurumlar için mücadele verenlerin talep ve eylemlerini koordine eden özgür bir medya ve yeni iletişim teknolojileri ancak sınırlı ölçüde katkı sağlayabilir. Medyanın katkısı ancak toplumun geniş bir kesimi siyasal değişim için harekete geçip örgütlendiğinde ve bunu da hizipsel nedenlerle ya da sömürücü kurumların kontrolünü ele geçirmek için değil, sömürücü kurumları daha kapsayıcı kurumlara dönüştürmek için yaptığında anlamlı bir değişimde rol oynayacaktır. Böyle bir sürecin başlaması ve bunun daha fazla yetkilendirmeye olanak sağlayıp sağlamayacağı, daha önce pek çok örnekte gördüğümüz gibi, ekonomik ve siyasal kurumların geçmişine, önem taşıyan küçük farklılıklara ve tarihin olumsal rotasına bağlıdır.

Teşekkür

Bu kitap on beş yıllık ortak bir araştırmanın sonucunda ortaya çıktı ve bu süre boyunca pek çok kişiye hem pratik hem de entelektüel anlamda hatırı sayılır miktarda borçlandık. En büyük şükran borcumuz karşılaştırmalı ekonomik kalkınma hakkındaki görüşlerimizi şekillendiren pek çok önemli makaleyi birlikte kaleme aldığımız çalışma arkadaşımız Simon Johnson'adır.

Benzer araştırma projelerinde birlikte çalıştığımız diğer ortak yazarlarımız görüşlerimizin gelişiminde önemli bir rol oynadılar, bu nedenle özellikle Philippe Aghion, Jean-Marie Baland, María Angélica Bautista, Davide Cantoni, Isaías Chaves, Jonathan Conning, Melissa Dell, Georgy Egorov, Leopoldo Fergusson, Camilo García-Jimeno, Tarık Hasan, Sebastián Mazzuca, Jeffrey Nugent, Neil Parsons, Steve Pincus, Pablo Querubín, Rafael Santos, Konstantin Sonin, Davide Ticchi, Ragnar Torvik, Juan Fernando Vargas, Thierry Verdier, Andrea Vindigni, Alex Wolitzky, Pierre Yared ve Fabrizio Zilibotti'ye teşekkür ederiz.

Bu zaman zarfında başka pek çok insan bize cesaret vererek, bizi sorgulayarak ve eleştirerek çok önemli bir rol üstlendiler. Özellikle Lee Alston, Abhijit Banerjee, Robert Bates, Timothy Besley, John Coatsworth, Jared Diamond, Richard Easterlin, Stanley Engerman, Jeff Frieden, Steven Haber, Mark Harrison, Elhanan Helpman, Peter Gourevitch, Peter Lindert, Karl Ove Moene, Dani Rodrik ve Barry Weingast'e teşekkür ederiz.

Özellikle iki isim görüşlerimizin şekillenmesinde çok belirleyici bir rol oynadılar ve bizi cesaretlendirdiler; Joel Mokyr'e ve ne yazık ki bu kitap yazılmadan aramızdan ayrılan Ken Sokoloff'a olan entelektüel borcumuzu ve en derin minnettarlığımızı ifade etme fırsatı bulduğumuz için mutluyuz. İkimiz de Ken'i çok özlüyoruz.

Ayrıca 2010 Şubat'ında Harvard'daki Niceliksel Sosyal Bilimler Enstitüsü'nde (Institute for Quantitative Social Science) düzenlediğimiz bir konferansa katılan bilim insanlarına minnettarız. Özellikle bu konferansı bizimle birlikte düzenleyen Jim Alt ve Ken Shepsle'a ve konferansa konuşmacı olarak katılan Robert Allen, Abhijit Banerjee, Robert Bates, Stanley Engerman, Claudia Goldin, Elhanan Helpman, Joel Mokyr, Ian Morris, Şevket Pamuk, Steve Pincus ve Peter Temin'e teşekkür ederiz. Ayrıca Melissa Dell, Jesús Fernández-Villaverde, Suresh Naidu, Roger Owen, Dan Trefler, Michael Walton'a ve konferans sırasında ve başka pek çok vesileyle kapsamlı yorumlarda bulunan Noam Yuchtman'a minnettarız.

Ayrıca Charles Mann, Leandro Prados de la Escosura ve David Webster'a uzman tavsiyeleri için minnettarız.

Bu kitabın araştırma ve yazma sürecinin büyük kısmında her ikimiz de Kanada İleri Araştırma Enstitüsü'nün (CIFAR) Kurumlar, Organizasyonlar ve Büyüme programına üyeydik. CIFAR toplantılarında pek çok kez bu kitapla ilgili araştırma sunduk ve bu harikulade organizasyonun desteğinden ve bir araya getirdiği bilim insanlarından çok yararlandık.

Ayrıca bu kitapta geliştirilen malzemeyle ilgili çeşitli seminer ve konferanslarda hakikaten yüzlerce insandan yorum aldık; bu sunum ve tartışmalardan edindiğimiz ve gerektiği gibi atıfta bulunamadığımız tüm öneri, fikir ya da bilgiler için özür dileriz.

Ayrıca araştırmalardaki müthiş yardımlarından ötürü María Angélica Bautista, Melissa Dell ve Leander Heldring'e minnettarız.

Ve son olarak, John Mahaney gibi anlayışını ve desteğini hiç esirgemeyen muhteşem bir editöre sahip olduğumuz için çok şanslıyız. John'un öneri ve yorumları kitabımızın gelişimine büyük katkı sağladı ve bu proje konusundaki şevk ve desteği son bir buçuk yılı hem çok daha tatminkâr hem de çok daha az külfetli hale getirdi.

Bibliyografik makale ve kaynaklar

Önsöz

Muhammed El Baradey'in görüşlerini twitter adresinden inceleyebilirsiniz. (twitter.com/#!/Elbaradei)

Mosab El-Shami ve Noba Hamed'in görüşleri 02/06/2011 tarihli Yahoo News sayfasından alınmıştır. (news.yahoo.com/s/yblog_exclusive/20110206/ts_yblog_exclusive/egyptian-voices-from-tahrir-square)

On iki maddelik acil talepler listesi Wael Khalil'in blog sayfasından alınmıştır. Bkz. (alethonews.wordpress.com/2011/02/27/egypt-reviewing-the-demands/)

Reda Metwaly'nin görüşleri 02/01/2011 tarihli El Cezire internet sitesinden alınmıştır. (english.aljazeera.net/news/middleeast/2011/02/201121259791352 7.html)

1. bölüm: Çok yakın yine de çok farklı

İspanya'nın, Rio de La Plata'yı keşfetmesiyle ilgili güzel bir tartışma için bkz. Rock (1992), 1. Bölüm. Guarani'nin keşfi ve sömürgeleştirilmesiyle ilgili olarak bkz. Ganson (2003). De Sahagun ile ilgili alıntılar için bkz. de Shagun (1975), s. 47-49. Gibson (1963) İspanya'nın Meksika'yı istila etmesi ve kurdukları kurumlar konusunda temel kaynaktır.

De las Casas'tan yapılan alıntılar için bkz. de las Casas (1992); s. 39, 117-118 ve 107.

Pizarro, Peru ile ilgili olarak bkz. Hemming (1983). Bölüm 1-6, Cajamara'daki toplantı, güneye ilerleme ve İnka başkenti Cuzco'nun ele geçirilmesini ele alıyor. Toledo için bkz. Hemming (1983),20. bölüm. Bakewell (1984) Potosí *mita*'sının işleyişi hakkında genel bir değerlendirme sunarken Dell (2010) Potosí *mita*'sının zaman içindeki kalıcı etkileri hakkında istatistiksel kanıtlar ortaya koyuyor.

Arthur Young'dan yapılan alıntı için bkz. Sheridan (1973), s. 8. Jamestown'ın erken dönem tarihini anlatan birçok güzel kitap mevcut, örneğin Price (2003) ve Kupperman (2007). Bizim yaklaşımımız büyük oranda Morgan (1975) ve Galenson (1996) kaynaklarından etkilenmiştir. Anas Todkill'den yapılan alıntı için bkz. Todkill (1885), s. 38. John Smith'den yapılan alıntı için bkz. Price (2003), s. 77 ("bilmelisiniz ki..."), s. 93 ("Kralınız bana...") ve s. 96 ("Yeniden adam yolladığınızda..."). Maryland Sözleşmesi, Carolina anayasası ve diğer koloni anayasaları Yale Üniversitesi'nin hazırladığı Avalon Projesi kapsamında internet üzerinden yayınlanmıştır. (avalon.law.yale. edu/17th_century)

Bakewell (2009), bölüm 14, Meksika'nın bağımsızlığını kazanmasını ve anayasasını ele alıyor. Bağımsızlık sonrası siyasi istikrarsızlık ve başkanlar için bkz. Stevens (1991) ve Knight (2011). Meksika'da bağımsızlık sonrası yaşanan ekonomik gerilemenin kanıtları için yeni ufuklar açan bir makale için bkz. Coatsworth (1978). Meksika ve Birleşik Devletler'deki bankacılığın gelişiminin karşılaştırması için bkz. Haber (2010). Sokoloff (1988) ve Sokoloff ve Khan (1990) Birleşik Devletler'deki patent başvurusunda bulunan mucitlerin toplumsal kökenlerini ortaya koyan bulgular sunuyor. Thomas Edison'ın biyografisi için bkz. Israel (2000).

Haber, Maurer ve Razo (2003) Porfirio Diaz rejiminin ekonomi politikaları hakkında bizim argümanımızla hayli uyumlu yorumlar yapmışlardır. Haber, Klein, Maurer ve Middlebrook (2008), Meksika ekonomik politikaları üzerine araştırmalarını 20. yüzyıla taşımışlardır. Kuzey ve Latin Amerika'daki sınır topraklarının farklı bölüştürülmesi hakkında bkz. Nugent & Robinson (2010) ve Garcia-Jimeno & Robinson (2011). Hu-DeHart (1984) Yaqui Kızılderililerinin sınırdışı edilmesini ele alır (6.Bölüm). Carlos Slim'in serveti ve onu nasıl elde ettiğiyle ilgili bilgi edinmek için bkz. Relea (2007) ve Martinez (2002).

Amerika'daki farklı ekonomik gelişmelerin yorumu için Simon Johnson'la önceden yaptığımız araştırmalarımıza, Acemoğlu, Johnson ve Robinson (2001, 2002) ve ayrıca epey etkilendiğimiz Coatsworth (1978, 2008) ve Engerman ve Sokoloff'a (1997) bakınız.

2. bölüm: İşe yaramayan kuramlar

Jared Diamond'ın dünya eşitsizliği hakkındaki bakış açısı *Gun, Germs and Steel* (1997) adlı kitabında aktarılır. Sachs (2006) kendi coğrafi determinizm anlayışını ortaya koyar. Bugüne dek akademik literatüre kültür hakkında pek çok bakış açısı yansımıştır ancak hiçbir eserde bu şekilde bir araya toplanmamıştır. Weber (1911), Avrupa'nın Sanayi Devrimi'ni yaşamasının sebebinin Reform olduğunu ileri sürer. Landes (1999) Kuzey Avrupalıların kendilerini sıkı çalışmaya, tasarruf yapmaya ve yenilikçi olmaya yönlendiren ortak bir kültürel davranış geliştirdiklerini ileri sürer. Harrison ve Huntington, (der) (2000) ekonomik gelişimleri karşılaştırırken kültürün önemi hakkında güçlü açıklamalarda bulunurlar. Buradaki kavram, bir çeşit üstün İngiliz kültürünün veya İngiliz kurumlarının üstün yapılarının, ABD istisnasını açıklamada (Fisher, 1989) ve aynı zamanda daha genel karşılaştırılabilir gelişim örnekleri için yaygın ve kullanılır olduğu (La Porta, Lopez-de-Silanes, ve Shleifer, 2008) yönündedir.

Banfield'in (1958), Putnam, Leonardi ve Nanetti'nin (1994) çalışmaları, kültürün bir yönünün, onların deyimiyle "sosyal sermaye"nin, İtalya'nın güneyinin yoksul olmasına nasıl yol açtığı hakkında etkileyici kültürel yorumlar olarak karşımıza çıkar. Ekonomistlerin kültür kavramını nasıl kullandıklarına göz atmak için bkz. Guiso, Sapienza ve Zingales (2006). Tabellini (2010) Batı Avrupa'da halkların birbirine olan güveni ve yıllık kişi başı gelirleri arasındaki ilişkiyi incelemiştir. Nunn ve Wantchekon (2010), Afrika'daki güven ve sosyal sermaye eksikliğinin, tarihsel köle ticaretiyle ilgisini ortaya koymuşlardır.

Kongo'nun konuyla ilgili tarihi Hilton (1985) ve Thornton'da (1983) ele alınmıştır. Afrika'nın teknolojik geri kalmışlığı için bkz. Goody (1971), Law (1980) ve Austen ve Headrick'in (1983) çalışmaları.

Robbins'in ekonomi tanımı için bkz. Robbins (1935), s. 16.

Abba Lerner'den alıntı Lerner'dedir (1972), s. 259. Cehaletin, karşılaştırmalı gelişmeyi açıklayabileceği imasına en çok iktisadi gelişme ve siyasi reformların ekonomik analizlerinde rastlanır. Örneğin, Williamson (1990), Perkins, Radelet ve Lindauer (2006) ve Aghion ve Howitt (2009). Bu bakış açısının en güçlü ve en yeni versiyonu Banerjee ve Duflo'da (2011) görülür.

Acemoğlu, Johnson ve Robinson (2001, 2002), günümüzde kişi başına düşen gelir farklılıklarında kurumların, coğrafyanın ve kültürün rolü hakkında istatistiki bir analiz sunuyor ve kurumların diğer iki açıklamaya üstün geldiğini ortaya koyuyor.

3. bölüm: Zenginliğin ve yoksulluğun inşası

Hwang Pyong-Wõn ile kardeşi arasındaki görüşmenin çözümü James A. Foley'in Hwang'la yaptığı ve Foley'de (2003) yayımlanan söyleşiden (s. 197-203) alınmıştır.

Sömürücü kurumlar kavramının kaynağı Acemoğlu, Johnson ve Robinson'dur. (2001) Kapsayıcı kurumlar kavramını bize Tim Besley önermiştir. Ekonomik kaybedenler terminolojisi ve onlarla siyasi kaybedenler arasındaki ayrım Acemoğlu ve Robinson'a (2000b) dayanır. Barbados hakkındaki veriler Dunn'dan (1969) alınmıştır. Sovyet ekonomisi hakkındaki tespitlerimizi büyük oranda Nove (1992) ve Davies'e (1998) dayandırdık. Allen (2003) Sovyet iktisadi tarihi hakkında alternatif ve daha olumlu bir yorum sunar.

Sosyal bilimler literatüründe bizim kuramımız ve argümanımızla bağlantılı çok sayıda çalışma mevcuttur. Bu çalışmalara dair genel bir değerlendirme ve bizim sunduğumuz katkı için bkz. Acemoğlu, Johnson ve Robinson (2005b). Karşılaştırmalı gelişime kurumsal bakış, çoğu North'a ait pek çok önemli çalışmaya dayandırılmıştır. Özellikle bkz. North (1982), North ve Thomas (1973), North ve Weingast (1989) ve North, Wallis ve Weingast (2009). Ayrıca Olson da (1984) ekonomik büyümenin siyasal iktisadı hakkında son derece etkili bir açıklama ileri sürmüştür. Mokyr (1990) ekonomik kaybedenlerle dünya tarihindeki karşılaştırmalı teknolojik değişim arasında bağlantı kuran son derece önemli bir kaynaktır. Ekonomik kaybedenler kavramı, sosyal bilimlerde verimli kurumsal ve politik etkenlerin ortaya çıkmayışının sebeplerini açıklarken çok yaygın olarak kullanılır. Robinson (1998) ve Acemoğlu ve Robinson'a (2000a, 2006b) dayanan bizim yorumumuz, kapsayıcı kurumların ortaya çıkışındaki en önemli engelin, elitlerin kendi siyasi güçlerini kaybetme korkusu olduğunu vurgulamakla diğerlerinden ayrışır. Jones (2003) benzer temaları vurgulayan zengin bir karşılaştırmalı tarih sunarken Engerman ve Sokoloff'un (1997) Amerika'yı konu alan önemli çalışması da bu görüşlerin altını çizer.

Afrika'nın az gelişmişliği üzerine son derece önemli bir siyasal iktisadi yorum, çalışmaları bizim çalışmalarımız üzerinde çok etkili olan Bates (1981, 1983, 1989) tarafından geliştirilmiştir. Dalton (1965) ve Killick'in (1978) geleceğe ışık tutan çalışmaları Afrika'nın gelişmesindeki siyasi roller ve özellikle siyasi gücü kaybetme korkusunun ekonomi politikalarına nasıl etki ettiğini ele alır.

Siyasi kaybedenler kavramı önceleri ekonomi politik üzerine başka toerik çalışmalarda, örneğin Besley ve Coate (1998) ve Bourguignon ve Verdier'de (2000) ortaya çıkmıştı. Gelişimde devlet kurumları ile siyasi merkezileşmenin oynadığı rol Max

Weber'in takipçisi tarihsel sosyologlar tarafından işlenmiştir. Özellikle bkz. Mann (1987, 1993), Migdal (1988) ve Evans (1995). Afrika'da devlet ve gelişim arasındaki bağlantı Herbst (2000) ve Bates (2001) tarafından vurgulanmıştır. Yakın dönemde iktisatçılar da bu literatüre katkı sağlamaya başladılar; örneğin Acemoğlu (2005), Besley ve Persson (2011). Son olarak Johnson (1982), Haggard (1990), Wade (1990) ve Amsden (1992) Doğu Asya uluslarının kendilerine özgü ekonomi politikalarının onları nasıl başarıya taşıdığını ele almışlardır. Finley (1965) klasik dünyada teknolojik dinamizmin eksikliğinin sorumlusu olarak köleliği gösteren öncü bir çalışmadır.

Sömürücü kurumlar altında büyümenin mümkün olduğunu ancak sürdürülebilir olamayabileceği fikri için bkz. Acemoğlu (2008).

4. bölüm: Küçük farklılıklar ve kritik dönemeçler

Salgında kaç kişinin hayatını kaybettiğine ilişkin değerlendirmeleri tartışmalı olmakla birlikte, Benedictow (2004) Kara Ölüm hakkında eksiksiz bir inceleme sunmaktadır. Boccaccio ve Ralph of Shrewbury'den alıntılar Horrox'dan (1994) alınmıştır. Hatcher (2008), İngiltere'de vebanın beklenişi ve vebanın gelişi hakkında ilgi çekici bir tarihsel anlatı sağlar. İşçi Yasası metnine Avalon Projesi adresinden (avalon.law.yale.edu/medieval/statlab.asp) erişilebilir.

Kara Ölüm'ün Doğu ile Batı Avrupa'nın yol ayrımı üzerindeki etkileri hakkındaki temel eserler için bkz. North ve Thomas (1973) ve özellikle Brenner (1976). Brenner başlangıçtaki siyasi güç dağılımının salgının sonuçlarını nasıl etkilediğine dair analizi bizim görüşlerimizi hayli etkilemiştir. Doğu Avrupa'daki İkinci Serflik için bkz. DuPlessis (1997).

Conning (2010) ile Acemoğlu ve Wolitzky (2011) Brenner'in tezlerini somutlaştırıyorlar.

James Watt'tan yapılan alıntı için bkz. Robinson (2964), s. 223-224.

Acemoğlu, Johnson ve Robinson'da (2005a), ilk olarak Atlantik ticareti ile ilk kurumsal farklılıkların arasındaki etkileşimin İngiliz kurumlarındaki ayrışmaya ve nihayetinde Sanayi Devrimi'ne yol açtığı argümanını sunduk. Oligarşinin Tunç Yasası kavramının kaynağı Michels'dır (1962). Kritik dönemeçler kavramı ilk olarak Lipset ve Rokkan (1967) tarafından geliştirilmiştir.

Osmanlı İmparatorluğu'nun uzun vadeli gelişiminde kurumların rolleri için temel çalışmalar Owen'ın (1981), Owen ve Pamuk'un (1999) ve Pamuk'un (2006) araştırmalarıdır.

5. bölüm: "Geleceği gördüm, işler yolunda"

Steffen'in Rusya seyahati ve Baruch'a söyledikleri için bkz. Steffens (1931), bölüm 18, s. 790-802. 1930'larda açlıktan ölen insanların sayısı için Davies ve Wheatcroft'a (2004) başvurduk. 1937 genel nüfus sayımı için bkz. Wheatcroft ve Davies (1994a, 1994b).

Sovyet ekonomisindeki yenilenmenin yapısı için bkz. Berliner (1976). Stalinizmin özellikle ekonomik planlamada nasıl işlediği hakkındaki tartışmamız Gregory ve Harrison'a (2005) dayalıdır. ABD'de ekonomi ders kitapları yazarlarının, Sovyet ekonomisinin büyümesini sürekli olarak yanlış aktardıkları konusunda bkz. Levy ve Peart (2009).

Lele ve Bushong halkları konusundaki yorumlarımızı Douglas (1962, 1963) ve Vansina'nın (1978) araştırmalarına dayandırdık.

Uzun Yaz kavramı için bkz. Fagan (2003). Natufianlara ve arkeolojik şehirleri hakkında anlaşılır bir giriş için bkz. Mithen (2006) ve Barker (2006). Ebu Hureyre hakkında, yerleşik hayatın ve kurumsal yeniliğin tarımın önceki dönemde ortaya çıktığını belgeleyen ufuk açıcı çalışma Moore, Hillman ve Legge'ye aittir (2000). Yerleşik hayatın tarımdan önce gerçekleştiği hakkındaki kanıtlara genel bir bakış için bkz. Smith (1998) ve bu konudaki Natufian örneği için bkz. Bar-Yosef ve Belfer Cohen (1992). Neolitik Devrim hakkındaki yaklaşımımız, aynı zamanda Yir Yoront anektodunu aktaran Sahlins'dir (1972).

Maya'larla ilgili fikirlerimiz Martin ve Grube (2000) ile Webster'ın (2002) çizgisindedir. Copánların demografik tarihinin yeniden kurgulanması için bkz. Webster, Freter ve Gonlin (2000). Tarihlenebilir yapıların sayısı için bkz. Sidrys ve Berger (1979).

6. bölüm: Uzaklaşma

Venedik örneği üzerine tartışmamıza Puga ve Trefler (2010) ile Lane'in (1973) 8 ve 9. bölümleri rehberlik etmektedir.

Roma ile ilgili materyal standart tarih kitaplarında mevcuttur. Roma iktisadi kurumlarıyla ilgili yorumlarımız için Finlay (1999) ve Bang'e (2008) başvurduk. Roma'nın çöküşüyle ilgili ortaya koyduğumuz nedenler için Ward-Perkins (2006) ve Goldsworthy'yi

(2009) takip ettik. Geç Roma İmparatorluğu'ndaki kurumsal değişiklikler ile ilgili bkz. Jones (1964). Tiberius ve Hadrianus ile ilgili anektodlar Finley'den (1999) alınmıştır.

Gemi enkazlarıyla ilgili bulguları ilk Thomas (1980) kullanmıştır. Grönland Buz Çekirdeği Projesi ve gemi enkazlarıyla ilgili bkz. De Callatay (2005) ve Jongman (2007).

Vindolanda tabletlerine erişim için bkz. (vindolanda.csad.ox.ac.uk/). Kullandığımız alıntı TVIII Pub. No: 343'ten.

Britanya'da Roma hâkimiyetinin sonuna neden olan etkenlerle ilgili tespitler için bkz. Cleary (1989), 4. bölüm; Faulkner (2000), 7. bölüm; Dark (1994), 2. Bölüm.

Aksum konusunda bkz. Munro-Hay (1991). Avrupa feodalizmi ve kökenleri ile ilgili ufuk açıcı çalışma Bloch'undur (1961), Etiyopya feodalizmi için ise bkz. Crummey (2000). Phillipson (1998) Aksum'un çöküşü ve Roma İmparatorluğu'nun çöküşünü karşılaştırır.

7. bölüm: Dönüm noktası

Lee'nin makinesinin ve Kraliçe I. Elizabeth'le karşılaşmasının hikâyesi hakkında bkz. calverton.homestead.com/willee.html.

Allen (2009b) Diocletianus Tavan Fiyat Fermanı'na dayanan gerçek ücretleri sunuyor.

Sanayi Devrimi'nin nedenleri ile ilgili argümanlarımızın büyük bir kısmı North ve Thomas (1973), North ve Weingast (1989), Brenner (1993), Pincus'taki (2009) argümanlardan etkilenmiştir. Bu araştırmacılar da, İngiliz kurumsal değişimi ve kapitalizmin doğuşu ile ilgili erken Marksist yorumlardan etkilenmişlerdir; bkz. Dobb (1963) ve Hill (1961, 1980). Aynı zamanda, VII. Henry'nin devlet kurma projesinin İngiliz toplumsal yapısını nasıl değiştirdiğiyle ilgili bkz. Tawney'nin tezi (1941).

Magna Carta metni Avalon Projesi'nde bulunabilir, avalon.law.yale. edu/medieval/magframe.asp.

Elton (1953) VIII. Henry idaresindeki devlet kurumlarının gelişimi ile ilgili öncü çalışmadır. Neale (1971) devlet kurumlarındaki gelişimle parlamentonun gelişimi arasında bağlantı kurar.

Köylü İsyanı için bkz. Hilton (2003). Tekellerle ilgili Hill'den yapılan alıntı için bkz. (Hill), s. 25. I. Charles dönemindeki "şahsi yönetim"le ilgili Sharp'ı (1992) kaynak olarak aldık. Farklı iki grup ve bölgenin Parlamento'dan yana veya ona karşı olmalarıyla ilgili açıklamalarımızı Brunton ve Pennington (1954), Hill (1961), ve Stone'dan (2001) aldık.

Pincus (2009) Görkemli Devrim ile ilgili temel eserdir ve Ocak Vergisi'nin kaldırılması ile Bank of England'ın kurulması gibi siyasette ve ekonomik kurumlardaki belli başlı değişiklikleri ele alır. Ayrıca bkz. Pincus ve Robinson (2011). Pettigrew (2007, 2009) Royal African Company dahil, tekellere yapılan saldırıları ele alır. Bizim dilekçelerle ilgili verilerimizin kaynağı da onun çalışmalarıdır. Knights (2010) dilekçe vermenin siyasal önemini vurgular. Hoare's Bank ile ilgili bilgimiz Temin ve Voth'tandır (2008).

Dolaylı vergi bürokrasisi ve Murakıp Cowperthwaite ile ilgili bilgimizin kaynağı Brewer'dır (1988).

Sanayi Devrimi'nin ekonomi tarihi hakkındaki genel bakışımız Mantoux (1961), Daunton (1995), Allen (2009a) ve ele aldığımız ünlü mucit ve icatlarıyla ilgili detaylı bilgi sağlayan Mokyr'a (1990, 2009) dayanır. Baldwyn Ailesi ile ilgili hikâye, Görkemli Devrim ile mülkiyet haklarının yeniden düzenlenmesi ve yollar ve kanalların inşası arasındaki bağlantı üzerinde duran Bogart ve Richardson'dan (2009, 2011) alınmıştır. Patiska Yasaso ve Manchester yasası için, yasalarla ilgili alıntıların kaynağı olan O'Brien, Griffiths ve Hunt'a (1991) bakınız. Sanayide yeni insanların hâkimiyeti için bkz. Daunton (1995), 7. bölüm ve Crouzet (1985).

Neden büyük kurumsal değişimlerin önce İngiltere'de yaşandığı ile ilgili bkz. Acemoğlu, Johnson ve Robinson (2005a) ve Brenner (1976). Bağımsız tüccarlar ve siyasi tercihleri için bkz. Zahedieh (2010).

8. Bölüm: Bizim çiftliğimizde olmaz: Gelişimin önündeki engeller

Osmanlı İmparatorluğu'nda matbaa karşıtlığı için bkz. Savage-Smith (2003), s. 656-659.

Okuryazarlığın karşılaştırmalı tarihi için bkz. Easterlin (1981).

İspanya'nın siyasal kurumları hakkındaki görüşlerimizin kaynağı Thompson'dır (1994a, 1994b). İspanya'nın bu dönemki ekonomik çöküşü hakkında bulgular için bkz. Nogal ve Prados de la Escosura (2007).

Avusturya-Macaristan İmparatorluğu'ndaki ekonomik gelişmelerin önündeki engellerle ilgili açıklamalarımız için bkz. Blum (1943), Feudenberger (1967) ve Gross (1973).

Maria Theresa ile ilgili alıntıların kaynağı Freudenberger'dir (s. 495). Kont Hartig ve I. Franz'la ilgili tüm alıntılar için bkz. Blum. Franz'ın Tyrol delegelerine yanıtıyla ilgili alıntı için bkz. Jászi (1929), s. 80-81. Friedrich von Gentz'in Robert Owen'a yaptığı açıklama da Jászi'den (1929), s. 80 alınmıştır. Avusturya'daki Rothschilds deneyimi Corti (1928), bölüm 2'de ele alınmıştır.

Rusya analizimiz Gershenkron'a (1970) dayanır. Kropotkin'den alıntı bu kitabın 2009 basımının 60. sayfasından alınmıştır. Nikola ile Mikail arasındaki konuşma için bkz. Saunders (1992), s. 117. Kankrin'in demiryolları hakkındaki ifadesi için bkz. Owen (1991), s. 15-16.

Nikola'nın üreticilere yaptığı konuşma Pintner (1967) s. 100'den alınmıştır.

A. A. Zakrevskii'den alıntı için bkz. Pintner (1967), s. 235.

Amiral Zheng için bkz. Dreyer (2007). Erken dönem Modern Çin'in ekonomik tarihi için bkz. Myers ve Wang (2002). T'ang Chen alıntısının kaynağı Myers ve Wang'dır (s. 564-565).

Konuyla ilgili Etiyopya tarihi için bkz. Zewde (2002). Etiyopya'nın tarihsel olarak nasıl sömürücü hale geldiği ve konuyla ilgili tüm alıntılar için bkz. Pankhurst (1961).

Somali kurumlarını ve tarihini tasvirimiz Lewis (1961, 2002) çizgisindedir. Hassan Ugaas *heer*'iyle ilgili bkz. Lewis (1961), s. 177. Kavgayla ilgili tanımlamalarımızın kaynağı pek çok benzer örneğin yer aldığı Lewis (1961), 8. bölüm'dür. Taqali Krallığı ve yazı ile ilgili bkz. Ewald (1988).

9. Bölüm: Tersine gelişim

Ambon ve Banda'nın Hollanda Doğu Hindistan Kumpanyası tarafından devralınması ve şirketin Güneydoğu Asya'nın gelişimindeki olumsuz etkileriyle ilgili görüşlerimizin kaynağı Hanna (1977) ve özellikle de Reid (1993), 5. bölümdür. Tomé Pires hakkındaki alıntılar için bkz. Reid, s. 271, Magindanao ve Magindanao sultanı üzerindeki Hollanda etkisi, s. 299-300. Hollanda Doğu Hindistan Şirketi'nin baharat fiyatları üzerindeki etkileriyle ilgili bilginin kaynağı O'Rourke ve Williamson'dur (2002).

Afrika toplumlarındaki köleliğe genel bir bakış ve köle ticaretinin etkileri için bkz. Lovejoy (2000). Lovejoy, s. 47, Tablo 31'de, köle ticaretinin kapsamıyla ilgili üzerinde uzlaşılan hesaplamalar yer almaktadır. Köle ticaretinin Afrika ekonomik kurumları ve ekonomik büyümesi üzerindeki etkileriyle ilgili niceliksel tahminleri ilk olarak Nunn (2008) sağlamıştır. Ateşli silahlar ve barut ile ilgili bilgi için bkz. Inikori (1977). Francis Moore'un tanıklığı ile ilgili alıntı için bkz. Lovejoy (2000), s. 89-90. Law (1977) Oyo devletinin genişlemesiyle ilgili önemli bir çalışmadır. Köle ticaretinin Afrika nüfusu üzerindeki etkileriyle ilgili bilgiler için bkz. Manning (1990). "Yasal ticaret" sürecine dair analizlerimizin temelinde Law'un (1995) makaleleri, Austin'in önemli kitabı (2005) ve Lovejoy (2000) bölüm 8 yer alır. Afrika'da köle olmuş olan Afrikalıların oranıyla ilgili bilgi için bkz. Lovejoy (2000), s. 192, Tablo 9.2.

Liberya'daki işgücü ile ilgili bilgi için bkz. Clower, Dalton, Harwitz ve Walters (1966).

İkili ekonomi fikri Lewis (1954) tarafından geliştirilmiştir. Fergusson (2010) ikili ekonominin matematiksel formülünü geliştirmiştir. Bunun sömürgeleştirmenin bir ürünü olduğu fikri ilk olarak Palmer ve Parsons'ın editörlüğünü yaptığı (1977) ufuk açıcı makaleler derlemesinde yer almıştır. Güney Amerika ile bilgilerimizin temelinde Bundy (1979) ve Feinstein (2005) yer alır.

Moravya misyonerliği ile ilgili alıntının kaynağı Bundy (1979), s. 46'dır. John Hemming de, Bundy'de alıntılanmıştır (s. 72). Doğu Griqualand'deki arazi sahipliğinin yayılması ile ilgili bilgi için bkz. Bundy, s. 89; Stephen Sonjica'nın başarısı için bkz. Bundy, s. 97; Matthew Blyth'tan alıntı için bkz. s. 97; ve 1884'te Fingoland'deki Avrupalı gözlemciden yapılan alıntılar için bkz. Bundy, s. 100-101. General Albu, Feinstein (2005), s. 63'ten, yerlilerle ilişkiler sekreterliği Feinstein, s. 45'ten, Verwoerd ise Feinstein s. 159'dan alınmıştır.

Afrikalı altın madencilerinin reel ücretleriyle ilgili bilgi Wilson (1972), s. 66'da yer alır. G. Findlay için bkz. Bundy (1972), s. 242.

Batılı zengin ülkelerin gelişiminin dünyanın geri kalanının azgelişmişliğinin yansıması olduğu görüşü, bizimkinden çok farklı mekanizmalara vurgu yapmakla beraber, aslen Wallerstein'a (1974-2011) aittir.

10. bölüm: Refah dağılımı

Bu bölüm büyük oranda, Simon Johnson ve Davide Cantoni ile yaptığımız önceki araştırmamıza dayanır: Acemoğlu, Johnson ve Robinson (2002) ve Acemoğlu, Cantoni, Johnson ve Robinson (2010, 2011).

Avustralya'nın ilk kurumlarının gelişimi ile ilgili fikirlerimizin kaynağı Hirst'ün ufuk açıcı çalışmaları (1983, 1988, 2003) ve

Neal'dır (1991). Hâkim Collins'e ulaştırılan mahkeme emrinin orijinal elyazması (Avustralya Macquarie Üniversitesi Hukuk Fakültesi sayesinde) www.law.mq.edu.au/scnsw/html/Cable%20 v%20Sinclair,%201788.htm adresinde mevcuttur.

Macarthur'un Wentworth yandaşlarını tanımlama biçimi Melbourne (1963), s. 131-132'den alınmıştır.

Rothschild ailesinin kökeni hakkındaki açıklamalarımız Ferguson'a (1998) dayanır; Mayer Rothschild'in oğluna söylediği sözler Ferguson, s. 76'dan alınmıştır.

Fransızların Avrupa kurumları üzerindeki etkileri için kaynağımız, Acemoğlu, Cantoni, Johnson ve Robinson (2010, 2011) ile onların kaynaklarıdır. Fransız Devrimi hakkında genel bilgi için bkz. Doyle (2002). Nassau-Usingen'de feodal borçlarla ilgili bilgi için bkz. Lenger (2004), s. 96. Ogilivie (2011), loncaların Avrupa'nın gelişimi üzerindeki tarihsel etkilerine dair genel bir bakış açısı sunar.

Õkubo Toschimichi'nin hayatı için bkz. Iwata (1964). Sakamoto Ryūma'nın sekiz maddelik planı Jansen (2000) s. 310'dan alınmıştır.

11. bölüm: Verimli döngü

Black Act hakkındaki görüşlerimizin kaynağı için bkz. Thompson (1975). Baptist Nunn'ın 27 Haziran tarihli raporu için bkz. Thompson (1975), s. 65-66. Diğer alıntılar Thompson'ın eserindeki hukukun üstünlüğü bölümünden alınmıştır, s. 258-269, tamamının okunmaya değer olduğunu düşünüyoruz.

İngiltere'nin demokratikleşmesiyle ilgili yaklaşımımız için bkz. Acemoğlu ve Robinson (2000a, 2001 ve 2006a). Earl Grey'in konuşması için bkz. Evans (1996), s. 223. Stephens'ın demokrasi hakkındaki yorumu için Briggs (1959) s. 34'ten alıntılanmıştır. Thompson'dan yapılan alıntı için bkz. Thompson (1975), s. 269.

Halkın Bildirgesi'nin tam metni için bkz. Cole ve Filson (1951) ve bkz. web.bham.ac.uk/1848/document/peoplech.htm.

Burke'den yapılan alıntı için bkz. Burke (1790/1969), s. 152.

Lindert (2004, 2009) son iki yüzyılda demokrasi ve kamu politikalarının birlikte evriminin işlendiği önemli bir çalışmadır.

Keyssar (2009) ABD'deki siyasal hakların evrimiyle ilgili ufuk açıcı bir başlangıç yapmıştır. Vanderbilt, Josephson (1934), s. 15'te alıntılanmıştır. Roosevelt'in metninin bulunduğu adres: (www.theodore-roosevelt.com/sotu1.html.)

Woodrow Wilson'dan yapılan alıntı için bkz. Wilson (1913), s. 286.

Başkan Roosevelt'in röportajına (millercenter.org/scripps/archive/speeches/detail/3309) adresinden erişebilirsiniz.

Arjantin ve ABD'deki Yüksek Mahkeme'nin göreli imtiyazıyla ilgili veriler için bkz. Iaryczower, Spiller ve Tommasi (2002). Helmke'de (2004) Arjantin'deki yargıç atamalarının tarihini anlatır ve Hâkim Carlos Fayt'tan alıntı yapar.

12. bölüm: Kısırdöngü

Bu bölüm, yoğun bir biçimde, kurumların sürekliliğiyle ilgili kendi teorik ve ampirik araştırmalarımıza, özellikle Acemoğlu, Johnson ve Robinson (2005b) ile Acemoğlu ve Robinson (2008a) adlı çalışmalara dayanır. Heath (1972) ile Kelley ve Klein (1980) 1952 Bolivya Devrimi'ni Oligarşinin Tunç Yasası bağlamında incelerler.

İngiliz parlamento tutanakları alıntıları, Avam Kamarası (1904), s. 15'ten yapılmıştır. Sierra Leone'nin bağımsızlık sonrası yakın dönem siyasi tarihi, Cartwright'ta (1970) derinlemesine incelenmiştir. Siaka Stevens'ın demiryolu hattının yolunu neden değiştirdiğine ilişkin farklı yorumlar bulunsa da, öne çıkanı bunu Mendeland'ı yalıtmak için yaptığı yorumudur. Bu konuda kullandığımız kaynaklar Abraham ve Sesay (1993), s. 120; Richards (1996), s. 42-43 ve Davies (2007), s. 684-685'tir. Reno (1995, 2003) Stevens rejimi ile ilgili en iyi araştırmadır. Tarımsal piyasa kurullarına ilişkin bilgiler için bkz. Davies (2007). Sam Bangura'nın pencereden atılarak öldürülmesi ile ilgili bkz. Reno (1995), s. 137-141. Jackson (2004), s. 63 ve Keen (2005) s. 17, ISU ve SSD kısaltmalarını tartışır.

Bates (1981) bağımsızlık sonrası Afrika'da, piyasa kurullarının tarımsal üretkenliği nasıl yıktığı hakkında ufuk açıcı bir analiz içerir. Gana'daki arazi sahipliği haklarının şeflerle kurulan siyasi bağlarla belirlenmesi hakkında bilgi için bkz. Goldstein ve Udry (2009).

1995 yılındaki siyasiler ile *conquistador*'lar arasındaki ilişkilere dair bilgi için bkz. Dosal (1995), 1. bölüm, ve Casaus Arzú (2007). Consulado de Comercio politikaları hakkındaki yorumlarımız Woodward'ın (1966) çizgisindedir. Başkan Barrios alıntısı için bkz. McCreery (1994), s. 187-188. Jorge Ubico rejimi ile ilgili yorumlarımız Grieb'in (1979) çizgisindedir.

ABD'nin güneyinin azgelişmişliği hakkındaki yaklaşımlarımız için bkz. Acemoğlu ve Robinson (2008b). İç Savaş öncesi köle ekonomisinin gelişimi için bkz. Wright (1978), sanayinin yokluğu için bkz. Bateman ve Weiss (1981). Farklı ve tartışmalı bir yorum için bkz. Fogel ve Engerman (1974). Güney kesimi ekonomisinin 1865'ten sonra nasıl değiştiği hakkındaki kapsamlı yorumlar için bkz. Wright (1986), Ransom ve Sutch (2001). Kongre üyesi George Washington Julian'dan yapılan alıntı için bkz. Wiener (1978), s. 6. İç Savaş sonrası güneydeki arazi sahibi elitlerin gücünün sürmesi hakkındaki yorumlar yine aynı kitapta bulunuyor. 1890 yıllarında, güney eyaletlerinde kelle vergisine geçişin ve okuryazarlık sınavlarının etkisi hakkındaki inceleme için bkz. Naidu (2009). W.E.B. Du Bois'ten yapılan alıntılar için bkz. Du Bois (1903), s. 88. Alabama Anayasası'nın 256. maddesi için bkz. (www.legislature.state. al.us/CodeOfAlabama/Constitution/1901/CA-245806.htm)

Güneyli politikacıların, ekonomisinin bozulmasına sebep olacağını düşündükleri federal yasamayı nasıl engelledikleri hakkındaki yorumlar için bkz. Alston ve Ferrie (1999); Woodward (1955), Jim Crow yasalarının oluşturulması hakkında ufuk açıcı fikirler öne sürüyor.

Etiyopya devrimi hakkında genel bilgiler için bkz. Halliday ve Molyneux (1981). İmparatorun etkisinin azaltılması hakkında bkz. Kapuścinski (1983). Dawit Wolde Giorgis'den yapılan alıntılar için sırasıyla bkz. Dawit Wolde Giorgis (1989), s. 49 ve 48.

13. Bölüm: Bugün ülkeler neden başarısız oluyor

Mugabe'nin piyango başarısı ve Zimbank'ın basın açıklaması hakkındaki BBC haber bülteni için bkz. news.bbc.co.uk/2/hi/africa/621895.stm.

Rodezya'da beyaz hâkimiyetinin oluşması hakkındaki yaklaşımlarımız için bkz. Palmer (1977) ve Alexander (2006). Meredith (2007) yakın tarihli Zimbabve siyasi hayatı hakkında iyi bir genel kaynak.

Sierra Leone'deki iç savaş hakkındaki açıklamalarımız için bkz. Richards (1996), Hakikat ve Uzlaşma Komisyonu (2004), Keen (2005). Keen'in başkent Freetown'da basılan bir gazetedeki analizden alıntısı için bkz. Keen (2005), s. 34. Devrimci Birleşik Cephe'nin "Demokrasiye Giden Yollar" metni için bkz. www.sierra-leone.org/AFRC-RUF/ footpaths.html.

Geoma'lı gençten yapılan alıntı için bkz. Keen (2005) s. 42.

Kolombiyalı milislerle ilgili açıklamalarımızın kaynağı Acemoğlu, Robinson ve Santos (2010) ile Chaves ve Robinson'dur (2010). Bu araştırmalar da, Kolombiyalı akademisyenlerin kapsamlı çalışmalarına dayanır, özellikle bkz. Romero (2003), Romero'daki makaleler (2007) ve López (2010). León (2009) Kolombiya'daki güncel çatışmaların yapısıyla ilgili anlaşılır ve dengeli açıklamalar sunar. Ayrıca haftalık dergi *Semana*'nın internet sitesine (www.verdadabierta.com) bakınız. Tüm alıntılar Acemoğlu, Robinson ve Santos'tandır (2010). Martín Llanos ve Casanare valileri arasındaki çatışma İspanyolca olarak mevcuttur (www.verdadabierta.com/victimarios/los-jefes/714-perfil-hector-german-buitrago-alias-martinllanos).

El Corralito'nun kökenleri ve sonuçları The Economist dergisinde, bir makale dizisi olarak kapsamlı olarak ele alınmıştır. Makalelere (www.economist.com/search/apachesolr_search/corralito)'dan ulaşabilirsiniz.

Arjantin'in gelişiminde iç dinamiklerin rolü için bkz. Sawers (1996).

Hassig ve Oh (2009) Kuzey Kore'deki hayatla ilgili son derece değerli bir çalışma ortaya koymuşlardır. 2. Bölüm'de liderlerin lüks hayatı, 3. ve 4. bölümde halkın çoğunun karşı karşıya olduğu gerçeklere yer verilmiştir. Mevcut reform ile ilgili BBC'nin araştırmasına (news.bbc. co.uk/2/hi/8500017.stm) adresinden ulaşabilirsiniz.

Sefa sarayı ve konyak tüketimi için bkz. Post (2004), bölüm 12.

Çocuk işçiler ve Özbekistan'daki pamuk tarlalarında çalıştırılan çocuklarla ilgili bkz. Kandiyoti (2008), (www.soas.ac.uk/cccac/events/cotton-sector-in-central-asia 2005/file49842.pdf).

Gülnaz hakkındaki alıntı için bkz. Kandiyoti, s. 20. Andican ayaklanması için bkz. International Crisis Group (2005). Josef Stalin'in Sovyetler Birliği'nde nasıl seçildiğine ilişkin açıklamalar Denny (1937) kaynaklıdır.

Mısır'daki "eş-dost kapitalizmi" analizlerimiz için bkz. Sfakianakis (2004).

14. bölüm: Çemberi kırmak

Botsvana hakkında yaklaşımımız için bkz. Acemoğlu, Johnson ve Robinson (2003); Robinson ve Parsons (2006) ve Leith (2005). Schapera (1970) ile Parsons, Henderson ve Tlou (1995) bu konudaki temel eserlerdir. Yüksek Komiser Rey'den yapılan alıntılar için bkz. Acemoğlu, Johnson ve Robinson (2003), s. 96. Üç şefin İngiltere'ye yaptıkları ziyaret hakkında bkz. Parsons (1998) ve bu konuda yapılan bütün alıntılar için onun kitabından: Chamberlain, s. 206-207; Fairfield, s. 209; Rhodes, s. 223. Schapera'dan yapılan alıntı için bkz. Schapera (1940), s. 72. Quett Masire'den yapılan alıntı için bkz. Masire(2006), s. 43. Tsvana kabilesinin etnik dağılımı için bkz. Schapera (1952).

ABD'nin güneyindeki değişime yaklaşımımız için bkz. Acemoğlu ve Robinson (2008b). Güney'den nüfus göçü için bkz. Wright (1999); pamuk toplamanın mekanizasyonu hakkında bkz. Heinicke (1994). "FRDUM FOOF SPETGH" Mickey (2008), s. 50'den alınmıştır. Thurmond'un 1948 yılındaki konuşması için bkz. (www.slate.com/id/2075151/), bu siteden sesli olarak da dinleyebilirsiniz. James Meredith ve Oxford, Mississippi hakkında bkz. Doyle (2001). Güney'de yasalaşan medeni haklar kapsamında siyahların oy kullanmasının etkileri için bkz. Wright (1999).

Mao'nun ölümünden sonra Çin'de yaşanan siyasi değişimin doğası hakkında bkz. Harding (1987), MacFarquhar ve Schoenhals (2008). Deng'in kedi yorumu için bkz. Harding, s. 58. Kültür Devrimi'nin çıkış noktası hakkında bkz. Schoenhals (1996), s. 33; Mao'nun Hitler'e yaklaşımı hakkında bkz. MacFarquhar ve Schoenhals, s. 102; Hua'nın "İki Hepsi" hakkındaki görüşleri için bkz. Harding, s. 56.

15. bölüm: Zenginliği ve yoksulluğu anlamak

Dai Guofang'ın hikâyesi için bkz. McGregor (2010), s. 219-226. Kırmızı telefonların hikayesi için de bkz. McGregor, bölüm 1. Partinin medya üzerindeki kontrolü için bkz. Pan (2008), bölüm 9; McGregor (2010) s. 64-69 ve 235-262. Partinin girişimcilere yaklaşımı hakkındaki alıntılar için bkz. McGregor (2010), s. 200-201 ve 223. Çin'deki politik reformlarla ilgili Wen Jiabao'nun yorumları için bkz. www.guardian.co.uk/world/2010/aug/29/wen-jiabao-china-reform.

Modernleşme hipotezi tamamen Lipset'ten (1959) alınmıştır. Konu hakkındaki karşı argümanlar detaylı bir şekilde Acemoğlu, Johnson, Robinson ve Yared (2008, 2009) tarafından tartışılmıştır. George H. W. Bush'tan yapılan alıntı için bkz. news.bbc.co.uk/2/hi/business/752224.stm.

Aralık 2001'den sonra Afganistan'daki STK aktivitesi ve dış yardımlar hakkındaki fikirler için bkz. Ghani ve Lockhart (2008). Dış yardımla ilgili sorunlar hakkında bkz. Reinikka ve Svensson (2004), Easterly (2006).

Zimbabve'deki makroekonomik reformlar ve enflasyon hakkındaki açıklamalarımız Acemoğlu, Robinson ve Querubín'e (2008) dayanmaktadır. Seva Mandir tartışmasının kaynağı Banergee, Duflo ve Glennerster'dır (2008).

Brezilya'daki İşçi Partisi'nin oluşumu için bkz. Keck (1992), Scania Grevi, 4. bölüm. Cardoso'dan alıntı için bkz. Keck, s. 44-45, Lula hakkındaki alıntı için bkz. Keck, s. 65.

Fujimori ve Montesinos'un medyayı kontrol etme çabaları hakkındaki açıklamalarımız McMillan ve Zoido'ya (2004), Çin Komünist Partisi'nin kontrolü hakkındaki alıntı için McGregor'a (2010), s. 69 dayanır.

Haritalar için kaynakça

Harita 1: İnka İmparatorluğu ve yol sistemi için bkz. John V. Murra (1984), Leslie Bethell, der. "Andean *Societies* Before 1532", *The Cambridge History of Latin America*, 1.cilt. (New York, Cambridge University Press). Mita havzası haritası için bkz. Melissa Dell (2010), "The Persistent Effects of Peru's Mining Mita", *Econometrica* 78:6, 1863-1903.

Harita 2: Miriam Bruhn ve Francisco Gallego'nun (2010) bilgileriyle hazırlanmıştır. Bkz. "The Good, the Bad, and the Ugly: Do They Matter for Economic Development? *The Review of Economics and Statistics*, yayımlanacak.

Harita 3: Dünya Bankası'nın Dünya Kalkınma Göstergeleri (2008) verilerinden yola çıkarak hazırlanmıştır.

Harita 4: Vahşi domuzların dağılımını gösteren harita, W. L. R. Oliver, I. L. Brisbin, Jr ve S. Takahashi'nin (1993) eserlerinden uyarlanmıştır; bkz."The Eurasian Wild Pig (Sus scrofa)"; W. L. R. Olivier (der.), *Pigs, Peccaries ve Hippos: Status Survey and Action Plan* (Gland, İsviçre, IUCN), s. 112-121. Vahşi sığırların haritası, Cis van Vuure'un (2005) *auroch*'larla ilgili haritasından uyarlanmıştır; bkz. *Retracing the Aurochs* (Sofya: Pensoft Publishers), s. 41.

Harita 5: Daniel Zohary ve Maria Hopf'un (2001) eserlerinden uyarlanmıştır; *The Domestication of Plants in the Old World*, 3. basım (New York: Oxford University Press), buğday harita 4, s. 56, arpa harita 5, s. 55. Pirinç dağılımını gösteren harita Te-Tzu Chang'dan (1976) uyarlanmıştır, bkz. "The Origin, Evolution, Cultivation, Dissemination, and Diversification of Asian and African Rices", *Euphytica* 25, 425-441, şekil 2, s. 433.

Harita 6: Kuba Krallığı için Jan Vansina (1978) temel alınmıştır; *The Children of Woot* (Madison: University of Wisconsin Press), harita 2, s. 8. Kongo için Jan Vansina (1995) temel alınmıştır; "Equatorial Africa Before the Nineteenth Century", Philip Curtin, Steven Feierman, Leonard Thompson ve Jan Vansina, *African History: From Earliest Times to Independence* (New York: Longman), harita 8.4, s. 228.

Harita 7: Meteorolojik Savunma Uydusu Programı'nın Operasyonel Çizgi Tarama Sistemi (DMSP-OLS) verileriyle hazırlanmış ve yerel saate göre 20:00 ve 21:30 arasında, yerden 830 kilometre yükseklikten çekilen fotoğraflar kullanılmıştır. (http://www.ngdc. noaa.gov/dmsp/sensors/ols.html).

Harita 8: Jerome Blum'ün (1998) eserindeki veriler ışığında hazırlanmıştır, *The End of the Old Order in Rural Europe* (Princeton: Princeton University Press).

Harita 9: Colin Martin ve Geoffrey Parker'ın (1988) eserinden uyarlanmıştır; *The Spanish Armada* (Londra: Hamilton), s. i-ii, 243.

Harita 10: Simon Martine ve Nikolai Gribe'ın (2000) eserinden uyarlanmıştır; *Chronicle of the Maya Kings and Queens: Deciphering the Dynasties of the Ancient Maya* (Londra: Thames and Hudson), s. 21.

Harita 11: Mark A. Kishlansky, Patrick Geary ve Patricia O'Brien'ın (1991) eserinden uyarlanmıştır; *Civilization in the West* (New York: HarperCollins Publishers), s. 151.

Harita 12: Somali kabile aileleri Ioan M. Lewis'in (2002) eserinden; *A Modern History of Somalia* (Oxford: James Currey) adlı çalışmasındaki "Somali etnik ve kabile aileleri dağılımı 2002" haritasından uyarlanmıştır; Aksum haritası için bkz. Kevin Shillington (1995) *History of Africa*, 2. Basım (New York: St. Martin's Press), harita 5.4, s. 69.

Harita 13: J. R. Walton (1998), "Changing Patterns of Trade and Interaction Since 1500" R.A. Butlin ve R.A. Dodgshon (der.); *An Historical Geography of Europe* (Oxford: Oxford University Press), şekil 15.2, s. 326.

Harita 14: Anthony Reid'in (1988) eserinden uyarlanmıştır, *Southeast Asia in the Age of Commerce, 1450-1680*: Cilt 1, *The Land Below the Winds* (New Haven: Yale University Press), harita 2, s. 9.

Harita 15: Nathan Nunn'ın (2008) eserindeki veriler doğrultusunda hazırlanmıştır, "The Long Term Effects of Africa's Slave Trades", *Quarterly Journal of Economics* 123, no. 1, s. 139-176.

Harita 16: Haritalar aşağıdaki haritalar temel alınarak hazırlanmıştır: Güney Afrika için, A.J. Christopher (2001), *The Atlas of Changing South Africa* (Londra: Routledge), şekil 1.19, s. 31; Zimbabve için Robin Palmer (1977), *Land and Racial Domination in Rhodesia* (Berkeley: University of California Press), harita 5, s. 245.

Harita 17: Alexander Grab'in (2003) eserinden uyarlanmıştır, *Napoléon and the Transformation of Europe* (Londra: Palgrave Macmillan), harita 1, s. 17; harita 2, s. 91.

Harita 18: 1840 ABD Nüfus Sayımı temel alınarak hazırlanmıştır. Ulusal Tarihi Coğrafi Bilgi Sistemi, (http://www.nhgis.org/)'tan indirebilirsiniz.

Harita 19: 1880 ABD Nüfus Sayımı temel alınarak hazırlanmıştır. Ulusal Tarihi Coğrafi Bilgi Sistemi, (http://www.nhgis.org/)'tan indirebilirsiniz.

Harita 20: Daron Acemoğlu, James A. Robinson ve Rafael J. Santos (2009), "The Monopoly of Violence: Evidence from Colombia", (http://scholar.harvard.edu/jrobinson/files/jr_formationofstate.pdf)

Kaynaklar

Abraham, Arthur ve Habib Sesay (1993). "Regional Politics and Social Service Provision Since Independence" (der.) C. Magbaify Fyle, *The State and the Provision of Social Services in Sierra Leone Since Independence, 1961-1991*, Oxford: Codesaria

Acemoğlu, Daron (2005). "Politics and Economics in Weak and Strong States." *Journal of Monetary Economics* 52: 1199-1226.

(2008). "Oligarchic Versus Democratic Societies." *Journal of European Economic Association* 6: 1-44.

Acemoğlu, Daron, Davide Cantoni, Simon Johnson ve James A. Robinson (2010). "From Ancien Regime to Capitalism: The Spread of the French Revolution as a Natural Experiment." Jared Diamond ve James A. Robinson (der.) *Natural Experiments in History*. Cambridge, Mass,: Harvard University Press.

(2011). "Consequences of Radical Reform: The French Revolution." *American Economic Review*.

Acemoğlu, Daron, Simon Johnson ve James A. Robinson (2001). "The Colonial Origins of Comparative Development: An Empirical Investigation." *American Economic Review* 91: 1369-1401.

(2002). "Reversal of Fortune: Geography and Institutions in the Making of the Modern World Income Distribution." *Quarterly Journal of Economics* 118: 1231-94

(2003). "An African Success Story: Botswana." Dani Rodrik, (der.) *In Search of Prosperity: Analytic Narratives on Economic Growth*. Princeton, N.J.: Princeton University Press.

(2005a). "Rise of Europe: Atlantic Trade, Institutional Change and Economic Growth." *American Economic Review* 95: 546-79.

(2005b). "Institutions as the Fundamental Cause of Long-Run Growth." Philippe Aghion ve Steven Durlauf, (der.) *Handbook of Economic Growth*. Amsterdam: North-Holland.

Acemoğlu, Daron, Simon Johnson, James A. Robinson ve Pablo Querubin (2008). "When Does Policy Reform Work? The Case of Central Bank Independence." *Brookings Papers in Economic Activity*, 351-418.

Acemoğlu, Daron, Simon Johnson, James A. Robinson ve Pierre Yared (2008). "Income and Democracy." *American Economic Review* 98: 808-42.

(2009). "Reevaluating the Modernization Hypothesis." *Journal of Monetary Economics* 56: 1043-58 .

Acemoğlu, Daron ve James A. Robinson (2000a). "Why Did the West Extend the Franchise? Growth, Inequality and Democracy in Historical Perspective." *Quarterly Journal of Economics* 115: 1167-99.

(2000b). "Political Losers as Barriers to Economic Development." *American Economic Review* 90: 126-30.

(2001). "A Theory of Political Transitions." *American Economic Review* 91: 938-63.

(2006a). *Economic Origins of Dictatorship and Democracy*. New York: Cambridge University Press.

(2006b). "Economic Backwardness in Political Perspective." *American Political Science Review* 100: 115-31.

(2008a). "Persistence of Power, Elites and Institutions." *American Economic Review* 98: 267-93.

(2008b). "The Persistence and Change of Institutions in the Americas." *Southern Economic Journal* 75: 282-99.

Acemoğlu, Daron, James A. Robinson ve Rafael Santos (2010). "The Monopoly of Violence: Evidence from Colombia." Yayımlanmadı.

Acemoğlu, Daron ve Alex Wolitzky (2010). "The Economics of Labor Coercion." *Econometric*, 79: 555-600.

Aghion, Philippe ve Peter Howitt (2009). *The Economics of Growth*. Cambridge, Mass.: MIT Press.

Alexander, Jocelyn (2006). *The Unsettled Land: State-making and the Politics of Land in Zimbabwe, 1893-2003*. Oxford, U.K.: James Currey.

Allen, Robert C. (2003). *Farm to Factory: A Reinterpretation of the Soviet Industrial Revolution*. Princeton, N.J.: Princeton University Press.

(2009a). *The British Industrial Revolution in Global Perspective*. New York: Cambridge University Press.

(2009b). "How Prosperous Were the Romans? Evidence from

Diocletian's Price Edict (301 AD)." Alan Bowman ve Andrew Wilson. (der.) *Quantifying the Roman Economy: Methods and Problems*. Oxford, U.K.: Oxford University Press.

Alston, Lee J. ve Joseph P. Ferrie (1999). *Southern Paternalism and the Rise of the American Welfare State: Economics, Politics, and Institutions in the South*. New York: Cambridge University Press.

Amsden, Alice H. (1992). *Asia's Next Giant*, New York: Oxford University Press.

Austen, Ralph A. ve Daniel Headrick (1983). "The Role of Technology in the African Past." *African Studies Review* 26: 163-84.

Austin, Gareth (2005). *Labour, Land and Capital in Ghana: From Slavery to Free Labour in Asante*, 1807-1956. Rochester, N.Y.: University of Rochester Press.

Bakewell, Peter J. (1984). *Miners of the Red Mountain: Indian Labor in Potosi, 1545-1650*. Albuquerque: University of New Mexico Press.

(2009). *A History of Latin America to 1825*. Hoboken, N.J.: Wiley-Blackwell.

Banerjee, Abhijit V. ve Esther Duflo (2011) *Poor Economics: A Radical Rethinking of the Way to Fight Global Poverty*. New York: Public Affairs.

Banerjee, Abhijit V., Esther Duflo ve Rachel Glennerster (2008). "Putting a Band-Aid on a Corpse: Incentives for Nurses in the Indian Public Health Care System." *Journal of the European Economic Association* 7: 487-500.

Banfield, Edward C. (1958). *The Moral Basis of a Backward Society*. Glencoe, N.Y.: Free Press.

Bang, Peter (2008). *The Roman Bazaar*. New York: Cambridge University Press.

Barker, Graeme (2006). *The Agricultural Revolution in Prehistory: Why Did Foragers Become Farmers?* New York: Oxford University Press.

Bar Yosef, Ofer ve Avner Belfer-Cohen (1992). "From Foraging to Farming in the Mediterranean Levant." A. B. Gebauer ve T. D. Price, (der.) *Transitions to Agriculture in Prehistory*. Madison, Wisc.: Prehistory Press.

Bateman, Fred ve Thomas Weiss (1981). *A Deplorable Scarcity: The Failure of Industrialization in the Slave*

Economy. Chapel Hill: University of North Carolina Press.

Bates, Robert H. (1981). *Markets and States in Tropical Africa*. Berkeley: University of California Press.

(1983). *Essays in the Political Economy of Rural Africa*. New York: Cambridge University Press.

(1989). *Beyond the Miracle of the Market*. New York: Cambridge University Press.

(2001). *Prosperity and Violence: The Political Economy of Development*. New York: W.W. Norton.

Benedictow, Ole J. (2004). *The Black Death, 1346-1353: The Complete History*. Rochester, N.Y.: Boydell Press.

Berliner, Joseph S. (1976). *The Innovation Decision in Soviet Industry*. Cambridge, Mass.: Harvard University Press.

Besley, Timothy ve Stephen Coate (1998). "Sources of Inefficiency in a Representative Democracy: A Dynamic Analysis." *American Economic Review* 88: 139-56.

Besley, Timothy ve Torsten Persson (2011). *Pillars of Prosperity: The Political Economics of Development Clusters*. Princeton, N.J.: Princeton University Press.

Bloch, Marc L. B. (1961). *Feudal Society*. 2 cilt Chicago: University of Chicago Press.

Blum, Jerome (1943). "Transportation and Industry in Austria, 1815-1848." *The Journal of Modern History* 15: 24-38.

Bogart, Dan ve Gary Richardson (2009). "Making Property Productive: Reorganizing Rights to Real and Equitable Estates in Britain, 1660 to 1830." *European Review of Economic History* 13: 3-30.

(2011). "Did the Glorious Revolution Contribute to the Transport Revolution? Evidence from Investment in Roads and Rivers." *Economic History Review*.

Bourguignon, François ve Thierry Verdier (1990). "Oligarchy, Democracy, Inequality and Growth." *Journal of Development Economics* 62: 285-313.

Brenner, Robert (1976). "Agrarian Class Structure and Economic Development in Preindustrial Europe." *Past and Present* 70: 30-75.

(1993). *Merchants and Revolution*. Princeton, N.J.: Princeton University Press.

Brenner, Robert ve Christopher Isett (2002). "England's Divergence from China's Yangzi Delta: Property Relations,

Microeconomics, and Patterns of Development." *Journal of Asian Studies* 61: 609-62.

Brewer, John (1988). *The Sinews of Power: War, Money and the English State, 1688-1773.* Cambridge, Mass.: Harvard University Press.

Briggs, Asa (1959). *Chartist Studies.* Londra: Macmillan.

Brunton, D. ve D. H. Pennigton (1954). *Members of the Long Parliament.* Londra: George Allen and Unwin.

Bundy, Colin (1979). *The Rise and Fall of the South African Peasantry.* Berkeley: University of California Press.

Burke, Edmund (1790/1969). *Reflections of the Revolution in France.* Baltimore, Md.: Penguin Books.

Cartwright, John R. (1970). *Politics in Sierra Leone 1947-67.* Toronto: University of Toronto Press.

Casaus Arzú, Marta (2007). *Guatemala: Linaje y Racismo.* 3. baskı, Guatemala City: F&G Editores.

Chaves, Isaias ve James A. Robinson (2010). "Political Consequences of Civil Wars." Yayımlanmadı.

Cleary, A. S. Esmonde (1989). *The Ending of Roman Britain.* Londra: B. T. Batsford Ltd.

Cower, Robert W., George H. Dalton, Mitchell Harwitz ve Alan Walters (1966). *Growth Without Development; an Economic Survey of Liberia.* Evanston: Northwestern University Press.

Coatsworth, John H. (1974). "Railroads, Landholding and Agrarian Protest in the Early Porfiriato." *Hispanic American Historical Review* 54: 48-71.

(1978). "Obstacles to Economic Growrh in Nineteenth-Century Mexico." *American Historical Review* 83: 80-100.

(2008). "Inequality, Institutions and Economic Growth in Latin America." *Journal of Latin American Studies* 40: 545-69.

Cole, G. D. H. ve A. W. Filson, (der.) (1951). *British Working Class Movements: Select Documents 1789-1875.* Londra: Macmillan.

Conning, Jonathan (2010). "On the Causes of Slavery or Serfdom and the Roads Agrarian Capitalism: Domar's Hypothesis Revisited." Yayımlanmadı. Department of Economics, Hunter College, CUNY.

Corti, Egon Caeser (1928). *The Reign of the House of Rothschild.* New York: Cosmopolitan Book Corporation.

Crouzet, François (1985). *The First Industrialists: The Problem of Origins*. New York: Cambridge University Press.

Crummey, Donald E. (2000). *Land and Society in the Christian Kingdom of Ethiopia: From the Thirteenth to the Twentieth Century*. Urbana: University of Illinois Press.

Dalton, George H. (1965). "History, Politics and Economic Development in Liberia." *Journal of Economic History* 25: 569-91.

Dark, K. R. (1994). *Civitas to Kingdom: British Political Continuity 300-800*. Leicester, UK: Leicester University Press.

Daunton, Martin J. (1995). *Progress and Poverty: An Economic and Social History of Britain, 1700-1850*. Oxford: Oxford University Press.

Davies, Robert W. (1998). *Soviet Economic Development from Lenin to Khrushchev*. New York: Cambridge University Press.

Davies, Robert W. ve Stephen G. Wheatcroft (2004). *The Years of Hunger: Soviet Agriculture, 1931-33*. New York: Palgrave Macmillan.

Davies, Victor A.B (2007). "Sierra Leone's Economic Growth Performance, 1961-2000." Benno J. Ndulu (der.) *The Political Economy of Growth in Africa, 1960-2000*. 2. cilt New York: Cambridge University Press.

Dawit Wolde Giorgis (1989). *Red Teas: War, Famine and Revolution in Ethiopia*. Trenton, N. J.: Red Sea Press.

De Callatay, François (2005). "The Graeco-Roman Economy in the Super Long-run: Lead, Copper, and Shipwrecks." *Journal of Roman Archaeology* 18: 361-72.

de las Casas, Bartolomé (1992). *A Short Account of the Destruction of the Indies*. New York: Penguin Books.

Dell, Melissa (2010). "The Persistent Effects of Peru's Mining *Mita*." *Econometrica* 78: 1863-1903.

Denny, Harold (1937). "Stalin Wins Poll by a Vote of 1005." *New York Times*, 14 Aralık 1937, s. 11.

de Sahagun, Bernardino (1975). *Florentine Codex: General History of the Things of New Spain. Book 12: The Conquest of Mexico*. Santa Fe, N.M.: School of American Research.

Diamond, Jared (1997). *Guns, Germs and Steel*. New York: W. W. Norton and Co.

Dobb, Maurice (1963). *Studies in the Development of Capitalism*. (der.) New York: International Publishers.

Dosal, Paul J. (1995). *Power in Transition: The Rise of Guatemala's Industrial Oligarchy, 1871-1994*. Westport, Conn.: Praeger.

Douglas, Mary (1962). "Lele Economy Compared to the Bushong." Paul Bonnan ve George Dalton, (der.) *Markets in Africa*. Evanston, Ill.: Northwest University Press.

(1963). *The Lele of the Kasai*. Londra: Oxford University Press.

Doyle, William (2001). *An American Insurrection: The Battle of Oxford Mississippi*. New York: Doubleday.

(2002). *The Oxford History of the French Revolution*. İkinci baskı. New York: Oxford University Press.

Dreyer, Edward L. (2007). *Zheng He: China and the Oceans in the Early Ming Dynasty, 1405-1433*. New York: Pearson Longman.

Du Bois,W. E. B (1903). *The Souls of Black Folk*. New York: A.C. McClurg & Company.

Dunn, Richard S. (1969). "The Barbados Census of 1680: Profile of the Richest Colony in English America." *William and Mary Quarterly* 26: 3-30.

DuPlessis, Robert S. (1997). *Transitions to Capitalism in Early Modern Europe*. New York: Cambridge University Press.

Easterly, William (2006). *The White Man's Burden: Why the West's Efforts to Aid Rest Have Done So Much Ill and So Little Good*. New York: Oxford University Press.

Elton, Geoffrey R. (1953). *The Tudor Revolution in Government*. New York: Cambridge University Press.

Engerman, Stanley L. (2007). *Slavery, Emancipation & Freedom: Comparative Perspectives*. Baton Rouge: University of Lousiana Press.

Engerman, Stanley L. ve Kenneth L. Sokoloff (1997). "Factor Endowments, Institutions, and Differential Paths of Growth Among New World Economies." Stephen H. Haber, (der.) *How Latin America Fell Behind*. Stanford, Calif.: Stanford University Press.

(2005). "The Evolution of Suffrage Institutions in the New World." *Journal of Economic History* 65: 891-921.

Evans, Eric J. (1996). *The Forging of the Modern'State: Early Industrial Britain, 1783-1870*. İkinci baskı. New York: Longman.

Evans, Peter B. (1995). *Embedded Autonomy. States and Industrial Transformation.* Princeton, N.J.: Princeton University Press.

Ewald, Janet (1988). "Speaking, Writing and Authority: Explorations in and from the Kingdom of Taqali." *Comparative Studies in History and Society* 30: 199-224.

Fagan, Brian (2003). *The Long Summer: How Climate Changed Civilization.* New York: Basic Books.

Faulkner, Neil (2000). *The Decline and Fall of Roman Britain.* Stroud, UK: Tempus Publishers.

Feinstein, Charles H. (2005). *An Economic History of South Africa: Conquest, Discrimination and Development.* New York: Cambridge University Press.

Ferguson, Niall (1998). *The House of Rothschild: C. 1: Money's Prophets, 1798-1848.* New York: Viking.

Fergusson, Leopoldo (2010). "The Political Economy of Rural Property Rights and the Persistance of the Dual Economy." http://economia.uniandes.edu.co.

Finley, Moses (1965). "Technical Innovation and Economic Progress in the Ancient World." *Economic History Review* 18: 29-4.

(1999). *The Ancient Economy.* Berkeley: University of California Press.

Fischer, David H. (1989). *Albion's Seed: Four British Folkways in America.* New York: Oxford University Press.

Fogel, Robert W. ve Stanley L. Engerman (1974). *Time on the Cross: The Economics American Negro Slavery.* Boston: Little, Brown.

Foley, James A. (2003). *Korea's Divided Families: Fifty Years of Separation.* New York: Routledge.

Freudenberger, Herman (1967). "The State as an Obstacle to Economic Growth in the Habsburg Monarchy." *Journal of Economic History* 27: 493-509.

Galenson, David W. (1996). "The Settlement and Growth of the Colonies: Population, Labor and Economic Development." Stanley L. Engerman ve Robert E. Gallman, (der.) *The Cambridge Economic History of the United States, Volume I: The Colonial Era.* New York: Cambridge University Press.

Ganson, Barbara (2003). *The Guaraní Under Spanish Rule in the Río de la Plata.* Palo Alto, Calif.: Stanford University Press.

García-Jimeno, Camilo ve James A. Robinson (2011). "The Myth of the Frontier." Dora L. Costa ve Naomi R. Lamoreaux, (der.) *Understanding Long-Run Economic Growth.* Chicago: University of Chicago Press.

Gerschenkron, Alexander (1970). *Europe in the Russian Mirror.* New York: Cambridge University Press.

Ghani, Ashraf ve Clare Lockhart (2008). *Fixing Failed States: A Framework for Rebuilding a Fractured World.* New York: Oxford University Press.

Gibson, Charles (1963). *The Aztecs Under Spanish Rule.* New York: Cambridge University Press.

Goldstein, Markus ve Christopher Udry (2008). "The Profits of Power: Land Rights Agricultural Investment in Ghana." *Journal of Political Economy* 116: 981-1022.

Goldsworthy, Adrian K. (2009). *How Rome Fell: Death of a Superpower.* New Haven, Conn.: Yale University Press.

Goody, Jack (1971). *Technology, Tradition and the State in Africa.* New York: Cambridge University Press.

Gregory, Paul R. ve Mark Harrison (2005). "Allocation Under Dictatorship: Research in Stalin's Archives." *Journal of Economic Literature* 43: 721-61.

Grieb, Kenneth J. (1979). *Guatemalan Caudillo: The Regime of Jorge Ubico, 1931-1944.* Athens: Ohio University Press.

Gross, Nachum T. (1973). "The Habsburg Monarchy, 1750-1914." Carlo M. Cipolla, (der.) *The Fontana Economic History of Europe.* Glasgow, U.K.: William Collins Sons and Co.

Guiso, Luigi, Paola Sapienza ve Luigi Zingales (2006). "Does Culture Affect Economic Outcomes?" *Journal of Economic Perspectives* 20: 23-48.

Haber, Stephen H. (2010). "Politics, Banking, and Economic Development: Evidence from New World Economies." Jared Diamond ve James A. Robinson, (der.) *Natural Experiments of History.* Cambridge, Mass.: Belknap Press of Harvard University Press.

Haber, Stephen H., Herbert S. Klein. Noel Maurer ve Kevin J. Middlebrook (2008). *Mexico Since 1980.* New York: Cambridge University Press.

Haber, Stephen H., Noel Maurer ve Armando Razo (2003). *The Politics of Property Rights: Political Instability, Credible Commitments, and Economic Growth in Mexico, 1876-1929.* New York: Cambridge University Press.

Haggard, Stephan (1990). *Pathways from the Periphery: The Politics of Growth in the Newly Industrializing Countries.* Ithaca, N.Y.: Cornell University Press.

Halliday, Fred ve Maxine Molyneux (1981). *The Ethiopian Revolution.* Londra: Verso.

Hanna, Willard (1978). *Indonesian Banda: Colonialism and Its Aftermath in the Nutmeg Islands.* Philadelphia: Institute for the Study of Human Issues.

Harding, Harry (1987). *China's Second Revolution: Reform After Mao.* Washington, D.C.: Brookings Instituion Press.

Harrison, Lawrence E. ve Samuel P. Huntington, (der.) (2000). *Culture Matters: How Values Shape Human Progress.* New York: Basic Books.

Hassig, Ralph C. ve Kongdan Oh (2009). *The Hidden People of North Korea: Everyday Life in the Hermit Kingdom.* Lanham, Md.: Rowman and Littlefield Publishers.

Hatcher, John (2008). *The Black Death: A Personal History.* Philadelphia: Da Capo Press.

Heath, Dwight (1972). "New Patrons for Old: Changing Patron-Client Relations in the Bolivian Yungas." Arnold Strickton ve Sidney Greenfield, (der.) *Structure and Process in Latin America.* Albuquerque: University of New Mexico Press.

Heinicke, Craig (1994). "African-American Migration and Mechanized Cotton Harvesting, 1950-1960." *Explorations in Economic History* 31: 501-20.

Helmke, Gretchen (2004). *Courts Under Constraints: Judges, Generals, and Presidents in Argentina.* New York: Cambridge University Press.

Hemming, John (1983). *The Conquest of the Incas.* New York: Penguin Books.

Herbst, Jefrrey I. (2000). *States and Power in Africa.* Princeton, N.J.: Princeton University Press.

Hill, Christopher (1961). *The Century of Revolution, 1603-1714.* New York: 4. Norton and Co.

(1980). "A Bourgeois Revolution?" Lawrence Stone, (der.) *The British Revolutions: 1641, 1688, 1776.* Princeton, N.J.: Princeton University Press.

Hilton, Anne (1985). *The Kingdom of Kongo.* New York: Oxford University Press.

Hilton, Rodney (2003). *Bond Men Made Free: Medieval Peasant*

Movements and the English Rising of 1381. İkinci baskı. New York: Routledge.

Hirst, John B. (1983). *Convict Society and Its Enemies: A History of Early New South Wales*. Boston: Allen and Unwin.

(1988). *The Strange Birth of Colonical Democracy: New South Wales, 1848-1884*. Boston: Allen and Unwin.

(2003). *Australia's Democracy: A Short History*. Londra: Allen and Unwin.

Hopkins, Anthony G. (1973). *An Economic History of West Africa*. New York: Addison Wesley Longman.

Hopkins, Keith (1980). "Taxes and Trade in the Roman Empire, 200 BC-400 AD." *Journal of Roman Studies* LXX: 101-25.

Horrox, Rosemary, (der.) (1994). *The Black Death*. New York: St. Martin's Press.

House of Commons [Avam Kamarası] (1904). "Papers Relating to the Construction of Railways in Sierra Leone, Lagos and the Gold Coast."

Hu-DeHart, Evelyn (1984). *Yaqui Resistance and Survival: The Struggle for Land and Autonomy, 1821-1910*. Madison: University of Wisconsin Press.

Iaryczower, Matias, Pablo Spiller ve Mariano Tommasi (2002). "Judicial Independence in Unstable Environments: Argentina 1935-1998." *American Journal of Political Science* 46: 699-716.

Inikori, Joseph (1977). "The Import of Firearms into West Africa, 1751-1807." *Journal of African History* 18: 339-68.

International Crisis Group (2005). "Uzbekistan: The Andijon Uprising" *Asia Briefing* No. 38, www.crisisgroup.org/en/regions/asia/central-asia/uzbekistan/ B038-uzbekistan-the-andijon-uprising.aspx.

Israel, Paul (2000). *Edison: A Life of Invention*. Hoboken, N.J.: John Wiley and Sons.

Iwata, Masakazu (1964). *Ōkubo Toshimichi: The Bismarck of Japan*. Berkeley: University of California Press.

Jackson, Michael (2004). *In Sierra Leone*. Durham, N.C.: Duke University Press.

Jansen, Marius B. (2000). *The Making of Modern Japan*. Cambridge, Mass.: Harvard University of Chicago Press.

Jászi, Oscar (1929) *The Dissolution of the Habsburg Monarchy*. Chicago: University of Chicago Press.

Johnson, Chalmers A. (1982). *MITI and the Japanese Miracle: The Growth of Industrial Policy 1925-1975*. Palo Alto, Calif.: Stanford University Press.

Jones, A.M.H. (1964). *The Later Roman Empire.* Cilt 2. Oxford, U.K.: Basil Blackwell.

Jones, Eric L. (2003). *The European Miracle: Environments, Economies and Geopolitics in the History of Europe and Asia.* Üçüncü baskı, (der.) New York: Cambridge University Press.

Jongman, Willem M. (2007). "Gibbon Was Right: The Decline and Fall of the Roman Economy." O. Hekster ve diğ. (der.) *Crises and the Roman Empire.* Leiden: Brill.

Josephson, Matthew (1934). *The Robber Barons.* Orlando, FL.: Harcourt.

Kandiyoti, Deniz (2008). "Invisible to the World? The Dynamics of Forced Child Labour in the Cotton Sector of Uzbekistan." Yayımlanmadı. School of Oriental and Africa Studies.

Kapuścinski, Ryszard (1983). *The Emperor: Downfall of an Autocrat.* San Diego: Harcourt Brace Jovanovich.

Keck, Margaret E. (1992). *The Workers' Party and Democratization in Brazil.* New Haven, Conn.: Yale University Press.

Keen, David (2005). *Conflict and Collusion in Sierra Leone.* New York: Palgrave Macmillan.

Kelly, Jonathan ve Herbert S. Klein (1980). *Revolution and the Rebirth of Inequality: A Theory of Inequality and Inherited Privilege Applied to the Bolivian National Revolution.* Berkeley: University of California Press.

Keyssar, Alexander (2009). *The Right to Vote: The Contested History of Democracy in the United States.* New York: Basic Books.

Killick, Tony (1978). *Development Economics in Action.* Londra: Heinemann.

Knight, Alan (2011). *Mexico: The Nineteenth and Twentieth Centuries.* New York: Cambridge University Press.

Knights, Mark (2010). "Participation and Representation Before Democracy: Petitions and Addresses in Premodern Britain." Ian Shapiro, Susan C. Stokes, Elisabeth Jean Wood ve Alexander S. Kirshner, (der.) *Political Representation.* New York: Cambridge University Press.

Kropotkin, Peter (2009). *Memoirs of a Revolutionary*. New York: Cosimo.

Kupperman, Karen O. (2007). *The Jamestown Project*. Cambridge, Mass.: Belknap Press of Harvard University Press.

Landes, David S. (1999). *The Wealth and Poverty of Nations: Why Some Are So Rich and Some So Poor*. New York: W. W. Norton and Co.

Lane, Frederick C. (1973). *Venice: A Maritime Republic*. Baltimore, Md.: Johns Hopkins University Press.

La Porta, Rafael, Florencio Lopez-de-Silanes ve Andrei Shleifer (2008). "The Economic Consequences of Legal Origins." *Journal of Economic Literature* 46: 285-332.

Law, Robin C. (1977). *The Oyo Empire, c. 1600-c. 1836: West African Imperialism in the Era of the Atlantic Slave Trade*. Oxford, U.K: The Clarendon Press.

(1980). "Wheeled Transportation in Pre-Colonial West Africa." *Africa* 50: 249-62.

(der.) **(1995).** *From Slave Trade to "Legitimate" Commerce: The Commercial Transition in Nineteenth-century West Africa*. New York: Cambridge University Press.

Leith, Clark J. (2005). *Why Botswana Prospered*. Montreal: McGill University Press.

Lenger, Friedrich (2004). "Economy and Society." Jonathan Sperber, (der.) *The Shorter Oxford History of Germany: Germany 1800-1870*. New York: Oxford University Press.

León, Juanita (2009). *Country of Bullets: Chronicles of War*. Albuquerque: University of New Mexico Press.

Lerner, Abba P. (1972). "The Economics and Politics of Consumer Sovereignty." *American Economic Review* 62: 258-66.

Levy, David M. ve Sandra J. Peart (2009). "Soviet Growth and American Textbooks." Yayımlanmadı.

Lewis, I. M. (1961). *A Pastoral Democracy*. Oxford, U.K.: Oxford University Press.

(2002). *A Modern History of the Somali*. Dördüncü baskı. Oxford, U.K.: James Currey.

Lewis, W. Arthur (1954). "Economic Development with Unlimited Supplies of Labour." *Manchester School of Economic and Social Studies* 22: 139-91.

Lindert, Peter H. (2004). *Growing Public. Volume 1: Social Spending and Economic Growth Since the Eighteenth Century*. New York: Cambridge University Press.

(2009). *Growing Public. Volume 2: Further Evidence: Social Spending and Economic Growth Since the Eighteenth Century*. New York: Cambridge University Press.

Lipset, Seymour Martin (1959). "Some Social Requisites of Democracy: Economic Development and Political Legitimacy." *American Political Science Review* 53: 69-105.

Lipset, Seymour Martin ve Stein Rokkan, (der.) (1967). *Party System and Voter Alignments*. New York: Free Press.

López, Claudia, (der.) (2010). *Y Refundaron la Patria... de cómo mafiosos y politicos reconfiguraron el Estado Colombiano*. Bogota: Corporacion Nuevo Arco Iris: Intermedio.

Lovejoy, Paul E. (2000). *Transformations in Slavery: A History of Slavery in Africa*. İkinci baskı. New York: Cambridge University Press.

MacFarquhar, Roderick ve Michael Schoenhals (2008). *Mao's Last Revolution*. Cambridge, Mass.: Harvard University Press.

Mann, Michael (1986). *The Sources of Social Power. Volume 1: A History of Power from the Beginning to A.D. 1760*. New York: Cambridge University Press.

(1993). *The Sources of Social Power. Volume 2: The Rise of Classes and Nation-states, 1760-1914*. New York: Cambridge University Press.

Manning, Patrick (1990). *Slavery and African Life: Occidental, Oriental, and African Slave Trades*. New York: Cambridge University Press.

Mantoux, Paul (1961). *The Industrial Revolution in the Eighteenth Century*. New York: Harper and Row.

Martin, Simon ve Nikolai Grube (2000). *Chronicle of the Maya Kings and Queens: Deciphering the Dynasties of the Ancient Maya*. New York: Thames and Hudson.

Martinez, José (2002). *Carlos Slim: Retrato Inedito*. Mexico City: Editorial Oceano.

Masire, Quett K. J. (2006). *Very Brave or Very Foolish? Memoirs of an African Democrat*. Gaborone, Botswana: Macmillan.

McCreery, David J. (1994). *Rural Guatemala, 1760-1940*. Palo Alto, Calif.: Stanford University Press.

McGregor, Richard (2010). *The Party: The Secret World of China's Communist Rulers*. New York: Harper.

McMillan, John ve Pablo Zoido (2004). "How to Subvert

Democracy: Montesinos in Peru." *Journal of Economic Perspectives* 18: 69-92.

Melbourne, Alexander C. V. (1963). *Early Constitutional Development in Australia: New South Wales 1788-1856; Queensland.* der. ve giriş R. B. Doyce. İkinci baskı. St. Lucia: University of Queensland Press.

Meredick, Martin (2007). *Mugabe: Power, Plunder, and the Struggle for Zimbabwe's Future.* New York: Public Affairs Press.

Michels, Robert (1962). *Political Parties: A Sociological Study of The Oligarchical Tendencies of Modern Democracy.* New York: Free Press.

Mickey, Robert W. (2008). *Paths out of Dixie: The Democratization of Authoritarian Enclaves in America's Deep South, 1944-1972.* Yayımlanmadı.

Migdal Joel S. (1988). *Strong Societies and Weak States: State-Society Relations and State Capabilities in the Third World.* Princeton, N.J.: Princeton University Press.

Mithen, Stephen (2006). *After the Ice: A Global Human History 20,000-5000 BC.* Cambridge, Mass.: Harvard University Press.

Mokyr, Joel (1990). *The Lever of Riches: Technological Creativity and Economic Progress.* New York: Oxford University Press.
(2009). *The Enlightened Economy.* New York: Penguin.

Moore, Andrew M. T., G. C. Hillman ve A. J. Legge (2000). *Village on the Euphrates: From Foraging to Farming at Abu Hureyra.* New York: Oxford University Press.

Morgan, Edmund S. (1975). *American Slavery, American Freedom: The Ordeal of Colonial Virginia.* New York: W. W. Norton and Co.

Munro-Hay, Stuart C. (1991). *Aksum: An African Civilisation of Late Antiquity.* Edinburgh: Edinburgh University Press.

Myers, Ramon H. ve Yeh-Chien Wang (2002). "Economic Developments, 1644-1800." Willard J. Peterson, (der.) *The Cambridge History of China. Volume 9, Part 1: The Ch'ing Empire to 1800.* New York: Cambridge University Press.

Naidu, Suresh (2009). "Suffrage, Schooling, and Sorting in the Post-Bellum South." Yayımlanmadı. Department of Economics, Columbia University. Available at tuvalu.santafe.edu/~snaidu/papers/suffrage_sept_16_2010_combined.pdf.

Narayan, Deepa, (der.) (2002). *Empowerment and Poverty Reduction: A Sourcebook*. Washington, D.C.: The World Bank.

Neal, David (1991). *The Rule of Law in a Penal Colony*. New York: Cambridge University Press.

Neale, J. E. (1971) *Elizabeth I and Her Parliaments, 1559-1581*. Londra: Cape.

Nogal, C. Álvarez ve Leandro Prados de la Escosura (2007). "The Decline of Spain (1500-1850): Conjectural Estimates." *European Review of Economic History* 11: 319-66.

North, Douglass C. (1982). *Structure and Change in Economic History*. New York: W. W. Norton and Co.

North, Douglass C. ve Robert P. Thomas (1973). *The Rise of the Western World: A New Economic History*. New York: Cambridge University Press.

North, Douglass C., John J. Wallis ve Barry R. Weingast (1989). *Violence and Social Orders: A Conceptual Framework for Interpreting Recorded Human History*, Princeton, N.J.: Princeton University Press.

North, Douglass C. ve Barry R. Weingast (1989). "Constitutions and Commitment: Evolution of Institutions Governing Public Choice in 17th Century England." *Journal of Economic History* 49: 803-32.

Nove, Alec (1992). *An Economic History of the USSR 1917-1991*. Üçüncü baskı. New York: Penguin Books.

Nugent, Jeffrey B. ve James A. Robinson (2010). "Are Endowments Fate? On the Political Economy of Comparative Institutional Development." *Revista de Historia Economica (Journal of lberian and Latin American Economic History)* 28: 45-82.

Nunn, Nathan (2008). "The Long-Term Effects of Africa's Slave Trades." *Quarterly Journal of Economics* 123: 139-76.

Nunn, Nathan ve Leonard Wantchekon (2011). "The Slave Trade and the Origins of Mistrust in Africa," *American Economic Review*. 101 (7), 3221-3252.

O'Brien, Patrick K. Trevor Griffiths ve Philip Hunt (1991). "Political Components of the Industrial Revolution: Parliament and the English Cotton Textile Industry, 1660-1774." *Economic History Review*, New Series 44: 395-423.

Ogilvie, Sheilagh (2011). *Institutions and European Trade: Merchant Guilds 1000-1500.* New York: Cambridge University Press.

Olson, Mancur C. (1984). *The Rise and Decline of Nations: Economic Growth, Stagflation, and Social Rigidities.* New Haven, Conn.: Yale University Press.

O'Rourke, Kevin H. ve Jeffrey G. Williamson (2002). "After Columbus: Explaining the Global Trade Boom 1500-1800." *Journal of Economic History* 62: 417-56.

Owen, E. Roger (1981). *The Middle East in the World Economy, 1800-1914.* Londra: Methuen and Co.

Owen, E. Roger ve Şevket Pamuk (1999). *A History of Middle East Economies in the Twentieth Century.* Cambridge, Mass.: Harvard University Press.

Owen, Thomas C. (1991). *The Corporation Under Russian Law, 1800-1917.* New York: Cambridge University Press.

Palmer, Robin H. (1977). *Land and Racial Domination in Rhodesia.* Berkeley: University of California Press.

Palmer, Robin H. ve Q. Neil Parsons, (der.) (1977). *The Roots of Rural Poverty in Central and Southern Africa.* Londra: Heinemann Educational.

Pamuk, Şevket (2006). "Estimating Economic Growth in the Middle East since 1820." *Journal of Economic History* 66: 809-28.

Pan, Philip P. (2008). *Out of Mao's Shadow: The Struggle for the Soul of a New China.* New York: Simon & Schuster.

Pankhurst, Richard (1961). *An Introduction to the Economic History of Ethiopia, from Early Times to 1800.* Londra: Lalibela House.

Parsons, Q. Neil (1998). *King Khama, Emperor Joe and the Great White Queen.* Chicago: University of Chicago Press.

Parsons Q., Neil, Willie Henderson ve Thomas Tlou (1995). *Seretse Khama, 1921-1980.* Bloemfontein, South Africa: Macmillan.

Perkins, Dwight H., Steven Radelet ve David L. Lindauer (2006). *Development Economics.* Altıncı baskı. New York: W.W. Norton and Co.

Pettigrew, William (2007). "Free to Enslave: Politics and the Escalation of Britain's Transatlantic Slave Trade, 1688-1714." *William andMary Quarterly*, 3rd ser., LXIV: 3-37.

(2009). "Some Underappreciated Connections Between Constitutional Change and National Economic Growth in England, 1660-1720." Yayımlanmamış makale. Department of History, University of Kent, Canterbury.

Phillipson, David W. (1998). *Ancient Ethiopia: Aksum, Its Antecedents and Successors*. Londra: British Museum Press.

Pincus, Steven C. A. (2009). *1688: The First Modern Revolution*. New Haven, Conn.: Yale University Press.

Pincus, Steven C. A. ve James A. Robinson (2010). "What Really Happened During the Glorious Revolution?" Yayımlanmamış. http://scholar.harvard.edu/jrobinson.

Pintner, Walter M. (1967). *Russian Economic Policy Under Nicholas I*. Ithaca, N.Y.: Cornell University Press.

Post, Jerrold M. (2004). *Leaders and Their Followers in a Dangerous World: The Psychology of Political Behavior*. Ithaca, N.Y.: Cornell University Press.

Price, David A. (2003). *Love and Hate in Jamestown: John Smith, Pocahontas, and the Heart of a New Nation*. New York: Knopf.

Puga, Diego ve Daniel Trefler (2010). "International Trade and Domestic Institutions: The Medieval Response to Globalization." Yayımlanmamış. Department of Economics, University of Toronto.

Putnam, Robert H., Robert Leonardi ve Raffaella Y. Nanetti (1994). *Making Democracy Work: Civic Traditions in Modern Italy*. Princeton, N.J.: Princeton University Press.

Ransom, Roger L. ve Richard Sutch (2001). *One Kind of Freedom: The Economic Consequences of Emancipation*. İkinci baskı. New York: Cambridge University Press.

Reid, Anthony (1993). *Southeast Asia in the Age of Commerce, 1450-1680. Volume 2: Expansion and Crisis*. New Haven, Conn.: Yale University press.

Reinikka, Ritva ve Jacob Svensson (2004). "Local Capture: Evidence from a Central Government Transfer Program in Uganda." *Quarterly Journal of Economics*, 119: 679-705.

Relea, Francesco (2007). "Carlos Slim, Liderazgo sin Competencia." Jorge Zepeda Patterson, (der.) *Los amos de México: los juegos de poder a los que sólo unos pocos son invitados*. Mexico City: Planeta Mexicana.

Reno, William (1995). *Corruption and State Politics in Sierra Leone*. New York: Cambridge University Press.

(2003). "Political Networks in a Failing State: The Roots and Future of Violent Conflict in Sierra Leone," *IPG* 2: 44-66.

Richards, Paul (1996). *Fighting for the Rainforest: War, Youth and Resources in Sierra Leone.* Oxford, U.K.: James Currey.

Robbins, Lionel (1935). *An Essay on the Nature and Significance of Economic Science.* İkinci baskı, Londra: Macmillan.

Robinson, Eric (1964). "Matthew Boulton and the Art of Parliamentary Lobbying." *The Historical Journal* 7: 209-29.

Robinson, James A. (1998). "Theories of Bad Policy." *Journal of Policy Reform* 1-46.

Robinson, James A. ve Q. Neil Parsons (2006). "State Formation and Governance in Botswana." *Journal of African Economies* 15, AERC Ek (2006): 100-140.

Rock, David (1992). *Argentina 1516-1982: From Spanish Colonization to the Falklands War.* Berkeley: University of California Press.

Romero, Mauricio (2003). *Paramilitares y autodefensas, 1982-2003.* Bogota: Editorial Planeta Colombiana.

(der.) (2007). *Para Politica: La Ruta de la Expansión Paramilitar y los Acuerdos Políticos,* Bogota: Corporacion Nuevo Arco Iris: Intermedio.

Sachs, Jeffrey B. (2006). *The End of Poverty: Economic Possibilities for Our Time.* New York: Penguin.

Sahlins, Marshall (1972). *Stone Age Economics.* Chicago: Aldine.

Saunders, David (1992). *Russia in the Age of Reaction and Reform, 1801-1881.* New York: Longman.

Savage-Smith, Emily (2003). "Islam." Roy Porter, (der.) *The Cambridge History of Science. Volume 4: Eighteenth-Century Science.* New York: Cambridge University Press.

Sawers, Larry (1996). *The Other Argentina: The Interior and National Development.* Boulder: Westview Press.

Schapera, Isaac (1940). "The Political Organization of the Ngwato of Bechuanaland Protectorate." E. E. Evans-Pritchard ve Meyer Fortes, (der.) *African Political Systems.* Oxford, U.K.: Oxford University Press.

(1952). *The Ethnic Composition of the Tswana Tribes.* Londra: London School of Economics and Political Science.

(1970). *Tribal Innovators: Tswana Chiefs and Social Change 1795-1940.* Londra: The Athlone Press.

Schoenhals, Michael, (der.) (1996). *China's Cultural Revolution, 1966-1969.* Armonk, N.Y.: M.E. Sharpe.

Sfakianakis, John (2004). "The Whales of the Nile: Networks, Businessmen and Bureaucrats During the Era of Privatization in Egypt." Steven Heydemann, (der.) *Networks of Privilege in the Middle East.* New York: Palgrave Macmillan.

Sharp, Kevin (1992). *The Personal Rule of Charles I.* New Haven, Conn.: Yale University Press.

Sheridan, Richard B. (1973). *Sugar and Slaves: An Economic History of the British West Indies 1623-1775.* Baltimore, Md.: Johns Hopkins University Press.

Sidrys, Raymond ve Rainer Berger (1979). "Lowland Maya Radiocarbon Dates and The Classic Maya Collapse." *Nature* 277: 269-77.

Smith, Bruce D. (1998). *Emergence of Agriculture.* New York: Scientific American Library.

Sokoloff, Kenneth L. (1988). "Inventive Activity in Early Industrial America: Evidence from Patent Records, 1790-1846." *Journal of Economic History* 48: 313-30.

Sokoloff, Kenneth L. ve B. Zorina Khan (1990). "The Democratization of Invention During Early Industrialization: Evidence from the United States, 1790-1846." *Journal of Economic History 50*: 363-78.

Steffens, Lincoln (1931). *The Autobiography of Lincoln Steffens.* New York: Harcourt, Brace and Company.

Stevens, Donald F. (1991). *Origins of Instability in Early Republican Mexico.* Durham, N.C.: Duke University Press.

Stone, Lawrence (2001). *The Causes of the English Revolution, 1529-1642.* New York: Routledge.

Tabellini, Guido (2010). "Culture and Institutions: Economic Development in the Regions of Europe." *Journal of the European Economic Association* 8, 677-716.

Tarbell, Ida M. (1904). *The History of the Standard Oil Company.* New York: McClure, Phillips.

Tawney, R. H. (1941). "The Rise of the Gentry." *Economic History Review* 11: 1-38.

Temin, Peter ve Hans-Joachim Voth (2008). "Private Borrowing During the Financial Revolution: Hoare's Bank and Its Customers, 1702-24." *Economic History Review* 61: 541-64.

Thompson, E. P. (1975). *Whigs and Hunters: The Origin of the Black Act.* New York: Pantheon Books.

Thompson, I. A. A. (1994a). "Castile: Polity, Fiscality and Fiscal Crisis." Philip T. Hoffman and Kathryn Norberg, (der.) *Fiscal Crisis, Liberty, and Representative Government 1450-1789.* Palo Alto, Calif.: Stanford University Press.

(1994b). "Castile: Absolutism, Constitutionalism and Liberty." Philip T. Hoffman - Kathryn Norberg, (der.) *Fiscal Crisis, Liberty, and Representative Government 1450-1789.* Palo Alto, Calif: Stanford University Press.

Thornton, John (1983). *The Kingdom of Kongo: Civil War and Transition, 1641-1718.* Madison: University of Wisconsin Press.

Todkill, Anas (1885). *My Lady Pocahontas: A True Relation of Virginia. Writ by Anas Todkill, Puritan and Pilgrim.* Boston: Houghton, Mifflin and Company.

Truth and Reconciliation Commission [Hakikat ve Uzlaşma Komisyonu] (2004). *Final Report of the Truth and Reconciliation Commission of Sierra Leone.* Freetown.

Vansina, Jan (1978). *The Children of Woot: A History of the Kuba People.* Madison: University of Wisconsin Press.

Wade, Robert H. (1990). *Governing the Market: Economic Theory and the Role of Government in East Asian Industrialization.* Princeton, N.J.: Princeton University Press.

Wallerstein, Immanuel (1974-2011). *The Modern World System.* 4 cilt. New York: Academic Press.

Ward-Perkins, Bryan (2006). *The Fall of Rome and the End of Civilization.* New York: Oxford University Press.

Weber, Max (2002). *The Protestant Ethic and the Spirit of Capitalism.* New York: Penguin.

Webster, David L. (2002). *The Fall of the Ancient Maya.* New York: Thames and Hudson.

Webster, David L., Ann Corinne Freter ve Nancy Gonlin (2000). *Copan: The Rise and Fall of an Ancient Maya Kingdom.* Fort Worth, Tex.: Harcourt College Publishers.

Wheatcroft, Stephen G. ve Robert W. Davies (1994a). "The Crooked Mirror of Soviet Economic Statistics." Robert W. Davies, Mark Harrison, Stephen G. Wheatcroft, (der.) *The Economic Transformation of the Soviet Union, 1913-1945.* New York: Cambridge University Press.

(1994b). "Population." Robert W. Davies, Mark Harrison, Stephen G. Wheatcroft, (der.) *The Economic Transformation of the Soviet Union, 1913-1945*. New York: Cambridge University Press.

Wiener, Jonathan M. (1978). *Social Origins of the New South: Alabama, 1860-1885*. Baton Rouge: Louisiana State University Press.

Williamson, John (1990). *Latin American Adjustment: How Much Has Happened?* Washington, D.C.: Institute of International Economics.

Wilson, Francis (1972). *Labour in the South African Gold Mines, 1911-1969*. New York: Cambridge University Press.

Wilson, Woodrow (1913). *The New Freedom: A Call for the Emancipation of the Generous Energies of a People*. New York: Doubleday.

Woodward, C. Vann (1955). *The Strange Career of Jim Crow*. New York: Oxford University Press.

Woodward, Ralph L. (1966). *Class Privilege and Economic Development: The Consulado de Comercio of Guatemala, 1795-1871*. Chapel Hill: University of North Carolina Press.

Wright, Gavin (1978). *The Political Economy of the Cotton South: Households, Markets, and Wealth in the Nineteenth Century*. New York: Norton.

(1986). *Old South, New South: Revolutions in the Southern Economy Since the Civil War*. New York: Basic Books.

(1999). "The Civil Rights Movement as Economic History." *Journal of Economic History* 59: 267-89.

Zahedieh, Nuala (2010). *The Capital and the Colonies: London and the Atlantic Economy, 1660-1700*. New York: Cambridge University Press.

Zewde, Bahru (2002). *History of Modern Ethiopia, 1855-1991*. Athens: Ohio University Press.

Zohary, Daniel ve Maria Hopf (2001). *Domestication of Plants in the Old World: The Origin and Spread of Cultivated Plants in West Asia, Europe, and The Nile Valley*. Üçüncü baskı, New York: Oxford University Press.

Dizin

A

C

Ç

D

E

F

G

H

I

İ

J

K

L

M

N

O

Ö

P

Q

R

S

Ş

T

U

Ü

V

W

X

Y

Z